大学研究型课程
专业系列教材

新闻学类

新闻理论研究导引

丁和根 编 著

南京大学出版社

序

丁和根

　　中国的新闻学研究已走过近百年的历史,其间虽历经曲折,但学术之脉薪继火传,至今已蔚为大观。在此过程中,新闻学教材也起着不可替代的关键作用。它一方面是学校进行新闻教育和学生培养的基本手段和工具,对新闻专业学生的知识教育和专业技能培养具有支撑作用,另一方面又承载着新闻传媒领域新思想、新观念和新技能的知识化以及专业知识系统化的重任。近百年来,在新闻学教材编写过程中,许多先驱者筚路蓝缕,呕心沥血,做了不少开创性的工作。特别是改革开放后的三十多年中,新闻学教材编写更是百花齐放,不仅数量大大增加,内容也有了极大的丰富,与整个新闻传播业的发展形成有机呼应。

　　当然,在新闻学教材大量涌现的同时,人们也发现其中存在一些不容忽视的问题。最常见的问题是教材的体例结构大同小异,不同系列教材之间在内容上似曾相识,同一系列教材中的内容交叉重复现象也较为普遍。另一个问题是,新闻学传统的三大板块,无论是历史新闻学、理论新闻学还是应用新闻学,都是侧重于知识和技能的系统化,而激发学生积极参与教学和深入思考问题的特点则比较淡漠。这在以实践操作为主要培养目标的高校或许是情有可原的,而对于承担着为社会培育高层次、创新型新闻人才重任的研究型大学来说,应该说是有所不足的。如何让学生在吸取专业知识的同时,充分调动起他们学习的积极性和主动性,在知其然时也知其所以然,让新闻专业的学生更有问题意识和创造意识,具有更宽广的视野和更深入的专业认知,就成为新闻学教材建设难以回避的问题。尝试在解决这样的问题上做出努力,正是本套教材编写的初衷和主旨。

本套教材是南京大学推出的"大学研究型课程专业系列教材"的有机组成部分，它受到周宪教授几年前率先主编的"中国语言文学类"系列教材的启发，因而在编写理念和教学理念上既保持了新闻学专业的特色，也与那套教材一样强调了"研究型课程"一些共通的特点，这些特点主要是以下三个方面。

首先是对研究性的强调。研究性主要体现在：第一，突出教材本身的问题型结构和理路。传统教材的通史通论型结构，因照顾到知识的系统性和全面性，往往对特定学科的核心或前沿问题关注不够。这样对学生训练偏重于全面掌握知识却忽略了问题意识（主要是发现问题和解决问题的意识及其能力）的培养。而研究型教材则以问题为核心来架构，每章或每个单元以一个相对独立的重要问题为中心来设计。这样可以改变过去教材单纯的历史线索或逻辑结构的束缚。因此，不再强调知识面面俱到，也不强调学习平均用力，而是聚焦于本学科的重要问题，强化学术研究上的问题意识。这种问题结构使教材更具弹性和灵活性。对编者来说，可以根据学科知识的发展不断修订增删，进而改变过去教材编写的误区，即受制于结构很难修订，不得不推倒重来。对教师来说，以问题为中心的结构框架，也可以为他们富有个性的授课留有充分的空间和自由，教师可以根据自己的知识结构和研究特长作相应的调整。第二，注重学生思维方式的训练和研究能力的培养。这套教材以典范性研究论文为主干，因此选文凸现了如何发展和确定问题、如何研究问题、如何采集相关资料、如何思考和分析问题、如何得出科学的结论等。每章都有一个导论，每篇范文都有具体的分析和概括，还附有延伸阅读以及思考题，这些设计都在强化问题意识这一主旨，这有助于改变传统教材只注重知识性而忽略研究性的倾向。

其次是对范例性的强调。依据美国科学哲学家库恩的研究，科学知识的范式要素之一是所谓研究范例，也就是特定学科发展史上重要的、经典的研究案例。中国哲学史家冯友兰则指出，学术研究有"照着讲"和"接着讲"两种方式。前者是别人怎么说的，后者是从前人说到之处讲下去。把这两种看法结合起来，可以用来描述这套教材的范例性。就是通过研究典范的学习，首先学会"照着讲"，然后进一步发展出"接着讲"。因此，所谓范例性又主要体现在如下两个方面：第一，选文的经典性。即力求把特定问题及其研究领域中具有代表性和经典性的学术论文选出来，这些论文不但具有权威性，而且代表了一定时期特定问题的研究水平。经过对这样的选文的解读，可以让学生了解具体的问题史和研究成果。选文不但关注问题史，同时也注重当前的发展和前沿性，将最新成果吸纳进教材中。第二，范例性还指选文作为具体的研究个案，对教师来说，是绝佳的授课内容；对学生来说，是上好的学习范本。老师通过讲解让学生掌握特定文本的研究范例，学生通过研读，模仿和学会如何研究问题，如何写作学术论文。由此实现研究型教材的特定功能。

再次是对多元化的强调。传统教材有时为了突出编写者个人的学术观点，往往采用一家之说，而对其他各种观点的介绍评析不够。由于研究型教材采用选文与导言相结合的方式，因此可以实现教材内容、学术观点和研究方法的多元化，进而达到学术研究上的"视界融合"。多元化一方面体现在博采各家之说，尽显研究特定问题的思路或方法的多样性，形成了各家之说的对话性；另一方面，选文在学术论文的文体、方法和表述风格上也明显多样化，这有助于学生掌握多种阐释途径和写作方法，进而避免研究方法和写作上的"八股"文风。

以上概括无疑同样适用于本套"新闻学类"教材。当然，新闻学毕竟与文史哲等传统学科有所不同，在教材的编写中也要充分考虑到它们之间的差异性。这种差异性主要表现在以下两个方面。

其一，新闻学的学科发展史比较短暂，不像文史哲等传统学科那样源远流长，因而可选的经典范文就比较有限。在代表性与经典性之间，本套教材更强调的是代表性而非经典性。世界上没有一成不变的真理，任何观念都产生于特定的历史语境。从纵向上看，许多在当时有影响的学术观点，随着时代环境的变化，在今天看来或许已平淡无奇，或许还存在明显的不足，但它们代表的却是学术史链条上不可或缺的某些组成部分。从横向来看，对同一问题，人们也会有不同的认知。这种不同或来自于不同的理论视角，或来自于不同的方法运用，但它们对更为完整地认识一个事物都有裨益。对于有价值的多元化的观点和方法，只要有一定的代表性，我们便采取兼收并蓄的态度，以期更好地利用过往的研究财富，为今后的知识创新增添有益的动力。

其二，由于新闻学是一个新兴的应用性学科，它与文史哲等基础学科不同的地方还在于它一定要理论联系实际，因而本套教材特别强调了实践应用性。一是选题的提出和讨论特别强调现实性，以增加教材内容与新闻传播现实的粘合度。二是在业务性课程教材的编写方法上做出适当调整，增加了案例分析的环节。三是在选文之后的问题思考和研究设计部分，更注重结合当下正在进行中的新闻传播变革来设计思考题和研究方案。

学术研究需要凝聚朝气蓬勃的学术力量，发挥专业团队的集体智慧。近三年多来，为了保证本套教材的顺利推进，南京大学新闻传播学院的诸多同仁以及部分校外学者，群策群力、共襄斯举，为了共同的目标，大家本着严谨求实的学风，不囿于成见，立意于创新，在各自所负责的教材中充分表现出自己的学术个性。在此，谨向他们表示深深的敬意！本套教材能够顺利付梓出版，还有赖于南京大学出版社的鼎力支持以及项目负责人和各位责任编辑的辛勤劳动，特别是金鑫荣社长，出版此套教材的创意来自于他，在编著过程中，经常加以敦促和鼓励的也是他，没有他的关心和支持，也就没有这套书的今天。此外，我们也要向本套教材中所有被征引文献资料的著作者一并致以深切的谢意！

以"研究性"作为教材编写的突出特点，这只是一个初步的试验。我们知道，在这条道路上需要探索的地方还很多，因而热忱期待来自各方有识之士的指教。

2015 年 3 月于南京大学

目　录

目
录

第四编　新闻研究论

第三编　新闻关系论

第一编　新闻本体论

第一章　新闻是什么？

导　论

"新闻是什么"是新闻学的核心命题之一,也是新闻理论需要首先解决的问题。十九世纪后期以来,随着大众传播的不断发展,人们从未停止对这一问题探索的脚步,原因在于如果不能说清楚新闻是什么,制作新闻和研究新闻便没有相对统一的准则和依据。纵观十九世纪后期至今人们所发表的对这个问题的看法,可以将它们大致分为两个大的类型,一类是价值论视角的描述,另一类则是本体论视角的界定。

从价值论角度对新闻进行描述,比较典型的是美国新闻界一些从业者的观点。19世纪70年代美国《纽约太阳报》的本市新闻主编约翰·博加特(John B. Bogart)说:"狗咬人不是新闻,人咬狗才是新闻。"①同时代在美国堪萨斯州创办并主编《阿契生市环球报》的爱德华·贺(Edgar W. Howe)提出:"凡是能让女人喊一声'哎呀,我的天哪'的东西,就是新闻。"② 20世纪30年代初《纽约先驱论坛报》采编主任斯坦利·沃尔克(Stanley Walker)认为,新闻建立在三个"W"的基础上,即:Woman(女人)、Wampum(金钱)、Wrongdoing(坏事)③。这类人们耳熟能详的表述,主要出现在十九世纪后期和二十世纪前期,它们虽非严格意义上的新闻定义,但确实在一定程度上揭示了新闻对于人的心理作用的某些性质,其目的是要用形象简洁的语言说清新闻到底是什么的问题。这些观点的出现与新兴的大众传媒商业运作模式密切相关,它们重视新闻的新鲜性、趣味性、反常性、刺激性,就是为了投社会大众口味之所好,最终达到扩大报纸发行的目的。如果仅仅从衡量新闻价值可能涉及的因素角度,说新闻具有这些性质并没有什么错;问题在于,若把这些性质作为界定新闻的主要标准,而失去新闻价值的社会责任维度,新闻的天平就会发生明显的倾斜,新闻媒体和新闻报

---

① 〔美〕迈克尔·埃默里、埃德温·埃默里:《美国新闻史》,展江、殷文主译,新华出版社,2001年版,第279页。

② 参黄旦:《新闻传播学》,杭州大学出版社,1995年版,第173页。另参维基百科的辞条"E. W. Howe",来源:http://en.wikipedia.org/wiki/E._W._Howe#cite_note-Onofrio2000-3。

③ 〔美〕麦尔文·曼切尔:《新闻报道与写作》,艾丰等编译,广播出版社,1981年版,第64页。

道者将注意力重点放在报道暴力、色情、丑闻等方面就会成为在所难免的事情。美国新闻史上曾经出现"黄色新闻"时代已经充分证明了这一点。

进入二十世纪后，随着社会的发展、受众需求的变化，特别是新闻教育和新闻研究的不断展开，越来越多的人希望弄清新闻到底是什么，人们对于新闻的理性认知也就随之不断深入。这方面的观点难计其数，但大多可以归为本体论视角的范围。所谓本体论视角，即探讨事物本身为何物的视角，它或者是试图找出一事物之所以成为该事物的根本实体，或者是试图回答一事物之所以成为该事物的过程依据，如果将前者称为存在本体论，后者则可称之为实践本体论。

存在本体论的代表性观点是"事实论"。持这种观点的人认为，事实是新闻的根本存在物，新闻就是事实本身。例如，美国威斯康辛大学新闻学院创始人布莱尔（Willard G. Bleyer，又译白来耶）认为："新闻是最近发生的，能引人兴味的事实"[1]；与此相近的还有美国密苏里新闻学院前院长莫特（Frank Luther Mott）的表述："新闻是新近报道的事情"[2]。中国持事实论观点的人也比比皆是。1919 年，曾任北京大学新闻学研究会导师的徐宝璜便提出："新闻者，乃为多数阅者所注意之最近事实也。"[3]这是可以查到的我国最早的新闻定义。1946 年，胡乔木在《人人要学会写新闻》中提出："新闻是一种新的事实"[4]；1961 年，范长江在《记者工作随想》中说："新闻就是广大群众欲知、应知而未知的重要的事实"[5]。改革开放以来，新闻理论的研究日渐活跃，很多学者发表了对新闻定义的新看法。其中不少人继续持事实论的观点，如："新近发生的、具有社会知悉意义的事实，叫新闻"[6]；"新闻就是追求最大范围传播的事实"[7]；"新闻是新近发生或变动的事实"[8]。持与事实论相近的观点的人还有曾任北京大学新闻学研究会导师的邵飘萍，他在其著作《新闻学总论》中认为："新闻者，最近时间内所发生，认识一切关系于社会人生的兴味、实益之事物现象也。"[9]当然，关于"事实论"的最直截了当的表述还是芮必锋的观点，他认为："新闻不是事实的什么反映，不是事实的报道，也不是事实的信息，新闻就是事实，新闻属于社会存在的范畴，而不属于社会意识的范畴，从本体论着眼，新闻就是人们在社会实践中经验并

[1]　王益民：《理论新闻学》（第 2 版），华中理工大学出版社，1996 年版，第 44 页。

[2]　转引自成美、童兵：《新闻理论教程》，中国人民大学出版社，1993 年版，第 30 页。

[3]　徐宝璜：《新闻学》，中国人民大学出版社，1994 年版，第 10 页。

[4]　乔木：《人人要学会写新闻》，《新闻战线》，1983 年第 1 期，原载 1946 年 9 月 1 日延安《解放日报》。

[5]　范长江：《记者工作随想》，《新闻战线》，1979 年第 1 期，是作者 1961 年间写的一篇未经发表的文章。

[6]　刘建明：《新闻事实的"社会知悉意义"》，《新闻爱好者》，1997 年第 5 期。

[7]　吕新雨：《以人的社会存在为背景的新闻与新闻事业——关于新闻理论中诸概念的重新思考》，《新闻大学》，1997 年夏季号。

[8]　喻权域：《对新闻学中一些基本问题的看法》，《新闻大学》，1998 年秋季号。

[9]　邵飘萍：《新闻学总论》，京报馆，1924 年版，第 80 页。

关注的新鲜事。"①"事实"或"事物现象"都是可以独立和外在于人而客观发生与存在的东西，事实论者从本质上来讲都是将新闻看成是它所报道的事实或事物现象本身。

实践本体论的代表性观点是"报道论"。1943年，陆定一在《我们对于新闻学的基本观点》一文中提出："新闻的定义，就是新近发生的事实的报道。"②这是长期以来在中国对新闻工作和新闻研究影响很大的一种观点，它承认事实的第一性，但并不认为新闻就是事实本身。"报道论"同样可以从国外找到很多例子。例如，美国新闻学家阿维因（Will Irwin）说："新闻就是同读者的常态的、司空见惯的观念相差悬殊的一种事件的报道"③；德福勒（Melvin DeFleur）和丹尼斯（Everette Dennis）说："新闻是就某个具体问题、事件和过程提供的关于现实的当代景象的报道"④；日本新闻学家小野秀雄认为："新闻是根据自己的使命对具有现实性的事实的报道和批判，是用最短时距的有规律的连续出现来进行广泛传播的经济范畴内的东西"⑤。当然，对这个问题也有说得最直截了当的人，麦道格尔（Curtis Daniel MacDougall）就认为：新闻是"对事件的报道，而不是事件本身固有的什么东西"⑥。香港中文大学教授苏钥机认为，关于这个问题可以用语意学学者Korzybski的说法来打比方："地图不是疆域"（the map is not the territory），因为地图是根据制图者的学养、训练甚至偏好对地理区域的一种主观描述，两者有密切关系但不能合二为一。在描述过程中，涉及选材、角度、重点等抽象化程序，当中有个人及社会的影响因素，因而令图像与现实有所不同。"新闻与事件的关系也一样，经过记者和新闻机构的主观'加工'，'新闻也不等于事件'。"⑦

与报道论相近的观点还有"信息论"、"记录论"、"传播论"等。例如，曼切尔（Melvin Mencher）认为："新闻是事件正常发生过程中出现的突变信息，是正常状况的突变"；"新闻是人们对其生活作出合理决策所需的信息"⑧。中国学者宁树藩也持这样的观点："新闻是经报道（或传播）的新近事实的信息"⑨。美国《现代新闻报道》作者华连给出的定义是："新闻就是能唤起读者、唤起人们的关心，进而教诲他们、鼓舞他们并使他们能够得到乐趣的一种对于人们活动的最适时的记录。"⑩而中国学者

---

① 芮必峰：《新闻本体论纲》，《新闻与传播研究》，1997年第4期。
② 陆定一：《我们对于新闻学的基本观点》，载《陆定一新闻文选》，新华出版社，1987年版，第2页。
③ 转引自雷跃捷：《新闻理论》，北京广播学院出版社，1997年版，第66页。
④ 转引自张昆：《中外新闻传播思想史导论》，复旦大学出版社，2006年版，第161页。
⑤ ［美］梅尔文·L. 德弗勒、埃弗雷特·E. 丹尼斯：《大众传播通论》，严建军等译，华夏出版社，1989年版，第446页。
⑥ 转引自徐耀魁：《西方新闻理论评析》，新华出版社，1998年版，第135页。
⑦ 参苏钥机：《什么是新闻？》《传播研究与实践》（台湾），2011年1月创刊号。
⑧ 转引自徐耀魁：《西方新闻理论评析》，新华出版社，1998年版，第135页。
⑨ 宁树藩：《新闻定义新探》，《复旦学报（社会科学版）》，1987年第5期。
⑩ 转引自雷跃捷：《新闻理论》，北京广播学院出版社，1997年版，第66页。

王中则认为：“新闻是新近变动的事实的传布。”①这些观点之间虽然存在着一定的差异，但它们都有一个共同的地方，就是认为新闻并非事实或事件本身，而是关于事实或事件的信息、记录或传播。我们把包括“事实论”在内的所有这类观点统称为实践本体论，它们都承认新闻离不开主体的实践活动，是新闻实践与客观存在相结合的产物，它们之间的差异仅在于对实践主体的行为方式或实践结果进行认定的侧重点有所不同。

存在本体论与实践本体论这两者之间似乎存在尖锐的对立和冲突，其实并非完全如此，它们不过是分别强调了新闻本体的两个不同的方面。前者强调的是新闻本体的本源性，认为任何新闻都只能来源于事实，而且在终极意义上只能以事实的方式存在；后者强调的是新闻本体的实践性，认为任何新闻固然是从事实而来，但事实本身并不能自动成为新闻，而是要经过实践主体的作用，因而任何新闻最终的存在方式都只能是客观事实与主观加工的统一体。如果存在本体论承认，离开了人（包括传者和受者）也就无所谓新闻，那么，它与实践本体论在本质上就并不矛盾，因为后者从来就没有否认过事实的第一性，也就是事实对于新闻所具有的决定作用。

这并不是说“事实论”这样的存在本体论和“报道论”这样的实践本体论之间就不存在矛盾冲突了，而是说这种矛盾冲突实际上可以归结到如何认识新闻实践主体与新闻本体的关系问题上。“事实论”并非不承认而只是有意无意地隐匿了新闻实践主体的身影，以至于有人会觉得它认为没有人的参与也可以有所谓的新闻。“报道论”则将新闻实践主体从幕后推向了前台，不仅如此，“报道”还带有明显的专业意味，这进一步突出了媒介组织和新闻从业人员作为新闻实践主体的专业性。

由以上简单的历史回顾不难看出，对于“新闻是什么”这个问题的回答，不同的人有不同的看法，并没有一个标准答案。各种不同的新闻定义，都是从不同的视角对同一对象的多重解读，这些认识虽各有其合理成分，但其合理性取决于自己给自己所设定的语境。当人们从“作为存在的存在”（Being as Being）角度来讨论新闻时，“事实”就成了新闻的终极存在；换言之，事实是新闻的本源。当人们从“走向存在的存在”（Being to Being）角度来定义新闻时，“报道”就成了新闻最真实的存在物；换言之，新闻是客观事件经过人的主观作用而生成的产物，是主客观的统一体。至于价值论角度的观点，由于它们并不追寻新闻的本体意义，加之表述方式多非逻辑界定，因而很少有人（包括提出这些说法的人）将它们看成是真正的新闻定义。

不管人们从何种角度来定义新闻，其实没有人否认，事实才是真正的新闻本源，而且是唯一的本源。所谓新闻本源，即新闻的根本依据和源泉；通俗地说，即新闻是从何处产生出来的。这是新闻理论的一个基本问题。对这个问题的回答，关系到对

---

① 王中：《论新闻》，《新闻大学》，1981年第1期。

新闻的本质特性,新闻工作的目的、方法和原则等一系列问题的认识。"唯物主义认为,新闻的本源乃是物质的东西,就是人类在与自然界和社会交往中所发生的各种事实。在新闻与客观事实的关系中,事实是构成新闻的根本因素。有了事实的发生、变动,才有新闻。没有事实,就没有新闻。事实在先,新闻在后。事实是第一性的,新闻是第二性的。"①必须注意的是,作为新闻本源的事实并非一般意义上的某件具体的事情。说事实是新闻的本源,并不是说所有现实世界中发生的事情都能成为新闻。大千世界每时每刻都在发生着变化,具体事实不仅数量庞大而且无限丰富,但新闻只关注那些最新发生并且处于超常态变化中的事实。与新闻本源既有联系又有区别的另一个概念是新闻来源。所谓新闻来源,是指新闻材料的出处和供应新闻材料的媒介。现代社会大众传播媒介的主要新闻来源有直接和间接两种,"前者如媒体记者直接采访所获;后者如通讯社采写或转发的电讯;公众、通讯员、读者投寄的稿件;政党、社会团体、企事业单位提供的稿件"②。新闻媒体发布新闻一般应交代消息来源,但也负有保护新闻来源不受侵害的义务,同时要考虑公布消息来源是否会影响司法公正或妨碍保守国家机密。从实质来看,不管新闻材料来自何处,这种材料所包含的都必须是客观事实,可见新闻来源必须符合新闻本源的要求,新闻本源的道理同样适用于新闻来源。两者的区别在于:新闻本源问题是从哲学意义上对新闻本体的一种思考,而新闻来源则是从实践意义上对新闻材料出处的一种确认。

  事实是新闻的唯一本源,决定了新闻必须尊重事实,敬畏事实,以追求真相作为最高目标。既然事实不可能自动成为新闻,要做到这一点就只有依赖于新闻实践主体的作用。这一方面有赖于新闻从业者的职业素养(包括理念、知识、经验、技能等),另一方面也有赖于他们实践的对象,即事实本身。什么样的事实才能进入新闻实践的视野呢?大千世界每时每刻都会发生难以数计的事实,但并非每件事实都有成为新闻的可能,只有那些新发生的或已经发生但又有了新变化的事实也就是真正新鲜的事实才有可能成为新闻。除此以外,再新鲜的事实,也必须及时和公开地传播出去,事实才能转化为新闻;换言之,旧闻和不闻都不可能成为真正的新闻。因此,真实、新鲜、及时、公开就成为新闻的几个基本特性。

  无论是从存在本体论或是从实践本体论的角度来看,新闻事实或对事实的呈现都是由这样几个要素构成的,即:时间、空间、人物、事件、原因。用英语单词来表示,就是 when(何时)、where(何地)、who(何人)、what(何事)、why(何故),因为这些单词都以 W 开头,所以这五个要素就被习惯地称为"新闻五 W"。还有人认为应再加上 how(如何),这样新闻就具有六个要素。新闻五要素或六要素的划分,符合人类认识事物的方法和过程的规律。它们分别对应于哲学认识论中的认识主体、认识对象

---

  ① 童兵、陈绚主编:《新闻传播学大辞典》,中国大百科全书出版社,2014 年版,第 6 页。

  ② 童兵、陈绚主编:《新闻传播学大辞典》,中国大百科全书出版社,2014 年版,第 7 页。

（客观事物）、对象存在的特定的时间和空间，以及客观事物运动的因果和过程。人类的认识只有具备了这些因素，并逐渐深化对这些因素的把握，认识活动才能顺利进行并取得应有的成效。明确了新闻的构成要素，新闻从业者在实践操作中就有了基本的依据，无论是在采访、写作还是在编辑过程中，都可以迅速地弄清事实的要点，抓住需要强调的重点，或者突出需要呈现的亮点。新闻受众也可以根据自己的兴趣和诉求，据此在新闻文本中方便而迅速地找到自己所需要的信息。

新闻一旦成为新闻，还有一个类型划分的问题。这不光是为了研究的需要，也是为了新闻实践的需要。只有区分了新闻的类型，才能弄清各类新闻的特点，新闻的制作才能符合各类新闻不同的内在要求，新闻接受才能更加方便并且更有针对性。

一般来说，主要的分类方法有以下几种。一是根据新闻事实所从属的社会行业，将其分为工业新闻、农业新闻、军事新闻、科技新闻、教育新闻、文化新闻、体育新闻、社会新闻等。我国综合性日报的部门设置在很长时期内是按照这一分类法来确定的，一些报纸的版面也将此作为分类的标准之一。二是根据新闻事实发生的空间，将其分为国际新闻、全国新闻和地方新闻。我国大多数报纸的版面、广播电视台的时段配置都按这一标准来安排。不同媒体对国际新闻、全国新闻和地方新闻关注的侧重点不同，由此可以体现该媒体的市场定位和编辑方针。三是根据新闻与受众在利益或心理上的相关性，将其分为硬新闻和软新闻。

所谓硬新闻，是指有关政治、经济、外交、军事等方面的重大突发事件或社会生活中与公众利益密切相关的重要事件的报道。硬新闻往往多属突发性新闻，即对出乎人们预料而突然爆发的事件的报道。例如，突然发生的灾难（地震、海啸、暴风、空难、火灾或车祸等），突然爆发的战争，突然生变的政局等。这类新闻关系到国计民生和人们的切身利益，可以为政府的公共决策和公众的工作及日常生活决策提供可靠的信息参照。正因为如此，硬新闻在报道上有很高的要求。一是时间要求极为严格，可谓分秒必争，越快越好；二是报道内容要尽可能准确，信息尽可能量化，细节尽可能清晰。软新闻则多指关于社会、市井、风俗、民情等方面的情况或趣闻轶事的报道，也包括带人情味的特写。它和人们的切身利益并无直接关系；向受众提供娱乐，开阔眼界，增长见识，陶冶情操，或作人们茶余饭后的谈资。软新闻的发生往往没有明确的时间界限，多数属于延缓性新闻。软新闻的公开发表也没有时间上的严格限制，早一点或迟一点关系不大。"然而，软新闻很讲究写作技巧，须用生动活泼的文笔来写，写出情趣来，即人们常说的'散文笔法'。"[①]硬新闻一般是新闻媒介的主角，但软新闻特别是带有软新闻特点的社会新闻也是媒体中必不可少的角色。

由于题材、地域、性质等的不同，新闻可被人为地划分为多种不同的类型。不同的新闻可以满足人们不同的需要，无法简单机械地用单一标准进行类比。从总体上

---

① 李良荣：《新闻学概论》（第3版），复旦大学出版社，2009年版，第40页。

说,人类首先需要的是硬新闻,在此基础上才会进一步产生对软新闻的需求;新闻媒介也首先是以传播硬新闻作为自己的立足点,然后再去追求新闻类型的丰富多样性。不同类型的新闻在报道形式上要求也不同,只有弄清各类新闻本身的规律和要求,才能充分利用好新闻资源,让新闻报道发挥出最大效益。

选 文

我们对于新闻学的基本观点

陆定一

导言——

本文选自《陆定一文集》,人民出版社,1992年版,第321-330页。

作者陆定一(1906~1996),江苏无锡人,毕业于上海南洋大学(今上海交通大学前身)电机系。大革命时期,任共青团中央宣传部长,《中国青年》(后改名《无产青年》)、《青年实话》等报刊主编;红军长征期间,主编过中国工农红军总政治部机关报《红星报》;延安时期,任《解放日报》总编辑;新中国成立后,历任中共中央宣传部部长、国务院副总理、全国政协副主席等职。

陆定一曾长期主管中共的意识形态宣传工作,撰写过不少新闻宣传方面的论文,本文发表于1943年9月1日的延安《解放日报》,是这些论文中具有代表性的一篇。陆定一在此文中将新闻本源和新闻真实作为新闻学的两个基本问题加以论述。他认为:新闻"就是新近发生的事实的报道";"新闻的本源是事实","事实是第一性的,新闻是第二性的";新闻工作应该向人民群众学习,为人民群众服务,与人民有密切的联系,才能得到真实的新闻。这些观点都具有广泛的影响。

辩证唯物主义,主张依照事物的本来面目去解释它,而不作任何曲解或增减。通俗一点说:辩证唯物主义就是老老实实主义,就是实事求是的主义,就是科学的主义。除了无产阶级以外,别的阶级,因为他们自己的狭隘利益,对于事物的理解是不能够彻底老老实实的,或者是干脆不老实的。只有无产阶级,由于它是最进步的生产者的阶级,能够老老实实的理解事物,按其本来面目而不加以任何曲解、任何加添或减损,不但这样,而且它能够反对一切不老实,反对一切曲解。

在新闻事业方面,我们的观点也是老老实实的观点。这种观点,在我们党开始从事自己的新闻事业时,就有了的。抗战以来,党的新闻事业是大大的发展了,吸收了大批新的知识分子到这部门事业中来。吸收新的血液,乃是事业向前发展中必要的和必有的步骤。但随此以俱来的,则有事情的另一方面:抗战以后,参加党的新闻事业的知识分子,乃是来自旧社会的,他们之中,也就有人带来了旧社会的一套思想意识和一套新闻学理论。这套思想意识,这套新闻学理论,是很糊涂的,不大老老实实的,甚至是很不老老实实的,也就是不大科学的,甚至很不科学的。如果不加以改造,不加以教育,就会不但无益,而且有害,就无法把党的新闻事业做好。

了解这套从旧社会里带来的思想意识和新闻学理论,懂得它的谬误在哪里,对于我们,曾经是一个相当长的过程。真正与这一套坏东西作斗争,还是《解放日报》去年四月改版才开始,这是在我们党的领袖毛泽东同志直接领导下进行的。理论是从实际中来的,与不正确的新闻学理论和实践作斗争,就同时丰富了和发展了我们自己的关于新闻学的实践和理论。这一个斗争的结果,现在已经可以把它在理论上作一个初步总结,这对于我们党的新闻事业的今后发展,是会有点好处的。本文的目的就在这里。希望大家不吝指教。

第一　新闻的本源

新闻是什么?对于这个问题,有两种回答。由于对于新闻的本源理解不同,一种人对于新闻是什么,作了唯物论的解决,另一种人则作了唯心论的解决。

唯物论者认为,新闻的本源乃是物质的东西,乃是事实,就是人类在与自然斗争中和在社会斗争中所发生的事实。因此,新闻的定义,就是新近发生的事实的报道。

新闻的本源是事实,新闻是事实的报道,事实是第一性的,新闻是第二性的,事实在先,新闻(报道)在后,这是唯物论者的观点。

因此,唯物主义的新闻工作者,必须尊重事实,无论在采访中,在编辑中,都要力求尊重客观的事实。

新闻学理论中的唯心论,是很早就有的。唯心论者对于新闻的定义,认为新闻是某种"性质"的本身,新闻的本源乃是某种渺渺茫茫的东西。这就是资产阶级新闻理论中所谓"性质说"(Quality Theory)。最早的"性质说"认为"新闻乃是时宜性与一般性之本身"。后来,花样越来越多,代替"时宜性""一般性"的,有所谓"普遍性""公告性""文艺性""趣味性""完整性"等等。总而言之,唯心论企图否认"新闻是事实的报道"的唯物论定义,而把新闻解释为某种"性质"的本身,脱离开了某种"性质"就不成其为新闻。

这种唯心论的"性质说"其错误在哪里呢?初看起来,它似乎是对的,因为不论从哪一条新闻来看,都会是合于或似乎合于某一种"性质"的,例如有些新闻就有"一般性",有些就有"趣味性"等等,而且主张新闻应有某种"性质"的人,也总能讲出一些片面的道理来的,因而,许多新闻工作者,尤其是年轻的新闻工作者,就会被它迷惑。但是，新闻的"性质"是从哪里来的呢？是由什么东西决定的呢？我们回答道：是由新闻所报道的事实来决定的。兴趣是有阶级性的，对于劳动者有兴趣的事实，写出来就成为对于劳动者有兴趣的新闻。但同一事实，剥削者看来就毫无趣味，因而这个新闻对于剥削者也就成为无兴趣的新闻。例如关于劳动英雄的新闻，就是如此。事实完整了，写出来就成为完整的新闻，事实尚未完整，报道这个事实的新闻也只能不完整。事实很"文艺性"，报道也自然会有"文艺性"，否则就相反，例如宣布政府或党的公告的新闻，有什么文艺性呢？诸如此类，不一而足。这都说明：事实决定新闻的"性质"，而不是"性质"对于客观事实或新闻（事实的报道）有什么决定作用。唯心论的"性质说"，把片面的东西夸大成为全面的东西，把形式当作本质，把附属的当作主要的，把偶然的当作必然的，因而是错误的。照此做去，必致误入歧途。新闻界中的下流坯，提倡所谓"桃色新闻""黄色新闻"，岂不是以"兴趣性"做招牌的吗？借口"文艺性"而把地上的事实夸张成为神话一般的事，在新闻界中岂不也是数见不鲜的吗？

这种唯心论的"性质说"歪曲了客观现实，一方面，把人人可以懂得的新闻说得神乎其神，只能"吓唬土包子"，一点积极作用也没有；另一方面，对新闻事业还起了消极作用，因为如果相信了这种"性质说"，天天去玄而又玄地研究这个"性"或那个"性"，就一世也不会有结果，必致流入脱离事实，向壁虚造，无病呻吟，夸夸其谈。

这里，我们要专门来讨论一种特别重要的"性质说"，这种"性质说"认为：新闻就是"政治性"之本身。

在阶级社会里，每条新闻归根结蒂总有其阶级性或政治性，这是对的，那么，如此说来，这种"政治性"的"性质说"岂不是正确的吗？乍看起来，这的确像是正确的。但如果仔细一看，就知道这种说法不仅是不正确的，而且异常阴险，异常恶毒，竟是法西斯的"新闻理论"基础。

我们革命的新闻工作者，既然有唯物的社会观，就一定承认每个新闻归根结蒂具有政治性。但是我们认为，这种政治性比起那包含这种政治性的事实来，乃是第二性的、派生的、被决定的，而第一性的东西，最先有的东西，乃是事实而不是什么"政治性"。说"新闻就是政治性本身"就是把事实与其政治性的关系，头足倒置颠倒过来。

颠倒过来有什么害处呢？颠倒过来，立即就替造谣、曲解、吹牛等等开了大门。既然"新闻就是政治性本身"，凡是有政治性的都可以算新闻，那么，政治性的造谣、曲解、吹牛等等不是也就可以取得新闻的资格了吗？德意日法西斯"新闻事业"专靠造谣吹牛吃饭，不靠报道事实吃饭，岂不也就振振有词，有存在的资格了吗？

所以，事实与新闻政治性，二者之间的关系，万万颠倒不得。

一定要认识事实是第一性的，一切"性质"，包括"政治性"在内，与事实比起来都是派生的、被决定的、第二性的。一定要认识我们革命的新闻工作者必须尊重事实，而且尊重事实是与政治上的革命性密切结合不可分离的。反之，凡是不尊重事实的，哪怕装得像很"革命"，实际上一定是反动的家伙。

最近几年，大后方反动派特务崽子们，在提倡所谓"三民主义的新闻原理"，这就是德意日法西斯"新闻理论"的变种。在这种"原理"之下，特务们提倡"合理的谣言"，公然伪造民意，压制舆论。例如河南大灾荒不准报道，西安特务开了九个人十分钟的会就"报道"说西安"文化界"主张"解散共产党"等，就是他们的"新闻大杰作"。

总结上面所说，我们可以明白，唯物论与唯心论在新闻学理论中的一条明确的界线，就是是否主张尊重事实，而且是否在实践中真正尊重事实。只有把尊重事实与革命立场结合起来，才能做个彻底的唯物主义的新闻工作者。反动的阶级，为什么不能尊重事实，必定要曲解事实，而且要闭着眼睛造谣呢？因为他害怕事实。有些人为什么不能彻头彻尾尊重事实呢？因为他们对反动派有所畏惧，有所迎合。只有无产阶级这个最革命的阶级，不怕面对事实，对反动派没有任何畏惧，也无所迎合，因此就能彻底尊重客观事实。

第二　新闻如何能真实

我们的新闻工作，既然尊重事实，那么我们不但与专吃造谣饭的法西斯不同，而且与一般的资产阶级新闻工作者不同。只有我们，才能实行一个方针，这个方针使我们的新闻十分真实。

资产阶级的新闻理论，也讲到怎样求得新闻成为事实的真实报道的问题。例如，最初步的新闻学，就说到每条新闻必须有五要素，即时间、地点、人名、事实的过程与结果，新闻中有了这五个要素，缺一不可，才算是新闻。再例如资产阶级的新闻学主张记者报道新闻时必须亲自到发生事件的地点去踏看，而且主张摄影的报道等。

资产阶级新闻学中这些主张，我们认为是对的（理由不必多讲了），但我们同时要指出，要想求得新闻十分真实，这是非常不够的，所谓新闻五要素，所谓新闻记者亲自踏看和摄影报道，还是形式的。这些形式是必要的，但如果以为这便是一切，乃是大错的。

先说"新闻五要素"。报道一件具体事实的新闻，必须要有此五要素，缺一不可，这是对的。但另一方面，有了这五要素的新闻，是否一定就是真实的呢？那就未必。《解放日报》上，曾经登载过一篇叫做"鄜县城内家家户户纺织声"的新闻，后来查起来，那时鄜县城内原来连一架纺织机都没有。去年征粮时，报上又曾登过一条消息，说延安乌阳区首先完成入仓任务，后来查明，乌阳区在延安征粮中是最落后的一个区，记者写那个消息时，入仓工作还未开始呢！上述两个，是不真实的新闻的最典型的例子。后来查出来，品质不好的分子常常写这种不真实的新闻，想来降低《解放日报》的信用。但是，这些新闻，就形式而论，则五要素件件具备。

再说记者亲自踏看，这也是对的，而且应该承认这是一个很好的值得采用的方法。但是否亲自踏看就一定可以得到真实的新闻呢？那也未必尽然。因为：第一，记者既非参与此事内幕的人，他即使亲自踏看，难免主观主义，更难免浮面肤浅；第二，有时亲自踏看的记者，为了某种原因，仍旧作不尽不实的报道；第三，每件事都要记者亲自去踏看，则势必没有办法，或是记者太少，或是时间不对。

摄影报道，这是最足信任的办法，要在高度发展的技术条件下才办得到，但甚至这种报道，都还可以伪造。

由此可见，上面这些办法，都是好的，都是有用的，只要技术条件具备，派记者亲自踏看和摄影报道都应该采用的。但如果仅仅限于这些，就会犯形式主义的错误，还是得不到真实的新闻。

要怎样才能得到真实的新闻呢？

只有为人民服务的报纸，与人民有密切联系的报纸，才能得到真实的新闻。

这种报纸，不但有自己的专业的记者，而且，更重要的（再说一遍：更重要的！）是它有广大的与人民血肉相连的非专业的记者。它把这二者结合起来，结合的方法就是：一方面，发动组织和教育那广大的与人民血肉相连的非专业的记者，积极地为报纸工作，向报纸报道他自己亲身参与的事实，因为他们亲身参与这些事实，而且与人民血肉相连，因此他们会报道真实的新闻；另一方面，教育专业的记者，做人民的公仆，对于那广大的与人民血肉相连的人们，要做学生又做先生。做学生，就是说，要恭敬勤劳，向他们去请教事实的真相，尊重他们用书面或口头告诉你的事实真相，以他们为师来了解事实，来检查新闻的真实性；做先生，就是在技术上帮助他们，使他们用口头或书面报告的事实，写成了完全的新闻，经过这种结合，报纸就与人民密切结合起来了。

这条路线，这个方针，就是《解放日报》的建设报纸的路线和方针。只有共产党的党报，才能这样建设自己的报纸，因为它有共产党的领导，而共产党乃是人民的先锋队，因为它有共产党组织可以依靠，而每个共产党员尤其是共产党的基本骨干乃是与人民血肉相联的，并且是人民中最优秀的分子。

这条路线，这个方针，对于建设一个好的报纸，有头等重要性，比之讲求新闻五要素，记者亲自踏看等重要好多倍，虽然前者还是仍须讲求而不可偏废的重要的方面。有了这条路线，这个方针，又有了共产党的领导和以共产党的组织为依靠，再加上忠实于人民事业的有能力的专业记者的活动，我们就可以办出一个头等的报纸，使任何资产阶级的报纸望尘莫及，开中国报界的新纪元。

任何一个报纸不能与我们竞争，因为它们有的不是为人民服务而是为反动派服务的，有的虽然要为人民服务但没有共产党的直接领导，也没有共产党这样先进的伟大的组织可以依靠。

这条路线，这个方针，我们行之一年了，结果是得到很大的成绩。现在我们还必须将它继续贯彻下去。为了以后顺利地贯彻，有三点还必须提出来谈谈：

第一点，必须赞成把专业的新闻工作者与非专业的新闻工作者结合起来的路线，而反对那把二者分裂开来的路线。国民党反动派，特别是那批反共特务，他们企图对新闻工作者灌输一种反动的思想，使他们自己认为自己是与众不同的人，叫他们与人民远远的分裂开来。国民党反动派，特别是那批特务，捧新闻记者为"无冕之王"，为"先知先觉"，甚至曲解历史，说中国自有报纸以来，报纸和新闻记者就是"革命"的（其实，中国最早的现代报纸是帝国主义者办的，目的为了侵略。后来官报盛行，目的是为了便于统治人民，再后来民间起来办报，其中才有些代表人民说话的报纸，才是革命的。但在反动统治之下，民间的报纸反动的也很多），另一方面，则对新闻工作者施以法西斯的残酷压迫，不给新闻工作者与人民接触的机会，不给他们替人民说话的权利，而且用手枪和活埋，强迫新闻工作者出卖灵魂，去当法西斯特务，袁世凯、曹锟只枪毙几个记者，而国民党反动派则变本加厉，简直是要窒死全体新闻界，枪毙整个人民言论自由！他们的目的，就在于使新闻工作者形成一种"报阀"，甚至成为一群丧尽天良的特务，脱离人民，脱离现实，而且还自以为是，唯我独尊，这样好甘心情愿给反动派新专制主义者当作反革命的工具使用。

第二点，我们新闻工作者，必须时刻勉励自己，做人民的公仆，应知我们既不耕田，又不做工，一切由人民供养，如果我们的工作，无益于人民，反而毒害人民，那就比蠹虫还要可恶，比二流子还要卑劣。

我们的新闻工作者，是学了些新闻技术的，但万勿以此自满，看不起人。另一方面，我们做专业的新闻工作者的人，却有很大的缺点，因为你对于你所报道的事实，没有感性知识，无论如何不会像亲身参加那个工作尤其是领导那个工作的人知道得那样透彻、了解得那样亲切的。所以在你作报道的时候，你一定要去请教那亲身参加或领导这件工作的人，细细地听，好好地记，写成之后还要请他看过（或听过）和改过，写得不好就要听他的意见重新写，以便真正求得忠于事实。

对于亲身参加或领导工作的人的投稿，要知道他们写作技术不好乃是应有的事，你的任务，是要一方面向他学，尊重他所写的事实，一方面要做他的先生或者"理发员"，帮助整理修饰。你要用最大的热情去奖掖和鼓励他们，你没有任何权利去轻视和排斥他们。

第三点，我们办党报的人，千万要有群众观点，不要有"报阀"观点。群众的力量是最伟大的，这对于办报毫无例外。不错，他们是没有技术的，但技术是可以提高的，这需要长期的不倦地教育。我们既然办报，我们不尽这个责任，倒叫谁来尽这个责任呢？我们在这方面还有很多事情要做，而且还需要创造许多新的办法出来。

论新闻

王 中

导言——

本文刊载于《新闻大学》1981 年第 1 期。

作者王中(1914～1994),山东高密人,我国新闻教育家。1949 年前,历任山东抗日根据地《大众日报》通讯部副部长、新华社山东总分社编辑部主任,济南《新民主报》编辑部主任等职。1949 年,任上海市军管会新闻室军代表,参与接管上海的新闻出版机构、创办华东新闻学院并任教务长。后进入复旦大学工作,任新闻系主任、教授、博士生导师,并任上海新闻学会副会长、中国新闻教育学会副会长等。

王中先生长期从事新闻理论教学和研究工作,撰述的《新闻学原理大纲》,为我国新闻学走上系统化、理论化和科学化轨道建立了里程碑式的功绩。这篇《论新闻》从新闻的词源、新闻的本源、新闻的定义等方面论述了新闻的一系列基本问题,作者的基本观点是:社会的客观存在决定了人类的新闻活动;新闻是新近变动的事实的传布。

新闻是每个人的生活必需品。它和空气一样,虽然大家每时每刻都在呼吸它,但很难说清楚。

美国一所新闻学院向十家报纸的主编征求"新闻"的定义,十个人就有十种说法。美国的一位新闻学家说给"新闻"下个定义难极了。在我国,新中国成立前和外国相似,也是各有各的说法,以后都一律沿用"新闻是新近发生的事实的报道"。近几年来,由于思想解放,又重新讨论新闻的定义,也是众说纷纭。《辞海》里的新闻条目,这样给"新闻"下定义:"报纸、通讯社、广播电台对新近发生的事实……进行报道,这些体裁通常称为新闻。"但是,有的从事新闻工作的老同志却说,我们搞了几十年的新闻工作,到现在还没有弄清楚什么是新闻。一些读者抱怨报上没有新闻,但是报社从未卖给读者一张白纸,而是印满了密密的黑字。一位名记者给新闻下了个新闻定义:"新闻就是广大群众欲知、应知而未知的重要的事实",看来很好,但你怎么知道什么是群众欲知、应知而未知之事? 这仍然是一个难题。

为什么"新闻"的定义会成难题,"难"在哪里呢?

一、"新闻"这个词

谁也不怪,只能怪我们的祖先。因为"新闻"并不像一些辞书和文章说的那样:报上当作新闻发表的文字就叫"新闻"。"新闻"这个词不是在报纸产生以后才出现的,而是沿用我们老祖宗的词儿。在我们的老祖宗那里，"新闻"这个词在不同场合有不同的含义，这就给后人留下麻烦。就我所见，仅举几例：

唐朝尉迟枢把他听来的传说和故事写成书，书名叫《南楚新闻》，"新闻"一词是指他新听到的传说和故事。至于这种传说和故事是真是假，是什么时间的事，他都不管。

宋朝的赵升写了本《朝野类要》，说道："其有所谓内探、省探、衙探者，皆衷私小报，率有泄漏之禁，故隐而号之曰新闻。"这个"新闻"就不是道听途说的无稽之谈了，而是刺探来的官方封锁的情报了。

曹雪芹是位语言大师，他的《红楼梦》第一和第二回中四处提到"新闻"这个词：

1. "当下雨村见了士隐，忙施礼陪笑道：'老先生倚门伫望，敢问街上有甚新闻？'"这句话的意思就是街上发生了什么引起你注意的事情。

2. 甄士隐跟着疯道人飘飘而去，"当下哄动街坊，众人当作一件新闻传说。封氏知此信，哭得死去活来……。"这里的"新闻"一词作为信息解释，这个信息对封氏来说是重要情报，否则，她为什么要哭得死去活来？

3. 贾雨村遇到冷子兴，"雨村因问：'近日都中可有新闻没有？'子兴道：'没有什么新闻，倒是老先生的贵同宗出了一件小小异事。'"从这段话里，"异事"不一定称作"新闻"，都中没有新闻，意即京都官场中没有什么变动，没有发生重大事件。

4. 冷子兴讲述了贾府中宝玉衔玉而生以后，问道："你道是新闻不是？"可见，"异事"能不能归入"新闻"里还定不下来。

可见，我们的老祖宗对新闻的理解至少有三种：一是指新听来的事情；二是指奇闻异事；三是指各方面的情报。但有一点是共同的：绝不是新闻机构发布的信息才叫"新闻"。

如果没有新闻事业，这个对"新闻"一词的分歧就没有考据的必要，你把听到的传说和故事叫做新闻也可，他把异事不叫做新闻也可，反正不靠传播新闻为职业，也无需对新闻负法律责任。但在军事上却不同，古装戏里的探子在统帅面前一跪："报xxx。"如果探子把 xxx 报成没有真凭实据的传说或故事，或者奇事异闻，那么这个探子马上就被"拉下去斩首"。因为指挥员要根据探子的情报作出作战的对策，关系到一场战争的胜败。打仗是如此，我们的日常生活又何尝不是如此呢？新闻学就是要说明：人类社会为什么必然产生新闻活动。

在研究这个问题的时候，就要使用马克思主义的基本原理。马克思没有直接阐述过这个问题，我们可以参照他是怎样阐述其他社会现象的。例如文艺，马克思是把它作为客观存在的社会现象来考察的。无论它是原始人在洞壁上留下的画，口唱歌谣，还是经过采风写成的《诗经》、印刷出版的诗集等等，都作为文艺现象。马克思从来不去考察它是用什么形式的，木刻的还是铅印的，或者哪个出版社出版的。同样，新闻活动作为人类社会的必然，就应当排除只有新闻机关发布的新闻才是新闻的观念。为了说明新闻活动是人类社会的必然，那么：

二、请你作个试验

譬如你住在营口，这里的地震警报你不知道，因而你不做准备，那么你可能丧生；在战争期间，你不知道敌人到了哪里，在家蒙头大睡，后果你自会知道；在国民党崩溃前夕，物价一日数涨，你领到的工资可以买一石米，拖了一天就变成一升米，再拖一天只变成一把米，不了解物价变动你活得下去吗？你总归有父母兄弟、亲戚朋友分居各地。你们之间要通信吧，每次通信总要问"近况如何"，没有变动，对方回信说"如常"，有变动就不"如常"了。有哪些变动呢？可以说无限多。譬如，如果我死了，我的亲属自然要发个电报给我在北京工作的女儿，问她要不要来和我的遗体告别，但我的亲属不会发个电报给你读者。如果你和你的夫人分居两地，你接到她的信，说生了个贵子，你就准备蹄髈、鸡蛋回去看望，理所当然地我不可能收到你的喜报。你要生活吧，总不外衣食住行。在物价不稳的时候你就得了解物价。否则，来了客人，你打算买一斤肉一斤蛋，只带一元六角，结果只买回六两肉、半斤蛋，吃起饭来客人不敢下筷，你面红耳赤，岂非大煞风景。你是学生吗？高中毕业，你想报考新闻系，总要打听今年新闻系是热门冷门，录取条件如何？你是大学生，想报考研究生，就要打听去年考的什么题，哪个学校容易考取。你在工作吗？工作就有工作关系，上级同级下级。如果你的上司调换了，你对新来的领导就要了解一番。你从事一项职业，就要了解这个行业进展的情况，科技有科技情报，学术有学术动态。你如不了解，人家在五十年前早已解决的问题，你还当作新课题去研究，成功了，还当做一件伟大的创造发明，实际上花大力气买来一场大笑话。你想加工资吗？你就会到处打听和你条件相仿的人加了没有，等等。如果你认真统计一下，那你一定会发现，你日常生活中需要了解的，比这些要多成千上万倍。那么你思考一下：为什么你非要了解这些事情不可？你是否感觉到：你不知道外界的变动几乎无法生存、生活和生产？你再统计一下：你每天所需要的新闻，有多少是新闻机关发布的，有多少靠自己去打听来的，有多少是从"小道"获取的。那么，你无疑地会发现：从传播工具获得的数量是极少的。这就说明了一个道理：新闻的传播工具只是人们了解外界变动的一个来源，而人类还有其他多种方式来获知外界的变动。人们为了在社会上生存、生活和生产，就必然地需要了解外界的变动；新闻活动是人类社会生活的必然。这是一个客观存在的现象，你自己的试验就证明了这一点。因此，说新闻只有新闻机构发布的才称新闻，没有新闻机构就没有新闻，那是显得多么荒唐。

现在，我们再提个问题，倘若你是"桃花源"里的居民，你是不是非要了解那么多呢？陶渊明不是说，"桃花源"里的人是秦朝难民，"不知有汉，无论魏晋"吗？那当然就不需要看国际新闻，连国内新闻也不需要。在那与世隔绝的密封罐头里，会有什么人跑到外面去呢？因此，通信就用不着，电报更是多余。这就可以得出一个道理：社会的结构是决定人们新闻活动的。

历史唯物主义是一把钥匙，让我们一起用这个钥匙解开"新闻"之谜吧！

三、新闻产生的物质基础

人类一出现，他们的生产就是社会化的，也就是说结成一定的生产关系进行生产活动。既然有关系就要彼此发生联系。在各种联系中最主要的还是为了猎取动物而传递信息。甲这次发现一只兔子，下次发现一头猛虎，在招呼同伙捕捉的时候就要区分开，不能用同一个信息，就像现在写新闻不能千篇一律、千人一面一样。如果是一只虎当作兔子去打，大家都会被猛虎吃掉。那时，当然没有广播电台和报纸去传播，而用手势和语言。最小的原始群只有几十个人，也就是说那时的社会规模可以小到几十个人。以后逐渐扩大为成千上万人的部落，为了争夺生活资源，部落与部落之间进行战争。要打仗自然要情报。在原始社会，传递信息是为了共同生产和争夺生活资料的需要。但那时的生产关系单纯，生产简单，新闻活动也十分原始。

由于生产力的提高，出现了私有财产，出现了奴隶，产生了剥削，出现了新的生产方式，改变了原始社会的结构。原始社会一个部落就是一个独立的社会，奴隶社会就不同了，阶级产生了，而且不只是一对对立的阶级，有了阶级就需要摸对方的"敌情"。阶级斗争导致有了国家机器，这个庞大的机器，千百个齿轮相互连接；社会产生了更复杂的分工，除农业劳动外，还有了各种作坊，各种从事精神劳动的奴隶。社会关系比原始社会复杂多了，彼此之间的联系、交往也紧密多了。人们彼此之间沟通信息的新闻活动也比原始社会频繁。但在奴隶社会，奴隶仅当做一种特殊的牲畜，隶属于各个奴隶主，他们并没有组成一个阶级，结成一个社团。只有在起来暴动时，才需要沟通信息，以便联结起来。

在封建社会，生产方式变更了。由于生产力的提高，那种只维持奴隶生存的定量"享受"、剩余的全部归奴隶主所有的剥削方式，已变为定额剥削，此外即可多劳多得。因此农民和地主的关系是租佃关系。奴隶主必须自己拿鞭子打着奴隶劳动，而地主用地租强迫农民劳动。因此，农民可以分散在土地上形成一个个的农村。每个农村几乎可以自己形成一个小社会，除了交租之外，农民的劳动产品就是自己消费掉，自给自足，和外界的关系较少。因此，外界的变动对他影响也较小，农民需要了解的变动也就少。同时，由于生产力发展极为缓慢，马克思称之为"固定的"或"凝固的"，几千年都用同样的犁耕地，同样的锄锄草，这就是说变动极少。在农民起义时，通常用宗教会道门作为联络手段。如果取得政权，那就把国家机器几乎原样接收过来，千万个齿轮按原速度旋转；如果失败了，各回原地。就是说生产方式并没改变。当然，关系少并不等于无，变动慢并不等于停，《桃花源记》毕竟是虚构的，完全与世隔绝也不可能。人类的新闻活动在封建社会总是客观地存在着。

但资本主义的生产方式一出现，那就大大不同了，整个社会结构改变了。《共产党宣言》指出：一、社会的规模大大扩大了。"不断扩大产品销路的需要，驱使资产阶级奔走于全球各地。它必须到处落户，到处创业，到处建立联系。""由于开拓了世界市场，使一切国家的生产和消费都成为世界性的了。不管反动派怎样惋惜，资产阶级还是挖掉了工业脚下的民族基础。……过去那种地方的和民族的自给自足和闭关自守状态，被各民族的各方面的互相往来和各方面的互相依赖所代替了。物质的生产是如此，精神的生产也是如此。"这就是说，"桃花源"被打开了通道，不知有汉，无论魏晋的社会条件已不复存。二、社会的变动大大加速了。"资产阶级除非使生产工具，从而使生产关系，从而使全部社会关系不断地革命化，否则就不能生存下去。……生产的不断变革，一切社会关系不停的动荡，永远的不安定和变动，这就是资产阶级时代不同于过去一切时代的地方。一切固定的（注：过去译为'凝固的'）古老的关系……都被消除了，一切新形成的关系等不到固定下来就陈旧了。"三、各阶级之间，各阶级成员之间的联系大大地加强了。"资本是集体的产物，它只有通过社会许多成员的共同活动，而且归根到底只有通过社会全体成员的共同活动，才能被运用起来。"无产阶级也是如此，工人阶级的团结"由于大工业所造成的日益发达的交通工具而得到发展，这种交通工具把各地的工人彼此联系起来。……中世纪的市民靠乡间小道需要几百年才能达到的团结，现代的无产者利用铁路只要几年就可以达到了"。在这样的情况下，人类的新闻活动数量之大、形式之多，是以往任何社会形态所不可比拟的了。

很明显，不同的生产方式所决定的四种社会结构不同，社会的规模不同，关系的简繁不同，变动的迟速不同，因而新闻活动的内容和方式也不同。但它们都存在着新闻活动。因此，我们可以简明地概括为：关系决定需要，变动决定新闻。这是否还要再解释一下呢？

当然，你还可以再试验一下。你每天都吃三餐饭，每天有三次"新近发生的事实"。如果在每次事实发生后，你向你妈妈发一则新闻报道，你妈妈准以为你患了精神病。如果有一天你吃饭有了变动，你向妈妈发出这样一则新闻："今天我在自由市场买了一斤醉泥螺，吃后上吐下泻，据医生检查是感染了忽烈拉，这里没有特效药，生命难保。"你妈妈闻讯就会带了特效药来看你。这不是变动决定新闻吗？如果在路上，过来一个人，揪住你的耳朵说："你必须听我的新闻报道，据最新消息：南美洲 AB 国 CD 镇 EF 小姐的梳妆台下发现了白蚁，据电子计算机计算共 363 598 701 只，现正由白蚁专家约翰博士捕灭中，战果待报。"你会把他当作精神病，一把推开他回家。刚一进门，你儿子向你报道一则新闻："爸爸，刚才我在你的书橱里发现白蚁，你那捆写好的稿子会被咬光。"那你一定会神经紧张，情不自禁地大喊："约翰博士在哪里？"这不是关系决定需要吗？而这种关系和变动是人类的客观存在。于是，我们可以得出结论：社会的客观存在决定了人类的新闻活动。

作为科学的新闻学必须回答人类社会为什么必然产生沟通信息活动的道理。因为我要专你的政才有新闻，因为我要阶级斗争才有新闻，因为人有好奇心才有新闻等等，这种用唯意志论、目的论的办法无法解开新闻之谜。而只有从社会的客观存在中去寻求答案。

四、"新闻"的定义问题

现在我可以给新闻下这样定义：新闻是新近变动的事实的传布。

我在前面一再阐述过，人类由于生产的社会性和不断地进行复杂的分工，使人们处于一种复杂的关系中。这样，人们就不能不了解与之有关的变动，以便作出对策，来求得生存、从事生产和生活。这种新闻，就是一种情报。军事指挥员没有情报，无以指挥战争；生活在现实社会中，不了解新近的变动，也无法生存、生产和生活。这是不以人们的意志为转移的。

但是，新闻的定义是什么，对人们无关紧要。人们决不会按照新闻定义去获取新闻，他们也不会把自己的新闻活动局限在读报纸上。他们只有一个信条：获取与己有关的新闻。如果新闻机构发布的新闻不能满足他们的需要，他们可以通过其他途径。俗话说："若要人不知，除非己莫为"，"没有不透风的墙"，大道不传小道传。谁能取消，禁止得住？

难题在于新闻机构。

五、"新闻"定义难在哪里？

⋯⋯

六、为何自找麻烦？

既然如上面所说，新闻定义是如此之难，那么我为何要给新闻下个定义？这岂非自找麻烦。因为我想说明新闻事业赖以生存的因素是什么。如果有人问我：人在没有空气的条件下为什么会死？我只能回答：缺氧。我不能说因为缺氮。虽然空气这个混合物中有氮存在，但人在真空中不能生存仅因为缺氧，并非缺氮。那么，生活在现实社会中的人为什么需要天天读报，因为他需要获取大量与己相关的情报，及时了解外界新近的变动以便做出对策。如资本主义社会的外汇、股票行情等，早知道一分钟的马上会成为百万富翁，迟知道一分钟的可能倾家荡产。读者需要报纸，主要的就是为了获取情报，以刊登新闻为主的报纸就是以刊登新近变动的事实为己任的，离开了它也就失去了报纸存在的价值，和书、杂志还有什么区别呢？但志异、纪、传一类，早晚均可，报刊、杂志、书籍等均可刊载。十九世纪初在香港出版的第一张中文日报《华字日报》就是天天刊登船期、物价、行情等情报型新闻，而纪、传、志异之类是隔天刊登的。如果这份报纸每天全部刊登纪、传、志异,那么只好改成《每月统纪传》或《聊斋志异》。

报纸是以刊登新闻为主的定期出版物,这里的新闻是指新近变动的事实即情报。当然并不排斥它可以刊登其他文字,如纪、传、志异、理论文章、文艺副刊。但我们不能把报上所有文字都当作新闻,也不能把报纸当作"新闻"的文字当作新闻。

然而,报纸是由人办的,完全可以按照各人的意志去办。如果唐朝的尉迟枢当总编辑,他就可以把传说和故事当作新闻刊登,那么人们把报纸当作《聊斋》来读。要知道消息由宋朝的小报来补充。如果《红楼梦》里的冷子兴当总编辑,他认为异事不称新闻,只有情报才称新闻,那也可以,人们另外买本《聊斋志异》看。反正都是一样。

现在我们可以回到开头提出的问题上来:为什么读者抱怨现在报上没有新闻?无他,就因为读者所需要的情报太少了,他们不能通过报纸来了解外界新近的变动。

七、几句题外话

解答两个疑难问题:

1. 有人认为,新闻的定义中应当加上"将要变动的事实",定义成为:新近变动或将要变动的事实的传布。这就所谓"预告式新闻"。在我看来,预定如何做,这并不是将要发生的事实,预定的计划是已经发生的事实。比如"xx 总统定于今日抵沪访问",他到上海来访问的计划是已经发生的事实,我们的新闻只是报道他来访的计划。新闻永远只报道已经变动的事实。主观的臆断、分析将来的动向,那是评论的任务。

2. 有人说定义中应加上"共同关心的事实"。"共同关心的事实"是对新闻机构而言,新闻机构在选取事实时需要考虑到读者的共同关心,不是作为一个社会现象必须加上的。我们留待以后再详加讨论吧!

还有两个思考题:

1. 有人说新闻是一种意识形态。我请读者查查《辞海》或《哲学小辞典》,看看什么叫意识形态,就可以解答。

2. 有人说新闻的定义有阶级性。我们无产阶级的新闻学对新闻下定义应该显示出无产阶级的特性来。我请读者稍稍读一下形式逻辑,就会弄清楚定义是解决什么问题的,对一个事物下定义是怎么下法好。

新闻本体论纲

芮必峰

导言——

本文刊载于《新闻与传播研究》1997 年第 4 期。

作者芮必峰(1957～　　),安徽马鞍山人,毕业于复旦大学新闻学院,获文学(新闻学)博士学位。现任安徽大学新闻传播学院教授、博士生导师,安徽大学江淮学院院长,曾任安徽大学新闻传播学院院长等。出版《新闻学基础理论》、《新闻报道方式论》等。研究方向:新闻理论。

《新闻本体论纲》是作者对新闻本体问题所作的较为系统的思考。他认为,陆定一对新闻报道(作品)的定义中包含着唯物主义本体论前提;没有离开人类社会而独立存在的新闻,也不可能有与人类社会不发生关系的新闻本体;新闻不是事实的反映,不是事实的报道,也不是事实的信息,而就是事实本身;从实践唯物主义的观点出发,新闻就是人们在社会实践中经验并关注的新鲜事实。

在后现代主义消解本质、价值虚无的一遍喧哗声中,谈论"本体"似乎有些不合时宜。然而,站在世纪之交的历史转折点上,反观整个二十世纪哲学思潮,人们越来越强烈地感到,我们所竭力回避的东西正是我们不得不面对的东西。

自康德以降,本体论似乎已不再成为哲学家们关心的问题,但它却以各种变化了的形式或隐或现地出现在各色各样的哲学体系或理论之中,因为本体论作为哲学的基本问题或最高问题,实在是人类对大千世界存在的终极关怀和无限追求,也是哲学之所以为哲学得以建构的基础。

新闻学引入"本体论"范畴绝非故弄玄虚,它是人们对新闻的实质进行刨根究底追问的必然结果,反映了人们对新闻及其现象存在的终极关怀和无限追求,同时也体现出新闻学在其自身建构中对"基础"的重视。

本体指向终极的存在,展示事物内部的根本属性,与"现象"相对;本体论则是对本体加以揭示和描述的理论体系。不言而喻,新闻本体论关心新闻及其现象的终极存在,是对新闻内部质的规定性的揭示和描述,它要追问新闻"名"下藏着的"实",试图从根本上回答新闻是什么的问题。

一

新闻学研究中明确引入"本体"范畴是近些年的事情,但对"新闻本体"的实际探索则贯穿于新闻学研究之中。这种探索的结果集中体现在众说纷纭的新闻定义中。

关于新闻定义，据说近 200 种。但近年来在各种文章、著作中出现比较多的，而也是较有代表性的，归纳起来，大致有四种：

· 新闻是……报道，或传播：

"新闻的定义，就是新近发生事实的报道。"（陆定一《我们对于新闻学的基本观点》）

· 新闻是……意识，或"意识形态"：

"新闻是新闻工作者借助一定的物质手段报道新闻事实，并表达他对社会生活的认识评价，以影响社会舆论的一种特殊的社会意识形态。"（吴高福《新闻学基本原理》）

· 新闻是……信息：

"新闻是经报道（或传播）的新近事实的信息。"（宁树藩《新闻定义新探》）

· 新闻是……事实：

"新闻是新近发生或变动的事实。"（喻权域《与香港同行谈我们对新闻工作的基本看法》）

仔细考察这些定义，不难发现，其实它们的"所指"并不相同。陆定一同志的定义指向新闻报道（作品），吴高福先生的定义似乎指向新闻事业，而宁树藩、喻权域两位先生的定义则指向新闻事实或新闻信息本身。暂时撇开吴高福先生的定义，另外两种定义恰好与现代汉语中"新闻"一词的两种主要涵义相吻合：一是由有声语言、文字、图像等符号构成的新闻报道或新闻作品，如"全国好新闻评选"中的"新闻"；二是新近发生或变动的事实或信息本身，如"世界十大新闻"中的"新闻"。应该说，新闻学中"新闻"一词所指不明的问题由来已久。早在国人自撰的第一部新闻学论著中，"新闻"名下就同时包含着"多数阅者所注意之最近事实"和"新闻纸所登之新闻"两种所指。到了四十年代，陆定一同志运用唯物论的反映论对"新闻"的两种所指做出区分：新闻的本源是事实，新闻是事实的报道，事实是第一性的，新闻是第二性的，事实在先，新闻（报道）在后。在中国无产阶级新闻事业发展的关键时刻，陆定一同志运用马克思主义的基本原理，阐明了唯物主义的新闻观，强调了事实的重要性。这不仅在理论上澄清了一些是非，而且更重要的是对实际新闻工作产生了极大的指导作用。但也许正是由于对"新闻"和事实这种严格的对象式区分，本来意义上的新闻学在其以后的建构和发展中，渐渐演变成新闻报道学：作为"本源"的事实在这种"新闻学"中是一种不言自明、无需追究的先在设定。它是"新闻"的来源，却不是"新闻"；它虽然客观地存在着，但没有人的主观意识的作用则一无所用。极而言之，这种"新闻学"中的"事实"颇有些像康德认识论中的"物自体"，设定它的目的仅仅是为感性提供一个经验的来源，或者具体说，仅仅是为"报道"这种空洞的"形式"提供一种"质料"。当事实在"新闻学"完成了这一使命后，便被放到了一边。"新闻学"真正的逻辑起点和全部建构"基础"落在了"新闻报道"上。于是，在陆定一同志那里"第二性"或"在后"的东西，"新闻学"研究中实际上成了"第一性"或"在先"的东西，而"第一性"或"在先"的东西则被放到了一个很不起眼的地方。新闻学研究中"主观化"的倾向在这种理论建构中有了自己的藏身之所。

不过，在我看来，一个词在一定的理论体系中作为概念出现时，其涵义比它在日常用语中作为普通名词出现时的单纯指称意思要丰富得多。因此，仅仅从名词的所指方面来理解陆定一同志的"新闻"显然是不够的。原则上说，"新闻是新近发生事实的报道"属认识论范畴的命题，但这个命题中则包含着本体论前提，而且这个本体论前提是陆定一同志十分重视并反复强调的："事实是第一性的，新闻是第二性的。"问题在于后来的研究者仅仅把新闻"本体"作为一种先验的设定，而不再加以追究，以至于造成直到八十年代中后期，对新闻的认识仍然停留在真实、新鲜、公开等一系列表面的"现象"上。

对于新闻学研究来说，"新闻"这个词指称的对象是什么，这似乎并不十分重要；重要的在于揭示被"新闻"指称的对象为什么就是新闻，是什么东西决定这些对象成为新闻的。只有这样，新闻理论的触角才能穿透新闻"现象"的表层，进入它的实质，发现它的"本真"。也只有这样，新闻学才能找到自身建构的坚实"基础"。但实质也好，"本真"也罢，不应该是一种预先的设定，而应该在"本体论"的追问中加以揭示。

二

吴高福先生正确地指出了本体论之于新闻学研究的重要性："新闻的本体论问题，是新闻学中最基础的理论问题，也是解决新闻学中一系列问题的前提和基础。以往，新闻学研究中对一些原则性问题的分歧，从根本上说，也是由于对这个问题有不同的认识。"[①]但吴先生关于"新闻本体"的基本观点是我所不能苟同的。

吴先生关于新闻本质（本体）的基本看法前文已引述。现在，让我们来看看吴先生的具体论述。

根据吴先生的观点，新闻本质上是一种社会意识形态在于新闻本质上是一种意识。那么，新闻为什么是一种意识呢？吴先生似乎是从两个方面论述这个问题的。首先，吴先生对无限多样的现实世界做出一分为二的划分：一类是物质世界；一类是精神世界。接着，吴先生便提出了一个让人十分困惑的问题："新闻这种现象是属于物质世界，还是属于精神世界？"[②]我觉得，物质与精神在辩证唯物主义那里并非是两

---

①　吴高福：《新闻学基本原理》，武汉大学出版社，1993 年版，第 5 页。
②　吴高福：《新闻学基本原理》，武汉大学出版社，1993 年版，第 6 页。

个彼此对立的世界,而是一对关系范畴。它们的对立只是在解决什么是第一性的和什么是第二性的这一哲学"基本问题"的范围内才有绝对的意义,"超出这个范围,物质和意识的对立无疑是相对的"①。辩证唯物主义之所以可以克服形而上学的局限性,就在于它不满足于对物质和精神做出知性地区分,而是理性地将二者结合起来,达到把某种差别作为环节包含在自身之中的一致。显然,吴先生在思考这个问题的过程中,只看到了物质与精神的对立(但吴先生没有从这种对立中发现物质的决定作用,而是"发现"了新闻现象的归属),却没有看到二者的统一。根据马克思主义的观点,从来就没有什么脱离物质世界的"精神世界"。精神对物质的依赖性正是唯物主义的基本观点。因此,吴先生提出的问题是一个似是而非的问题;吴先生的"新闻是属于精神世界"②的结论是一个我所不能接受的结论。

与上述问题相联系,吴先生之所以认为新闻是一种意识,还基于这样一个基本认识:"任何事实本身,并不是新闻,只有当它为人们所感觉、报道,或相互传播,才是新闻。"③不难看出,上述物质与精神的形而上学式的对立在这里转换为"事实"与"新闻"的对立。这种对立在形式逻辑上引出的必然后果是:如果承认"事实"是一种物质性的存在,必然要承认"新闻"是一种精神性的意识。然而,在我看来,根本不存在脱离"事实"的"新闻",就像根本不存在脱离物质的精神一样。"事实"固然需要人的感觉和传播才能成为"新闻"(报道),但"新闻"决不就是感觉和传播本身。恰恰相反,从唯物论的观点看,新闻本质上是被感觉和传播的事实,而不是对事实的感觉和传播。我不明白吴先生既认为"事实本身不是新闻",为什么却认为感觉、报道或传播本身就是新闻呢?其实如果把感觉、报道或传播视为某种"形式",它们可以被纳入各种内容,而唯有纳入"事实"这一内容后,它们才有可能成为"新闻"(报道)。形式与内容的统一是一回事,内容决定形式又是一回事。就像存在与意识的统一是一回事,存在决定意识又是一回事一样。而唯物主义本体论首先要确立的是后一个命题。从后者看,"新闻"之所以为新闻在于它报道了事实。就是说,是事实决定了"新闻"成为新闻。作为客体的事实的确有赖于人的感觉才与人发生关系,才对人构成意义。但正如列宁所明确指出的那样:"把认识论建立在客体和人们感觉有不可分割的联系这一前提上('感觉的复合'=物体;'世界要素'在物理和心理方面是等同的;阿芬那留斯的原则同格,等等),就必然会陷入唯心主义。"④在马克思哲学体系中,认识论和本体论是相互联系又相互区别的两个范畴。它们在不同层面上回答思维与存在、精神(意识)与物质的关系问题。本体论问题就是思维和存在、精神(意识)和物质,哪一个是

---

① 《列宁选集》第 2 卷,人民出版社,1972 年版,第 148 页。
② 吴高福:《新闻学基本原理》,武汉大学出版社,1993 年版,第 6 页。
③ 吴高福:《新闻学基本原理》,武汉大学出版社,1993 年版,第 7 页。
④ 《列宁选集》第 2 卷,人民出版社,1972 年版,第 69 页。

根本(本原)的问题,认识论问题则是思维是否反映现实,能否正确反映现实以及怎样反映的问题。"用哲学家的语言来说,这个问题叫做思维和存在的同一性问题。"①因此,我们说,本体论是认识论的前提,离开了一定的本体论前提,认识论的内容立即就会变得含糊不清;而把认识论本体论化,则是非常有害的。如果说陆定一同志是从唯物主义本体论前提出发,在认识论上正确地说明了"新闻"(报道)与事实之间的关系的话;那么,吴先生则完全抛开了唯物主义的本体论前提,直接从一般认识论中得出了关于新闻本质的错误观点。

在结束本节之前,我还想简单谈谈吴先生从"新闻是一种意识"到"新闻是一种社会意识形态"的基本论证。在吴先生看来,人不能离开社会而存在,人的意识从本质上看都是社会意识,"正是从这个意义讲,新闻这种意识活动具有社会意识的性质";"社会意识……一般称为社会意识的多种形态";"因此,从本质上说,新闻也是一种社会意识形态"②,如果根据吴先生的这种观点看,全部自然科学的研究成果,也应该是社会意识形态。因为,它们同样是人的认识的产物,这种认识当然具有社会意识的性质。倘若吴先生真的作如是观,那我没什么好说的。因为它说明吴先生完全是从特定的描述意义上使用这一概念的。根据俞吾金博士的研究,马克思基本上是在否定意义上使用"意识形态"这个概念的。俞博士把马克思意识形态概念定义为:在阶级社会中,适合一定的经济基础以及竖立在这一基础之上的法律和政治的上层建筑而形成起来的,代表统治阶级根本利益的情感、表象和观念的总和,其根本的特征是自觉地或不自觉地用幻想的联系来取代并掩蔽现实的联系。③ 当年王中教授,葛迟胤先生撰文反对说新闻是一种意识形态基本上是从这一含义理解意识形态概念的。

三

我认为,在对新闻本质的探索中,宁树藩先生所采用的方法是值得提倡的,所得出的结论是具有启发性的。

宁先生是国内研究新闻史的专家。他对新闻本质的思考和探索不是从一般的哲学原理出发,而是从具体新闻文体的形成、演变和发展出发。这当中蕴含的一个基本思想值得注意:各种新闻文体只是新闻的表现形式,新闻的本质存在于新闻文体这种"现象"之中。"现象"往往遮蔽着"本质",但通过对"现象"的分析可以揭示出"本质"。宁先生在比较、研究各类新闻文体的基础上,进一步分析道:新闻文体系列——消息(又分电讯、简讯、综合消息等)、通讯(又分人物通讯、事件通讯、旅游通讯等)、特写、报告文学、答记者问、新闻公报等等,是怎样形成的? 什么因素把它们贯穿在一起?

① 《马克思恩格斯选集》第4卷,第221页。

② 吴高福:《新闻学基本原理》,武汉大学出版社,1993年版,第10页。

③ 参阅俞吾金:《意识形态论》,第127-129页。

一句话，它们是适应传递新闻信息的需要形成的，传递新闻信息的功能将上述新闻体裁系列贯穿在一起。传递新闻信息是它们赖以存在的内在根据，不同的条件和要求是新闻文体呈现多样化的外部因素，"再从新闻文体的结构看，新闻导语、'倒金字塔'、'五个W'等等，是人们在长期的新闻实践中逐步形成的。以导语论，它的产生是由于适应人们对于新闻首先在了解最重要信息的需要。至于新闻报道中的五个W，它反映了新闻信息本身存在这五个方面的联系，它的提出，积极体现新闻信息传播的根本要求"。还有，"我国早期的消息（新闻文体）写作，由于受传统的写作影响，其顺序往往是从人到事、从近到远、从原因到结果，和后来的消息写作顺序恰恰相反。是什么力量将这种写作顺序颠倒过来？是传递新闻信息要求。"[①]经过这样的分析，宁先生得出"新闻是经报道（或传播）的新近事实的信息"的结论。

与那种从一般哲学理论演绎出"新闻质的规定性"，然后再用具体的新闻作品加以说明或证明的做法不同，宁先生未对新闻及其本质进行任何先在的设定，而是直接从具体的新闻"现象"入手，并透过"现象"，直逼新闻的"本质"。在宁先生的分析中，各类新闻文体或各种新闻作品的外在的、非决定性的、作为"条件"出现的，因而也是变动不居的东西被一一拂去，而新闻作品内在的、决定性的、作为"根据"出现的，因而也是恒定的"质"则被揭示出来了；在宁先生的结论中，事实（或事实的信息）不仅只是新闻的认识来源，而是新闻的内在根据；传播新近事实的信息不再仅仅是某种手段，而是新闻传播活动区别于其他所有传播活动的实质。

我认为，宁先生在追寻新闻本质（体）时所采用的独特方法，使他的结论具有更强的说服力。宁先生对新闻的基本认识不仅较其他人深刻，而且也是对唯物主义新闻观的有力支持和重新强调。这对纠正新闻学研究中时常出现的"主观化"倾向无疑有着积极的意义。

但是，必须看到，新闻现象毕竟是一种社会现象，它与人类社会与生共存，密切相关。没有离开人类社会而独立存在的新闻，也不可能有与人类社会不发生关系的新闻本体。那种试图仅仅从事实本身追寻新闻本体，那种企图把人在实践过程中产生的需要彻底排除在新闻本体之外的做法，肯定是行不通的。因此，我不赞成把新闻定义为"新近发生或变动的事实。"不仅如此，我还觉得，宁先生在"新近事实的信息"前面所加的"被报道（或传播）"也还没能真正揭示出新闻与人类社会的根本联系。

当哲学本体论经过数千年的探索，完成了从对外在世界对象式的追溯到对人类自身需要、价值实践性的探寻的转折后，新闻本体论研究难道不应该从中吸取一些什么吗？从实践唯物主义的观点看，一切纯然客观存在的东西如同纯然主观的东西一样，一旦脱离了人类实践就不具有存在论上的意义。

在对新闻本体的追索中，"事实"或"事实的信息"对新闻作品的决定性作用已经

---

① 宁树藩：《新闻定义新探》，《复旦学报》（社会科学版），1987 年第 5 期。

被揭示。这就是说,是"事实"及其信息使这类作品成为新闻作品。但如果我们再进一步追问:是什么使"事实"及其信息成为新闻事实或新闻信息的呢?不是所有的事实都是新闻事实,也不是所有经报道或传播的事实就是新闻事实。换句话说,"事实"及其信息固然可以把一般作品与新闻作品区别开来,那么区别一般事实与新闻事实的是什么呢?我认为,对于"新闻本体论"来说,宁先生从作为"现象"的新闻文体或新闻作品中揭示出的其实是另一种"现象",只是这种"现象"离"本质"更近了。在"事实"或"事实的信息"背后必定还有什么"东西",否则就不可能有"事实"与"新闻事实"之分。现在我的问题是:究竟是什么"东西"决定着哪些事实是新闻事实,哪些不是新闻事实?显然不是报道或传播。为叙述方便,我们把决定事实为新闻事实的"东西"称为"新闻品质"。我认为,不具"新闻品质"的事实,即使报道或传播了也不是新闻,或者说只是徒有新闻之名;相反,那些具有"新闻品质"的事实,你不去报道和传播它们,只能说明你缺乏眼光或者失职,因为它们才是真正的新闻。当对新闻本体做这种进一步深入的追问时,我们恐怕不难发现,新闻本体并非是一种脱离于人的对象式的纯客观存在。追寻新闻本体的人其实包含在他所追寻的对象之中,这就是我们面临的困难所在:一方面我们要为新闻的终极存在寻找到一个客观依据;另一方面我们则惊讶地发现,这种客观依据其实与我们自身的存在密切相关。在这一困难面前,唯心主义无能为力,旧唯物主义也无能为力。而实践唯物主义则能够为我们指示出一条通向目标、不断延伸的道路。新闻本体深深植根于人类社会客观的物质实践活动之中。

四

纵观整个新闻学发展的历史,"事实"似乎与新闻学研究结下了不解之缘,但究竟什么是事实,我们不仅没有深入追问过,而且在认识上还存在着严重的片面性。这种片面性集中表现在:只看到事实的客观自在性,与精神或意识的对立性,而没有看到它的"为我性"或"社会性",它与精神或意识的同一性。在建国以后公开出版的第一部新闻学论著中,甘惜分先生便对事实做出这样的规定:"事实……必须是在我们主观之外客观地存在着的事实。"[①]随后,有人干脆把事实视为"客观存在的自在之物"[②],到了九十年代,关于事实的这种片面认识似乎没有丝毫改变。例如:"事实是客观存在的,自在的东西"[③],"事实是自然的存在物,具有客观实在性"[④],"事实……是一个客观存在物"[⑤]。在这样的规定性中,事实成了它自身发生、发展的自然史,成

① 甘惜分:《新闻理论基础》,中国人民大学出版社,1982年版,第38页。
② 张宗厚等:《简明新闻学》,人民日报出版社,1983年版,第51页。
③ 成美等:《新闻理论教程》,中国人民大学出版社,1993年版,第41页。
④ 吴高福:《新闻学基本原理》,武汉大学出版社,1993年版,第167页。
⑤ 黄旦:《新闻传播学》,杭州大学出版社,1995年版,第140页。本人过去也是这种观点的持有者,参阅拙著《新闻学基础理论》,黄山出版社,1993年版。

了某些物理和化学属性的总和,它不仅对人而且对动物都以绝对同一的方式呈现着。在这样的规定性中,事实本身作为"存在物"无法移动半步,而只能通过一种类似能量、质量的物理属性——信息来扩散或传播;也正是在这样的规定性中,事实与新闻实际上被完全割裂开来、对立起来;事实不是新闻,而是一个"自在的东西";新闻是事实的反映,属于"精神世界"。

我认为,新闻学作为一门社会科学不能脱离人类社会来谈论"事实"。新闻学谈论的事实根本不是那种纯粹的自然"存在物",而是客观地存在于人类社会之中,与人的社会存在一刻也不能分离的事实。作为一个唯物主义者,我相信"自在事实"的存在[①],但作为一个社会科学工作者,我认为这种"事实"只有当其被作为人在实践活动中不断经验和认识的无穷无尽的源泉时,才有绝对的理论意义。除此之外,我们能够谈论的只能是那些在具体的社会实践中与人相遇、被人感知的事实。它依存于人类社会,却并不依存于某人或某集团的主观意识;它属于社会存在的范畴,而不属于社会意识的范畴。下面让我们对这种事实做一些具体分析。

事实不同于客观存在的事物,并不是某种对象式的实体。正如罗素指出的那样:"当我谈到一个'事实'时,我不是指世界上的一个简单的事物,而是指某种性质或某些事物有某种关系。因此,例如我不把拿破仑叫做事实,而把他有野心或他娶约瑟芬叫做事实。"[②]维特根斯坦在其《逻辑哲学论》中也对事实与事物作出类似的区分。的确,在日常生活中,对于事物,人们只是用一个概念来反映,并用一个语词来表达和指称;而对于事实,则必须用一个判断来反映,并用一个句子来表达和陈述。因此,我们说,事实并不像事物那样,是某种对象式的实体,而是客观事物或现象的某种实际情况(某物具有某种性质或某些事物具有某种关系)。正因为如此,作为社会存在的事实,不能仅仅是某些性质和关系的纯粹存在,它还需要人在具体的经验中对其中的性质和关系进行确定。一种事物往往有多种性质,这些事物性质之间往往存在着错综复杂的关系,而人只能对其中的某些性质和关系做出确定。现在,我们似乎还不能简单地说"事实是主客观的统一",因为这样不仅不能解决什么问题,而且还可能造成一些不必要的误会。

事实作为经验对象存在于我们的意识之外,但作为经验内容却存在于我们的意识之中。许多人在这里陷入一个自德谟克里特时代以来哲学界争论不休的悖论:同一个东西,却同时存在于两个不同的地方——既在外部空间,又在人的心灵里。根据一般的逻辑,这似乎不可能。因此,有人断言,那肯定不是一个东西,而是两个东西。

第一章 新闻是什么?

---

① 我们关于"事实"的某些观点和材料主要受惠于彭漪涟先生的《事实论》(上海社会科学院出版社,1996版)。但彭先生对"自在事实"的断然否定,认为"事实不可能是自在的,根本没有什么所谓'自在事实'"的观点是我所不能苟同的。(原注)原注较长,这里做了节略。(本书编者注)

② 罗素:《我们关于外界世界的知识》,上海译文出版社,1990年版,第39页。

新闻学研究中"事实"与"新闻"的对立，其根源也在这里。本世纪初，威廉·詹姆士用一个非常形象的比喻揭示了这个谜底："这个谜归根到底和一个同一的点为何存在于两条线上的谜是一样的。如果这个点处在两条线的交点上，它就能够同时存在于两条线上。"①我认为，抛开詹姆士的基本哲学立场，站在实践唯物主义的立场上，把事实看作人在实践活动中与事物自身的一系列性质和关系相遇的某个"点"是合适的。作为社会存在的事实正是处在这两个进程的交点上：一个是人在实践活动中形成的认识或思维进程，一个是事物自身性质、关系的自然进程。两个进程分别把事实联结到不同的组里，使它既属于这一组，又属于那一组。在这种情况下，把事实归入任何一组看似都有道理，但又都有一定的片面性。唯有在上述两个进程的交点上才能真正把握事实。

根据上述观点，事实必然包含两种成分：客观成分和主观成分。那么，如何看待事实的客观性呢？这里的根本问题在于：事实的客观性与社会性是统一的。脱离人类社会的客观性与脱离人类社会的主观性一样，是毫无意义的。人总是根据自身在实践中获得的认识条件来经验和断定事实，他无法超越这些条件去把握绝对客观的事实。一句话，人是在社会共同认知的范围内来界定事实的客观性的。我这样说也许太抽象，那就让我从对事实的具体分析中进一步阐明我的观点吧。先看"单元事实"，维特根斯坦把它称之为"原子事实"，指分析事实的最小单位，它本身不可能再分解为任何事实。"单元事实"具体的表现形式当是主词和谓词构成的陈述，如"北平解放"、"拉宾遇刺"等。陈述中的主词当有一定的实指性，或指向某个人，或指向某个物，或指向某一地区，或指向某种现象；谓词则是对主词所处某种状况的断定，没有明确的实指性。一般看，主词的客观性似乎不构成问题，②关键在谓词部分，因为任何"断定"必然依赖于一定的认识形式。正是在这套形式上，许多哲学家伤透了脑筋，康德的认识论几乎就是为了它而展开的。这里我只能原则性地说明一下我们的观点。从实践唯物主义的观点看，人所具有的一切心理结构和认识形式并不是什么神秘的东西，而是在漫长的社会实践（首先是使用、制造工具的物质实践）活动中逐步获得的。人对外部世界的感知形式不过是人在实践活动中无数次感知经验的不断保存、积累，最后内化、凝聚和积淀的结果，它对全体人类社会来说具有普遍的"通约性"。就是说，每一个正常的人都是用这套感知形式来断定事实的，而这种断定又是为其他人所承认和理解的。例如，"北平解放"中的"解放"，"拉宾遇刺"中的"遇刺"，我们都承认并理解它们的意思。因此，"单元事实"中谓词的客观性便在人类社会认知形式的普遍"通约性"中得以存在。再看"多元事实"，维特根斯坦称"复合事实"，它是几个

① 威廉·詹姆士：《彻底的经验主义》，上海人民出版社，1987年版，第6页。

② 在语言哲学看并非如此。这个问题不宜在这里细说，可参阅涂纪亮主编的《语言哲学名著选辑》，三联书店，1988年版；徐友渔等著的《语言与哲学》，三联书店，1996年版。

"单元事实"组合而成的。由于"多元事实"原则上可以拆卸为一个个"单元事实",如"世界驰名的文化古都,拥有二百余万人口的北平,本日宣告解放"便可拆卸成三个"单元事实",其客观性似乎不用多说。①

通过上面的论述,我想,我已经基本上解决了"事实"与"新闻"的同一性问题。因此,下面的结论也许就不会显得太"离经叛道"了:新闻不是事实的什么反映,不是事实的报道,也不是事实的信息,新闻就是事实。新闻依存于人类社会,但并不依存于人的主观意识,不属于"精神世界"。新闻属于社会存在的范畴,而不属于社会意识的范畴。这才是新闻与哲学、文学的根本区别所在。过去对新闻本质的理解当是对新闻作品(报道)本质的理解。新闻作品是具体的个人或集团对新闻的物化反映形式,它依存于这些个人或集团的主观意识,属"精神世界",因此新闻作品自然不属于社会存在范畴,而是属于社会意识范畴。

五

说新闻就是事实当然不等于说事实就是新闻。哪些事实是新闻,哪些不是? 其中的决定因素是什么? 这是长期困扰新闻理论界的又一难题,也是新闻本体论所要解决的、带有实质性的问题。过去理论界试图从三个不同的层面上解决这个问题:一是从定义的层面上,通过定义的"种差"解决问题;二是从新闻现象与其他相关现象的关系层面上,通过比较分析"新闻"的特性解决问题;三是从价值的层面上,通过"新闻价值"理论解决问题。据此,有人反过来认为,三个层面实际上所要解决的是三个问题②,而不是一个问题。我认为,如果仅仅从理论研究的需要出发,在不同的理论层次上把这个问题分成两个或三个方面,这是完全可以的。但无论分几个方面,它们在根本上却是同一个问题,即哪些事实才是真正的新闻。事实上,仔细考察一下上述被分别放在不同层面上解决的问题,它们最终得出的某些结论往往有许多相似甚至重合之处,如"新鲜"、"公开传播"、"重要"、"变动"、"显著"、"共同关心"等等。这从一个侧面也能说明,它们想要解决的问题从根本上看是同一的。因此,在新闻本体论中,或者说在新闻学的"元理论"中,新闻的定义、特性、价值本质上是统一的。③

哪些事实才是新闻? 或者说哪些事实具有"新闻品质"? "新闻品质"的决定因素是什么? 理论界观点不一;但从各种不同的观点中我们似乎可以清理出两条思路:一是从"事实"本身思考问题,二是从传播者方面思考问题。先看前者,从事实本身思考问题的同志显然强调的是"存在"对"意识"的决定作用,认为不是传播者的主观意

---

① "多元事实"并不简单等于"单元事实"之和,而是大于"单元事实"之和。但这不是此处要论述的问题。

② 或两个问题,如王中先生曾用"新闻学的第一课题"和"新闻学的第二课题"表述过这一观点。参阅王中《新闻学的第二课题》,载《新闻大学》1982年第4期。

③ 这种统一与现代哲学本体论、认识论、价值论(伦理学)的统一相一致。当然,"统一"不等于"同一",在具体的理论展开中,它们仍有各自的具体内容和侧重点。

志，而是事实本身所固有的属性决定该事实成为新闻。这在一定意义上看是正确的。但是，如果因此而把事实身上体现的某些属性当作该事实本身所固有的自然属性，当作可以脱离人类社会而单独存在的东西，那就错了。以"新鲜"和"重要"为例，有人认为：新闻必须新鲜，就像水果上市一样，必须快摘、快运、快售，否则就会因腐败而失去其甘美。① 新闻必须新鲜，这当然不错，但新闻的新鲜与水果的新鲜却有质的不同。后者是一种完全不依赖于人的纯自然属性，它对不同的人甚至动物都以绝对同一的方式呈现自身；而新闻或事实的新鲜本质上是一种社会属性，它不能脱离人类社会而单独存在，必然因人而异。将事实向人呈现的某些属性当作其自身固有的东西，这一思想在我们的新闻学论著中并不少见。早在八十年代初，甘惜分先生就流露过这一思想："有了事实，有了发生于某地最新的重要事件，还并不等于有了新闻。如果在遥远的荒无人烟的地区发生了一种重大的自然现象的变化，而不为人所知，没有任何人了解到它，更没有任何人把这件事传播开去，这件事就算湮没无闻，它构不成一种新闻。"② 到了九十年代初，刘建明先生几乎原封不动地沿用了这个说法。③ 显然，上例中的"最新的"、"重要"或"重大的"被视为事实本身所固有的某种自然属性了，它们可以在"没有任何人了解到它"的情况下依然存在。然而，事实的新旧或重要与否总是相对于人而言的。事实是否新鲜是相对于我们的经验和认识而言；事实是否重要是相对于我们的社会实践而言。其实，甘先生之所以会事先设定他所想象的那个事实是"最新的重要事件"，正是由于他已经在观念上把这一事件与人类社会联系起来了。的确，不与人发生关系的事实不可能成为新闻，也不可能具有什么"新闻品质"。那种仅仅从事实本身的固有属性寻找"新闻品质"的做法，如同仅仅把事实看成"客观自在物"一样，从根本上说是一种旧唯物主义的观点。马克思曾经批评说："从前的一切唯物主义——包括费尔巴哈的唯物主义——的主要缺点是：对事物、现实、感性，只是从客体的或者直观的形式去理解，而不是把它们当作人的感性活动，当做实践去理解，不是从主观方面去理解。所以，结果竟是这样，和唯物主义相反，唯心主义却发展了能动的方面。"④一些资产阶级新闻学者确实抓住了旧唯物主义的弱点，在发展"能动的方面"的同时，积极贩卖他们唯心主义的货色："事实的现实性并不是事实本身的属性，而是人们在关心事实的过程中形成的一种主观上的感觉"⑤，"存在于我们意识之内的假构是真实。社会的事实，经过新闻而凝固于我们的意识之中。因而，对于我们，在新闻上所显示的世界是真实；不在新闻上所显示的实在毋宁是虚伪"。⑥

① 高宁远：《新闻传播基础理论》，云南大学出版社，1994年版，第87页。
② 甘惜分：《新闻理论基础》，中国人民大学出版社，1982年版，第39页。
③ 刘建明：《宏观新闻学》，中国人民大学出版社，1991年版，第40页。
④ 《马克思恩格斯选集》第1卷，第16页。
⑤ 小野秀雄：《新闻学原理》，第30页。
⑥ 管翼贤：《新闻学集成》第一辑，第3页。

再看第二条思路。平心而论，从这条思路出发的大多数同志本意并不在探讨"新闻品质"，而在讨论"事实"到"新闻"的转化过程，或讨论"事实—传播者—新闻"三者间的关系。但由于他们讨论问题的基本前提依然在于"事实"与"新闻"的对立，新闻传播者自然会成为他们关注的重要因素，而且随着逻辑自身的发展，新闻传播者必然会被认定为从"事实"到"新闻"的决定因素。在这些同志看来，事实要成为新闻，离不开传播者的反映、报道或传播。因此，在各种新闻定义中，报道和传播要么成为新闻的"属"，要么成为新闻的"种差"。西方甚至有人认为："我认为是新闻的就是新闻。"①这样一来，哪些事实是新闻似乎完全取决传播者的主观意志或传播行为了。于是，新闻工作似乎成了新闻工作者自由意志驰骋的天地，新闻机构仿佛成了新闻活动的主宰力量，而广大人民群众则成了由新闻机构来款待的客人。请看："在事实、新闻机构、群众三者之间，事实是材料，新闻机构是媒介，而广大群众是新闻机构的服务对象。广大群众是否能够知道某种新闻，是否能够得知事实的真相，决定于新闻机构拿出什么样的产品——新闻来款待它的工作对象。"②于是，"大众媒体"成了新闻本质的决定因素，在"大众媒体"面前，不仅"新闻"成了被"规定"者，而且事实也变得苍白无力了。请看："就新闻来说，如果没有大众媒体的运作，没有它运作的动力和目的，其实本身并不能成为新闻"，"对于新闻学来说，大众媒体运作的动力和目的，比之事实本身更值得关注，因为正是它决定了新闻的命运"，"我们一直不敢正视大众媒体对新闻的本质的规定，是因为我们害怕遮蔽了新闻神圣的'客观性'的要求"。③ 这里，我实在不能用太多的篇幅来讨论后来这位作者对新闻理论问题所做的"重新思考"，而只能用两句话重申一下我所坚持的"陈旧观点"：不是有了"大众媒体"才有新闻，好像不是有了医院才有病人一样。"四人帮"控制下的"媒体"的确以其"运作的动力和目的""决定了新闻的命运"，"事实本身"在他们的目的面前的确成了无关紧要的东西，但历史和人民却最终决定了他们的命运！

看来，"新闻品质"的根源既不在事实身上，更不在传播者身上。那么，"新闻品质"究竟在哪里？

六

新闻现象作为一种社会现象，新闻活动作为一项社会活动，产生于人类社会实践（首先是以使用和制造工具为基础的客观物质实践），"新闻品质"也是根源于这种实践。关于"新闻起源"，国内学术界没有太大的意见分歧。现在的问题是如何从人类社会实践中发现"新闻品质"，并对这一品质做出理论的规定。

---

① 转引自 Leow Jeffres, *Mass Media: Processes and Effects*, Waveland Press, 1986, p105.
② 《马克思恩格斯选集》第 1 卷，第 40 页。
③ 吕新雨：《以人的社会存在为背景的新闻与新闻事业》，《新闻大学》，1997 年夏季号。

马克思主义认为，人类"第一个历史活动"就是"生产物质生活本身"的实践①。人在实践中必然产生对自己实践环境的"知"的需要，同时又通过实践来满足这种需要。就是说，"需要是同满足需要的手段一同发展的，并且是依靠这些手段发展的。"②这里有两个问题值得注意：第一，上述"知"的需要和满足这种需要的手段一起包含在实践过程中，其中不存在鸡生蛋还是蛋生鸡的绝对分辩准则。第二，不能仅仅从个体"心理学"意义上看待这种需要，更重要的是要从社会"人类学"（或哲学人类学）意义上看待这种需要。如果仅仅从前者出发，我们所说的那种与人类活生生的实践活动不可分割的需要就会被生硬地剥离开来，变成一种纯粹的主观心理"欲望"。只有从后者出发，才能真正把握这种"需要"的本质：它是人类为了实践并在实践中不断生成和发展的"需要"，是"生产物质生活本身"的一个有机组成部分，是人民群众在实际生活中产生的对各种新情况、新问题、新经验的"知的需要"的总和，是一种客观的社会存在。我们新闻学中常说的"受众需要"本质上就是这种需要。它不以传播者的主观意志为转移，不因"大众媒体运作的动力和目的"而改变。不是传播者的主观意识决定这种需要，而是这种需要决定传播者的主观意识；也不是"大众媒体运作的动力和目的"决定这种需要，而是这种需要决定"大众媒体运作的动力和目的"。这是被大量的新闻实践所检验和证明了的真理。

所谓"新闻品质"，其中一个重要方面，其实就是上述客观存在的社会"需要"。在具体的新闻活动中，新闻传播者正是根据它来判别哪些事实是新闻，哪些不是。我们常说的"新闻价值"从根本上说也是由它来决定的。这里，我不得不涉及一下新闻学中的"客观性"问题。我们过去谈论"客观性"大多着眼于尊重事实。我认为，"客观性"除了要求在新闻报道中要尊重事实外，还要求在新闻实践中要尊重人民群众"知的需要"。但不可否认，无论是前者还是后者，都难免发生"理想与现实的断裂"。那么，我们是否因此就该放弃"理想"而屈从"现实"呢？如果真的像有些人在这个问题上所肯定的那样，那么人作为"人的类的特性"的本质也就丧失殆尽，因为人将从此失去目标，失去追求，从而失去"自由自觉的活动"，进而使自己完全降格为"现实的"存在物。③ 在我看来，新闻理论提倡"客观性"不仅不像有人批评的那样——"遗忘了脚下立足的土地"，而是恰恰相反，正是由于我们立足于这块土地，我们才看到了这块土地的局限性，所以我们才有"理想"，所以我们才要追求。"客观性"在新闻学中不仅有着本体论和认识论上的意义，而且有着伦理学上的意义。从后一种意义看，它要求我们的新闻工作者对人民负责：报真事、说真话；对历史负责：坚持真理、主持正义；对自身负责：不趋炎附势，不苟且偷安。它类似康德伦理学中的"绝对律令"。正是在它面

---

① 《马克思恩格斯选集》第1卷，第32页。
② 《资本论》第1卷，第559页。
③ 参阅马克思：《1844年经济学哲学手稿》，人民出版社，1979年版，第73页。

前,新闻工作才显出它的尊严和神圣,新闻工作者才体现出自身的价值,展现出生命的辉煌!

　　人在实践中产生和发展的对自己生活环境的"知"的需要只是"新闻品质"的一个方面或一个基本特性,即"新闻品质"的客观社会性。"新闻品质"的另一个方面或另一个基本特性是它的客观对象性。"新闻品质"必须与具体的客观对象——事实相联系,必然要在具体的事实身上体现自己。由于我们所说的事实是那些在实践活动中与人相遇的事实,亦即所谓"经验事实",它们实际上是向人呈现并为人存在(即为人所用)的事实,是一种"人化的事实"。正如马克思从抽象的哲学高度所说:"在社会中……对象的现实处处都是人的本质力量的现实,都是人的现实……对于人来说,一切对象都是他本身的对象化。"①从新闻学研究的角度看,我认为,"人的本质力量"并不是一种固定不变的东西,而是一个随着人类历史不断生成和发展的过程。它的最初表现当是某种需要,因此马克思和恩格斯才认为"第一个历史活动就是生产满足这些需要的资料"②不仅如此,在以后的历史行程中,"人的本质力量"依然会以各种需要的形式表现出来,而对自身所处环境"知"的需要便是这些需要中最基本的需要之一,此外还有"识"的需要(对应于科学、哲学等)、"感"的需要(对应于文学、艺术等)。在具体的新闻活动中,所谓"人的本身力量的实现"无非是指人们从作为对象的事实身上发现人的这种需要,同时也是在事实所显示的某些性质和关系中体现出人的这种需要。我们过去所说的事实的"时新性"、"重要性"、"显著性"、"趣味性"等等,并不是事实本身所固有的自然属性,而是人的"知"的需要的"对象化",是这种需要通过事实折射出来的光芒。"人化的事实"就是"对象化的事实",就是凝聚了人的知性需要之光的事实。"知"与"行"从来都是一个问题的两个方面。一般说,"知"是为了"行"。人们不仅需要知道对自己有利的事实,也需要知道对自己不利甚至有害的事实。这一现象在统一于实践的"知""行"关系中完全可以得到合理的解释。

　　"新闻品质"的社会性和对象性是完全统一的。不能把两者割裂开来,分别看作两个不同的实体。只有在逻辑上,在科学中才能把两者区别开来看,而在现实中,这二者则是一刻也不能分离的完整的统一体,彼此互为前提、互为依据。至此,我们可以说,"新闻品质"是人的"知"的需要的对象化。它不可能有一成不变、放之四海而皆准的具体内容,它的内容总是随着人的实践,随着历史、社会、阶级的不同而变化。过去我们用语言来界定的一些貌似具体的内容(如"新鲜"、"重要"、"共同兴趣"等)其实也并不具体。语言的抽象性与现实生活的具体性也许是人在认知途中无法逾越的鸿沟。为此,我不得不在回答新闻是什么的问题之前,把"新闻品质"转化为一种类似人类心理结构的抽象形式,我把这种形式称之为"关注"。它在人类实践中不断生成,因

---

① 马克思:《1844 年经济学哲学手稿》,人民出版社,1979 年版,第 88 页。
② 甘惜分:《新闻理论基础》,中国人民大学出版社,1982 年版,第 40 页。

此无限的内容将在其中不断展开；它在实践中通过与事实的无数次相遇获得自身，同时又将自身的光芒投向作为对象的事实，从而使事实具有了一种新的品质。什么是新闻？从本体论着眼，新闻就是人们在社会实践中经验并关注的新鲜事实。这里的"经验"包括直接经验和间接经验，或者表现为人与人之间的传播，前者则表现为人的"亲身传播"或"体内传播"。

耐心读完这份"论纲"的读者也许会有些失望，因为我的新闻定义似乎并没有多少新"货色"，但任何定义都只有在其自身的理论体系中才能显出它真正的意义，孤立的定义不仅不解决任何问题，而且令人生厌。应该说，这份"论纲"只是研究的开始，其中许多问题还有待进一步展开，还有些问题需要进一步研究和解决。我真诚地希望学界同仁的批评和帮助。

研究与思考

＝延伸阅读＝

1. 杨保军：《论新闻的本体属性》，载《山西大学学报》（哲学社会科学版）2008 年第 5 期。

2. 姚福申：《关于新闻本体的探索》，载《新闻大学》1998 年夏季号。

3. 蔡凯如：《论新闻本体的文化特征》，载《现代传播——北京广播学院学报》1997 年第 3 期。

4. 刘坚、孙珊珊：《新闻本体研究的理论调整》，载《社会科学域线》2008 年第 5 期。

5. 李良荣：《新闻学概论》第二章"新闻"，复旦大学出版社，2009 年第 3 版。

6. 黄旦：《中国新闻传播的历史建构——对三个新闻定义的解读》，载《新闻与传播研究》2003 年第 1 期。

7. 王芳：《改革开放三十年来新闻定义研究综述》，载《东南传播》2009 年第 8 期。

＝问题与思考＝

1. 归类分析各种各样的新闻定义，谈谈你对新闻本体的认识。

2. 你如何认识新闻的存在本体论与实践本体论的联系和差别？

3. 试论将事实作为新闻唯一本源的理论意义及实践价值。

4. 新闻是由哪些要素构成的？弄清楚这个问题有什么用处？

5. "硬新闻"与"软新闻"之间的区别是什么? 这种区分有什么意义?

＝研究实践＝

1. 关于新闻是什么的问题,学术界和业界一直存在不同的看法。你认为这些分歧正常吗? 新闻有没有普遍适用的本质规定性? 请围绕这些问题展开讨论。

2. 试以两篇具体的新闻作品为例,说明它们为何分别属于硬新闻和软新闻,同时具体分析其中所包含的新闻五要素或六要素。

第二章 新闻的特性和功能

导　论

新闻的特性和功能也是关于新闻的两个本体论问题,前者探讨新闻因为什么而与同类型的事物区分开来,后者则说明作为存在的新闻具有什么样的作用。[①]

一、新闻的特性

新闻的特性,就是新闻所具有的独特性质,也即新闻所特有的本质规定性。某一事物的特性只有在与同类事物的比较中才能得到认知。在上层建筑领域,与新闻最具可比性的同类事物是文学和历史。新闻、文学和历史都需要讲述故事,但三者讲故事的要求各有不同。新闻只能严格地以真正发生的事情为依据,事实是新闻的唯一本源。文学既来源于生活又高于生活,生活中真正发生的事情只是作家进行创作的经验性素材,文学作品中叙述的事情却是虚构的产物。历史同样只能叙述真正发生的事情,但那些事情都是过去时的,历史事实一般都是过去时间较长甚至是很久的事实。由此可见,新闻讲究客观真实,文学运用艺术虚构;新闻讲述正在发生或刚刚发生的事实,历史只关注过去的事实。在这种比较中,新闻呈现出真实性、新鲜性和及时性等特性。

新闻的真实性,就是新闻报道的内容要与客观事实相一致。真实性是新闻的生命,不真实也就无所谓新闻。人们对新闻的真实性有不同层面的认识和不同的衡量标准,具体而言有个体真实与总体真实之分、现象真实与本质真实之分。

所谓个体真实,是就单个的新闻报道而言,要求其所叙述的事实必须与客观情形相统一。这又可以分为以下两个方面:首先,是要求实有其事,即新闻中所描述的必须是现实中确实发生过的事情。其次,是要求事实要素俱全并且准确无误。新闻的五个基本要素(时间、地点、人物、事件、原因)若有残缺,那么整条新闻的真实性就会受到质疑;五要素都具备了,还必须保证每个要素乃至每个具体细节都要准确而无失实之处,既不能无中生有,也不能夸张粉饰。由于一条新闻常常包含不止一个事实,

---

① 请注意作为存在的新闻与新闻的存在物即新闻文本之间的区别。严格地说,本体论所探讨的不是新闻文本,而是文本之中所包含的新闻本身。打个比方,当我们说文学时,并不是指某个具体的文学作品,而是指作家通过作品所建构的与现实世界的一种艺术关系;当我们说历史时,也不是指某一历史书籍或文章,而是指经过历史学家认知并记载下来的关于过去的事实世界。因此,本体论意义上的新闻,是指经过传播者认知并加工过的特定事实,也就是对这些事实的报道。

新闻对事实的叙述就会涉及处理事实之间的关系，更由于新闻对事实的叙述还要涉及对事件过程和原因的呈现，因此新闻在叙述的同时也就可能会使用分析或判断。为了保证个体真实，必须正确处理好叙述、分析与判断这三种报道手段之间的关系，这样才能如实地呈现出事件的起因、过程和结果。叙述就是把新闻事实的前后经过及其细节记载下来的行为，其真实与否关键在于是否可以被查证，也就是事后能否被查考和证实。在新闻中，一切可以称之为真实的东西，都应该是事后可以经得住查证的东西。分析是在事实基础上"对事实发生的原因、意义、影响所作的解释以及对未来发展趋势、结果所作的预测。分析的前提是掌握全面的事实，分析的依据是事实（人们常称之为背景材料），分析的结论同样必须是事实，或者是构成该事实的必要材料"[①]。判断是肯定或否定某事物的存在，或指明该事物是否具有某种属性的主观行为。判断不光具有主观性，更具有明确的价值指向性，它往往会在是与非、对与错、好与坏、善与恶等对立范畴中做出选择，或维护其支持的一方，或抨击其反对的一方。"新闻既然是新近发生的事实的报道，那么，它就应该尽可能多地向人们提供可以查证的事实，也不妨作些分析，但尽可能避免下判断，更不要以判断来代替事实。"[②]但由于无论是在现实生活还是在新闻报道中，都不可能不存在判断，因此，记者需要找到一种技巧，既可以避免直接做出判断又可以使事情的是非曲直得到呈现，这个技巧就是把判断转化为叙述，也就是客观地记述新闻事件中的某些当事人所做的判断，只要这个判断实有其事，即使它有错误，记者和新闻媒介也不必为此承担责任。

　　如果说个体真实是建立在存在本体论的基础之上，那么总体真实就是建立在实践本体论的基础之上。所谓总体真实，是就某一新闻媒体或某个范围内的所有新闻媒体在一个相当长的时间内的全部新闻报道而言，要求这些报道能反映客观事物的运动变化过程及其普遍联系，呈现客观事物在相互联系和发展过程中存在的内部规律性。它具有以下两个特点："第一，总体真实并不是针对某个人或某一条新闻报道，而是针对整个新闻事业或某一报纸、广播台、电视台、网站所提出的要求。第二，总体真实要通过连续不断的新闻报道才能显示出来，这是一个量的概念，只有在一定量的积累基础上，真实性才能得到体现和反映。这种量的积累，既是新闻报道在数量上的积累，也是在时间上的积累，这需要一个过程。"[③]之所以会出现总体真实的要求，从根本上说是因为新闻报道在实践过程中存在只报喜不报忧或只报忧不报喜的可能性，无论是这当中的哪种情况，传播者都不是从社会生活本身出发去报道新闻，而是带着某种主观倾向性去寻找能够证明他们观点的事实。列宁说："社会生活现象极端

---

① 李良荣：《新闻学概论》（第1版），复旦大学出版社，2001年版，第25页。
② 李良荣：《新闻学概论》（第3版），复旦大学出版社，2009年，第30页。
③ 徐国源：《新闻本体论》，见丁柏铨主编：《中国新闻理论体系研究》，新华出版社，2002年版，第47页。

复杂,随时都可以找到任何数量的例子或个别的材料来证实任何一个论点。"①由于新闻实践所面对的正是列宁所说的无限丰富复杂的社会生活现象,如果记者或媒体是出于某种主观倾向去报道新闻,那他们并不费劲就可以找到能够证明他们观点的任何材料。果真如此,新闻就会丧失自己的独立性,或沦为宣传的附庸,或只是充当实现某种特殊目的的工具。

中国新闻理论界还曾发生过一场关于新闻的现象真实与本质真实关系的学术论争。有关这一问题,李良荣、郑保卫等教授曾做过较为充分的阐述,请参阅本章延伸阅读中所列的相关文章,限于篇幅这里不展开具体论述。

新闻的新鲜性,就是新闻所报道的必须是有新意的事实。新闻之"新",正在于它所报道的事实之新鲜,不新鲜同样无所谓新闻。

新闻的新鲜性包含以下几层含义。一是时间新,也就是新闻所报道的都是新近发生的事情。哪怕再重要和再有意思的事情,只要它是过去发生的,就只能写进历史。正因为如此,人们才会说"今天的历史就是昨天的新闻,今天的新闻就是明天的历史",新闻与历史的分野正在于它们所呈现事实的时间性。二是内容新,就是新闻所报道的都是能给受众提供新鲜感受的事情。这些事情或者是从未出现过的新情况、新现象、新问题、新经验、新知识、新思想,或者是已经出现过但由于环境等因素变化而能给人带来新认知或新体验的东西。三是形式新,就是新闻在报道事实时采用了令人耳目一新的做法。如果时间新和内容新是从存在本体论角度而言的,那么形式新则又主要是从实践本体论角度来说的了。它"要求新闻从业人员具有创新意识,不断更新新闻观念、新闻意识和新闻思维方式,能站在时代的前列正确地处理新闻信息,发掘出新颖独到的、与众不同的主题,以新颖的报道手法,巧妙而又准确地选择别致的角度,运用生动活泼、别具一格的表现技巧,以新鲜的报道手法来报道新鲜的内容"②。

新闻的及时性,就是新闻要以最快速度将有新意的事实报道出来。新闻报道及时不及时,是有新意的事实能不能最终转化成新闻的决定性因素之一。再有价值的事实如果报道不及时也会成为明日黄花,因此新闻报道越快越好,及时性与新闻如影随形。

新闻报道是否及时可以有两种衡量的办法。一种办法是以新闻事实发生的时间为起点,以新闻事实被报道出来为终点,看这两者之间的时间差有多少,这种时间差越小越好。另一种办法是将报道同一新闻事实的媒介放在一起加以比较,看谁的报道速度更快,速度更快者就能在新闻竞争中取胜。无论以哪种方法来衡量,其实质都是要求新闻必须以最快的速度将有新意的事实报道出来。当然,新闻媒介本身也经

① 《列宁选集》,第2卷,人民出版社,1995年版,第578页。
② 徐国源:《新闻本体论》,见丁柏铨主编:《中国新闻理论体系研究》,新华出版社,2002年版,第50页。

历了一个逐步进化的过程,所谓"最快的速度"并不能一概而论。如果撇开古代的各类媒介不说,单是近代报纸产生以后,新闻媒介就经历了以报纸为代表的纸质媒介、以广播和电视为代表的电子媒介、以互联网为代表的新媒介的演进并叠加的过程。在纸质媒介为主导的初期,相隔一两天将新闻事实报道出来就算是很快的了,后来便逐步过渡到当天的事当天见报,时间差以几小时来计算;到了电子媒介时代,常常是同步直播再加滚动播出,时效已是用分秒来计算;新媒体时代,通过现场直播、网页的实时更新以及像手机等自媒体的随时随地传播,更是将纸质媒介与电子媒介的优点都集中在一起,几乎可以实现受众对新闻事实的同步感知。

与新闻及时性相关的一个概念是新闻宣传的时宜性,它或者是指新闻媒介根据现实需要决定是否应该将有价值的新闻事实公开报道出来,或者是指新闻媒介应该在合适的时机发布新闻以期取得最佳宣传效果。前者往往是由于事关国家机密或政治利益而将新闻事实压着不报,后者往往是出于宣传需要而将新闻发布的时间压到宣传者认为合适的某个时机。这两个方面虽然表现形式不同,但实质都是从新闻作为宣传工具的角度而言的,因而时宜性归根结底是宣传的特性而非新闻的特性。及时性要求的是"抢",时宜性强调的是"压",一抢一压可谓南辕北辙。但新闻毕竟与宣传无法截然分开,在用新闻来做宣传时,就必然需要处理好"抢"与"压"的对立统一关系。

此外,新闻还具有公开性,指真实、新鲜的新闻事实只有公开报道出来,并为广大受众所接受才能最终成为名副其实的新闻。许多情报其实也具有很高的新闻价值,但因为它们未经公开报道,所以其新闻价值就无法得到实现,因而公开或不公开是新闻与情报相互区别开来的一个主要特性。公开有范围大小之分,新闻价值越大的事实越是要求在更大的范围内传播,但无论范围多大,公开作为新闻的一种本质属性,其性质是没有什么区别的。

除了上面四个基本特性外,"新闻还具有广泛性(报道内容、服务对象和传播范围都十分广泛)、连续性(定期、连续地报道和传播新闻,始终不间断地通过提供各种信息为受众服务)、易碎性(今天的新闻,明天就成为历史,失去新闻价值,因而属于一种'易碎品'),等等。但上述四个特性应当是决定新闻存在和产生的最基本的特性。因为如果缺少了这四个属性,那么事实信息一是不可能是新闻,二是不可能最终成为新闻"[①]。

深入认识新闻的基本特性,对于新闻从业者准确地把握新闻脉搏,遵循新闻的客观规律,更加自觉地做好新闻工作具有重要意义。首先,它有助于新闻从业人员牢记新闻必须真实的原则,将挖掘事实、追求真相作为自己的职业使命,养成杜绝虚假新闻、防止新闻失实的自觉意识。其次,有助于新闻从业人员提高新闻敏感能力,使求

---

① 郑保卫:《新闻理论新编》,中国人民大学出版社,2007年版,第43页。

"新"和求"鲜"成为职业素养的有机组成部分，不断增加新闻报道的吸引力和感染力。再次，有助于强化新闻的时效观，在可能的条件下不断提高新闻报道的时效性，实现新闻价值的最大化。

二、新闻的功能

新闻的基本功能或者说本体功能是信息传播功能，由此还延伸出新闻的其他一些非基本的功能，如舆论聚合、知识流通、文化传承、娱乐消遣、商业盈利等。

信息传播是新闻的基本功能。这种功能作为本体功能，为一切新闻所共有，它是指新闻在人类认识自然、了解社会以及交流思想和情感方面所起的作用。如果没有这一功能，新闻也就从根本上失去了存在的意义。社会之所以需要新闻，最主要的原因是公众需要通过它来获取各种与自己利害相关的最新信息。公众只有及时了解到周围世界最新的变动情况，才能对各种事物现象做出准确判断，对自己的行为做出合理决策，从而更好地工作、学习和生活。特别是在今天这样一种信息化社会和媒介化社会的环境中，生产技术的发展、科学知识的更新、社会生活的变动都在以前所未有的速度进行，世界上每个角落发生的新事物、新情况、新问题都能通过各种渠道和手段迅速传播开来。人们之间的社会交往越来越频繁，联系也越来越紧密，这就更需要及时掌握各种最新的信息，才能迅速适应外界环境的变化。而新闻正是担负这种功能的主要角色。

当然，新闻是在社会大系统中有机地运行着的，它在基本功能之外还常常发挥着其他作用，举其要者主要有以下几个方面。

一是舆论聚合的功能。舆论是一种普遍的社会现象，是公众的意见。舆论代表和反映公众的愿望和意见，可以反映人心的向背，具有很大的社会影响。新闻在传播信息的同时，还会影响公众对事物和社会现象的认知，当一些社会热点和焦点事件特别是敏感事件或问题在新闻中得到呈现时，人们在大多数情况下无法亲自去加以求证，而只能依据新闻所展示的事实来对其加以判断并得出自己的结论。如果这样的事件或问题得到新闻的持续和重点关注，人们的认知和态度便有可能受到新闻的影响而逐渐趋于一致，这时就会产生新闻舆论。这就是新闻的舆论聚合功能。新闻舆论的形成有时并非新闻传播自然而然的产物，而是新闻媒介或媒介之外的某种主体有意识地进行操纵的结果，其目的或者是为了进行舆论引导（政治宣传），或者是为了进行舆论监督。但不可忽视的是，即使没有特定主体的有意的作用，某些特殊事件的新闻仍可能自然而然地影响受众，从而产生聚合起舆论的作用。

二是知识流通的功能。新闻中包含着大量与人们的工作、学习和生活密切相关的知识。它既有科学技术方面的新发现、新创造，也有社会科学方面的新观点、新材料；既有国际国内大事的宏观动态和背景信息，也有周边事和身边人的微观报道。不管是什么样题材的新闻，也不管它是使用叙述、描写还是刻画的表现手段，它若要使人容易理解和接受,就都必须在人类共有的知识体系和框架中来完成。这就决定了新闻中不光有最新信息,也必然会包含丰富的科学技术、社会文化乃至日常生活的知识,受众只要常常接触新闻,就会不断积累起有用的知识,提高自己的知识水平。

三是文化传承的功能。新闻还是民族文化的有效载体、传播渠道和传承工具。任何新闻都免除不了意识形态的影响,而民族文化则是意识形态的重要内核之一,通过新闻持续不断的报道,一个民族的文化传统可以在潜移默化中得到更有效的继承。当然,从世界范围来看,当今的全球化趋势使得新闻的文化传承功能也具有了一定的不确定性:一方面,它可以在一个国家中将民族文化的观念和形态迅速和广泛地传播到一般受众之中;另一方面,它可能在世界范围内对强势文化的传播起促进作用,却对弱势文化的传播起抑制作用。

四是娱乐服务的功能。传统媒体和新媒体每天都会报道大量丰富多彩的新闻,其中既有事关人们切身利益的硬新闻,也有相当一部分是轻松愉快的趣味性软新闻。诸如体育比赛、明星逸事等各种形式的软新闻,与综艺晚会、电视剧、电影、戏剧、音乐、文学等文化娱乐内容一样,都是为了使人们在紧张的工作和学习之余休闲娱乐、放松身心、陶冶情操,丰富人们的精神和文化生活。新闻还具有服务社会和公众的功能。笼统地说,新闻进行信息交流、引导舆论、娱乐大众等都是服务,但这里所说的服务是指新闻为社会和受众提供的具体服务和具体指导。如经营、法制、生活等类型的信息,就可以直接服务于人们的工作或生活。

五是商业盈利的功能。新闻既是社会经济生活的润滑剂,会对社会经济生产和流通起到促进或阻碍作用;其本身也是一种商品,通过信息的收集、加工、生产和流通,直接参与到社会化大生产的过程中。作为商品而存在的新闻,在其生产和流通过程中,既需要消耗一定的物质生产资料,又需要消耗必要的劳动时间,还需要通过市场交易才能完成从生产到消费的全部流程,而最终的结果则会产生一定的利润,以维系新闻的再生产。正是因为新闻的这一功能,世界上绝大多数国家都将新闻媒体看成是一个特殊的社会生产单位,在重视其意识形态属性的同时,也充分发挥其产业属性,使新闻传媒成为国民经济的一个重要部门。

不言而喻的是,新闻的这些非基本的功能比新闻的基本功能具有更明显的人为作用的因素。也就是说,即使新闻实践主体不是有意识地进行操作,新闻的本体功能依然是必不可少的;相对而言,新闻的非本体功能则更多地依赖新闻实践主体的有意或无意的操作。

三、新闻与宣传的关系

为了说明新闻的特性,我们在前面将其与文学和历史进行过比较,而在实际的社会运行过程中,与新闻关系更为密切的则是宣传。所谓宣传,指宣传者通过传播一定的观点或思想以影响和引导受传者态度、情感及行动的一系列行为的总称。而新闻,是指传播者对新近发生的事实的报道。从这两个定义便可以看出,新闻与宣传在本质上并不是一回事。然而,在中国的政治语境中,由于新闻常常会产生宣传的作用,宣传也常常会主动利用新闻来作为宣传的工具或材料,两者在功能上就难免发生交叉甚至重合,并且在现实中也确实存在错综复杂的关系。因此,这里专门谈一谈新闻与宣传的联系和区别。

新闻与宣传的联系主要发生于功能方面。一方面,以传播信息为天职的新闻,本身就会有一定的理念或价值立场包含于其中,这种观念和价值导向会影响新闻受众的思想、情感或行为,这是无意识的宣传;另一方面,宣传常常会找上新闻,利用新闻作为宣传的材料,甚至将新闻纳入麾下,使其效力于自己的使命,这样新闻就成为宣传的工具,新闻媒介自然也就成了政党与政府的喉舌。

这种情况,在政党媒介体制下当然是一种常见的现象,而在商业媒介体制下却是受到抵制的。原因在于,新闻与宣传毕竟有着本质上的差异,是两种不同的东西。两者的区别主要表现在以下几个方面。

第一,出发点不同。宣传的出发点是宣传者自身的需要,他们是为了让受众了解、理解、接受自己的观点或思想才从事宣传活动的。而新闻的出发点是满足受众对有新闻价值的信息的需求,衡量一个事实有没有必要传播,决定权不在传播者而在受众。

第二,落脚点不同。宣传的落脚点是影响受众的观念、情感和行动,以争取受众的信任和支持为归宿。而新闻的落脚点是被准确和快速地传播出去的事实本身,至于新闻受众如何接触、认知和判断事实,就不是新闻必须关注的事情了。

第三,传播内容不同。宣传传播的主要是观念和思想,而新闻传播的则是关于事实的信息。对于新闻来说,没有事实也就无所谓新闻,新闻传播的只是具有新意的事实,即使有传播者的倾向或判断,也只能由事实本身来说话。对于宣传来说,宣传者传播的归根结底是他们的思想观点,而事实只不过是这些思想观点的注脚而已。

第四,传播形式不同。新闻传播的是关于新的事实的信息,信息是为了消除人们随机不确定性的东西,因此新闻要求只能一次性传播,如果面对同样的对象进行两次以上的传播,这种信息就不能称之为新闻了。相反,对于同样的受众,宣传却常常可以用同一形式或不同形式向人们重复地宣传一种观念,以达到加深印象和加强影响的目的。

第五,传播要求不同。宣传强调主观需要,对待事实要求量体裁衣,有选择地传播事实信息;新闻强调客观真实,不能以传播者的个人好恶取舍事实。宣传重时宜性,要把最有价值的事实信息放在最适宜的时机传播出去;新闻重及时性,要在第一时间把有价值的事实报道出来。宣传强调立场倾向,凡是宣传的东西都要对自己有利;新闻强调公正平衡,对待报道对象要尽量做到不偏不倚。宣传强调定性的正确,"即观点与材料的统一。观点要求正确、鲜明;材料要求真实、典型,能够恰到好处地说明观点的正确"①；新闻强调定量的准确，要尽量从量的角度对事实加以精确的陈述。

总之，新闻和宣传都属于人类的传播行为，但两者差异性远大于相似性，在承认新闻与宣传可以在一定情况下结合起来做新闻宣传的同时，也要特别注意区分两者的本质属性，从而使新闻工作遵循新闻的基本规律和要求，避免将新闻只当作宣传品而丧失新闻独立性的情况发生。

选　文

新闻传播真实性要求的现实把握

童　兵

导言——

本文选自《童兵自选集》，复旦大学出版社，2004年版，第112－121页。原刊载于《中国青年政治学院学报》2000年第1期。

作者童兵(1942～　)，浙江绍兴人，复旦大学新闻学院本科毕业，在中国人民大学新闻学院获得硕士和博士学位，现为复旦大学新闻学院终身教授，博士生导师。曾任国家教育部人文社会科学重点研究基地中国人民大学新闻与社会发展研究中心主任、国务院学位委员会新闻传播学学科评议组召集人等。出版《马克思主义新闻思想史稿》、《中西新闻比较论纲》、主编《中国新闻传播学大辞典》等。研究方向：新闻传播理论。

本文在回顾国内学术界对新闻传播真实性问题争议的基础上，提出新闻传播真实性的现实把握必须考虑以下几个方面：对社会生活的总体了解、认识和分析；对新闻报道正反两面的严格把关；对新闻传播量的科学调控；对新闻事实的道德考量；对新闻传播效果的辩证制衡。

新闻传播，是在传播的客观规律支配下传受双方的有机运动过程。无论是传方抑或受方，都必须遵循必要的规则，而这些规则，是由新闻传播的基本要求提出并受这些要求制约的。了解和认识这些基本要求，观察与分析新闻传播实践中违背要求

---

① 李良荣：《新闻学概论》(第3版)，复旦大学出版社，2009年版，第50页。

的若干现象及其原因,正确把握贯彻基本要求的方法,处理好运用这些要求时同相关因素的界限,无论在理论上还是在实践上,都具有重要的意义。新闻传播的基本要求有五个,即真实、客观、公正、全面、快捷。对于这些要求的认识与总结,凝结着传播工作者的智慧与经验,是新闻传播学研究的宝贵理论积累。其中的真实性要求常常被视为"新闻的生命"。

一、新闻传播必须真实

新闻传播的真实性(authenticity),指新闻报道与所反映客观事实的相符程度。新闻报道是客观事实在传播者头脑中的反映,通过某种符号向受传者发布的物化产物。这种认识的外化物(认识主体),必须同报道对象(认识客体)完全一致,否则就是对被反映的客观事物的歪曲,就是假报道或失实报道。

新闻传播必须真实,说到底是传播效果的要求。传播必须致效,这是一切传播活动的终极目的。无论是传方还是受方,他们投入新闻传播,无非是知的一方欲把新闻事实变动的信息告诉未知而欲知的一方,而唯有真实的报道才能"传通",使有效的信息被对方接受,以便有利于或有助于后者求取生存发展的根本需求。如果双方传受的报道是假的或部分失实的,那就无助甚至有害于后者的需求,并由于传方公信力的丢失而最终导致传播管道的丧失。

新闻传播的实践经验告诉我们,为使传播致效,必须做到并确保:传播的事实有根有据,传播过程实事求是,传播结果与事实原貌完全一致。这三个环节绝不容许出任何差错,不然就不会有完全真实的新闻传播。

具体说,新闻传播必须真实,是由于这样三方面的原因:

第一,传受双方都要求新闻传播的全过程都实事求是,不增添任何附加的成分。无论是传播的根据——事实,还是报道的过程,都能够是一就是一,是二就是二,不仅不是无中生有,而且没有一丝一毫的夸大或缩小。

第二,这是新闻传播基本规律的要求,只有通过提供真实的新闻报道,才能实现新闻传播的使命。违背这一客观规律,会受到惩罚,丧失新闻传播的意义。

第三,如实报道新闻,是实事求是的认识路线在新闻传播中的运用,也是这一科学方法论对传播工作者的要求。立志在新闻传播行业贡献一生的人员,必须自觉地用科学认识论严格要求自己,老老实实,据实报道。

二、新闻传播真实性的科学含义

新闻传播真实性的科学含义,有一个历史发展的过程,在不同的国家与地区,在操作层次上又有不同的要求。

第一,要求做到事实真实,即每一个具体的新闻报道中的每一项事实,都做到完全准确无误,持久有据。这其中又包括:(1)新闻报道中相关的新闻事件的主要新闻要素,即新闻写作中所说的"五个 W",诸如时间、地点、人物、事件、缘故(原因),都要引之有据,确凿可信。(2)不仅要素完全真实,而且对这些要素的全部细节描绘,也要有根有据,不容许有丝毫"合理想象",或"笔下生花"。比如写到人物,关于这个人物的姓名、性别、年龄、外貌、职业、语言、动作、内心世界的活动等等,都必须持有相关素材,令人信服。(3)新闻报道中引用的一切资料,也要求有可靠的来源,如信件、日记、笔录、作品、录音、传真、电子邮件……必要时要有明确的交代。

事实真实是最起码、最基本的要求,这种真实要求遍及新闻传播的全部事实,事实的一切层面,每个层面的所有细节。因此,事实真实,也可称之为"细节真实"。事实真实即细节真实,是确保新闻传播完全真实的基础。这一层次都做不到的话,就遑论下面的层次要求了。

第二,要求做到总体真实,即不仅新闻传播的某一个事实,新闻媒介上的某一个报道是真实的,而且要求新闻报道的全部事实,新闻报道中事实与实际生活中的同类事实,要完全真实,完全一致。这个要求,是对传播者对于总体事实真实、全面把握而提出的。比如一个地区的工业生产,在一个阶段中可能是生产状况较好的工厂与较差的工厂分别为八成与二成。在这种情况下,一个媒介如果天天发表生产较差或天天发表生产较好的工厂的报道,会给人留下该地区生产很差或很好的印象。显然,这种传播效果同实际情况是不符合的。如果用前面"事实真实"(细节真实)的要求对照,报道者在报道每一家较差或较好工厂的生产时,都是真实的,材料都是引之有据的。但是如果用"总体真实"的要求来考量,发现报道的每个具体事实(每家较差或较好的工厂)同这一地区的事实总体(好的占八成,差的占二成)的状况不一样了,显示出总体真实上出了偏差。

由上述例子中可以看到,总体真实涉及对事实宏观认识与新闻传播中报道总量的科学把握的问题。要在总体真实上达到要求,新闻传播者必须做更为深入地调查与分析,对所报道的同类事实有总体的了解与认识,并努力使公开传播的事实,同现实生活中的同类事实大致平衡,使受传者通过受传行为,对社会生活中的这类事实有全面的了解,而不致受到误导。

第三,要求能够通过事实的报道而揭示该事实发生发展的原因及其本质。第二次世界大战以后,面对日益纷繁复杂的世相,人们对新闻传播的事实的基本要素需求有所增加,不仅要求提供五个 W,还要求说明 H(How,"为何"),即揭示该事实出现的动因(为什么)。中国新闻主管机关明确要求,新闻报道者必须正确揭示事物的本质。1957 年以后,某些新闻学者更把这个要求称之为"本质真实"。"文化大革命"以后,有人指出,一定的现象反映一定的本质,因此本质无所谓真实与否,而只能是所揭示的本质是否正确。所以"本质真实"的提法,并不科学,但是鉴于人们对此已经习惯,都了解"本质真实"只是要求传播者要正确地揭示事实的内在本质,所以有些教科书里继续延用"本质真实"的提法。

对于真实性科学含义的理解,大致上有以上三个层次。中外新闻传播者对这三个层次的把握是不同的。一般说来,西方国家的新闻媒介,主要要求做到第一个层面即"事实真实"。因为这样,不少人利用对事实的选择,利用报喜不报忧或报忧不报喜,美化自己的国家而丑化发展中国家,他们不顾"总体真实"要求,但并不违反"事实真实"要求,因为每一个具体的事实(喜或忧),是有依据的。因此有部分西方新闻学者提出,新闻传播不仅应该做到事实真实,也应该坚持做到"总体真实"。

在中国,多数新闻传播工作者也认为,应该全面地执行真实性的三个层次的要求,但也有人对"本质真实"即新闻应揭示本质的要求持有异议,他们的意见是:第一,如果每则新闻报道都要揭示本质,会延误新闻的及时发表;第二,有的事实,一时人们还无法认识其本质,如埃及金字塔之谜、不明飞行物等等,这类事实也为人关注,也应尽量传播。所以他们提出,在力所能及的情况下要通过新闻报道努力揭示事实的本质,但具体事实要具体分析,不必件件事实都有揭示本质,因为这既不可能,也无必要。这些意见,不无道理。

三、不真实新闻的成因及防治

考察不真实新闻的成因,应循着新闻事实的发现与捕捉、新闻报道的采制、新闻报道公开传播等新闻生产的程序进行。在这个过程中,新闻线索与相关事实的提供者、新闻报道的采制者、新闻公开传播之前的把关者等人的个人品质及相关制度与体制,起着重要的作用。

(一)新闻提供者

透视近年失实新闻,从新闻线索和所谓的新闻提供者分析,大致有三种情况促使人们斗胆造假。这些情况是:好大喜功,急功近利;爱吹不爱批(评);喜做表面文章。这种心态,诱使当事人主动向新闻媒介提供本人或本单位的"好人好事"、"先进业绩",或者七分成绩吹成十二分,或者苗刚刚栽下,却报道已出硕果;在"主流是好的"、"成绩是主要的"、"社会主义建设过程中的缺点永远只是一个指头的问题"、"要坚持正面宣传为主的方针"等等借口下,报喜不报忧,说好不说坏,造成总体失真;部分人依靠造假发家,"尝到甜头",引诱更多人以身试法,仿效弄虚作假者"走捷径"。上述三种情况,当事人都是由于品质不良而故意失实,而且所造假新闻,一般都属性质恶劣、后果严重之列。

(二)新闻采制者

从事新闻采访、写作、制作、编辑加工等等工作的,既有专职的记者、编辑、节目录制人员,也有通讯员、报道员、新闻干事,还有人数庞大的各地投稿者。由于品质、知识、作风等方面的原因导致报道失实,大致有以下五种现象:

1. 采访不深入，浅尝辄止，蜻蜓点水，或者道听途说，信笔为文；编稿不核实，真稿假编，张冠李戴，移花接木，时过境迁；这些大部分属于作风问题而致假。

2. 思想片面，随心所欲，大话绝话连篇，为了见报，天花乱坠，完全不顾事实真相。

3. 知识贫乏，不辨真伪，又轻信上当，不负责任。

4. 没有受过专业训练，分不清新闻报道与文学创作之区别，常常用文学创作的方法报道新闻，以至笔下生花、"合理想象"都习以为常。

5. 追求名利，凭空捏造，无中生有，以造假而图升官发财，当先进或模范。这种品质败坏者所制造的假新闻，往往影响十分恶劣，破坏力特别大。

（三）新闻报道把关人

在新闻报道过程中，为了对人民负责和确保报道的完全真实，新闻报道写完或新闻节目制作好之后，常会请熟悉情况者或领导机关复核，为之"把关"。如果这些把关人从私利或从小团体利益考虑，常会借新闻报道搞"自我表扬"，还会诱导编导者将这种假报道或部分失实的新闻编排到重要版面或黄金时段，造成更大更严重的社会影响。

针对上述造成失实新闻的成因，在防治上可以从下列几项着手：

第一，从思想上认识目前新闻失实的危害性和严重性，真正懂得真实是新闻的生命之意义所在，把新闻失实现象提到一定位置加以重视与切实克服。

第二，从制度建设入手，建立健全严密的防止失实报道出笼、严惩造假的规章制度。

第三，做好新闻报道队伍的清理整顿工作，把品质不良、弄虚作假者从中清除出去。

第四，推动新闻立法，运用法律武器，同通过假新闻谋私利的不良现象作斗争，制裁造假者。

第五，整顿党风，淳化民风，领导机关和主要领导人带头，提倡真实新闻，反对虚假报道。

应该看到，弄虚作假现象严重，在很大程度上侵害了新闻传播队伍的健康肌体。虚假报道现象在市场经济建设的过程中，由于政策调整与队伍建设相对滞后，有愈演愈烈的趋势。但是，随着整顿党风的深入，社会主义精神文明建设的加强，做老实人、说老实话办老实事的中华优秀道德传统的发扬，以及新闻改革的顺利进展，这种恶劣趋势必定会被遏制，真实报道的清新之风一定会重新吹遍中华大地。对此，我们应该充满信心。

四、新闻传播真实性的全面把握

前文提及，新闻真实的完全，要求做到事实真实、总体真实，并努力揭示所报道事实的真相与本质。每一则新闻报道，要做到这几个方面已属不易，而每个媒介，在一个相当长的时间内确保全部报道都完全真实则更加不易，因为后者还有一个对社会总体、报道总体全面把握的艺术问题。

（一）对社会生活的总体认识

从新闻报道引导与推动社会文明建设者功能看，新闻报道涉及的事实，大致可以分为真、善、美与假、恶、丑两大类。每个社会，每个特定的历史阶段，这两大类事实各占社会生活中的总量的比例，各报道多少才能正确地予以反映，并实现以正祛邪、以善制恶的功能？再者，真、善、美与假、恶、丑各自有什么表现，新闻媒介在弘扬真、善、美方面应截取哪些人、事和现象？在报道和反映过程中遇到哪些障碍与困惑？而在贬斥反对假、恶、丑方面又应截取哪些人、事和现象？在批评引导过程中又遇到哪些问题与启示？新闻的为文者与为政者，对此必须有全面的了解、分析与认识。

（二）新闻报道正反两面的严格把关

全面认识社会生活，为的是对新闻报道正、反面的报道控制中执行严格的科学把关。在社会主义的中国，如何认识各项工作和总体计划实现中的成绩与问题、优点与不足、经验与教训？毛泽东过去提出主流（成绩）九个指头、支流（缺点）一个指头即九一开的主张，后来党的另一位领导人提出八二开，他后来还提出"表扬一万，批评三千"的口号。江泽民主持中央工作之后，提出"正面宣传为主"的方针。这个"为主"是否指只能有正面报道，一切反面事实必须"正面做文章"，还是把批评性报道，也列入"正面"之列？学者们的看法和传播工作者的意见，也是见仁见智。只有对正、反面报道有正确的认识，在报道上有适当的反映，才能真正做到总体真实。

（三）新闻传播量的科学调控

社会生活中，产业结构各大类的比例，各地区行业各部门的投入与产出，各民族各性别各职业人士的贡献与取酬，各政府机关各民众团体的工作与不足，基本上都呈一定的量与质的特定状态，同其他的类别、部门、机构、人士维持一定的关系，保持相对的平衡。新闻传播应以相应量与质的报道，反映与维护这种平衡。否则，也会伤害新闻的总体真实。这就是新闻传播量的调控。一个时期，第三产业的报道多了，农业部门觉得受到了冷落。又一个时期，上海的报道多了，又传开了莫须有的流言。所以新闻传播量的调控，也是十分重要的。

（四）新闻传播事实的道德考量

新闻传播的真实性，在新闻实践中，还必须以人类的道德规范加以考量，成为真实报道的又一制约因素。凶杀案件、交通意外，把血淋淋的镜头或照片公之于众，发表在报纸上，那是百分之百真实的，但以道德标准考量，是不允许的。有些关系到地震、残害、疫情的新闻事实，如果发表之后可能会造成人心慌乱等不必要的损失，也应有所节制；但有时如果压下不报又会导致对民众更大的伤害，这时又必须及时报道。个中考量与把握，也十分不易。

（五）新闻传播效果的辩证制衡

新闻传播真实性的要求，是因应对传播效果的追求而提出的。因为只有首先是完全真实的新闻，才谈得上效果。但是我们对传播效果，应有辩证的全面的考察，这种考察，有时也制约着新闻报道的真实性。比如报道一个地方的公安部门管治社会，一个晚上抓了若干卖淫嫖娼的黑窝点。报道者以为抓得越多，越能说明这个公安部门的管治有方，但他却忽略了妓女这么多，嫖客这么多，正好又说明了平日管治不力，因此在报道中不宜把话讲得太满太过。一个城市开展卫生突击活动，一日之中，清出垃圾若干车。如果想一下，这么多垃圾，为何平日不清扫？便知该城市往日卫生工作并不出色，这样，记者报道这件事时就会有适当的把握，也就保证了新闻报道的真实性。

论新闻的本体功能和派生功能

杨保军

导言——

本文刊载于《理论月刊》2010年第3期。

作者杨保军（1962～　　），陕西富平人，毕业于中国人民大学新闻学院，获文学（新闻学）博士学位。现为中国人民大学新闻学院副院长，教授，博士生导师。兼任全国新闻学研究会常任理事、秘书长等。出版《新闻事实论》、《新闻活动论》、《新闻价值论》等，其中《新闻事实论》（2001）获全国优秀博士学位论文奖。研究方向：新闻理论。

本文认为，新闻的功能至少可以从两个向度或者两个层面去考虑：一是新闻的本体功能，二是本体功能的派生功能或延伸功能。本体功能是所有新闻的基本功能，派生或延伸功能则是新闻传播的进一步追求，是新闻功能多元化或多样化的表现，是本体功能的某种扩展和升华。新闻的本体功能与派生功能共同构成了新闻的功能系统。新闻是以完整的功能系统与环境发生相互作用的。

新闻的功能问题[①]是新闻学的核心问题之一。人类为什么需要新闻，社会为什

---

① 新闻的功能，与新闻传播业的功能、新闻媒体的功能、新闻媒介的功能、新闻传播的功能，不能混淆不分。关于它们之间的联系与区别。可参阅杨保军：《新闻活动论》，中国人民大学出版社，2006年版，第271-279页。

么需要新闻,每个人为什么需要新闻,这些或者宏大的、或者微观的问题,都与新闻的功能问题息息相关。拥有什么样的新闻功能观,就会拥有什么样的新闻观。新闻功能观构成了新闻观的重要内核,反映着一定社会、一定时代、一定主体对新闻传播业、新闻传播、新闻的价值期待。新闻功能分析的核心是揭示新闻自身的性能;这种性能一旦现实化,就是新闻的作用。因而,新闻的功能和作用是统一的,差别在于考察的角度有所不同,功能侧重从新闻自身出发,而作用则侧重从外在的效应出发。如果针对传播态的新闻来分析新闻的功能,①至少可以从两个向度或者两个层面去考虑:其一,新闻的本质或新闻本体的直接功能,即本体功能;其二,基于本体功能的派生功能或延伸功能。本体功能是所有新闻的基本功能,派生或延伸功能则是新闻传播的进一步追求,是新闻功能多元化或多样化的表现,一定意义上则是本体功能的某种扩展和升华。新闻的本体功能与派生功能共同构成了新闻的功能系统。新闻是以完整的功能系统与主体、与环境发生相互作用的。

一、新闻的本体功能

思考新闻的本体功能,是把新闻看作纯粹的新闻,即与新闻本体完全一致的新闻。在新闻名义下的非新闻,不在我们讨论的范围内。所谓新闻的本体功能,就是新闻的新闻功能,也可以称为新闻的本位功能、本(质)性功能、原生功能,就是新闻作为一种特殊的事实信息的直接功能,它是新闻作为新闻最基本的功能、定位功能,是新闻的第一位的或元目的性的功能。就是说,新闻的本体功能在目的论意义上反映了新闻(传播)的直接目的。

作为事实信息,新闻的本体性功能实际上就是信息功能,就是表征和认识客观事实本身面目的功能。②从客体角度,即从新闻事实角度看,事实信息,是表征客观存在的新闻事实本身的;从主体角度看,是通过事实信息认识新闻事实的。因而,本体功能是新闻作为一种信息的基本功能,是一种表征性、认知性的功能。从宏观层面看,新闻的本体功能与新闻传播监测环境、守望社会的基本职责是一致的。反过来说,新闻的本体功能也是在如此的责任认定过程中由主体逐步确立的。

新闻的本体功能是决定新闻之所以能够成为新闻的功能条件。这就是说,具有认知功能的信息才有可能成为新闻。新闻一旦没有了本体功能意义上的功能,就不再是新闻,这也正是人们把新闻定义为一种特殊信息的功能论根源。认知功能,就是能够消除人们认知不确定性的功能,提供新知和新信息的功能。新闻,只有包含对收

---

① 传播态的新闻,指的就是处于传播状态中的新闻,是与新闻的本源态、新闻的收受态相对而言的。参阅杨保军:《新闻形态论》,载《国际新闻界》,2004年第3期。

② 信息的基本功能,主要表现在信息的认识功能。参阅倪波、霍丹:《信息传播原理》,书目文献出版社,1996年版,第4页。

受者来说是新鲜信息的时候，才具有这样的功能。并且，这样的新鲜信息，不是一般意义上的新鲜信息，而是关于事实世界、周围环境最新或正在变动的事实信息，是与人们生存、生活、工作等(特别是当下生存、生活、工作)直接相关的、有意义的事实信息。可见，新鲜信息要成为新闻信息是有条件的，并不是所有新鲜信息都是新闻信息。

新闻的本体功能，使人们通过单一的或者相关的系列新闻(报道)，可以了解相应单一新闻事实的真实面貌。如果这样的新闻事实具有一定的典型性和代表性，则透过它人们还可以在一定范围内大致了解同类事实的总体最新变动状况。人们通过一定数量的新闻，可以在一定程度上了解一定范围内事实世界变化的情况。人们通过一定媒介的新闻报道，可以基本了解媒介目标报道领域的最新变化情况。[①] 通过新闻传播界的整体新闻报道，人们总能在一定程度上，获知自己感兴趣的相关事实领域的最新变动情况。再说宏观一点，在新的时代条件、时代背景下，一定社会可以通过拥有的新闻传播业、新闻媒介、新闻传播、新闻，在总体上、在一定程度上，了解和认知自身及其环境的最新变动情况。也就是说，新闻(认识)能够成为社会认识自我的重要途径和手段之一。有学者明确指出："在过去300年间，新闻从业人员已经建立了一套不成文的新闻采编原则和价值标准，而新闻正是人民得以理解世界的间接知识。"[②]事实上，即使在现代新闻事业产生之前，新闻认识已经是人类理解世界的重要方式，差别只是人类在那个时候还没有制度意义、组织意义或者说职业意义上的新闻活动。人们经常说新闻是时代的脉搏，是时代神经系统变化的指数，反映的正是新闻的这种功能。因此，所谓新闻的本体功能或者本位功能，从总体上说，就是指"监测环境，守望社会"的功能。《多种声音，一个世界》的作者之一肖恩·麦克布赖德这样写道，"在整个历史进程中，人类一直在设法改进对于周围事物的消息情报的接受能力和吸收能力，同时又设法提高自己本身传播消息情报的速度、清晰度，并使方法多样化。这种努力之所以必要，首先是为了创造条件对在他面前可能潜伏的种种危险心中有数，然后也为了能和大家一起看到共同对付这些危险的可能性。"[③]通过新闻认识和对新闻的认识，人们可以用与事实世界近乎同步变化的眼光来观察和了解事实世界的最新变动情况，从而为自己的生存和发展寻求更有效、更美好的路径。而所有这些首先依赖于新闻的本体功能。

在逻辑意义上，或者抽象地讲，新闻的本体功能是一种稳定的功能，是绝对性的

---

① 所谓媒介的目标报道领域，是指一定媒体为自己媒介确定的主要报道范围和内容，实质上就是媒介内容定位所指向的比较稳定的领域。不同的媒介，总是有自己的主要目标报道领域。

② Bill Kovach, Tom Rosenstiel: *Elements of Journalism—What Newspeople Should Know and the Public Should Expect*, Crown Publishers, New York, New York, 2001, p37.

③ 国际交流问题研究委员会:《多种声音，一个世界》，中国对外翻译出版公司，1981 年版。

功能。就是说，只要新闻存在，新闻的本体功能就存在。一则新闻，可以没有某种派生的或者延伸性功能，但不能没有本体功能。没有新闻的本体功能，就等于说没有某则新闻本身。人类进行新闻交流的手段可以不断提升和进步，但新闻的本体功能不会因为技术的进步和媒介形态的更新而减弱，反而会更强烈而突出。新的传播技术、新的媒介形态，改变的至多是新闻本体功能得以实现的途径和方式，实现的速度和效率，而不是新闻基本功能的性质，即传播技术本身不会把新闻的本体功能变成其他功能。但是，媒介形态的变化，传播技术的更新，会使新闻的派生功能、延伸功能得到更多的凸显机会，在这一意义上，我们也可以说，传播技术、传播媒介的不断更新，使新闻的本体功能有了实现更多延伸功能的可能性。

我们之所以说新闻的本体功能是新闻第一位的功能，不仅仅是从新闻本身出发的内在考察，即不只是因为本体功能是新闻的定位功能，是新闻功能系统存在的决定性要素；还因为，如果从新闻与社会、新闻与人类的生存、生活的关系考虑，即从外在的角度考察新闻的本体功能，就会发现，新闻的本位功能满足的是人类最基本的需要。要是没有新闻的本位功能，新闻对于人类的特殊意义和价值也就不存在了。

对于整个人类来说，我们需要新闻，是因为我们离不开新闻，它是我们生存、生活的基本需要之一，"我们需要新闻来生活、保护自我、建立人际关系、分辨敌友。新闻事业就是社会所产生的提供这种新闻的系统。我们关注新闻事业的性质的原因正是在于：它影响我们的生活、思想和文化的质量。""新闻事业的目标，是为人民提供使他们自由和自治的资讯。"[1]我们需要新闻，就是因为它能够告诉我们环境发生了什么样的最新变动，我们面临什么样的处境，好消息是什么，坏消息是什么。如果我们对周围环境是什么都茫然不知，我们就无从掌握自己的命运和未来。满足人们对周围环境最新变动认知的需要，正是通过新闻的本体功能实现的。"一旦新闻的流通渠道被阻塞，那么'一种黑暗降临了'。不安就增长了。"[2]我们的世界是一个信息世界，我们的时代是一个信息时代。这样一个时代需要信息的自由流通，这样一个世界需要人们与信息一起生活，控制论创始人维纳说："有效的生活，是和完全充分的信息在一起生活。"[3]如今，新闻在一定程度上是人们实现有效生活的重要信息条件之一，依赖的新闻功能也首先是新闻的本体功能。

新闻本位功能的特殊地位，使得新闻传播业、新闻媒介、职业新闻传播者在今天这样的传播生态中有了特殊的价值。在新技术、新媒介蓬勃而生、相互竞争的新时

① Bill Kovach, Tom Rosenstiel: *Elements of Journalism—What Newspeople Should Know and the Public Should Expect*, Crown Publishers, New York, New York. 2001, p9.

② Bill Kovach, Tom Rosenstiel: *Elements of Journalism—What Newspeople Should Know and the Public Should Expect*, Crown Publishers, New York, New York. 2001, p9.

③ ［美］维纳:《人有人的用处》，陈步译，北京:商务印书馆，1978年版。

新闻理论研究导引

代,民间新闻的力量越来越大了,[①]非新闻媒介组织、机构制作的、传播的新闻信息越来越多了,但这没有降低或者遮盖职业新闻人的角色功能。事情恰好相反,职业新闻人始终如一的基本职责——提供真实的新闻,实现新闻的本体功能——显得更加珍贵。舍本逐末的新闻功能观是应该也必须永远抛弃和拒绝的。当社会越来越文明,人们的政治素质、文化素养越来越高时,他们期望新闻人提供更多的可能不是意见,不是新闻评论,而是真实的、具有社会价值的事实信息。因而,新闻本体功能是新闻所有可能功能中最为重要的功能,是带有元功能意义的功能。

二、新闻的派生功能

新闻的派生功能,是指从本体功能派生出来的各种功能。如果把本体功能叫做新闻的直接功能,派生功能就属于新闻的间接功能。新闻的功能不只是单一的基本功能——信息告知功能,或者说是认识新闻事实本身的功能,以及透过新闻事实认识一定范围内事实世界的功能,还有其他大量的间接功能。新闻的功能,是一个功能系统,是由本体功能和派生功能构成的功能系统。比起本体功能来,派生功能的内涵更为丰富、外延更为广大。因而,从理论研究角度看,派生功能是更难分析也更为重要的问题。在实践层面上,由于本体功能常常要通过延伸自己的方式、通过派生新功能的方式产生作用,因此,只有新闻的派生功能、延伸功能真正发生效应,新闻传播才能取得良好的效果。

1. 派生功能的根源与机制

新闻为什么会有诸多派生功能、延伸功能,这些功能的根源在哪里,派生功能、延伸功能发生的主要机制是什么,派生功能的"派生性"、延伸功能的"延伸性"的内涵到底是什么,如此等等问题,都是理解派生功能、延伸功能的前提性问题,也是一些根本性的问题。下面,我们从不同方面对派生功能产生的根源与机制做出初步的分析。

首先,像新闻的本体功能一样,新闻的派生功能同样属于新闻自身的功能属性问题、性能问题。但是,我们是在新闻的前提下,讨论新闻的功能的;我们是在新闻的前提下,把新闻的功能分为本体功能和派生功能的。因而,新闻的本体功能是根,派生功能是干、是枝、是叶。就是说,如果没有新闻本体功能的存在,讨论新闻的派生功能、延伸功能将没有前提。这一判断的另一表达形式就是:新闻的派生功能、延伸功能根源于新闻的本体功能、根源于新闻本体。因此,我们所讲的派生功能、延伸功能,

---

① 我所说的"民间新闻"是指民众或社会大众以他们自己的兴趣、需求自主传收的新闻,这些新闻不经过新闻组织或机构的严格把关或者编辑和过滤。比如,人们在日常社会生活中关于所见所闻新鲜事实信息的面对面的交流和分享,人们通过一定中介手段(短信、电话、书信等)特别是网络媒介提供的各种方式(电子邮件、BBS、博客等)自主交流的新鲜的事实信息等。参阅杨保军:《新闻的社会构成:民间新闻与职业新闻》,载《国际新闻界》,2008 年第 5 期;杨保军:《简论网络语境下的民间新闻》,载《新闻记者》,2008 年第 3 期;杨保军:《简论"后新闻传播时代"的开启》,载《现代传播》,2008 年第 6 期。

是一定事实信息作为新闻内容派生出来或延伸出来的功能，一定意义上也就是新闻事实信息作为其他类别信息具有的功能。派生性、延伸性的核心是：新闻在具有本体功能的基础上，即告知人们新闻事实是什么的基础上，还能同时具有非新闻性的其他功能。由于这些"其他功能"是新闻事实信息本身具有的非新闻性的性能，是在新闻名义下所显现出来的、发挥作用的功能，所以，我们将其称为新闻的派生功能、延伸功能。这里需要注意的是，非新闻性的功能，只是说新闻的某种功能不是新闻功能，即不是告知人们发生了什么最新变动的信息功能、认知功能，但非新闻性的功能，仍然是新闻的功能，也就是说，新闻拥有的不仅是新闻功能，还拥有一些非新闻的功能。比如，新闻的知识功能、文化功能、记录历史的功能、娱乐功能等，不是新闻功能，但却是新闻具有的一些功能。这也是我们反复区分新闻的本体功能和新闻的派生功能、延伸功能的根据所在、意义所在。

　　事物的功能当然首先要通过事物自身的内容来生成，有什么样的内容，才可能有什么样的功能。同样，新闻的任何功能都要通过新闻的具体内容构成和实现，一定的新闻内容才能产生一定的新闻性能。新闻的派生功能根源于新闻本身的信息构成及其信息特点。一则具体的新闻到底会有哪些具体的派生功能，主要是由新闻本身的具体内容及其特征决定的，新闻包含的内容是所有派生功能的基础。不同的内容构成、内容特点，将从根本上决定不同的新闻拥有不同的派生功能、延伸功能。

　　其次，尽管事物的功能属于事物自身的性能，但事物的性能只有在一定的关系中才能显现出来，人们只有在某种现实的或者潜在的关系中，才能更好地观察和理解事物的性能。新闻能够具有什么样的派生功能、延伸功能，总是与新闻所处的各种具体关系相关。具体来说，新闻存在于社会之中，存在于传播与收受之中，新闻具有什么样的功能，能够显现出什么样的功能，只有在一定的传收关系中才能显现出来、实现出来。由于新闻是相对人类社会、人类主体的存在，因此，人们只在新闻与社会的关系中，新闻与作为主体的人的关系中考察新闻的各种功能。即使是新闻的本体功能，也是在新闻与人们对环境的认知关系中对新闻功能的认定。而新闻的各种派生功能、延伸功能，也总是人们在各种特定关系中对新闻的某种性能的认定。

　　新闻派生功能的产生与新闻活动者、特别是新闻传播者和新闻收受者的传播需要、收受需要密切相关，与传播者的传播意图和收受者的收受意图密不可分，自然也与新闻源主体、新闻控制主体的相关需要密切相关。决定和影响新闻派生功能多少、侧重的因素不限于新闻的具体内容和表现形式，它还与新闻活动者特别是传播者的传播意图、传播方式有关，与新闻收受者的需要有关、解读新闻的方式有关。新闻作为一种信息，其功能是可开发的，在本体功能基础上可以开发出多种多样的派生功能。传播者可以通过新闻实现多种传播目的，其中利用的正是新闻可能的派生功能；收受者则更为自由，他或者她可以对新闻进行不同方式的解读，按照自己的需要去解读，从而使新闻对其表现出不同的功能，而不仅仅是新闻功能。只要能在主体需要与新闻具有的某种属性之间发现关系，就原则上可以发掘或开发出新闻的某种功能。

再次，一定事物功能的显现，总是需要一定的环境条件。新闻能够发挥什么样的功能作用，取决于新闻自身的诸多属性和性能，也取决于新闻与社会、与不同主体及其各种需要、目的等建构起来的关系；而此处要强调的是，新闻派生功能的产生与一定新闻所处的传播环境和传播时机同样具有一定的机缘性关系，即传播环境是促成新闻派生功能得以生成的重要条件。新闻在一定条件下可以引发环境的变化，同样，环境也可以使一定的新闻生成特有的功能。

一条新闻能够拥有什么样的功能，与其遇到的传收环境是密切相关的。一条新闻，只有在特定的环境中才能显示出特有的性能，发挥特有的作用。环境，包括整体的社会传播环境和具体新闻所处的媒介环境、文本环境、语境等，有时可以凸显、放大、增强新闻的某一功能属性，当然，相反的情况同样存在。因而，新闻能够发挥多大的功能作用，并不是完全由新闻自身的内容决定的，还与新闻偶然遇到的环境相关。环境创造新闻，环境使小新闻可能变成大新闻，也有可能使大新闻变成小新闻。新闻，总是在一定的社会环境、信息环境中生成的；新闻，总是在一定的信息环境中传播的、收受的。新闻，并不是孤立的信息存在，并不是对某一新闻事实的孤立反映，它本身也是对一定环境状况、环境变化的反映，因而，特定新闻事实所在的环境状况、环境信息，常常构成了新闻内容的一部分，这就为新闻的机遇性功能奠定了客观基础。社会环境等各种环境条件都会按照自身的需要选择新闻、选择新闻的功能。

最后，新闻派生功能的产生与作用发挥，从宏观上看，也是一个历史的孕育、发现和产生过程。马克思说，每一种有用物"都是许多属性的总和，因此可以在不同方面有用。发现这些不同的方面，从而发现物的多种使用方式，是历史的事情。"[①]新闻的派生功能、延伸功能是一个历史的生成过程，这一判断的核心意思是，新闻的诸多派生功能、延伸功能只能在一定的历史条件下显现和发挥作用。新闻的政治功能、经济功能等并不是新闻的本体性的功能，但作为派生功能、延伸功能，也只有在人类的新闻传播活动发展到一定的历史阶段，才能成为现实的功能、现实的性能。如果说，新闻从其产生之日起就具有这些功能，那也只能说是潜在的、基因性的存在。

新闻到底有什么样的功能，能够发挥什么样的功能，从历史角度看，是一个认识的过程，发现的过程。从总体上说，新闻的功能系统是一个开放系统，是一个不断丰富的过程。尽管新闻的本体功能是唯一的，但它的派生功能、延伸功能却是一个不断扩展、丰富的过程。随着社会文明的进步与发展，新闻与整个人类生活各个方面的关系越来越多，联系越来越紧密，新闻在这样的过程中，在各种联系、关系中，生成越来越多的功能属性。当历史创造出一种新的新闻关系，新闻也就生成了一种新的功能。新闻功能系统是活的系统，不断生成的系统，对历史开放的系统。

---

① 《马克思恩格斯全集》，第23卷，人民出版社，1975年版。

2. 派生功能的主要构成

为了比较清晰地理解新闻的派生功能，需要进行分类论述。但这里不可能将新闻的所有派生功能、延伸功能一一列举，也不可能对列出的几种主要功能进行十分细致的、全面的阐释，这需要专门的"新闻功能论"著作去完成。下面只是对最主要的几种派生功能或延伸功能作简要分析。

（1）政治功能。新闻的政治功能，是指新闻具有的能够对政治活动产生作用和影响的那种性能。政治活动与传播活动是不可分离的，政治活动与新闻传播更是不可分离的，这在人类整体上进入大众传播时代以后已经是无可争议的事实。新闻传播不仅是报道新闻事实的活动，它往往就是直接的政治活动。新闻报道的政治内容直接发挥的是告知人们发生了什么样政治事实的功能，但同时它也生成了对政治活动本身的作用和影响，延伸出、派生出政治性的功能。

新闻是政治活动的基本手段之一，不管是在历史上还是在现实中，不管是在什么样的媒介形态传播中，各种政治力量以及专门从事政治活动的人们，都会积极利用新闻手段展开自己的政治活动。新闻是各种政治信息得到广泛传播的基本文本形式之一，是各种政治力量与社会大众进行政治交流、政治对话的基本方式之一，是不同政治力量之间进行政治斗争、政治较量、政治合作的渠道之一。一句话，新闻成为所有政治力量进行政治动员、政治组织、政治宣传、政治斗争的基本手段之一。在当今这样的信息时代，传媒时代，任何政治力量都不可能轻易放弃媒介的力量、新闻的力量。放弃媒介，就等于放弃政治；放弃新闻，就等于放弃最有效的政治手段。

政治活动信息始终是新闻传播的重要内容，政治新闻始终是新闻内容的重要组成部分。"在现代社会的公共生活中，政治生活是最基本的，也是最重要的"；[①]新闻是社会大众了解政治、参与政治的重要信息基础，是实现知情权的重要渠道，甚至就是政治活动的直接手段。并且，伴随着新的传播时代的到来，新的传媒生态的生成，新的传播技术的广泛运用，以往多少有些神秘的、隐蔽的政治活动变得越来越公开、透明，多元、民主、平等的气氛越来越浓。以往给人感觉只是上层社会、精英阶层的政治活动，也越来越成为人们的普遍活动，成为日常生活的一部分。政治也在日常化，也在生活化、平民化，生活政治正在勃兴。在这样一个时代，新闻传播内在的自由精神，正在为新闻的政治功能开辟着越来越广阔的道路。社会大众的政治意识、政治参与能力、政治参与机会都与新闻的政治功能密切相关，新闻可以促生和培养政治意识、政治参与能力，可以为人们持续不断地提供参与政治的信息支持。新闻在政治文明、民主政治的建设过程中，有着特殊的价值和意义，它可以动员社会力量、激发人们的政治热情、刺激人们的政治神经。

新闻的政治功能还特别表现在它是政治民主、社会民主的手段和中介，新闻是实

---

① 万俊人：《公民美德与政治文明》，《光明日报》，2007 - 6 - 19。

现社会监督、政治监督的有力工具。在新闻媒介、新闻传播有了自己相对独立的地位和相对独立的传播原则之后，新闻，不再仅仅是反映事实、报道信息的手段，它还是监督社会特别是监督公共权力运行的重要力量，新闻通过"让事实说话，用事实说话，为事实说话"的方式，发挥着特殊的政治监督功能。新闻依赖事实的力量、公开的力量和迅速反应的特征，使它的监督功能显示出独特的魅力，使它成为维护社会正义、政治清明的重要手段。

（2）经济功能。新闻的经济功能，是指新闻具有的能够对经济活动产生作用和影响的那种性能。在今天这样一个经济化的时代、经济化的社会，新闻的经济功能表现得越来越加突出。经济生活是人类社会生活、日常生活的永恒基础，新闻与其有着天然的紧密联系。

在宏观层面上，整个社会的经济运行、人们个人的经济行为，在今天这样一个信息时代、信息社会，须臾离不开各种信息的支撑。新闻以它自身的方式，监测着环境的变化，它所提供的各种信息，为人们提供了理解、判断宏观社会环境、经济环境的依据。各种新闻信息，在时刻准备着进行经济探索者的眼睛里，随时都有可能成为展开经济开发的根据。新闻整体的社会变动指示功能（包括政治、经济、文化等各种各样的指示功能），始终为敏锐的经济活动者提供着信息指导和参考。在全球经济一体化、地域经济一体化的背景下，新闻特有的社会变动风向仪的功能，是任何经济活动者都不敢忽视和不愿放过的。

在微观层面上，一些新闻在发挥本体功能的同时，也在发挥经济功能的作用。各种重要的经济活动、经济事务、经济现象、经济信息本身就是新闻报道的常态对象。经济新闻直接反映了经济领域的最新情况，因而表现出直接的经济功能，可以为人们的经济行为提供直接的参考。除此之外，在今天这样一个高度融合的时代，即社会各个系统、各个方面、各个层次联系越来越紧密的时代，任何其他领域的信息，都有可能直接或间接影响作为对象领域看待的活动。因而，新闻的经济功能不仅仅是经济新闻的功能，在原则上说，政治新闻、文化新闻、科技新闻、军事新闻，等等，都有可能发挥重要的经济功能。其实，社会本身是一体化的有机系统，各个子系统之间有着客观的紧密联系，任何一个系统的变化都有可能引起其他系统的变化。

就新闻自身而言，在市场经济体制下，尽管人们说它是一类特殊的商品，但无论如何特殊，它总是商品。作为商品的新闻，自然直接发挥着经济功能。人们传播和收受新闻的行为，在一定意义上也是经济行为，而背后的根据，就是因为新闻具有经济功能。

（3）舆论功能。新闻本身是事实信息，不是意见，更不是舆论。但事实信息是生发意见的源头，事实对于意见来说，具有本体论的意义。新闻的舆论功能就在于它可以通过再现和反映事实而激发意见，造成舆论。而那些意见性新闻，则更是一种比较直接的激发舆论、形成舆论、引导舆论的信息。就新闻本身不是意见而言，我们只能说,舆论功能是新闻的延伸功能或者派生功能。

新闻事实通过新闻传播者的报道,通过新闻内容自身的吸引力,有可能成为人们共同关注的对象,而新闻激发和造成的舆论,会成为新的新闻报道的对象,新的报道,会进一步激发和造成声势更加浩大的舆论。这种滚雪球式的"新闻—舆论"和"舆论—新闻"效应,是新闻舆论功能的重要机制和表现方式。只有新闻所报道事实包含的相关问题消解之后,舆论才会平息。自然,并不是所有新闻都能激发舆论,生成舆论。我们只能说,所有新闻在原则上都有舆论功能和一定的意见指导功能,但不同新闻的舆论功能的强弱、大小是不一样的。

新闻媒介、新闻传播者为人们提供事实信息,总是希望收受者对事实信息进行判断、分析、评价和议论,在这一过程中,新闻实际上发挥了潜在的意见功能,引发和引导着人们的意见及意见方向。事实信息本身具有一定的意见指向。正是新闻作为事实信息所包含的潜在的意见功能,才使新闻能够在传播过程中最终显示出舆论功能。

(4)文化功能。文化本身是个十分复杂的概念,狭义是指精神文化,广义上则包括物质文化、制度文化和精神文化等。我们这里主要是在狭义意义上使用文化概念。新闻作为一种具体的传播方式,一种具体的传播内容,本身就是文化世界的特有形式。新闻,既是人类文化的产物,也是人类文化本身的一种特有表现形式。新闻,从其产生的那天起,就与所有人的生活有着天然的紧密关系;新闻文化,是天然的民间性的文化。当现代新闻传播业诞生后,新闻文化逐步演变成为典型的大众文化形式,新闻本身也成为一种典型的大众化的文化产品。新闻在反映、再现、建构一定的新闻事实时,也在反映、再现、建构着一定社会整体文化的面貌。新闻本身成了文化的载体,新闻作品、新闻文本,同时也是文化作品、文化文本。新闻与整个社会生活如此紧密的关系,使其显示出特有的文化功能。

新闻作为人类认识世界、把握自我的一种特殊的精神文化形式,具有非常丰富的文化功能内涵。人们依据新闻和新闻传播自身的特点,以及它们与社会和个人精神文化生活的各种关系,通常将新闻的文化功能描述为文化记录、文化传承、文化交流功能,文化教育、知识传播、文化娱乐等功能。这些不同的文化功能,在实际的新闻传播中往往是融合在一起的,也就是说新闻的这些性能的实际作用常常是共时态的。新闻文化也是在不断实现文化功能的历史过程中塑造自身的文化形象的。

新闻活动在传播新闻的过程中,新闻就开始以其特有的方式发挥特殊的事实记录功能、文化传承功能、文化交流功能,文化教育功能、知识传播功能、文化娱乐功能等。所有这些功能整合在一起,实质上是以新闻文化的方式起到的社会文化的延续功能、文化的传承功能或者整个社会的遗传功能。新闻是日日常新的,新闻文化的面貌是日日常新的,新闻的各种文化功能也是在日日常新的新闻图景变换中发挥作用的。

三、本体功能与派生功能的基本关系

新闻的本体功能与派生功能的区别,是在新闻视野中的一种区别。就是说,正是因为我们把新闻看做是新闻,才会把新闻功能——新闻信息功能或新闻认识功能——本身看做是本体功能、本位功能,把新闻所显示出的其他功能定位为延伸功能、派生功能。如果没有新闻视野,它们就是并列性的功能,而非本体与派生的关系。这意味着本体功能与派生功能的划分具有一定的相对性。这是我们讨论本体功能和派生功能时首先应该注意的问题。由于我们在上文关于新闻本体功能和派生功能的讨论中,已经实质性地阐释了二者之间的一些关系,因此,这里关于二者关系的分析只是进一步的整理和必要的补充。

从逻辑关系上说,本体功能是基础,派生功能是本体功能在各种可能传播关系中的进一步体现。派生功能是由本体功能决定的、派生的,它们共同构成了多元化的、多层次的新闻功能系统。新闻传播在更多的时候,追求的是立体化的功能呈现方式。从原则上说,传播者总是希望新闻能够发挥更多的社会功能作用,收受者同样希望通过新闻能够满足自身更多的信息需求。事实上,新闻立体化的功能系统,为所有新闻活动者——新闻源主体、新闻传播主体、新闻收受主体、新闻控制主体——提供了实现各种新闻活动目的的可能性,同时,也为人们提供了实现以各种非新闻活动角色活动目的的可能性。新闻功能的立体化构成与功能实现空间的广大可能性,充分说明新闻与整个社会生活以及各个社会领域联系的广泛性和紧密性。

新闻的本体功能是随新闻而生的原发性的功能,是体现或者反映新闻本质的功能,在抽象的意义上具有绝对性和永恒性。因此,人们可以通过谈论新闻的本质功能来讨论新闻的本质,即可以通过新闻的本体功能来定义新闻。然而,新闻的派生功能,可以说是生成性的功能,建构性的功能,是在新闻传播历史的演化中不断生成的功能,是在一定传收关系中生成的功能,是在一定的传播生态、传播环境中生成的功能。因而,派生功能是可以创造的,可以挖掘的,可以开发的。当人们以不同的态度去对待新闻时,以不同的方式应用新闻时,新闻就可以显示出不同的功能。但这并不是说派生功能是随意而生的,只是说派生功能更多依赖新闻与主体的各种具体关系,但对于本体功能来说,它是始终显现的,始终存在的,不管主体以何种态度对待新闻。

本体功能是任何新闻都具有的功能,不同的是不同新闻具有的具体本体内容不一样,因而显示的具体的新闻本体功能是不一样的;任何新闻都具有派生功能、延伸功能,但不同新闻的派生功能、延伸功能的多少、强弱是不一样的,也是随新闻的内容、传收的关系、传播的情景等变化的。因此,在具体新闻层面上,不同新闻具有不同的功能构成。有些新闻具有的派生功能可能比较少,有些新闻则可能拥有比较多的派生功能。不同新闻具有不同侧重的派生功能,有些新闻具有更强的政治功能,有些具有更强的经济功能,有些具有更强的知识功能,有些则可能具有更强的教育功能、

娱乐功能等等。从逻辑上说，新闻必须具有本体功能，但可以没有派生功能、延伸功能；但就客观实际来说，任何新闻都会同时具有本体功能和派生功能、延伸功能。

尽管本体功能是基本的功能，是所有其他功能的基础，但从不同功能的实际作用上说，派生功能对有些新闻来说可能是更重要的功能，能够发挥更大的社会作用。本体功能主要是一种认识作用，派生功能发挥的则是各种各样的社会作用。尽管新闻的直接目的、直接功能在任何时候都不可缺失，但新闻的间接目的、间接功能往往是新闻的主要诉求。新闻在让人们知道发生了什么的前提下，更在于通过自身来发挥政治功能、经济功能、舆论功能、文化功能等。事实上，也只有在新闻发挥了派生功能、延伸功能之后，新闻才是完满的，新闻作为一种社会信息才比较全面地实现了它的社会功能，完成了它的社会使命。正因为如此，人们发现，新闻活动的各种意图性追求，也往往主要是通过新闻的延伸功能或派生功能实现的。

在功能效应方式上，本体功能更为直接、明显，具有更强的即时效应表现，但新闻的有些派生功能、延伸功能往往具有一定的隐蔽性，以比较长久的效应方式显示自身的社会功能，是通过新闻传播日积月累的方式实现的，比如新闻的文化传承功能，对人们的社会化功能，对人们的各种知识功能、社会教化功能等。[①] 因而，本体功能更多的时候是以单一新闻的方式发挥功能效应的，而新闻的有些延伸功能、派生功能只能通过众多具体新闻的历史集合才能真正产生社会功能效应。关于新闻的功能效应问题，需专文阐释，此处就不多说了。

如果我们从功能的层次性上考察新闻本体功能与派生功能的关系，就可以这样说，新闻的直接功能就是新闻的表层功能，但在表层功能之下，还有可以称之为深层功能的功能。新闻的表层功能是非常简单的问题，就是告知事实信息，但深层功能就比较复杂了，不同新闻报道的意图都是有差别的，因而需要具体问题具体分析。但我们至少可以在哲学功能论的角度指出，每一条新闻都包含着深层功能。传播者报道某一事实的目的不会仅仅停留在事实信息层面。报道某一事实首先说明在传播者心目中、评价体系中，觉得或认为它是收受者"应该"知道的。这里"应该"包含的种种含义，恐怕才是传播者的真正意图，也才是传播者期望新闻应该具有的深层功能。

最后需要重复说明的是，我们之所以要对新闻的这两类功能加以区分，最主要的目的就在于提醒人们，要首先把新闻当作新闻来对待，要首先让新闻体现它的本体功能，体现它的新闻功能，而不是别的什么功能。只有这样，新闻才不会变味，新闻才不会成为挂羊头、卖狗肉的东西，我们的新闻传播才能真正回归新闻本位。新闻只有

[①] 清华大学的刘建明教授用"显度功能"和"深度功能"来描述反映新闻媒介的功能，在一定意义上也可以用来描述和反映我在这里所说的新闻本体功能与派生功能效应上的差别。刘教授认为："显度功能是指新闻媒体产生的积极影响是直接的、明显的，人的感官可以很快观察；深度功能是指媒体对社会的积极影响是久远的、纵深的，能促进社会的深刻变革，人们在短时间内还无法把握。"参见刘建明：《当代新闻学原理》，清华大学出版社，2003年版，第289页。

首先以新闻功能发挥作用,它的派生功能、延伸功能才能产生正当的作用。新闻,需要以独立的面目面对社会、面对公众,如果新闻功能被新闻的某种派生功能所左右,新闻作为事实信息的内容,就有可能被扭曲。

研究与思考

＝延伸阅读＝

1. 甘惜分:《新闻与历史》,载《新闻爱好者》1998 年第 8 期。
2. 陈力丹:《论新闻与宣传》,载《新闻传播》2011 年第 4 期。
3. 杨保军:《论新闻真实》,载《阴山学刊》2003 年第 4 期。
4. 陈力丹:《论新闻真实》,载《中国广播》2011 年第 4 期。
5. 马利:《网络环境下的新闻真实》,载《今日湖北》(理论版) 2007 年第 5 期。
6. 杨保军:《试析具体真实与整体真实的含义》,载《阴山学刊》2005 年第 6 期。
7. 秦志希、涂艳:《对新闻真实及“宏观真实论”思维的反思》,载《新闻界》2001 年第 2 期。
8. 丁柏铨:《新闻传播中的隐性失实》,载《新闻传播》2004 年第 11 期。
9. 黄建国:《当前新闻报道中几种新型隐性失实形态及对策》,载《中国矿业大学学报》(社会科学版) 2008 年第 3 期。
10. 石义彬、聂祎:《“以偏概全”:一种隐蔽的新闻失实》,载《采写编》2008 年第 3 期。
11. 魏永征:《客观中立是避免新闻失实的良策》,载《新闻记者》2011 年第 4 期。
12. 李良荣:《对“本质真实”的不同理解》,见《新闻学概论》(修订本),福建人民出版社,1995 年 8 月第 2 版,第 152 - 156 页。
13. 郑保卫:《对新闻真实理论中两组概念的解读》,载《新闻战线》2007 年第 6 期。

＝问题与思考＝

1. 新闻的基本特性有哪些? 深入认识这些特性对做好新闻工作具有怎样的意义?
2. 你怎么看待个体真实与总体真实、现象真实与本质真实的说法?
3. 新闻报道中的叙述、分析、判断的内涵是什么? 应如何处理好它们之间的关系？

4. 请结合延伸阅读的相关文献,列举出隐性失实的种种表现形态。

5. 为什么说"今天的历史就是昨天的新闻,今天的新闻就是明天的历史"？

6. 如何衡量新闻的及时性？ 新闻及时性与宣传时宜性有什么样的区别？

7. 为什么说信息传播是新闻的基本功能？ 新闻还有哪些延伸性的功能？ 区分基本功能与延伸功能有什么作用？

8. 什么是新闻的舆论聚合功能？ 新闻的这一功能对你有什么启示？

＝研究实践＝

1. 真实性常常被比喻为新闻的生命,但现实中的新闻报道却常常出现新闻失实的现象。请搜集一些相关的案例,分析新闻失实的类型以及造成失实的原因。

2. 以一篇新闻报道作品为例,具体分析其中哪些是叙述,哪些是分析,看看其处理叙述、分析和判断三者的关系是否适当。

3. 在中国,新闻与宣传常常难以截然区分开来,请以一个具体案例来说明,其中什么是新闻,什么是宣传,应该如何恰当地处理这两者之间的关系。

第二编　新闻实践论

第三章　新闻传播者

导　论

　　新闻实践是一系列新闻行为的总称，是新闻从生产到消费、从传播到接受的完整过程。在这一过程中，具有新闻价值的客观存在的事实被传播者选中，根据专业标准使用一定的符号进行加工，制作成有内容、有意义、可传播的新闻文本，再经过媒介的传送最终到达受众那里。然后，受众会根据自己所理解的新闻价值标准对新闻文本进行解读，有时还会将自己的理解和观点反馈给传播者。这样，一个完整的新闻实践过程就告一段落。在这一过程中，涉及的要素包括新闻传播者、受众、传播内容、传播媒介、传播效果等，这些要素的组织运作与一般信息的传播流程具有共通性。但新闻实践过程也具有自己的特殊性，这种特殊性主要通过新闻传受主体的身份与地位、新闻实践行为的性质与标准、新闻实践的操作对象（符号与文本）、新闻实践的专业理念与专业规范等表现出来。本章首先从新闻传播主体谈起。

　　对任何社会实践活动的分析，都首先要弄清楚这种活动的主体是谁，对新闻实践活动来说也不例外。从理论上讲，新闻实践活动有两种主体，一种是传播主体，另一种是接受主体。新闻传播主体又有广义和狭义之分，广义是指一切传播新闻的人，它不分古今中外，也不分男女老幼，而狭义则指新闻从业者。这里所说的新闻传播者就是指近代以来专业的新闻从业人员，包括新闻记者、新闻编辑、新闻主持人以及相关的技术支持人员等。

一、新闻传播者的社会角色定位

　　新闻传播者是新闻实践活动的主要推动者，因为他们的存在和工作，有新闻价值的事实才能转化为可被感知的新闻，受众的新闻需求才能得到满足，新闻媒介的价值也才能充分发挥出来。

　　尽管新闻传播者是在与新闻受众的关系中相对而言的，但毫无疑问它首先是一种社会角色。从内涵来说，作为一种社会角色的新闻传播者，就是指那些专门以新闻事实收集、新闻产品制作和新闻内容传送为职业的人。而从外延来说，新闻传播者在社会中所扮演的角色是有多重定位的。

新闻传播者首先是新闻的生产者和传送者。在日常生活中,普通社会个体的口耳相传也是新闻传送的常见方式,也就是说每个人都可能是新闻信息的传播者,但初始的海量新闻素材的搜集以及后续的将其加工制作成新闻作品并通过新闻媒体传播出去,还是要靠专业的新闻传播者来承担。

新闻传播者也是意识形态的运作者。专业的新闻传播者不仅要承担从新闻生产到传播整个过程的具体工作,他们还是这一过程中每个环节的把关人,对传播内容起着控制作用。新闻传播的信息本身就包含有意识形态的内涵,而在特定编辑方针指导下的集中的新闻报道,更是可以制造出与现实环境不完全相同的拟态环境和媒介环境,从而影响社会公众的认知甚至行为,新闻传播者在此过程中成为意识形态的运作者。

新闻传播者还是经济生产的参与者。新闻传播者生产和传播的是新闻作品,而新闻作品同样是参与社会经济流通的一种特殊的商品,它需要消耗物质生产资料和必要劳动时间,同样要通过市场交换得到利益的回报。不仅如此,本身作为商品的新闻又通过其提供的信息有力地促进其他商品的生产和流通,从而比一般商品在更高层次上促进经济、社会与文化的发展。新闻传播者正是通过这样一个过程,成为社会经济生产的参与者。

当然,在不同的社会制度体系中,新闻传播者角色定位的侧重点亦有所不同。在西方资本主义制度体系中,新闻媒介是立法、司法、行政之外的一种重要的制衡力量,所以新闻传播者通常不会以附庸于政治的宣传者自居,反而有"无冕之王"之称。而在中国这样的社会主义国家体制中,新闻记者是执政党领导下的意识形态宣传者和守护者,因此新闻传播者又可以称为"党的新闻工作者"。在不同的时间维度中,新闻传播者的角色定位会因环境的改变而发生或大或小的变化。例如,在新中国成立后至改革开放前的这几十年中,新闻传播者主要是作为政治宣传者而存在的,但在最近的这三十多年中,新闻传播者越来越向传播者和营利者的角色转变;在网络和手机等新媒体广泛应用于新闻传播之前,新闻传播者的角色是相对清晰的,而在当今的新媒体环境中,新闻传播者与新闻受众的边界越来越模糊,相互之间的角色转换也变得更加迅速、频繁和容易等等。

二、新闻传播者的权利与责任

任何一种社会角色都有与之相匹配的权利,也都需要承担特定的责任,这是其进行各种社会活动的重要依据。

1. 新闻传播者的权利

权利有普通权利与特定权利之分,前者指作为普通公民所依法享有的各种权利,而后者则专指扮演特定社会角色并完成相应工作所特有权利。这里所说的正是新闻传播者的特有权利,它主要包括以下几个方面。

一是采访权[①],指新闻记者自由采访政府官员、党政机关工作人员以及一切与新闻线索相关人员的权利。被采访对象除非有符合法律规定的特殊理由,一般不应拒绝更不应该阻挠记者的采访。采访权对应于更广义的公民知情权,是该权利在新闻专业领域的延伸,而其核心则是社会公众对政府信息的知晓权。公民有权了解政府的所作所为,这样才能对公共事务做出明确且明智的判断,而借助于记者的采访,社会公众可以更为及时有效地做到这一点,从而对政府进行有效的新闻监督。

二是编辑权,指新闻传播者可以自主地对新闻信息和新闻作品进行选择取舍、加工制作和调配处理的权利。对于具体的新闻传播者而言,其编辑行为除了受到相关法律和新闻职业道德规范的约束外,还要受所属媒体编辑方针的约束,而独立自主地决定和实施编辑方针,同样是新闻传播者编辑权的有机组成部分。

三是传播权,指新闻传播者将经过采集、加工后制作好的新闻作品通过新闻媒介自由送达受众的权利。"各种报刊的发行渠道不设置障碍,方便报刊自由送达读者手里,各种广播电视节目无障碍地为视听者收受,是传播权得以实现的保障。取消任何形式的新闻检查——(实行)追惩制与预防制,这是(保护)传播权的前提。"[②]

四是监督权,指新闻传播者可以通过新闻报道对国家机关、政府官员以及一切违法乱纪和违背社会伦理道德的现象进行监督批评的权利。监督权是公民的一项基本人权,但公民个人在履行此项权利时会碰到诸多困难,因此公民的监督权常常要借助新闻媒介来实现。新闻传播者的监督权与普通公民的监督权实质相同,但在实施过程中比后者更有力量,其原因在于新闻报道可以形成广泛的舆论压力。正因为如此,新闻传播者既要勇于监督,不负公众对其抱有的角色期待,又要慎于监督,使这一宝贵的权利运行在负责的范围内。

五是秘匿权[③],指新闻传播者不向外界透露新闻来源提供者身份信息的权利。不同国家的法律对秘匿权有不同的态度。有些国家保护这项权利,旨在保证信息渠道的畅通,保护消息提供者不受打击报复。"专业保密既是一种权利,又是一种义务。保密的目的在于保护新闻人员和新闻自由,使他们便于接触提供情报的人士而又不辜负公众的信赖。"[④]也有一些国家对这项权利持不同态度,认为记者适当地交代新闻来源,是提高新闻可信性和权威性的重要手段,还可以警示新闻来源对新闻的真实性和准确性承担责任,从而避免其提供虚假或错误的信息;而当新闻报道涉及民

① 在现实政治生活和社会生活中,对应于这一权利有多种不同的表述,如知晓权、知情权、知察权、了解权等。

② 童兵:《理论新闻传播学导论》,中国人民大学出版社,2000年版,第40页。

③ 秘匿权又称"隐匿权"、"取材秘密"、"消息来源秘密"、"保护新闻来源的权利"、"保守职业秘密的权利"等,参童兵:《理论新闻传播学导论》,中国人民大学出版社,2000年版,第40页。

④ 国际交流问题研究委员会:《多种声音,一个世界》,中国对外翻译出版公司,1981年版,第329页。

事诉讼时,秘匿权则应服从法院在执法时进行充分调查的权利,否则便应被视为藐视法庭。

此外,大多数国家的著作权法规定,除简明的日常新闻和时事消息外,新闻传播者的作品亦享有著作权的保护。在我国,法律针对不同的新闻报道,有不同程度的权利限制:第一种,是完全不受著作权保护的,如单纯事实消息。各媒体可以自由使用此类消息,无需征得报道人的同意,也无需支付报酬,但相关的司法解释强调要"注明出处"。第二种,是受著作权保护,可以不经著作权人许可,但必须注明作者姓名与作品名称,需要支付报酬的,此为"合理使用",如著作权法第 22 条第 4 款对"时事性文章"的规定即属于此类。第三种,是除作者事先声明不许使用外,无须经著作权人许可,但须注明作者姓名与作品名称,需要支付报酬的,此为"法定许可",如著作权法第23 条中的规定。最后一种,是完全受著作权保护,必须征得著作权人许可,使用时须支付报酬的,如新闻特写、新闻通讯、新闻纪实作品等,这些作品具有较高的独创性,应该受到最大限度的保护。①

2. 新闻传播者的责任

新闻传播者作为一种社会角色所应担负的责任可以分为两类,一类是职业道德的责任,一类是法律责任。

职业道德责任方面,新闻传播者要努力维护所从事职业的社会声誉,既要对所从属的媒体负责,更要对社会公众负责。世界各国以及联合国都制定有新闻职业道德规范,其中对新闻传播者的道德责任都有明确的规定②。以下是新闻传播者应承担的主要道德责任。

第一,向受众尽可能多地提供高质量的新闻信息。现实世界每天发生大量的有新闻价值的事实,但这些事实如果不经新闻传播者的搜集和加工,就只能在很小的范围内被人感知,甚至可能完全不被人注意,因此作为从事新闻工作的职业传播者,就有责任以专业眼光和专业能力,最快和最大限度地接近新闻源,尽最大努力将有价值的新闻挖掘出来并有效地传播给受众。

第二,在新闻报道中坚持真实、客观、公正、全面的原则。真实性是新闻的基本特性,新闻一旦失去真实性,也就失去了存在的根基。新闻之所以能够发挥重要的社会功能,也首先有赖于其真实性。因此,新闻传播者要像爱惜自己生命一样维护新闻真实性,不造假,不失实,一旦发现失实的情况应立即予以更正。当然,新闻报道光有真实性的保障还不够,因为只要是"报道",就难免有传播者主观性的渗入。要使新闻具有权威性和公信力,传播者就必须保持客观理性的态度,既不能主观武断,更不能徇

---

① 参牛静:《浅谈时事新闻著作权的法律保护》,《新闻记者》,2009 年第 8 期。
② 参阅本章延伸阅读文章,由中华全国新闻工作者协会制订并修订的《中国新闻工作者职业道德准则》,由联合国新闻自由小组委员会讨论制订的《〈国际新闻道德信条〉草案》。

私偏袒。要对新闻事实在可能范围内做全面翔实的查证,以免一叶障目不见泰山。传播者有失客观公正,往往是因为新闻报道中存在利益交换,因此坚决反对有偿新闻、有偿不闻等现象也是传播者的职业道德责任。

第三,在新闻报道中坚持人文关怀精神。人文关怀就是要坚持以人为本,"对人的生存状况的关照,对人的尊严和符合人性的生活条件的肯定,对人类的解放和自由的追求等"①。人文关怀主要应从以下几个方面来体现:以受众为本,将满足受众的合理需求作为新闻工作的出发点和归宿;关爱生命,避免灾难报道中因过度曝光而造成二次伤害;关注凡人,从普通人身上挖掘正直、善良和美丽的正能量;平等待人,坚持性别平等、种族平等和社会阶层平等,反对性别歧视、种族歧视和社会歧视;关怀弱势群体,关心妇女儿童、贫困阶层、残疾人等社会弱势群体的生存和发展状态;自觉抵制"三俗"(庸俗、低俗和媚俗),反对色情和暴力,维护健康的社会风气;保护个人隐私,营造和谐的社会交往空间。

所谓法律责任,其内涵可以有广义和狭义之分,广义是指新闻传播者在新闻传播过程中有遵守国内及国际相关法律法规的义务,而狭义则是指由于其职务违法行为而引起的应当承担的法律后果。由于狭义所涉及的外延过于具体和繁杂,这里只在广义层面上从禁止的角度来加以说明。具体包括:(1)不得违背宪法确定的基本原则;(2)不得从事危害国家统一、国家主权和领土完整、国家安全、荣誉和利益的传播活动;(3)不得从事污蔑社会制度、鼓动社会动乱的传播活动;(4)不得泄露国家的政治、经济、外交、军事等秘密;(5)不得从事煽动民族分裂和仇恨、侵害少数民族风俗习惯,破坏民族团结的传播活动;(6)不得攻击、歧视、侮辱正当的宗教活动及信教人员;(7)不得宣扬淫秽、迷信或者渲染暴力,危害社会公德和民族优秀文化传统;(8)不得侮辱或者诽谤他人;(9)不得公布未经正式许可的法庭审判情况;(10)不得进行法律、法规规定禁止的其他传播活动。也就是说,如果传播者违背了以上各项规定中的任何一项,都有可能受到法律相应的惩罚。

新闻传播者是新闻实践活动中最活跃的因素,他们既享有应有的权利,又肩负着重要的社会责任。没有这些权利,新闻传播者就无法充分履行自己的职业使命;但若滥用这些权利,就会对新闻这一职业造成无可避免的损害。新闻传播者只有忠诚于自己的职业,履行好自己的社会责任,才有资格更好地享受这些权利。

三、新闻传播者的职业行为特征

人类的每一种职业行为,不仅有着专门的业务规范,而且会存在与别的职业行为相区别的显著特征。新闻传播作为一种职业行为,在其产生和发展过程中,同样形成了与其社会角色定位及其权利和义务密切相关而不同于其他职业的鲜明特征。

---

① 孙辉:《人文关怀与实践概念》,《光明日报》,2002 年 12 月 26 日 C1 版。

首先,新闻传播与社会的联系面非常广泛。新闻传播者每天都要面对瞬息万变的社会现实,对其中有新闻价值的事实要在第一时间获悉并以最快的速度加以报道,这就必须依赖消息来源的畅通。而要做到这一点,没有可靠的消息来源渠道是不行的。新闻传播的内容从经济基础到上层建筑,从国际重大事件到百姓家长里短,无不有可能涉及;新闻采访的对象上至国家元首,下至普通百姓,既有英雄模范,也有乞丐罪犯;新闻服务的对象也是全体社会公众。因此,新闻记者有"消息灵通人士"、"社会活动家"、"社会公正的法官"等称呼,广交朋友是他们的职业需要,时刻保持对新闻的敏感性并将新闻敏感的触角延伸到社会的方方面面,是他们做好本职工作的必要条件。

其次,新闻传播具有典型的精神生产行为的特征。虽然新闻产品最终也会以实体形态而存在,并且以商品形态进入市场流通,但新闻的生产和传播过程却与一般产品和商品有着显著的不同,最根本的不同就在于许多新闻之中会承载意识形态的意涵。职业的新闻传播行为,从开始时就被新兴的资产阶级用来作为争取自由权利、获取政治权力和发展商品经济的工具,后来又被无产阶级用来作为革命斗争的武器。即使在阶级斗争日益淡化、世界经济文化日益全球化的今天,因为社会不平等依然存在、国际竞争依然激烈,新闻传播就仍旧会承载一定的意识形态功能。传播者报道什么或不报道什么,多报道什么或少报道什么,如何报道以及何时报道等,都无不是进行"把关"的结果。除此以外,新闻传播还有引发和引导舆论、传授知识和传承文化等功能。这些都为新闻传播者的职业行为打上了深深的精神生产活动的烙印。

再次,新闻传播具有节奏快、难度高、创造性强的特点。新闻最本质的要求是"真"、"新"和"快"。因为要求"真",新闻传播者就必须深入现场、深入实际,掌握第一手资料,挖掘事实真相,做出正确的判断,这是有比较大的难度的。因为要求"新",新闻传播者就必须既不重复别人的报道,也不重复过去的报道,他们做出的新闻永远应该是新鲜的、真实的、充满活力的"这一个",这就需要一种执著的创新精神。但这一切并不能像作家坐在书斋中搞创作、学者坐在书斋中做研究那样去完成,而是必须争分夺秒地进行,力求在尽可能短的时间内将新闻发布出去,这就使得新闻传播必然具有一种快节奏的特征。

如果说上述三个方面可称之为优点,那么新闻传播这种职业行为也有一个可以称之为缺点的方面,那就是恩格斯所曾指出过的"浮光掠影"的局限。意思是说,新闻传播所反映的事实世界与复杂的社会现象之间总是存在一定的距离,新闻常常只攻一点而不及其余,新闻可以陈述事实却不一定能揭示真相,因此新闻传播便容易犯表面性、片面性的毛病。这种缺点的产生是有一定的客观原因的,因为在多数情况下新闻传播者并不在新闻事件发生的现场,而只能在事后进行补充采访,他们只能在极短的时间内对复杂的新闻事件进行了解并要迅速做出分析和判断,并用最快的速度将其报道出去,这种"遭遇战"式的工作方式,使得新闻传播者无法从容探求事件真相,更无法做深入细致的调查研究（时效性要求稍慢的深度报道除外）。但客观因素的限制并不能作为主观松懈的理由，新闻传播者只有不断加强职业素养，充分认识新闻传播这一职业的优长和缺点，自觉地扬长避短、取长补短，才能更高效、更自如和高质量地完成自己的工作。

四、新闻传播者的综合素养

所谓素养，是指素质和修养的综合体。新闻传播者的素质是指他们在从事新闻实践的过程中，为完成或实现自身目标和任务所应该具有的某些特点、专长和能力；其修养则是指他们为了工作的需要，经过长期的锻炼和培养，在思想理论、道德品质和知识技能等方面所达到的境界。素质和修养常常是分不开的，因而常常被合称为素养。它是人们在先天生理、心理的基础上，通过后天学习、锻炼而逐渐形成和发展起来的，是从事社会活动的基本条件。新闻从业人员的素养总有一些一以贯之的东西，如对于新闻的敏感性、坚持真实和客观地报道新闻的态度、较强的写作能力等，但谈论新闻从业人员的素养也总是离不开具体的语境，正是语境的不断变化，会给这个话题不断注入新的内涵，呈现出新的意义。在传统语境中，通常把新闻工作者的素养分解为政治素养、职业素养和文化素养三个大的方面，这里仍沿用传统的分析框架，但会结合新的语境来加以解释。

1. 政治素养

无论中外，新闻传播都有大量直接涉及政治、军事、宗教、民族事务和国际关系的内容，即使不是直接报道这些方面事件的新闻，在新闻选择时也常常要进行必要的政治判断。在中国，新闻工作在建设有中国特色社会主义事业中更是具有特殊重要的地位和作用，新闻工作者不仅是新闻的传播者和经济生产的参与者，还肩负着主流意识形态宣传者和社会主流价值观守护者的责任。这就决定了新闻传播者必须具有较高的政治素养。这种素养首先表现在新闻传播者要努力坚持理论学习，不断提高理论水平。只有这样，新闻传播者才能把握大势，总揽全局，在错综复杂的社会现象中牢牢把握事物的本质和社会生活的主流，从而在新闻实践中始终保持正确的政治方向。其次表现在新闻传播者要始终坚持理论联系实际的作风。要善于运用辩证唯物主义的立场、观点和方法，思考和分析社会现实中不断出现的新现象、新问题和新动向，在履行职业使命中充分肩负起社会责任。

当然，在新的历史条件下，政治素养并不能简单停留在只是做党和政府的传声筒的水平上，新闻传播者还应在正确处理与政府和公众的关系中，使传媒的公共性得到合理的维护。"一方面，政府受公众的委托管理社会，传媒的公共性体现在接受政府的管理，并成为政府管理社会的工具；另一方面，作为社会公众的'权力受委托方'，传媒具有监督政府的权力与责任，传媒作为特殊的社会公众组织，又承负着巨大社会公共责任。"①恰当地处理好这种关系的能力,也是新闻传播者政治素养的有机组成部分。

2. 专业素养

专业素养是指新闻传播者从事本职工作所必备的专业理论基础、专业知识积累和专业技能修炼的综合体。专业素养是新闻传播者的核心素养,它具体应包括以下几个方面的内容。

第一,具有高度的新闻敏感。新闻敏感是新闻传播者从纷纭复杂、扑朔迷离的社会现象中,迅速捕捉到新闻线索并判断新闻事实价值大小的能力。新闻敏感是新闻传播者政治素养、专业素养和文化素养的综合体现,但主要是其专业素养的突出反映。西方学者将新闻敏感又称为"新闻眼"、"新闻鼻"、"新闻嗅觉"、"第六感官"等,这说明,新闻敏感与人的心理感知和认识能力密切相关。"它包括识别能力、分析能力、判断能力、预测能力、联想能力、调整认知角度的能力和综合概括能力,是新闻工作者的'特异功能'。"②新闻敏感的强弱对于能否发现有价值的新闻起着决定性作用。这种作用主要表现:在看似无关紧要的现象中能否发现具有新闻价值的事实;在同一新闻事件的多个事实中能否迅速判断出孰重孰轻;对于已经报道的事实能否引起读者的兴趣可以做出准确的判断;在已经报道的新闻中能否发现可以进一步挖掘的线索等。

第二,秉持专业理念,遵守专业规范。近现代新闻业逐步发展成为一个受到社会普遍认可的职业,其标志是新闻专业主义的形成。在西方,新闻专业主义的核心理念是公共服务;与中国的国情相结合,新闻的职业理念就是为人民服务。新闻专业主义为真实、客观、公正、全面地报道新闻而确立的专业规范,更是成为新闻传播者在实践操作中必须具备的专业素养。这些专业规范的核心是客观性原则,其主要信条有以下内容:尽量全面充分地展现新闻事实;让社会公众有平等近用新闻媒介的机会;以第三人称形式如实地叙述事实;尽量使用直接引语;除非有特殊必要,一般应交代消息来源;提供能够说明新闻事实的充足证据;对新闻事件中的冲突双方进行平衡报道;用事实说话而不是对新闻事实直接做主观议论和评价;明确区分消息与言论,等等。

第三,具有较强的社会活动能力。善于交际、长于沟通是新闻传播者的又一专业能力,一个性格内向、消息闭塞、不喜欢与人交往的人,是无法称职地承担起新闻传播工作的。新闻对时效性的高要求,新闻内容与社会生活联系的广泛性,新闻价值对"新"(新情况、新动向、新问题、新经验等)的特殊强调,都要求新闻传播者必须广开渠道、眼观六路、耳听八方,使自己努力成为一个出色的社会活动家。

---

① 张金海、李小曼:《传媒公共性与公共性传媒》,《武汉大学学报》,2007 年第 6 期。
② 唐亚娟:《采编环节中的"新闻敏感"论析》,《贵州民族学院学报》(哲学社会科学版),2005 年第 2 期。

第四，熟练掌握和运用多种媒体的表达技能。在媒体的表达技能中，最基础的是语言文字能力，它在平面媒体中主要表现为书面写作能力，在广播电视中主要表现为口头表达能力。除语言文字外，其他符号的使用能力亦是衡量新闻传播者专业技能的重要标准，如广电媒体中的图像运用能力，新媒体中综合运用音频、视频的制作使用以及将其与文字综合加以运用的能力等。在全球化和媒介融合日益成为大趋势的今天，掌握一到两门外语和熟练地使用计算机和互联网等新媒介，也成为新闻传播者必备的技能。当然，何种技能对某位新闻传播者更重要，还要具体看他（她）所从事的是哪种岗位的工作。

3. 文化素养

新闻传播内容的广泛性，风险社会环境的复杂性，信息时代知识更新频率的加快等，这些新的时代环境都要求新闻传播者比在传统环境中具有更厚实的文化素养。

首先，新闻传播者要有较为深厚的哲学素养。文化素养有多种，但在各种类别的文化素养中，哲学素养可谓首要素养。哲学是关于世界观、人生观和方法论的科学，是人类知识的最高存在方式。学习和掌握必备的哲学知识，对于媒体从业者提高理论素养和精神境界，运用科学的思维方式和思想方法，更加准确地把握事物的本质规律，更加透彻地解析新闻事件并认识纷繁复杂的社会现象，为受众提供更多指导性、前瞻性信息，具有十分重要的意义[①]。

其次，新闻传播者要有广泛的知识储备并力求形成合理的知识结构，既要做一个学识广博的"杂家"，又要有所专精，成为某一领域的专家。所谓"杂家"，就是对多学科和多领域的知识都有所积淀，除了新闻专业的知识外，对科学、政治、经济、法律、文学、艺术、历史、地理等专业的基本知识都应有所了解，这样才能在认识事物、叙述事实的过程中避免绝对化和片面性，杜绝发生常识性的错误。而有所专精，则是为了在信息大量泛滥的情况下，增加某一领域或某些题材报道的深度，充分体现新闻报道信息深度加工的价值。"杂"与"专"的有机结合，才是比较合理的知识结构。

再次，新闻传播者需要有终身学习的意识和能力。当今社会号称"信息社会"、"知识社会"，其典型特征是"知识爆炸"和信息泛滥，而实质是知识量的激增和知识更新的周期越来越短，各门学科的知识不但专门化程度日趋精微，而且相互交叉渗透，出现了综合化、整体化的趋势。在这种时代环境中，一个人如果没有终身学习的意识和能力，那他（她）很快就会丧失与时俱进的资格而被边缘化，对于一个新闻传播者来说，这更是不可想象的事情。新闻传播者必须不断地给自己"补血"、"充电"，更新观念，更新知识，拓展视野，跟上时代，这样才能适应现实社会生活的发展变化，生产出高质量的新闻作品。

---

① 参孙菲：《媒体从业者多学科知识体系的构建——东、中、西部多家试点媒体调研分析》，《新闻记者》，2010 年第 5 期。

选　文

作为一种职业的新闻业

[美]凯利·莱特尔、朱利安·哈里斯、斯坦利·约翰逊

导言——

　　本文选自《全能记者必备：新闻采集、写作和编辑的基本技能》（第 7 版），凯利·莱特尔、朱利安·哈里斯、斯坦利·约翰逊著，宋铁军译，中国人民大学出版社，2010年版，第 4－12 页。

　　作者凯利·莱特尔（Kelly Leiter），毕业于南伊利诺伊大学，获硕士和博士学位，田纳西大学新闻学教授。朱利安·哈里斯（Julian Harriss），毕业于田纳西大学，获学士和硕士学位，曾担任过报社记者并任教于田纳西大学新闻学院。

　　本文认为，新闻记者成为民主制度中必不可少的关键一环；记者是时事的记录者，他们有探寻事实的热情和高超的写作能力；记者积累的经验往往是各种其他职业的基础，记者的从业经历可以为他们在其他领域的成就打下坚实的基础。记者除了需要具备写作的欲望和能力外，还要具有永不满足的好奇心、灵活及随和的个性、善于总结经验的本领、在截稿期限压力下工作的气质和接受客观事实的宽容心，记者还必须胸怀大志、生气勃勃、意志坚定，并且能约束自我。这些极高的素质要求使他们有必要接受大学的专业训练。

　　"报纸是一群人的完美集合体——包括各种肤色、所有性别、不同经历的人，这些人崇尚公正，对没有机会或没有声音表达希望的人充满同情心。"这是格里高利·法弗里（Gregory Favre）在担任美国报纸编辑协会（American Society of Newspaper Editors，ASNE）主席时对协会成员讲的话。

　　他们是"一群热爱语言，一直精益求精、心怀敬畏地使用语言的人；一群吃苦耐劳，并随时准备被闹钟叫醒的人"。

　　法弗里担任过加利福尼亚的《萨克拉门托蜜蜂报》（Sacramento Bee）的执行总编，年轻时在老家密西西比乡间的一份周报开始他的新闻工作生涯，这番话是对他近50 年报纸经验的总结。

　　新闻这种职业一直吸引着青春靓丽、才华横溢、充满好奇的青年男女加入，因为新闻能够给他们带来创新的机会、每天都面对挑战的机会。

一份调查报告——《90 年代的报纸记者》(*The Newspaper Journalist of the'90s*)的作者们称:"大量的事例表明,报纸从业人员不仅辛勤工作,而且实践着对新闻业的最高理想。"

　　这份报告由美国报纸编辑协会主持完成,于 1997 年发表。报告显示,今天绝大多数的报社记者对他们的工作感到相当快乐。有 76％的受访者表示,与他们从事的前一个工作相比,他们更喜爱现在这个职业;相同比例的受访者表示,目前的职位达到或超过了自己的预期;3/4 的受访者说,如果有机会重新择业,他们仍会选择报纸。

　　美国报纸编辑协会制作这份报告时,共向全国 61 家报纸的 1 191 位记者发出问卷,其中有效问卷为 1 037 份。这 61 家报纸是随机选择的,它们中发行量大的超过 50 万份,小的低于 5 000 份。问卷回收率为 87.1％,这个数字在调查报告中属于相当高的了。

　　调查的反馈显示,这些记者绝大多数都不能像获得高收视率的电视新闻主播那样,变得比报道对象更有名,他们也拿不到某些"明星"记者才能享有的百万年薪。但是他们在社会中仍然扮演着重要的角色,享受着这份令人兴奋并有益于社会的职业带来的乐趣,他们就是格里高利·法弗里在美国报纸编辑协会的讲演中提到的那群男女。

　　其实,记者付出的艰辛劳动远远要大于这个职业的魅力和荣耀,甚至那些名利双收的名记者也不例外。他们之所以取得成功,是因为天赋极高,并且工作勤奋。新闻记者的工作通常是非常枯燥和刻板的,以至有些乏味,这一点是无法回避的。然而,就是这种枯燥和乏味但又极端重要的基础工作,经常创造出生动有趣、令人激动的精彩报道,并使记者成为公众人物。

　　大多数美国记者日常所报道的是市政会议,而不是富翁和名人。他们用更多的时间报道警察局、消防队和当地学校的动态,而不是描写高官们耸人听闻的丑闻。如果他们以小心谨慎、兢兢业业的态度工作,就能在日常生活中对读者和社会起到至关重要的作用,这种作用比那些专门热衷于窥探和采访戏剧及影视明星的记者要大得多。

　　在民主社会中,信息是不可或缺的。信息爆炸已成为 20 世纪后半叶的标志,在这个时代,记者的作用不仅仅限于报道信息,而且要为公众分析信息、解释信息。大多数美国人都是通过新闻记者和大众传播媒介来获取影响他们日常生活的大部分信息的,这使得新闻记者成为民主制度中必不可少的关键一环。

一、时事的记录者

　　新闻记者主要报道的是时事,与其他一些需要借助想象力来吸引读者的作者相比,记者必须依据事实。他们的首要任务是记录已经发生的事件,有时也对已经发生或即将发生的事件做些分析和解释。记者偶尔也对他们所报道的事件发表个人观点,但按照新闻界的传统,这些观点不应写进新闻报道中,而是在社论版上表达。

对新闻记者来说,活力和激情是重要的财富,但更重要的是探寻事实的热情和高超的写作能力。记者有两个与众不同的本领,一是采集事实——比报道所需的更多信息,二是用这些事实构成准确、生动的报道。

以上所用的"新闻记者"(journalist)这个词,是可以与"报纸记者"(newspaper reporter)互相替换的,因为从实质上讲,报道新闻是各类新闻工作者的基础工作。尽管电视已经作为广泛传播新闻的主流渠道对报纸形成挑战(有研究表明,公众获得国内和国际新闻的渠道已转向电视),但对绝大多数人来说,报纸仍然是获取当地新闻的主要来源。除极少数例子外,大部分电视台提供的地方新闻仅仅限于新闻提要,在没有大城市的地区更是如此。在大多数电视新闻里,屏幕上出现的文字,加起来也填不满标准报纸的一个版的3/4。

尽管电子传输、数控排字以及其他信息存储系统等技术迅猛发展,但报纸仍然是时事最主要的永久记录者。然而,这并不意味着新闻工作主要限于报道和编辑。许多新闻专业的毕业生从事报纸设计和制作,或在广告和发行部门工作,同样事业有成。其他传播媒介也提供了许多甚至是更多的新闻从业机会。但从历史回溯,报纸的新闻报道是所有现代新闻业的鼻祖。

二、新闻报道:众多行业的入门

报社记者积累的经验往往是各种其他职业的基础。随便查查那些已故和健在的公众人物的成长背景,就会发现一串令人印象深刻的名字:许多市长、州长、参众两院议员、大使、演员、公司总裁、大学教授都曾当过记者,这份名单中甚至还包括一位美国总统和总统夫人。

举例来说,美国文学史上从来不乏报社记者出身的作家,其中包括沃尔特·惠特曼(Walt Whitman)、欧内斯特·海明威(Ernest Hemingway)。具有悠久辉煌历史的《芝加哥每日新闻》(*Chicago Daily News*)更是一个摇篮,那里诞生了众多诗人、作家、幽默大师、传记作家、小说家、影视剧作家、评论家和历史学家。曾在这家报纸做过记者的包括:诗人、林肯传记作者卡尔·桑德伯格(Carl Sandburg),小说家、舞台剧和影视剧作家本·海克特(Ben Hecht),小说家梅耶·莱文(Meyer Levin)。

一些过去几十年畅销不衰的著作的作者,也是从当记者开始其职业生涯的,这其中有汤姆·沃尔夫(Tom Wolfe),他著有《合适人选》(*The Right Stuff*)及其他著作,还有《夏洛特观察者报》(*Charlotte Observer*)前犯罪报道记者、畅销悬念小说作家帕特里西亚·康威尔(Patricia Cornwell)。此外,一些仍然活跃的记者,如纽约的退休记者皮特·哈梅尔(Pete Hamill)、《纽约时报》记者、普利策奖①(Pulitzer Prize)获得者里克·布雷格(Rick Bragg),都是畅销的小说和非小说类著作的作者。

1. 无形的利益

新闻界所有从业人员从公众那里得到的授权,都是在发生新闻的场所行使的。在多数事件中,记者能在最前排观察,他们是各种社会组织和委员会的非正式成员。甚至一个出道不久的记者,也经常能凭借他所在报纸的影响,在许多其他行业人士不能涉足的地方畅行无阻。记者要在事件正在发生时进行观察,用已故《华盛顿邮报》(Washington Post)总编菲利普·格雷厄姆(Philip Graham)的话来说,记者是在描绘"最原始的草图"。对那些新记者来说,这些足以使他们飘飘然。事实上,很多记者都不能摆脱这种妄自尊大的感觉。

不过,当他们对这个职业有了真正的了解后,那些甘于奉献的记者们就会脚踏实地了。只有从业经历能使记者的个性变得成熟,这些经历从任何学校都学不到。记者们很快就会了解到:不是所有的人都喜欢报纸,一些人——通常是高层的人——会试图利用报纸达到自己的目的。他们还会很快了解到:不是每个人都愿意合作,当记者前来采访时,他们的反应即使不算粗暴,至少也是有些敌意。但有责任感的记者绝不会知难而退,只有这样,他们才能成为一个合格的记者、作家、评论家。通过这一段完整的经历,严谨认真的记者会不断进步,并既保持个性,又具有完备的职业素养。

电影和小说里描写的记者,时而周旋于社交聚会,时而又从办公室中挖出一个坏蛋,行侠仗义,扶危济困,这些都是超乎事实的虚构。毋庸讳言,一些记者缺乏礼仪、道德和完备的素养,有时还会滥用权力和特权,还有些记者则屈从于眼前的各种诱惑。但绝大多数记者和其他行业的从业人员一样,都有自己的行为准则和个人素养,在各自的岗位上尽职尽责。

2. 在报社的机遇

对大多数记者来说,才华和雄心决定着自己的未来。一个才华横溢、修养极高又雄心勃勃的记者,能够成为一个"大腕"级新闻撰稿人,他的署名文章能得到赞赏和尊敬。他也可以成为一个分析时事的专栏作家或评论家。因为,在日报、周报、美联社这样的通讯社、报业辛迪加②、新闻类杂志和其他各种新闻媒介中,新闻写作机会成千上万。

在报社里,记者的另一个工作岗位是当编辑。通常,编辑负责指导记者采访新闻、审看记者的新闻稿并提出修改意见、做标题,并依据稿件和图片来设计版面。编

---

① 普利策奖是美国重要的新闻、文化奖,由美国著名报人和出版家约瑟夫·普利策出资设立。自1917年以来每年颁发一次。普利策奖的14项新闻奖分别是:公共服务奖、突发新闻报道奖、调查报道奖、说明报道奖、深度报道奖、国内报道奖、国际报道奖、特写奖、评论奖、批评奖、社论写作奖、社论漫画奖、突发新闻摄影奖和特写摄影奖。

② 类似通讯社,它针对各报的个性化需求提供专稿、特稿、专栏文章、漫画等。

辑的职责一般不包括采访和写作,但还有一些有编辑头衔的人,他们的工作与上面提到的编辑有所不同,这些人的职责可能多些,也可能少些。

如科学版编辑、体育版编辑、教育版编辑和其他类似的编辑,通常都兼做某个专业领域的记者,但他们有些人也还要编稿子做标题。小报或周报的编辑通常是采编合一,有些还要负责经营;而大城市日报总编的职责仅限于撰写社论、管理专业人员和制定报道方针。

总编有时(但不是必须)是报纸的所有者和合伙拥有者,他因此也成为发行人——这也是报纸提供的另一机会。发行人是报纸的最高负责人,对报社的全部过程——编辑、经营、印刷——负责。显然,一个成功的发行人不仅要具备管理能力,还要了解印刷流程,懂得投资,能够决定是购买或租赁一家现成的报纸,还是选择建厂买设备新办一家报纸。《编辑和出版人年鉴》(*Editor & Publisher Yearbook*)里列有超过一万家美国周报、周二刊报纸、中小型日报和大城市日报的名字。一些为报业服务的出版物,如《发行人指南》(*Publisher's Auxiliary*)的"出售"专栏中,经常有一些小报纸的名字。购买这些小报纸一般都可以分期付款,定金和还款期限都能令人接受。

3. 其他领域里的机遇

虽然不能说报纸的编辑部是其他职业的训练基地,但的确有一些记者在报社积累了几年经验后,转向其他行业发展。记者游走四方,见多识广,自然交际广泛,并能了解到很多对他们有益的机会。而记者搜集事实、采访人物和写作能力的提高,也往往能增加他们的成功机会。商业和公共服务业的许多人最早都是在报纸工作的。

但迄今为止,绝大部分离开报社的记者还是在与新闻业相关的领域工作,如出版社、大众类杂志、行业类报纸和出版物、电台、电视台、公关公司,以及公司、行业界、机构和协会主办的出版物。广告业也是另一个经常吸引报纸从业者的领域,因为记者的技能在需要进行各种沟通的广告业中是非常适用的。

最后,报纸是培养富于创造性的作家的重要基地。无论是过去还是今天,许多成功的作家和剧作家都是在当记者时接受基础写作训练的。这份名单很长,这里仅列出最杰出的代表人物:欧内斯特·海明威、查尔斯·麦克阿瑟(Charles MacArthur)、布鲁斯·卡滕(Bruce Catton)、汤姆·威克(Tom Wicker)、大卫·哈尔伯斯塔(David Halberstam)、盖伊·泰勒斯(Gay Talese)等。丰富的从业经历,加上长期谨慎、精确使用英语的训练,为他们的文学成就打下了坚实的基础。

三、记者的素质

哪些因素能造就一个优秀的记者? 对这个问题,也许有多少记者就有多少种答案,而且几乎不会雷同。然而,很多人都同意这一点:虽然有些人比他人更适合做记者,但记者绝不是天生的和不用经过培养的。对于大多数的普通人来说,一个成功记者所必备的素质大都是后天获得的,而并非遗传。对一个记者来说,最重要的素质——除了写作的欲望和能力外,也许就是永不满足的好奇心(在部分程度上这是通过强烈的阅读习惯表现出来的)、灵活及随和的个性、善于总结经验的本领、在截稿期限压力下工作的气质和接受客观事实的宽容心。记者还必须胸怀大志、生气勃勃、意志坚定,而且首要的是能约束自我。《基督教科学箴言报》总编理查德·J.卡塔尼(Richard J. Cattani)总结了职业新闻记者应当具备的素质,包括:独立、高产、细致、愿做榜样、通才、权威性、进取心、乐于助人、视野开阔、敏感、深思熟虑、自信、有个性、直觉感强、可教、无私、责任感强、活跃、有条不紊。最后,他的忠告是:"如果你不能做到一睁眼就开始写作,那就试试干点别的吧!"

1. 成功报道所需的要素

渊博的语言知识、得心应手地驾驭文字的能力,是一名优秀记者最基本的工具。对于那些不喜欢写作的人来说,从事新闻工作是一种不合逻辑的选择。

《图森公民报》(Tucson Citizen)总编保罗·麦卡利(Paul McKalip)在报纸基金会(Newspaper Fund)出版的一本择业指南中,对申请加入新闻事业的人提出了以下要求:"聪明智慧、兴趣广泛、进取心强、技能高超、一丝不苟、精益求精、适应截稿压力、文笔优美。"

其他编辑提出了另一些成为好记者的条件,如"永不满足的好奇心"、"耐心而执著"、"能写出让人看懂的、结构精细的句子"。这些要求对一个薪水通常不高的职业来说也许显得不太现实,但这正是一家优秀报纸的编辑们期望的。如果他们的记者没有这样的素质,那么编出来的报纸肯定是枯燥乏味、平庸无奇和死气沉沉的。

有志于新闻工作的人都应当认识到,尽管记者的绝大部分工作都是按部就班的,但他们所写的报道却不能流于平庸和刻板。每一篇报道,无论是关于当地玫瑰节的,还是一篇总统采访记,都应当是记者当时能写出的最好的报道。记住:没有枯燥乏味的新闻,只有缺乏想象力的、懒惰的记者。

记者日复一日的例行工作,只是变化多端的事件中的一部分。记者刚刚从事完日常报道,可能会突然转向一个激动人心的事件。记者必须枕戈待旦,随时自如地从一个事件转向另一个更具新闻价值的任务。

记者的工作是在强大的时间压力下进行的。他们总是在与闹钟赛跑以赶上截稿时间,因此,记者的另一个重要素质就是能在压力下从容不迫地工作。

也许,每个记者所面临的最大挑战是,不在报道中掺杂个人的成见。记者只能是一个不偏不倚的目击者,他所要做的只是报道新闻,并准确地解释事实。

2. 记者所需的教育

虽然对新闻记者的教育培训早在20世纪初就开始了,但直到30年代,大多数报社才普遍出现毕业于新闻专业的记者。今天,如果没有大学学历,特别是没有新闻专业的学历,想进入报社工作通常是件非常困难的事情。美国报纸编辑协会

1997 年发表的报告显示，89％的新闻记者有大学学历，比 8 年前增加了 3％。而在 1982—1983 年，这一比例为 70％。再回溯 10 年，这一比例仅为 58％。合格的新闻院校为学生们提供的，是以新闻专业课程为中心的、内容广泛的文科教育。由于记者需要博才多学，因此，新闻专业学生的专业课只占全部课程的 1/4，其余 3/4 的课程包括：艺术、科学和人文学科。学校还鼓励那些期望在某个特定领域有所长的学生选修相应的专业课，通常包括政治学、自然科学、外交关系、国内经济学、农业及其他课程。

新闻系学生通常要学习的课程包括：英语写作、历史、政治学、经济学、心理学、一门或一门以上的自然科学、一门或一门以上的外语。外语，如西班牙语，对一个在有众多拉美裔人口地区（如佛罗里达州南部、西南各州和加利福尼亚州南部）工作的记者是一个重要的资本。另外，演讲通常也是必修课。当记者报道演讲，或自己被邀请演讲时，受过专门训练肯定是非常有益的，因为许多记者和编辑经常受邀演讲。

快速而准确的打字技巧也绝对是非常重要的。现在即使最小的报社的编辑部也实现了电子化和电脑联网，记者敲击电脑键盘就能完成报道。事实上，如今技术发展非常迅猛，以至报社要经常更新和升级计算机系统，这就要求记者有更高的打字技能。

专业教育对记者来说是极端重要的，但也有一些成功的记者并非科班出身。过去，许多报社雇用高中毕业生，让他们在编辑部"边干边成长"，现在仍有少数报社这样做。但大多数报社的管理者意识到，受过大学教育的毕业生与高中生相比成长为好记者的几率更大，因此更值得录用。

在大学受到训练的记者，带给这个职业的不仅仅是历史学、心理学、政治学等诸如此类的知识，也包括运用这些知识帮助解释事件的能力。他们准确的洞察力，使读者能够了解事件的来龙去脉。新闻专业课程的目的，就是让学生运用其他课程的知识，帮助读者理解新闻。

3. 新闻学学位的益处

大学的新闻学教育曾遭到某些报社编辑的嘲笑（现在仍有少数人嘲笑它），但今天它被公认为对刚入门的记者而言是非常有价值的。一些编辑由于不是科班毕业，因此坚持认为，对记者的最好教育是在编辑部的实践。

近年来，那些对专业教育持怀疑态度的编辑们开始勉强承认：虽然在编辑部能得到很多经验，但也仍有局限性。他们发现，大学的专业训练不仅提供了学习新闻工作技能的捷径，还使刚入门的记者对自己的工作有了更广泛的理解。简而言之，本市新闻版编辑和其他管理者通常是利用边学边干的方法来传授新闻的基本原理，这些方法并不如正规的课堂教育来得成功。学生在课堂里学习基本原理所用的时间，要比边学边干的新记者少 1/3。

宣传者、营利者和传播者——中国新闻从业者的角色认知

苏林森

导言——

本文刊载于《国际新闻界》2012 年第 8 期。

作者苏林森(1977~   ),安徽六安人,毕业于中国人民大学新闻学院,获文学(传播学)博士学位。现为北京交通大学语言与传播学院副教授。研究方向:传媒经济学、舆论学。

本文将新闻从业者的角色归纳为宣传者、营利者和传播者,分别对应政治取向、市场取向和专业主义取向。作者通过调查分析后指出,当今中国新闻从业者营利者的角色认同度显著高于传播者和宣传者,聘用制、年轻者、电视台、男性从业者较认可营利者角色,党报/台、女性、年长者、从业年限长的新闻从业者较认可传播者角色,而除高学历者对宣传者角色认同度较低外,从业者对宣传者角色的认可度较一致,总的来看,新闻从业者越来越认同市场的力量。

研究框架与研究问题

改革开放以来,中国新闻媒体逐步形成的"事业单位、企业管理"性质定位确定了新闻媒体及其从业者的双重身份定位:一是媒体作为党和政府喉舌的根本属性。中国的社会主义制度决定了媒体的这一根本特性,作为一种社会公益事业、上层建筑,新闻媒体从业者坚持为人民服务,做好党和政府的喉舌,成为联结政府与人民的桥梁和纽带,始终坚持社会效益第一的原则,新闻记者是党和政府的宣传员,在这种属性下新闻媒体担负着宣传意识形态的重要职能,并赋予了新闻工作者一定的权力;二是媒体的经济创收功能。与改革开放中市场因素的不断增强相一致,媒体的经济创收功能越来越凸显。1978 年财政部批准《人民日报》等八家首都新闻单位试行"事业单位,企业化管理",打破了以往计划经济体制下党报只能宣传不可经营的认识,传媒业由此向市场化迈进,1979 年中国大陆恢复商业广告,1992 年邓小平"南行讲话"之后社会主义市场经济开始确立,自从 20 世纪 90 年代中叶,以四川《华西都市报》等一批都市类报纸和广州日报报业集团等传媒集团的创办为标志,中国媒介市场化进程逐步加速,这种市场化改革使新闻从业者双重身份的天平逐渐向市场这一边倾斜,与其他企业工作人员类似,新闻从业者事业单位身份也发生了变化,新闻媒体及其从业者都对经济利益表现出越来越强烈的追求。

政治一直是影响中国媒介的最重要因素。胡正荣(2003)指出,20 世纪 80 年代

我国媒介业就开始了市场化的改革，首先，政策上许可媒介部分内容非意识形态化、娱乐化和平民化；其次，经济上，政府向媒介拨款减少，媒介的收入从这样依靠政府资助彻底转向了依靠市场经营获得，如广告等。这就形成了我国独特的"一元制度，二元运行"的媒介体制，"一元制度"就是指媒介为国家所有制，"二元运行"就是既要完成现行政治结构所要求完成的意识形态宣传任务，又要通过广告等市场经营收入支撑媒介的经济再生产。[①]

虽然经济诱因让中国的媒介体制产生变化，政治因素的色彩在淡化，但政治决定性的影响并没有弱化。何舟(1998)形容这种政治和经济因素在中国媒介内的冲突与矛盾就像一场"拔河赛"，提出政经力量的相互作用所产生的动力正逐渐使党的新闻事业演化成"党营舆论公司"，政治和经济的相互作用成了矛盾的主要根源，政治和经济两股力量经常处于一种争夺战中，这种状态被形象地称为"拔河赛"式势态；[②]陈怀林(2000)指出，管理媒体的上级党政部门(一般是党委宣传部)既要"马儿好"(提供宣传公关服务)，又要"马儿不吃草"(自负盈亏)，就不得不容忍甚至鼓励传媒另辟生财之道。[③]

除了政治和市场这两种基本角色，作为一种社会公器(无论社会主义制度下还是资本主义制度下)，传媒具有较强的社会公共性，随着新闻业的专业化、细分化发展，专业主义越来越得到了中国新闻从业者的认同。陆晔、潘忠党(2002)从新闻专业理念、政治宣传体制、商业传媒体制三种力量维度分析了我国新闻从业者的专业主义话语建构，他们认为这三种力量形成的话语体系，相互冲突、渗透和调和，构成社会转型过程中新闻从业者专业实践的历史场景；[④]潘忠党和陈韬文(2004)分析了对中国新闻从业者和新闻专业学生的问卷调查数据，结果显示，受新闻改革和传媒全球化的影响，"党的新闻事业"和"专业主义新闻"这两大新闻范式在中国新闻从业者当中并存；[⑤]张洪忠等(2006)指出，中国新闻从业者是置身于政治、资本、个人专业主义追求三种力量交织的场景中，在此基础上将我国新闻从业者的价值取向分为三个维度：喉舌取向、雇员取向、专业主义取向[⑥](表1)。

① 胡正荣：《后 WTO 时代我国媒介产业重组及资本化结果—对我国媒介发展的政治经济分析》，《新闻大学》，2003 年第 3 期。

② 何舟、陈怀林：《中国传媒新论》，香港，太平洋世纪出版社，1998 年，第 66－107 页。

③ 陈怀林：《试析中国媒体制度的渐进改革——以报业为案例》，《新闻学研究》(台北)，2000 年总第 62 期。

④ 陆晔、潘忠党：《成名的想象：中国社会转型过程中新闻从业者的专业主义》，《新闻学研究》(台北)，2002 年总第 71 期。

⑤ 潘忠党、陈韬文：《从媒体范例评价看中国大陆新闻改革中的范式转变》，《新闻学研究》(台北)，2004 年总第 78 期。

⑥ 张洪忠、何艳、许航：《社会转型时期我国新闻从业者的价值取向研究》，《国际新闻界》，2006 年第 10 期。

表 1　当前我国新闻从业者价值取向构成

影响变量	政治力量	资本力量	个人力量
价值取向	喉舌取向	雇员取向	专业主义取向
指标构成	政治意识,能够洞悉政策走向 熟悉政府部门制定的宣传纪律 能够把握好政治尺度	新闻敏感 基本技能 相关的学科知识 媒介的经营意识 ……	优良的品德 富有正义感 客观 有独立的价值判断 ……

陈阳(2006)将中国记者的职业角色勾勒为四种:宣传者、参与者、营利者和观察者,[①]从作者所描述的职业角色特征来看,其中"观察者"角色的核心特征是客观、公正,与前文所阐述的专业主义角色特征是一致的。基于上述文献回顾,本文将新闻从业者的角色认知定位为宣传者、营利者和传播者,分别对应政治取向、市场取向和专业主义取向。本研究的问题如下:

改革开放以来中国新闻发展实践证明,政治和经济两股力量对媒介制度的"拔河",从政治力量主导过渡到今天经济力量逐步主导,而新闻专业主义则在这两股力量的夹缝中不断发展,目前这三股力量作用下的新闻从业者角色认知表现出什么样差异,这里提出本研究要回答的第一个问题:

问题1:当前中国新闻从业者三种职业角色(宣传者、营利者和传播者)认知的高低。

在传媒市场化之前进入媒体工作的从业者,多属传统事业编制,但随着传媒市场化的深入,新闻单位"铁饭碗"正在被打破,越来越多的新闻单位,尤其是都市类媒体、新媒体均逐步引入竞争机制。在新旧用人"双轨制"并存的情况下,事业编制身份的从业者往往比聘用制从业者拥有更优越的福利、待遇和保障,聘用制员工职业流动程序也更方便,他们对其职业的角色评价存在什么差别值得研究,因此本研究提出第二个研究问题:

问题2:不同身份新闻从业者的职业角色评价有什么差别?

作为党和政府的喉舌,党报/台在传媒体制改革中作为公益性事业来对待,其从业者能获得更多的资源和更好的待遇,而都市类媒体以市场为导向,经营性产业成分更多,其用人机制相对灵活,因此党报/台员工比都市类媒体员工更具稳定性,从业者所在媒体的性质差别可能对其职业角色评价带来差异,本文提出第三个研究问题:

问题3:不同性质媒体的从业者职业角色评价有什么差别?

---

①　陈阳:《当下中国记者职业角色的变迁轨迹———宣传者、参与者、营利者和观察者》,《国际新闻界》,2006 年第 12 期。

由于传统四大媒介(报纸、杂志、广播和电视)和以互联网为代表的新媒介在物理特征、传播性能、运作模式上具有较大差异,因此其从业者可能也有一定差异,但是其从业者角色认知是否具有差异尚不得而知,因此本研究将回答:

问题4:不同类媒体的新闻从业者角色认同是否存在差异?

由于生理特征、家庭角色和社会因素的差异,性别对新闻从业者职业评价可能会产生影响,而年龄、学历、供职年限的差异造成新闻从业者的职业经历、体验差异较大,因此人口统计学指标对新闻从业者的职业角色认知可能也有影响,因此这里提出本研究的第五个问题:

问题5:人口统计指标(性别、年龄、学历、供职年限)是否对新闻从业者角色评价产生影响?

带着这些问题,我们组织了这次调查,以了解新闻从业者队伍的现状,为管理部门提供实践参考与行为依据。

研究方法

本次调查总体是中国主流媒体的全体从业者。这个总体对于整个中国新闻从业者有示范性意义,是当前中国最有影响力的、最活跃的、也是代表下一步中国新闻业走向的从业者群体。现对本次调查的方法描述如下:

首先,调查选择了北京、上海、广州、成都、重庆五座中国特大型城市的媒体进行抽样调查。一是这五座城市代表在中国的东南西北四个区域,分别是四个区域的中心城市。北京在北方,上海在东部,广州在南部,成都、重庆在西部。二是这五座城市代表中国文化、经济、区域发展的趋势。北京是中国首都,是中国的文化和政治中心;上海是中国的经济中心,是中国最大的城市;广州是中国南方的文化、经济、政治中心,中国最活跃的媒体都出自该市;成都是中国西部的文化中心,是中国都市报和中国第一家媒体上市公司的诞生地;重庆是中国西部的经济中心和西部最大城市,是中国第四个直辖市。

其次,对五座城市的报纸、电视、网络、新闻杂志进行抽样。在报纸方面,对五个城市的都市类报纸和党报都进行抽样,广州的报纸是中国最发达的,还对该市市场化程度高的专门化报纸做了调查,北京有中国最多的行业类报纸,对北京该类报纸进行了抽样;在电视方面,主要对在北京的中央电视台和北京电视台进行调查,另外对广州的南方电视台也进行了抽样;在杂志方面,中国有影响力的新闻杂志都分布在北京、广州和上海,本次的杂志调查也只在这三地进行抽样;在新闻广播方面,有全国影响的新闻广播电台主要在北京,故只在北京进行抽样;网站选择了中国最大的商业新闻网站新浪和地方政府投资较大的重庆华龙网进行调查。

第三,对于选择的新闻媒体进行整群抽样,也就是对于一家媒体的一个部门全体从业者进行问卷访问。

第四,共发放问卷1 500份,收回调查问卷1 405人份,有效问卷回收率为93.67%,按照采用了Weaver& Wilhoit(1996)调查美国新闻从业者所用的定义,将调查对象的群体定义为在当地媒体从事全职新闻采写、编辑和制作的人员,不包括技术后勤行政人员。排除技术后勤等人员后,有样本1 309人份。调查采用随机抽样,问卷由访员当面发放,自填密封后再由访员回收,调查数据采用SPSS软件包进行统计分析,调查时间为2010年10月8日-11月2日,问卷调查结果如下:

研究结果

（一）新闻从业者的总体角色认知状况

为了对新闻从业者的角色评价进行综合评估,分析从业者角色评价的潜在因子,本文通过因子分析来找出不同评价的潜在维度。在因子分析前,为了排除偶然性的影响,需先对样本指标值进行相关性检验。KMO（Kaiser - Meyer - Olkin Measure of Sampling Adequacy）测度是提供判断原始变量是否适合作因子分析的检验方法,它比较观测到的原始变量间的相关系数和偏相关系数的大小,一个大的测试值支持因子分析。一般而言,KMO测度值＞0.5意味着可以进行因子分析,[①]本样本KMO为0.716（表2）,表明9个变量存在潜在因子结构,有必要进行因子分析。

表2　相关性检验（KMO and Bartlett's Test）

Kaiser - Meyer - Olkin Measure of Sampling Adequacy.		.716
Bartlett's Test of Sphericity	Approx. Chi - Square	2 575.725
	df	36
	Sig.	.000

接着本研究对调查中使用的9个评价变量进行因子分析以提取公共因子,[②]本文采用主成分分析法（Principal Component Analysis）,计算公共因子特征值、贡献率[③]及累计贡献率。根据公共因子的贡献率提取3个公共因子,3个公共因子解释了总变异的63.30%,即3个公共因子反映了63.30%的原指标信息,我们分别将其命名为市场角色（营利者）、专业角色（传播者）和政治角色（宣传者）（表3）。

---

① 彭源波:《基于因子分析法的我国农业上市公司经营绩效评价》,《生产力研究》,2012年第1期。

② 公共因子是根据原始指标信息提取的反映指标间公共信息的因素。

③ 如果一个指标在某因子中作用大,则该因子的载荷系数就大,反之亦然;因子的贡献率等于该因子对应的特征值占特征值之和的比重,即该因子反映原始信息的比例,贡献率越大,该因子就相对重要。

表3 对"您如何评价中国的记者"变量的因子分析解(旋转后,n=1215)

变量	因子1	因子2	因子3	共同度
党和政府的传声筒			0.417 4	0.752 5
人民群众的贴心人		0.668 6		0.534 6
利益集团的代言人			0.556 9	0.573 3
新闻单位的雇佣者	0.514 1			0.494 2
资讯信息的传播者		0.335 0		0.669 0
养家糊口的劳动者	0.695 0			0.455 2
记者是文明的使者		0.652 1		0.565 6
记者的弱势群体	0.542 1			0.664 3
记者是工薪一族	0.678 8			0.518 1
方差贡献率(%)				0.633 0
累计方差贡献率(%)				
因子命名	市场角色	专业角色	政治角色	

虽然公众赋予新闻工作者种种期望,新闻工作者也有很多称呼,但是本次调查显示新闻工作者最显著的自我角色认知是市场经济下的普通雇员。按照表因子分析的角色认知进行归类,三类角色评价依次是营利者(3.90)>传播者(3.55)>宣传者(3.52),其中营利者的职业角色认同度显著高于传播者($t=13.35$,$p=0.00$)和宣传者($t=15.54$,$t=0.00$)认同度,而传播者和宣传者的认同度无显著差异($t=1.11$,$p=0.27$),说明在传媒市场化环境下,新闻从业者越来越将自己定位于普通雇员。

具体看9项指标得分,被调查新闻从业者认为中国记者都扮演了不同角色,得分大都在中间点3分之上(表4)。得分最高的前三项是政治维度和市场维度的指标,依次是:"记者是工薪一族"、"党和政府的传声筒"、"养家糊口的劳动者"。得分最高的"记者是工薪一族"一项在五分制中得到4.25分,工薪族是新闻工作者对其所从事的职业的基本认知,超过八成(82.67%)的受访者认同"记者是工薪一族",多数新闻从业者认为其所从事的职业首先是一种谋生手段。"党和政府的传声筒"获得了位居第二的角色认同,这与我国新闻宣传"四不变"[①]的制度安排密切联系在一起的,这种自我描述在总体上与当前中国媒体强调的政治宣传和经济创收两项功能相对应。相对于突出的"营利者"角色定位,"资讯信息的传播者"的认知度较低,即作为专业资讯传播者的职业认同度较低,需要注意的是,市场的诱惑进一步威胁新闻从业者尚未厘

---

① 即党管媒体不能变、党管干部不能变、喉舌性质不能变和舆论导向不能变,其中党管媒体不能变是根本。

清的专业主义理念(陆晔、潘忠党,2002),传媒市场化过程中从业者职业理想的缺失不能不引起我们一定的重视。9项指标中最不认同的是"利益集团的代言人",回答同意、反对和中立基本各占三分之一并倾向反对,这说明与西方相比,"事业单位"、"企业管理"下的中国媒体,受利益集团的影响相对较小。

表4 新闻从业者的自我角色评价

对记者的自我评价	同意(%)	中立(%)	反对(%)	认同指数①	作答人数
记者是工薪一族	82.67	14.87	2.45	4.25	1 264
党和政府的传声筒	77.21	15.77	7.02	4.06	1 268
养家糊口的劳动者	75.76	19.08	5.17	4.06	1 258
资讯信息的传播者	71.82	25.64	2.55	3.90	1 256
新闻单位的雇佣者	61.23	28.30	10.47	3.71	1 251
记者是弱势群体	49.84	36.98	13.18	3.58	1 252
记者是文明的使者	45.85	43.85	10.30	3.47	1 252
人民群众的贴心人	34.69	51.87	13.44	3.28	1 257
利益集团的代言人	31.30	35.42	33.28	2.98	1 262

(二)不同从业者角色认同度差异分析

对不同身份从业者对记者角色的评价发现,两种身份从业者对于记者政治维度角色都没有明显差异,即事业编制和聘用制两种身份从业者均认同宣传者角色,虽然事业编制从业者对传播者角色的认同度(3.58)略高于聘用制员工(3.53),但这种差异不显著(p=0.16),而聘用制从业者对营利者角色认同度上显著强于事业编制从业者(表5)。

表5 不同身份新闻从业者对记者角色的评价

角色评价	总得分	不同身份从业者		方差分析	
		事业编制	聘用制	F	Sig.
宣传者	3.52	3.52	3.52	0.00	0.96
营利者	3.90	3.82	3.96	10.61	0.00
传播者	3.55	3.58	3.53	2.00	0.16

注:最高"5"表示非常同意,最低"1"表示很反对。

不同性质新闻媒体从业者对其自身的角色认同总体差异不明显,虽然行业类媒

---

① 该指数表明被访者在某一观点上的同意程度,1表示"非常反对",5则表示"非常同意"。

体对宣传者和营利者角色认同度均最强,但这些差异均不显著,而不同性质新闻从业者对传播者角色认同度的差异显著,其中党报/台从业者对传播者角色最认同,说明不论媒体性质如何,其"事业单位"、"企业管理"的理念均深入人心,其从业者对宣传者和营利者角色认同并无显著差异(表6)。

表6 不同性质媒体从业人员对中国记者的角色评价

角色评价	总得分	不同媒体从业者				方差分析	
		党报/台	都市类媒体	行业类媒体	新媒体	F	Sig.
宣传者	3.52	3.52	3.47	3.66	3.51	2.03	0.11
营利者	3.90	3.91	3.89	3.92	3.81	0.55	0.65
传播者	3.55	3.60	3.49	3.50	3.59	2.58	0.05

注:最高"5"表示非常同意,最低"1"表示很反对。

对不同媒体从业者之间对记者角色评价的方差分析发现,在宣传者角色认同上,报纸、杂志、电视台、电台和新闻网站从业人员无显著差别,但在营利者和传播者角色认同上,五种媒介从业者差异显著,电视台从业者对营利者角色最认同,电台从业人员对传播者角色最认同(表7)。

表7 不同媒体从业人员对中国记者的角色评价

角色评价	总得分	不同媒体从业者					方差分析	
		报纸	杂志	电视台	电台	新闻网站	F	Sig.
宣传者	3.52	3.52	3.40	3.59	3.52	3.48	0.95	0.44
营利者	3.90	3.91	3.73	3.98	3.75	3.94	3.62	0.01
传播者	3.55	3.55	3.43	3.52	3.75	3.43	4.34	0.00

注:最高"5"表示非常同意,最低"1"表示很反对。

新闻从业者人口统计特征对其角色认同度具有一定影响。男性比女性从业者更认同营利者角色($F = 5.54, p = 0.02$),女性比男性从业者更认同传播者角色($F = 5.52, p = 0.02$),而男女性从业者对宣传者的角色认同无显著差异($F = 0.18, p = 0.67$);从年龄[1]看,越年长的从业者越认同传播者角色定位($F = 5.74, p = 0.00$),越年轻的从业者越认同营利者角色($F = 3.53, p = 0.01$),而不同年龄段从业者对宣传者的角色认同无显著差异($F = 0.18, p = 0.67$);不同学历新闻从业者对营利者和传播者的角色认同均无显著差异,而学历越高者对宣传者的认同度越低($F = 2.75$,

---

① 此处用年龄段表示,分别为30岁以下、30-39岁、40-49岁和50岁以上。

$p=0.064$);虽然总的来看,从业年限①越长者对宣传者角色的认可度越高、对营利者角色的认可度越低,但其差异均不显著,而从业年限越长的新闻从业者,其传播者的认可度则显著越高($F=4.20$, $p=0.00$)。

结论和讨论

新闻事业是需要新闻工作者付出满腔热忱、百倍艰辛直至热血和生命。对新闻事业的积极奉献,源自于新闻工作者对其社会角色及其使命的自觉意识,对新闻事业的投入程度与其对自身角色认知具有紧密关系。

本次调查显示,与其他公司雇员没有什么区别,新闻从业者首先将自己的角色定位成"营利者",这源自近年来不断深入的传媒市场化。张洪忠等(2006)指出,资本的进入及扩张已经成了传媒业内的一个普遍现象,引进资本来激活机制、增强市场竞争力,实行总编、部门主任、编辑记者的全员招聘合同制,已经很常见并涌现出了一大批的职业报人、职业电视人等,与其说他们是新闻从业者,不如说他们是公司的雇员更接近。在遵守政治原则的前提下,市场的成败就是从业者职位高低或去留的一个决定性因素。② 在市场化环境中,新闻从业者也失去了很多职业光环,本次调查显示,超过七成的被访者认同"记者远远不是无冕之王,而是新时代的新闻民工"的观点,而只有不足一成(7.18%)的被访者反对这个观点,这反映了当前新闻从业者将其从事的职业视为与其他职业没有本质区别。自从上世纪90年代以来,由于新闻媒体的数量与种类日益丰富,新闻记者队伍迅速扩大,新闻记者收入直接与媒体的效益挂钩,有些新闻记者的待遇较之以前,其收入结构与性质均发生了明显的变化,一些新闻记者常常自嘲为"新闻民工",并且本次调查还显示,将近一半(49.84%)的被访者认同自己是弱势群体! 新闻职业神圣感的提升,除了新闻记者自身的成长与修炼外,也要引起新闻主管部门的重视。

总的来看,不同类别、不同性质媒体、不同性别、年龄、从业年限从业者对宣传者角色认知基本没有差别(学历高者宣传者角色认知较低),但聘用制、电视台、男性、年轻从业者较认同营利者角色,党报/台从业者、电台、女性、年长、从业年限较长从业者较认同传播者角色。需要指出的是,虽然新闻从业者对宣传者的角色认知较一致,但这种认知比较弱,这种状况是由于当前媒介规制所造成。吴飞(2006)指出,中国的新闻业多种话语并存:喉舌的身份、经济上的自给需要、全球化背景下的专业主义诉求等,各种力量共同作用于中国的新闻生产场域。不过对一个新闻从业者来说,其安身立命者,仍然是喉舌意识的坚决实施。

---

① 本调查中将从业年限按时间段分为5年及以下、6-10年、11-15年、16-20年和20年以上。

② 张洪忠、何艳、许航:《社会转型时期我国新闻从业者的价值取向研究》,《国际新闻界》,2006年第10期。

但本次调查显示,新闻从业者实际角色和"应该成为"的角色之间有一定差距。当前实际情况是,"党和政府的传声筒"高居新闻从业者自我角色评价第二(五分制中得分 4.06),远高于其作为"人民群众的贴心人"的得分(3.28),但本次调查中关于"新闻记者应该首先倾听老百姓的声音"的得分(4.27 远高于)和"新闻记者应该首先关注政府的意愿和想法"的得分(3.07),观念与行为的背反说明了新闻从业者对现实环境的无奈。本次调查还显示,超过一半(52.87%)的被访者将"现实与新闻理想有差距"作为工作中遇到的主要问题,远高于紧跟其后的"理论知识不足"(17.46%)、"缺乏稿源"(16.57%)、采访和写作能力差(6.79%)等选项,这表明新闻工作并不是一个纯技术活,新闻从业者更追求个人理想的实现,而现实条件并不能满足这种需求,造成新闻从业人员一定程度上的困惑。从被访者在"工作中遇到的主要问题"中的"其他"选项上的填写可以明显看到从业者的这种困惑:"受主管部门管理"、"长官意志"、"规定动作太多"、"束缚太多"、"宣传精神过多"、"自主性不强"等,反映了新闻从业者对现实宣传环境一定程度上的不满。

中国传媒市场化改革、新媒体的不断成长让新闻从业者越来越认同市场的力量,但是中国传媒管理体制决定了其从业者不得不将自身同时定位为宣传者,专业主义传播者角色则在政经夹缝中曲折生存。政治因素对媒介发展的调整总体仍呈现消极、被动态势,经济因素虽表现出积极、主动态势,但无法从根本上掌控媒介制度的变革,失衡是政治和经济两股力量的常态。实际上,一个合格的新闻从业者是三种角色的统一体,《南方周末》负责人指出,办《南方周末》是在寻找三位一体,即是否符合政策环境、是否符合市场需求、是否符合新闻人的理想且对得起大历史。① 从未来看,在重视政治因素主导作用的同时,发挥经济因素的推动作用,并要提升新闻从业者的专业素养,以加快中国媒介制度改革来适应传媒市场化的现实要求。

从心理学视角看新闻敏感

倪桓

导言——

本文刊载于《现代传播》2001 年第 3 期。

作者倪桓(1977~   ),江苏镇江人,毕业于北京广播学院(现中国传媒大学)电视与新闻学院,获文学(传播学)博士学位。现为中国传媒大学新闻学院副教授。出版

---

① 范以锦:《南方报业战略》,南方日报出版社,2006 年版,第 52 页。

《手机短信传播心理探析》。研究方向：新闻与传播心理。

本文认为，新闻敏感是记者素质的核心。传统理论多从新闻学的角度研究新闻敏感；本文旨在从心理学视角对其进行探析。通过比较学术界几种常见和尚存争议的观点，指出这几种观点的融合性特征；并且进一步阐述了新闻敏感产生过程中感知与思维，直觉与实践，人格与感知、思维之间的辩证关系，综合探讨了新闻敏感的心理发生机制，尤其是人格、动机等非智力因素对新闻敏感的制约，进而指出培养新闻敏感的途径及关键所在。

对于新闻从业者来说，新闻敏感至关重要，它是记者的基本素质之一，是其职业个性的集中体现。是否具备良好的新闻敏感，在一定程度上决定着记者的职业"命运"。高度的新闻敏感是一个记者在政治上、业务上成熟的标志。对于新闻敏感这一概念，以往学术界大都是从新闻学角度进行阐释，不同作者在表述上也很接近。如，"新闻敏感是记者编辑发现和判断具有新闻价值的事实的能力。"[1]随着改革开放的演进，以及心理学理论、知识日益深入人心，有的学者开始从心理学视角来审视新闻敏感的内涵，发现其中有不少词汇属于心理学范畴。以上述界定为例，其中像"发现"、"判断"、"能力"这几个关键词，均可归入心理学范畴。这说明"新闻敏感"这一概念带有新闻学和心理学交叉学科的性质。

由于新闻敏感对于新闻从业者的极端重要性，由于以往在新闻界主要是从新闻学角度看新闻敏感，所以本文拟主要从心理学视域对新闻敏感作一分析，旨在丰富、补充新闻敏感的内涵，以使新闻从业者从理论上多角度地认识、把握这一概念，并在新闻实践中主动培养这种素质。

一、有关"新闻敏感"的几种界定

分辨学术界对新闻敏感的几种界定，可以对比出从新闻学和心理学角度研究"新闻敏感"的差异，从而确定从心理学视角进一步阐释这一概念的必要性。

（一）侧重于新闻学角度的界定

1. "新闻敏感，指新闻工作者发现、判断有价值新闻的能力，是一种职业敏感。"[2]

2. "新闻敏感是记者对社会形势的敏锐的洞察力，对客观事物的新闻价值的判断能力，以及对报道对象的迅速而准确的反映能力。"[3]

这两种定义的共同之处在于，从新闻实践的角度出发，初步涉及新闻敏感的一些心理学特征。无论是对"敏锐的洞察力"，还是"判断能力"和"反映能力"，新闻研究

① 甘惜分：《新闻学大辞典》，河南人民出版社，1993年版。
② 余家宏等：《新闻学简明辞典》，浙江人民出版社，1984年版。
③ 梁一高：《现代新闻采访学教程》，中国广播电视出版社，1995年版。

者虽然停留在表述上，少有进行更深层次的探讨；但是，"新闻敏感"本身所具有的学科交叉性——新闻学领域的"新闻"和心理学领域的"敏感"，决定了从心理学这一新的角度来探讨这个问题非常必要。

（二）侧重于心理学角度的界定

1. 感知论。该论点把"新闻敏感"归入社会认知领域。其代表性的有：

"记者采访属于社会活动，在采访中出现的心理现象自然也就属于社会心理。而社会心理的内在过程是从社会认知开始的。社会认知的最初阶段是社会知觉，在此基础上形成社会印象和社会判断。记者面对纷纭复杂的社会现实，迅速、准确地选择出具有新闻价值的事实，进而判断、预见自己所选择的新闻事实的社会反响。记者这一系列的心理过程，既是他的认知过程，也是其新闻敏感产生的过程。"[1]

这种明察秋毫的社会知觉显然与新闻敏感的心理过程之间存在着直接的关系。新闻敏感始于社会知觉，进而发展成为社会印象和社会判断。这也是意识活动不断深化的过程。这个过程是自觉的，又是新闻敏感产生的必然过程。

2. 思维论。该论点认为新闻敏感是一种特殊的思维形式。

（1）"记者的新闻敏感依赖直觉，然而这不是一般人所具备的直觉，而是经过长期和反复的新闻实践和职业训练才获得的直觉。这种直觉是新闻从业人员所特有的一种浓缩的、简化的思维形式。"[2]

（2）"新闻敏感是一种特殊的思维方式，发端于直觉，是逻辑思维的凝结、概括和简缩。从形式上看，它似乎没有中间推理的过程，但实际上它正是这一过程的'概括化'和'简缩化'。"[3]

他们认为，传统的研究把新闻敏感局限于"感知"这一领域里了。仅仅将其看成是一种特殊的"综合感觉能力"，而没有上升到思维的高度。其实，思维论持有者从一个新的角度来阐释新闻敏感本无可厚非，然而他们却将"思维"与"感知"对立起来，从一个极端走向另一个极端，难免有些偏颇。当然，这里需要指出的是，虞达文认为新闻敏感是逻辑思维的浓缩，实际上是"浓缩"了直觉与逻辑思维的关联性，模糊了"逻辑思维"与"非逻辑思维"之间的区别，有待商榷。

另外，有一些界定虽然没有明确提到"思维"这个字眼，但其中却包含了这层意思："新闻敏感指新闻工作者对客观事实的新闻价值的判断能力。是新闻工作者对社会现象的观察能力，对事实发展变化的反应能力，对新闻线索的识别能力，以及对新闻事实的分析能力的综合体现。"[4]

① 刘京林：《新闻心理学概论》，北京广播学院出版社，1999年版。
② 苏宏元："第三届全国新闻与传播心理学研讨会"论文。
③ 虞达文："第三届全国新闻与传播心理学研究会"论文。
④ 赵玉明、王福顺主编：《广播电视辞典》，北京广播学院出版社，1999年版。

这里,"判断"、"识别"、"分析",都属于思维的范畴。需要指出的是,这个定义同时又提到"观察"能力,属于感知范畴。可见,实际上这是一种对新闻敏感集感知论、思维论于一体的综合性定义。这种带有综合论色彩的观点并不少见,但是,它们一般却只能为新闻敏感勾勒出一个模糊的心理轮廓,没有明确地深入探讨这个问题。

3. 人格论。该论点将新闻敏感放在了"人格"这个非智力因素的背景下去考察。

"人格是一个带有全局性的、根本性的问题。对于记者来讲它不仅直接影响新闻敏感的强弱,而且直接对记者所有的新闻素质都有制约作用。"①

刘京林引用了美国心理学家凯勒关于"有色镜头"的观点。该观点认为人格就像"有色镜头"一样具有认知过滤的作用。这种"心理组织结构"直接制约着新闻敏感的强弱。该观点指出了一个影响新闻敏感发生的非智力因素(人们进行各种活动除智力和能力因素以外的全部因素的总称),对新闻敏感的心理机制研究有很大价值。

其实,无论感知论、思维论还是人格论,都是用心理学的相关理论从不同角度来阐释新闻敏感的。三者统一而各有侧重,它们是一个问题的三个层面——从感知到思维,再到整体的人格因素,层层递进,相互影响。下面,就三者之间的互动关系,来进一步考察新闻敏感的心理机制。

二、新闻敏感的心理机制

探讨新闻敏感的心理机制,有助于从心理学视角剖析这一概念更深层次的内涵,从而丰富和补充以往学术界单从新闻学方面阐述这一概念的不足。

新闻敏感作为一种非常复杂的心理活动、心理过程,可以从不同的侧面去理解和分析。感知论强调的便是新闻敏感认识过程中的感性因素,而忽略了其中包含的理性因素。其实,记者通过社会知觉选择了报道对象,并将该事物与自己头脑中积累的各种印象进行比较、分析,从而作出一定的判断时,该心理过程已经渗入了思维的作用。

而思维论则主要从新闻敏感表现为一种"直觉"说起,将其归为一种特殊的思维方式。我们知道,直觉的产生并非毫无根据,必须是当记者经历了多次感知之后,将事物的本质特征和内在联系的科学知识,以经验结论的形式保存于头脑之中。当他们一旦与有关的事物(即原型)接触,直觉便产生了。由此可知,思维并非孤立存在,它是建立在感知基础上的更高层次的心理活动。

前文已提到,人格论的作用在于强调动机、世界观等非智力因素,与感知和思维等智力因素一样,对于新闻敏感的发生起到至关重要的作用。

综合前述,我们不难看出,3个观点虽立论不同,且各有侧重,却并不彼此冲突。感知论中的感知和思维论中的思维有必然的联系,通过对直觉与实践的研究,进一步

---

① 刘京林:《新闻心理学概论》,北京广播学院出版社,1999年版。

深化了这种联系，综合理解起来更加全面、丰富；而人格论则从整体上给前两者以补充。

下面，我们分别就新闻敏感产生过程中的两对关系进行考察。

（一）感知和思维相互依存、相互影响

1. 感知、思维与新闻敏感

如前所述，感知论强调了认知事物的最初阶段。因为感知是对客观事物的直接反映，它所反映的是客观事物的外部特征和外在联系；而思维论则强调了认知事物背后的分析、判断过程。因为思维是对客观事物间接、概括的反映，它所反映的是客观事物共同的、本质的特征和内在联系。

虽然感知和思维在表述上截然不同，但二者是相互关联、密不可分的。感知是新闻发现的开始，记者、编辑必须在社会生活中接触到大量的事实，并在脑海中留下鲜明的印象，才有可能进一步思考，从中选择出具有新闻价值的事实来。因此，感知是思维的基础，是新闻敏感产生的感性阶段。离开了感知，新闻敏感将无从谈起，而思维也将是无源之水、无本之木。某些思维论持有者否认传统研究过感知因素的肯定，将新闻敏感孤立在思维的层面上，实际上是抹杀了感知对思维的基础作用。

每天发生的事实如此之多，如果一个记者只是泛泛地用眼睛进行观察，仅仅停留在感知的领域而不对感性材料进行进一步的分析、比较、判断，那么，他对这些事实的认识就只能停留在表面，无法抓住其本质和规律，也就更无法提炼出其中的新闻价值来了。可见，思维是认识的理性阶段，是更复杂、更高级的认识阶段，感知需要而且必须上升到思维的层面上来。其中，新闻敏感的产生过程，就是对所感知的事实进一步比较、判断、筛选的思维过程，也就是从感性走向理性的过程。

1992年，中央人民广播电台的记者胡家麒在云南边陲瑞丽市采访改革开放后小城的变化。在采访了很多人和事之后，他却总是不满意，觉得这些事例不能深刻反映小城的变化，表现方式也雷同。于是，胡家麒到街上闲逛散散心。在买西瓜时，他听到的是河南话；理发摊上听到的却是上海腔；在卖工艺品的小店里见到的又是印度人、巴基斯坦人……无意中一个灵感跳了出来：南腔北调，这不正是往日封闭的小城在今天改革开放形势下的写照吗？于是，他用录音机记录下了这丰富多彩的音响，用7种声调组成了现场报道《南腔北调瑞丽边贸街》。这个报道获得当年中国广播奖现场报道一等奖。[①]

在这个例子中，记者听到的"南腔北调"是感性认识；而从这丰富多彩的音响中想到瑞丽小城的重大变化，则是一个"概括化"、"简缩化"和"知识迁移"的过程。这个思维过程与感知的过程密不可分。只有注意到了各种音响的存在，才能将这种现象概

① 胡家麒：《灵感闪现的瞬间》，《新闻记者》，1993年第2期。

括为小城变化的有力证明;反过来,如果这种感知不上升为思维,那么,那些音响就永远只能是没有意义的声音而已。

感知和思维共同支撑新闻敏感发生的全过程。思维是从感知的基础上产生的;抽象和概括后的现象才具有更广泛的社会认识意义,感知必须上升为思维。感知和思维共同存在于新闻敏感的全过程,二者相互依存,相互影响。

2. 直觉、实践与新闻敏感

在上述思维论中,学者着重批驳了"天赋说"的观点。资产阶级学者约斯特在《新闻学原理》中说:"记者需要一种天生的鉴别力,判断什么重要,什么不重要……"而更有人甚至把新闻敏感称作记者的"第六感官",这就把新闻敏感神秘化了。

批驳这种观点的关键,在于对直觉、实践与新闻敏感的关系进行全面的认识。"天赋说"本质上夸大了"天生的"直觉的作用。实际上,直觉既非天生,也没有那么大的作用。

"新闻敏感依赖于直觉,发端于直觉"(虞达文),即便如此,"直觉性"只是新闻敏感的开始和表象,并不代表其全部。《心理咨询百科全书》对直觉的解释是这样的:"一种非逻辑形式或未经逻辑推理而洞察事物的特殊思维,可在知觉的基础上产生,也可在表象或内部言语的基础上产生……其主要特点为:(1)以经验为基础;并在此基础上产生;(2)需要创造性思维与创造性想象;(3)产生迅速而突如其来,是一种瞬间的判断,是智力活动的飞跃。"而这种"顿悟"是"记者头脑中潜藏着的某种信息(即主体信息),突然与外界的有关信息(即客体信息)发生联系和撞击之后,在极短的时间内所产生的一种思想认识上的突破和飞跃"。[①]

这种顿悟思维其实就是直觉,虽然表现为"突如其来"的"瞬间"的飞跃,但都要以由经验、实践等所构成的"主体信息"为基础。只有经验、实践积累到了"万事俱备、只欠东风"的状态时,新闻敏感才能被直觉的火花所燃亮。正如法国微生物学家巴斯德所说:"在观察领域中,机遇只偏爱那种有准备的头脑。"对记者来说,"有准备的头脑"就是要有丰富的知识积累、开放式的思维和积极心理准备。

例如,1995年《焦作日报》的记者邓少勇到沁阳市搞工业调查。在参观企业时,途经一个建筑工地。一位随行领导介绍说这是新建的科技大楼。正在监督施工的沁阳科委主任也过来介绍说,沁阳市从1990年开始把"科技兴市"叫响,经过5年的努力,国民产值增长量中的科技因素已占到36%。记者听到这个情况,马上想到沁阳的经济发展现状正好是邓小平"科学技术是第一生产力"理论的最佳佐证。他马上写出消息《沁阳经济发展中科技含量已占三成》发表,此文获河南省好新闻消息类一等奖。[②]

---

① 刘京林:《新闻心理学概论》,北京广播学院出版社,1999年版。
② 邓少勇:《采访中的应变》,《新闻战线》,2000年第1期。

在这个例子中，邓少勇原先采访的主要目的并不是沁阳的科技状况。而当他听到有关领导介绍的情况之后，马上来了灵感，顿时想到了邓小平"科技是第一生产力"的理论，并结合他以往的采访经验，写成了一篇优秀的消息。这个发现，表面上看起来是记者灵感突发，偶尔得之；实际上却是源于记者平时的理论和实践积累。这正是直觉与实践关系的最好说明。

新闻敏感实际上是一种社会感知。脱离了知识经验的积累，直觉思维就成了无本之木，无法转化成新闻敏感。持"思维论"的学者对于直觉和思维关系的论述，对"感知论"来说是一种很好的补充和完善。从实践角度来说，在充分积累知识、广泛参与社会实践的基础上，养成良好的思维习惯，才是新闻从业者培养新闻敏感的切实途径。

（二）人格与感知、思维的关系

影响新闻敏感的因素大体可分为两类：一是智力因素。包括上文论及的感知和思维；二是非智力因素。它是由动机、信念、兴趣、情感、意志、气质、性格等心理要素组成的。现实生活中，很可能许多记者的智力因素不会存在特别大的差异。然而，往往只是少数优秀的记者采写了多数的好新闻，原因何在？记者之间的差异大多出在非智力因素上。社会责任感强、为人民服务的信念强、有正确世界观的记者具有比其他人更强的新闻敏感。他们才是新闻界的精英。

智力因素和非智力因素之间是相互制约、相互影响、密不可分的。他们在新闻敏感产生的全过程中共同发生作用。智力因素在认识过程中发生作用；非智力因素虽然在认识过程中并不直接发生作用，但是它们制约着感知、思维的智力效果。从信息加工心理学的角度来看，"如果说智力因素对于人的实践活动起着执行操作系统，即对所接受的信息起着接受、加工、处理、掌握的作用，那么，非智力因素则是动力调节系统，它对智力活动起着始动、定向、维持、调节的作用。"[①]如果说在新闻敏感产生的过程中，记者用感官来观察、搜集大量的事实材料，然后运用思维对这些材料进行分析、整理、加工，识别出其中的新闻价值是一个纯客观的操作程序；那么，这个记者为什么会迅速观察到这个事实而不是忽略过去，为什么在瞬间"顿悟"出了"这个"，有价值的角度而不是在其他平庸的角度上泛泛做文章，这里就有一个带有强烈主观色彩的非智力因素在起作用。

这里，我们要引出一个心理学上的概念——人格。人格是一种综合性衡量标准，是一个带有全局性、根本性的问题。记者的人格是产生新闻敏感的"幕后一只看不见的手"，它影响着新闻敏感强弱的程度、持续的时间、正确与否的方向性以及应变的灵活性。如果将新闻敏感的产生比作一个化学反应的过程，那么，感知、思维就相当于

---

① 刘京林：《新闻心理学概论》，北京广播学院出版社，1999年版。

反应原料,人格便是促成反应最终发生的催化剂。如果没有催化剂的加入,化学反应就无法发生;如果催化剂变了质,那么,这次反应也无法收到预期的效果,甚至与初衷背道而驰,走向反面。在一种健全人格的激发下,感知和思维才能相互作用,产生新闻敏感;如果没有这种人格背景,一切的感知和思维过程都是没有意义的,新闻敏感也自然无从说起。

在人格的诸多因素中,与新闻敏感联系最紧密的是动机。"动机是发动行为使其达到某种目的的内部心理动力,或曰内驱力。"①动机对感知和思维等智力因素的作用主要体现在其目标导向上。动机的产生源于人的需要与某种具体目标的结合,因此,当人的需要很低级,并且目标也并不高远时,只能产生微弱的负面动机;反之,则会产生强烈的正面的动机,从而对社会产生积极作用。记者的新闻活动也是如此。如果记者只是抱着交差、应付的思想,对许多事情都无动于衷,缺乏强烈的发现、挖掘有价值新闻的动机,他的新闻敏感就无从产生;相反,记者怀着一股激情,抱着高度的社会责任感投入工作,那他不抓住好的新闻便心里不安,不把有价值的新闻报出来,便寝不安席、食不甘味。记者就会不停地去思考、探求、创新。这样,记者培养新闻敏感便有了动力。

获 1998 年中国新闻奖一等奖的电视短新闻《农机下乡了》,其采制过程就是一个很好的例子。该片反映了在送农机下乡的支农过程中,某些单位和个人大搞形式主义的问题。记者应邀参加农机下乡活动,最初的动机是想宣传一下这一利企利民的好做法。但在采访过程中,记者却发现了诸多名不符实的现象:下乡车队不直接下乡,而是在城市繁华区、政府机关门口敲锣打鼓;最需要农机的农民,却因怕浪费时间而匆匆离去;为显示活动结果,还特意安排"托儿"买农机,等等。于是,记者心生愤慨,抱着对新闻真实性负责的动机,抱着坚决揭露社会腐败现象、对党和人民负责的态度,一改拍摄初衷,将新闻定位在揭露某些人下乡摆花架子、做表面文章这一恶劣行径上。从而对整个事件进行客观真实的报道,终于挖出一条揭示形式主义的好新闻。②

在完成这个报道的过程中,记者的敏锐的观察力以及应变能力固然起到很重要的作用;然而,如果当时记者没有怀着一股对党的新闻事业负责的动机和强烈的社会正义感,那么,这条针砭时弊的好新闻就不会问世——记者睁一只眼闭一只眼,敷衍一下回去交差了事。

另外,记者的政治敏感与非智力因素也有密切的联系。政治敏感源于强烈的社会责任感和对时局政策的准确把握。其中,强烈的社会责任感便属于非智力因素的范畴。一位记者只有对国家强弱、人民贫富怀着忧患意识,才会随时关注当下党的方

---

① 刘京林:《新闻心理学概论》,北京广播学院出版社,1999 年版。
② 迟航、邢哲:《老主题,新手法》,《新闻采编》,1999 年第 3 期。

针、政策、路线，才会对周围群众关心的一切事物保持高度的敏感，才会全局在胸、高屋建瓴。

可见，无论人格、动机还是政治敏感，这些非智力因素都推动着新闻敏感的产生。它们能够激活感知、思维，使之处于良性的认知状态中，主导新闻发现的全过程。因此，只有具备健全的人格、积极的动机，才能充分调动感知和思维能力，产生高度的新闻敏感。

三、如何培养新闻敏感

正如上文所述，新闻敏感之于记者，犹如生命之于生物。它是记者独一无二、不可替代的宝贵素质。缺乏这种素质，记者的职业角色将变得模糊不清。那么，该如何培养这种素质呢？

首先，要避免两种倾向：一是神秘化倾向，认为新闻敏感与生俱来，无从学起，无法培养；另一个是技术化倾向，视新闻敏感为一项技术，勤学则易成。其实，新闻敏感既不神秘，也不是一项技术。之所以称之为素质，必然要经过长期的磨炼和培养，只有用心，才能有循序渐进的提高。

（一）强烈的社会责任感和政治敏感是关键

非智力因素对于新闻敏感作用重大。其中，社会责任感和政治敏感更为突出。政治敏感是新闻敏感的核心。记者要识别某个线索或事件的新闻价值，可以从新鲜性、显著性、接近性、趣味性等多种要素去判断，但是关键的要素是重要性。这种价值取向正是以政治因素为依据的。1996年9月，江泽民同志在视察人民日报社时指出："新闻事业能不能办好，关键在有没有一支高素质的新闻队伍。"他要求"努力培养一支政治强、业务精、纪律严、作风正的新闻队伍。"在这里，"政治强"被列在诸多要求中的首位，指的就是要具备很强的政治敏感，也就是要熟悉党的各项方针、政策，始终保持清醒的政治头脑，坚持正确的政治立场，自觉运用马克思主义的观点、方法，分清现实社会重大原则问题上的是非界限。只要记者不断地学习、领会新的政策精神，不断了解、摸清变化中的情况，他的政治敏感就能不断提高。

社会责任感是记者对党、对人民、对社会负责的一种强烈动机。虽然责任感、动机本身并不能去直接捕捉新闻，但是，它却对记者捕捉新闻起着关键的作用。记者的责任感越强，不但触发新闻敏感的机会越多，而且产生的动力也越大，促使记者去捕捉新的信息的能动性也就越大。

（二）丰富的知识储备和实践经验必不可少

直觉只有与丰富的知识以及从实践中积累来的经验相遇，才能擦出新闻敏感的"火花"。新闻发现与平时积累直接相关。对记者来说，积累的程度不同，外界的信息在头脑里引起的反响就不一样。如果记者不注意在实践中积累有关信息，那么，外界的信息再强烈、再珍贵也是枉然。而且，一个空洞的头脑是无法进行思维的。积累贫乏的记者，思维的空间也是狭隘的，不容易产生联想，更难以产生创造性思维。比方说，农村里兄弟之间分家的事儿可以说是司空见惯了。可是，河南省中牟县广播站一位记者，却从这样看起来平常的事情中，抓到了一条在全国获奖的好新闻——通讯《"田三万"分家》。记者在回顾这次采访的经验时认为："只有熟悉生活，才能从广阔的生活海洋里，抓出'活鱼'来。"

这确实是经验之谈。这位记者生在农村，长在农村，又有十多年的农村基层干部经历，对农村有比较多的了解。在分家方面，互相之间各不相让，吵吵嚷嚷的事不乏其例。可是，作为科技专业户的田家四兄弟现在分家，却完全是另一种景象。兄弟之间互相推让财产，妯娌们争着奉养婆婆——见到这种场面，记者过去的生活积累就像"融雪后的小河，汩汩流出"。由于头脑里这方面的积累多，记者的联想也十分活跃——只有在党的十一届三中全会以后，党的富民政策的贯彻和两个文明一起抓，才会出现上述的新鲜景象。试想，如果农民穷得叮当响，即使想推让财产又哪里有。因此，这个事实充分说明了农民富裕以后，精神面貌上的深刻变化，有力批驳了"为富不仁"的旧观点。

如果没有足够的知识经验积累，就算再有力度的新闻出现在身边，记者也只能视而不见、充耳不闻。只有广泛地参与社会实践，做个生活中的有心人，才能在关键时刻，产生新闻敏感。

研究与思考

＝延伸阅读＝

1. 陈力丹、江凌：《改革开放 30 年来记者角色认知的变迁》，载《当代传播》2008年第 6 期。

2. 刘山河：《传播行为起源、分化与发展的三组假说——兼论我国社会主义传播研究中应注意的三个取向》，载《新闻知识》2008 年第 11 期。

3. 虞达文：《新闻敏感是一种思维方式》，载《当代传播》2000 年第 2 期。

4. 肖峰：《新闻敏感的三重境界——兼谈记者的发现力、挖掘力和预测力》，载《新闻爱好者》2005 年第 6 期。

5. 帕梅拉·休梅克等：《作为把关人的记者》，见［美］卡琳·沃尔-乔根森、托马斯·哈尼奇编著：《当代新闻学核心》，张小娅译，清华大学出版社，2014 年版，第 77 - 89 页。

6. 贺琛:《新闻传播者的道德责任:规范维度与美德维度》,载《江汉论坛》2012年第8期。

7. 中华全国新闻工作者协会:《中国新闻工作者职业道德准则》(2009年11月9日修订)。

8. 联合国新闻自由小组委员会:《国际新闻道德信条》草案,见李良荣:《新闻学概论》(第3版),复旦大学出版社,2009年版,第363-364页。

9. 黄瑚:《媒介融合趋势下复合型新闻传播人才的培养》,载《国际新闻界》2014年第4期。

＝问题与思考＝

1. 新闻传播者作为一种社会角色的基本定位是什么?

2. 中西方新闻传播者的角色定位为什么会有显著的区别?

3. 新闻传播者具有哪些权利?

4. 新闻传播者应承担的职业道德责任和法律责任各有哪些?

5. 在新闻报道中坚持客观报道与人文关怀是否相矛盾?新闻报道中的人文关怀主要体现在哪些方面?

6. 新闻传播者具有怎样的职业行为特征?这些特征给了你什么样的启示?

7. 你如何理解在新的历史条件下新闻传播者的政治素养?

8. 什么是新闻敏感?你觉得如何才能获得新闻敏感?

9. 新闻专业主义的核心理念和专业规范是什么?这些理念和规范适合中国吗?

10. 你认为在新的时代背景下如何才能做一个合格的新闻传播者?

＝研究实践＝

1. 请搜集3到5位当前活跃在新闻实践第一线的杰出新闻人才的资料,通过个案研究来分析归纳在新的媒介环境中如何才能做一个优秀的新闻传播者。

2. 围绕新闻传播者的社会角色定位,试开展一项实证研究,看看新中国成立后记者的社会角色经过了怎样的变迁。

第四章　新闻受众

导　论

受众是新闻及其他媒介产品的消费者和检验者,是各种信息和意义的感知者,是整个传播活动的落脚点。在传统的媒介环境中,受众接受新闻及其他信息虽有时存在反馈现象,但大多数时候是被动的;随着新媒介的崛起,受众越来越主动和积极地参与到传播的流程中,成为新闻实践活动中日益活跃的另一个主体。本章所说的受众特指新闻受众。

一、新闻受众的社会角色定位

新闻受众也是一种特定的社会角色,这种角色是相对于新闻传播者而言的,它的定位主要包括以下几个方面的内涵。

第一,新闻受众是新闻信息的接受者。新闻信息的传播既离不开传播者,同样也离不开受众。没有传播者,新闻信息无法生产出来和发送出去;而没有受众,新闻信息再多再丰富也只能留给传播者自己享用。显然,这在现实的新闻传播实践中是不存在的。根据传播学的原理,在任何一个相对独立完整的传播流程中,传播者、传播内容、传播媒介、受众和效果都是不可或缺的基本要素,受众是信息接受的终端。事实上,在长期的大众传播实践中,无论中外,受众这个接受终端都曾被当作只是简单与被动的信息接收者,在传与受的关系中,大众传媒占有绝对主导的地位。而随着受众研究的逐步深入,人们越来越发现,受众其实具有复杂性和很强的主动性,新闻选择既是传播者生产和传播新闻的行为,也是受众接受新闻的行为。正因为这样,受众日益成为新闻传播过程中与传播者并驾齐驱的主体,受众中心论也逐步取代媒介中心论而成为一种主流的理论观点。

第二,新闻受众是新闻作品价值创造的参与者。新闻作品的价值并不能简单地与新闻价值相等同,一个新闻作品只要它选择的事实包含了能够满足人们各(某)种社会需要的素质,那么新闻价值也就在这一作品中得到了体现。但这并不必然地说明这个新闻作品已经创造了价值,如果这个作品没有被受众所接收乃至接受,再有新闻价值的作品,也无法实现它自身的价值。新闻作品创造的价值,一方面是社会价值,另一方面是经济价值。社会价值的实现有赖于受众对新闻作品内容和意义的接触、理解和认同;而经济价值的实现则有赖于受众付费消费,或者虽然受众无偿地消费新闻作品,但广告商愿意为受众的消费付费。无论哪种情况,受众都是一个完整的新闻传播流程中不可或缺的接受终端,正是新闻接受行为的存在,才使得新闻作品可以创造出社会价值和经济价值。

第三,新闻受众是新闻舆论的作用者与作用对象。新闻媒体对于某些热点或敏感新闻的报道,可以在一定范围甚至全国范围内引发新闻舆论,产生重大影响。这种影响主要是通过新闻舆论监督或新闻舆论引导来实现的。就新闻舆论监督来说,直接的监督主体(作用者)当然是新闻媒体,但舆论的真正主体是作为社会公众的新闻受众,因此新闻受众也就成了新闻舆论监督的间接主体,而这种间接主体却是新闻舆论具有实质意义的作用者。就新闻舆论引导来说,它的一种意思是指要对新闻舆论进行正确的引导,另一种意思则是要用正确的新闻舆论去引导社会舆论特别是作为社会舆论主体的公众。在后一种意思中,新闻受众就成了新闻舆论引导的被作用者(作用对象)。

第四,新闻受众是新闻传播流程中的反馈者。反馈又称回馈,本是控制论中的一个重要概念,该理论的创始人 N. 维纳(Norbert Wiener)把信息的传递和返回过程称之为反馈①。这个概念被新闻传播学沿用,指新闻受众对从传播者那儿接收到的信息所做出的反应或回应,也就是受众对传播者的反作用。新闻受众的反馈,体现了受众在新闻传受过程中作为传播者之外又一主体的能动作用,对传播致效具有不可忽视的意义。反馈有正反馈和负反馈之分,无论是哪种性质的反馈,都是影响传播效果的重要变量之一。任何一条新闻的传播,都要从传播者挖掘新闻线索开始,中间经过信息采集、作品制作、编辑、出版、发行(或播放),以受众的接受而结束。但这一具体过程的结束,并不意味着该新闻信息传播的彻底终结,由于反馈的存在,受众有可能与传播者形成双向互动,使传播者更好地了解他们对传播内容和形式的评价,更精准地把握他们的需求,从而为后续的新闻传播提供新的动力。

随着网络传播时代的来临,新闻受众的社会角色与地位又发生了一些重要的变化。这主要表现在:(1)从新闻报道的接受者到新闻报道的参与者。网络传播技术的飞速发展与逐渐完善,使网络用户可以像职业传播者一样制作、发布与参与新闻报道,这是对传统新闻传播体制和传播模式的质的突破。同时,普通网络用户拥有了与职业传播者同样的报道权和传播权。(2)由被动接受大众传媒的受众到主动掌控网络媒体的用户。在传统的大众传播中,受众总 是被动地接受新闻媒体所传的信息,只能在大众传媒为其"设置"的有限"议程"中作出选择。而在网络传播中,受众原有的地位和角色发生了根本性变化,普通受众拥有与传播机构一样的报道权和传播权,这就打破了职业传播者和大众传媒对新闻信息的垄断②。

---

① [美]N. 维纳:《控制论》,郝季仁译,科学出版社,1985 年版,第 98 页。
② 参见刘光磊:《受众的嬗变——从网络传播看受众的角色变化》,《宁波大学学报》(人文科学版),2004 年第 1 期。

新闻理论研究导引

二、新闻受众的权利与责任

与新闻传播者相比,新闻受众这一社会角色更接近于普通社会公众的角色。在享有的权利与承担的责任方面,新闻受众与社会公众在大多数情况下是相通的。

从权利方面来说,新闻受众首先是新闻产品和服务的消费者。根据我国最新的《中华人民共和国消费者权益保护法》的规定,消费者权利共有九条,这些条款大多同样适用于新闻受众对新闻产品和服务的消费活动。举其要者主要有以下几点:(1)新闻受众有权知悉其购买、使用的新闻产品或者接受的新闻服务的真实情况。如新闻来源、新闻是否真实、新闻产品或服务的价格等。(2)新闻受众有权自主选择提供新闻产品或者服务的媒介,自主选择不同种类的新闻或者服务,自主决定购买或者不购买任何一种新闻产品、接受或者不接受任何一种新闻服务。(3)新闻受众享有公平交易的权利,有权拒绝媒介的强制交易行为。(4)新闻受众因购买、使用新闻产品或者接受新闻服务受到人身、财产损害的,享有依法获得赔偿的权利。(5)新闻受众享有依法成立维护自身合法权益的社会组织的权利。(6)新闻受众在购买、使用新闻产品和接受新闻服务时,享有人格尊严、民族风俗习惯得到尊重的权利,享有个人信息(隐私)依法得到保护的权利。(7)新闻受众享有对新闻产品和服务以及对保护自身权益工作进行监督的权利。新闻受众有权检举、控告侵害自身权益的媒介行为和国家机关及其工作人员在保护受众权益工作中的违法失职行为,有权对保护新闻受众权益工作提出批评和建议。

但是,新闻产品和服务毕竟有别于一般商品和服务,最大的区别乃在于它不只是单纯的物质消费行为,同时也是精神价值的创造行为,所以新闻受众的权利也有不同于一般消费者的特殊性。这主要表现在:(1)新闻受众具有知情权。这里所说的知情,不仅是指对新闻产品和服务的知情,而且是要通过新闻报道了解社会环境和国家大事,也就是受众有权要求新闻媒介认真履行传播学所说的"环境监测功能"。(2)新闻受众具有舆论监督权。批评性的新闻报道常常可以引发新闻舆论,对国家机关及其工作人员的失职、渎职甚至贪腐行为进行舆论监督,这种监督的直接主体看起来是新闻媒体,而实质主体却是新闻受众也就是社会公众,只有受众的充分参与,新闻舆论才能真正形成,也才能产生舆论应有的监督压力。(3)新闻受众具有平等参与权。主要是指受众可以平等地参与新闻传播活动,利用新闻媒介发表自己的意见,参与公共讨论,"而不受任何个人或组织非法干涉、限制或侵犯的权利"[①]。

新闻受众在充分享有权利的同时,也应承担起相应的责任。第一,新闻受众应该做一个合格的公民,必须保守国家秘密,维护国家安全,不滥用言论、出版、新闻自由等权利,不散布淫秽、低级、庸俗的信息产品,尊重他人的人身权利和财产权等。除此

---

① 张振亮:《论受众权利及其司法保障》,《南京邮电学院学报》(社会科学版),2005年第2期。

以外,新闻受众还应不断增强媒介素养,积极地使用新闻媒介,主动参与媒介发起的公共讨论和新闻舆论监督,从而与媒介形成积极的互动关系,一起推动社会的发展。第二,新闻受众应该做一个合格的消费者,积极配合媒介的正常工作,"按时足量交付订阅(视听)费用,如实报告视听状况,在法律规定的范围内使用媒介,不侵害媒介及其制品的权利,维护自己所接触的媒介的声誉,及时提出改进意见和建议等"①。

三、新闻受众的心理及行为特征

与新闻传播者的职业传播行为不同,受众对新闻的接受更像是一种日常消费行为,但由于他们所消费的毕竟是精神产品,因此新闻接受行为也会呈现出一定的独特性。行为是受一定心理支配的外部表现形态,两者在实质上具有一致性;也就是说,当这些特征只是停留在心理活动层面时,它们是内在的或不为人所知的东西,而一旦它们表现出来,便会成为可以被感知的行为。新闻受众的心理及行为特征,既可以是普遍性的,也可以是特殊性的,由于后者千变万化、难以详尽,因而这里所说的特征只是从一般意义上所进行的总结。

一是求新。受众之所以要接收新闻,首先是想从新闻中得到新的信息,喜新厌旧是新闻受众最大的心理特征。如果新闻中不能包含新的信息(新事实、新思想、新经验、新问题等),人们就会对它失去兴趣。这里的"新",可以理解成前所未有或者罕见,第一次出现或极少出现的东西一般是新的;也可以理解成先闻为快,同样具有新闻价值的信息,先报道者总是更能得到受众的青睐;还可以理解成新闻报道在形式上有新意,对同一类新闻事实的报道,或采用了新的文本形态,或采用了新的表现手法和技巧,能够令人耳目一新,从而更愿意对信息的内容加以关注。

二是求异。从受众与传播内容关系的角度说,受众更容易对反常的事物发生兴趣,这是受众好奇心理的集中体现。这里所谓的"异",是指新闻中包含的信息与事物的常态、受众的常识、社会的常理相悖。而从受众与传播者关系的角度说,受众往往会对传播者的传播动机持质疑的态度,这是受众逆反心理的集中表现。这里所谓的"异",就变成了受众接受意愿与传播者传播愿望的相逆性,例如,越是你赞扬的我就越反对,越是我禁止的我就越想接近等。媒体常常会利用受众的求异心理,将新闻做得生动引人,但是这种心理也不可滥用,"不能单纯为了满足读者的好奇心而不顾新闻的规律和社会道德,更不能为了迎合读者的好奇心而渲染色情、凶杀、吸毒、拐骗、抢劫、乱伦、变态行为、荒诞事件等等"②。

三是求近。受众对与自己关联度越高的事物越感兴趣。所谓"近",既可以是指地域上的,即新闻事件发生地与受众的空间距离接近;也可以是指情感上的,即新闻

---

① 童兵:《理论新闻传播学导论》,中国人民大学出版社,2000年版,第156页。

② 程鹏:《新闻受众常见心理浅析》,《新闻爱好者》,2012年第8期。

中的人物或事件与受众有情感上的联系;还可以是指利益上的,即新闻中的人物或事件与受众有利害关系。受众的求近心理,从认知角度来说是因为越接近的人或事物就越容易被纳入其原先已有的认知框架,从情感角度来说是因为越接近的人或事物越容易引起情绪上的共鸣,从利益角度来说是因为越利益相关的人或事物越能给其带来实际的利害结果。

四是求趣。受众对越有趣味、越有人情味的事物更感兴趣,这是受众娱乐心理的集中体现。所谓"趣",既可以是指新闻事实的有趣,能够满足新闻受众消遣娱乐的需要;也可以是指新闻报道的形式有趣,在方式、方法和技巧等方面能做到形象生动,引人入胜,使人喜闻乐见。

这些心理特征并非只在新闻接受活动中才有,只不过它们在新闻接受时表现得更为突出而已。除这四点之外,还有人把求知、求同、求美等也列入受众心理的特征,这并没有什么错误,但与以上四点相比,它们的突出性却要稍弱些。例如,在求知方面,接受新闻不如读书;在求同方面,接受新闻不如人际交往;在求美方面,接受新闻不如文艺欣赏等等。深入了解新闻受众的这些心理及行为方面的特征,是传播者以受众需求为导向做好新闻传播工作的前提条件。

选　文

受众·公民·消费者

林　晖

导言——

本文刊载于《新闻大学》2001 年春季号。

作者林晖(1971～　　),浙江宁波人,毕业于复旦大学新闻学院,获文学(传播学)博士学位。现为上海财经大学人文学院经济新闻系主任,教授,博士生导师。出版《断裂与共识:网络时代的中国主流媒体与主流价值观构建》。研究方向:新闻传播理论。

本文认为,受众在媒介眼里有学生、接受指挥的芸芸众生、消费者、公民等四种角色,媒介受众观的不同决定了它们会采取何种角色定位以及发展方针。把受众当作公民以维护公民权为媒介责任和运营基础,是现代民主政治发展和市场经济内在运作机制在媒介观上的折射和反映。而近二十多年来市场化改革的结果就是媒介受众观中受众从公民变为消费者,这对媒介的操作方法、运营模式、编辑方针等都产生了整体性的冲击,表现在媒介内容上则是娱乐化倾向的强化。作者呼吁,我国在借鉴西方媒介管理和经营的经验时,要防止和吸取它们商业化中的弊端和教训,促使我们的媒介能沿着健康的方向发展。

任何媒体自诞生之始就必须面对受众,依存于受众,而媒介如何看待受众不但决定了媒介和受众的关系,而且在相当大的程度上决定了媒介的编辑方针、内容特点、风格定位、运作模式和操作方法,甚至进一步决定了媒介的发展方向和它在社会历史发展进程中所扮演的角色。媒介受众观的衍变伴随着媒介发展和变革的过程,两者相互作用,又互为因果。因此可以说,当代新闻媒介变革的每一步在一定意义上都取决于媒介受众观的革新变化。由此可见,研究和探讨媒介受众观、维护受众的公民权、应当也必将成为新闻传媒尤其是当代中国新闻媒介改革的中心课题。

受众是谁?

明确受众的定义、概念和范围是现代大众传播学的产物。但实际上,任何时代、任何类型的媒介自诞生之初便与各自的受众相依存,这是每个媒介主持人、传播者都明了的道理。但纵观新闻媒介所走过的历程,不同所有制、不同类型、不同时代的媒介主持人和媒介传播者的受众观却并不一致。也就是说,在他们眼中,受众有着不同的身份,也正是依据这不同的身份,媒介采取了各自不同的方针,表现出各自不同的特点。

受众是学生。在媒介面前,受众是受教育对象。媒介的内容如同课堂的教科书,要给受众以丰富的知识和先进的思想,媒介肩负教导受众的重任。媒介工作者的角色就像学校的教师,其职责为尽可能甚至要确保媒介内容是严肃的、负责的,媒介发表的每一句话最好都是富于教育意义的。虽然如同学校教育之教学相长的原理,媒介及其工作者也会倾听受众的意见和呼声,从而改进自身的工作。但这多少有自上而下的"俯就"意味,纵然先当学生或暂时当一下学生,向受众求教,其目的是为了更好地当老师。媒介和受众最终定位于教育者和被教育者的关系。

新闻传媒的确具备教育指导功能,而且在特定的历史时期基于特定的社会发展需要,这种教育引导功能显得更为重要,尤其是在激烈的社会变革时期,先进的政党、先进的知识分子往往以媒介为启迪民智的工具,这一点中外皆然。特别在中国近现代史上,自王韬办《循环日报》始,无论是维新变法时期,还是以孙中山等人为代表的资产阶级民主革命派的报刊活动,直至中国共产党人的新闻实践,处于社会变革甚至是激烈的社会革命时期,改革者和革命者往往侧重于报刊的教育启蒙功能,以宣传先进的、革命的理念,宣传本党的路线、方针、政策、教育、指导大众为己任,以报刊为"国民教育之大机关"①（《浙江潮》第 4 期）"对于国民而为其向导"②（梁启超《敬告我国报业诸君》），直至认为"报纸是人民的教科书"。③ 必须承认，在特定历史时期、针对特定的历史需要，媒介的这种受众观有其不可否认的内在合理性，革命实践的事实也证明，在许多情况下，媒介工作者成功充当了教师，媒介甚至起到了社会"灯塔"的作用。

但媒介的本质属性是社会的耳目、是社会信息交流沟通的工具，更多时候它首先是"探照灯"，告知社会的最新变化。因此，教育是其附属的不是第一位的、更不是全部的功能，这就决定了从长远和整体来看，媒介不能只把受众当做学生，只有在特定时期，承担特殊使命的媒介方才适用。

受众是接受指挥的芸芸众生。在这里，报纸甚至所有的传媒俨然是不见面的指导员，甚至是不见面的司令员。报纸的内容就是指示、命令，媒介上的内容不止是生硬，有时简直就是杀气腾腾，受众已不仅是应声而倒的靶子，甚至成了无知的"阿斗"，必须确信媒介上字字句句是"真理"。受众被剥夺了最起码的自尊，更谈不上自由和权利了。第二次世界大战期间法西斯主义的新闻理念，我国文化大革命时期林彪、"四人帮"反革命集团所掌握的媒介工具及其实践，都是这种受众观的印证，而人们也从这种媒介受众观的痛苦教训中获得觉悟，把它彻底扫进了历史的垃圾堆。

受众是消费者。这是一切商业性媒介最容易接受也最愿意信奉的受众观。在这里，媒介等同于企业，执行利润最大化原则。对于媒介，一如对于企业，高扬消费者至上的旗帜，满足受众需要、捍卫受众权利与满足消费者需要、保障消费者权益没有本质的区别。而其根本目的，在于通过争取消费者、受众，争取广告，获取最终的利润。在这个过程中，存在着二次买卖和消费，受众不仅消费了媒介产品，同时也不自觉地消费了媒介刊登（播发）的广告，成为广告商品潜在的消费者。所以，尽管媒介工作者有时甚或常常像是谦恭的服务员，但实质永远是经营者、企业家、中间商。它的直接目的是出售媒介产品，最终目的则是出售广告。

受众是公民。这是迄今不少国有或者公共所有制的媒介所遵循的受众观。媒介和受众地位相对较为平等，媒介尊重受众的独立人格、捍卫他们的利益，满足他们的需求，首先在于视他们为公民。媒介的编辑方针和内容特点必须符合现代民主社会机制下公民的需要。媒介更多体现公共事业性，较少商业色彩。

媒介这四种不同的受众观决定了自身的角色定位和发展方针。应当说，迄今的媒介发展历程和现状，都证明这四种情况在许多时候，在不同国家、地区都可能会不同程度地存在。但从当代传媒发展现状出发，受众的公民与消费者角色之争，两者的

　　① 转引自方汉奇：《中国近代传播思想的衍变》，《新闻与传播研究》，1994 年第 1 期。
　　② 转引自方汉奇：《中国近代传播思想的衍变》，《新闻与传播研究》，1994 年第 1 期。
　　③ 胡乔木：《报纸是人民的教科书》，见复旦大学新闻系新闻史教研室编：《中国新闻史文集》，上海人民出版社，1987 年版，第 257 页。

角色互换和转移,是斑驳陆离的当代传媒变革中最富代表性的变化,而这两种受众观的转化也将在相当意义上决定未来世界乃至中国媒介的走向。

从受众到公民

受众本身是一个中性的概念,只是表明它作为媒介信息接受者的地位。它享有的权利和自由的范围,必须基于它的身份定位。公民,在现代社会,则不仅是一个法律上的术语,它更是现代民主政治的产物,是基于维护个人权利和人民主权原则的现代宪政体系中的核心概念。

把公民概念引入媒介受众观(无论是自觉还是不自觉地),把受众当作公民以维护公民权为媒介责任和运营基础,是现代民主政治发展和市场经济内在运作机制在媒介观上的折射和反映。在西方媒介史上把受众当作公民,在理论上集中体现为社会责任论的出现,在媒介运作模式上最有代表性的是欧美各国中的公共广播电视业,在法律上则突出表现为现代知情权(知晓权)在观念上的提出和法律上的确认。

20世纪40年代出现的社会责任论是西方媒介观上第一次对盛行的自由主义报刊理论所做的严肃的大范围修正。面对日益集中垄断的媒介(报刊)市场,对利润无休止的追逐、煽情新闻、黄色新闻的泛滥、新闻道德的滑落⋯⋯社会责任论重新思索了关于新闻自由的内涵,提出一系列限定报刊滥用自由、保护公众权利的主张。实际上,社会责任论的始倡者已经意识到了媒介某种内在的特殊的“公共”性和它与公民之间利益的一致与冲突。正是基于这种意识,他们主张报刊自由应以不损害公民(公众)正当自由为限,提倡保护媒介自由是基于保护公民权利包括获取新闻的权利等。但是,他们还没有把媒介受众和公民身份的一致性作为一个鲜明、突出的概念明确地表达出来,更没有把它当作现代变革的突破口,只是将其隐含于关于报刊自由的一系列讨论和建议中。由于报刊在西方已大多为私有制运营模式,遵循市场调节原则,体制的限制使其无法从赢利为目的的消费观而转向公益性质的公民观。结果是社会责任论最大的成果在观念上前进了一大步,但在实际媒介机制和操作环节上的影响则是十分有限的。

有意思的是,与报刊不同,西方广播电视业尽管是公私并存的体制,但在一个相当长的时期内,与报刊相比,它更具备公众性。在广播电视诞生之初,人们普遍认为电波频率是一种很稀缺的自然资源,因而广播频道就具有公共资源属性,不能私有,广播电视事业也就不同于印刷媒介,成为承担公共义务的特殊许可性事业。国家、政府为维护公众利益,有义务、有权力对之实行相应严格的管理,甚至直接建立国有或公有的广播电视业以确保公众利益、公民权利在广电传播中的保障和实现。这一点在以英国广播公司(BBC)、加拿大广播公司(CBC)以及日本广播协会(NHK)这类西方公共广播机构中表现得至为明显。

加拿大广播公司经理比尔·米尼曾在一次演讲中阐述公共广播电视业的建立“是为了给我们最好的创造者和执行者提供一个表达他们自己的机会,同时也是为了允许加拿大公民接近最优秀的创造、最优秀的思想观念、最优秀的传统和理念价值,在此,我们将讨论戏剧、文学、音乐、舞蹈、科学、技术、经济以及事务和政治事务……"。①正是这种理念使广播电视业特别是公共广电业避免了商业化媒介追求信息刺激、扩充消费的赢利观,把受众当作公民,而不是消费者,以服务于公众利益为宗旨,并以此作为自己的节目编辑方针,以严肃、健康的新闻时事、社会教育为主,兼顾娱乐,减少避免庸俗和低级趣味的不良影响。

然而,公营广播电视业虽然在某些国家占据显著的地位(尤其是西欧各国)有较大影响,但就媒介整体而言,它毕竟不是绝对主体,它的理念也很难转化为媒介整体的主导受众观,它的规定也很难作为媒介整体的管理性原则。特别是在以市场机制为主导的整个社会机制面前,还是必须依赖于市场内在要求,配合社会政治、文化的发展,将公民权利提升为普遍性的法定形式,才能具备真正的、整体性的约束力,不管这种提升是直接的,还是隐晦、曲折的。其中最突出的就是知晓权概念的提出和它在法律中的体现。

知情权(又称知晓权、获知权)是指公民获取有关社会公共领域信息或本人相关的个人信息的权利。在新闻传播领域,特指受众通过媒介获取信息,特别是公共生活信息的权利。随着现代民主社会的发展进程深入,人们深刻地意识到没有知情权作为基础,人民的民主权利和正常的社会民主生活都会成为空谈,特别是公民权利中的政治权利如果不"知",也就无从表达,无法参与,批评、建议乃至选举权都会成为无源之水,知的权利应是公民一项基本人权。知晓权是媒介新闻自由和公民言论自由的基础。这一概念是对新闻自由和表达自由认识一次质的飞跃,基于这种认识,知情权概念开始普及,越来越多地体现在法律中,尤其是各国制定颁行的以行政公开化原则为基础的行政程序法中。人们逐渐认识到知情权不是媒介特权而是人民的权利,受众作为公民,拥有通过媒介了解公共信息的权利。知情权实质在于维护公民权。从而,也强化了专门从事社会信息整合和传播的新闻媒介的新闻自由权。

值得指出的是,知情权不能不说也是市场体制内在运行机制作用的结果。市场经济体制下,无论作为个人、还是企业,更加注重决策参考信息的准确和完备。信息发布的公开、公正、公平是市场经济公开、公正、公平原则的前提。因而知情权与市场经济的内在本性是相符的,是其必然产生的内在要求。理解了这一背景,就更能理解知情权在西方各国得以迅速推广并集中于行政立法的更深层次上的社会必然性。

当然,知并不是无条件的,在涉及国家机密、国家安全、公民隐私等方面,世界各国都陆续出台了相应的法律加以限制。但就总的趋势,知情权范围在社会公共领域呈扩大之势,而在涉及公民隐私方面的限定则越来越严格。

① 转引自《公共广播电视面临世界挑战》,[美]维拉德·D.罗兰得、米奇尔·德瑞塞:《公共广播电视面临世界挑战》,缪书平译,《国际新闻界》,1990年第4期。

从公民到消费者

一切真正的改革都应以市场为取向，近二十年来，在这种理念支配下，市场化大潮几乎席卷了世界的各个角落。经济的变革必然影响甚至决定媒介的发展。媒介的商业化运作和市场取向早已有之，但近二十年的市场化大潮促使媒介在这条路上走得更远，更彻底。在西方，在这个过程中，尤以广播电视上最明显：从80年代至90年代的10年间为第一阶段，首先是西欧各国开始了广电业的私有化浪潮，或是开放市场，批准新建私营商业化广播电视台。从90年代至今的10年，为第二阶段，由技术进步和政府管制规则放宽为主导的媒介兼并融合浪潮风起云涌，媒介信息产业性质凸显。使得广播电视这块最大也几乎是最后的独立于市场之外的媒介堡垒彻底松动。这场市场化改革的结果，是商业化取得了几近完全的胜利，广电业也走上了与报刊业相同的道路："市场为王"。①

而市场化改革最直接也是最明显的结果就是媒介受众观发生了质的变化：受众从公民变为消费者。

媒介从呼吁和实践保障公民权利转向高扬"消费者"至上的旗帜，以消费者权益取代公民权利作为媒介市场体系的基础。

这种观念变化对媒介的操作方法运营模式、编辑方针等都产生了整体性的冲击。表现在媒介内容上则是娱乐化倾向的强化，其中最深刻也是最危险的变化，就是新闻的娱乐化。

对于商业性或具有商业化倾向的媒介，广告与市场是主宰，发行量、收视率等标志着受众群的量的指标，已成为生命线。企业的利益最大化原则转化为对受众群的追逐。而媒介产品生产和销售也不可避免地执行市场经济商品的大数原则和通用原则，即什么商品最好销，消费群最大，就生产什么。而不是像对待公民那样，基于公众利益，照顾少数人的兴趣和观点。市场经济条件下，人们的兴趣和观点以及利益要求各异，最大共通点在哪里呢？

媒介的选择是：娱乐。

无论男女老幼，无论身份、阶级、种族、国别、教育等各方面的差异，只要是人，娱乐通常总是需要的。曾几何时，新闻媒介以第四权力、社会公众舆论的代言人、政府的监督者、公众讨论的平台等自居。但眼下的事实却使人们有理由怀疑：是否有一天媒介真正沦落为与一家工厂无异的娱乐产品生产机构？

这种娱乐化的表现集中在两个方面：一是娱乐性节目比例大量增加，严肃新闻节目比例下降，二是新闻信息的娱乐化倾向日益显著。前者显而易见，后者的变化虽不

---

① James Larran and Jean Seaton, *Power without Responsibility: Press, Broadcasting and the Internet in Britain*, 1997, p319.

十分引人注目,但实质对媒介影响更深刻。

由此可以看出,用消费者权益取代公民权利是危险的:消费者尽管也享有商品知情权、商品选择权等权益,但它和公民在国家政治、经济和社会领域内享有和行使的政治权利、经济权利和社会权利相比,无论从内涵还是从范围上都不可同日而语,这种变化实质上缩小了受众应享的公民权的范围。

更确切地说,在日趋同质化的媒介信息产品面前,公民对国家政治、社会等公共领域的知情权受到严重侵害。尽管行政机构等社会部门可以加大透明度,但公民个体很难全面地、经常性地了解政策制定过程和政策执行情况,形成"信息黑洞"。尽管网络时代信息渠道四通八达,但公民很难有时间和精力整合如海信息供自己决策,形成"信息盲点"。这种要求会日益普遍和强烈。而信息娱乐化显然与市场经济的深入和成熟,背道而驰。

媒介市场化的流潮使媒介把受众从公民变为消费者,把新闻从决策参考变为娱乐消遣,看上去是市场化的必然,但随着市场经济的发展,终有一天人们会认识到,它的实质却是与真正的市场精神相悖的。任其发展对市场体系下的每个人包括媒介自身都是严重的伤害。

然而,由于西方国家的资本主义私有制体制,使得政府或社会对媒介特别是企业化了的媒介的调控显得力不从心。

我国已进入建设和发展社会主义市场经济的关键时期,我国媒介体制与西方相比,最大的区别在于迄今公有制仍占绝对的主导,只是在产业化过程中实行有限的商业化运作。这对于保证和调控媒介保持公共性提供了坚实的体制保障,这种先天优势是西方无法比拟的。但值得注意的是,在商业化运作中,特别是伴随而来的媒介大众化浪潮,媒介产品商品化倾向已有所抬头,消费主义的低俗化、庸俗化现象时有发生,这是我们必须注意也是十分担心的。在借鉴西方媒介管理和经营的经验时,要防止和吸取它们商业化中的弊端和教训,促使我们的媒介发展能沿着健康的,真正有利于建设民主、富裕、法治的社会主义现代化国家的方向前进。

论受众权利及其司法保障

张振亮

导言——

本文刊载于《南京邮电学院学报》(社会科学版)2005 年第 2 期。

作者张振亮(1972~　　),甘肃白银人,毕业于南京大学社会学院,获法学博士学位。

现任南京邮电大学经济学院副院长,副教授。研究方向:信息传播法与知识产权法。

本文认为,受众权利的核心是受众所享有的新闻权利与消费者权利的统一,具有双重性、自主性、共生性、目的性、法定性等特征。应当通过宪法司法化以及未来的宪法诉讼、公益诉讼、民事诉讼来保障受众的权利不受侵犯。

近年来,受众权利问题正日益受到人们的重视。不过在国内早期的新闻法学研究中,虽能见到有关受众权利的个别研究,但以受众权利为研究主题的规范研究则始于 20 世纪 90 年代[①]。绝大多数学者在研究中使用了"受众权益"的概念,讨论了"受众权益"的内容、研究方法和法律依据等。但迄今为止的研究成果未能形成专业的研究话语系统,未能清晰界定受众权利的性质和特征,故而无法深入研究受众权利的司法保障问题。本文拟从受众权利的法律定位出发,对受众权利的概念、特征、内容及其法律保障等问题进行探讨,以期能够有助于丰富和发展我国的受众权利理论。

一、受众权利的法律定位

1. 受众、受众权利与受众权益

所谓受众,又称之为受传者,即"在传播的过程中的另一端的读者、听众与观众的总称"[②]。在一般意义上,"受传者"侧重于接受信息的个体,而"受众"主要是从受传者整体的角度定义的。就传播活动中的具体情况看,大众传播的受传者相对固定一些,条件的限制无法满足他们随时反馈、发布自有信息的愿望,只好在相对稳定的时间和空间被动地接受传播者所发布的信息。而人际传播和组织传播中的受传者则要灵活一些,由于他们主要是在同传播者面对面的环境中完成传播行为的,因此可以随时就传播内容和形式向传播者提出自己的意见、要求,并利用自有信息参与到信息发布者行列之中。

权利作为贯穿于法律整个运作过程的最核心的要素和法律范畴之一,从西方学者的研究来看,有利益说、自由说、法力说、意志说、规范说、选择说、意志利益折中说、可能性说、资格说等;从中国学者的研究来看,有权能说、利益说、可能性说、资格说、界限说、许可说等。笔者认为,权利就是由意志支配的以实现某种利益为目的的、受法律保护的行为自由。有学者从人权的角度出发,认为"受众权利是普通人基本人权的组成部分,是普通人维持自己的基本生存条件,获得生活环境安全的保

---

① 我国台湾省传播学界自 20 世纪 80 年代中期以后,陆续有学者在一些传播学的论文和著述中谈及受众权益问题,参见潘家庆:《新闻媒介·社会责任》,台北:台湾商务印书馆,1984 年版;郑瑞成:《传播的独白》,台北:久大文化股份有限公司,1987 年版。

② 陈崇山:《论受众本位》,见中国社科院新闻研究所、河北大学新闻传播学院编:《解读受众:观点、方法与市场》,北京大学出版社,2001 年版,第 70 页。

证，是确认自己社会位置明确自己社会责任的基本手段"①。这无疑对我们认识和理解受众权利的性质具有重大的启发意义。从传播法制的角度来看，笔者认为受众权利是指宪法和法律赋予公民或自然人的、在自己意志支配下、以实现某种利益为目的的受法律保护的行为自由，具体表现为受众在新闻传播活动中享有的平等获取新闻信息权、新闻信息知情权、媒体表达权、选择媒体权、使用媒体权、救济与获得补偿权等权利，是受众所享有的新闻权利与消费者权利的统一体。

我国学术界不少学者使用了"受众权益"这一概念来表述社会成员作为大众传播资源的消费者所应享有的各种权利和利益。有学者强调了受众权利和受众利益的区别，认为权利强调一定的法律形态或社会认可，利益作为主体的客观需要则不完全取决于他人的承认；利益关系的历史和范围，较之权利更加长久、广泛。在具体的受众权益中，有的受众需要、利益尚未或者不可能有"资格"上升到相应的法定权利。如果受众权益研究只谈权利，不提受众利益，未免失之褊狭。②

关于"受众权利"与"受众权益"这两个概念的使用，笔者认为前者更具有学术规范意义。

首先，不管人们如何界定"权利"的概念，事实上"权利"之中已经包含了"利益"。或者说，"利益"是权利的当有之意，在理论与实践中并不存在"无利益之权利"。

其次，权利与义务是一切法律规范及制度的核心，但权利总是相对于义务而存在的。使用"受众权利"的概念表明，受众行使权利不得背离权利应有之目的，不得超越权利应有之界限。我们知道，绝对的权利是不存在的，权利本身也就存在着合理限制。一方面，受众权利的存在意味着受众义务的存在，受众享有权利的同时受到法律的相应限制，需要履行相应的义务。我国宪法第五十一条规定："中华人民共和国公民在行使自由和权利的时候，不得损害国家的、社会的、集体的利益和其他公民的合法的自由和权利。"受众行使权利，应当尊重并不得损害公共利益。另一方面，受众权利的实现在一定程度上依赖于大众传播机构或国家是否履行了特定的义务或责任。在我国学术界并不存在"权益与义务"的学术话语。

再次，"受众权益"概念在理论上容易引发人们的一些误解。在我国现有的相关研究成果中，绝大多数论著都在很大程度上将"受众权益"等同于"消费者权益"，将研究重点置于"大众传播消费者权益"保护问题。在笔者看来，这不仅仅是一个简单的如何使用概念和术语的问题，这种以"消费者权益"取代"受众权利"的倾向直接导致了人们对受众所享有的新闻权利和自由的忽视，导致受众权利问题研究走上歧途。这是因为消费者尽管也享有商品知情权、商品选择权等权益，但和公民在国家政治领域内享有和行使的新闻权利和自由相比，无论从内涵还是从范围上都不可同

---

① 段京肃：《传播学基础理论》，新华出版社，2003年版，第155页。
② 宋小卫：《受众权益研究导论》，《新闻研究资料》，1992年第1期。

日而语,这种变化实质上矮化和缩小了受众应享的公民基本权利的范围。

最后,从受众权利的结构形态上来看,受众权利的概念更具有概括力和解释力,更能有助于准确阐释受众权利的本质。首先,受众权利的最初形态是"应有权利",即受众基于一定的社会物质经济条件而产生的权利,或受众作为社会主体在现实条件下和可以预见的范围内应当享有的权利。其次,受众权利的第二种形态是"法定权利",它是权利主体的要求反映到法律中的具体表现形式,一方面反映了"应有权利"的内容,另一方面使"应有权利"具有了法律的保障性和强制性。受众权利的第三种形态是"实有权利"。它是通过法律的实施、特定法律关系的建立和法律效果的实现来促成受众对"法定权利"的真正享有。受众对"法定权利"享有行使、放弃、转让的权利。

2. 受众权利、传播者权利与国家权力

有学者指出"对于大众传播的任何一种较为完整的理性认识,都将涉及两类主体的权益问题。一类主体为大众传播的提供(生产)者,另一类主体为大众传播的享用(消费)者。"①的确,受众权利概念的提出是相对于大众传媒的,受众的法律地位与大众传媒密切相关,受众的权利在很大程度上也取决于受众与传媒的法律关系。然而此种观点在一定程度上忽视了受众通过大众传媒获取新闻信息、参与媒体活动等享有的传播领域内的公民权利,也忽视了国家权力对传播者权利与受众权利的影响。因此,在笔者看来,要准确把握受众的权利,必须要从受众、传播者和国家这三者之间的互动关系入手。

首先,受众作为一般的权利主体所享有的合法权利,如平等权、政治权利、人身自由与人格尊严、宗教信仰自由以及消费者享有的合法权利等,通常会受到国家宪法和法律的保护。在新闻传播领域,尤其是受众所享有的新闻权利,更是需要国家法律的确认和有力的保护。受众通过行使新闻权利参与国家事务的管理,或通过大众传媒对国家机关及其工作人员进行批评、监督。其次,作为新闻信息获取者这样一个特殊的权利主体,受众的合法权利具有一定的人身特点,人们只有以受众身份通过大众传媒来获取新闻信息时,才享有相关权利。因此,受众享有的权利和自由的范围,必须基于其特定身份定位,受众的权利又具有一定的相对性。这是人们把受众视为消费者的重要原因,有学者认为大众传媒与受众之间是平等主体之间的民事关系②。然而,人们忽视了传播者权利与受众权利特殊的权利基础,即传播领域内的新闻权利和自由。大众传媒基于其特殊的社会功能,它并不仅仅是新闻信息产品的制造者或新闻信息服务提供者,大众传媒也不仅承担着更多更重要的社会责任,而且担负着保障受众传播领域内新闻权利等公民权利实现的法定义务,受众也有监

① 宋小卫:《关护受众——改革开放以来中国大陆的受众权益研究》,《新闻与传播研究》,1998年第4期。
② 魏永征:《大众传播与自然人的法律关系》,《新闻与传播研究》,1999年第2期。

督新闻传媒的权利与义务。公民权利在现代社会不仅是一个法律上的术语,它更是现代民主政治的产物,是基于维护个人权利和人民主权原则的现代宪政体系中的核心概念。因此,受众与媒介不仅有着完全平等的权利,而且二者之间是一种双向相互制约的权利义务关系。最后,国家依法行使规范和管理大众传媒的权力,同时也有保障大众传媒所享有的新闻权利的责任,并接受大众传媒舆论监督的义务。大众传媒享有依法监督国家权力合法行使的舆论监督权利,负有依法开展大众传播活动的义务。可见,受众权利不仅有赖于国家法律的确认和保护,也与大众传媒社会责任的承担与法定义务的履行存在直接的关联。笔者认为受众权利的核心是受众新闻权和消费者权利的统一体,其中受众新闻权具有优先的法律地位与法律效力。绝大多数情况下对受众权利的侵犯(如虚假新闻、虚假广告),表现为对受众新闻权的侵犯,同时也表现为对受众享有的消费者权利的侵害。

二、受众权利的基本特征

1. 双重性

受众权利首先表现为受众所享有的传播领域内的以知情权、表达权等权利为核心的新闻权利,属于公民的政治权利与自由的范畴。其次在大众传媒的市场化过程中,受众又是普通消费者,享有消费者的权利。通常情况下,受众通过行使消费者权利来实现自己的传播领域内的公民权利的,如购买报刊、缴纳收视费等。但是,传播领域内的公民权利优于消费者权利受到法律的保护。

2. 自主性

受众权利是标示受众在社会生活中行为自由的目标、方向、程度和范围的法学范畴。换言之,受众权利就是行为自由的质与量的统一,它体现着权利主体的自主性。受众权利的自主性回答了该权利行为由谁决定做出以及为什么做出的问题。受众在自己意志支配下和法律范围内有选择地实施或不实施某种行为,其他个人与组织不得非法阻碍。因此,受众权利与传播者权利之间存在相对性,传播者也会有意识地引导受众或对受众施加某种影响,但受众的权利始终都是自主的、独立的。

3. 共生性

从传播生态学的角度来看,受众是具体传播活动的产物,信息发出者把一定的信息内容传送给信息接受者,这些信息接受者正是在这一过程中成为了受众,离开了这一传播过程,受众的概念也无从谈起。显然,受众与传播者是相对而存在的。换句话来说,没有传播者也就没有受众,没有受众也就没有传播者。也正在这个意义上,大众传媒与受众的共生性决定了受众权利与传播者权利的共生性。

4. 目的性

受众权利行使的目的就是利益。从受众个人角度看,他期望享受或更多地享受权利,都是为了满足某些自身利益。任何受众在实施某种行为之前,也往往具有追求一定利益的动机。法律的保护也是为了受众利益这一权利目的的实现。只不过由于不同属性的新闻媒体以及不同受众的需求使得受众权利行使的目的可能各不相同，如获取社会知识、批判监督或休闲娱乐等等。

5. 法定性

受众权利的行使必须符合法律的规定，在法律及其原则许可的范围内实施行为，包括利益的法定性和行为的法定性。当然法不禁止的，不得受到非法阻止。在受众权利价值取向上，权利界限的确立常常有"法授权（权利）即自由"和"法不禁止即自由"两个重要原则。前者指受众享有的权利与自由要得到法律的确认，后者指公民权利的享有在法律上既未明文规定，也未加以禁止的，不得受到非法阻碍。因而，在此所言之受众权利的法定性，是取上述两个原则的共同要义，目的在于确认和保障受众享有广泛而充分的权利。

三、受众权利的基本内容

1. 平等获取新闻信息权

首先从新闻产品、信息服务的性质方面来看，由于可共享性是客观信息的一个基本性质，新闻信息产品通常又属于社会公共产品，它具有非分割性（在保持其完整性的前提下可由众多消费者共同享受）、非竞争性（每增加一个消费者，其边际费用是零）、非排他性（消费者在使用新闻信息产品时不排除别人能同时消费使用的可能）。因此，人们获取信息及共享新闻信息的机会、条件应该平等。此外，人们在获得新闻信息服务时，提供新闻信息服务的传媒机构往往也具有上述公共产品的性质，其消费上的社会效用大于私人效用。因此人们也要求在接受新闻信息服务时，基本上实现机会与条件上的平等。我国现行《宪法》对公民的平等权给予了明确的说明，并将其列为公民的基本权利之一。如《宪法》规定公民在法律面前一律平等、民族平等、男女平等、政治权利平等等，从形式到实质都肯定了公民的平等权利。我国《消费者权益保护法》也有消费者平等消费权的规定。

2. 新闻信息、新闻媒介选择权

我国《宪法》第四十七条规定："中华人民共和国公民有进行科学研究、文学艺术创作和其他文化活动的自由。"《消费者权益保护法》第九条规定："消费者享有自主选择商品或服务的权利。"这些规定表明，新闻受众有权自主选择信息产品、选择新闻信息服务，这是法律赋予受众的权利。新闻受众通过大众媒介自由选择、获取新闻信息，可以形成个体的独立精神、自由思想，发展自己的人格，实现"自我实现"价值等。当然，受众自由选择权能够不受妨碍、制约而得以充分行使，还需要传播机构具备良好的支持功能。比如，一个电脑爱好者通过购买和阅读《电脑报》满足了自己的电脑爱好。在这一传播过程中，选择权和决定权在于受众。但作为一个电脑爱好者，他确实可以自主地选择他所喜爱的电脑类报纸，但他只能从市场上已有的电脑类报纸中挑选自己喜爱的，如果当时媒介机构只提供一种电脑类报纸，那么他几乎是别无选择。由此可见，受众的自主选择权在传播过程中依然受制于媒介机构。

3. 新闻信息知情权

知情权问题是一个具有传统性的宪政问题。在新闻传播领域，知情权特指受众通过媒介获取信息，特别是公共生活信息的权利。随着现代民主社会的发展，人们深刻地意识到没有知情权作为基础，人民的民主权利和正常的社会民主生活都会成为空谈，特别是公民权利中的政治权利如果不"知"，也就无从表达，无法参与，批评、建议乃至选举权都会成为无源之水，知的权利应是公民一项基本人权。我国《宪法》第二条规定："中华人民共和国的一切权力属于人民。"第四十一条规定："中华人民共和国公民对于任何国家机关和国家工作人员，有提出批评和建议的权利。"《宪法》总纲第三条规定："全国人民代表大会和地方各级人民代表大会对人民负责，受人民监督；国家行政机关、审判机关、检察机关都由人民代表大会产生，受其监督。"而人民主权的实现、批评建议权、新闻舆论监督权的实施都建立在对国家机关政务信息与社会公共信息的充分占有基础上，因此在我国宪法中也蕴含着知情权的基本理念。

此外，我国《消费者权益保护法》第八条规定："消费者享有知悉其购买、使用的商品或者接受的服务的真实情况的权利。""消费者有权根据商品或者服务的不同情况，要求经营者提供商品的价格、产地、生产者、用途、性能、规格、等级、主要成分、生产日期、有效期限、检验合格证明、使用方法说明书、售后服务，或者服务的内容、规格、费用等有关情况。"由于新闻信息提供者和新闻受众之间存在着明显的"信息不对称"，后者往往处于"弱者"地位，因而法律为了维护社会公正，必须站在受众的立场上，对其合法权益给予有效的法律保护。

4. 媒体表达权

媒体表达权指受众享有的使用各种媒介手段与方式公开发表、传递自己的意见、主张、观点、情感等内容而不受任何个人或组织非法干涉、限制或侵犯的权利。"在西方法学理论和宪法学中，表达自由被看做公民'最根本的权利'或'第一权利'，是其他自由权利的源泉，又是其他自由的'条件'。"[①]、马克思也曾深刻地指出："发表意见的自由是一切自由中最神圣的，因为它是一切的基础。"[②]因此，表达自由是宪法自由权利中的重要内容。表达自由最常见的有言论和出版自由、发表自由、表达和传播思想自由等。其中言论自由、出版自由是最重要的表达自由。我国《宪法》第三十五条规定："中华人民共和国公民有言论、出版、集会、结社、游行、示威的自由。"此处"言

---

① 张文显：《二十世纪西方法哲学思潮研究》，法律出版社，1996年版，第555页。
② 马克思、恩格斯：《马克思恩格斯全集》（第11卷），人民出版社，1995年版，第573页。

论自由"一般是指公民享有通过语言表达自己真实意思的自由，"出版自由"一般是指公民享有通过出版物表达思想和见解的自由。

5. 批评、建议和监督权

我国《宪法》第四十一条第一款规定："中华人民共和国公民对于任何国家机关和国家工作人员，有提出批评和建议的权利；对于任何国家机关和国家工作人员的违法失职行为，有向有关国家机关提出申诉、控告或者检举的权利，但是不得捏造或者歪曲事实进行诬告陷害。"我国《消费者权益保护法》第十五条规定："消费者享有对商品和服务以及保护消费者权益工作进行监督的权利。""有权对保护消费者权益工作提供批评、建议。"依据上述法律规定，受众在获取新闻信息的消费活动中，有权对新闻信息产品、新闻信息服务机构提供的服务进行监督；有权对国家机关及其工作人员在保护受众权益工作中的违法失职行为进行申诉、控告或检举；有权对保护受众权益工作提出批评和建议；有权为反映受众的意志或要求而参与新闻信息服务单位的重要决策。

6. 新闻信息服务保障权

根据我国有关法律法规和规章的规定，大众传媒应当保证新闻信息产品与新闻信息服务具有良好的质量，如报刊内容的文字差错率不能超过一定的比例，电视节目中不能插播过多的广告等。

7. 救济权和获得补偿权

即受众权利遭到侵害时，当事人可通过法定程序排除侵权行为，从而使受到侵害的权利得以恢复或得到补偿的权利。无救济就无权利。尽管我国已经建立了民事诉讼、行政诉讼和刑事诉讼为支柱的诉讼程序制度，但对受众权利的保护还有待未来的立法进一步完善。

四、受众权利的司法保障

1. 宪法司法化与宪法诉讼[①]

由于受众权利最高形态表现为传播领域内的公民权利，因此受众权利得到宪法维护是最根本的保护。然而我国由于种种原因，长期以来宪法规范从未进入司法领域而成为宪法诉讼的依据。但应当引起人们注意的是最高人民法院于 2001 年 8 月 13 日发布的【2001】法释 25 号文件《关于以侵犯姓名权的手段侵害宪法保护的公民受教育的基本权利是否应当承担民事责任的批复》，这是我国最高审判机关第一次通过司法解释的形式明确保护公民所享有的宪法所规定的基本权利，它表明我国宪法所规定的基本权利正式成为可以通过审判程序加以保护的"客观权利"。有学者认

---

① 目前，世界上许多国家都建立了宪法诉讼制度，公民个人可以以自己的宪法权利受到国家机关的侵犯为由向有关的宪法法院提起诉讼，要求宪法法院维护自己的宪法权利。

为，最高人民法院 8 月 13 日"批复"在我国宪政建设中具有划时代的意义①。在笔者看来，该"批复"虽仅仅针对个案做出，但在我国当前司法解释的实施机制内一般认为该"批复"具有普遍的"司法效力"，除非存在能够证明该"批复"有违反宪法、法律的情形。因此，在现有的宪政与法律框架内，宪法司法化不失为一种保护公民宪法权利的有益尝试。

然而，要真正地将宪法引入诉讼，特别是使宪法权利成为可以通过司法审查程序加以抗辩的具有争议性的权利，还必须在司法体制上作根本性的改革，建立以解决宪法争议为核心的宪法诉讼制度。从保障宪法所规定的公民享有的实体性权利的角度来看，如果公民对自己享有的宪法权利没有得到实现或已经受到国家权力的非法侵犯而无权提出异议，或者是有权提出异议但却缺少相应的法律机制来解决由此产生的宪法争议，就不可能有效地防止国家权力对公民宪法权利的侵犯。为此，必须建立以解决宪法争议为目标的宪法诉讼制度。

2. 公益诉讼

近年来媒体常有某些地方政府官员因不满媒体批评而没收报纸事件的报道。如果相关报道属实，有关当事人的行为已经实际构成了对公民政治权利、精神权利的侵犯。对于受众而言，一张报纸被没收，是几角钱的"财产权"问题，倘若以民事侵权来对待，可能无法启动诉讼程序，如果在宪法层次上考量，非法收报的行为就不是小事了。但是如上所述，在我国宪法诉讼机制尚未确立之时，公民难以提起宪法诉讼。

笔者认为，我国可通过对公益诉讼制度的改革来解决相关的诉讼程序问题。所谓"公益诉讼"，顾名思义，就是指为了维护国家和社会公共利益而提起的诉讼。根据国内现行法律的规定，公益诉讼的主体只能是国家机关，在我国就是检察院，即检察院代表国家提起诉讼。目前，检察院只有权对刑事案件提起公诉，对民事、行政案件只有检察监督权而无起诉权。然而，我们应该畅通公民个人或其他社会组织为维护公共利益而起诉的渠道。通过扩大当事人资格，只要违法者的违法行为侵害国家利益或社会管理秩序，对国家或不特定的人的合法权益构成损害或具有损害的可能性，任何组织和个人都有权利通过一定的程序起诉从而使宪法所规定的社会主义民主得以在诉讼领域内制度化、法律化。

3. 民事诉讼

通过民事诉讼保护受众权利主要依据就是受众是大众传播消费者，主要的法律依据是民事法律(包括《民法通则》、《合同法》、《消费者权益保护法》与《产品质量法》等)和民事诉讼法，它主要采取给受害人以物质补偿的方法来保护当事人的正当权

---

① 最高人民法院民一庭庭长黄松有认为，8 月 13 日"批复"创造了"宪法司法化的先例"。参见黄松有：《宪法司法化及其意义》，《人民法院报》，2001 - 08 - 13。

益。只要传媒或其他法人、公民侵害了大众传播消费者所应享有的民事权利，或不履行有关的民事义务，都必须承担一定的民事责任。由于民法调整的是平等主体公民之间、法人之间、公民和法人之间的财产关系和人身关系，因此，民事责任主要是一种财产责任。根据不同具体情况，承担民事责任的具体方式也不同。就传媒而言，承担民事法律责任的原因包括违约和侵权。

《民法通则》第 106 条第一款规定："公民、法人违反合同或者不履行其他义务的，应当承担民事责任。"参与大众传播消费的公民，一旦与传媒形成了某种具有法律效力的协议或合同关系，那么两者之间就产生了特定的权利和义务，享有权利的一方称为债权人，负有义务的一方是债务人。如果传媒一方违反了协议或合同的约定，传媒消费者就有权请求违约的传媒机构为一定的行为或不为一定的行为，该传媒机构则负有为相应行为的义务。

在民事法律关系中，当大众传播消费者利益受到损害的时候，除了可以依据合同责任得到补偿外，还可以依据侵权责任得到补偿。民事侵权行为，是指非法侵害公民、法人等民事主体合法权利和利益，依法应当承担民事责任的行为。《民法通则》第 106 条规定："公民、法人由于过错侵害国家的、集体的财产，侵害他人财产、人身的，应当承担民事责任。"受害人有要求侵害人赔偿损失的权利；侵害人负有赔偿因自己不法行为造成他人损失的义务。这种权利、义务关系的发生基于单方的违法行为，是民法中一项独立的制度。

不过，应当引起注意的是，受众作为大众传播消费者提起违约之诉或侵权之诉时，在很多时候有可能存在违约与侵权竞合。如虚假新闻，既构成违约（传播者违反了应当向受众提供真实新闻信息的合同义务），又构成对受众新闻信息知情权的侵犯。当然，受众可以选择提起违约之诉或者侵权之诉。

新闻受众的群体心理

刘京林

导言——

本文选自《新闻心理学概论》（第 5 版），中国传媒大学出版社，2014 年版，第 168－178 页。

作者刘京林（1944～ ），河北南宫人，1967 年毕业于北京师范学院（现首都师范大学）中文系。中国传媒大学新闻学院教授，博士生导师。出版《新闻心理学概论》、《大众传播心理学——从现代心理学视角看大众传播》等。研究方向：新闻与传播心理。

本文对新闻受众群体的概念进行了分析,认为新闻受众存在接受暗示、从众、逆反等群体心理,详细分析了这些心理产生的原因、主要表现及应对措施。文章还对"受众的心理承受力"进行了分析,指出新闻报道要考虑受众的心理承受力。

新闻受众群体是新闻媒介服务的对象,是接受新闻的认识主体。由于新闻具有公开性的特点(面向最广大的人民群众),所以受众群体心理应当是传者重点研究的课题。认识受众群体心理的特点和规律,有助于提高新闻传播的效能。

一、什么是新闻受众群体

新闻受众群体即接受新闻媒介宣传的广大人民群众。它属于社会群体并具有社会群体的主要心理特点。由于这些心理特点都是直接或间接地因新闻媒介信息引起的,因而受众群体既有一般社会群体的共性,又有不同于一般群体的特殊性。

为搞清新闻受众群体的特点,需要先了解社会群体的类别。前苏联社会心理学家安德列耶娃在她编著的《社会心理学》教科书中,提出了一个群体分类的示意图①:

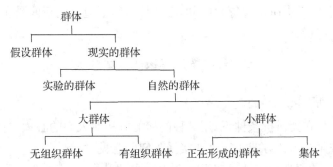

社会群体是由假设群体和现实群体构成的。所谓假设群体实际上并不存在,只是为了研究和分析的需要,把同类特征的人在想象中组织起来,成为群体。这种群体主要存在于统计学中。如受众调查时,分城市居民、农村居民、青少年,以及按职业分的知识分子、工人、服务人员等都属于这类群体。

现实群体是指在一定的空间和时间范围内存在的群体,这类群体有着明显的界限和实际的交往,像记者部、编辑部、摄制组、主持人节目组、记者协会、广播电视学会等都属于这一类。

实验群体是指为某种实验目的,而在实验室内组建的群体。

自然的群体是相对于人为的实验群体而言,是因一定的历史、文化等原因自然形成的群体,其中又分大群体和小群体。

① 〔苏〕安德列耶娃:《社会心理学》,孔令智译,南开大学出版社,1984年版,第163页。

大小群体是根据群体规模划分的。所谓大群体是指人数众多、成员间是以间接的方式联系在一起,没有直接的社会交往和互动的群体。大群体一般分为组织的、稳定的大群体,如阶级、民族、政党、宗教等,而无组织的自发产生的大群体则是为了某个临时目的而暂时联合起来的群体,像一起站在商店柜台前看电视的顾客(暂时充当观众),一起观看报栏的读者,收听广播的行人等。

所谓小群体是指人数较少,成员间能面对面地直接接触和互动的群体。

从以上分类可以看出,新闻受众可以属于假设群体,又可归入大群体中的无组织的分散的群体。特殊情况除外,如班级学生收看电视新闻,这些学生既是有组织的小群体同时又都是观众。

新闻受众是社会的成员,他们在社会群体中占有自己的一席之地,即使在接受新闻时也同时是他们原本所归属的那个社会群体中的一员。他们具有双重角色,这就使得受众群体心理变得比较复杂。新闻受众群体心理既有他们所处的那个群体成员共同的心理特点(如国家与社会管理者阶层,私营企业主阶层、专业技术人员阶层、商业服务业员工阶层、个体工商户阶层、产业工人阶层、农业劳动者阶层等),又有作为新闻受众群体(如国家与社会管理者阶层、私营企业主阶层、专业技术人员阶层、产业工人阶层、农业劳动者阶层等等)共同的心理特点。下边仅就新闻受众群体中常见的几种心理特点进行分析。

二、新闻受众群体的心理特点

(一) 接受暗示心理

"暗示,乃是在无对抗条件下,用某种间接的方法对人们的心理和行为产生影响,从而使人们按照一定的方式去行动或接受一定的意见、思想。"[①]

暗示,是一种相当普遍地存在于社会生活中的社会心理现象。无论在人际沟通还是大众沟通中都存在着人与人之间或直接或间接的相互暗示的现象,从而影响人际互动。

新闻受众群体所接受的暗示信息主要来自新闻媒体。由于受众个体差异的存在,所以不同的人对同一媒介暗示会有不同的理解。

接受暗示心理是受众不自觉地心甘情愿地接受新闻宣传影响的一种受众群体(当然也包括受众个体)心理。从实质上说,接受暗示心理也是受众自愿接受新闻导向的一种心理状态。它是由新闻的特性(关于新近发生的事实的报道)和新闻的功能(导向性)所决定的。可以说暗示是新闻报道影响受众的一个重要途径。

新闻报道对受众的导向有"明示"和"暗示"两种。那些直接宣传党的方针政策的

① 时蓉华:《现代社会心理学》,华东师范大学出版社,1989 年版,第 433 页。

新闻报道,可以叫做新闻宣传,它们带有更多的宣传、说服、教育的内涵。它们对于受众的导向直截了当,不容置疑。像党在现阶段的主要任务是坚持改革开放,建设有中国特色的社会主义,这类宣传报道就属于"明示",即明白无误地引导受众应当怎样,或不应当怎样。

新闻报道中有一种常见的方式即"客观报道"。有研究者对这种报道方式做了三点解释:"一、要求新闻实录事实。二、不得造成直接或间接指挥受众的印象。三、倾向的流露隐蔽、自然。"[1]这类报道从字面上看不到记者直接的表态,但是受众可以从报道内容的选择、语言的使用、编排的方法等方面得到暗示,并心领神会。这类报道没有明显的强制受众接受的意向,因而受众在接受时,不容易产生逆反心理。因为他们认为是自己得出的见解,所以接受起来十分自然、顺从。

一般来讲,受众接受暗示是心甘情愿的、是无意识的,但这并不等于说传者对受众的暗示是无意识的,恰恰相反,传者为让受众接受可以说是处心积虑、费尽心机。成功的具有说服力的报道,其事实本身就是对受众最有力的暗示。请看《人民日报》2006年8月20日第七版《超越血缘的隔代亲情》一文:

在湖北省京山县孙桥镇有这样一对夫妇,他们三十年如一日孝敬非血缘关系的祖父母,用爱心谱写了一首人间最美的亲情华章。他们就是多次被评为镇、县、市敬老好儿女,全县唯一荣获毛泽东、邓小平、江泽民三代伟人纪念章的梁林、魏天兰。

祖父梁元清祖母徐元珍终生未育,抱养的女儿成人后,接上门女婿成婚,生下孙子,取名梁林。1976年梁林与本村青年魏天兰喜结连理。可是新婚不久父母因离异再婚而双双离开了这个家,从此作为孙儿孙媳的梁林、魏天兰就义无反顾地承担起赡养年逾花甲的祖父祖母的义务,他们以敬养老人为荣,把老人的衣食冷暖时刻挂在心头。三十年来未与老人吵过嘴、红过脸,奶奶脾气不好,他们从不计较。在生活上他们把爷爷奶奶放在前头,吃穿住行优先考虑,宁可自己苦些也要无微不至地关心照顾老人,每逢节日和老人的生日,都买些老人爱吃的糕点等礼品。每年给老人做几套新衣,买几双新鞋。让老人住在通风向阳的楼下正屋里。冬有电热毯,夏有鸿运扇。每年还给老人200元零花钱。两位老人感慨地说:"你们心里只有我们,没有自己。"1992年爷爷患病,孙儿媳请医生来家给老人诊治,后来病情渐渐加重,便把老人送医院住院治疗,夫妇俩轮流守候,为老人喂饭、喂药,换衣擦身,翻身按摩,端大小便,精心照料一个多月,常常通宵不眠。病友们见后都感慨地说:"如今这样孝敬老人的晚辈太少了。"爷爷在弥留之际,嘴里反

① 陈力丹:《新闻学小词典》,中国新闻出版社,1988年版。

复喂嚅道："你们对我太好了……"微弱的声音充溢着对孙儿孙媳的感激之情。

该报道对受众的暗示作用是不言而喻的。当然这种暗示并非要求受众不顾个人条件去模仿，而是引导人们在现实生活中发扬"真、善、美"精神，提倡人文关怀，对建设和谐社会起到了鼓舞作用。

需要指出的是，有时因报道不当，受众对传者意图的理解走了形，变了样，出现了为传者始料不及的不良后果。比如我们有一些媒体的记者、编辑们，总喜欢大张旗鼓地介绍西方的歌星、影星、球星，或是介绍西方流行的时尚、刺激的冒险等。好像在向中国人暗示：这就是发达国家百姓的生活，我们只要在这些方面努力，大概我们实现现代化也就近在咫尺了。显然，这种宣传是片面的。

在这方面人民网的时评掌握得比较好。例如，2001 年中美撞机事件后，美国黑客对中国网站发动攻击，中国黑客（在此称红客）奋起反击，各家新闻网站纷纷予以报道。由于民族情绪的影响，大多数网民包括很多记者出于爱国热情对中方的黑客行动多抱以赞赏的态度。但如果舆论仅这样报道，势必会更加煽动受众的情绪，带来一定的社会破坏性。2001 年 5 月 5 日，人民网发表时评《"红客"、"黑客"都对网络秩序构成危害》。文章承认，中国"红客"是一群有正义感和爱国热情的网友，但无论中国"红客"还是美国"黑客"，攻击、破坏网站这一行为都是不可原谅的违法行为，并坚决反对把中国"红客"的网络攻击行为高尚化。

很显然，文章在认同公众的一般看法的前提下，进一步提出更深层次的问题，引人深思，帮助人们理性地认识问题。这样的报道给受众一个完整的正确认识，其暗示的总体效果是积极的。

（二）从众心理

从众又有遵从、一致的意思。这是一种比较普遍存在的心理现象。当个体自觉或不自觉地受到群体的某种压力时，就会在社会知觉、社会判断以及态度和行为上，表现出与群体中多数人一致的现象，这就是从众现象或曰从众行为。

受众的从众心理主要是由新闻舆论造成的强大攻势而引起的。所以新闻受众的从众心理就是指受众个体在强大的新闻舆论或由这种舆论而引起的人际压力下，自觉或不自觉地在社会知觉、社会判断、态度以及行为上表现出与新闻舆论相一致的现象。当相当数量的受众个体都表现出对新闻舆论的遵从时，这种从众心理就有可能形成一种势不可挡的受众群体心理。

1. 新闻舆论和受众的从众心理

新闻舆论是造成受众心理的主要的社会刺激。新闻舆论是一种社会舆论。社会舆论是人们对某种普遍被关注的社会事件公开表达的一致意见。社会舆论分自发形成的和有意形成的两种。自发形成的社会舆论指非官方的、无组织无领导的、多为口头表达形式的舆论。它是由下至上,首先是由群众或群众团体发出的。例如,群众通过集会、上书、投稿等方式表现对某些违法乱纪、贪污腐化干部行贿受贿、权钱交易、偷税漏税、用公款大吃大喝等的不满。有意形成的舆论指由政府有关部门通过广播、电视、报刊的宣传所形成的舆论,受众的从众心理主要是由新闻媒介造成的舆论引起的。动用新闻舆论工具形成的新闻宣传舆论具有传播速度快、影响范围广、威力比较大等特点。

从众这种心理现象"不能与丧失立场,没有原则这种问题混为一谈。从众一词不褒不贬,是一个中性词"[1]。所以由新闻舆论所引起的受众群体的从众心理(和行为)对社会影响究竟是好还是不好,要做具体分析,不能一概而论。这首先取决于新闻舆论的正确性。因正确的为人民利益而造的新闻舆论所形成的受众群体的从众心理,有助于形成强大的群体力量,强化群体的内聚力。在对敌斗争中靠这种力量可以争取更多的群众,在经济建设中靠这种力量可以推进党的各项方针政策的贯彻执行。相反,由错误舆论所形成的受众群体的从众心理对正常的社会秩序带有巨大的破坏性力量。事实证明,社会的动乱,成千上万不明真相的群众上街游行,甚至出现打、砸、抢等过激行为,往往与新闻媒介的错误导向有关。由于在社会主义国家里,人们普遍对新闻媒介信任,因而错误的舆论导向就更容易"蒙蔽"较大范围内的群众产生从众心理和从众行为,其后果是十分严重的。当人们被从众心理驱使、控制时,很容易表现出平时所不敢做,或单个人不敢恣意放肆的行为,这在心理学上叫做"去个性化"。顾名思义,"个性"(个体)被共性(群体行为)湮没了,自己仿佛与别人没有什么区别,即使出了问题也不必对个人的行为监督、负责。这种法不责众的意识使人们不再检点和调节自己的行为。可以说,"去个性化"是新闻受众产生从众心理的内在机制。

2. 受众的从众心理和人民群众的凝聚力

受众的从众心理是增强人民群众凝聚力的一种重要的内在力量。新闻受众(在这里可以把它理解为广义的受众即人民群众)中有一些人属于社会中坚。一般来讲他们和新闻舆论的观点是相一致的。但是新闻宣传要想形成一种较强大的舆论力量,单靠少数社会中坚的认同是不够的,因为这只是一种质的力量,一种核心力量。只有当多数受众也遵从这种舆论时才能大大增强宣传的效果。就是说只有当中坚者周围形成众多的人时,才有可能在人民群众中形成一股巨大的向心力。

例如,2004 年 12 月 26 日,印度洋海啸带着每小时 800 公里的速度,以无坚不摧的惊人力量,席卷了印尼、泰国、斯里兰卡等诸多印度洋沿岸国家,仅在印尼就造成至少 10 万人死亡,无数家庭失去父母、兄弟和姐妹。全球的各新闻传媒及时地报道了一幕幕惨景。为了共同拯救他人的生命,在新闻传媒的正确引导下,一时间来自世界

① 全国八院校《社会心理学教程》编写组:《社会心理学教程》,兰州大学出版社,1986 年版,第 407 页。

各国的援助之手紧紧挽在一起。这种发扬国际人道主义精神的合作，超越了种族分歧、宗教信仰、政治歧见，成为这次海啸救灾中最闪光的地方。海啸灾难发生后，中国政府和人民积极投入救灾援助，与灾区人民患难与共，支持他们重建家园的努力，对灾区捐助超过 12 亿元人民币。新闻报道把全世界人民的心都凝聚到一起。

（三）逆反心理

1. 受众逆反心理的含义

受众逆反心理是指当新闻报道同受众需要不相符合时产生的与传者意图相对立的情绪体验或行为倾向。所谓"同受众需要不相符合"包括许多方面，例如失实、失真或超出多数受众当前心理承受力的报道。受众逆反心理既存在于受众个体也存在于受众群体。从新闻宣传社会效益的角度看，受众群体的逆反心理更应引起传者的重视。

逆反心理属于一种社会态度。它一经形成就会产生一定的惰性（即态度的稳定性），当逆反对象如虚假新闻再次出现时，受众先前已形成的逆反心理又会再次被引发。

2. 受众逆反心理的主要表现

受众逆反心理主要是因新闻报道内容不当或传播时机不妥造成的。总的表现形式是：新闻传者所极力倡导的东西，受众却反对，而被新闻传者批评或禁止的东西，受众却赞同。这种与新闻导向相反的心理和行为使新闻宣传出现负效果。

受众逆反心理的主要表现有：

（1）强化原有态度

当新闻宣传所着意导向的内容与受众自己原有的态度和行为相抵触时，受众就会强化自己原有的态度。例如对于那些一贯坚信"女儿是泼出去的水，儿子才有资格续香火"的人来说，关于计划生育方面的报道是最令他反感的，甚至越是宣传计划生育好，他越产生抵触情绪并顽固地坚持自己的观点。

（2）作出逆向选择

当受众对某一事物（或人）还不了解，突然听到涉及这一事物的简单生硬、令人反感的宣传时，反倒容易激起人们强烈的好奇心、兴趣和自主意识，从而可能采取逆向的态度或行为选择。比如被新闻媒介点名批评的人，在受众不明真相时，就可能会同情他们，特别是当这种批评言辞过于偏激时，人们就会更加关心他们的命运。反之，被新闻宣传表扬的人，如果在受众看来有拔高之嫌时也会招致反感。

（3）贬损宣传者

受众对新闻宣传的逆反心理也可以表现在对该报道的传播者（包括记者、编辑或某种新闻媒介）的贬损或攻击上。2012 年底，在网上流传金庸去世的消息。报道甫出，香港《明报》发言人立即表示"该传闻为假消息"。……其实，金庸先生被死亡非首次。在 2010 年 6 月就有媒体爆炒金庸去世，后经证实子虚乌有，当时金庸的好友倪匡、潘耀明曾痛骂媒体"没牙齿"（无耻）。①

3. 受众逆反心理产生的原因

受众产生逆反心理的原因无非有两方面：来自传者或来自受众自身。从传者在新闻传播中的地位看，应当主要从传者方面找原因，以便改进新闻宣传。

（1）来自传者方面：新闻报道失实、失真、失当、失策、失误。

周克冰同志在《也谈新闻报道的负效应》一文中详尽地揭示了新闻报道引起受众产生逆反心理，从而导致新闻报道的负效应的原因。现摘录如下：

> 失实、失真、失策、失误，是造成报道产生负效应的主要根源。
>
> 先说失实。2008年拉萨"3·14"事件②发生后，德国RTL电视台网站在报道中将尼泊尔警察驱散"藏独"示威者的照片说成发生在西藏，德国N24电视频道是用合成图片污蔑"中国警察在北京监视喇嘛"……
>
> 二说失真。有些新闻在具体事实上并不失实，但它是偶然的、片面的、孤立的事实，不是主流也不是本质。人们常常把这样的报道叫做失真。如果说受众对失实只是嗤之以鼻，对失真则更为反感。《传媒观察》在2006年第4期《自律缺失对媒体公信力的影响》一文中写道："新闻造假或者说是轻微或局部造假的有损媒体公信力的行为是不切实际的'拔高'。如德国前总统约翰内斯·劳曾访问南京大学并发表演讲，因其在演讲中引用了孔子'政者正也'等话语，有两家媒体竟借机大做文章。一家报纸以《博引'孔论'令南大学子惊诧不已》为题对此作了报道，另一家报纸则从中得出了'孔子名言德国传扬'的结论，并以此作为头版头条的大字标题。如此不着边际的'拔高'与造假几乎无异。"
>
> 三说失当。任何事情都有一个"度"。记者在报道某些新闻事实的时候，如果把握失当，则必然损害客观效果。
>
> 比如报道者把话说得太满，太绝，或笔下生花，结果适得其反，把先进人物孤立起来，甚至把他们搞臭了。又如，有的报道颠倒主次矛盾，导致无辜者受到伤害。2011年10月22日夜，深圳市宝安区河东社区，王娟（化名）被深圳宝安区联防队员杨喜利几乎是当着杨武的面施暴强奸。11月8日，《南方都市报》以《妻子遭联防队员毒打强奸，丈夫躲隔壁"忍辱"一小时》为标题，在要闻A7版的位置，用半个版面，以图文并发的方式率先详细揭露案发经过和细节，并把杨武自责的话以直接引语方式用大号、加粗、加黑字放在醒目位置。此事见报后，经过网络发酵和微博转载，迅速成为社会热点话题。在媒体的不当引导下，受害人杨武代替施暴者成为舆论指责的首要

---

① 蒋颖：《新闻媒体公信力缺失与新闻道德建设》，《新闻界》，2011年第2期。
② 2008年3月14日在西藏拉萨发生的不法分子制造的抢砸烧严重暴力事件。

对象,他甚至被贴上了"史上最窝囊丈夫"的标签。[1]

四说失策。在有原则的国度里,在有秩序的社会中,并不是所有的新闻都可以随便发表的。该不该发,怎么发,什么时机发,是突出处理还是淡化处理,都直接关系到社会效果,考虑不周,就可能造成不良后果。比如,对于危害人们身体健康的烟草业的报道就应作淡化处理。有观众在《这样的节目是否应该播?》一文中对强化播出某卷烟厂的电视片提出质疑,全文如下:

日前,在中央电视台看到一个节目,看后总觉得有些别扭,故想一吐为快。

这个节目的内容是报道中国第一大卷烟厂的:先后介绍了该厂的历史及发展现状;片中大肆赞扬了该厂卷烟的质量;该厂卷烟每年的产量以几万箱递增;该厂每年上缴数十亿税收;该厂有50万亩良田的烟草基地,而且还要增加20万亩;在片末还提到该厂"肩负党和人民的众望",要大力发展并要使该厂香烟"走向世界"。

大家都知道香烟广告是受到相当大的限制的。这个节目其实就是该厂香烟的变相广告。电视中多次出现该厂几种名牌香烟。在全国都在大力提倡禁烟的活动中,在新闻媒体大肆批评"555"、"万宝路"等香烟借赞助体育行广告之实时,这个节目真可谓"肆无忌惮"了。

其次说说该片中提到的该厂的"业绩"吧!该厂香烟年产量递增几万箱,税收上缴几十亿,产值上百亿,可是我们国家因此所要付出的医药费要增加多少亿呢?那恐怕是计算不过来的,要知道在我国呼吸道疾病的死亡率已在各种疾病死亡率的前三名之中了。同时该厂的50万亩烟草基地如果改种粮食,又能解决多少人的吃饭问题呢?该厂还要增加20万亩良田种植烟草,这又要减少多少粮食产量呢?这样的企业能"肩负党和人民的众望"吗?

我们大家都希望健康长寿,都希望有一个清新的环境。即使吸烟之害不能彻底禁绝,也请不要再为其"推波助澜"了吧![2]

最后说失误。新闻的特性之一,是它的社会效果的"一次性"。不论多么好的新闻,重发第二次毫无价值。同样,新闻一旦发生失误,造成的不良后果也是难以挽回的。从速度上说,"更正"是永远撵不上"失误"的;从范围上说,"更正"也无法完全覆盖"失误"的传播范围;从心理上说,"更正"更无法完全消除"失误"先入为主的影响。2000年11月7日的美国总统选举中,美国全国广播公司(ABC)及哥伦比亚广播公司(CBS)分别承认在报道选举

① 王睿:《市场新闻业与新闻职业伦理之悖——以"联防队员强奸案"报道为例》,《新闻世界》,2012年第9期。

② 庞援成:《这样的节目是否该播?》,《北京广播电视报》,1996年3月19日。

新闻时出现错误。在这次选举中美国很多媒体首先宣布民主党候选人戈尔在佛罗里达州胜出,然后更改为共和党候选人布什在佛罗里达州胜出,但最后又表示两人票数太接近,很难决定谁胜谁负。两家公司随后均承认自己在报道中有误,但都表示他们被"投票者新闻服务机构"所提供的资料误导,从而作出错误的报道。显然,这两家公司的威望因为这一事件已大打折扣。

(2)来自受众方面:引起受众产生逆反心理的原因很多,也很复杂,如兴趣、爱好、价值观、人生观、性格、气质、思想方法、个人的好恶、恩怨等都会造成不同的受众群体或个体对某些新闻报道产生逆反心理。

4. 对受众逆反心理的态度

受众的逆反心理就其性质看有正确与错误、积极和消极之分。对于两类不同性质的逆反心理都应重视,并采取不同的方式处理。

(1)受众积极的逆反心理和舆论监督

受众积极的逆反心理(可以因某种社会现象也可因某些报道引起)是推动受众积极行动起来、运用媒介工具对不良现象展开斗争的一种动力。受众给新闻媒介投稿、写信、打电话,表达自己对社会不良现象的不满情绪是构成舆论监督的一个重要组成部分。新闻传者对于受众的这种逆反心理和行为应抱热忱欢迎的态度(尽管受众的逆反心理中的消极抵触情绪有时会带来一些偏激的言辞或行为)并创造条件,运用媒介工具(如读者来信,听众、观众来电、来函)与受众沟通。对于那些犯罪分子应揭发、打击,对于不良的社会现象应撰文分析、引导,为人民撑腰、伸张正义。

(2)对受众消极的逆反心理不能迎合,要加以引导

受众消极的逆反心理是指受众因受到某种错误思潮或其他因素的影响而对正面的、正确的新闻报道产生的逆反心理。这种逆反心理如果形成了一股力量就会成为一种社会心态。这种被扭曲的社会心态是不安定因素的温床,是社会发生动乱的舆论准备,也是最容易被反动势力所利用的一种精神力量。20世纪80年代末90年代初,在资产阶级自由化思潮泛滥期间,有一部分受众对于有关学习马列主义、毛泽东思想,学雷锋为人民服务的报道很反感,对于这类情况,新闻传者没有迎合、迁就,也没有急躁,一味地指责或批评,而是积极作正面引导。实践证明,这对于扭转人们的逆反心理是有益的。

(四)受众的心理承受力

受众的心理承受力是指受众对新闻报道能否接受的主观感觉。接受则谓能承受,不接受则谓之不能承受。新闻传者应当研究受众不能承受的原因,努力提高新闻报道的易受性,增强宣传的效果。

受众的心理承受力有两个特点:一是主观性,二是时间性。"主观性"说的是同一新闻信息受众的心理承受力有个体差异。比如对某甲不能承受的新闻报道,某

乙则乐意接受。"时间性"是指对同一受众主体(或个体或群体),彼时不能接受的新闻,此时却欣然接受。改革开放前,人们普遍对提高物价、住房改革、企业破产、时装模特、购买股票等在心理上难以承受,而如今却习以为常了。受众对新闻报道承受不了的行为表现有:回避(如不去看某个报道)或逆反(像边看电视边气愤地议论)。

受众心理承受力低的原因可以来自传者(如时机不宜、宣传在量上的失控),也可以来自受众(像心理准备不足、一时不能理解、感情比较脆弱或考虑个人过多等)。多数情况这两种因素同时起作用,相互影响。

要想提高受众的心理承受力就必须按照受众心理活动的规律和特点,把新闻报道控制在适当的量和度上。

1. 新闻报道在时机上的控制和受众的心理承受力

新闻报道在时机上的控制是指新闻报道的时宜性。某一或某类新闻什么时间报道、用什么方式报道,同类新闻哪个放前(时间上)、哪个放后都既要根据国内外形势的变化,又要慎重考虑广大受众在各个阶段时的心理承受力。有研究者分析,《南方周末》的批评性报道非常注意报道的时机。在每年的1、2月和10月份这些含有元旦、春节和国庆等具有特殊意义日子的月份,批评性报道会大量减少,刊登在头版的批评性报道也会相应减少,在国内发生重大政治或者灾难性事件的日子,《南方周末》刊登的批评性报道也会急剧压缩。① 从心理学角度分析,受众接受新闻受其已有的心理定势的影响。心理定势又可称为心理准备,它"对于人的行为的选择具有定向的作用,它决定人做什么,不做什么以及怎样做。有了心理准备,人的行为才能在一定程度上变被动为主动"。

我们党对重大问题的宣传从来都是既紧紧围绕着党在各个阶段的中心任务,又考虑到人民群众的心理承受力。譬如从1978年召开的中国共产党第十一届三中全会到1992年党的十四大的召开,先是通过新闻媒介开展了关于"实践是检验真理唯一标准"的大讨论,帮助广大人民群众摆脱个人崇拜和"两个凡是"的束缚,解放思想,拨乱反正,然后集中批判以阶级斗争为纲,大力宣传"一个中心,两个基本点"的思想,并在根本否定"文化大革命"和"无产阶级专政下继续革命"的理论的同时,坚决顶住否定毛泽东同志和毛泽东思想的错误思潮。特别是在1982年中国共产党的第十二次全国代表大会之后,强化对加强改革开放和邓小平同志建设有中国特色社会主义理论的宣传。这些新闻宣传由于是在中国的社会生产力逐步解放、生产关系逐步变化以及人民群众对改革开放的认识水平不断提高(即心理承受力不断提高)的基础上逐步进行的,所以收到了非常好的社会效果。以上宣传内

---

① 王勇、袁春妮:《〈南方周末〉批评性报道的变化趋势研究——以2008年3月6日至2011年3月6日为例》,《昆明理工大学学报》,2012年第4期。

容在时间顺序上如出现颠倒就有可能造成人们思想上的混乱和难以承受。试想，如果在开展"实践是检验真理唯一标准"的大讨论之后立即提出全面实行家庭联产承包制、办经济特区和实行社会主义市场经济，那就超出了人民群众的心理承受力，不易收到好的宣传效果。所以新闻宣传一定要把握好宣传时机。有的时候，当新闻传者估计某些报道多数人当时尚不能接受时，就需要有意压住不发，待事后选择有利的时机再发。这可能会影响新闻时效性，但是无论是时效性还是时机性都应当服从受众的可接受性。

2. 新闻报道在量上的控制与受众的心理承受力

新闻报道在量上的控制是指根据传者的意图和受众的心理承受力，有意识地控制某些新闻报道量上的多少和所造声势的大小。

沈德灿教授通过研究认为，"人的主观感觉在一定范围里是随外界刺激物理量的变化而变化的。对于微弱的刺激变化，人们感觉不到，称作意识阈下的刺激；过强的刺激人们也不能清楚辨别，'震耳欲聋'正是这种情况的真实写照。"这一观点对新闻报道也是适用的。再重要的内容，如果宣传量过小，几乎没有声势，则引不起受众的注意，就谈不上什么承受力的问题，也起不到宣传效果。譬如，在宣传改革开放时，由于"左"的思潮的束缚，在姓"资"、姓"社"问题上纠缠概念，对这方面的有限的新闻报道中又表现出欲言又止、吞吞吐吐，使得新闻宣传难以造成声势，其刺激量（包括篇幅的多少和撰稿者态度鲜明的程度）不足以引起广大受众的充分重视。当然，如果在某些方面的宣传报道数量过多、过滥，有时也会变成接收中的噪音，使受众心理上难以承受或者在理解上"走形"。比如西方一些媒体曾对辛普森事件作了夸张的报道；对黛安娜悲惨身亡的报道也"超过了迄今为止对任何事情的报道规模"；此后又把"关于莫妮卡·莱温斯基的绯闻像炸弹似地投向华盛顿和世界的舞台"。这种竞相谴责的荒谬竞赛，是导致"美新闻报道水准下降的……原因"，从而违背了传者的初衷。

最后还要指出两点：首先，强调新闻报道一定要考虑受众的心理承受力，不等于消极地迁就受众。不能因怕受众一时接受不了就放弃对错误东西的分析、批评（当然应注意态度和时机）。要知道通过新闻导向提高受众的思想认识和优化其心理素质的过程也是一个增强受众心理承受力的过程。和"教学相长"的道理一样，"传、受"也要"相长"，没有高水平的受众，就很难提高新闻宣传的整体水平。其次，事实上对于任何报道一般来说受众在认识、理解上都有差异，这种差异也可以反映到受众接受某种新闻的承受力上。尤其是评论、社论里的观点和对变革中的新事物的报道，往往不能得到百分之百受众的全盘接受，所以新闻报道在考虑受众心理承受力时一定要着眼于大多数，而不能被少数人牵着鼻子走。

研究与思考

＝延伸阅读＝

1. 马锋：《"受者本位"幌子下的"传者本位"——社会转型期"受众即消费者"观念本质论》，载《新闻与传播研究》2006 年第 1 期。

2. 刘京林：《新闻心理学》（第 4 版），第九章"新闻受众心理概述"、第十章"受众的态度"，中国传媒大学出版社，2007 年版，第 231－336 页。

3. 程鹏：《新闻受众常见心理浅析》，载《新闻爱好者》2012 年第 8 期。

4. 程鹏：《新闻受众的逆反心理浅析》，载《新闻爱好者》2010 年第 4 期。

5. 刘建明：《受众行为的反沉默螺旋模式》，载《现代传播》2002 年第 2 期。

6. 王秋菊、刘杰：《网络新闻受众的心理行为特征》，载《新闻爱好者》2008 年第 2 期。

7. 李强、苏慧丽：《网络新闻受众负面偏向的关注度研究——基于传播心理学视角》，载《当代传播》2014 年第 1 期。

＝问题与思考＝

1. 受众有哪些基本的权利和责任？
2. 网络传播的兴起使得受众的社会角色与地位发生了怎样的变化？
3. 你如何认识从传者本位向受众本位的转变？
4. 将受众看成消费者具有怎样的负面影响？
5. 受众的心理和行为特点可以给传播者带来哪些启示？

＝研究实践＝

1. 搜集一些具体的案例，分析我国在保障受众权利方面存在哪些问题，并讨论解决这些问题的办法。

第五章　新闻媒介

导　论

　　广义上的"媒介"有三种含义，一是承载信息的介质，二是传播信息的工具，三是收集、加工和传播信息的专业性组织机构。这些意义经常被混用而不加严格的区分，但在严谨的学术研究中，第一种含义特指符号，第三种含义特指媒体，只有第二种含义才专指媒介。这里所说的新闻媒介便是专指传播新闻的工具，它包含技术手段、物质载体和符号使用三个核心要素。工具的性质和特点对它所传递的信息具有深刻的影响，新闻媒介对新闻信息运作同样如此，它不仅影响新闻的表现形式，也影响内容的生产和接受。本章主要探讨新闻媒介的发展轨迹、类型、性质、特点和功能以及媒介对新闻传播的影响。

一、古代的传播媒介

　　在当今社会环境中，人们所熟知的新闻媒介包括报纸、杂志、广播、电视这四大传统媒介，也包括新兴的网络等新媒介。这些用于传播新闻和一般信息的媒介虽然产生的时间远近不一，但相对于古代的媒介而言，它们都具有先进性。这种先进性一方面体现在技术含量上，另一方面则体现在物质表现形态上。

　　古代没有专业的新闻媒介，但新闻传播活动却是与人类一同产生的。原始人的群居生活与社会化的生产劳动是早期新闻传播活动产生的根本原因，它所传播的所谓"新闻"就是那些与人的生产生活紧密相关且有新内容的信息。在物质水平极端低下的远古时代，这样的信息传播一刻也不会停止，但用来传播这种新信息的媒介最初只能是人的身体本身。随着生产力水平的逐步提高和人类传播能力的逐步增强，传播媒介也不断发展，新的媒介陆续被发展出来；而新的媒介的出现，又反过来不断促进着人类传播水平的提高和社会的进步。在大众媒介出现之前，古代的新闻传播主要经过了口头媒介、书写媒介、印刷媒介三大阶段。

　　口头媒介主要由人的口腔、声带和发出的声音为要素构成。它的优点一是感性，既可传递信息，同时还可以表达情感；二是方便，不需要人体之外的发送器，传播主体在哪里，媒介就在哪里；三是传受同步，传播者与接受者一般是同时在场，传播者可以得到即时反馈。缺点一是传播范围有限，二是信息无法保留。

　　书写媒介的代表是简牍、书信、邸报、新闻信、手抄新闻等。书写媒介由笔墨、纸张、手书文字及邮寄通道等要素构成，它的优点是：表达充分；易于保存；可以错时传播。缺点是:受外在环境影响较大;无法得到及时反馈。

印刷媒介的代表是中国宋代的小报、明清两代的京报,欧洲的新闻书等。印刷媒介与书写媒介有比较多的相似之处,但也有一些重要的区别,主要表现在:内容组合更加丰富;文本生产速度大大加快;可以进行批量复制。印刷新闻仍是不定期的,且发行数量也比较有限。

二、大众传播媒介

在印刷媒介的基础上,17 世纪初产生了近代报纸,又经过两个多世纪的发展,近代报纸在 19 世纪上半叶演变成为大众化报纸这种典型的大众传播媒介。19 世纪末,广播这种先进的电子媒介出现。20 世纪中期,电视这种集声音、图像、口头表达与文字书写于一体的更先进的电子媒介产生。20 世纪下半叶,互联网产生,人类传播由大众传播进入了一个梦幻般的新时代。

各种新闻媒介陆续出现,它们在技术水平上确实有层级上的区分,但又并不完全是一种此消彼长、相互排斥和前后覆盖的关系。即使在互联网已十分发达的今天,人们仍然会使用口头媒介传播新闻,但在大多数情况下它只是作为大众传播媒介或新媒介的补充者。新旧媒介更多地表现出来的是一个互为补充和层叠累进的过程,它们之间既互为依存,又确实存在着竞争关系,新媒介的出现总是会对旧有的媒介形成冲击,或者使其陷入困境,或者使其浴火重生。

报纸、杂志、广播、电视在大众传播时代通称四大传统媒介,它们共同的特性是大众传播的工具,但在这一共性之下又各有自己的个性。由于杂志与报纸同属于纸质媒介,且大多数杂志并不以传播新闻为主要任务,所以这里着重谈谈报纸、广播和电视三种大众媒介以及互联网等新兴媒介发展的简要历程和个性特点。

1. 报纸

报纸又称新闻纸、报章等,是指面向社会大众以散页形式发行、以刊载新闻和时事评论为主的定期连续出版物[①]。

近代报纸出现于 17 世纪初的欧洲地区,是资本主义商品经济发展、造纸术和印刷术逐步成熟、市民阶层日益壮大的综合产物。最初出现的是周报,如德国的《报道与新闻报》(1609)、《法兰克福新闻》(1615),英国的《每周新闻》(1622)等。1660 年,德国莱比锡出版的《莱比锡新闻》被认为是世界上最早的印刷日报。18 世纪初,英国、美国等国家也都相继出现了印刷日报[②]。这些报纸在西方资产阶级革命中都扮演了重要的角色。而在资产阶级革命胜利后,英、美、法等国都经历了一个"政党报纸"阶段,被西方学者称为"黑暗时期"。19 世纪 30 年代,随着工业革命的完成和自

① 童兵、陈绚主编:《新闻传播学大辞典》,中国大百科全书出版社,2014 年版,第 57 页。
② 参袁军:《新闻媒介通论》,北京广播学院出版社,2000 年版,第 51 页。

由市场经济的确立,西方大众化报刊开始在美国率先登场,1833年创刊的《纽约太阳报》被看成是一个标志。从此,世界报业进入大众化报刊时代,报纸在相当长时期中成为最重要的大众新闻媒介。

与其他类型的大众媒介相比,报纸的优势主要体现在:(1)长于深度报道。由于主要是以印刷文字作为符号载体,使得报纸传播的信息可以充分发挥语言文字抽象性和包容性强、信息含量大的优点,细致地说清新闻事件的来龙去脉,深入挖掘新闻事件中所包含的有价值的内容,并且对新闻事件进行由表及里的分析。同时由于印刷文字可以使读者反复阅读、仔细回味,这也为报道的深度提供了接受的基础。(2)选择性强。读者可以根据自己时间和空间上的方便性随时随地翻阅报纸,也可以不必按照报纸的编排顺序随心所欲地选择自己感兴趣的内容进行阅读。(3)便于保存。报纸价格低廉,适宜长期保存,并且可以反复阅读。(4)可以多次传阅。报纸不像广播电视节目稍纵即逝,且保存不需要依赖过多的物质设备和资金投入,可以原物在多人之间多次传阅。

报纸也有明显的弱点:一是出版过程复杂,涉及采访、写作、编辑、排版、制版、印刷、发行等一系列环节;二是时效性受到明显的限制,速度既不及广播电视,也不及网络等各种新兴媒体;三是读者必须具有一定的文化水平,才能顺利接受其传递的信息;四是文字与电子媒介的声音图像相比缺少身临其境的现场感;五是受到发行通道的限制,传输相对困难;六是由于消耗大量的物质资源,会对环境产生一定的负面影响。

正是由于报纸的优点,它从产生后的几百年中长期占据大众传播的中心位置,对人类社会发展作出了巨大贡献;也正是由于报纸的弱点,它不断受到各种新生代媒介的冲击,在互联网时代,更是陷入逐步衰退的困境。在新媒介环境中,报纸需要通过发掘新闻事件的内在本质,揭示新闻事件的社会意义、影响和发展趋势,在表现形式上要更善于利用综合报道、追踪报道、精确报道、深度报道等全面地展示新闻事件的来龙去脉,多使用新闻评论和设置更多的专题专栏,以求达到其他媒介对新闻事件报道无法达到的效果。

2. 广播

广播是通过无线电波或导线向广大地区传送以声音符号为载体的信息的电子媒介,以无线电波为传输方式的称为无线广播,以导线为传输方式的则称有线广播。

广播由电报和电话发展而来,最早出现在欧洲。意大利人古列尔莫·马可尼(Guglielmo Marconi)于1890年开始无线电实验,1897年他在伦敦成立无线电报和信号有限公司(后被称为马可尼无线电报有限公司)[①]。1920年2月23日,马可尼公

① 〔美〕迈克尔·埃默里、埃德温·埃默里:《美国新闻史——大众传播媒介解释史》,新华出版社,2001年,第310页。

司从它的切姆斯福电台发出了无线电广播新闻,这是世界上第一次无线电新闻广播①。随着收音机的出现,美国也办起了一批试验性的广播电台。1920年10月27日,美国8XK广播电台获得了美国商务部颁发的营业执照,并获准以KDKA呼号播出,11月2日,在匹兹堡正式播音,这是美国第一座商业广播电台,也是世界上第一座广播电台②。1923年1月23日,在上海市广东路3号大来洋行屋顶,美国记者奥斯邦(E. G. Osborn)与英文《大陆报》联合创办了中国第一家广播电台,名为“大陆报——中国无线电公司广播电台”,中国的广播事业由此起步。

与其他类型的大众媒介相比,广播的优势主要体现在:(1)迅速及时。在时效性方面,广播有着其他媒介无法比拟的优势,可以在顷刻间把声音信息传送到千家万户,传播与接受几乎可以同步进行。(2)覆盖面广。无线广播通过电波传播,不受地理时空的限制,只要电波能够到达的地方,都是其覆盖范围,它甚至可以超越国界的限制和封锁进行跨国传播。(3)伴随性好。广播听众可以“一心二用”,边做其他事情边听广播,不必像看电视那样需要固定位置,也不必像读报纸那样必须腾出双手,可以利用日常生活中其他媒介不可能占据的时间。(4)感染力强。广播所运用的声音符号包括语言、音乐以及自然界和人类行动的各种音响要素,这些要素既包含着丰富的内涵,也能传递丰富的感情,因而具有较强的感染力。(5)受众广泛。广播是以声音符号传播信息的,因此它不受文化程度的限制,受众不分职业、性别、年龄,只要有一定的收听和理解能力即可。

广播的劣势:一是转瞬即逝,过耳不留,受众难以一边收听一边深入思考,更难以对容易造成混淆甚至听不懂的地方进行推敲和研究。二是受众选择性弱,只能按照电台安排的节目时间和顺序被动地加以接受。这是由广播的线性传播模式所决定的。

由于广播的这些优劣势,它在产生之后迅速风靡开来,深受广大普通受众的喜爱,但在电视这种更具优势的媒介普及之后,它的影响力又大大缩小,越来越向分众化方向发展。

3. 电视

电视是运用电子技术手段传输图像和声音(伴音)的现代化大众传播媒介,被誉为20世纪人类最伟大的发明之一。

英国科学家约翰·洛吉·贝尔德(J. L. Baird)发明了电视机,被称为“电视之父”③。1926年1月,贝尔德在英国伦敦皇家学会向与会的40位科学家表演了他的

① 薛正荣:《新闻媒介》,宁夏人民出版社,2006年版,第148页。
② 袁军:《新闻媒介通论》,北京广播学院出版社,2000年版,第79—80页。
③ 徐志祥:《广播电视概论》,武汉大学出版社,2000年版,第6页。

发明。1931 年，贝尔德在伦敦大剧院进行了一场著名的赛马活动的"电视实况"转播[①]。1937 年 5 月 12 日，英国广播公司（BBC）有了第一辆电视转播车，播送了英王乔治六世加冕的实况，这是英国的第一次户外电视实况转播[②]。在美洲，1937 年前后，美国全国广播公司（NBC）最早开始了电视新闻制作。1958 年 5 月 1 日，中国第一座电视台开始使用 2 频道试播黑白电视，这就是中央电视台的前身，当时因局限于首都北京一地，被称为北京电视台。这是中国第一家电视台[③]。电视技术经过几十年的发展，由黑白到彩色，由模拟电子技术到数字高清技术，由单向播放到交互技术，不断创造着一个又一个奇迹。在现代社会生活中，没有电视是一件不可想象的事。

与其他类型的大众媒介相比，电视的优势主要体现在：（1）具有很强的现场感。由于电视同样用声音传送信息，因而它继承了广播的优点；同时，电视还通过运动的画面等传播符号，将客观事物以纪实的形象直接呈现于观众面前。事物的颜色、形状、声音、细节、场景、气氛等，都可以不经任何中介环节，直接为观众"耳闻目睹"，使其不仅能够听其声，而且还能够观其形、见其状，从而产生身临其境的感觉。（2）具有较强的亲近感。观看电视的行为大都发生在一个相对固定的空间，特别是当电视机在一般家庭中普及之后，绝大多数人大多数时候观看电视都是在家庭氛围中进行的。这种接受方式，容易缩小传播者与受众之间的距离，增加人际交流的感觉，使观众感到自己仿佛是在和电视上的人物作面对面的互动。这是其他大众媒介难以达到的效果。（3）具有高度的兼容性。就内容而言，电视融报道新闻、提供信息、反映引导舆论、知识教育、文化娱乐、社会服务等于一体，可以承载全方位的立体信息；就表现手段而言，电视声形并茂、视听兼备，既作用于听觉，也作用于视觉，属于典型的双通道信息传播媒介。

电视除了有广播的一般局限之外，还有其突出的不足：一是偏重于视觉性传播的特性，使其擅长于报道外在的看得见的题材，而对复杂的深度的内容则比较难以充分呈现。二是形象的直观性使观众无需调动联想和想象的能力，削弱了受众在接受过程中的积极性和创造性，这在客观上会制约受众心智的发展。三是其采访、制作、播出都有较高的物质技术要求，还要受发射距离和收看设备的限制。

三、网络等新媒介

1. 网络媒介

网络媒介指利用互联网技术，基于多媒体收发工具，以文字、声音、图像、视频等形式来传播新闻及其他各种信息的新型传播媒介。网络媒介又被称作"第四媒体"，

---

① 何心日：《发明的故事》，北岳文艺出版社，2002 年，第 293 页。
② ［法］让-诺埃尔·让纳内：《西方媒介史》，广西师范大学出版社，2005 年版，第 252 页。
③ 孟建、黄灿：《当代广播电视概论》，中国传媒大学出版社，2011 年版，第 64 页。

这是与基于文字传播的报纸、基于电波传播的广播和基于图像传播的电视相对而言的。

网络媒介的崛起得益于互联网技术的迅速发展。1969 年,美国军方联合一些大学共同开发了军用计算机网络 ARPAnet,这是后来国际互联网的萌芽。上世纪 80 年代中期后,互联网进入快速发展期。1985 年,美国国家科学基金会(NSF)利用 ARPAnet 开发了国家科研基金网 NSFnet,采用 TCP/IP 协议,将各大学、研究所的计算机连接起来;1990 年,英国人提姆柏纳李(Tim Berners‐Lee)发展出万维网(WWW,World Wide Web),采用超文本标识语言(HTML)的互联网协议,由此奠定国际互联网的基本技术模式;1993 年,美国政府提出"信息高速公路计划",极大地促进了万维网的发展;1995 年后,万维网进入商用阶段,互联网迅速发展成为真正的国际性的计算机网络。

互联网开始时只是作为信息传播的一种通道和技术平台而存在的,随着它的发展前景越来越广阔,社会各个领域都将应用互联网技术平台作为自己发展的重大机遇,新闻传播也不例外,各种网络媒体便应运而生。1973 年 3 月,美国斯坦福研究所(SRI)网络信息中心(NIC)设立网站,出版 ARPAnet 新闻;同年,英国伦敦大学与 ARPAnet 联网,这既是该网首次与国际联网,也是网络新闻在英国出现的开端。1987 年 3 月,中国和德国之间采用 CSNET 协议,建立了 Email 连接,这是中国加入互联网的先声;是年 5 月,互联网主干网 NAFnet 开始向用户提供电子邮件、电子新闻用的 UUCP 服务,互联网为新闻传播打开了广阔的空间;也是在这一年,美国《圣何塞信使报》(*San Joese Mercury News*)创办,在世界上开了网络报纸的先河。上世纪 90 年代以来,美、英、法等西方发达国家的许多媒体和通讯社,相继开始与网络进行融合发展,中国的传统媒体也都纷纷加入了与网络融合的浪潮。

与传统的大众传播媒介相比,网络媒介的优势有很多,主要体现在:(1)超时空传播。互联网打破了时间与空间的限制,建构了一个跨地域、跨国界、跨文化,全球一体的传播空间,使地球真正成为了麦克卢汉所说的"地球村",网络媒介可以借助这一特性实现超越时空的传播。(2)海量信息。互联网是一个由无数局域网联结起来的世界性的巨大信息资源库,任何一家基于互联网的网络媒体,都可以与其相连通,从而实现信息的自由取用。(3)民主平等。网络媒介恪守民主开放的原则,不受国界或特定意识形态的限制,只要有相应的条件和设备,任何人都可以参与进去,从而真正做到了在信息面前人人平等。(4)交互式传播。互联网双向传播、交互沟通、反馈及时,使网络媒介的使用者可以根据自己的需要选择信息、索取信息和传播信息,还可以进行观点的自由交流,用户不再是被动的接收者,而成为主动的参与者,从而消解了传统媒介中横亘在传播者与受众之间的那道深深的鸿沟。(5)多媒体传播。网络媒体整合了报纸、广播、电视的媒介优势,具有声音、画面和文字传播的一体性,给人以全方位多维的信息服务。

网络媒介的局限：一是必须有相当的硬件设施和投入。二是对网上传播的信息失去了把关人的控制，真假莫辨，鱼龙混杂，尤其是新闻的真实性受到严重挑战。三是信息汪洋使人似乎走入迷宫，面临"要的是一桶水，却要面临整个海洋"的困惑。

2. 手机等其他新媒介

人们曾经用"新媒介"来专指网络媒介，近年来随着网络技术、数字技术和通信技术的飞速发展，基于这些新技术的新型媒介形态不断涌现，新媒介便成为继报刊、广播和电视等传统媒介之后发展起来的各种新的媒介形态的总称。新媒介通过互联网、无线通信网、卫星等渠道以及电脑、手机、数字电视等终端，向用户提供信息及娱乐服务，除网络媒介外，还有数字电视、移动电视、手机、IPTV 等，有人将博客、播客、微博、微信等也归入新媒介的范畴。从广义上讲，将这些新的传播载体或传播形态归入新媒介的范畴似乎也是说得通的，但它们或者只是传统媒介与新技术的结合，或者只是借助于网络媒介的一种传播形态，因此从严格意义上说，真正能与传统媒介以及网络媒介相提并论的新媒介，恐怕只有手机这种所谓的"第五媒体"。

手机又称移动电话，原本只是一种简单的通讯工具，然而随着与网络技术和数字技术的结合，它逐渐演变为一种以其为视听终端，以移动上网为信息交换平台的新型媒介。短信和彩信的出现，使手机有了报纸的功能；手机与电视功能的结合，产生了手机电视；手机与互联网的结合，使手机成为一种最为便捷的移动网络终端。这种媒介融合的结果，使人类传播模式发生了明显的变化。例如，"手机短信传播，实现了人际传播与大众传播的完满结合、互动及时、信息自主选择，也一定程度上打破了公众进入媒介的技术障碍和经济障碍"[①]。总之，手机与诸多传统媒介和互联网的相互结合、渗透、融合，使之成为一种崭新的"全媒体"。手机作为网络媒体的延伸，具有网络媒体互动性强、信息获取快、传播快、更新快、跨地域传播等特性。除此之外，手机还具有高度的移动性、便携性和全时性，可以随时随地加以使用；具有高度的自主性，手机用户既是传播者又是受众，可以完全自主地选择和发布信息。

媒介是新闻传播流程中的一个不可或缺的要素，各种媒介都会因其固有的特性对新闻的传播和接受产生或多或少的影响。它不仅会影响媒介对传播内容的选择，也会影响内容传播的方式和手段；不仅对受众接受新闻的外在条件有一定的要求，也会对受众的兴趣口味、知识结构和思维能力产生一定的影响。正是由于媒介对新闻传播和接受所具有的影响，决定了传播者必须深入了解媒介的性质和特点，选择适合于这些媒介传播的内容和形式来进行传播。报纸、广播、电视以及各类新媒介的不同特点，向新闻工作者提出了如何扬长避短、充分发挥媒介本身的优势来进行传播的问题；受众也需要不断提高自身的媒介素养，加强对媒介特性的了解，以便更多更好地

① 陈力丹：《试看传播媒介如何影响社会结构——从"古登堡"到第五媒体》，《国际新闻界》，2004 年第 6 期。

参与到媒介的实践活动之中。

四、媒介融合的新趋势

互联网普及后,网络传播已经不仅仅是作为一种通常意义上的信息传递手段而存在,更是作为一种全新的传播理念和传播方式在深刻地影响着当今的媒介生态。网络传播对传统大众传播格局的挑战,也不只是一个单纯在网上发布新闻的问题,而是在其影响下逐渐形成的新传播格局对旧有传播格局的一种解构与重构。这集中表现在方兴未艾的媒介融合趋势上。

所谓媒介融合,是指媒介在数字技术和网络技术等推动下,实现在内容、渠道、终端、组织、文化等不同层面相互渗透和相互交融的过程。

媒介融合所涉及的维度,既可能是不同媒介之间在内容和技术方面的互动配合,也可能是不同的传播渠道、传播网络和传播终端的有机结合,还可能是不同的媒介在所有权、组织结构和企业文化等方面的市场整合。媒介融合走向最高级的形态,就会出现所谓的"全媒体"。全媒体并非某个单一的媒体组织或媒介介质,而是基于信息技术、数字技术和网络技术所实现的各种媒介深度融合后的结果。它是"在具备文字、图形、图像、动画、声音和视频等各种媒体表现手段基础之上进行不同媒介形态(纸媒、电视媒体、广播媒体、网络媒体、手机媒体等)之间的融合,产生质变后形成的一种新的传播形态";"通过提供多种方式和多种层次的各种传播形态来满足受众的细分需求,使受众获得更及时、更多角度、更多听觉和视觉满足的媒体体验"①。不仅如此,它也可以为广告商提供更好的整合营销服务。

媒介融合的表现形态多种多样,如报纸与互联网融合,创办网站和电子报;电视与互联网融合,创办视频网站;报纸与电视融合,开办报纸电视版;建立全媒体数据库,实现文字、图片、音频和视频的全媒体共享;不同媒体进行组织结构、产权结构的重组与重构等。

例如,美国佛罗里达州的坦帕新闻中心被称为媒介融合的典型案例或模式,这个中心是由《坦帕论坛报》、坦帕电视 8 频道 www.TBO.com 新闻网站组成,这三家媒体同属于 Media General 公司,在同一写字楼同一平台上办公,有各自独立的人员、办公区域和运作机制,但实行资源共享。它设有一个"多媒体新闻总编室",统管三类媒介的新闻报道,统一的突发新闻指挥台,能在第一时间将突发新闻传递给分布在其四周的三家媒体,并有专人指挥、协调对新闻的采访。这样同一新闻信息就可能通过不同的形式,被包装成适合各种媒体的产品,从而使三种新闻媒介在新闻采编方面实现联合与互动。这种模式被称为"坦帕模式"。该模式实现了四个层面的融合,即媒

---

① 罗鑫:《什么是"全媒体"》,《中国记者》,2010 年第 3 期。

介所有权的融合、信息采集的融合、新闻表达的融合和记者技能的融合。现在这种媒介融合模式已被全世界很多媒介集团使用①。在我国，多媒体传媒集团的发展也正是顺应媒介融合大趋势的产物。它通过把平面媒体、电子媒体和网络等新媒体整合在一起，在同一平台进行信息的采集、制作和发布，可以节省人力、财力，起到充分利用资源的效应。

媒介融合趋势的形成是由多种因素共同作用的结果。技术进步特别是媒介数字化和网络技术的发展是媒介融合的主要驱动力量。从历史的角度来看，技术进步始终是促进媒介发展的一个主要的因素，但印刷术、无线电以及电视成像技术等的发展都只是促进了新的传播媒介的诞生，只有数字技术和网络技术的出现，不但推动了新型媒介的诞生，而且使得原有的各种媒介出现了前所未有的相互交融的态势。市场需求的变化、媒介竞争的加剧是另一个重要的因素。媒介融合虽然是媒介技术发展到一定阶段的必然产物，但如果没有市场经济力量的推动，这种融合的内在动力就会大大减弱，而市场力量的具体体现便是受众需求的充分激发和媒介之间的相互竞争。媒介产业的制度创新也是一种重要的推动力量。媒介政策既可能成为媒介融合的推动力量，也可能成为其制约因素，如果没有产业规制的放松，媒介融合就会缺少向前推进的必要条件。

媒介融合具有以下优势：(1) 可以降低媒介市场的进入壁垒，最终提高媒介市场的集中度。数字技术和网络技术的快速发展，消除了归属于不同服务领域的电信网、广电网和互联网进行融合的技术壁垒，同时也使得各类不同媒介相互渗透和交叉联合来得更为方便，从而为同一媒介企业拥有多种传统意义上的不同媒介提供了有利条件，媒介企业的规模扩张，因之比以前更为容易。这最终会提高媒介市场的集中度，增加媒介的经济价值和经济回报，使各种媒体充分享受规模经济和范围经济效益。(2) 可以推动媒介产业链和价值链的重组与完善，从而节省交易费用并分散经营风险。媒介融合使得处在媒介产业链上的设备供应商、内容提供商和服务供应商可以在某个或某类业务上结成联盟，共同进行内容策划、推广及终端输出；广播、电视、报纸、网络等不同媒介间进行合作，可以相互推介内容与共享新闻资源。在媒介融合的大背景下，国际大媒介企业纷纷通过企业组织的战略联盟、并购或拆分等市场行为从外部企业获得所需资源，达到"双赢"的协同效应。(3) 可以促进新闻生产形态的进步，使之从传统的分散型新闻采编向新型的系统型知识管理的方向转变。

① 参许颖：《互动·整合·大融合——媒体融合的三个层次》，《国际新闻界》，2006 年第 7 期。

选 文

透视人类社会第四次传播革命

李良荣

导言——

本文刊载于《新闻记者》2012 年第 11 期。

作者李良荣(1946~　),浙江镇海人,毕业于复旦大学新闻系。现任复旦大学新闻学院教授,博士生导师;曾任复旦大学新闻学院副院长、院学位委员会主任,兼任教育部新闻学教学指导委员会副主任等。出版《中国报纸文体发展概要》、《宣传学导论》、《新闻学概论》等。研究方向:新闻传播理论、宣传学。

本文认为,当代社会,互联网正在蓬勃发展并重塑世界,这场以互联网为标识的新的传播革命,是人类社会史上的第四次传播革命,其本质意义在于法律所赋予公众的传播权利(right)变成了实实在在的传播权力(power),这种变化体现在传播格局、舆论格局、社会结构和商业市场等诸多方面。全球化和个人化是互联网在当代的巨大推动力,也是现代社会的两大支撑点。

一、互联网正在重塑世界

2011 年,世界动荡不停,阿拉伯之春、伦敦之夏、华尔街之秋、莫斯科之冬,性质不同,目标不同,结果不同。但有一点共同:都利用互联网来发动、串联、动员,并在极短时间内形成浩大声势,令当局措手不及。

这只是互联网在政治领域的小试锋芒。

互联网正在重塑我们的世界。从全球游戏规则到各国治理、统治方式,从科技创新到知识经济,从市场行为到每个人的生活方式,都因互联网而改变。

有学者统计,一个新的传播媒体普及到 5000 万人,收音机用了 38 年,电视用了 13 年,互联网用了 4 年,而微博只用了 14 个月。这一次的传播革命,已不仅仅是公众个人的媒介使用问题,抑或是推进文明扩散的问题,这是一场个人与国家、"自媒体"与"大众媒体"关系的重新定义。它催生了一个全新的传播环境,将人类文明推向更高级的阶段的同时,带来了整个社会的权力结构的转变,也为我们的国家治理提出紧迫的新课题。

现代社会,各国宪法大都明文规定:公民拥有言论出版自由。这是公民的权利。但从全球情况看,在实际生活中,传播的权利不是被权力就是被资本所垄断。

而互联网赋予了公民传播权力,实现传播的权利(right)到传播权力(power)的转移,这是新传播革命的主要内涵。

历史上传播的"赋权"形式经历了两次重要转变。第一次是从理论赋权变为宪法赋权。"天赋人权"是思想家从理论层面对传播权利的阐释,实质上是一种理论赋权;随着新闻自由被写入宪法,理论赋权实现了向宪法赋权的转变。第二次是从宪法赋权变为技术赋权。在互联网出现之前,即使宪法赋予了每个人言论出版的自由,但能通过大众媒介公开表达意见的仍只是极少数人。随着互联网的出现,新媒体赋予公众传播权力,自此之后,权力和资本对传播权的垄断被打破,每个人都拥有了传播的权力。

所以,宪法赋予传播权利,技术赋予传播权力。新媒体号称"自媒体"——自我赋权的媒体,这是误解,是法律赋权(利),技术赋权(力)。

当公民拥有传播权力的时候,就彻底颠覆了原先的传播格局,而传播格局的改变又改变了政治权力的运行,重塑社会结构,重塑商业模式,等等。

这就是以互联网为标识的新的传播革命。

二、人类社会四次传播革命

纵观人类社会史,曾出现四次传播革命——

第一次:文字发明,标志着人类真正进入文明时代

文字的发明,是人类历史上第一次传播革命,它使人类的传播冲破了时间的阻隔。有人认为,第一次传播革命是语言(口语)的发明,其实不然。语言并非人类所独有,在大自然中,用声音作为通信工具的动物种类众多,这些声音往往成为动物之间交流信息的独特语言。此外,人类口耳相传的语言,在传播过程中失真度较高,不能保证信息在传播中不被扭曲、变形、重组和丢失。然而,自从文字发明之后,传播的广度和范围大大提高,文明得以流传延续。因此,文字的发明是人类传播史上的一大创举,是毋庸置疑的第一次传播革命。

第二次:印刷术发明、推广(1460年德国古登堡),孕育资本主义时代

印刷术的发明,是第二次传播革命,自此以后,人类的传播冲破了空间的阻隔。印刷技术对欧洲的冲击是巨大的,对宗教革命、启蒙运动都产生了重要而深远的影响。此前,《圣经》以手抄本、羊皮书的形式出现,被少数人垄断了复制和传播的渠道。然而,印刷术发明之后,宗教教义以小册子的形式得以大量复制、自由传播,并由此引发了宗教革命,而新教伦理为资本主义萌芽的产生奠定了基础。

第三次:电报发明(1899年),人类进入电子时代

电报的发明,是第三次传播革命,既打破了时间的限制,又克服了空间的障碍。

电报实现了远距离信息的即时传递，使得大规模贸易、大兵团作战成为可能，并由此而引发了政治、经济、军事等各个领域的巨大变革。此后，无线电的出现、电子时代的到来，对人类文明发展进程产生了难以估量的影响。

第四次：互联网发明，全方位的传播革命

网络传播实现了多媒体技术的整合，囊括了大众传播、组织传播、人际传播等一切现有的传播形式，并具有信息海量、交互性强等诸多特点。

三、第四次传播革命的本质意义

对每个人来说，互联网意味着任何人在任何时候、任何地点可以发布任何信息。于是，法律所赋予公众的传播权利（right）变成了实实在在的传播权力（power）。从传播权利向传播权力的转移就是第四次传播革命的本质意义。

此前，我国主要有三种传播模式。就大众传媒而言，有很多报道是政府下达指令给媒体，媒体将政府的指令传达给受众；在组织传播层面上，是领导作报告，小组讨论领导的报告；人际传播方面，则是上级找下级谈话，提出批评或给出意见建议。以上三种传播模式中，政府控制了传播的信源、渠道、对象等各个环节和领域，掌控了传播的主导权。

而互联网出现之后，政府主导一切的局面被打破，政府、资本、公众三方博弈的格局正在形成。在这一格局中，政府掌握公权力，资本家拥有资本，而公众的优势在于人多势众。三方争夺的焦点是对传播主导权的控制权。而传媒本身也构成一股强大的力量，它既需要依靠政府的力量，又需要市场（资本和受众）的支持。政府和市场在不同媒体中的力量对比存在差异，这从不同媒体的不同态度、不同立场上可见一斑。

我们可以看到：

1. 在传播格局上，从过去权力与资本对公众的单向度传播转变为权力、资本与公众三者博弈，争夺传播主导权的局面。

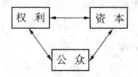

2. 在舆论格局上，过去是政府通过大众传媒大造舆论，而现在则形成了政府、大众传媒、公众（借助新媒体）三者博弈，争夺舆论话语权的态势。

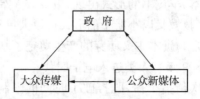

3. 在社会结构上，新的意见领袖层崛起，这是一个去中心化再中心化的过程。

无论是社会契约论，还是马克思恩格斯的无产阶级国家学说，都为权力的中心化提供了理论基础。媒介作为"守门人"，在很大程度上控制着新闻是否能够进入下一个传播渠道，是否能够最终达到受众，这还不能完全满足公众的需要。另一方面，新媒体中以微博、博客为代表的自媒体以个人为中心。传播的去中心化表征十分明显。

但是，去中心化并不意味着碎片化。海量的信息可能会使真正有用的信息淹没其中，使个人无力应付、不知所措，因而再中心化是网络时代的新要求。于是，新的权力中心——"意见领袖"应时而生。再中心化的过程借由意见领袖而实现，并体现在意见领袖的三种特征之中。其一，是新的信息中心。有些意见领袖以自身的行为而引起广泛关注，另外一些则通过帮公众处理信息而显示出强大的号召力和影响力。在传播结构上，体现为"大的意见领袖→小的意见领袖→更小的意见领袖→散户"这般逐层扩散的金字塔式结构。其二，是新的舆论中心。意见领袖在筛选热点事件、设置公共议题、引导舆论走向方面发挥着巨大作用，微博、博客成为监督政府公共权力和维护自身权益的重要阵地。其三，是新的行动中心。所谓行动，体现为网上、网下的互动。当前，这种行动集中于社会公益活动的领域，但互动行为向政治、法律领域延伸的趋势已日趋显现。

4. 在商业市场上，日益以消费者为中心。

20世纪80年代，商业市场上主要以生产商为中心；90年代，以经销商为中心；而现在，在互联网大数据时代，中心正转移到消费者手里。

举例来说：2003年，广州孙志刚案，在强大舆论面前，实施多年的《城镇流浪人员收容办法》被废除，代之以《城镇流浪人员救助方法》。2010年9月，江西宜黄拆迁自焚事件后，在一场暴风骤雨的舆论中，久拖不决的《城市房屋拆迁管理条例》被废除，《国有土地上房屋征收与补偿条例》正式颁布。

这不但让我们看到舆论的力量，更让我们看到权力运作方式的改变，看到政治权力、社会权力的重新配置。

四、互联网的两大支撑点

科技是第一生产力，但技术不能决定一切。活字印刷发明在宋朝，但对宋元明清四代的影响微乎其微，而古登堡的发明却催生一个新时代。毕昇生不逢时，古登堡生逢其时。

互联网在当代的巨大推动力，也是现代社会的两大支撑点：全球化、个人化。

网络一头连着世界，一头连着每个个体。互联网把每个个体编织在全球化的网络里，每个个体都是全球化生存，互联网把整个世界纳入每个个体里，个体依赖着互联网与世界联系，以全球的视野来建立新的社会关系，选择自己的生存方式、生活方式。

一方面,互联网能使一时一地的新闻,迅速得到广泛关注,进而产生全球性的影响。譬如,"乌坎事件"本是一起发生在中华人民共和国广东省汕尾市所属陆丰市一个村庄的群体性事件,但在登上《纽约时报》《洛杉矶时报》等媒体的头版头条之后,成为举世瞩目的新闻热点。

另一方面,每个个体都有机会改变社会全貌。阿基米德说:给我一个支点,我可以撬动地球。这个支点就是互联网。1999年,时任美国总统克林顿与莱温斯基丑闻案是由一个大学生在一台破旧电脑里发出,引发美国政坛风暴。当前叙利亚乱局的导火索是"叙利亚人权观察",把叙利亚政权的"反人权暴力"公之于世,引发西方名人媒体狂炒。而"叙利亚人权观察"的主任、发言人、主要成员就只是一个人:伦敦一家小餐厅的老板。在中国,掀起厦门PX项目舆论风暴和散步运动的是一名大学教师,让郭美美事件持续发酵的幕后操手是一名四肢瘫痪者,在宜黄自焚事件中力挽狂澜的是一名记者,引发春节后海南"三亚"旅游业大整顿的是一名顾客在网上"晒账单",引发"表哥"风暴的是一名名表爱好者……

全球化态势下的个体化生存,于是,我们的世界、我们的国家就有了多元的政治诉求、多元的利益诉求、多元的意识形态、多元的社会文化、多元的消费模式。于是,我们的世界如此丰富多彩,如此纷繁复杂,如此众声喧哗,如此多的混乱,也向我们展示如此多的机会。

媒介形态变化的原则

［美］罗杰·菲德勒

导言——

本文节选自《媒介形态变化:认识新媒介》第一章,罗杰·菲德勒著,明安香译,华夏出版社,2000年版,第19-25页。

作者罗杰·菲德勒(Roger Fidler),资深新闻工作者、媒介技术专家、电子出版预言家,俄亥俄州肯特州立大学新闻与大众传播学院驻校专家和信息设计实验室协调人。出版《媒介形态变化:认识新媒介》等专著。

本文对媒介形态变化的各种假设进行讨论,总结了媒介形态变化的六个基本原则,即:共同演进化与共同生存;形态变化;增殖;生存;机遇和需要;延时采用。

媒介形态变化的过程

当以上假设构成我所说的媒介形态变化过程的组成部分时,它们也只提供了认识技术发展的步伐和时间的一般见解。甚至在我们可以开始对于新兴技术和主流媒介的未来作出合理的判断以前，我们还需要掌握人类传播的全面、整体知识和在整个系统之内的变革历史格局。这一知识是我们认识媒介形态变化过程的核心，我把这一过程定义为：传播媒介的形态变化，通常是由于可感知的需要、竞争和政治压力，以及社会和技术革新的复杂相互作用引起的。

媒介形态变化说不那么像一个理论，倒更像是思考有关传播媒介技术进化的一种统一的方法。它不是孤立地研究每一种形式，而是鼓励我们考察作为一个独立系统的各个成员的所有形式，去注意存在于过去、现在和新出现的各种形式之间的相似之处和相互关系。通过研究作为一个整体的传播系统，我们将看到新媒介并不是自发地和独立地产生的——他们从旧媒介的形态变化中逐渐产生。当比较新的传媒形式出现时，比较旧的形式通常不会死亡——它们会继续演进和适应。

调频广播迟缓的成功和无线广播从一种大众媒介变化为一种小众媒介的例证也可以用来说明媒介形态变化的这一关键原则。当电视开始它的大幅度上升时，面向大众的无线广播走向了下坡路，这导致一些分析家预言这种媒介的死亡。但是无线广播没有死。调幅广播也没有被调频广播全部囊括。相反，调幅广播适应了变化并且通过采用新的技术和市场战略在与调频进行的竞争中变得越来越有能力了。从 1990 年代初以来，调幅广播在美国和其他地方已经显示出很强的复活迹象。

电视的迅速扩散也带来了报纸、杂志和电影行业内部的重大变革，这些都将在随后的各章中详细探讨。一个个被宣布为没有能力去与电视的及时性和形象性竞争而行将死亡的媒介，一个个都被认明比想象的要更富有活力和更具适应性。这也表明了形态变化原则的一个重要推论：传播媒介的现存形态必须针对新型的媒介作出改变——它们唯一的另一个选择就是死亡。形态变化原则同媒介形态变化的其他几个关键个性原则一样，来源于三个概念——共同演进、汇聚和复杂性。

共同演进

正如我们将要看到的，一切形式的传播都是紧紧交织于人类传播系统的结构之中，而不能在我们的文化中彼此独立存在。每当一种新的形式出现和发展的时候，它就会长年累月地和程度不同地影响一切其他现存形式的发展。共同演进与共同生存，而不是相继进化和取代，这一直是自从第一批有机物在这个星球上首次出现以来的常规。如果每一种新媒介的诞生都导致一种旧媒介的同时死亡，那么我们现在习以为常的丰富多彩的传播技术就不可能有了。

传播密码

各种具体的媒介形式就像物种一样，有它们的生命周期并且将最终消亡，但它们的主要特征将总是这个系统的一个组成部分。正如生物特性通过遗传密码一代一代地遗传下去一样，媒介特性是通过我们所说的语言这种传播密码来体现和传承下去的。不用比较就可以说,语言一直是人类进化过程中最强有力的变革催化剂。

我们将在第三章中发现,口头语言和书写语言在人类传播系统中引发了两次巨大的变革或媒介形态变化。这两种语言中的每一种都一直在重新组合并极大地扩展人类的思想方式,这使得现代文明和文化成为可能。数不清的影响人类生活和传播一切方面的各种转型技术都是被这两种催化剂激发和推动起来的。

现在,从一种新式语言的最新发展引发的第三次媒介形态大变化,将再一次急剧地影响到传播和文明的演进。在过去两个世纪里,工业时代和信息时代的技术已经联合为这种语言的发展和扩散作出了贡献,而这种语言直到过去二十年内才为大多数人所知道。这种新式语言被称作数字式语言。它是一种电脑和环球电信网络的通用语言。

传播领域

自从书写语言起源以来,媒介的形式一直沿着三条明显的路径共同演进着,我把它们称为领域。在下一章将要描述的这些领域,传承了一系列的媒介具体特性,而这些特性历经了近六千年之久,仍然相对稳定。但是,正如我们将会发现到的,数字式语言已经在改变现存的传播媒介形式。对于现在各个传播领域之间的历史界限日益模糊,它是最应该负有责任的催化剂。

汇聚

几乎今天出售的每一台个人电脑都给用户提供了播放只读光盘(CD—ROM)的能力,它可以混播文本和音频与视频的静止图像剪辑,还提供了方便地拨号进入环球网络相接触海量文本和音频/视频信息储存的机会。这仅仅是人们已知道的媒介聚合概念的众多明显例子之一。各种各样的技术和媒介形式都在汇聚到一起的观点,现在看起来似乎很平常,但是在不久以前,它还被认为是过于浪漫的幻想。

1979年,尼古拉斯·尼格洛庞帝在为麻省理工大学媒介实验室的安身之所做筹集基金的巡回演讲时,开始宣讲媒介汇聚的概念。虽然在当时还不能被多数人所理解,但随着现象的逐渐明晰,人们才明白他当时所说的:"所有的传播技术正在遭受联合变形之苦,只有把它们作为单个事物对待时,它们才能得到适当的理解"这句话的涵义。他用三个相互交叠的圆圈分别表示"广播和动画业"、"电脑业"和"印刷和出版业"三者的关系。从那时开始,产业正在走到一起来并已经创建出传播形式的新概念,一直影响着人们关于未来大众传播媒介的思考。

传播的多媒体形式

尼格洛庞帝以及其他在麻省理工大学(MIT)的有关人士被公认为是认识到这种媒介业和数字技术的汇聚将最终导致所谓的多媒体传播新形式的第一批人士。多媒体,或者也称作复合媒体,通常被定义为将两个或多个的传播形式集合为一个整体的任何媒体。

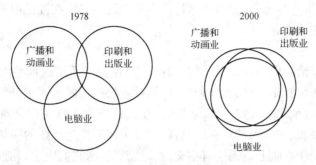

MIT 媒介实验室的汇聚结构

按照这个术语的最广泛定义,绝大多数的印刷报纸和杂志有资格算得上是多媒体,因为它们在纸张媒体上,通过文字、照片和图形等混合的形式传达信息。然而,在过去二十年中流行的有关多媒体的看法,往往把报纸算作"旧"媒体。显示混合内容的首选"新"媒体是电子屏幕。通过电子显示媒体,如计算机的监视器或电视屏幕,新的多媒体系统能够通过全活动视频、动画和声音,以及静止的图像和文字等各种混合形式传达信息。

对汇聚的误解

一方面,媒介汇聚的概念,正如由尼格洛庞帝和麻省理工大学媒介实验室宣传的那样,已经为理解现存媒介内部正在发生的一些变化提供了一个受欢迎的和有用的工具,另一方面,它也很容易受到误解。最常见的假设——现在出现的汇聚现象将导致传播的形式越来越少,或最后导致现存的各种形式如报纸和杂志的死亡——并未得到历史证据的支持。弗里特·罗杰斯和其他媒介学者已经清楚地指出,"传播的历史是'越来越多'的历史。"新的形式往往是偏离和增加媒介大家族的品种,而不是巩固或替换旧的形式。说句公道话,当尼格洛庞帝画这三个交叠的圆圈时,他并没有如某些人所建议的那样试图做出预测结果。他只是为新媒介的发展指出了有潜在机会的领域。

另外两个常见的误解是,相信媒介汇聚是这一时期的新鲜事物,而且主要涉及合并。事实上,媒体汇聚对于媒介的演进和媒介形态变化过程总是不可缺少的。像我们现在目睹的媒介和电信工业内部的大规模汇聚仅仅可能偶尔出现,而今天存在的各种媒介形式实际上是无数小规模汇聚长年累月不断发生的结果。虽然合并(merger)和汇聚(convergence)时常作为同义使用,但是它们并不意味着同一回事。合并暗示两个或更多的实体(例如公司、技术或媒介)集中到一起形成一个单一的、统一的实体。汇聚是更像是交叉路口或婚姻,其结果是引起每一个汇聚实体的变革,并创造新的实体。

复杂性

在发生巨大改变的时期,正如我们现在正在体验的那样,我们周围的一切似乎都处在混乱状态之中,在很大程度上说,它是这样的。混沌是变革不可或缺的组成部分。没有它,宇宙将是死亡之地,生命将是不可能诞生的。在混乱中可以产生变革和赋予系统生命的新主意。

混沌理论

当代混沌理论的核心原则是这样一种概念:在混沌系统内那些看似无关紧要的事件或轻微的初始变化,比如天气和经济,能触发接连不断的逐步升级和不可预知的事变,最终会导致重大的或灾难性事件的发生。这方面的理论时常举这样的例子来加以说明,一只蝴蝶在中国拍打它的双翼,引发了佛罗里达海岸的一场飓风。

混乱的系统在本质上是无政府主义的。这就是说,它们表明,几近无穷无尽的变化使得长期预测的模式无法可言,这也可以解释为什么精确的长期天气预报和国家经济预测是几乎不可能的。它也说明为什么没有人能够精确地预言哪一种具体的新媒介技术和传播形式将最终取得成功,哪一种终将失败。

混沌对于我们在理论上理解媒介形态变化和新媒介发展,实际上不如它同另一个相关概念——复杂性——的联系更为重要。在本文中,复杂性是指,那些明显是在混沌系统内部发生的事件。一群来自不同学科的科学家已经开展了对于复杂性的研究,他们于 1980 年代中期在新墨西哥州设立了圣特非研究所。

混沌和秩序,就想出生和死亡一样,是所有复合体或所谓的生命系统的两个极端。按照物理学家米切尔·沃尔多普的看法,混沌的边缘永远是"新主意和新发明的基因蚕食现状边缘的地方"。

复杂、适应系统

在圣特非研究所开展的研究已经对媒介形态变化的核心过程提出了一些深刻的见解。当科学家研究复杂系统的行为时,他们发现在有机系统内部发生着大量的交互作用,这种作用在适应不断变化的外界条件时实现自发的自组织功能。换句话说,复杂系统是有适应性的,"它们并不是仅仅消极地回应事件,像地震中的岩石那样四处滚动。它们积极地想方设法让无论发生着的什么事情都朝着对它们有利的方向发展"。

认识到人类传播系统事实上是一个复杂的、有适应性的系统,我们就能看见所有形式的媒介都生活在一个动态的、互相依赖的宇宙中。当外部的压力产生、新技术革命被引入以后,传播的每一种形式都会受到系统内部自然发生的自组织过程的影响。正像物种进化是为了在一个不断改变的环境里更好地生存一样,各种形式的传播和现存的媒介企业也必须这样。这一过程是媒介形态变化过程的精髓。

媒介形态变化的原则透视

下列媒介形态变化的六个基本原则是从本章讨论过的各种假设中得出的:

1. 共同演进化与共同生存:一切形式的传播媒介都在一个不断扩大的、复杂的自适应系统以内共同相处和共同演进。每当一种新形式出现和发展起来,它就会长年累月和程度不同地影响其他每一种现存形式的发展。

2. 形态变化：新媒介决不会自发地和孤立地出现——它们都是从旧媒介的形态变化中逐渐脱胎出来的。当比较新的形式出现时，比较旧的形式就会去适应并且继续进化而不是死亡。

3. 增殖：新出现的传播媒介形式会增加原先各种形式的主要特点。这些特点通过我们称之为语言的传播代码传承下去和普及开来。

4. 生存：一切形式的传播媒介，以及媒介企业，为了在不断改变的环境中生存，都被迫去适应和进化。它们仅有的另一个选择，就是死亡。

5. 机遇和需要：新媒介并不是仅仅因为技术上的优势而被广泛地采用的。开发新媒介技术，总是需要有机会，还要有刺激社会政治的和/或经济上的理由。

6. 延时采用：新媒介技术要想变成商业成功，总是要花比预期更长的时间。从概念的证明发展到普遍采用往往至少需要人类一代人（20—30 年）的时间。

将媒介形态变化的原则和对于那些已经影响到过去媒介发展属性的理解结合起来，我们就能获得有价值的见解，去洞察下世纪初将出现的新形式以及现存形式可以适应和继续演进的途径。

理解媒介：人体的延伸

［加］马歇尔·麦克卢汉

导言——

本文选自张国良主编：《20 世纪传播学经典文本》，洪兵译，复旦大学出版社，2000 年版，第 374 - 386 页。

作者马歇尔·麦克卢汉（Marshall McLuhan，1911～1980），加拿大人，媒介理论家、思想家，媒介环境学派的代表人物。毕业于剑桥大学，获得文学博士学位。主要著作有《机器新娘》《古登堡星系》《理解媒介》等。

本文是《理解媒介》的第一章，提出了"媒介即讯息"的著名论断。作者认为，任何一种新兴媒介都会对人类事务的尺度、进度和标准产生影响，从而强有力地改变人类感觉的比例和感知的图式。这一观点发表后，产生了广泛的学术影响。

一、媒介即讯息

我们的文化，长久以来已习惯于将所有事物作为控制的手段进行分类。在这样一种文化中,如果提醒人们,实际上"媒介即讯息",是会产生一点震撼的。这意思其实很简单,就是说,任何媒介的个人与社会后果——即我们自身的扩张带来的个人与社会后果——来自我们自身逐一的扩张或者说新的技术逐一引进人类事务的新的尺度。以自动化为例,人际联系的新制式倾向于削减工作岗位,这确实是负面结果,但从积极方面看,自动化又为人们创造了新的角色,亦即创造了先前的技术已经破坏了的工作与人际关系中的关联深度。许多人倾向于认为,不是机器,而是人对机器的使用,才是机器的意义或讯息。但如果就机器改变我们自身以及个体相互联系的方式而言,机器到底是生产玉米片还是卡迪拉克轿车根本无关紧要。人类工作与人际关系的重组,是通过技术细分化而形成的,这是机器技术的本质。但自动化技术的本质恰巧相反,它是整体、非集中化、有深度的,而机器是片断、集中化和表面化的。

以电灯为例,可以很好地阐明这种关系。电灯是纯粹的信息,除非它用于拼出词语广告或名字,它本身是一个无讯息内涵的媒介,这也是所有媒介的特征。就是说,所有媒介的"内容"都是另一种媒介。书写的内容是语言,就像印刷文字的内容是书写文字,而电报的内容是印刷文字一样。如果问"语言的内容是什么"? 必须说,"它是一种思考的实际过程,它本身是非口头的"。一幅抽象画代表着对一种也许会在计算机设计中出现的创造性思维过程的直接阐明。但是,我们在此考虑的,却是这些设计和模式在扩展和加速现有进程中产生的社会与心理影响。因为任何媒介与技术所包含的"讯息",即意味着对它们引进人类生活中的尺度、进度、标准的改变。铁路并非将运动、运输、车轮或路轨引进人类社会,而是提高与扩张了以往人类活动的向度,由此创造出全新的城市,全新的工作与闲暇。无论铁路在热带或寒带地区运营,上述的一切都会发生,而且独立于铁路的承载物或者说其"内容"而发生。另一方面,通过提高运输的速率,飞机则倾向于消解依附于铁路的城市、政治生活及人际联系,这同样也与飞机的用途无关。

让我们回到电灯的例子。电灯是否用于脑外科手术或夜间棒球赛根本无关紧要。有一种反驳的论点认为,这些活动在某种意义上正是电灯的"内容",因为这些活动无法离开电灯而存在。然而,这个事实恰恰强调了"媒介即讯息",因为正是媒介塑造和控制着人际联系与行动的尺度及方式。这些媒介的内容与作用虽然十分广泛,对于塑造人际关系的形式却没什么效用。事实上,倒不如说,媒介的"内容"蒙蔽了我们对媒介性质的认识。时至今日,那些大企业才开始意识到自己是从事何种领域内的业务。当 IBM 公司发现,自己并非从事办公设备制造而是从事信息处理时,它才以其清晰定位而步入正轨。美国通用电器公司从电灯泡与照明系统制造中获利颇丰,但它与美国电报电话公司一样,尚未意识到自己是在从事信息移动产业。

电灯由于不具备任何"内容"而不被人们视作通讯媒介,这使其成为一个极有价值的例子,足以说明人们在媒介研究方面是何等失败。只有当电灯被用于拼出一些品牌名称时,它才被视为媒介,这样,引起注意的其实不是电灯而是其"内容"(亦即另一种媒介）。电灯包含的讯息与工业中的电力包含的讯息一样，是强有力、普遍性和非集中化的，它们都与实际作用分离，如同电视、收音机、电报、电话一样，通过排除人际联系中的时间与空间因素，参与深层次的创造。

莎士比亚的作品可供选编成一本完整研究人类的扩张与延伸的指南，对以下来自《罗密欧与朱丽叶》的熟悉诗句，也许有人会联想到电视：

> 小声些，窗口那边透出的是什么光亮？
> 她说了，又好像没说什么。

《奥赛罗》与《李尔王》一样，描述了人们被幻觉扭曲而备受折磨的情景，以下台词体现出莎翁对新兴媒介改变人的能力的直觉：

> 世上有没有一种引诱青年少女失去贞操的邪术？
> 罗德利哥，你有没有在书上读到这一类事情？

莎翁的《脱爱勒斯与克莱西达》，几乎全面地考察了传播的社会与心理现象。莎翁觉察到，真正的社会与政治驭术完全取决于对新兴事物后果的预测：

> 冷静观察的明眼人，能知道财神普鲁斯特的金子的每一丝每一毫，能触摸到深不可测的海底，能与思想做伴，几乎像天神一样把你心里初生的默默的念头揭发出来。
> ……

在最新、最激进的医学理论中，也产生了这种全方位的、清晰的意识，认为从社会意义上看，媒介即讯息。汉斯·塞勒在《生活的重压》一书中，写到一位同事听到他的理论时的沮丧之情：

> 我又开始狂喜地讲述对动物使用各种不纯或有毒物质进行治疗后观察到的反应。他用悲哀的眼光看着我，然后绝望地说："但是，塞勒，你要想清楚自己在做什么，否则就太晚了！你现在已决定将毕生精力献给无聊的药物学！"

如同塞勒在其疾病的"压力"理论中对总体环境形势的处理一样，最新的媒介研究方法考虑的不仅有"内容"，而且有媒介及特定媒介在其中运作的文化模型。对媒介的社会与心理影响的失察，在传统文献中随处可见。

若干年前，戴维·萨诺夫将军在接受圣玛丽亚大学的名誉博士学位时说："我们过于倾向将技术器械作为因使用它们而犯下罪孽的替罪羊。现代科学的产品就其本身来说并无善恶，是对于它们的使用方式决定其价值。"这是当代梦游症的声音。想象一下，如果我们说："苹果饼本身并无好坏，是使用它的方式决定其价值。"或者，"天花病毒本身并无好坏，是使用它的方式决定其价值。"再如，"枪炮本身无所谓好坏，使用枪炮的方式决定了枪炮的价值。"也就是说,如果弹药击中了目标,枪炮就是好的;如果电视成功地批判了预设对象,电视就是好的。我并非吹毛求疵,萨诺夫将军的话也不值得认真对待,但他完全忽略了所有媒介的本质。如同那喀索斯一样,被以新技术面目出现的其自身的延伸所迷惑。萨诺夫将军继续解释他对印刷技术的态度,认为印刷确实产生了许多流通中的垃圾,但同时也传播了《圣经》,传播了先知与哲学家们的思想。萨诺夫将军从未意识到,任何技术的作用都不只是将其自身添加于已有的事物之中。

罗伯特·西尔伯德、W. W. 罗斯托和约翰·肯尼思·加尔布雷斯等经济学家,多年来致力于解释"古典经济学"为何无法说明经济的变化与增长。关于机械化的悖论是,虽然机械化确实是最大程度的变化与增长的原因,但机械化本身的原则又排斥增长及变化。因为机械化是通过将过程细分化并且将细分化的部分置于一个系列中而获得的。但是,正如大卫·休谟在 18 世纪所揭示的,仅在一个序列中是不存在因果律的。一个事物发生在另一事物之后,这本身不具备任何解释力量。除了变化,在事物的序列中没有其他东西。所以最伟大的转折是从电开始,它通过使事物即时化而终止了事物的序列。这种即时化速度,使人们重新审视事物的起因,不再局限于过去那种线性思维方法。就是说,不再问鸡与蛋何者为先,而意识到鸡是可以提供更多蛋的"蛋"。

当一架飞机进行超音速飞行前的一刹那,声波在机翼两侧是可见的。这是对事物形态发展的一个恰当例证:它揭示了早期的形式发展到其顶点时,出现了新的与之相反的形式。在电影的运作过程中,机械的细分化与线性序列赋予是极其清晰的,我们由此超越机械世界而转入成长的、有机的和相互联系的世界。电影只有通过加强其机械性,才能将我们带入富有创造性的相关的世界。电影媒介的讯息,就是从线性到相关性的转换。正是这种转换,产生了一种目前十分正确的观察:"管用的,就是过时的"。一旦电速进一步超越电影的机械性序列,整体结构及媒介的特征就会显得非常清晰。下面让我们转到有关图画的概括形态的话题。

对于一个高度文明与机械化的文化而言,电影是作为一个可用金钱购买的、充满了胜利的幻象与梦想的世界而出现的。恰在此时,出现了立体主义。E. C. 贡布里奇在《艺术与幻觉》一书中,将立体主义描述为:一种为消除模糊性从而加强对画面——人类建筑的一个构图或一幅油画——的某种解读而进行的一种最激进的尝试。立体主义舍弃远近透视法,同时展示一个物体的所有向面。立体主义建立起平面的互动,设定图案、光线与肌理的矛盾或戏剧性冲突,即添加与人的关联,"将讯息嵌入其中"。许多人将此应用于绘画的实际练习。

换言之,立体主义从两个维度给出内部与外部、顶部与底部、后部与前部等,抛弃了透视的幻象,由此对整体产生瞬间感知。通过捕捉即时的整体感觉,立体主义忽然间宣布"媒介即讯息"。难道还不明显吗?在事物的线性序列让位于同时性的那一刻,人就被置于复合性、相关性联系的世界中。物理学中发生的,与绘画、诗歌和传播中发生的没有区别。当注意力从特定部分转向整个领域,我们就可以十分自然地说:"媒介即讯息。"在电子时代之前,媒介即讯息的状态不十分明显,那时候似乎信息即"内容",就像人们会问一幅画是"关于"什么的。但他们不会问一段旋律是"关于"什么的,也不会问一件衣服或者一幢房子是"关于"什么的。就这些事物而言,人们还保留着对整个范型的感觉,也保留着对形式与功能的一体性的认识。然而,直到电子时代,这种关于复合与相关的整体观念才开始盛行,以致教育理论也提出这个话题。在数学教育中,采用综合性方法,取代过去那种将一个个问题排列起来作为特殊"问题"加以解决的方法。关于数理与集合的问题,也让孩子们很小就思考。

红衣主教纽曼评价拿破仑"了解火药的语法"。拿破仑也注意过其他媒介,尤其是旗语曾帮助他占过敌人的上风。据记载,他曾说:"三份敌对的报纸比一千把刺刀更令人生畏。"

阿列克塞·德·托克维尔是第一个掌握印刷及印刷术"语法"的人。所以,他能领会在法国和美国即将发生变化的讯息、就像从一本递给他的书上大声读出一样。事实上,19世纪的法国和美国对他就像是一本打开的书,所以,他也知道这种语法的适用范围。有人曾问他,既然理解和仰慕英国,为什么不写一本关于英国的书。他回答说:

> 只有一个超级哲学傻瓜,才会相信自己能在6个月内判研英格兰。对我来说,要精细研究美国,一半时间还嫌太短,况且,要获得关于美国的清晰和确切的要领比英国容易得多。美国的所有法律,在某种意义上来源于同一思路。整个美国社会,可以说建立在一个事实之上。一切来自于同一条简单的原则。可以将美国社会比喻成一座森林,它密布着无数条向一个点交汇的直线道路。
>
> 只要找到那个中心点,就可以一目了然。然而在英国,各条道路却是互相交叉的,所以不走过每一条道路就不能了解全局。

托克维尔在其早期关于法国大革命的著作中,曾解释过印刷文字如何在18世纪渗透于法国文化并使法国同质化。从北到南,法国人成为同一类人。印刷术的统一性、持续性和直线性原则,涵盖了封建及口传社会的复杂状态。法国大革命就是由新式文人和律师发动的。

在英国,由于不成文法的古代口传传统的作用,受到像中世纪议会这样的制度的干预,新的视觉印刷文化的统一性、持续性无法充分体现。其结果是,英国历史上从未发生过像法国革命那样的重大事件。再说美国的独立战争,除君主政体外,美国没有任何中世纪那些需要抛弃、根绝的法制,因此很多人认为,美国的总统制与欧洲君主制相比,更具有个人色彩和君主制性质。

托克维尔对英美两国的比较，显然是基于印刷术与印刷文化能创出统一性及持续性这一事实。他说，英国拒绝了这些原则而坚守口传文化的不成文法传统，由此形成了英国文化的非连续性和不可预测性。印刷的语法无助于分析口传或非书面文化及其机构的讯息。马修·阿诺德恰当地将英国贵族定义为"野蛮"的，因其权力、地位及其文化修养或印刷术的文化形式全无干系。格洛斯特公爵在爱德华·吉本的《帝国衰败记》出版时对吉本说："又一本该死的大书，呃，吉本先生？胡涂乱抹，胡涂乱抹，呃，吉本先生？"托克维尔本人是一个有高度修养的贵族，因此只有他既能理解印刷术的语法，同时不被印刷术的预设与价值所束缚。只有游离于任何媒介之外，才能体察其原理与特性，因为任何媒介都具有将其预设强加于对此毫无警惕的人的力量。预测与控制都是为了避免那种那喀索斯式的无意识的恍惚状态。为达到这个目的，最关键的是必须了解，一经接触咒语就会发生作用，就像被旋律的第一个小节吸引那样。

E. M. 福斯特的《印度之旅》，就偏重口传与直觉的东方文化在遭遇偏重理性与可视性的欧洲经验模式时的无能为力，提供了一个生动的研究。当然，对西方而言，理性长久以来意味着"统一、持久和连续"，换言之，我们将理性与识字率、理性主义与技术相混淆。于是，跨入电子时代后，对传统的西方来说，人成为非理性的。在福斯特的小说中发现真实世界即摆脱印刷文化的迷醉的感受，就好像是进入马拉巴山洞一般。英国妇人阿黛尔·奎斯特的思考能力无法与构成印度整体的、包容一切的共鸣声相抗衡。在山洞体验之后，"生活虽像往常一样继续，但已经无关紧要了。就是说，声音不再回响，思想也停滞了。所有一切好像被连根斩断并陷入幻觉"。

《印度之旅》（这个词组出自惠特曼，他想象着美国向东方前行）是一个关于电子时代的西方人的寓言。这个寓言只是偶然地与欧洲或东方产生关联。我们正面临着看与听之间，或者说，是根据文字还是口语来知觉和把握存在于这两者之间的趋于极点的矛盾。尼采观察到，理解可以阻滞行动。通过了解媒介既扩展我们自身同时又在我们自身与四周引发混乱，也许能缓解这个矛盾的激烈程序。

读写能力造成的非部落化及其对部落成员的痛苦影响，是精神病医生 J. C. 卡罗瑟斯撰写的《非洲人的心智健全与疾病状态》一书（世界卫生组织，日内瓦，1953）的主题。他使用的大部分材料见之于 1959 年 11 月《精神病学》杂志上的一篇文章《文化、精神病学与书面文字》。电子媒介在此又一次显示了西方技术如何作用于哪怕是最为辽远蛮荒的热带草原、丛林和沙漠。一个例子是，阿拉伯人带着蓄电池收音机骑在骆驼上。土著人被大量涌入的概念所淹没，而没有任何准备，这是西方技术普及过程中的常见现象。但是，拥有电子媒介的西方人也与远方的土著一样，经历着相同的信息泛滥。加纳的土著对抗着将其从集体部落驱赶至个人孤立状态的活字文化的力量，与他们相比，我们在自己的文化环境中遭遇电视机与收音机时，并未准备得更充分。

电子信息的传播速度,将史前文化与工业社会的破烂商品,文盲、半文盲以及识字者混杂在一起。新的信息泛滥成灾,使人们无所适从,其结果是不同程度的心智崩溃。温德海姆·刘易斯以此作为他的系列小说《人类时代》的主题之一,其中的第一部小说《孩童群众》完全是关于媒介的加速嬗变对无辜者的戕害的内容。在现代,我们越来越了解技术在心灵的构成与显现方面的影响,随之,对于判断罪错的自信却逐渐丧失。古代社会将暴力犯罪视作令人悲哀的行为,对罪犯的态度就如同我们对癌症患者一样。"要那样行事(犯罪)多可怕啊!"他们这样感慨。J. M. 欣吉在他的《西方世界的花花公子》一书中很有效地汲取了这种想法。

我们按照技术的统一性与持续性模式提出要求,如果有不适应者无法达到这种要求,有知识的人就倾向于将之视为可悲的人,一如古代的罪犯。尤其是妇女、儿童、残疾人和有色人种,在这样一个依赖视觉的、由印刷技术占统治地位的社会,成为非公正的牺牲品。另一方面,我们的文化是分配角色而非工作给人们,于是侏儒、斜眼和孩子们不得不创造自己的空间,因为他们不适合那些统一的、重复的职位。想一想这样的词组:"这是男人的世界",作为一个同质化的文化中无数次重复的定量观察,这个词组意味着那些身处此种文化中的男人为了有所归属而必须向平均水准靠拢。在智商测试中,我们制定了无数个极为愚蠢的标准。由于不了解印刷文化的偏见,我们的智商测定者假设统一性与持续性是智力的标志,从而排除了那些主要依靠听觉与触觉的人。

C. P. 斯诺在评论 A. L. 罗斯的《绥靖政策与通向慕尼黑之路》一书(《纽约时报书评》1961 年 12 月 24 日)时,描绘了 20 世纪 30 年代英国高层首脑的情形。"他们的智商比以往的政治领袖高得多,可为什么还是造成了大灾难?"斯诺同意罗斯的看法:"他们不听取警告,因为他们根本不愿意听取。"反共倾向使他们无法领会希特勒的企图,但他们的失败与我们目前的失败相比,根本算不了什么。对技术与统一性的美国式的投入,应用于教育、政府、工业各层面,现今全面地受到电子技术的威胁。希特勒与斯大林式的威胁是外部的,电子技术才是内部的威胁。而我们对它和戈登堡印刷技术的冲突却毫无警觉。须知,美国的生活方式就是在戈登堡技术的基础上形成和发展的,在未承认威胁之前,是无从建议采取什么应对策略的。我现在就像处于路易斯·巴斯德警告医生的这一位置:他告诫医生们最大的敌人是不可见的,而且不为他们所承认。我们对媒介的传统反应,即所谓真正重要的是媒介如何被使用,这完全是技术型愚人的麻木姿态。因为媒介的内容就像盗贼用于吸引我们心灵守护者的肉片。一种媒介成为另一种媒介的内容,只有这样,它的效果才强大而持久。一部电影的内容是一部小说、一出话剧或歌剧,电影形式的效果与其内容无关。"书写"或"印刷"的内容都是语言,但读者却不注意这一点。

媒介塑造了历史,阿诺德·汤因比对此并无认识,可他的著作中遍布可供媒介研究者使用的例子。有一次他郑重提示说,成人教育,例如英国的"工人教育联合会"是对抗大众新闻界的非常有效的力量。他认为,虽然所有东方社会已接受了工业技术及其政治后果,但是,"在文化的层面上,没有一种相对应的统一趋势"。这就像一个挣扎于无所不在的广告中的文人的声音:"我个人根本不注意广告。"东方人虽然对我们的技术在精神与文化上有所保留,但根本无济于事。技术并非在概念或意见层面产生效果,它稳定地改变感觉的比率或感知的形态,而不会遭遇任何抵抗。严肃的艺术家是唯一与技术打交道时具有免疫力的人,因为他们是感知与知觉变化的专家。

17世纪货币媒介在日本起的作用与印刷术在西方起的作用类似,G. B. 桑索姆的《日本》(伦敦,克利克特出版社1931)写道,货币媒介的渗透,"引起了缓慢但不可抗拒的革命,最终导致封建王朝的崩溃,并在两百多年的隔绝之后,恢复了与外国的交往。"货币重组了人们的感官生活,因为它是我们感官生活的延伸。这一变化并不取决于社会成员的赞同与否。

阿诺德·汤因比在他的"以太化"这一概念中,曾经对媒介的转型能力这一主题作过探讨。他认为"以太化"是任何组织或技术中的效率与递进简化原则,非常典型的是,他忽略了这些媒介对我们的感知反应产生挑战的效果。他被印刷文化的魔力所束缚,想象着只有我们的舆论反应才与社会中的媒介与技术效果有关。在一个同质化的社会中,人们已失去对形式纷繁及非连续的生活的敏感。汤因比抱有三向度的幻觉(作为那喀索斯式迷思的一部分)及"个人见解",所以与布雷克的"事物因我们注视而形成"的意识相隔绝。

今天,如果我们要找到自身的文化坐标,并远离由人类表达的技术形式引发的偏见与压力,只需考察一个尚未接触特定媒介形式的社会,或考察一段对媒介形式毫无所知的历史时期。韦尔伯·施拉姆教授在研究"儿童生活中的电视"时采取过一个策略,他发现某些地区电视还没有普及,于是展开了一些调查。他对电视画面的独特内涵未做任何研究,调查主要涉及内容偏好、收视时间和词汇统计等。简言之,他的研究取向虽是无意识的,却是文字文化型的,继而也就没什么值得报告的。如果这种方法用于考察公元1500年印刷书籍对当时成年人与孩子们的影响,同样无法发现任何由于印刷术而造成的人类与社会心理的变化。印刷在16世纪造成了个人主义与国家主义,过程或内容分析都无法提供线索以解释媒介的魔力或媒介的潜意识指令。

列奥纳德·多布在他的报告《非洲的传播》中,叙述了一个非洲人每晚不厌其烦地收听BBC新闻。尽管他对其内容毫不理解,可每天晚上7点听那些声音,对他很重要。他对语言的态度就像我们对旋律的态度一样,光是音调共鸣就已经意蕴无穷了。17世纪时,我们的祖先也持有这种类似土著人的态度,在法国人伯纳德·兰姆的《说话的艺术》一书中,这种情感十分明晰:

> 上帝造人以使之快乐,他的智慧有此奇效:凡是对谈话(生活方式)有用的都是悦耳的……凡是有助于营养的食物都是宜人的,凡是无法被人吸收转化的物质都是乏味的。演说者别扭的演讲,无法使听众觉得愉悦,听众不

能满意听取的演讲，演说者也无法愉快地表达。

这是一种有关人类饮食与表达的平衡理论。在经历几个世纪的细分化和专业化之后，我们现在努力为媒介寻求的，也是类似的平衡。

教皇庇护十二世深切地感受到，对现代媒介应作认真的研究。1950 年 2 月 17 日，他说：

> 毫不夸张地说，现代社会的未来及其内部生活的稳定，在很大程度上取决于保持传播技术的力量与个人反应能力的平衡。

几个世纪以来，人类在这方面的失败是全面而有典型意义的，对媒介效力的简单和潜意识的接受，使媒介成了使用者的没有围墙的监狱。正如 A. T. 利伯林在《新闻界》一书中指出的，一个人如果不知道他往何处去，即使可以倚仗手中的枪，他也是不自由的。而每一种媒介都相当于有力的武器，可用来打击其他媒介和其他组织，其结果导致现代成了一个复合性内战的时代，且不局限于艺术与娱乐领域。在《战争与人类进步》一书中，J. V. 尼夫教授宣称："我们时代的所有战争是一系列知识错误的结果……"

如果媒介的塑造能力就是媒介自身，许多重要的问题就必须在此提及，虽然可能需要皇皇巨著才能充分阐述这些问题。技术媒介其实就是主要产品或自然资源，像煤、棉花和石油一样。任何人都承认，如果一个社会的经济主要取决于一两种主要产品，如棉花、稻谷、木材或者鱼和牛，那么它一定具备特色鲜明的社会组织形式。对一些主要产品的倚重会引起经济的不稳定，但另一方面也造就了群众的忍耐力。美国南方的幽默与哀伤，正是孕育于一种依靠有限产品的经济。如果一个社会依赖于某些稀缺商品，这些商品就构成它的制约，如同大都市对新闻界的依赖一样。无论棉花或石油，都如同电视与收音机，成为整命社会精神生活的"基本支出"。这一普遍事实，为所有社会塑造其独特的文化氛围。对形成我们社会生活的每一种主要产品，我们都付出很大代价。

媒介是人类感官的延伸，人类感官也是我们个人精力的"基本支出"，而且，它们成了我们每个人的知觉与经历，这可以联系心理学家 C. G. 荣格提到的另一层意思加以理解。

> 每个罗马人都被奴隶侍拥。奴隶与奴隶的心理泛滥于古意大利。每个罗马人都变得内向并且不自觉地成了奴隶，因其始终生活在奴隶的氛围中，无意识地受到奴隶心理的感染与影响，没有人能使自己免于这种影响。
> （《分析心理学》伦敦，1928）

研究与思考

＝延伸阅读＝

1. 李玮、谢娟：《"媒介"、"媒体"及其延伸概念的辨析与规范》，载《武汉理工大学学报》(社会科学版)2011年第5期。

2. ［美］维曼约瑟夫、多米尼克著，金兼斌译：《大众媒介研究导论》，清华大学出版社，2005年版。

3. ［美］菲德勒：《媒介形态变化：认识新媒介》，明安香译，华夏出版社，2000年版。

4. 孙玮：《风险社会中新闻媒介的社会角色——以福建南平校园暴力犯罪案的媒介表现为例》，载《当代传播》2011年第1期。

5. 冯隽：《新闻媒介的功能及其演变》，载《浙江工商大学学报》2010年第1期。

6. 刘剑波：《新闻媒介传播特性研究的新命题》，载《现代传播》2005年第5期。

7. 蔡雯：《从"超级记者"到"超级团队"——西方媒体"融合新闻"的实践和理论》，载《中国记者》2007年第1期。

8. ［美］帕夫利克：《新闻业与新媒介》，张军芳，新华出版社，2005年版。

9. ［美］保罗·莱文森：《新新媒介》，何道宽译，复旦大学出版社，2011年版。

10. 罗鑫：《什么是"全媒体"》，载《中国记者》2010年第3期。

11. 胡正荣：《全媒体时代传统媒体的颠覆与重构》，载《新闻战线》2013年第2期。

12. 罗翔宇：《中西方大众传媒的源起与分野比较研究》，载《东方论坛》(青岛大学学报)2003年第4期。

＝问题与思考＝

1. 报纸、广播、电视和网络媒介各自具有哪些特性？

2. 从传统大众媒介到网络等新媒介的演化过程体现了怎样的发展规律？

3. 人类社会出现过哪几次传播革命？互联网的出现具有什么重大的意义？

4. 什么是媒介融合？请思考为什么会出现媒介融合的新趋势。

5. 试论媒介融合的好处。

＝研究实践＝

1. 结合报纸、广播、电视的特性，讨论如何才能发挥它们各自的优势做好新闻报道。

2. 请搜集业界出现的一些比较成功的媒介融合的案例，通过对它们的分析来加深对媒介融合内涵的理解。

第六章　新闻选择与新闻价值

导　论

　　新闻选择是贯穿新闻传受过程始终的一种新闻实践行为,无论是新闻从业者的新闻生产和新闻传播,还是受众的新闻接受,其中每一个环节都建立在新闻选择的基础之上。新闻选择需要依据一定的标准,其标准不止一个,但新闻价值是其中最主要的标准。

　　新闻选择行为之所以存在,是因为大千世界每天发生的事难以数计,而媒介由于容量所限,同时由于媒介及其从业者所持有的价值立场,只能报道其中的一部分甚至是极小的一部分,这就必然需要有所选择。一方面,新闻传播者"对现实生活中发生的事实加以鉴别,选出新闻媒介值得传播的事实,这就是新闻选择"[①];另一方面,受众在众多新闻中挑选自己愿意接触、认知、理解和接受的事实,这也是新闻选择。新闻选择在实质上仅仅是对事实的选择。无论是传播者还是受众,他们所选择的并非用什么样的形式来生产或传播新闻,也不是选择要接受哪篇具体的新闻作品,而是要选择哪些事实值得作为新闻传播、哪些事实值得作为新闻来接受。

　　新闻选择之所以只是选择事实,是因为新闻的最基本功能是客观如实地传播信息,新闻只要将有价值的事实真实地呈现出来就达到了它的基本目的。当然,新闻要想做到完全客观中立是很难的,媒体及其从业者不可能没有自己的立场和是非判断;即使如此,新闻报道也应该用事实说话,而是不由报道者自己站出来直接发表观点。因此,新闻选择常常带有议程设置的意味,这就是人们为什么有时会说"不报道什么比报道什么更重要"的原因。

　　新闻选择行为贯穿于新闻实践活动的始终。有人或许会认为,新闻选择只在记者第一次接触新闻事实时才会发生,而其实并非如此,从新闻生产的第一个环节直到新闻接受的最后一个环节,其中无不有新闻选择在发生作用。这种作用体现在新闻生产过程中,就是所谓"把关";在新闻接受过程中,所体现的则是受众对新闻事实的"偏好"。

　　在新闻生产过程中,新闻选择首先从新闻采访开始。记者采访一般可以通过两种途径获取新闻素材,一个是在新闻现场亲见亲闻,另一个则是向新闻事件的当事

① 　李良荣:《新闻学概论》(第3版),复旦大学出版社,2009年版,第302-303页。

人、目击者或知情者了解情况。如果是在新闻现场，记者可以看到和听到的东西很多，由于时间和空间的限制，不可能将一切都记录下来。如果是听别人介绍情况，可以收集到的事实信息同样会很多，这其中必有轻重主次，特别是经过介绍者的语言转换，事实信息不但可能发生误差，而且可能会被人为地粉饰和篡改。这就要求记者必须对事实进行选择。其次，新闻作品制作是一个对事实重新进行挑选的过程。新闻作品制作的核心是对事实的组织和陈述，在此过程中，记者必须对采访到的事实做进一步的梳理和取舍，决定哪些应该保留，哪些应该淘汰，哪些应该着重表现，哪些只需一带而过。从理论上说，"有闻必录"具有一定合理性，而从新闻实践的实际来说，"有闻必录"既不可能也无必要。再次，新闻编辑的过程同样是一个挑选、审视事实的过程。这里所说的"编辑"不光指具体的版面编辑，也包括媒体组织中负责新闻发布的部门负责人乃至媒体高层的相关负责人。编辑面对的一般是记者对新闻事实进行加工制作后已经完成了的新闻作品，编辑衡量新闻作品是否可用，应该将其放在何种位置发表或播出，同样主要是依据作品中新闻事实的价值而做出选择的结果。

在新闻接受过程中，受众的新闻选择是在传播者已经进行过选择的基础上进行的，因此必然会受到传播者选择的限制。但这并不意味着受众只能被动地接受传播者选择地的事实，他们同样可以有自己的选择。这种选择可以通过受众对新闻事实的接触、理解和记忆三个方面表现出来。首先，受众只对自己感兴趣的事实加以关注，这时他们会主动去搜索或自然接触包含了这些事实的相关新闻，这就是选择性接触；其次，在对新闻事实有一定接触的基础上，他们会衡量那些感兴趣的事实与其利益相关的程度，相关程度越高他们就越会试图去深入了解这些事实的来龙去脉或前因后果，这就是选择性理解；再次，如果经过深入了解而又觉得对自己有重要作用的那些事实，他们就会将它们贮存于自己的记忆中，这就是选择性记忆。可以说，在接触阶段主要表现为一种量的选择，而在理解与记忆阶段则主要表现为一种质的选择。

新闻选择需要依据一定的标准，这些标准大致可分两大类：一类是价值标准，包括新闻价值和宣传价值；另一类是法律法规和政策标准。在这些标准中，首要的是新闻价值标准。

所谓新闻价值，就是事实本身所固有的能够引起人们兴趣的某种因素或一组因素的总和。

国外学者对新闻价值的研究开始较早，观点也很多。例如，1979 年，戈尔丁(Golding, P.)和埃利奥特(Elliott, P.)在其著作《生产新闻》(*Making the News*)中认为，新闻生产者在衡量新闻价值时会考虑："一个事件/议题是否对观众重要，是否吸引他们的注意力，是否能够被理解、享受、记住或被认为是相关的；新闻机构对事件的了解程度，以及得到它所需的资源；事件是否适合生产的流程，是否能够从对事物已知的角度来理解。"他们建议的新闻价值选择标准是：戏剧性、视觉吸引力、娱乐、重要性、规模、接近性、负面性、简洁性、新近性、精英、个性化①。1982 年，Eberhard 曾对美国出版的 14 本新闻写作教科书进行过分析，看看它们如何界定新闻价值。结果表明，在 43 个有关新闻价值的词语中，较多学者提及的有下列 8 个，分别是：时间性、距离、显著性、人情趣味、冲突、后果和影响、罕有和新奇性。在这些认识中，明显可以看到"公众兴趣"（public's interest）渐渐盖过了以往新闻界强调的"公众利益"（public interest）②。在美国密苏里新闻学院编写的那本广为流传的《新闻写作教程》中，所列出的最重要的"新闻价值的传统标准"包括：① 读者。每个读者各不相同，一条新闻对某一个读者来说会比对另一个读者更为重要和更有兴趣。② 影响。一条新闻的重要性取决于它所报道的事情能影响多少人以及影响的程度。③ 接近性。④ 及时性。⑤ 显要性。⑥ 异常性。不寻常的事情是新闻；稀奇古怪的事情也可成新闻。⑦ 冲突。如战争、政治、犯罪或体育比赛等③。这些观点及其变迁，既体现了西方理论界对新闻价值的认知，也是对西方新闻实践的概括和总结。

国内学者一般将新闻价值的要素概括为"五性"：时新性、重要性、接近性、显著性、趣味性。时新性是指新闻事实发生的时间近和内容新。如果新闻事实是原来从未发生过或很少见闻过的，新闻价值就越大；新闻事实从发生到被报道出来，时间越短，新闻价值就越高。重要性是指新闻内容的重要程度。内容越重要，新闻价值越大。内容是否重要，主要看新闻事实政治意义的大小及其对社会的影响程度，还有就是对社会公众切身利益影响的大小。接近性指新闻内容与受众的接近程度。越是在心理上、利益上和地理上与受众接近和相关的事实，新闻价值就越大。受众一般对与自己的心理和利益及所处地理环境接近的新闻事实更感兴趣。心理接近包含职业、年龄、性别诸因素。新闻媒介应根据自己读者群主要成分的特点，选择更加适合其心理特点和利益需要的内容进行报道。显著性指新闻中的人物、地点和事件的知名程度。越是著名、显要、突出的人物、地点和事件，越能吸引读者，新闻价值也越大。趣味性指新闻内容引起受众兴趣的程度。一般说来，大多数受众对新奇、反常、变态、带人情味的东西较感兴趣。虽然我们不赞成资产阶级学者把新闻的起源归于人类的好奇心和新闻欲本能，但我们并不否认人的好奇心和新闻欲。趣味性中还有个如何通过报道形式创新使新闻内容更加生动、活泼、富有情趣，从而让人更喜欢接受的问题。上述五个要素是新闻价值的主要构成要素。但并不是说任何一件新闻事实都要具备这五个要素才具有新闻价值。一般情况下，只要它具备了时新性，也便具有了一定新

① 参［美］卡琳·沃尔-乔根森、托马斯·哈尼奇编著：《当代新闻学核心》，张小娅译，清华大学出版社，2014 年版，第 175－176 页。

② 苏钥机：《什么是新闻？》，《传播研究与实践》（台湾），2011 年 1 月创刊号。

③ ［美］布赖恩·布鲁克斯等：《新闻写作教程》，褚高德译，新华出版社，1986 年版，第 2－3 页。

闻价值,而如果同时具备的要素越多、越全,新闻价值也就越大。

　　新闻最基本的功能是传播信息,但新闻有时也会被用来作为宣传的材料和工具,这时新闻报道者就会考虑所报道的事实有无宣传价值。所谓宣传价值,就是事实本身所包含的有利于传播者、能够证明和说明传播者主张的素质。李良荣教授将宣传价值的这些素质亦概括为"五性":一致性、针对性、普遍性、典型性和时宜性①。一致性是指新闻事实所包含的素质与传播者所持政治主张和价值标准的统一性。传播者往往趋利避害,对其有利的就加以报道或多加报道;反之,则不予报道或少加报道,即使报道也是避重就轻或反话正说。针对性就是新闻事实所包含的素质能帮助传播者准确回应社会上存在的各种问题,有效地解疑释惑,平息思想或观念的纷争。普遍性就是新闻事实所包含的素质对广大受众具有普遍的教育意义、指导作用,从而能引起人们广泛的注意,启发人们去思考,引导人们去举一反三。典型性是指事实不但要和作者想说的思想观点相一致,而且能够有力地说明观点,所选用的事例能以一当十,以少胜多,使人口服心服。时宜性就是有些新闻要选择适当的时机来发表,才能够产生更大的宣传效益,避免引起不必要的思想混乱。

　　新闻选择的第二类标准是法律法规和新闻政策。一个事实能不能报道出来,不光要看它是否具有新闻价值或宣传价值,同时也要看它是否符合法律和政策的规定。

　　在现实的新闻传播活动中,传播者做出的新闻选择不仅要看事实所拥有的新闻价值大小,"还要根据一定社会提供的政治、经济、文化等等具体的条件确定新闻传播的内容。这是因为社会整体的政治、经济、文化制度,通过一定的法律规范、政策规定、纪律约束等,决定着新闻传播媒介的根本制度和新闻传播的价值取向,影响着新闻业自身的行业规范、职业理念和运作方式"②。新闻的法律法规一般由国家的立法机关制订,对新闻传播业具有强制性,目的在于约束新闻报道,以免危害国家利益,特别是统治阶级的利益。在世界上,有些国家制订了新闻法,有些国家则没有专门的新闻法。我国目前也没有单独的新闻法,只有在宪法、刑法、民法、选举法、版权法等法律中制订了有关的新闻条款,作为新闻报道的规范,但层级较低的新闻法规则较多。同时,因为我国实行的是党管新闻媒体的体制,许多新闻报道的政治规范是通过一定的新闻政策和宣传纪律来表现和实施的,新闻传播者在新闻实践中也需要遵守各种新闻政策或宣传纪律的规定。

---

　　① 有关宣传价值的论述,本处参考了李良荣教授的观点,见李良荣:《新闻学概论》(第三版),复旦大学出版社,2009年版,第311－312页。

　　② 杨保军:《新闻理论教程》,中国人民大学出版社,2005年版,第125页。

选　文

简论新闻选择的四个层面

尤锡麟

导言——

本文刊载于《新闻实践》2000 年第 12 期。

作者尤锡麟(1948～　)，江苏无锡人。浙江工商大学校报编辑部主任编辑。

本文认为，新闻选择贯穿于新闻的采访、写作、编辑和受众有选择地接受信息的整个传播过程，记者在新闻采访过程中所进行的选择主要是获取有价值的新闻事实，新闻写作中的新闻选择主要是为了达到用事实说话的目的，编辑的新闻选择是为了提高新闻报道的质量，而受众对新闻信息的接收和理解也同样会根据自身的需求、新闻的质量和对传播者素质的判断进行自己的选择。

新闻传播过程作为一个系统，新闻选择贯穿于新闻的采访、写作、编辑和受众有选择地接受信息的整个传播过程中，它应由采访中的新闻选择、写作中的新闻选择、编辑中的新闻选择和新闻受众的新闻选择四个层面构成，并在各个层面上承担着不同任务。

一、采访中的新闻选择——获取新闻事实

新闻采访是记者通过一定的方式或手段获得新闻事实的一种活动。从这一定义出发，在采访中，确定新闻选择的任务就是获取或收集新闻事实。

新闻事实是从普遍事实中挑选出来的。客观世界中的事实无穷无尽，千变万化，新闻报道者不可能也不必要把这么庞杂的事实都去报道出来，他们必须经过选择，把那些有传播价值的事实与没有传播价值的事实区分开来。新闻报道者在采访过程中就是做把这两者区分开来的工作。这就是采访中的新闻选择。那么，什么叫新闻事实呢？有新闻理论学者"把具有传播价值的事实叫做新闻事实，而把那些对人类毫无意义、大量存在的生活琐事，称为普遍事实。"(刘建明，《宏观新闻学》，中国人民大学出版社，第 40 页)新闻事实与普遍事实的分野，使采访的目的更加明确。

新闻事实是一种有传播价值的事实，其含义大致有以下四点：一是事实本身具有一定的价值(如新闻价值等)。二是事实本身要客观真实，不能主观片面，更不能弄虚

作假。三是对某些新闻事实需要挖掘其思想、观点、看法、见解和思想境界等，以便保证新闻报道有新意、有深度。四是挑选的新闻事实要有鲜明的立场，赞成什么，反对什么，批评什么，褒扬什么，都要让受众看到或听到某一则新闻报道后就能明白报道者的意图。

二、写作中的新闻选择——达到用事实说话的要求

新闻报道用事实说话，就是让事实"自己开口"，报道者不要越俎代庖。只要事实选择得好，结构安排得好，能够寓理于事，就能收到好的传播效果。这已为众多好新闻所证实。新闻报道不仅要用事实说话而且要善于用事实说话。如果报道者把采访到的新闻事实随意抓来，胡乱地堆在一篇新闻稿件里，那新闻稿件必然庞杂、臃肿、不得要领。在新闻写作中，选择新闻事实的原则，要突出一个"精"字。一篇新闻稿件里的新闻事实不在于多，而在于精。魏巍同志在谈到他这样写通讯《谁是最可爱的人》的体会时举了这么一个例子：在朝鲜时，他曾写了一篇《自豪吧，祖国》的通讯，里面写了二十多个认为最生动的例子，带回来给同志们看了看，感到不好，就没有拿出来发表。因为例子太多，好像记账，哪一个也没说清楚，不充分。后来，他写《谁是最可爱的人》，就只选择了几个例子，写完后又删掉了两个。这篇通讯显然举例不多，但却成功了，成为脍炙人口的名篇。这个例子告诉我们，用事实说话并善于用事实说话，它的关键在质量上。选择最典型的事实，来说明本质的东西，给人的印象是清楚明白的，也会是最突出的。

新闻写作过程是一个由浅入深、由表及里的新闻选择过程。主题的提炼，导语的构思，主体的表现，谋篇布局等，都与新闻选择有着这样或那样的联系。可以说，没有精心的新闻选择，就不可能有上乘的新闻稿件；新闻选择得当与否，关系到新闻稿件能否达到言之有物、言之有理、言之有序的写作要求。

三、编辑中的新闻选择——决定报道的质量

新闻稿件对撰写者说是成品，对编辑者来说是原料或半成品，只有经过编辑者的编辑后，方能进入传播环节。应该说，编辑者对来稿的处理，是对稿件中的新闻事实作再一次的评价和再一次的选择，其目的之一就是为了决定新闻报道的质量。编辑中的新闻选择是一种把关。编辑者把关，就是要对一篇篇经过你手的稿件，能"掂"得出其分量。所谓"掂"，"即是分析综合的能力，要求编辑人员对稿件中的是与非、真与假、美与丑、优与劣等等一分为二，并根据利弊得失，作出正确的估量。"（叶春华，《新闻业务基础》）这种"掂"是编辑者应具备的基本功，否则好新闻（稿件）在你眼前，也会视若无睹，与它失之交臂。1981年9月，湖北《孝感报》的"杨小运以超售万斤粮为条件，要求国家奖售他一辆永久牌自行车"的报道，曾闻名全国，后来被评为全国好新闻。殊不知，这一报道的来稿当初曾被一位编辑"枪毙"过，幸被当时该报的总编

及时"抢救"出来。这篇消息见报后,在全地区、进而在全国引起了轰动。不久后《人民日报》一版头条位置刊发了《农民兄弟要"永久","永久"工人要尽责》的报道。由此可见,编辑中的新闻选择准确与否,对新闻报道质量的关系极大。一篇好新闻可以声誉满天下,为推动经济发展起到一定的促进作用。这是编辑中的新闻选择所期望的。

编辑中的新闻选择是一门艺术。那么,这种艺术性体现在哪里呢? 按理说,新闻稿件的质量是客观存在的,新闻选择的标准也是客观存在的,按此标准选择新闻(稿件)就是了。其实,有了新闻选择的标准,并不等于就能实现对新闻的准确选择。为什么有的"死稿"能变成"活稿"? 为什么有的能从"大路货"稿件中挖掘出重要新闻来呢? 其道理就在于新闻选择与编辑者的思想水平、学识水平和业务能力有关。笔者认为,在众多的稿件中发现、认识好稿,对这众多的稿件有个准确的判断,除把握新闻选择标准外,还要有是否善于"识材"和"选材"的问题。"识材",就是要做到能抓住看似不起眼的点滴,新闻信息中"顿悟"出大新闻的机遇。"选材"就是要做到不让一则好新闻从自己的手中流失,或处理不当而造成遗憾。新闻选择在编辑中的艺术性就体现在这里。

四、受众的新闻选择——新闻传播的认同

受众能新闻选择吗? 答案应该是肯定的。过去我们对新闻选择的理解,未能触及到受众对新闻的认同方面,这显然是不全面的。因为从新闻的服务性来说,新闻信息不同于一般的自然信息,它总是离不开满足服务于受众的某种基本需要,如果做不到这一点,新闻信息也就失去了它本来意义,失去了它的生命力。从新闻传播的有效性来说,受众是新闻传播效果的最终评价者,决定新闻选择的最终因素是受众能否认同,而且新闻传播的过程从整体上来说是双向的过程,受众的认同对传播者的新闻选择具有检验、校正作用。因此,探讨受众对新闻选择的认同,对于匡正传统观念的偏颇,全面阐释新闻选择问题,具有重要的现实意义。

那么,受众对传播者所选的新闻信息的认同受哪些因素制约呢?

1. 受众的认同取决于自身的需要。"何种新闻重要,何种新闻会受到受众的关注,都是由受众的需要和喜好决定的。"(胡钰,《大众传播效果问题与对策》)实践证明,同一内容的报道,不同的受众受自身的爱好、情趣和文化差异等因素,其关注的程度是不同的。比如,对新闻传媒报道的有关股市行情,炒股者对它十分关注,而不炒股者对它的关注程度就打折扣了,甚至有的持冷漠态度。在新闻传播过程中,如果传播者包括忽视了受众的各自特点,完全按照自己的标准来衡量传播价值,那么其传播效果就会出现偏差。

2. 新闻质量直接影响受众的认同。新闻报道的内容,如果贴近社会、贴近群众、贴近生活,体现出同受众同呼吸、共命运,那么它必定会受到受众的青睐,其传播效果也会是理想的。

3. 传播者的素质影响受众的认同。传播者的思想素质、业务素质的高低影响到新闻事实的选择，也影响到新闻报道的质量。质量高的新闻报道总是能赢得受众的；知名度高的记者、编辑所写的报道，总会受到受众更多的关注。因为受众把记者、编辑的知名度与其素质联系在一起。因此，提高传播者的素质，是促进受众对新闻传播认同的因素之一。

综上所述，笔者认为，新闻选择是贯穿于新闻传播的整个过程之中的，不仅存在于采写之中，而且存在于编辑过程中和受众的认同过程中。对于后者，过去我们未能触及到这是不全面的，应该引起我们的关注。对新闻选择的理解，应该从传播、接受两个方面来考虑，否则只能停留在采写层面上。

什么是新闻？（节选）

苏钥机

导言——

本文刊载于《传播研究与实践》（台湾华艺出版社出版）2011年第1卷第1期。

作者苏钥机，毕业于美国宾夕法尼亚大学，获传播学博士学位。现任香港中文大学新闻与传播学院教授，曾任该院院长、加拿大温哥华《明报》副总编辑等。其主要著作有 Global Media Spectacle：News war over Hong Kong、Press and politics in Hong Kong：Case Studies from 1967 to 1997、《变迁中的大陆、香港、台湾新闻人员》等。主要研究兴趣包括：香港报业、新闻社会学、引文分析等。

本文在回顾和讨论新闻的基本性质和特性、新闻的定义基础上，对成为新闻的条件和新闻应有的要素，新闻价值所涉及的新闻本质、事件因素、人际因素、哲学基础四个范畴等，都做了较为充分的分析。作者认为，从一些经典新闻文献可以看出，新闻是一种社会建构，其形式和内容取决于某些意识形态和社会因素。文章最后提出"目的抽样"的意念，来解释新闻的运作和特点。限于篇幅，文章选入本书时略去了文后所附的参考文献。

前　言

新闻每天都有，无处不在，只要有人的地方就有新闻。它可说是大家的精神粮食，就如空气和食物一样。新闻活动虽然普及，却不一定代表我们对它有深入的认识。新闻活动包罗万象，涉及不同层面及各种社会团体，要整体及全面地评析它因而颇为困难。

在社会变迁和科技发展的影响下,新闻业正处于改革求变的状态,我们对"什么是新闻"这个根本议题也需要回顾。但新闻的历史久远,范围广及层面多,学术文献也累积了不少,如何能在一篇文章之中作整理回顾? 本文以作者过往对新闻的研究课题和数据为依据,希望可以找出一些头绪。

……

成为新闻的条件

既然我们不易对新闻下个简洁的定义,不如从另一角度来看,一件事情要具备哪些条件,方能成为新闻。Galtung 和 Ruge(1981)列举了八个准则,认为如符合这些准则便有机会成为新闻:(一)时间频率:一件事发生的时间愈短,便愈容易成为新闻。(二)临界值:事件要有一定的规模才能令人注意,而且规模愈大,新闻价值愈高。(三)清晰度:事情的性质清楚无误,更易成为新闻。(四)有否意义:受众是否关心一件事情,要看它发生在哪里。本地事件一般比外地尤其是偏远国家的事来得有意义。(五)共鸣性:事件能和常理相符,令人产生共鸣,就较易成为新闻。(六)出乎意料:事件出现的机会率愈低,或可预测性愈低,其新闻价值愈高。(七)连续性:重大事件发展过程不断浮现,大众都关心事态的发展。(八)事件组成:一件事有否新闻价值,还要看当日的其他事件如何。

除了上述八个影响新闻价值的因素外,Galtung 和 Ruge(1981)又指出四项西方常见的观念,它们也足以界定何谓新闻。第一是内容是否和"精英国家"有关,即新闻是源于或有关美国、英国、法国、德国、中国、俄国、日本等强邦。第二是究竟新闻是否涉及"精英人物",例如美国总统、英女皇、盖茨等人的任何新情况或言论,都可能见报。第三是"个人化",即事件愈能以个人的故事或言论表达出来,便愈容易成为新闻。新闻要具体,把事件个人化令新闻更吸引易明。第四是负面报导。西谚有云:"没有新闻便是好新闻"。换言之,新闻通常不是有关好事,愈坏的事构成愈大的新闻。罪案、天灾、人祸、丑闻和战争,都是新闻的上佳素材。

新闻的要素

上述的新闻形成条件,较多从新闻机构的运作出发,而且不一定能涵盖各种新闻要素。除了 Galtung 和 Ruge(1981)提出上述的十二点外,其他学者也会各自列举新闻准则,例如 Golding 和 Elliott(1996)列出十一要点,Laakaniemi(1995)提出八个标准,Mencher(1994)指出七项,彭家发(1992)又综合了十个条件。他们提出的新闻要素,基本上大同小异,说明了新闻的组成可以归纳出一些共同特点。

Eberhard(1982)曾分析美国出版的十四本新闻写作教科书,看看它们如何界定新闻价值。在四十三个有关新闻价值的词语中,较多学者提及的有下列八个:(一)时间性：所有教科书都认为时间性是新闻的要素。新闻要新鲜、及时和反映现况。（二）距离：所谓距离可分为地理及情绪两种。我们对本地发生的事，一般都较外地的更关心，大家对邻居的兴趣，往往比中东地区的冲突来得大。情绪距离是指新闻主角与读者间有否共鸣。（三）显着性：事件中涉及的人物如果愈显要，就愈容易成为新闻。（四）人情趣味：一般人都喜欢知道有趣的事物，人情趣味就像新闻餐单的调味料。（五）冲突：举凡战争，示威、罢工、争执、罪案、绑票与骑劫，以至选举和比赛，都有若干程度的冲突元素，因此也容易成为新闻。（六）后果和影响：事情的可能影响愈大，其后果的严重性愈强，便更能令记者编辑垂注。（七）罕有和新奇：我们对罕见的事物都想知道，都是花边新闻的好素材。（八）性：上文曾说过，女人、金钱和坏事是"新闻三宝"。与女人有关的性话题从来都是增加报刊销路的灵药，不少大众化报章都有穿衣甚少的年轻美女艳照。这种以读者观众的"公众兴趣"（public's interest），渐渐盖过了以往新闻界强调的"公众利益"（public interest）。

新闻所提供的实际用处，近年逐渐受到重视。新闻愈和读者观众相关，他们可以从中获得有用信息，这些新闻便愈有价值。如近年的医疗健康、家居安全、投资理财、天气预告等版面，都占颇多篇幅。电台新闻报导很着重交通消息和股市行情，都是与市民息息相关的实用信息。新闻变得市场化，直接为受众提供服务，不光是令他们知悉事件，还要即看即用，似乎这样才能肯定其价值。此外，现时不同的新闻被视作专门吸引某些受众而非有意给所有人都看，如体育新闻、娱乐新闻、财经新闻甚至副刊的地位有上升趋势，传统的国际新闻的相对重要性大不如前。

受众对新闻的要求固然重要，但有时新闻价值也受到编辑的主观意愿所影响。编辑在衡量取舍新闻时，一般会考虑三个因素。第一是某新闻是否是自己的独家报导，其他竞争对手没有的话，就会把它放到更显要的位置。第二是该新闻是否有社会功能。举凡能够告知公众、作历史见证纪录、预警、揭露真相等新闻，都有大做的价值。第三是有没有教育性，此类新闻不一定要很煽情，但如它代表了社会的进步，能够振奋人心，就较能得到编辑的青睐。

与此相关的是前线记者的新闻偏好。记者在追踪新闻时，会考虑此事会否吸引到读者观众的注意，否则花了气力仍会遭编辑无情地弃用。其次是新闻数据是否容易获取，在时间紧逼和资源有限的情况，是否"顺手"和省力变得很重要。第三是事故能否配合新闻的制作流程，如事件在午夜之后发生，报纸已经截稿，除非是特大新闻，否则也只能割爱。

Larsen（1991）曾选取了时间性、距离、重要性和趣味性四项因素，对一则新闻的价值作数量化统计。他首先决定对某新闻机构而言这四个要素的比重，例如该机构特别注意趣味性而较不强调距离等。之后，就某则新闻我们对它在这四个方面评分，然后再考虑每个方面在读者眼中的相关性，从而得出相应的分数。把这些分数加起来，便是该新闻的"总价值"。

"偏差"就是新闻

对新闻性质的论述很多，近年较有新意的是 Shoemaker（1996）提出的"偏差"（deviance）理论。她引进生物及文化进化观点来解释新闻的角色，指出它特别关心异常、脱轨和变异的事物。Shoemaker 首先从新闻的"监听"（surveillance）功能出发，指出不论是动物还是人类社群，都有成员专职监察四周环境，防止敌人入侵或意外发生，令整体社群的安全得到保障。即是说，从生物进化角度看，人类需要监察环境，所用的成员便是编辑和记者，他们所发布的新闻是市民了解社会的必需品。

在监察环境时，不管是动物或是人类，对正常或好消息的关注，往往不及对坏消息那么重视，因为前者的监察意义不大，后者才能发挥功用。因此读者观众喜欢知道坏消息，因为坏消息对他们有警惕作用。Shoemaker 更强调，这种对坏消息的偏好，甚至源于遗传进化，因为了解偏差情况可以促进个体的安全和有利于繁殖后代，因而这种偏好经由遗传因子代代相传，成为动物的天性。雀鸟清早醒来便引吭高歌，并非光为舒展歌喉，而是要宣示自己占有身处的"地盘"，并提醒同伴可能有潜在的危险。它们的歌声是一种示警行为，其作用与清晨大家看报纸听电台相类似。

从文化的进化而言，家长教导小孩在上学时要小心过马路，不要和陌生人谈话，要远离坏人和毒品，其实是要小孩留心环境中的不良因素，让他们学习及内化这些价值，从而更能在环境中起保护自己的作用。所以说：不论是基于生理需要还是文化塑造，人类要注意环境，把偏差的事物分辨出来，并以新闻的方式展现互诉。

Shoemaker（1996）提出，新闻价值能从四个方面看：（一）罕有的偏差，可称之为统计学上的偏差（statistical deviance）。（二）显着性（prominence），即规范上的偏差（normative deviance），后者指行为违反了社会的规范或产生负面作用。（三）煽情行为，可以是规范偏差或是病理偏差（pathological deviance），后者属一种威胁社会秩序的"病变"，例如革命党、邪教或有暴力倾向的精神病人。（四）冲突和争议，属于规范偏差。

坏消息除了能够帮助人类监察环境之外，它们一般较为有趣，容易挑起大众的情绪，能引发具体的影像，而且出人意表，因而更易为大众受落。可以说正面消息与负面消息存在根本的不平衡状态，所谓"好事不出门"但"丑事传千里"，大家都想知道别人和社会上的负面新闻。Shoemaker 这个对新闻的生物文化进化观，其论据有相当说服力，能够以单一因素来解释颇为复杂的社会现象。

Shoemaker 及后开展了一项全球的研究计划，试图在不同国家用实证数据来研究新闻价值，并验证她的新闻偏差理论（Shoemaker & Cohen，2006）。完成研究后，她修正了其理论，指出"新闻"和"新闻价值"是两个不同的概念，恰好回应并反驳了之前"新闻就是媒体所刊登/播出的东西"的说法。换言之，刊登或播出了的新闻的价值不一定高，而记者或市民认为有新闻价值的事不一定会成为新闻。这是个有趣而重要的发现,在本文的最后部分将有进一步的探讨。

新闻定义有否改变?

时移世易,对新闻的看法可能会有不同,特别是近年传播科技发达,新闻的速度、内容、形式和渠道都有更新。笔者使用英文 Google 网站搜寻,以"definition of news"作关键词,找到二十多个网址。进入这些网址后,再统计收集它们对新闻定义列出的元素,看看和以前的一些说法有否差异。如表一所示,我们发现大部分的定义都提及"报告"和"信息",说明了新闻在物质上是一个报告,在内容上存有信息。

表1　网上新闻元素的一些定义

新闻定义来源	报告	资讯	资讯性质				资讯载体					
			新近	不寻常	有趣	影响/重要	报纸	杂志	电台	电视	广播	互联网
来自字典的定义:												
American Heritage Dictionary	✔	✔	✔				✔	✔	✔	✔	✔	
Dictionary of Canadian English	✔	✔	✔				✔		✔	✔		
Dictionary. cambridge. org	✔	✔	✔						✔	✔		
Dictionary. com	✔	✔	✔				✔		✔	✔	✔	
Dictionary. die. net	✔	✔	✔		✔		✔	✔				
Global Modern Dictionary	✔	✔	✔				✔		✔			
Macmillandictionary. com	✔	✔	✔				✔		✔	✔		
Merriam – Webster Dictionary	✔	✔	✔			✔	✔	✔			✔	
Oxford Shorter Dictionary	✔	✔	✔				✔					
Oxforddictionaries. com		✔	✔		✔						✔	
Random House Dictionary	✔		✔				✔		✔	✔		
www. hyperdictionary. com	✔	✔	✔		✔		✔	✔				
www. ldoceonline. com	✔	✔	✔				✔		✔	✔		
www. thefreedictionary. com	✔						✔					
Yourdictionary. com	✔	✔	✔				✔		✔	✔	✔	
来自其他网址的定义:												
Brainyquote. com	✔	✔	✔	✔			✔					

新闻定义来源	报告	资讯	资讯性质				资讯载体					
			新近	不寻常	有趣	影响/重要	报纸	杂志	电台	电视	广播	互联网
Encarta. msn. com		✓	✓		✓	✓	✓		✓	✓	✓	
Hubpages. com	✓		✓	✓	✓							
Publicrelationsblogger. com	✓								✓	✓		✓
Wikipedia	✓	✓	✓				✓	✓			✓	✓
www. wordiq. com	✓		✓				✓		✓	✓		✓
Zhidao. baidu. com	✓	✓	✓				✓	✓	✓	✓	✓	
总数（N = 22）	20	17	20	2	5	2	18	6	13	12	8	3

新闻的信息性质和信息载体这两方面,究竟有否改变? 表一显示,信息性质的首要考虑是"新近",差不多所有的定义都有提及。其次是"有趣",再下来是"不寻常"和"影响/重要",但这些性质被提及的次数远低于"新近"。

在信息载体方面,报纸仍然占有主导地位,原因是它的传统久远,但现时报纸同时设立新闻网站,有些报纸并且和电子媒体汇流经营运作。电台和电视在定义中出现的比例较低,还是占重要位置。杂志作为新闻载体的地位则明显较弱,但仍被一些定义提及。而互联网这个新兴载体,只出现在三个定义之中,而且都是来自网址的定义而非字典的定义。这反映新闻利用互联网作为载体仍是新的事物,使用者多限于年轻及中产人士,暂时未算十分普及。在字典的定义中,明显存在时间差距,字典的更新速度较慢,未能把互联网新闻列在其定义中。相反,网址的信息就更能配合时代。事实上,互联网新闻的母体多来自传统的报纸和广播,之间有汇流趋势,这一点还未被广泛提及。

总括而言,新闻的定义在一般人的理解中比较表面,还是强调新近的信息和传统的载体。可以说,作为一般的定义没有太大问题,但就不够深入,未有反映现代新闻的基本特质和时代变化。

新闻价值面面观

上面的回顾谈到一般人对新闻的理解、一些学者对意见的整理,以及最近网上的一些有关新闻定义的资料。下面将对新闻价值观的一些研究作介绍和分析，并述说以前笔者和同事做的一项华人新闻工作者研究的相关结果。

新闻价值观（news worthiness）涉及很多新闻的核心理念。除了最基本的"什么是新闻"外，还有新闻编采过程中的不同影响因素，其中包括新闻机构内部的组织结构、人际关系、与其他机构的合作与竞争、受众的影响等。探讨新闻价值观时，也可能触及一些知识论方面的哲学理念。

在有关新闻价值观的研究中，讨论最多的是新闻的特质及它们的重要性。Weaver 及 Wilhoit（1986，1996）在两次大型调查中，比较了美国新闻人员对各项新闻价值重要性的排名，得出下列结果。在一九八二年进行的调查显示，最重要的新闻价值依次排列是：距离、影响、冲突、不寻常、时间性、显著性。在一九九二年进行的调查，排名位置变为：影响、冲突、时间性、距离、不寻常、显著性。

有一些研究具体论述各种影响新闻的因素。Weaver 及 Wilhoit（1986）在一九八二年的调查中询问美国新闻人员何谓有新闻价值，他们发现以下项目对新闻价值有重要的影响：新闻训练、主管、消息来源、同事、受众调查、本地的传媒竞争者、全国性的新闻机构、通讯社、朋友。他们用因子分析方法来整理上列各项，发现有三组因素。第一组因子是"传媒员工"，第二组因子是"外间传媒"，第三组是"受众/消息来源"。综合而言，新闻价值取向很受组织环境影响，特别是员工关系和专业训练。而年龄、性别、收入等人口因素对新闻定义的影响甚微。在一九九一年进行的香港新闻人员调查中（Chan，Lee，& Lee，1996），受访者表示有不同的因素影响他们对新闻的判断。认为很有影响及有些影响的因素包括：事件的社会重要性、新闻来源、专业训练、主管、读者受众、竞争对手、同事。

我们在一九九〇年代中期进行了一项大型的华人新闻工作者问卷调查，在大陆、香港和台湾共收回三千零一十四份问卷，其中包括的议题很多，结果集结成《变迁中的大陆、香港、台湾新闻人员》一书发表（罗文辉等，2004）。本文引用了该书有关新闻价值观与工作自主性一章的部分内容，以揭示华人新闻工作者对新闻的一些基本看法。

在调查问卷中，我们有三十六条问题和新闻价值观有关，它们包括了不同方面的特质，并且属于四个不同的范畴：（一）对新闻本质的看法，（二）影响新闻价值的事件因素，（三）影响新闻价值的人际因素，（四）新闻哲学基础观点。我们利用因子分析方法，对这四个范畴的问题项目作出简化和归类，从而寻找在每个范畴中的因子组成因素。我们最终在四个范畴共找到十个新闻因素，其中包括了三十五个细项。详细结果可参见表 2。

表2　新闻价值中不同项目的分类和结构（四个范畴、十个因素、三十五个细项）

Ⅰ. 新闻本质	细项	Ⅱ. 事件因素	细项
1. **核心新闻原则**	—报导要客观（2） —保持事实确（1） —保持公正（3） —抢时效（4）	1. **社会相关性强度**	—对腐败问题的揭露程度（5） —事件或题目的影响范围（3） —与人民生活的相关性（1） —题材的趣味性（8） —事件主角的社会地位或影响（7）
2. **主要素质标准**	—写得引人入胜（8） —报导有新意（6） —得到独家报导（7） —挖掘更深入（5）	2. **新闻性强度**	—是否为本机构的独家报导（6） —事件的时效性（2） —是否提供了新的讯息（4）
3. **次要素质标准**	—报导要平衡（10） —报导要全面（9）		
Ⅲ. 人际因素	细项	Ⅳ. 哲学基础	细项
1. **新闻同业的影响**	—你的同事同业（7） —其他传媒对类似题材的处理（6） —你的朋友（8）	1. **客观观点**	—真实的报导等于公正的报导（7） —只有全面的报导才会公正（4） —新闻报导应是客观世界的反应（1） —遇到有争议的题材时记者只需在报导中保持各方的平衡（6） —遇到有争议的题材时记者必须在澄清孰是孰非后再作报导（3）
2. **新闻业外的影响**	—受众调查（3） —受众的反应（2） —新闻专业训练或经验（1） —消息来源（5）	2. **建构观点**	—新闻不可能真实地反映现实（8） —在新闻中事实与观点密不可分（2） —真实的报导不一定公正而公正的报导不一定真实（5）
3. **主管的影响**	—上级或主管部的态度或意见（4） —官方传媒机构的报导或评论（9）		

注：各细项后括号内的数字，显示了该细项在所属范畴中的重要性排名。

在"新闻本质"的范畴中，分析结果显示有三个新闻因素：（一）"核心新闻原则"：细项则包括报导要客观、保持事实准确、保持公正、抢时效。（二）"主要素质标准"：包括写得引人入胜、报导有新意、得到独家报导、挖掘更深入。（三）"次要素质标准"：包括报导要平衡、报导要全面。

在"事件因素"的范畴中，我们找到两个新闻因素：（一）"社会相关性强度"：细项则包括对腐败问题的揭露程度、事件或题目的影响范围、与人民生活的相关性、题材的趣味性、事件主角的社会地位或影响。（二）"新闻性强度"：包括是否为本机构的独家报导、事件的时效性、是否提供了新的讯息。

在"人际因素"的范畴中，原来有三个新闻因素：（一）"新闻同业的影响"：细项则包括你的同事同业、其他传媒对类似题材的处理、你的朋友。（二）"新闻业外的影响"：包括受众调查、受众的反应、新闻专业训练或经验、消息来源。（三）"主管的影响"：包括上级或主管部的态度或意见、官方传媒机构的报导或评论。

在"哲学基础"的范畴中，可以有两个新闻因素：（一）"客观观点"：细项则包括真实的报导等于公正的报导、只有全面的报导才会公正、新闻报导应是客观世界的反应、遇到有争议的题材时记者只需在报导中保持各方的平衡、遇到有争议的题材时记者必须在澄清孰是孰非后再作报导。（二）"建构观点"：包括新闻不可能真实地反映现实、在新闻中事实与观点密不可分、真实的报导不一定公正而公正的报导不一定真实。

在每个范畴中，个别细项的重要性排名可见于表二，而它们在新闻因素中的位置和范畴中的排名不同。十个新闻因素代表了位于范畴和细项之间的中层结构。在这一层结构的十个概念中，它们的关系就如图1所示。我们发现，原来这十个新闻因素在更高的层次可以归纳为两个大类，一类是"新闻的基本核心原则价值"，如客观、公正、准确、时效。第二大类是"新闻内容的社会相关价值"，这是有关报导的技术水平（如角度、深入程度、文字技巧），和涉及的社会对象（事件影响、主角的地位、受众和新闻来源等）。"新闻的基本核心原则价值"是较抽空的特性，而"新闻内容的社会相关价值"是指其较具体的内容和手法。

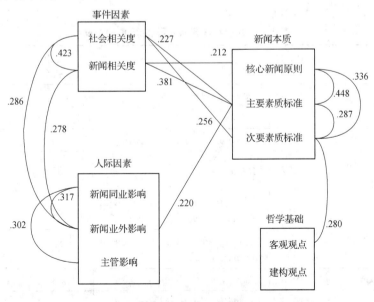

图1　十个新闻因素的相关系数

经典新闻文献的启示

近年有关新闻的研究很多,它们对不同社会的个别现象都有关注。如果能对它们作综合的分析整理,应可在更高层面上找到一些有用经验。笔者最近并未开展这种探索,但以前就曾作相关尝试。当时我的提问包括:在新闻文献当中有哪些是较为重要的？它们论及新闻的哪些方面？提出了什么概念和总结？我在一九八零年代进行博士论文研究,题目是勘测传播学的学术版图,并评估它的学科发展地位(So, 1995)。我在一九八五至八七年间,收集了一千三百一十九篇在国际传播学会(ICA)年会发表的论文,分析它们的题目、内容及引文。在"大众传播"这个类别中,共有一百九十八篇论文,它们引文中出现很多作者,而他们被引用的著作是和新闻有关的依次是:Elihu Katz、Maxwell McCombs、Wilbur Schramm、Mark Levy、Philip Palmgreen、David Weaver、Gaye Tuchman、Herbert Gans、Todd Gitlin。

在"大众传播"这个类别被引用的书籍和论文中,和新闻有关的文献不少,其中较多被引用的列于表3,包括四本书籍和四篇论文。笔者又发现在"大众传播"领域中有五个研究群体,它们的研究题目分别是"使用与满足"、"电视暴力和涵化分析"、"新闻的社会建构"、"选择性收看电视"和"电视的关注与理解"。而在"新闻的社会建构"这个群体中,共有六份文献,它们之间的引用情况可见于图2。图中显示 Breed 和McCombs/Shaw 的文章都发表于较早的年份,Schudson 的书被其他作者引用但他没有引用其他相关作者,Tuchman 和 Gans 的引文情况就"有来有往",而 Gitlin 只引用别人而未被他人回引。

表3 一九七零年代较重要的新闻学文献

作者	出版年份	文章/书名	大众传播排名	大众传播引用次数
H. J. Gans	1979	*Deciding what's news*	1	14
G. Tuchman	1978	*Making news*	3	11
T. Gitlin	1980	*The whole world is watching*	16	7
E. Katz, H. Andoni, & P. Parness	1977	"Remembering the news"	33	5
M. Levy	1978	"The audience experience with television news"	33	5
M. E. McCombs & D. L. Shaw	1972	"The agenda-setting function of the mass media"	33	5
M. Schudson	1978	*Discovering the news*	33	5
W. Breed	1955	"Social control in the newsroom"	63	4

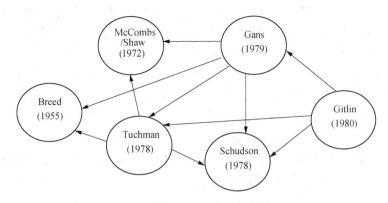

图2 一九七零年代重要新闻文献的引文关系图

究竟这八份有关新闻的主要文献谈及什么？在四篇期刊论文中，Breed（1955）的年份最早，它谈及新闻编辑室中的社会控制过程，指出组织力量是在不知不觉中发挥作用，塑造了新闻工作文化环境。McCombs/Shaw（1972）的经典文章是有关大众传媒的议题设定功能，其贡献在带出新闻对社会有无形但重大的影响。Levy（1978）的文章涉及电视新闻观众的收视习惯，探讨了"使用与满足"理论。Katz等（1977）的文章比较不同新闻渠道的效果，发现同时看过及听过新闻的人，其新闻记忆会强于只是听过新闻的人。

四本书的内容及篇幅自然比上述四篇文章为多，它们都是在七十年代末出版的，代表了当时新闻研究的主要成果。Tuchman（1978）的书沿袭了社会学的研究传统，承继了上一代对新闻有研究兴趣的学者如Fishman（1980）、Johnstone，Slawski &Bowman（1976）、Roshco（1975）、Sigal（1973）等。Tuchman在书中提出一些发人深省的概念如"新闻网"（news net）、"类型化"（typification）、"事实"（facticity），又把客观（objectivity）形容为"策略性仪式"（strategic ritual），将新闻的性质演绎得淋漓尽致（Tuchman，1972）。她从知识社会学和职业社会学角度出发，认为新闻只是一种建构的现实，其意识形态和运作过程令新闻成为社会建制不断延续的一种手段。

Schudson（1978）的书旨在分析美国报纸的社会史。他从早期的"便士报业"开始，论到新闻成为一种职业，并指出新闻采取信息及娱乐的两条路线。他对客观作为一种意识形态的论述，涉及何谓事实、市场力量和政府的影响。Gans（1979）的书提出美国社会的八种"恒久价值"，并分析记者日常工作所面对来自组织、市场、消息来源、自我审查等压力。他也有讨论客观作为一种价值和意识形态，并提出"多角度新闻观"作为追求愿景。Gitlin（1980）一书的内容主要是透过一九六零年代的美国学生反战运动，揭示新闻界如何介入这场社会论争，控制公共文化空间。传媒在过程中推动这场运动，令一些新左学生领袖得以冒起，后来又大大影响了运动的发展方向，因此新闻报导成为一种意识形态的霸权（hegemony）。

从上面这些重要新闻文献，我们可以总结出什么经验？当然在微观的层面和内容上它们有相当差异，但在宏观主题上却有若干连贯性，都是把新闻看作一种建构，认为它所呈现的不是"真正"的现实。Gitlin 谈到新闻的意识形态霸权，Gans、Tuchman、Schudson 都对客观的意义和影响有颇多论述。Schudson、Gans、Tuchman、Breed 又从组织的层面分析记者的工作环境和压力。McCombs/Shaw、Levy、Katz 等的文章重点则在于分析新闻对社会和受众的功能和影响。以上这些论题可说是常青的，到现在仍属于主流的论述。它们提醒我们在了解新闻的本质和特性时，不能不留意新闻的主观性，同时要了解新闻生产过程中的人、组织和社会等约制因素，否则我们可能只见木不见林。

结语：新闻作为"目的抽样"

新闻的性质飘忽不定，硬要抓住它就如捉泥鳅一样，花了很多气力却未实在地把握得好。新闻是复杂的社会现象，我们虽然未必能给它下一个令所有人都满意的定义，但对它的一些特点就很了解，例如 Eberhard (1982)综合的八项就为多数学者和新闻工作者认同。尽管大家对新闻价值各项目的具体排名未有定论，但大致的范畴和位置已有共识。一些经典新闻文献提到的学术观点、意识形态和社会组织等因素，也加强了我们对新闻本质和运作的认识。

近年新科技不断涌现，特别是互联网的普及，令新闻机构改变了经营运作的模式，它们要面对更多的竞争者和开发不同的新闻平台。记者编辑的具体新闻工作方式有变，读者观众的使用习惯和期望也和以前不同（Boczkowski, 2004；Fenton, 2010；Lee & So, 2001)。网上媒体的实时性、跨地域性、参与性、互动性等特征，甚至可能改变了新闻的本质、形式和内容。本文限于篇幅，未能探讨这些新发展对新闻性质的影响，但它们肯定是新闻研究的热门课题。

上面谈及前人对新闻本质及特征的很多看法，令我们对新闻有了进一步的了解。在这些基础上，本文提出一个意念：新闻是一种有目的性的抽样（purposive sampling)行为，因应这种行为衍生出其特性及影响。

抽样是统计和研究方法的概念。有关抽样的种类，可大致分为随机抽样和非随机抽样，前者希望令样本有"代表性"，可以从样本中推论到整体人口情况，并可以计算样本出现的或然率。非随机抽样可分为"偶然抽样"、"限额抽样"和"目的抽样"三种（Babbie, 2010)。"目的抽样"就是按照某个预定的目的或意图来进行抽样，希望用一些"典型"事例来代表或反映一般的情况。

尤其是研究者在时间紧迫或资源不足时，未能较全面地接触很多人口样本，于是"目的抽样"便是一个可取的做法。负责抽样的人按照自己的经验或对有关事物的认识，选取一些特殊案例，在研究这些不寻常的样本之余，透过对比又可间接对"正常"的大多数有些了解。例如要研究一所学校，我们可以先着眼它的校长、特别优秀的老师和学生、以往取得什么重大荣誉等事,作为"目的抽样"的对象。

　　一些事情是由某些人(如政府、公关、艺人)有目的地推出(Molotch & Lester, 1974),而记者在采访过程中,也运用了目的抽样的原理,但他们抽取的却不是有代表性的典型事例,而是 Shoemaker (1996)所谓的偏差事件。或者说,记者关心的不是要有代表性,要选的是"非典型中的典型事件"。上面提到新闻的要素如重要性,可以看做是"质报"所采用的抽样准则,而另一个要素有趣或娱乐性,就是"量报"采取的依据。

　　社会每天发生很多的事情,按照偏差、重要、有趣等准则排开,记者对缺乏这些元素的事不会跟进,只着眼于极少数的个案事例。Tuchman (1978)说新闻机构日常打开一张"新闻网",要抓名人大事,其实使用这个网的准则也一样。统计学中有所谓"常态分布",说明在众多事例中,大部分的特性都颇为相似,聚集在分布的中间位置。只有少数不寻常的事例分散在两个极端,一端的性质可以是很好而另一端是很坏的。记者就专门挑选很坏的事物来做报导,偶尔会讲讲另一端极少数的好人好事,但目的抽样的原则仍是偏差、奇情、重要、有趣、罕有、独家、省力、获同行认同(Zelizer, 1993)等。

　　更关键的是,新传播科技颠覆了记者和受众之间的关系。以前的新闻,是由记者作为守门人凭其专业判断而搜寻得来。现在记者利用互联网等工具,可以更快更易找到更多讯息,因而其实际抽样的比例更低,选择要更严格。消息充斥社会,新闻的质素参差,守门人的角色理应更重要。但现实情况是记者的角色减弱,开始由守门人(gatekeeper)变成"门口的旁观者"(gatewatcher)(Bruns, 2005),甚至是信息导游/经纪(李与苏,2000),其新闻决定权和权威性大减,渐变为只提供推介和协调服务。

　　新闻读者、观众的选择原则也和记者有共通之处。他们面对报刊、电台、电视、网站送上的新闻,也会作进一步的拣选,因为他们时间和注意力有限。他们要用目的抽样方法,来选择自己喜爱的版面和内容。如果发现这些新闻没有趣味,和自己没有关系,或是所得信息没有用处,他们便会停止阅读或收听收看。尤其在现今的互联网传播环境,市民太容易从网上实时获得大量免费的新闻和信息,他们掌握更大的选择权和判断权。因为时间是高昂的机会成本,所以他们浏览信息的目的性更明确,所选取的信息样本和整体信息量的比例更低。

　　网络环境某程度上改变了新闻的意义,例如现时的新闻不一定来自传统的新闻机构,不受时间和空间的限制,不一定是由新闻机构单向流到受众,而且市民可以变身成为"公民记者"(Allan & Thorsen, 2009; Gillmor, 2004; Glaser, 2010)。受众现在不单可以和新闻机构作双向互动,提供新闻线报和表达意见,甚至可成为独立的消息发放者,透过 Facebook、blog、twitter 等平台随意发表和传递文字影音信息。这些"阅写人"变作成千上万的草根"自主媒体",和传统的新闻媒介共享信息言论平台,甚至有时是后者的间接竞争者和监察者(苏与李,2007)。

值得注意的是，市民成为"公民记者"或"业余放料人"之后，他们也可能要借助于目的抽样，保证发放消息达一定的质素和要求，以吸引其他受众。以前目的抽样的主要作用，是解决面临大量消息时，要能够选取合适的少数。现时目的抽样的另一项功能，是要帮助提高选取新闻消息的质量。于是目的抽样的功能更多，角色更重，它对我们了解新闻运作过程更有帮助。

这些透过目的抽样的新闻采访及消费行为，有什么值得注意的后果？透过目的抽样，新闻变成日常生活的"精华"，它强调了生活的极少数片段，忽略了一般的主体。而且新闻变得主观，其代表性也成疑问，新闻报导很多都是"激化"了（hyped）的刻板框框现象（stereotypes）。于是我们要问：新闻是否能代表现实？受众应抱怎样的态度来阅读新闻？

回到 Korzybski（1958）"地图不是疆域"的论述，同样道理，"新闻"也不是"事件"本身。新闻虽然非虚构，但它并不是现实，甚至不完全能代表所描述的事件。因此"媒介世界"和"真实世界"是不同的，大家要能区分，并知道这个区分的重要意义。每个新闻机构提供的报导，本身也是个抽样的样本，它们对受众提供不同"地图版本"的"现实"。我们没有一个终极的"新闻地图版本"，也不容易有一个"地图的地图"去告诉我们应如何选取新闻机构。

接下来要做的是向受众提供足够的新闻通识信息，加强他们的媒体素养，令他们在接收和发放信息两方面都有一定的认知、警觉和操守。对新闻从业员来说，专业的训练、新闻道德操守的培养、新闻的重要性和不足之处、新科技带来的方便和危机等项目，都变成必要的学习课题。专业主义是防止记者越权犯错的防火墙，传媒公信力则是新闻机构的一项表现指标。

所以说，回到新闻特性的基本命题，原来偏差和抽样是其中重要基础部分。一般人常把"新闻价值"和"新闻"等同起来，Shoemaker 却发现它们是两个不同的概念，之间的差别或许可以用本文提出的目的抽样来解释。偏差带来新闻价值，而记者依据新闻价值作为日常采访的抽样标准，得出来的结果便是我们看到的新闻。前者是一些抽样标准，后者是具体产品，过程受到很多人、组织和意识形态的影响，"新闻价值"不同于"新闻"其实是很正常的。

就算是新闻工作者之间也有不同的新闻价值观，他们各有自己的目的，想抽取的事物样本有别，所以写出来的新闻也不尽相同。就如"质报"与"量报"的新闻价值观/抽样和实际新闻产品都不一样，大家对何谓偏差、有否新闻价值、是否应取样都有不同理解，因此不同性质的报纸所刊登的新闻，就更百花齐放。

同样道理，新闻工作者和受众会有不同的新闻观，采用的新闻抽样标准自然不同，双方可能有自己的喜好和选择，结果便产生"新闻价值"与"新闻"脱钩的现象。不要忘记，新闻受众的人口更多，他们没有新闻训练和经验，新闻价值观的差异更大，对新闻产品的期望一定很不同，于是令"新闻价值"与"新闻"的鸿沟更阔。如果要勉强令这两个概念变得一致,新闻工作者之间、受众之间以及新闻工作者与受众之间的新闻价值观要统一,目的抽样要相同,方能有一样的新闻产品。但社会科学的训练教我们崇尚自由多元,"价值合一、新闻一律"不是我们愿意见到的情况,在现代社会更是不可能。而且在新科技环境下,新闻数量规模愈来愈大,新闻来源愈来愈多,但信息质量却很参差,"新闻价值"与"新闻"的差异只会更大,目的抽样的角色也更重要,值得大家多些关注。

记者新闻选择与价值判断中的认知心理分析

方建移

导言——

本文刊载于《国际新闻界》2010 年第 11 期。

作者方建移(1967～　),浙江杭州人,毕业于华东师范大学,获教育学博士学位。现任浙江传媒学院新闻与传播学院教授。出版《大众传媒心理学》。研究方向:传播心理学。

本文认为,新闻记者的职责就是为受众提供事实的报道,而新闻采访中情境的不确定性和时间的局限性,决定了新闻实践中"绝对真实"的不可能性。作者从认知心理学角度,分析了影响记者新闻选择和价值判断基本过程的认知结构以及认知偏差的主要表现,试图改变人们对新闻决策过程的理解,以最大限度地避免新闻失实。

新闻记者的主要工作是进行感知、得出结论和做出判断,从而帮助受众了解现实、评估现实以及从中推断出事物的发展和关系。

新闻记者的价值判断和新闻选择是一个高度复杂的现象。笔者在另一篇文章中主要探讨了影响记者新闻选择和价值判断基本过程的人际因素,本文则侧重从认知心理学的角度分析新闻决策过程,以期更好地认识认知偏差,避免新闻失实。

新闻选择与价值判断是一个信息加工的过程

在新闻采写中,记者需要根据一系列标准和自身经验对事件新闻价值的大小作出判断和选择,这实际上就是一种决策过程。而决策是一个持续的对信息的搜索、判断和评价过程(庄锦英,2006)[①],也就是说新闻选择与价值判断是一个信息加工的

---

① 庄锦英:《影响情绪一致性效应的因素》,《心理科学》,2006 年第 5 期。

过程。

信息加工心理学认为,人的认知过程是一个主动寻找信息、接收信息,进行信息编码并在一定的信息结构中进行加工的过程。信息加工心理学强调认知中的结构优势效应,即原有的认知结构对当前认知活动的影响。当人进行知觉活动时,作为外部世界内化了的有关知识单元或心理结构的图式被激活,使人产生内部知觉期望,以指导感觉器官有目的地搜寻和接收外部环境输入的特殊信息。也就是说,只是在环境信息与个体所具有的图式有关或适合进入这种图式的意义上讲,环境信息才是有意义的。

美国著名的认知派教育心理学家奥苏伯尔(D. P. Ausubel)曾在其《教育心理学:一种认知观(Educational Psychology:a cognitive view)》(1978年)一书的扉页上写道:"假如让我把全部教育心理学仅仅归结为一条原理的话,那么,我将一言以蔽之曰:影响学习的唯一最重要的因素,就是学习者已经知道了什么。"[1]他提出的有意义言语学习理论认为,有意义学习与机械学习在学习条件和心理机制有着本质上的不同,机械学习的心理机制是联想,其产生的条件是刺激和反应接近、重复和强化等。有意义学习的心理机制是同化,有意义学习过程即是新旧知识相互联系、相互作用的过程(同化的过程)。通过同化,新知识被纳入到学习者的认知结构中去,获得了心理意义,从而丰富了原有的认知结构;而原有的认知结构经过吸收新知识,自身也得到了改造和重新组织。记者的新闻选择和价值判断也可以认为是一种广义的有意义学习形式,作为一种决策过程,也需要提取记忆中储存的知识经验对环境信息作出判断。

谈到新闻选择和价值判断,人们往往会提到"新闻敏感"或"新闻直觉",很多新闻从业人员和传播学者对此进行了诸多研究。如虞达文教授认为,直觉与新闻敏感的发生,归根结蒂是以显意识和潜意识相互作用的理论为依据,是储存于大脑中原有信息和某一新信息突然沟通后产生的那种瞬间顿悟(2001)[2]。新闻敏感是衡量新闻工作者是否优秀的重要标志,新闻直觉则是记者新闻敏感的具体体现形式,是记者揭示新闻事件中所藏寓的新闻价值的一种新闻能力。新闻敏感并不是"只能意会不可言传"的神秘能力,而是建立在感知基础上的更高层次的心理活动,是基于认知结构的快速价值判断能力。

认知心理学认为,直觉的产生是以图式为基础的。"图式"概念的最早提出者德国心理学家巴特莱特认为,图式是一个人用于同化新信息和引起信息回忆的现有知识。直觉作为新闻敏感的开始和表象,和新闻敏感一样,不能凭空而来,必须以记者

① Ausubel, D. P., Novak, J. D., & Hanesian, H., *Educational Psychology: A Cognitive View* (2nd ed.), New York, Holt, Rinehart & Winston, 1978.

② 虞达文:《新闻心理学》,新华出版社,2001年。

丰富的"图式"储备为基础,只有记者的经验积累、认知能力提高到一定程度,外部刺激才能与记者内在心理图式产生同构并在一瞬间撞击思维。

传播学者施拉姆在阐释传播过程时曾说:"所有参与者都带有一个装得满满的生活空间——固定的和储存起来的经验——进入这种传播关系,人们根据这些经验来解释他所得到的信号和决定怎样来回答这些信号。"这里施拉姆所说的"生活空间"就是受众的认知结构。记者的新闻选择和价值判断与其认知结构的广度(容量)和深度(质量)直接相关。

新闻记者往往是在毫无准备的情况下,要赶到突发事件现场采写新闻。而且,新闻是"易碎品",对时间的要求很高,记者必须在很短的时间内完成采访、写作、发稿的全过程。此外,新闻还是一种类似"快餐"的社会信息产品,在社会中传播的时间短,并不断被生产出来的新的新闻所覆盖。由此可见,采访事件的突发性和时间的限制性使得记者的信息加工往往需要在极短的时间内完成,因此,最容易被提取的知识经验、最容易被同化的认知结构,对记者的价值判断往往起着最直接的影响。然而,由于一些记者平时不注重积累,在新闻采写时又抱有侥幸和省力的心理,在处理稿件时就可能采用一些最程式化的方式来处理,使得一些有价值的信息被淹没在这些僵化的形式中,这样不但会影响传播效果,而且容易产生认知偏差,从而出现新闻失实。

记者新闻价值判断中知觉的选择性

知觉是从环境中以及从认知和物理系统(包括在这些活动中涉及的情感过程)中获取信息的过程。不同的个体对同一事物的知觉截然不同(Frohlich,1991;Flade,1994)[①]。因此,知觉过程的一个主要特征就是选择性,它包括选择性注意、选择性知觉和选择性记忆。在选择性注意中,个体要决定外部世界中数不清的刺激里有哪些刺激可满足知觉系统的需求。比如说,在开车时,就需要有高度的选择性以对环境中无数的信号进行选择,筛选出相关的视听信号。这里,起作用的包括刺激特征(如颜色、声音)和个体特征(如先前经验)。

在选择性知觉阶段,新闻记者要决定如何加工并储存那些适合其认知系统的经验。知觉"假设理论"认为,个体的每一个知觉活动都始于一个假设。这一假设基于先前的知觉,而且包括某些信号和信息或然性的假设。这一假设的强度基于先前的验证、替代假设的数量和强度,以及对各个假设的动机支持(Bruner and Postman,1949;Hoffmann,1994)[②]。

① Frohlich, D. , *Dictionary of Psychology* (18*th ed.*), Munich, 1991;Flade, A. , "Perception", Asanger, R&Wenninger, G. (eds.), *Concise Dictionary of Psychology* (5*th ed.*), Weinheim, Beltz, 1994, p833 - 838.

② Bruner, H. B. &Weimann, G. , "The Contagiousness of Mass Mediated Terrorism", European Journal of Communication, 1991, no. 6; Hoffmann, G. , "Cognitive Psychology, Asanger, R. &Wenninger, G. (eds.), *Concise Dictionary of Psychology* (5*th ed.*), Weinheim, Beltz, 1994, p352 - 356.

假设理论跟图式理论密切相关（Axelrod,1973;Brosius,1991）[1]。图式可被看做储存新信息的"抽屉"。对于缺乏图式的信息，我们就无法按照其存在的方式进行加工和储存，因此必须进行调整。支持现存倾向的信息比那些非支持性的信息更容易受到关注。对某一个问题的现存知识越多、态度越强烈，知觉的选择性也越明显。

在选择性记忆过程中，我们的认知系统将作出决定，先前储存的信息有哪些将保存在记忆中。选择性记忆同样极大地受到先前倾向、态度和动机的影响。先前认知的存在及其特征强烈地影响着环境中的哪些信号会引起我们的注意，哪些信息我们将作进一步的加工，我们如何进行加工，以及怎样进入记忆。

在传播学有关受众的研究中，大量借鉴了认知心理学关于知觉的研究，特别是对大众传播选择性接触的研究，这些研究主要基于一致性理论（参见 Zillmann and Bryant,1985;Donsbach,1991）[2]，认为个体倾向于坚持一致性的认知。如果所接触的新闻内容与其认知产生不一致，个体会努力回避该情境以及可能增加不一致性的信息或主动寻找一致性的信息，以减少这种不一致性。然而，新闻记者的立场与其受众略有不同。他们所接触的潜在信息的容量几乎是无限的，平均来看，报纸读者会阅读日报半数的新闻，至少是阅读标题，而新闻记者对任何一个主题都有几乎无限的可能进行自己的调查研究，他们要对新闻来源如新闻发布会和新闻发言人的内容作出选择，对自己获得的新闻内容作出选择。尽管记者的新闻选择受制于对新闻价值判断的职业常规，但显然，从统计上看，他们的决策较多地受到其先前倾向的影响。

新闻框架理论也适用于解释新闻记者对问题、事件和陈述的知觉。心理层面的研究认为框架是个体加工和建构信息的方法。人们倾向于按照自己的认知框架去体验现实，并根据这种框架采取行动，从而建构现实。昂特曼（Entman,1993）[3]认为，框架的作用就是选择所知觉的现实的某些方面，使之在传播文本中更突出，以此提升某一特定的问题定义、因果解释、道德评价以及/或处理建议。科贝尔和罗斯（Kerbel and Ross,1999）将框架看做是所利用的共享脚本的结果。脚本体现了新闻记者的工作假设，他们通过脚本来理解外部世界。框架是新闻记者有形的

[1] Axelrod, G., Schema Theory: An Information Processing Model of Perception and Cognition, *American Political Science Review*, 1973, no. 67; Brosius, H. B. "Schema Theory: A Useful Approach for Media Effects Research?", Publizistik, 1991, no. 36.

[2] Zillmann, D., &Bryant, J. (eds.), *Selective Exposure to Communication*, Hillsdale, NJ: Lawrence Earlbaum Associates, 1985; Donsbach, W., Exposure to Political Content in Newspapers: The Impact of Cognitive Dissonance on Readers' Selectivity, *European Journal of Communication*, 1991, no. 6.

[3] Entman, R., "Framing: toward A Clarification of A Fractured Paradigm", *Journal of Communication*, 1993, no. 4.

产品,而脚本则是记者用以解释外部世界的内化的、内隐的理解(Kerbal and Ross,1999, p. 3)①。

有一些研究已经证明,新闻选择常常依据它是否吻合新闻机构的社论倾向(新闻与社论的"协调性")(Schonbach,1977;Donsbach,1997)②。这也适用于对新闻来源如专家和发言人的引用(Hagen,1992)③。曼恩(Mann,1974)发现,美国的报纸在报道有多少人参加那些有争议的集会时存在类似的情况。④

哈罗兰等人(Halloran,1970)对伦敦反越战游行这一事件前后各媒体的报道进行了研究,研究者考察了媒体是如何对这一事件建立其共同的预期的(即暴力行为的可能性以及外国示威者的主导作用。)尽管事件本身的发展结果跟这些预期截然不同,但媒体报道依然集中于游行期间发生的那些微不足道的个别冲突上,目的似乎就是证明媒体的预期。因此,媒体的报道停留在事件发生以前所建立的"参考框架"。当然,出现这种情况的另一个解释就是记者对于什么是有报道价值的这一"共享真实"(shared reality)的认可强度(Hardin and Higgins,1996)。⑤

新闻采写中常见的认知偏差和新闻失实的防范

记者作为新闻媒体中距离事实和真相最为接近的人群,在采访过程中首先完成的是对新闻事件和新闻人物的认知活动。心理学曾对一些典型的认知性误差做过比较多的研究。对于在观察或解释人物事件时力求客观公正的新闻记者来说,心理学的这些研究成果具有重要的启发。美国印第安纳大学新闻系副教授斯托金和哥伦比亚大学主修法律的学生格罗斯(1989)在美国《新闻教育》(Journalism Education)上发表的一篇题为 Understanding Errors, Biases that can Affect Journalists 的文章,揭示了新闻采访中较常出现的三种心理误区。⑥

---

① Kerbal, M. R., &Ross, M. H., "A Longitudinal Analysis ofTelevision News Frames in US Elections: Some Preliminary Observations" (unpublished paper), 1999.

② Schonbach, K., "The Separation of News and Opinion"in *Empirical Study of A Journalistic Criterion of Quality*, Freiburg and Munich, Alter, 1977; Donsbach, W., "Media Thrust in the German Bundestag Election, 1994: News Values and Professional Norms in Political Communication", *Political Communication*, 1997, no. 14.

③ Hagen, L., "Mechanisms of Construction of Bias in the Newspaper Reporting about the Census Discussion", *Publizistik*, 1992, no. 37.

④ Mann, L., "Counting the Crowd: Effects of Editorial Policy on Estimates", *Journalism Quarterly*, 1974, no. 55.

⑤ Hardin, C. D., &Higgins, E. T., "Shared Reality: How Social Verification Makes the Subjective Objective in Sorrentino, R. M., &Higgins, E. T. (eds.), *Handbook of Motivation and Cognition*, vol. 3, New York, Guilford, 1996, p28‐84.

⑥ 广陵:《眼见为实吗? ——漫谈制约记者的常见心理误区》,《国际新闻界》,1996 年第 4 期。

1. 观察中的偏差

俗话说,"百闻不如一见"。倘若记者声明这是他所亲眼看到的,那么读者就会更容易听信并记住他所说的事情。从西方新闻的写作规范也能看出,当记者本人是新闻来源,即记者是现场目击者时,在行文中可以不注明消息出处和来源(sources & attributions)。而在其他情况下,几乎所有的信息都必须注明来源。也就是因为这一点,所以记者一向被要求深入新闻现场,从而提供给受众更多的生动细节以及现场感。从近年来媒体发展的趋势也能看到,现场报道正越来越多地出现在报端和电子媒介中。

亲眼目睹的力量确实很大。心理学家研究人证对陪审员裁决的影响后发现,陪审员在听取证词作出决断时,的确把人证看得比其他类型的证据更重要。新闻记者似乎本能地了解证人的说服力。正如凡迪克(Van Dijk)所指出的,报社编辑那么看重第一手报道,以至于"想往已有许多其他记者在场的地点再派出一名特派记者"[①]。然而,有关人证的研究非常清楚地表明,由于偏见、暂时的期望等不同因素的影响,目击者的观察可能千差万别甚至错误百出。

心理学家曾利用在德国戈廷根举办的一次国际会议作过一次经典性的实验。在会议开了一半的时候,突然从门外冲进一个人,另一个人在后面执枪追击,两个人在屋子中央追逐了一阵,并开了一枪,又一先一后奔了出去。整个过程不到 20 秒,事后,大会主席要求与会者立即写出他们的目击经过。对照摄像机的完整记录,在 40份由科学家撰写的目击记录中,只有一人主要事实错误少于 20%,14 人有 20%—40%的错误,另 25 人的事实错误在 40%以上,半数以上的人有 10%的错误出于臆测。

2.注重个案,忽视统计信息

人们往往重视人证胜过其他类型的证据,同这种心理倾向相关的另外一种倾向,就是人们更看重轶闻趣事或个案这一类型的信息,而轻视基本的统计信息(即有关个案在人口中所占比例的信息)。

人们为何看重轶闻趣事类信息而轻视基本统计类信息的原因尚不清楚,或许是由于前者更为生动,或跟实际更加关联。不管真正原因究竟何在,相关研究都提醒常以逸闻趣事来使新闻富有"人情味"的记者,在处理此类信息时需格外谨慎。

有些新闻来源很善于讲述轶闻趣事。他们自觉不自觉地会提供同比较抽象的统计数据并不相符的轶闻趣事型材料。如果记者沉溺于生动的趣闻信息而忽视死板但是可靠的统计资料,那么他们及其受众都可能被引入歧途。

① 广陵:《眼见为实吗?——漫谈制约记者的常见心理误区》,《国际新闻界》,1996 年第 4 期。

3. 带着偏见的观察或寻找

个人偏见会不知不觉地影响一个人观察的准确性。有研究者（Hastorf and Cantrill,1954）曾做过一项著名研究，同样可以验证观察的不确定性。[①]研究者把1951年达特茅斯大学和普林斯顿大学的一场橄榄球赛的录像分别放给两校的学生看，要求他们注意比赛的所有犯规行为，并把它们按照"严重"犯规和"轻度"犯规统计下来。结果表明，尽管研究者告诫学生观看时应完全客观，但是两校学生看到的犯规情形却大相径庭。即使他们被告诫要客观，他们看到的常常还是他们想看的。看球赛如此，接收其他信息也是如此。

有研究者对记者的先入之见如何影响其判断进行了实证考察（Kepplinger等，1991）[②]研究发现，对记者来说，那些支持其观点的新闻要比那些与其观点相左的新闻更有新闻价值。

作为以提供事实的报道为天职的新闻记者，应在体认客观事实不易的前提下，时刻去防范在事实的选择、观察、认知和报道的整个过程中，可能出现主观或偏见（罗文辉,1991）[③]。迄今为止的新闻传播研究者往往从市场因素冲击、新闻职业道德滑坡以及行业管理疏漏等角度探讨新闻失实，陈力丹教授等曾将新闻失实归纳为体制性失实、利益驱动造成的失实、文学杜撰和想象造成新闻失实、违反采写编的工作流程造成新闻失实。本文主要是从影响新闻选择和价值判断的认知心理因素考察新闻失实的成因。

新闻真实性既是新闻理论研究的重要论题，也是新闻实践中的一个重要问题。正因为如此，关于新闻真实性的研究一直是新闻学研究领域的主题。在新闻真实问题的认识上，过去人们一直强调新闻必须完全真实，甚至有人提出了"绝对真实"的概念。但随着人们对新闻真实制约因素的进一步认识，研究者逐渐意识到，在新闻实践中"完全真实"、"绝对真实"实际上是不可能做到的，新闻真实其实是一种有限度的真实。制约新闻真实的因素既有传播者主体的因素，也包括新闻媒体自身的制约和传播环境等因素。

正如李普曼所说的："我们在寻求比较公正的见解时往往会坚持我们的成见，其原因除了节省精力之外，还有另一个原因。成见系统也许是我们个人传统的核心，是对我们社会地位的保护。"[④]这种"固定的成见"，在一定程度上会制约受众对新闻信息的接受与理解。

---

① 广陵：《眼见为实吗？——漫谈制约记者的常见心理误区》，《国际新闻界》，1996年第4期。

② Kepplinger, H. M., Brosius, H. B., Staab, J. F., "Instrumental Actualization: A Theory of Mediated Conflicts", *European Journal of Communication*, 1991, no. 6.

③ 罗文辉：《精确新闻报道》，台北，正中书局，1991年。

④ 李普曼：《公众舆论》，阎克文等译，上海人民出版社，2002年。

新闻工作者不像其他职业,他们必须经常性地作出事实和价值判断。新闻行业也需要建立更详细的规则体系,以消除先入之见和群体动力的影响。

研究与思考

＝延伸阅读＝

1. 杨保军:《简论新闻选择》,载《新闻知识》1996 年第 10 期。
2. 王旭升:《论新闻选择中的伦理困境和道德两难》,载《采写编》2009 年第 1 期。
3. 刘建明:《创立现代新闻价值理论》,载《新闻爱好者》2002 年第 12 期。
4. 方延明:《关于新闻价值的学术思考》,载《当代传播》2009 年第 2 期。
5. 丁柏铨:《论新闻的双重价值标准》,载《新闻界》2000 年第 4 期。
6. 李贞芳、韦路:《影响新闻工作者新闻价值框架形成的因素》,载《国际新闻界》2007 年第 4 期。
7. 明安香:《西方传统新闻价值观念的转变》,载《国际新闻界》1997 年第 1 期。
8. 王晓阳:《中西方新闻价值观念比较分析》,载《中国报业》2012 年第 14 期。

＝问题与思考＝

1. 什么是新闻选择? 为什么说新闻选择只是对事实的选择?
2. 为什么说新闻选择行为贯穿于新闻实践活动的始终?
3. 什么是新闻价值? 为什么说新闻价值是新闻选择的主要标准?
4. 中西方的新闻价值观有何异同?
5. 什么是宣传价值? 它与新闻价值的联系和区别是什么?
6. 你如何理解新闻选择中双重价值标准之间的相互关系?
7. 试分析受众与新闻传播者的新闻选择的内在联系和主要差异。

＝研究实践＝

1. 请选择几家不同媒体同一天对同一题材的新闻报道,从新闻选择和新闻价值理论的角度比较分析这些报道的特点。
2. 试选择中美两国家媒体(如《人民时报》与《纽约时报》)对同一事件所进行的报道,比较分析它们在新闻价值及宣传价值观念上的差异性。

第七章　新闻的符号、文本和意义

导　论

符号是人类交往的基本工具，离开符号，信息传播几乎无法实现。新闻传播和接受行为作为信息交换的实践活动，也必须依赖符号的作用才能进行。美国著名文化人类学家怀特(L. A. White)说："一切人类行为都是在使用符号中产生的。正是符号把我们的猿类祖先转变成人，赋予他们人性。只有通过使用符号，全部人类文明才得以产生并获得永存。正是符号使人类的婴儿成长为完人，未曾使用符号而成长起来的聋哑人则不能称之为完人。一切人类行为皆由使用符号而构成，或依赖于它。人类的行为是符号行为；符号行为是属人的行为。符号就是人性之全体。"[①]新闻也是符号行为的产物，我们同样可以说，没有符号就没有新闻。新闻传播者依据一定的标准对事实进行选择，使用符号进行新闻文本的生产，并通过新闻媒介将文本传播出去，经过受众的接受，新闻文本变成新闻作品并生成特定的意义，这便是新闻实践活动的完整过程。

一、符号和新闻符号

本书第一章中曾介绍过，人们对新闻的认知主要有价值论和本体论两类，前者主要从人对新闻的兴趣出发看新闻，一般不会被看成是正式的学术观点，后者则是试图弄清新闻本身到底是什么，是比较严肃的理论探讨。本体论的观点又进一步可分为存在本体论和实践本体论，存在本体论的代表是"事实论"，实践本体论的代表则是"报道论"。相比较而言，虽然我们承认事实是新闻的唯一本源，但我们更应该明确，新闻并不是事实本身，因为只有经过报道的事实才能为人所感知[②]，因此新闻是"对事实的报道"的实践本体论观点更易被人们所接受。

既然受众对新闻事实的感知只能通过新闻报道来完成，那么使这一过程得以完成的中介就是必不可少而且非常重要的了。这个中介就是符号，在新闻这一特定语境中，就是指新闻符号。没有符号，人类就无从承载和传递意义；没有新闻符号，人类

[①] ［美］L. A. 怀特：《文化的科学——人类与文明研究》，沈原等译，山东人民出版社，1988 年版，第 22 页。

[②] 这是从普遍意义上来讲的，因为并不排除在特定情况下，极少数受众也正是新闻事件的当事人，他们不仅通过报道而且通过自身直接体验了客观事实。

也就无法进行新闻的传播与接受。

新闻符号首先是符号。也就是说,新闻传播并没有为自己所专属而不被其他人类文化领域所使用的符号。当然,不同类型的新闻媒介,在使用符号时还是有自己的特点和偏好的。所以,让我们先从符号的一般性谈起,然后再看看不同类型的媒介在符号使用方面的特殊性。

什么是符号?如果用最简洁的方式来回答,符号就是一切能代表其他事物的事物。符号之所以会产生,是由于人与客观的物质世界和社会现象无法直接同一,只能通过认识作用联系在一起。从认识论的角度来说,客观世界只有进入主观世界才有意义,而这种进入必须借助于符号。离开了符号,作为主体的人与作为客体的存在物就无法发生关系,从而也就无法达到主客体的统一。因此,从本质上说,符号是主客体之间的中介物,是客观世界进入主观世界的桥梁。除了因为这样的性质和功能,符号之所以能够在人类社会实践中扮演无可替代的角色,还因为它具有"可重复性"、"可习得性"、"可存贮性"、"可选择性"、"可再次应用性"以及"可替代性"等特点[①]。

语言是人类使用最为广泛也是最为重要的符号,如果从是否语言的角度来考察符号的种类,那么符号便可分为两种基本的类型:语言符号和非语言符号。语言符号包括有声语言和文字;非语言符号包括图片、影像、音响、灯光、色彩、道具、姿势、表情、服饰等。在现代符号学中,运用最广的分类法是皮尔士按符号与其对象之关系进行的三分法,它将符号分成像似、指示和象征三类。其中,像似符号(icon)与其对象有共同性质,两者之间在某些方面有相似性,如象形文字和照片等之于它们所反映的对象;指示符号(index)与其对象之间有存在性关系,如手指与所指对象之间,风帆与风之间,烟与火之间的关系;象征符号(symbol)具有代表其对象的意义,它不需要与对象有相似性或存在性的关联,这种代表作用是由人为规则确定的,具有任意性,语言就是最为典型的象征符号[②]。

只要是符号,就具有代表其他事物的共同性。无论何种新闻传播媒介,都无非是通过语言符号与非语言符号来传播新闻,而且都是以语言符号为主,非语言符号为辅。然而,由于不同类型符号的表意功能有所区别,不同类型媒介的表意要求也有所不同,因而它们在使用新闻符号时在偏好和特点上也就会呈现出一定的差异性。

平面媒体(报刊)在报道新闻时无疑以文字符号为主,有时会适当辅之以图、表、照片等非语言符号。在电子媒体中,广播和电视播报新闻都以有声语言符号为主,但两者在使用非语言符号作为辅助时又有所区别。广播在需要时只能靠音响效果来营

① [德]马克斯·本泽、伊丽莎白·瓦尔特:《广义符号学及其中设计中的应用》,徐恒醇编译,中国社会科学出版社,1992年版,第14页。

② 参李幼蒸:《理论符号学导论》,中国社会科学出版社,1993年版,第480-481页。

造现场感或特效氛围；而电视则可以使用前面所列的全部非语言符号类型，特别是关于新闻事件的影像画面以及节目主持人的各种体态、姿态和情态符号；由于电视媒体使用符号的多样性和综合性，这种后起于报刊和广播的媒介获得了更广泛的关注。网络、手机、微博、微信等新媒介产生后，在符号的使用方面又出现了一些新的特征。一是使用了一些新的符号表现形态，如音频、视频、动漫、特技等，这些形态虽然不是新创，但原来在播报新闻时较少使用；二是自创了不少新的符号，如新词和新的表情或表意图形等；三是符号使用更为灵活，这种灵活性既体现在对符号类型的选择上，也体现在符号使用主次轻重的搭配上，可以根据内容表达的需要随时选择任一种符号来加以使用，也可以同时选择各种不同的符号进行更为多样化的组合。新媒介在符号使用方面的灵活性和丰富性比传统媒介更进了一步，使得新闻传播的方式更符合当下人们的接受趣味和习惯，这也是新媒介为何能够大行其道的原因之一。

二、新闻文本的生产

新闻报道离不开符号的使用，但单个的符号并不能表达确定的意义，简单机械的符号堆砌也无法呈现复杂的新闻事件，只有将新闻符号有机组织起来并形成特定的文本，新闻事实才能被呈现出来，新闻作品才具有一定的意义。新闻文本既可以从文体学角度加以认知，也可以从符号学角度来进行分析。前者可以进行文体分类、新闻要素组合方式的辨析，从而为新闻写作实践提供依据；后者则可以深入到意义层面，着重探讨文本生产和接受背后的影响因素。

1. 新闻文本的形式

（1）新闻文体的分类

新闻文体是新闻写作学中的基本问题，传统的新闻文体学一般将新闻分为新闻报道和新闻评论两大类，其中新闻报道又包括消息和通讯两种基本的体裁。但是，随着社会的发展、受众需求的变化以及新闻业务的进步，传统的新闻文体之间的边界变得越来越模糊，新的新闻文体（如特写、散文式报道、连续报道、调查报道等）不断涌现出来，它们打破了传统新闻文体的界限，同一文本中往往兼具两种甚至多种传统新闻文体的特征，如特写就是介于消息、通讯和散文式报道之间的一种文体。由于分类标准不统一，甚至存在将题材内容、表现方法和写作技巧混合在一起进行分类的情况，因而细分的新闻文体可达数十种之多，且至今并无一个有定论的分类方法。

根据《新闻传播学大辞典》的提示，新闻体裁从广义上可按表达内容和表达方式的综合情况分为新闻报道类、新闻评论类和新闻附属类三大类型。其中，新闻报道类包括消息、通讯、特写、专访、调查报告、新闻公报等；新闻评论类包括社论、评论员文章、述评、编者按、思想评论等；新闻附属类包括散文、杂文、诗歌、解说词、回忆录、报告文学等。而中国传统意义上的新闻体裁,一般分为消息、通讯、评论、摄影和漫画等五类,也有人将深度报道、特写和调查报告与上述五类并列,共分为八类①。

无论是采用以上何种分类方法所得到的结果,它们都是从新闻体裁也即写作形式角度而言的,并不必然涉及文本的内容和意义。而新闻文本的结构作为一种形式因素却与之相反,呈现出与内容和意义密不可分的关系。

(2) 新闻文本的结构

每一种类型的新闻文体在文本格式上都有自己的特点,但无论它们如何变化,都是建立在对新闻要素的组合使用基础之上的,不同的组合使用就会形成不同的文本结构模式。新闻的五要素或六要素,反映在新闻文本中就是构成任何新闻的时间、地点、人物、事件、原因及过程等,这样一些基本的构成成分是不可或缺的,否则新闻事件就很难被完整地建构出来。新闻文本中的导语以及文本整体结构的演化,都与这些要素的组合使用方式有关。

传统的新闻文体以消息最具代表性,它的文本结构一般由导语和正文两大部分构成。最初的消息并没有所谓导语,只是到了美国南北战争时间,适应紧急情况下完整传送新闻的需要,才出现了将新闻事实完整浓缩在第一段的写法,后来这种在消息开头将新闻要素全部交代清楚的导语就被普遍地加以使用,形成了新闻要素俱全的所谓"第一代导语",又称"全能型导语"或"小结论式导语"。全能型导语的好处,是可以在第一时间让读者明白新闻事件的全貌,但它无法告诉读者事件的轻重主次,容易将最有新闻价值的点淹没在一般意义上的事实陈述之中。因此,又产生了"第二代导语"和"第三代导语"。第二代导语又称"部分要素式导语",它产生于 20 世纪 30 年代,至今仍广泛应用,一般总是突出"五 W"中一到两个最有新闻价值的要素,目的在于突出事实的重点、激发受众的阅读兴趣。第三代导语又称"丰富型导语"或"延缓式导语",这是上世纪末才出现的一种导语形式,它"一般不涉及新闻的主要内容,只要设置一个悬念,激发受众的兴趣和探究心理,然后一段比一段具体并接近主要事实,新闻的主要事实和高潮直到最后段落才和盘托出"②。

导语可看成是正文的高度浓缩,正文则可以看成是导语的渐次展开。专业的新闻记者,总是能按一定的结构模式,将新闻的各种要素有机组合在新闻文本之中,从而使新闻文本成为一个整体。荷兰著名学者梵·迪克(Van Dijk)在他的新闻结构理论中,通过对大量的新闻文本的分析,将以消息为代表的新闻结构模式总结出以下这样一个基本的图式③:

① 童兵、陈绚主编:《新闻传播学大辞典》,中国大百科全书出版社,2014 年版,第 7 页。
② 童兵、陈绚主编:《新闻传播学大辞典》,中国大百科全书出版社,2014 年版,第 306 页。
③ [荷]梵·迪克(Teun A. van Dijk):《作为话语的新闻》,曾庆香译,华夏出版社,2003 年版,第 57 页。

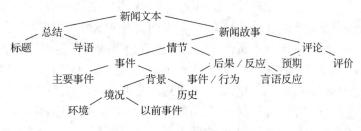

图7-1　新闻文本结构图[①]

　　这一结构图式由总结、主要事件、背景、后果和评论五个基本范畴以及它们各自所属的一些次级范畴构成,紧密相邻的三个范畴往往构成一个相对独立的语义三角,它们自上而下、自左向右控制着整个文本的生产,一个完整的新闻文本正是由若干个这样的语义三角构成的。消息如此,其他的新闻文本结构也不例外。在梵·迪克的新闻结构理论中,文本结构既是一种深层次的形式因素,也是控制文本生产的重要力量之一。

　　2. 新闻文本的生产流程

　　一般意义而言,新闻文本的一个完整的生产流程,要经过新闻采访、新闻写(制)作、新闻编辑、新闻审定等几个必经的环节。

　　新闻采访,是指记者以及通讯员或新闻线人等为获取新闻事实所进行的观察、询问、倾听、思索和记录等行为的总称。采访者的采访对象无论是自然现象还是社会现实,他们所关注的只是具有新闻价值的事实。新闻采访是后续所有新闻实践活动的起点,是新闻事实通向新闻报道的唯一桥梁,是新闻文本能否生产出来以及质量高低的决定性前提。

　　新闻写(制)作,是指记者或其他作者选择一定的符号(文字、声音、画面、影像等),将新闻采访中的所见、所闻、所感、所思制作成新闻文本的行为。新闻写(制)作是新闻采访的继续和延伸,是文本生产者分析事实、提炼主题、挑选素材,用各种符号组合对新闻内容加以表达的过程,也可以说是给新闻事实赋予一定的表现形式(新闻体裁)的过程。新闻写(制)作是新闻文本生产的核心环节。

　　新闻编辑,是指在新闻文本生产过程中对新闻采访和写(制)作进行决策和组织,对已经写(制)作出来的新闻稿件进行选择、调整、修饰和设计的一系列行为的总称。从新闻文本的生产过程来看,编辑行为既包括开始的决策又包括最后的把关,既有对全局的宏观把握,又有对文本的微观斟酌,因此对新闻文本生产同样具有举足轻重的影响。

　　新闻审定,是指媒体的相关管理者(如部门主任和值班总编)以及国家相关部门

　　① 参[荷]冯·戴伊克:《话语 心理 社会》,商务印书馆,1993年版,第77页。

的管理人员对将要进入传播渠道的新闻文本进行审核把关的行为。内部的新闻审定在中西方媒体中都是普遍存在的行为,它一方面要对文本的新闻价值进行把关,另一方面也要考察围绕文本的生产是否遵守了职业道德规范以及是否符合法律的规定。中西方的不同在于,中国仍保留着媒体之外的权力机制针对新闻文本内容的审查行为,西方发达国家则一般不会对新闻文本进行事先审查,而是实行事后追惩制度。

从表面上看,只有新闻写(制)作是新闻文本生产的直接环节,而实际上以上四个环节都与新闻文本的生产直接相关,它们共同构成了新闻文本生产的完整流程。在此过程中,有多重因素控制着新闻文本的生产。传播学的把关人理论以及新闻学的框架理论、专业主义理论等,从不同的侧面为我们解释了这些因素是如何发生作用的。

3. 新闻文本生产的控制因素

(1) 把关人理论的解释

这一理论主要从传播流程的角度对新闻文本生产的影响因素进行分析。"把关人"(gatekeeper)又称"守门人",这一概念最早由美国社会心理学家、传播学奠基人之一库尔特·卢因(Kurt Lewin)提出,他在上世纪1947年代出版的《群体生活的渠道》一书中认为,在群体传播过程中存在着"门区",信息总是沿着包含有检查点即"门区"的某些渠道流动,而那些发挥检查作用并决定信息能否进入渠道流通的人或机构,就是守门人。守门人的主要作用是选择和过滤其所接收到的信息,在他们的筛选下,只有符合群体规范以及把关者价值标准的信息内容才能进入传播渠道。1950年,传播学家怀特(D. M. White)将这一原理延用于新闻研究,认为在新闻传播中同样存在"把关"现象。他提出,新闻媒介的报道活动并非"有闻必录",而是新闻编辑基于个人主观判断进行取舍选择的结果,经过这个关口的作用,最终传达给受众的新闻只是众多新闻素材中的少数信息。

在后续的研究中,一些学者进一步提出,把关行为并不像怀特认为的那样只是个人行为,而是媒介的一种组织行为,它会在多个环节有组织地发生作用。新闻把关具有相对固定的标准,包括:新闻信息的客观属性;专业标准和市场标准(新闻价值和新闻要素);媒介组织的立场和方针等。在这些标准的作用下,新闻媒介报道出来的新闻信息无法做到真正的客观中立,而是必然会体现媒体的立场、方针和价值标准,尽管新闻选择确实会受到媒体的经营目标、受众需求以及社会文化等多种因素的制约,但是与媒介方针和利益一致或相符的内容更容易优先入选并得到传播。

进入网络传播时代后,由于各类新媒体(网络、手机、微博、微信等)传播的弱中心化、去中心化以及即时互动等特点,加之传播技术的便捷性和信息的海量化,传统新闻传播中的把关人地位及其功能受到严峻的挑战。这些挑战主要表现在:把关人角色和功能被弱化;把关的可操作性被压缩;把关的权力无法聚焦等。新媒体传播中出现的把关人弱化现象一方面会导致流言甚至谣言的广泛传播,给普通受众接受真实的新闻信息造成一定阻碍,另一方面也给社会民主化带来了新的增长空间,为信息自由打开了一扇新的大门。重要的是,如何找到新的方式和手段,填补传统把关人弱化带来的弊端,建构一种新的新闻传播秩序,使新闻信息能更真实而又更自由地得到传播。

(2)新闻框架说的解释

这一理论主要从新闻文本生产者的认知心理角度来解释新闻文本生产中的控制因素。

框架(Frame)这一概念在上世纪五十年代由实验心理学家贝特森(G. Bateson)最早提出,他认为个人的判断和对外界的感知会受到认知心理因素的影响。七十年代,美国社会学家欧文·戈夫曼(Erving Goffman)将这个概念引入文化社会学。他认为,人们的日常活动隐含了特定的诠释框架,它可以使原本混沌的情境变得具有某种意义,是人们将社会真实转换为主观思想的重要凭据,也是传者提供给受者应当如何理解符号的诠释规则。戈夫曼对框架的阐释成为新闻框架分析(Frame Analysis)理论的滥觞。将框架分析引入新闻传播研究领域的是美国传播学者托德·吉特林(Todd Gitlin)。他认为:"媒介框架是选择(selection)、强调(emphasis)和表达(presentation)的原则,由很多对存在、发生和发展的事物加以解释的细微理论构成";"媒介框架是认知、解释和表达的连贯模式,是筛选、强调和排除新闻报道的过程,同时也是事件操纵者组织言论的过程,不管这种言论是动态的还是视觉的。"①

所谓新闻框架(news frame),实际上就是指新闻报道中报道者认知、界定和解释外部世界的心理模型。新闻中所包含的框架,可以帮助记者按照现行主流论调来撰写报道,同时塑造读者对事实的理解。进入上世纪八十年代后,用框架分析理论研究新闻传播现象的代表性学者加姆森(Gammson,或译为"甘斯")指出:"媒体框架是认识、阐释、陈述的一种持久稳固的方式,也是挑选、强调和剔除的依据,通过框架,符号操作者只需例行公事地组织符号,无论是语言的还是视觉的。"对于作者而言,新闻框架要求他们"作出关键性的决定,新闻报道中的众多要素到底哪些是重大的、需要加以突出的";而对于媒体来讲,新闻框架通常设置一种主导的或首选的阅读,以此引导读者对文本意义的理解(虽然读者也可以从相反的角度来理解)②。由此可见,新闻框架的观念尽管也考虑到了媒体的因素,但它主要还是从报道者个体心理的角度来解释新闻文本与主流意识形态的关系的,它说明了通过报道主体的心理中介,意识形态对新闻文本具有控制作用。

如果将新闻框架说与把关人理论进行一个简单的比较,两者便可谓是一内一外,一点一线。前者主要是从新闻文本生产者个体内在心理的角度来看待问题的,而后

---

① [美]托德·吉特林:《新左派运动的媒介镜像》,华夏出版社,2007年版,第13-14页。

② 贾国飚:《论新闻的框架研究》,《新闻爱好者》,2006年第2期。

者则将新闻文本的生产看成是一个过程,在这一过程中有诸多环节,每一环节都有相应的主体因素在发生着把关作用。

4. 新闻专业主义与新闻文本生产

西方新闻界在长期的实践过程中,逐渐形成了一套用以规范新闻文本生产的专业理念和操作标准,这就是新闻专业主义。

新闻专业主义既是调节新闻业与其他社会系统之间关系的一种力量,又是新闻实践中的一种操作规范,它是一系列职业理念、操作规范和道德准则的集合体,是西方新闻实践的主导性话语,对中国改革开放后的新闻理论和新闻实践也正产生越来越深刻的影响。新闻专业主义的内涵比较丰富,但其核心主要是三条:一是新闻的客观性原则;二是新闻媒介的独立地位;三是公共服务的理念。这其中,除了第二条与中国国情明显相悖外,其余两条对我国的新闻实践都是颇具借鉴意义的。

客观地报道新闻,是保障新闻真实性的重要基础;而新闻媒介要履行公共职能,也必须以坚持新闻的客观性原则为规范和保障。正因为如此,新闻的客观性成为新闻专业主义的重中之重。那么,何为新闻的客观性?又如何才能保障新闻的客观性呢?一般而言,客观性就是人的认识要与认识对象的本来面目相符合;新闻的客观性也就是新闻报道要尽量排除主观因素的影响,而将事物的本来面貌真实、准确、完整地呈现出来。

而要保障新闻的客观性就必须在文本生产中遵循以下操作规范:一是如实叙述事实。报道者在报道新闻时必须严格按照"客观叙述事实"的报道规范,向读者原原本本提供最原始的事实材料。在报道过程中报道者不应夹带个人的感情和偏见,只需客观地叙述事实,以免由于报道者所显露的个人的感情和倾向性意见影响读者对新闻的选择和判断。为此,报道者经常以第三人称形式报道新闻。二是使用直接引语。新闻报道要尽量使用直接引语,要尽可能引述新闻事件当事人和知情者的原话,将其原原本本地提供给读者。三是交代消息来源。新闻报道要交代清楚所报道的新闻事实出自何处,消息来源由谁提供,尽量防止出现新闻报道中所提供的事实出处和消息来源含混不清、无法查证的情况。四是提供充足根据。新闻报道尽可能全面地报道事实,如实反映各方面的情况,同时要注意提供能够说明新闻事实的充足的证据材料,特别要注意强调可以证实的事实,要坚决舍弃那些无法提供证据,难以证实的材料。五是不掺个人意见。报道者在报道新闻的过程中一般不随意对所报道的新闻事实作主观的解释和议论,在叙述别人对新闻事实的观点和意见的时候,也要防止有意或无意地掺加个人的看法和意见。六是言论与消息分开。"新闻版"和"言论版"不可混淆。[1]

① 郑保卫:《新闻理论新编》,中国人民大学出版社,2007年版,第209-210页。

三、新闻文本的接受

1. 接受美学的启示

20 世纪 60 年代末 70 年代初,在欧洲出现了一种叫接受美学的思潮,其代表人物是前联邦德国的文艺美学家 H. R. 姚斯(Hans Robert Jauss)等。接受美学认为,美学研究不应只对文学文本做实证主义的研究,而应充分重视读者的存在。研究者应该对作品的接受、反应和阅读过程,对读者的审美经验以及接受效果在文学社会功能中的作用,对创作与接受以及作者、作品、读者之间的动态交往过程等,做具体深入的分析和研究。在接受美学理论中,文本和作品是两个性质不同的概念。前者是指作者创作的同读者发生关系之前的作品本身的自在状态;后者则是指与读者已构成对象性关系的审美对象。文本是一种独立于接受主体感知之外的永久性存在,它不依赖于接受主体的审美经验,结构形态也不会因事而发生变化;作品则依赖接受主体的积极介入,它存在于接受主体的审美观照和感受中,是一种相对的具体的存在。

接受美学的这些观点对新闻生产与接受的研究也颇具参考价值。首先应该承认,新闻文本作为作者生产出来的产品,是新闻作品及其意义生成的前提。新闻文本一经产生,便可以看成是一种既定的东西,但在与接受者相遇之前,它还仅仅是一种没有被激活出"意义"的自在物,而这种激活必须有受众这个接受主体的参与。受众对新闻文本的接受,同样是新闻作品及其意义生成的基础和前提;换言之,如果没有受众的接受,新闻文本也就无所谓意义。更为重要的是,受众对文本的理解与作者对文本的规定并不是一一对应的关系,由于各自的主观立场、文化背景、生活经验和知识基础等的差异,不同的人对新闻文本可能会有不同的解释,新闻作品的意义由此也便具有了一定的丰富性和多义性,而不是只具有某种唯一的确定性。

2. 编码/解码理论的阐释

文化研究学派的代表人物斯图尔特·霍尔(Stuart Hall)的编码/解码理论,明确地把受众对新闻文本理解的多种可能性以及新闻作品意义的多样性揭示了出来。

他在《编码/解码》(*Encode / Decode*)一文中指出,传播学的经验学派只关注信息传播过程而没有重视意义在传播过程中的生成问题,信息传播中存在从编码到解码的现象。所谓编码即信息产品的生产,而解码则是受众对文本的接受。"编码与解码不仅需要物质手段,还隐含各种社会(生产)关系,作为意义的生成过程,编码与解码都与自身知识结构、社会身份和技术条件等主客观密切相关。……媒介生产建构了信息,而受众阅读(消费)产生了意义。"[1]他以电视观众对电视节目的接受为例,说明了观众解读已制作好的电视讯息可能出现的"三种假想的立场",即"主导统治地位的立场"、"协商式的代码或立场"、"对抗式代码"的立场,与之对应的三种解读方式便

---

① 童兵、陈绚主编:《新闻传播学大辞典》,中国大百科全书出版社,2014 年版,第 141 页。

分别为被支配式的解读、协商式的解读和对抗式的解读[①]。

无论是接受美学的视角，还是编码/解码理论的核心，都是突出受众参与新闻作品意义生成的作用。当然，新闻作品与文艺作品毕竟不同，受众对新闻作品的解读终究要受基本事实的限制，不像文艺作品那样可以有无限广阔的想象空间。即便如此，不同的人对事实的理解也永远无法达到绝对的统一。有解释就有多义性的存在，绝对的客观大概只能是一种理论的想象。

3. 反映论与符号论：从事实复制到意义建构

从传统的反映论的立场来看，新闻文本生产的最高境界应该是对新闻事实的最客观和最准确的反映。而机械反映论更是走向了一个极端，认为新闻文本应该是新闻事实的"复制"，受众接触到的不是新闻文本本身，而是越过文本的直接的客观事实世界。

符号论则认为，任何新闻事实的"复制"，都只不过是新闻生产主体利用符号对事实的一种话语性陈述，这种陈述与受众的理解一起，共同建构了新闻作品的"意义"。新闻作品的意义建构，是一个生产、传播、交流、理解、协商、冲突甚至争斗的过程。在此过程中，一方面有传播者对新闻生产的控制，另一方面也存在受众的反控制。控制与反控制的博弈，实质上是对传播话语权的争夺。

梵·迪克的新闻话语理论通过对许多实例的分析说明，西方政府机构和新闻媒介（权势者）通过控制话语的形式和内容达到控制社会信念和意识的目的。他认为，社会话语可以表达和实现社会权势。但是这种过程并非直接的，它要依靠社会认知以及从社会认知中衍生出来的情景和交际模型的媒介作用。换句话说，权势依靠知识、信念、意识而存在和再生，而话语所表达和交流的正是权势存在和再生的条件——社会认知。新闻报道就是通过社会认知，为意识形态的生产与再生产提供认识的基础，从而使统治者牢牢地掌握着社会的话语权。

毋庸讳言，在传播话语权的争夺中，受众总体上是处于弱势地位的。在法国思想家福柯看来，话语是一种经过长时间历史积淀而形成的社会文化语码，以语词言说的形式潜在地制约着人们的思想和行为；话语一旦形成，便拥有了自己的意义世界，形成了自己的特定规则，构建起自己的知识形式和话语系统，人在使用话语的同时也被话语所使用。这种观念同样适用于分析新闻话语。我们也可以说，主流意识形态通过新闻话语不仅规训了受众对新闻事实的认知，同时也通过这种认知规训了受众对意识形态本身的态度。从这个意义上说，新闻传播的确是进行社会教化的重要手段之一。

---

① ［英］斯图尔特·霍尔：《编码/译码》，见张国良主编：《20 世纪传播学经典文本》，复旦大学出版社，2003年版，第 434－437 页。

选　文

试论电视新闻的传播符号

张骏德

导言——

本文刊载于《新闻界》1998 年第 2、3、4 期。

作者张骏德(1942～　　），上海嘉定人，1964 年毕业于复旦大学新闻系，后一直留校工作。复旦大学新闻学院教授，博士生导师。出版《现代广播电视新闻学》、《中国新闻改革论》等。研究方向：广播电视新闻学。

本文认为，电视新闻传播符号的运用及其研究，是电视工作与电视新闻学学科研究的重要环节。电视新闻的符号系统由声音符号、文字符号和造型符号三大块构成，每一块中又包含若干具体的符号类型，每种符号都包含有具体的意义。作者还具体分析了电视新闻符号中声画的对应组合关系。

传播符号是指能被感知并揭示意义的现象形式，即能还原成"意思"的传播要素。人类传播信息，主要靠语言符号，也经常借助非语言符号。电视，作为二十世纪最伟大的发明之一，其新闻传播大大拓展了传播符号的范围。电视新闻传播符号的运用及其研究，成为电视工作与电视新闻学学科研究的重要环节。

一、电视新闻的符号系统

传播学认为，人类使用的信息传播符号分为两大类：一类是语言符号，即运用概念，作出判断、推理的抽象符号；另一类是非语言符号，即直接为人的感觉器官接受的表象符号。

语言符号是人类进行信息传播与感情交流的主要工具，包括声音语言（有声符号）与文字语言（写作符号）两部分。语言符号传播的特征是概念清晰，陈述按照时间顺序，推理合乎逻辑规范，富有抽象概括性。

非语言符号是指在有声语言与文字语言以外的直接为人们的感觉器官接收的各类表象符号。例如人的神态、姿势、服饰、色彩、人际距离、环境景致、音响等等。非语言符号的意义在于符号自身。表象是具体的，但含义往往模糊容易产生多义性。因此，非语言符号的传播信息无秩序，且多通道，不如语言符号便于控制。

电视新闻需要通过语言符号与非语言符号的各类传播符号来传播信息,其传播符号的构成系统如下:

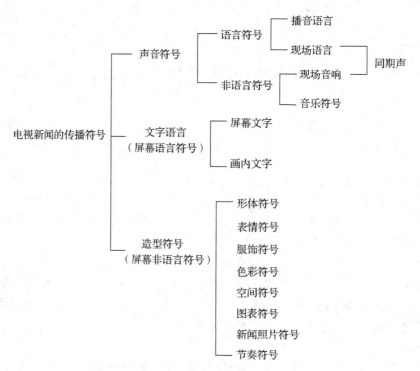

如果说广播新闻的传播符号只需要声音符号,报纸新闻的传播符号只需要文字语言符号;那么电视新闻的传播符号需要上述两者,并且再加上造型符号(屏幕非语言符号)。

二、电视新闻的传播符号分析

电视新闻声画并茂,其中声音部分包括播音语言、现场语言、现场音响、音乐符号四种;画面部分包括文字语言符号、屏幕造型符号两大类,其中造型符号又分若干种。下面试作简单分析:

(一)声音符号

电视新闻的声音符号可分语言符号与非语言符号两部分,语言符号包括播音语言与现场语言,非语言符号包括现场音响与音乐符号。

1. 播音语言,这是电视台播音员、记者、节目主持人的口述语言,其标准化规范化尤为重要。汉语标准语是以北方方言为基础方言,以北京语音为标准音,以典型的现代白话文作为语法规范的普通话。播音语言应是标准的普通话。

2. 现场语言,这是电视台记者在新闻发生现场或新闻人物活动现场录制的人物讲话声，应尽量为普通话。

1986 年召开的全国语言文字会议给普通话规定了三个等级：第一级是会说相当标准的普通话，语音、词汇、语法很少差错；第二级是会说比较标准的普通话，方言音不太重，词汇、语法较少差错；第三级是会说一般的普通话，不同方言区的人大概能够听懂。广播语言（电台电视台的播音语言）必须按一级标准。现场语言当然不能强求一级标准，但应尽量达到第二级标准。

3. 现场音响，指电视台记者在新闻发生现场，与拍摄图像同时录下的除了人的语言、音乐之外的其他声响，包括自然环境的声响、动物的声音、机器工具的音响、人的动作发出的各种声音等。

在电视新闻中出现的音响，必须是完全真实的，即实地采录，实有其事，实有其声，决不允许虚构、模仿与挪用。音响在电视新闻节目中发挥着众多作用：加强电视新闻的现场感，表现特定的时间与空间，渲染与烘托环境气氛，刻画人物形象及其心理状态等等。

4. 音乐符号，音乐作为一种情感艺术，是声音符号之一。它在电视新闻传播中发挥一定的作用。例如：充当电视新闻节目的开始曲，成为某个电视新闻节目的标识音乐；作为新闻节目的内容的间隔与过渡。一套电视新闻节目中往往有几类内容或小栏目，音乐成了最好的间隔方法。

（二）文字语言符号

电视屏幕上出现的文字语言符号有两种，一种是画内文字，另一种是屏幕文字。

1. 画内文字，指摄像的画面内（图像中）带有的文字，如会议横幅与标语，教师或讲解员写的板书等。这类文字带有新闻要素与信息内涵，有的画龙点睛，能突出图像的主旨。在摄像采访中要注意完整拍摄下来，防止因画内文字不完整而产生歪曲语意的现象。

2. 屏幕文字，是根据电视新闻内容需要，在后期制作时迭加到屏幕上去的文字。

屏幕文字的表现形式主要有三类：一类是标题式或提要式，即在图像边幅上打上一行或二行字幕，或点题或提要；一类是插入式行进式字幕，为了播报即时发生的重大新闻，又不打乱原有的电视新闻节目播送顺序，可在屏幕下方穿插一行行进式字幕，采用一句话新闻或几句话新闻（简讯）形式播报重大新闻；再一类是整屏文字阅读式，整个屏幕展示一版文字稿，稍长的稿子逐渐向上移动，类似缓缓向上的整版报纸。

电视屏幕文字有着显著的传播功能与作用，主要表现在：视、听、读三位一体，电视新闻视听结合已经具备记忆优势，又加了阅读文字的感知通道，加深了记忆深度；在各类电视节目中随时插入屏幕文字新闻，保证了重大新闻的时效性；整屏文字新闻，形成受众既听又读的一体性，易于为受众所接收。有人估计，以整屏文字新闻构成的电视报纸，具有大容量、速传播、易收取等优点，具有广阔的发展前景。

标题式屏幕文字的显示时间也有讲究,以一条 30 秒钟以上的电视新闻为例,一般应在电视新闻的图像与声音出现 8 至 10 秒后再显示屏幕文字,以强化声像效果,而不是争夺与干扰受众的注意力;屏幕文字可保留 10 至 15 秒钟再消失,让受众感知即行,不必停留过久,以免产生干扰画面与声音的副作用。

（三）造型符号

电视图像离不开造型符号,包括形体符号、表情符号、服饰符号、色彩符号、空间距离符号、图表符号、新闻照片符号、节奏符号等。

1. 形体符号

在图像的所有符号中,形状体态符号最为基本。人类对客观事物的感知,首先是对形体的感觉。

从摄影、摄像的角度看形体,从以下方面把握:

从拍摄角度看,有正面、侧面、反面、仰面、俯面。角度不同,事物的形态不同,人体的体态力度也不同。

从拍摄距离看,远距离拍摄信息量丰富,但景象易模糊。而近距离拍摄景象清晰,但信息量减少。

从投向光线看,不同光线产生不同的受光面和背光面,产生不同的形与影,从而出现不同的传播效果。

从调节焦距着手,控制事物的虚实变化,产生不同的影调,从而来修饰形体,突出重点。

此外还可用特技手法来使原有物体变形,或夸张,或缩小,或扭曲。

当然,作为纪实的电视新闻画面,必须受新闻事实的时间、空间客观存在的制约,不能搞艺术创作一类的主观随意设计,像最后一类特技手法通常不能在电视新闻画面中出现。

以上是从摄影、摄像角度说的。实际上,在信息传播领域里,人体的形体符号,特别是手势与体态等,有着十分丰富的内涵,需要电视新闻记者与节目主持人去进一步认识、控制与运用。

2. 表情符号

人类脸部的肌肉运动引起的表情,是人际传播的重要内容之一。喜、怒、哀、乐、爱、欲、恶,都可以在表情上反映出来。有人统计,光是笑,就有 50 多种。通常微笑的含义可能是友爱、礼貌、喜欢、幸福、快乐等,而大笑、狂笑的含义就复杂了,其含义可能是极快乐、极悲伤、蔑视、心理状态反常以至崩溃等。皱眉,可能是不喜欢、厌烦、疲倦,也可能是深思熟虑。高明的电视摄像师往往能精心捕捉采访对象在无意中流露的表情细节,而不加任何导演与摆布,从而既维护了新闻的真实性,又拍摄到了传神的图像。

3. 服饰符号

有位服装师说，服饰也是一种"语言"（指传播符号）。确实如此，不同的服饰，代表着不同的民族、不同的时代氛围、不同的季节、不同的感情与情趣爱好。

新中国外交史上，就有关于服饰符号的佳话。1960 年 5 月 6 日，周恩来总理率代表团从贵州乘飞机赴金边对柬埔寨进行友好访问，西哈努克亲王到机场去迎接。机舱门打开，周总理一行全部白色西装、黑色领带。西哈努克亲王愣住了，随即热泪盈眶。原来，周总理临上飞机前得知亲王的父亲苏拉玛里特逝世，特地让全体人员换上白西装、黑领带。下飞机后，周总理一行立即去吊唁亲王的父亲并敬献花圈。西哈努克说："像周恩来这样充满仁慈之心的伟人，在世界上是罕见的。"从中我们也可以看出服饰符号在特定情况下的作用。

4. 色彩符号

色彩存在于世间一切事物中，作为一种传播符号，它使电视画面产生强烈的现实感。

色彩学认为，色彩本身并无什么抽象的意义，人们通过联想与对色彩的运用，发掘它的象征意义：

蓝色，显得平稳、冷静。人们将它与环境中的天空、水、空间、距离联系在一起。在有些文化中，蓝色被用来创造一种思索的环境。

红色，是强烈、温暖、活泼的色彩，是血与火的色彩，联系着力量、地位、坚韧不拔的行为等等。红色引人注目，交通标志、批阅文件与作业、服装和镶嵌条等都要用它。

黄色，是一种鲜明欢快的色彩，比红色明亮但纯度次于红色，是阳光、灯光和辐射能的色彩。但黄色如不干净，会显得病态、刺眼、令人厌恶。

绿色，是生机盎然的象征，表示肥沃、富饶、万象更新。它被称作"有弹性的色彩"，传达了能量与平衡两种品质，这表现在其蓝黄两种组成成分中。

灰色，反映不活泼、靠不住，常与阴沉的天气、倒霉的日子、毫无趣味联系在一起。

紫色，常常可以联想到神秘与幻觉。棕色是大地的颜色，但也是污秽和浊泥的颜色。黑色使人迷惑不解，常常被当作否定、破坏、空虚、神秘莫测的表示。

白色，既可当作清洁、坦率、朴素，也可当作单调，还可体现为白色恐怖。（上述联想寓意，可参考美国卡洛琳·M. 布鲁墨著《视觉原理》，北京大学出版社，1987 年版，第 130、131 页）

三色学说的创立者、19 世纪德国科学家赫曼·海尔姆霍兹认为，任何一种物体的色彩都是由一定比例的三原色彩红、绿、蓝组成的。在人眼的视网膜上存在着分别对红、绿、蓝产生感映的感红纤维、感绿纤维和感蓝纤维。它们通过视觉神经将接收的色光信息传到大脑，形成一定的色彩感觉。人类对色彩感觉的联想与理解，是一种哲学文化现象。

电视新闻在运用色彩符号时，通常只需要再现新闻现场的色彩，不需要艺术专题片刻意追求的外加主题色彩,但在电视新闻纪录片中,应注意色彩的联想与寓意效果。

5. 空间符号

或称空间距离符号,指电视画面中出现的人与人之间的距离或人物与景物、事物之间的距离,可显示人际关系的疏密,可显示人物与景物、事物之间的有机联系、主次关系或烘托陪衬关系。

6. 图表符号

有的历史事实无法再现,有的经济数字统计与比例关系很难用形象表达,用图表符号表达虽较简陋,却也朴素实用。在电视屏幕上出现图表符号,简洁明了地表述一定的资料、数据与比例,也不失为有效的补救办法。

7. 新闻照片屏幕符号

电视新闻大多由活动图像加有声语言组成,也有小部分电视新闻由于摄像机未能及时摄及,只能作口播新闻。电视口播新闻又有两类:一类是只出播音员或节目主持人口播的头像;另一类是头像背后或旁边附有新闻照片。用新闻照片作为电视新闻传播符号的构成因素,已经越来越被电视新闻工作者所重视。用新闻照片充实到口播新闻中,从而增加新闻信息量,已成为新闻竞争的有效手段。

8. 节奏符号

这是指电视画面"镜头"转换的节奏快慢。电视新闻中说的一组画面(或一个"镜头"),是指电视摄像机在特定的时间空间环境里每拍摄一次(从开机到关机)所摄取的一段连续画面。如果连续画面长,"镜头"转换节奏慢,显得情绪舒缓、松弛;而如果连续画面短促,"镜头"转换节奏快,能使静态画面产生强烈的动感,显得情绪紧张、激动。如 1996 年华东城市电视台好新闻评比特等奖作品《台上警钟长鸣台下呼呼大睡》,是摄录南京市消防工作会议的实况,出席者大多为厂长经理,市领导在台上总结消防工作经验教训显得慷慨激昂,而台下却出现多人呼呼大睡的奇观。南京电视台的记者、编导采用快节奏手法处理打瞌睡奇观,取得良好的批评效果。

三、电视新闻的声画关系

电视新闻的传播符号概括起来就是声音部分(第一部分)和画面部分(第二屏幕语言符号、第三屏幕非语言符号)。声音和画面是电视传播的媒介,它们是不同的传播通道,在电视新闻中相辅相成,各自发挥独特的功效。

电视画面的基本特性是连续性、再现性、可选择性和多意性。电视画面虽然客观记录了某些现实情景,但画面本身往往无法确切表达其深刻的内涵及其背景,或者说画面只是展示与再现某些情景,但无法深入地对此进行解释与论证。这也就是画面为什么离不开有声语言(报道词、解说词)的原因了。例如电视画面中一群穿着迷彩服的军人在开炮，远处烟雾弥漫，若没有报道词声音，观众就会乱猜：何时，何地，哪一派武装，在打谁？就不可能得到明确信息。

电视新闻中的声音符号各部分，由于与画面的组合关系不一样，可以分为报道词、同期声讲话、同期声音响、画外音响、实况音乐与背景音乐等。声音符号在电视新闻传播中的作用，大大扩展了信息传播的内容与范围，突破了画面只能表达当前形象化信息的局限，可跨越时间空间表达事物与事件，又可阐述深刻的思想和抽象的哲理；同期声的运用使现场感更强，情感色彩更浓郁；声音还能渲染环境，刻画人物心理等。

画面和声音在电视传播中各有长处与优势，又各有其不足，若能取长补短，扬长避短，相得益彰，则能产生立体传播效果。在电视新闻中，画面符号和声音符号的组合关系主要有以下三种方式：

1. 声画合一

声音和画面反映的事实内容完全一致，也即声音与画面同步发生、发展，视听高度统一。或者画面中出现的人和物是声音的主体，或者声音在具体说明画面中的事物与情景。

这种声画合一的组合方式是"高保真"的传播方式，也是最基本的电视大众文化的组合方式，真实可信，易于为受众所接受。电视新闻中的同期声讲话、同期声音响、电视实况转播等，都是声画合一的组合方式。

2. 声画对位

指电视新闻中画面与声音对列，它们按照各自的规律独自表现不同的事物信息，却又有机地围绕着或阐述着同一个新闻内容中心。声画对位，会产生信息差距，但是能促使受众将画面信息与声音信息加起来联想，从而产生深层次的信息效果。

声画对位的组合方式适合于以下情况：一种是画面信息十分清晰，一目了然，而观众还有一些疑问或题外的误解或深层次的要求，报道词就应解释、分析与说明。另一种是有些电视新闻，记者无法拍摄到实况，又非报道不可，则报道词反映新闻事实，而画面反映事过境迁的一些实地景象或附近居民的动态。再有一种是电视新闻评论，画面出现电视新闻，而记者在旁述评，或请权威人士述评，也出现声画对位组合。

3. 声画合一和声画对位的综合组合

在电视新闻专题片、纪录片中，常常综合使用声画合一和声画对位的组合方法，使作品既高度真实感人，又具有丰富的内涵与信息量。

在电视新闻中的同期声讲话与同期声音响，主持人与记者在现场报道中叙述画面的声音，都是与电视画面形成声画合一的组合方式；而在现场报道中，若画面是刚刚发生的新闻事件与新闻事实，而记者的评述已在追溯历史背景与社会原因，甚至作纵向、横向的背景分析与资料比较，这时的声音与画面就是对位、对列的组合方式了。

因此，在主持新闻节目中与在现场新闻报道中，声画合一和声画对位的综合组合方式常常起着灵活机动、深入报道的作用。

当然，在电视新闻报道中，要防止将声画合一误解为"看画解说"；将"声画对位"变为声画"两张皮"，割裂了它们的有机联系。有的电视新闻喜欢拍"万能"图像，利用画面的不确定性作任意图解，这是完全违背电视新闻声画之间的组合规律的，也违反了新闻报道的真实性原则。

编码/译码

［英］斯图尔特·霍尔

导言——

本文选自张国良主编：《20 世纪传播学经典文本》，朱晨译，复旦大学出版社，2003 年版，第 423－438 页。

作者斯图尔特·霍尔（Stuart Hall，1931～2014），出生于牙买加金斯敦，就读于牛津大学。霍尔是英国文化研究学派的主要代表人物之一，他长期任教于英国伯明翰大学当代文化研究中心，所提出的编码与解码理论具有广泛影响。代表作有《电视话语中的编码和解码》（*Encoding and Decoding in the Television Discourse*，1980），《文化研究：两种范式》（*Cultural Studies：Two Paradigms*，1982），《意识形态与传播理论》（*Ideology and Communication Theory*，1989）等。

本文认为，受众对媒介文化产品的解释，与他们在社会结构中的地位和立场相对应。受众理解媒介话语的立场主要有三种：一是接受占统治地位的意识形态的"主导统治地位的"立场，二是按主导意识形态进行解读却加以一定修正以有利于反映自身立场和利益的"协商式的"立场，三是与统治地位的意识形态反其道而行之的"对抗式"的立场。与之相对应的三种解读方式，分别为被支配式的解读、协商式的解读和对抗式的解读。

传统的大众传播研究，将传播过程总结为一个流通圈或环的概念。这种模式遭到批评，因为它是一种线性模式——传者→信息→受者，因为它集中于信息交流的层面，而且因为它没有形成一种将不同环节（moment）视为复杂关系结构的整体概念。我们有可能以另一种方式思考这个过程（而且这种方式很有用），那就是把传播过程看作是一种结构，几个相互联系但各不相同的环节——生产、流通、分配/消费、再生产——之间的接合(articulation)①产生,并一直支撑着这种结构。这就意味着,把传播过程设想为一个"占主导地位的复杂结构",这个结构由关联的实践的接合所支持,而每一不同的实践依然保持着其独特性,并具有自身的特殊模态、存在形式和存在条件。这第二种思考问题的方法,与马克思在《〈政治经济学批判〉导言》和《资本论》中提出的商品生产的大致框架是一致的,而且它还有这样一个优点:能更加鲜明地显示从生产到分配到再生产的循环往复的过程,是怎样为某种"形式的推移"过程所支撑的。并且,这种方法重点突出了传播过程中的产品在每个环节中以何种特殊形式出现,从而也突出了话语的"生产",与我们社会中和现代媒介系统中其他类型的生产的区别。

这些实践的"目标"(object),是以一种特殊的符号载体的形式出现的意义和讯息,同任何形式的传播或语言一样,它们是由话语的横组合关系链②内的代码操作构成的。生产工具、生产关系和生产实践,在一个特定的环节("生产→流通"的环节)中,以在"语言"规则范围内构成的符号载体的形式出现,"产品"的流通正是以这种话语的形式发生的。因此,生产这一环节,既需要有物质工具——即它的"手段",也需要有它自己的一套社会(生产)关系——也就是媒介内部对实践活动的组织和结合。然而,产品的流通在这里采用的是话语的形式,产品分配给不同受众,采用的也是这一形式。为了使这一循环往复的过程完整而有效,话语一旦完成,必须被转化成社会实践。如果人们不获得任何"意义",就不可能有"消费"。如果意义不能和实践接合,意义也就没有任何作用。上述这种认识传播过程的方法的价值在于,虽然相互联结的各个环节对于一个完整的循环过程都是必要的,但没有一个环节能完全保证它所联结的下一环节。因为每一个环节都有其特殊模态和存在条件,每一个环节都能破坏或打断"形式的推移"过程,而有效的生产的(即"再生产")的流程,就依赖于这种"形式的推移"的连续性。

因而,我们虽然不想将研究限制为"仅仅追随那些从内容分析中发现的线索",但还是必须认识到,(从流通的观点看)在传播交流中,讯息的话语形式占有特殊的地位。我们还必须认识到,尽管对于整个传播过程而言,"编码"和"译码"的环节只是"相对独立",但它们却是明确的环节。一个"原始"的历史事件,在那种状态下,是不能由电视新闻(举一例而已)传播的。事件只能在电视语言的视觉—听觉形式中被符号化即编码。在一个历史事件变成话语符号的环节中,它服从于所有语言表示意义

---

① 接合是霍尔媒介思想的一个关键词,霍尔认为传播活动是意义产制和流通的过程。意义是透过媒介产品的语言符号显现的,而语言的含义是约定俗成的。同一种语言符号和不同的社会地位、不同的权力形势接合(articulation)在一起,会产生截然不同的意义。意义最终能产生意识形态作用,因此传播活动才能展开意识形态的斗争,社会的不同团体都试图在对己方有利的意义上解释语言。(译注)

② 横组合(syntagmatic)关系,语言学名词,指构成线性序列的语言成分之间的"横"关系,即其语法关系,与之相对的是纵聚合(paradigmatic)关系,指在一个结构中占据某个相同位置的形式之间的垂直关系。(译注)

时采用的复杂、正式的规则。这是一个悖论,一个事件首先得变成一个"故事",然后才能成为一个可传播的事件。在这个环节中,话语的规则是占主导地位的。当然,这些规则没有占尽上风,被符号化的历史事件,使这些规则生效的社会关系背景,以这种方式被符号化之后的事件的社会和政治后果等,也占一定地位。在事件从信源传递到信宿的过程中,"讯息形式"是它必须采用的"出现形式"。因此,转换为或转换出"讯息形式"(或者说符号交流方式)的过程,并不是一个随意的"环节",我们不能随心所欲地从事这一过程或对之置若罔闻。"讯息形式"是一个确定的要素:尽管在某一层面上,它只构成传播系统的表面运动,但在另一层面中,它必须被融入整个传播过程的社会关系中。

从这一综合视角出发,我们可以将电视传播过程的特征粗略地描述如下。具有社会事业性质的电视广播机构,包括这些机构的实践与生产的网络,其有组织的关系和技术基础,是用来制作节目的。如果用《资本论》来类比,这是一种话语方式的"劳动过程"。在这里,生产就是建构信息。从某种意义上说,传播的循环过程就是以此为起点的。当然,这种生产本身也不乏"话语"的侧面:它也是自始至终以意义和思想为框架的。与日常生产有关的实用知识,历史所限定的技术技能,专业的思想意识,关于这些机构的知识、定义和假设,关于受众的假设等,都是通过这种生产结构来限定节目的组成框架的。进一步说,虽然电视的生产结构产生了电视的叙述方式,却并不构成一个封闭的系统。它们从其他信源和其他话语结构中抽取节目主题、处理方式、议程、事件、人员、观众形象和"情境的定义"。而这些信源和话语结构,处于更为广阔的社会文化和政治结构中。菲利普·艾略特在其关于受众怎么会既是电视讯息的"来源"又是其"接受者"的讨论中,曾在一个更为传统的框架中简练地表达这一观点。借用一下马克思的说法——事实上,流通和接收是电视生产过程中的"环节",并通过一定数量的、非对称的、有结构的"反馈",被重新纳入生产过程。可见,电视讯息的消费或接收本身,就是广义生产过程中的一个"环节",尽管后者(生产过程)是"最主要的",因为它是讯息"实现的出发点"。因此,电视讯息的生产和接收并非同一事物,但它们相互关联:它们都是传播过程的社会关系所组成的整体中的不同环节。

然而,在特定的时刻,电视的播放机构必须生产出以有意义的话语形式出现的、经过编码的讯息。为了使其产品(即讯息)被"理解",生产机构和社会之间的关系就必须服从语言的话语规则。这就开创出一个更为不同的环节,在此环节中话语和语言的正式规律起着支配作用。在这一讯息能产生"效果"(不管怎么定义它)、能满足一种"需要"或能被"利用"之前,它首先得作为一种有意义的话语,并能被人人有意义地译码。正是这一经过译码后获得的意义,才能"产生效果",对人们施加影响,为人们提供娱乐,起到教导或说服作用,从而造成非常复杂的感性上、认识上、情感上和意识形态上及行为上的后果。在一个"明确"的环节中,电视生产的结构采用一种代码,产生一种"讯息"。而在另一个明确的环节中,"讯息"通过译码行为,被汇入社会实践的结构之中。如今,我们已经充分意识到,这种重新进入观众接收和"使用"的过程,是不可能简单地以行为科学方面的概念来理解的。那些关于媒介效果、用途、"满足"等孤立因素的实证主义研究所定义的典型过程本身,就是以认知结构为框架的,而且是社会和经济关系的产物。这些社会和经济关系,在传播链的接收端影响到上述效果、用途、"满足"的"实现"过程,并使话语中符号化了的意义得以转化为实践或意识(以获得社会效用价值或政治有效性)。

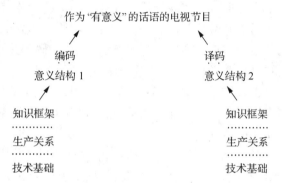

显然,我们归入图表中的"意义结构 1"和"意义结构 2"并不相同。它们不构成一种"直接一致性"。编码和译码的代码也许不完全对称。对称性,也就是传播交流中"理解"和"误解"的程度,取决于编码者(即讯息生产者)与译码者(即讯息接受者)这两个"主体"位置之间对称或不对称(即对等关系)的程度。可是,这反过来又取决于代码之间一致或不一致的程度,这些代码能完整或不完整地传递讯息,阻断或系统地歪曲讯息。译码使用的代码和编码使用的代码之间的不相符,一方面与电视传者和受众之间的关系及地位构造上的差异有很大关系,但另一方面,也与讯息转化成话语形式及话语形式转化成其他形式时,"信源"和"信宿"的代码之间的不对称性有关。人们称作"歪曲"或"误解"的现象,恰恰是由交流双方之间缺乏对等性所造成的。再说一遍,这界定了讯息在进入和离开其话语环节时的"相对独立(但不乏明确)性"。

这种基本范式的运用,已开始改变我们对电视"内容"这一较陈旧的指称的理解。我们刚刚意识到,它还可能改变我们对受众的接受、"解读"和反应的理解。在传播学研究中,以前也有人宣称过开端和终结,所以我们必须小心谨慎。但看来似乎有理由认为,在所谓的受众研究中,一个全新的、令人兴奋的新阶段也许正展现在我们面前。符号学范式在传播链任何一端的采用,将能驱除大众传播内容研究领域中长时间挥之不去的行为主义阴影,尤其是关于传播内容研究的方法。尽管我们知道,电视节目并不像敲打一下膝盖那样是一种行为的输入,但传统的研究者在对传播过程进行概念化时,似乎总是会陷于这种或那种隐匿的行为主义学说的变体。我们知道,正如格伯纳所说,电视屏幕上对暴力的表现"并非暴力行为本身而是关于暴力的讯息"。可是,我们继续研究暴力等问题,好像理解不了这种认识论上的差异。

电视信号是非常复杂的。它本身由两种语言——视觉语言和听觉语言——结合而成。更重要的是,这是一种图像符号,用皮尔斯的术语来说,"它具有它所描述的事物的某些性质"。正是这一点导致了许多混乱,也正是在这一点上,视觉语言的研究者们争论不休。视觉表现手法将三维世界转换到二维平面中表现,这种表现当然不可能是它指称的事物或概念。电影中的狗会叫但不会咬!现实存在于语言之外,但它持续不断地由语言并通过语言被传达。我们能知道的和能言说的,必须在话语中并通过话语产生。话语"知识"并非对"真实事物"的语言形式的透明表现的产物,而是语言对实存的关系和语境的表述产物。所以,没有代码的运作就没有可理解的话语。因此,图像符号也就是编成代码的符号,纵然这里的代码和其他符号发挥作用的方式不同。在语言中,没有零度这样明确的界限。自然主义和"现实主义"——对被表述的事物和概念的显然的忠实性——是语言对"现实"某种特定表达的产物,亦即效果。它是话语实践的产物。

当然,某些代码可能广泛分布于一个特定的语言社会或文化中,人们从小就学会了这些代码,以至于这些代码看上去似乎不是被建构的,也就是说,不是符号与所指对象之间接合的结果,而是"自然"产生的。在此意义上,简单的视觉符号似乎具有了"近乎普遍性"的性质,尽管有证据表明,一些看上去是"自然"的视觉代码也具有文化特征。然而,这并不意味着没有代码的介入,相反,代码是被深层次地自然化了。自然化后的代码的运作,不显示出语言的透明度和"自然度",而显示出正在使用的代码的深度、其被人们习以为常的性质及其近乎普遍性。它们产生了看上去是"自然"的认知。这具有(从意识形态上)掩盖正在进行的编码实践的效果。可是,我们不应被表象所迷惑。事实上,自然化后的代码所表明的,是其被人们习以为常的程度,它产生于编码与译码双方意义交换之间有一种基本的联合关系和交互作用(也就是双方达到了一定的对等性)之时。译码方的代码运作,常被认为是自然的知觉过程。这使得我们以为"牛"的视觉符号实际上就是(而不是代表"牛")这种动物。可是,当我们联想畜牧业教科书中出现的牛的视觉形象,或进一步,当我们联想"牛"这个语言符号时,可以发现,就它们代表的动物的概念而言,两者在不同程度上都是具有任意性的。一个具有任意性的符号,无论视觉符号还是语言符号,与其所指对象的概念的联系,不是自然的产物,而是约定俗成的认可的产物,并因循性地要求必须有代码的介入与支持。所以艾柯认为,图像符号"看上去像是现实世界中的物体,因为它们使知觉过程的条件(即其代码)再现于观众心目中"。然而,这些"知觉的条件"是一套高度的代码化的(纵然是近乎无意识)运作的结果,亦即译码的结果。这既适用于摄影图像和电视图像,也适用于其他任何符号。但是,图像符号特别容易被"解读"成自然形象。这不仅因为视觉符号的分布广泛,而且因为视觉符号的任意性不似语言符号那样强:"牛"这一语言符号一点也不具有它所代表的事物的性质,而牛的视觉符号则看上去似乎具有那些性质中的一些。

　　这一点有助于我们澄清现今语言学理论中的一个混乱现象，也有助于我们精确定义此文中运用的一些关键词语。语言学理论频繁地使用"外延"与"内涵"之间的区别。"外延"这一词语被广泛地认为等同于符号的字面意义：这种字面意义几乎是普遍得到承认的，人们采用视觉语言时尤其如此，所以"外延"常常被混淆为语言对"真实"的一板一眼的复制，从而也被混淆为一种没有代码介入就产生了的"自然符号"。另一方面，"内涵"仅仅被用以指称较不固定、也更为约定俗成和多变的联想意义。联想意义在不同情况下可能截然不同，所以它们必须依靠代码的介入。

　　我们不这样运用外延和内涵的区分。从我们的观点看，这种区分只是分析式的区分而已。要想在任何语言环境中，在任何时候，运用一种比较粗糙的方式将一个符号的可能被人们当作是"字面意义"的方面（外延）和这个符号可能产生的联想意义（内涵）区分开来，则这种分析倒是有用的。但我们不能把这种区分方法和真实世界中的区别混淆起来。很少有以下情况：在某一语段中组织起来的符号只用以指称其"字面"（即几乎被普遍默认的）意义。在实际的话语中，大部分符号会将以上重新定义的外延和内涵方面结合起来。那么，可能有人会问，为什么还要保留这种区分呢？这多半是出于一种分析上的价值的考虑，是由于符号似乎在其"联想"意义的层次上（即内涵层次上）才获得其全部意识形态的价值——可与更为广泛的意识形态的话语和意义结合起来。在这里，"意义"显然没有在自然的知觉过程中被固定下来（就是说，并未完全被自然化），而它们的意义和联想的流动性则能被更充分地利用和改变。所以，正是在符号的内涵的层面上，现实环境的思想体系改换和改变了符号的意指作用。在此层面上，我们可以更清晰地发现，思想体系积极介入和干涉话语：在此层面上，符号有可能从新的角度受到强调，而且，借用伏罗希诺夫（Vollosinov）的术语来说，符号完全参与了有关意义的斗争——语言中的阶级斗争。这并不是说，外延的或"字面的"意义存在于思想体系之外。事实上，我们颇可以说，它的思想价值是相当固定的——因为它已经变得如此普遍化，完全"自然化"了。由此可见，"外延"和"内涵"这两个术语只是有用的分析工具而已，其用处是在特定的语境中区分意识形态和话语相交的程度，而不是区分语言中是否有意识形态的成分。

　　视觉符号的内涵层面，其上下文参照及其在不同意义和联想的话语领域中的定位的层面，是一个关键。在这里，代码化了的符号和某种文化中的深层语义代码相交，而呈现出附加的、更为活跃的意识形态特性。我们可以举广告话语中的例子。在广告中也没有"纯粹外延式"的表述方式，当然也没有"自然"的表述方式。广告中的每个视觉符号，都含蓄地意味着一种特性、情形、价值或推理。以一种言外之意或暗示意义的方式出现，这取决于内涵的定位。在巴尔特的例子中，薄毛衣总是表示一种"温暖的外套"（外延），从而表示"保暖"活动或"保暖"价值。但它也可能在更深的内涵层面上指"冬天的来临"或"寒冷的一天"。在专门的时装业的亚代码中，毛衣还含蓄地意味着一种"高档时装"的时髦风格或一种随意的穿着风格。如果在恰当的背景下,定位于浪漫的亚代码中,它还可能隐含"秋日在树林里长长的漫步"的意义。这种序列的代码,将符号与更加广阔的社会意识形态体系清晰地联结起来。这些代码,是特殊话语中用来表示权力和意识形态的手段。如此,符号归属于"意义的地图",任何文化都归类于其中,而所有的社会意义,实践与效用,权力和利益,都被"写入"那些"社会现实的地图"。巴尔特评价道,能指的内涵层面"与文化、知识及历史有着密切的交流,而且可以说,正是通过这些层面,周围的世界侵入了语言体系和语义系统。如果你愿意,不妨把它们叫做意识形态的断片。"

所谓电视符号的外延层面,是由特定的、非常复杂的(然而是有限或"封闭"的)代码所确定的。它的内涵层面,虽然也有所界定,却更开放,更积极地变迁,而这种变迁利用了其一词多义的价值。任何这样被构建起来的符号,有潜力变迁为有一种以上内涵的结构。然而多义性不能和多元化相混淆。内涵符号相互之间并不是平等的。任何社会或文化都倾向于(带有或多或少的封闭性)强迫他人接受其对社会、文化和政治世界的分类标准。这些标准构成一种占主导地位的文化秩序,不过这种秩序既非单义的,也不是无可争辩的。"占主导地位的话语结构"是关键所在。社会生活的不同方面似被划归于话语领域,按等级被组织为占主导地位的或较受偏爱的意义。新近发生的,有问题的,或令人棘手的事件,与我们的预期相悖,与我们的"常识"不符,与我们对社会结构"习以为常"的知识背道而驰,所以这些事件首先必须被划归到话语领域中,然后才能被称为"有意义"。最常见的"将它们绘成意义之图"的方法就是,将新的事件归入这种或那种现存的"有问题的社会现实的图表"中。我们说占主导地位的而不说"确定不变的",那是因为我们很可能在不止一种"图表"中对一个事件进行排序、归类、分配和译码。但我们还是要说"主导的",那是因为有一种"较受欢迎的解读"型式,其中不仅留有组织化的/政治的/意识形态的秩序的印痕,并且自身也已经被制度化了。"较受偏爱的意义"领域中深埋着作为一套意义、实践和信仰出现的整个社会秩序。其中包括,关于社会结构的常识,关于"在这种文化中事物是怎样为所有实践目的而运用"的知识,权力和利益阶层的秩序,以及合法性、界限与认可的结构。因此,为了在内涵层面上澄清"误解",必须通过代码参考社会生活的、经济的、政治权利的和意识形态的秩序。进一步说,这些意义之图虽是"占主导地位地构建起来的",但不是封闭式的,所以传播过程的要旨不在于毋庸置疑地将每一个视觉节目分配到一套事先设计的代码里的确定位置中,而在于毋庸置疑地将其分配到一整套应当执行的规则里的确定位置中,即有效与有用规则及实际运用的逻辑原则里的位置中。这些规则积极地坚持或偏爱某个语义学的领域甚于另一个语义学的领域,然后裁定各种节目是否与恰当的意义系统相符。正统的语义学往往忽略解释工作这一实践,尽管它实际上构成了电视播出实践的真正关系。

当我们论说占主导地位的意义时,谈及的并非一种单方面的过程,这一过程决定

新闻理论研究导引

所有的事件将怎样被表述。传播过程包括在占主导地位的定义界限内实施关于某个事件译码，在此界限内为这种译码赢得说服力及使之合法化做必需的"工作"，而这一事件已在占主导地位的定义界限内得到内涵意义上的表述。泰尔尼（Terni）曾这样评述：

> 当我们说解读一词时，不仅指确认和破译一定数量的符号的能力，而且指一种主观能力，即把符号放到与其自身及与其他符号的创造性关系之中的能力：这种能力本身就是完全领悟自身所处整体环境所需要的条件。

这里，我们不同意"主观能力"这一概念，似乎电视语言的所指对象是一个客观事实，而解释电视语言的层面则是个体化和私人的事情。事实似乎正好相反。电视实践恰恰对某些关系负有"客观的"（也就是系统的）责任，正是通过这些关系，不同的符号在任何话语情形中相互约束，而电视实践就这些事件应置于何种"有关自身所处整体环境的领悟"之中不断地重新安排、界定和限制。

这一问题会引起误解。那些发现他们的信息"无法被正确理解"的电视制作者，经常关心如何将传播链中的纠缠之处矫正过来，从而达到传播的"有效性"。通过试图发现受众能回忆起多少信息以及提高理解的程度，许多声称具有"以政策为导向"的客观性之研究再现了这一管理目标。毫无疑问，某种字面上的误读是存在的。例如，观众不知道节目使用的专有名词，跟不上论辩或说明中的复杂逻辑关系，不熟悉语言，发现概念太怪或太难，被说明性的讯息搞糊涂了。可更多的时候，传者们是担心观众不能理解他们——即传者们——希望表示的意义。他们的真实想法是，观众并非根据"占主导地位的"或"较受偏爱的"代码进行运作。他们的理想是"完全不失真的传播"，但他们必须面对的却是"被系统地扭曲的传播"。

近年来，人们常常引用"选择性认知"这种说法来解释差异。"选择性认知"是一道门户，一种残留的多元化倾向通过这道门户躲避掉一个高度结构化的、不对称也不对等的程序的强制。当然，总会有私人的、个体的、不同的解读。可是，"选择性认知"几乎从来不具有这个概念所暗示的那种程度的选择性、任意性或私人化的倾向。选择性模式通过个体差异而显示出重要的群集。因此，任何受众研究的新途径，皆必须起始于对"选择性认知"理论的批评。

以前有人争辩说，编码与译码过程之间没有任何必然的对应关系，所以编码能试图"偏爱"某种译码却无法规定或保证那种译码，因后者有其自身的存在条件。一般而言，除非两者偏离极大，否则编码将产生一些译码在其中运作的限制和界限范围。假如没有任何限制，观众们就能把他们喜爱的任何东西解读到任何讯息中去。无疑，的确存在着这样一些全然的误解。在广泛的运作范围中，必然会包括编码与译码环节之间一定程度的交互作用，否则我们根本无法谈论有效的传播交流。然而，这种"对应"并不是天生的，而是建构而成的。它不是"自然"的，而是由两个不同环节之间的接合所产生的。所以,编码过程无法从简单意义上决定或保证将使用何种译码的代码。否则,传播将成为一个完全对等的循环往复的过程,而每条讯息将成为"完全不失真的传播"的实例。为此,必须考虑把编码和译码过程联结在一起的不同接合方式。我们将假想式地分析一些可能的译码立场,以便进一步证实"没有任何必然的对应"这一观点。

我们可以举出三种假想的立场,电视语言的译码方式可能驻足于这三种立场进行建构。对此,我们必须以经验主义的方式进行测试和提炼。可是,认为译码过程未必遵循编码过程而展开的观点,强化了"没有必然的对应关系"的论点,同时有助于我们以"系统性歪曲的传播"理论来解构"误解"的常识上的意义。

第一种假想的立场,是占主导统治地位的立场。例如,受众观看一个电视新闻节目或时事节目,完全、直接地接受其内涵意义,然后按照信息被编码时的参考代码对其进行译码,这时我们可以说,受众是在占主导地位的代码中进行译码的。这是理想中典型的"完全不失真的传播"的例子,或者说是我们"实际"能达到的最接近于"完全不失真的传播"的地步。在这一立场中,我们还可以区别出由职业代码导致的立场。这是由一种我们也许应称之为元代码的运作而产生的,职业的电视传者对本来已经以占统治地位的方法表达的讯息进行编码时,便采用这种立场。职业代码"相对独立于"主导代码,因为它采取了自己的标准和转化运作方式,特别是那些具有技术性与实践性的标准与运作。不过,职业代码乃是在占主导地位的代码"统治"之下运作的。事实上,它正是通过将主导概念的支配特征加以界定,并采取被置换过来的职业代码运作,起到再现主导性定义的作用。而这些职业代码运作,将一些诸如视觉质量、新闻价值和表现价值、电视质量、"职业作风"之类貌似中立的、技术性的问题置于突出的地位。例如,关于北爱尔兰政治、智利政变或劳资关系法案的占统治地位的诠释,主要是由政治上和军事上的精英人物所阐发的。对表述时机与形式的选择,人员的选择,形象的选择,以及把辩论搬上荧屏的策划,都通过职业代码的运作而进行取舍和组合。至于职业电视工作者如何既能以自己"相对独立"的代码进行操作,又能重现(此中并非没有矛盾)对事件的占统治地位的释义,这是一个复杂的问题,在此无法进一步展开阐述。只要说一点谅必就够了:电视职业人员和那些下定义的精英人士有着千丝万缕的联系,他们之间不仅仅通过电视本身作为一种"意识形态工具"机构的地位联系起来,而且通过对于电视享用机会的结构联系起来(就是说,特选的精英人士常过多地上荧屏,他们关于"形势的定义"常过多地在电视中播放)。甚至可以说,职业代码特别擅长于不公开地把运作引致一个主导方向,从而起到重现占统治地位的定义之作用:因而,意识形态在此的再现是不经心、无意识地"在人们背后"发生的。当然,主导的和职业化的释义与表述其意义的机构之间,冲突、矛盾,甚至误解,是经常产生的。

我们要指出的第二种立场,是协商式的代码或立场。大多数观众或许能在相当程度上理解由主导性的定义和职业化的释义表达的信息。然而,主导性的定义之所以占统治地位,正是因为它们代表对"占主导地位的"(世界性的)情况和事件所下的定义。主导性的定义隐含地或明确地将事件和广阔的整体表述联系起来,将事件和宏观的横向组合的世界观联系起来:它们观察问题采取"大视角",将事件联系到"国家利益"或地理政治学的层次上,纵然它们是以一种掐头去尾、本末倒置或将事件神秘化的方式来达成这种联系。占统治地位的观点的定义如下:

(a)它在自己的措辞范围内界定可能的意义或某个社会或某种文化中整套关系的精神领域。

(b)它带着合法性的烙印——它看上去和社会秩序中"自然"、"不可避免"、"理所当然"的事物具有共同界限。

以协商形式进行的译码过程中,混合着适应性和对抗性的因素。一方面,它承认占统治地位的定义进行宏观表述(抽象表述)的合法性;另一方面,在更为严格、具体(即定位的)层面上,它制定出自己的程序——它的运作中会有不符合规则的例外。它既承认有关事件的主导性定义的特权地位,同时又保留着以较为协商式的方法将其运用于"本地情形"的权利。因而,这种占主导地位的意识形态的协商式变体充满矛盾,尽管人们只是在特定情况下才能充分意识到这些矛盾。协商式代码遵循所谓特定的、具体情势下的逻辑而运行:这些逻辑是依靠它们与权力话语和权力逻辑的不相同、不平等的联系得以维持的。一个最简单的协商式代码的例子,是管辖一个工人对一项劳资关系法案的反应的代码:这个法案限制人们罢工或提出冻结工资的要求的权利。在有关"国家利益"的经济辩论的层次上,译码者可能会采用占统治地位的定义,同意"我们都必须少拿工资以抑制通货膨胀"。尽管如此,它几乎或根本无法影响这位工人为更多的工资、更好的工作条件而继续罢工,也无法影响他/她在工作场所或工会组织层次上反对这项劳资关系法案。我们怀疑,大多数的所谓"误解"原本产生于占统治——主导地位的编码和协商——合作式的译码之间的矛盾和脱节。正是这两个层次的不协调,使下定义的精英人士和职业人员发现了"传播失败"。

最后还有这种可能:一个观众完全明白话语中给出的字面意义和内涵隐义,但他/她偏用一种与之完全相反的方式进行译码。他/她以自己喜爱的代码分解讯息,将讯息在另一种参照体系中重新组合。例如:一个观众在接触关于有无必要限制工资的辩论讯息,可每次提到"国家利益",他/她都将其"解读"为"阶级利益",他/她是在以我们得称之为对抗式代码的代码进行运作。政治上最为紧要的时刻(显然,这与广电机构本身的危机时刻是重合的)之一,就是人们开始对抗式地解读通常会以协商方式编码和译码的讯息的时候。这里就介入了"表意的政治"(politics of signification),即话语中的斗争。

研究与思考

＝延伸阅读＝

1. 艾丰:《新闻语言是一种独立的语言》,载《新闻与写作》2010 年第 11 期。

2. 陈力丹:《"日前"是哪天？"据悉"据谁悉？——满天飞的非新闻术语》,载《新闻界》2012 年第 18 期。

3. 段业辉、李杰:《新闻传播中语言信息的若干问题——兼论不同媒介新闻语言的比较》,载《江海学刊》2004 年第 2 期。

4. 图恩·范·戴克:《新闻、话语和意识形态》,见[美]卡琳·沃尔-乔根森、托马斯·哈尼奇编著:《当代新闻学核心》,张小娅译,清华大学出版社,2014 年版,第 202－215 页。

5. 胡建斌、李铁锤:《论新闻文本的封闭性与开放性》,载《江西社会科学》2008 年第 6 期。

6. 贺建平:《新闻文本的多义性解读》,载《当代传播》2004 年第 2 期。

7. 田中阳:《话语理论及其对新闻传播研究的价值意义》,载《新闻界》2006 年第 3 期。

8. 王洁、罗以澄:《论新时期中国媒介的话语变迁》,载《河北大学学报》(哲学社会科学版)2010 年第 1 期。

9. 黄旦:《新闻专业主义的建构与消解——对西方大众传播者研究历史的解读》,载《新闻与传播研究》2002 年第 2 期。

10. 李岩:《新闻专业主义在中国大陆的实践与变异》,载《当代传播》2011 年第 1 期。

＝问题与思考＝

1. 试比较不同的新闻媒介在符号使用方面的异同点。

2. 为什么说新闻文本的结构是一种深层次的文本控制力量？

3. 把关人理论、新闻框架说分别是如何解释新闻文本生产中的控制因素的？它们的解释有何区别？

4. 新闻专业主义为新闻文本生产提供了哪些规范？你认为这些规范是否也适合中国的新闻生产呢？

5. 你如何理解受众在新闻文本接受中的地位和作用？

6. 你如何理解符号论对新闻文本意义建构的观点？

7. 试析霍尔的编码/解码理论。

＝研究实践＝

1. 请挑选消息、通讯和特写经典范文各一篇，试用梵·迪克的新闻结构理论加以分析之。

2. 请尝试对中国新闻实践中的新闻专业主义状况做一些实证分析。

第三编　新闻关系论

第八章　作为新闻事业的新闻传媒

导　论

　　新闻传媒在社会上并非孤立的个体，当媒体作为一种社会化组织存在的时候，多个媒体的集合必然会向着一个行业演化，人们在其中所从事的工作也会向着一种固定职业的方向发展。随着这个行业的逐步成熟，它便具有了自己独特的性质，并且在整个社会大系统中作为一个子系统发挥其独特的功能。对于这个子系统，人们有时称之为"新闻事业"，有时又称之为"传媒产业"。

　　事业与产业之分，其实只是从不同角度对同一对象进行观察的结果。新闻事业是从新闻媒体作为内容生产者和传播者的角度而言的，它强调是其意识形态的属性；而传媒产业则是从新闻媒体作为市场主体参与社会化大生产的角度而言的，它强调的是其信息产业的属性。意识形态性和产业性构成了新闻传媒的双重属性。无论是作为新闻事业，还是作为信息产业，新闻传媒都要处理与社会其他子系统的关系，与它们进行信息与能量的交换，以满足自己生存与发展的需要。作为新闻事业，新闻传媒要与社会进行信息与思想的交换，从而承担公共服务职能，促进社会发展与进步；作为信息产业，它要与社会进行物质能量交换，参与经济运行和市场竞争，从而获取必要的利润，保障自己的生产和扩大再生产。本章先从新闻事业谈起。

一、新闻事业的产生和发展

　　无论古今中外，在人类社会生活中普遍存在着传播与接受新闻的现象，远如上古时期人类的祖先在狩猎时用口语传递关于动物活动的信息，近如今天的人们用手机短信、微博或微信相互传播最新的消息，这些都是广义上的新闻传受活动，并不能笼统地称为新闻事业。新闻事业是有特定含义的，它只在狭义的内涵上指称新闻和新闻传受活动，强调的是新闻和新闻实践的专业性。

　　所谓新闻事业（Journalism；News Institutions），即专业新闻机构及其各项业务活动的总称。从新闻事业社会属性的角度，也可以将其概括为：运用新闻手段为一定社会的经济基础服务的新闻传播机构及其进行的各项业务活动。新闻事业区别于通常意义上的人际新闻传播活动，它具有这样几个显著的特征：一是有合法的新闻传播机构；二是有组织有目的地进行新闻传播活动；三是在新闻传播过程中采用各种新闻传播技术和传播手段；四是拥有专业化分工明确的专职从业人员；五是面向社会大众，具有广泛的社会影响[①]。用这样的标准来衡量，新闻事业是人类新闻传播活动经过漫长的实践过程，发展到特定的社会阶段之后的产物。

虽然新闻事业产生是较晚近的事，但人类的新闻传播活动可以说是与人类社会同时共存的，从口头传播、手写传播再到印刷传播，经历了漫长的历史演化过程。进行最新信息的交流，既是人们相互之间进行联系的纽带，也是社会作为一个共同体得以存在的基础。正因为如此，在古代社会发展的各个阶段，新闻传播活动从来也没有间断过。但由于物质和技术条件的限制，同时也是由于封建社会以前统治阶级的政治和思想控制的需要，新闻传播活动无法大规模地进行，更不可能形成专业化的组织。到了资本主义社会，随着政治、经济、物质、技术、文化等方面条件的变化，新闻传播活动开始由"自发传播"逐步向"自为传播"转化，规模化的传播活动、组织化的传播机构以及专业化的传播人员开始出现，在这样的基础上，近代新闻事业就诞生了。

一般认为，新闻事业的产生必须具备以下三个必要条件：一是一定的物质技术条件，主要是铅字活版印刷术的发明。二是商品经济的发展，促使人们需要及时了解原料产地和商品销售市场的经济、交通、政治、军事等各方面的新情况。三是一定的社会政治民主和有一定文化的读者群[②]。这正是资本主义制度由萌芽到战胜封建制度的进程中，为人类新闻传播活动由自在状态向自为状态提升所提供的主要条件，从这个意义上说，资本主义是近代新闻事业的催生剂。

新闻事业从产生到今天，经过了几百年的发展过程。在此过程中，它呈现出以下几个基本的规律。

一是生产力的发展水平最终决定着新闻事业的发展水平。从总体上来说，生产力是新闻事业发展的最终决定因素，生产力水平和新闻事业的发展水平之间有着直接的正相关关系。之所以如此，主要是由于以下几个原因：第一，生产力水平的提高会促进科学技术不断进步，从而为新闻事业发展提供日益先进的物质技术手段，机器印刷术的发明，无线电传输、电视成像技术的出现，互联网、卫星通信技术等的广泛使用，无一不极大地推动了新闻事业的发展；第二，生产力水平的提高

---

① 《中国大百科全书》（新闻出版），中国大百科全书出版社，1990年版，第408页。
② 《中国大百科全书》（新闻出版），中国大百科全书出版社，1990年版，第408页。

会促进社会与经济活动规模的扩张,人与人之间的交往日益频繁,社会分工日益精细,人们对信息的需求日益增加,从而刺激新闻事业的发展;第三,生产力水平的提高会促进企业生产经营水平的提高,企业对媒体的广告投放也越来越多,新闻业本身也日益成为国民经济的一个重要组成部分,这就会促进新闻媒体不断扩大生产和再生产;第四,生产力水平的提高会促进社会公众教育和文化水平的提升,从而刺激人们对新闻传播的需求。世界各国新闻事业发展的轨迹无一不证明,生产力水平的高低直接制约和决定着新闻事业的发展速度和规模大小,这是新闻事业发展的一条客观规律。

二是政治和经济制度决定着新闻事业的体制模式。新闻事业的发展不光受生产力的制约,同时也受到政治制度、经济体制、文化传统以及新闻事业自身发展轨迹的制约。其中政治制度的制约作用尤为显著。从世界各国的实际情况来看,其新闻体制都是由其政治、经济体制决定的。例如,当今世界的电视体制主要有三大类,即"以美国为代表的以私有制为主体的完全商业化运作体制;以西欧各国为代表的公私兼顾的双轨制运作体制;以中国为代表的完全国有的有限商业运作体制。世界其他国家的电视体制,或可归入上述三种体制,或是此三种体制的小小变异"①。之所以会形成这样三大体制,与美国三权分立的政治制度和自由市场经济制度、西欧各国更多地重视政府调节作用的市场制度、中国的一党执政制度和有中国特色的公有制与市场经济相结合的模式是有着内在的一致性的。

三是媒介构成呈现出由单一到多元再到整体融合的趋势。从本书第五章中我们已经看出,人类媒介形态的构成,从最初相对比较单一以报纸为代表的纸质媒介,到后来以电视为代表的电子媒介,再到以互联网为代表的新媒介,类型越来越趋向于多元化,技术含量越来越高,媒介的表现形式越来越丰富,每一种新媒介都会吸收原有媒介的优点而又呈现出原有媒介所没有的新特点。从上世纪末开始,这种媒介既相互共存而又相互渗透和相互融合的趋势不断增强,这其实也是媒介不断进化的必然结果。正如美国传播学家菲德勒所指出的那样:"一切形式的传播媒介都在一个不断扩大的、复杂的自适应系统以内共同相处和共同演进。每当一种新形式出现和发展起来,它就会长年累月和程度不同地影响其他每一种现存形式的发展。新媒介绝不会自发地和孤立地出现——它们都是从旧媒介的形态变化中逐渐脱胎出来的。当比较新的形式出现时,比较旧的形式就会去适应并且继续进化而不是死亡。一切形式的传播媒介,以及媒介企业,为了在不断改变的环境中生存,都被迫去适应和进化。"②这样的趋势无疑还将继续下去。

---

① 李良荣:《当今世界的三大电视体系》,《新闻大学》,2000 年夏季号。
② [美]菲德勒:《媒介形态变化——认识新媒介》,明安香译,华夏出版社,2000 年版,第 24 - 25 页。

二、新闻事业的意识形态属性

从社会结构划分的角度来说,新闻事业是社会上层建筑的一个重要组成部分。所谓上层建筑,按照马克思的表述,就是"建立在一定的经济基础之上的社会意识形态以及与之相适应的制度和设施的总和"①。经济基础决定上层建筑,上层建筑反映经济基础并对后者起反作用。按此道理,新闻事业在一定经济基础之上产生,也必与一定的经济基础相适应。

当然,说新闻事业属于上层建筑,只是从总体上表明了新闻事业的社会属性。作为上层建筑的一部分,新闻事业还有它的特殊性;换言之,新闻事业与其他上层建筑之间存在着一定的区别。它不同于国家机器和暴力机关,不是通过行政手段和法律手段去解决问题,因而也就没有一般意义上政治或法律的上层建筑的强制力。新闻事业只是运用新闻手段进行活动,通过报道事实和评价事实,宣传和解释一定的思想观念,倡导一定的行为规范,为新闻传媒的所有者和控制者创造有利的舆论环境,这就是它作为上层建筑的特殊性之所在。因此,更确切地说,新闻事业具有意识形态的属性。

新闻事业的意识形态属性可以通过新闻媒体的日常业务运作具体表现出来。一是事实选择。大千世界,每天发生的事实不可胜数,媒体报道新闻必须作出新闻选择。而在选择所报道事实的过程中,任何媒体都会表现出趋利避害的一面,而利害的标准就是媒体所有者也即实际控制人的利益。二是新闻制作。虽然按一般要求,记者不宜直接在新闻中发表观点,但记者常常可以通过"让事实说话"来说明自己的观点,也就是将自己的观点(实质是媒体的观点)隐含在事实的叙述中。三是编辑策略。平面媒体中的版面布局,电子媒体中的稿件组合,都可以通过版面的位置、次序的先后、篇幅的大小、时间的长短等诸多因素,来体现传播者对新闻事件主次轻重的处理策略,传播者往往都是尽量突出有利于自己的新闻,而把不利的新闻放在次要的、不显目的位置上。四是言论表态。媒体还可以通过发表言论,包括各种评论、理论文章以及一些读者来信等,与新闻报道相配合,直接发表自己的观点,表明对新闻事件的立场。

新闻事业的意识形态属性更为明显的一种表现,就是通过新闻媒体在短时间内大量地、有针对性地进行某一方面的新闻报道,达到营造某种舆论氛围或引导社会舆论的效果。这时,不光新闻媒体自身会表现出明显的态度立场,而且往往能从整体上体现其背后的利益集团或政党政府的意志或立场。

当然,要注意的是,说新闻事业具有意识形态属性,并不等于说任何新闻媒体无时无刻不在进行意识形态宣传,也不等于说任何新闻都具有政治性和阶级性。只有在报道涉及社会各阶层或国家利益的重大事件时,新闻才会带上明显的意识形态性,

---

① 陶德麟主编:《马克思主义哲学原理》,人民出版社,2010年版,第179页。

它集中体现在政治、军事、经济、外交等新闻上。而有些新闻，并不直接涉及这些利益，就会较少带有甚至不带有意识形态性，如气象、体育、科技、奇闻趣事等。即使是带有意识形态性的新闻报道，新闻媒体也应尽量做到公正客观地报道事实，而不是随心所欲地发表议论。

三、新闻事业的社会功能

新闻事业的社会功能是指新闻事业在社会中所发生的作用。任何事物在社会中发生怎样的作用，都取决于它具有什么样的社会属性。新闻传媒的双重属性，决定了它在社会上可以发挥多重作用。作为新闻事业的新闻传媒，其社会作用主要表现在以下几个方面。

一是报道新闻，传播信息。人们之所以需要新闻事业，最主要的是想从中获取各种与自己利益相关的新闻和信息。为了更好地生产、工作、学习和生活，人们需要随时了解周围世界的变动情况。人们需要知道国内环境是否安定，国际环境是否安全；需要知道党和政府的方针政策有何新的变动，邻近地区和单位有哪些新的成就和经验；需要知道生产、交换、分配和消费领域的变化情况。特别是在被称为信息社会的今天，生产技术的发展、科学知识的更新、社会生活的变动都在以前所未有的速度进行。人们之间的社会交往越来越频繁，联系越来越紧密，就更需要及时掌握各方面的信息，以适应外部世界变动的需要。新闻事业正是通过自己有组织的不间断的报道活动，每日每时向人们提供客观世界变动的各种新情况，满足人们获取新闻和其他信息的需要。

二是舆论引导，舆论监督。舆论是一种普遍的社会现象，是公众的意见。社会舆论代表和反映社会公众的愿望和意见，可以反映人心之向背，具有很大的影响。新闻事业在报道新闻、传播信息的同时，还负有引导舆论和进行舆论监督的职责。舆论引导又称舆论导向，指运用舆论操纵人们的意识，引导人们的态度，从而控制人们的行为，使他们按照社会管理者需要从事社会活动的传播行为。新闻舆论引导有两种既有关联又有一定区别的含义。一种含义是指新闻本身可以生发成舆论，这种舆论要保持导向的正确；另一含义是用新闻去引导本已经存在的舆论，使其走向引导者所需要的轨道。新闻舆论引导的直接主体是新闻媒介，而间接主体则是隐身在媒介背后的各种社会组织或政党与政府。新闻舆论监督，是指运用新闻舆论的力量，对一切违背社会发展和伦理道德的现象所进行的监督。由于具有迅速及时、透明度高、影响面大等特点，新闻舆论监督在整个舆论监督中具有特殊重要的地位。在中国，利用新闻实施舆论监督既是新闻媒介服务于公众利益的必然要求，也是衡量国家政治民主化建设进程的重要指标。

三是推广知识，传承文化。新闻事业被称为"生活的教科书"，具有推广知识、普及文化的功能。但新闻事业并非真正的教科书，"它们所传播的知识，主要是和人们当前的生活、生产、工作有密切关系的,以及科学技术方面的新发现、新创造,社会科学的新探索、新观点、新材料,从而使人们不断了解人类社会科学文化的发展"①。新闻媒介传授知识和普及文化,最直接的是通过在报刊、广播电视中设置专门的知识性、教育性的栏目和举办讲座来实现的。但是,新闻事业的这一功能更多地体现在日常的具体的新闻报道之中。新闻报道中包含有十分丰富的科学文化知识的内容,受众可以通过这些新闻报道获取大量的有关的知识信息。在长期的、潜移默化的影响中提高自己的文化水平。从世界范围内来看,新闻媒介作为文化传递最有效的载体之一,在当今全球化进程中对文化传递具有双重作用。一方面,它可以在一个国家中将民族文化的观念和形态迅速和广泛地传播到一般受众之中;另一方面,它可能在世界范围内对强势文化的传播起促进作用,而对弱势文化的传播起抑制作用。

四是提供服务,娱乐生活。新闻事业还具有为社会、为公众服务的功能。从总体上说,新闻事业传播新闻与信息,反映及引导舆论都是服务,但这里所说的服务更侧重于公共服务,也就是区别于政府行为的那些能够满足受众作为公民的具体和直接需求的服务。其根本含义是新闻媒介通过大量而广泛地报道政治、经济、社会、文化、科技、教育、卫生、体育等公共领域的信息,为社会公众积极参与社会公共事务提供充分的信息保障和知识基础。当然,新闻传媒也可以通过提供广告及其他生活类、经营类信息,进行法律或其他咨询等,为受众提供具体的服务和指导。这些服务有助于增强受众对新闻事业的亲切感,提高新闻事业的贴近性,从而扩大新闻事业对社会生活的影响。在新闻事业所提供的服务中,有相当一部分发挥的是文化娱乐的功能。报纸、杂志、广播、电视,尤其是声音图像并茂的电子传播媒介和日益呈现出媒介融合趋势的新媒介,其中很多内容都是诸如体育比赛、戏剧、电影、音乐、电视剧、文学、文艺晚会等轻松愉快的趣味性新闻及信息,可以起到放松身心、娱乐生活的作用。

新闻事业的功能与本书第二章所讲的新闻功能有一定的内在对应关系,但又不能完全混为一谈。新闻的功能是从新闻作为自在物的角度,对新闻本身就具备的作用的一种总结,而新闻事业的功能则是作为能动主体的新闻媒介及其管理者,有意识地利用新闻进行社会管理所发挥的作用。因为新闻事业具有很强的主观能动性,所以如果能够较好地尊重新闻规律来充分发挥新闻的功能,则新闻事业就会对社会发展起到巨大的促进作用;反之,若违反新闻的本质和传播规律,不仅会对新闻事业本身带来伤害,同时也会给社会发展带来阻碍或灾难,我国"文革"时期新闻事业所扮演的角色就是一个沉痛的教训。正因为如此,新闻事业的管理者、执政党及其政府,都应该创造良好的条件,使新闻事业能够良性发展,从而充分发挥其对社会的正面作用并限制其可能产生的负面作用。

---

① 李良荣:《新闻学概论》(第3版),复旦大学出版社,2009年版,第131页。

选 文

论新闻传播中的公共利益原则

罗以澄　刘兢

导言——

本文刊载于《当代传播》2006 年第 4 期。

作者罗以澄(1944～　　),福建福州人。1961 年考入中国人民大学新闻系,毕业后长期在报社、电台从事记者和编辑工作。后调入武汉大学新闻系任教,任教授、博士生导师,曾任武汉大学新闻与传播学院院长,兼任国务院学科评议组成员等。曾获教育部第一批"国家级教学名师"荣誉称号。出版《新闻采访学新论》、《媒介思辨录》等。研究方向:新闻理论,新闻业务。刘兢(1979～　　),湖南湘潭人,毕业于武汉大学新闻与传播学院,获文学(新闻学)博士学位。现为华南师范大学新闻与传播系副教授。研究方向:新闻理论,新闻业务。

本文认为,公共利益是人类对社会状态下自我与他我关系协调的理性思考的结果。新闻传播活动中公共利益原则要真正形成并发挥作用,有赖于现代意义上真正的公众的形成:只有理性而积极互动的公众才有资格定义何谓新闻传播活动中的公共利益;新闻传播活动中涉及公共利益的决定的执行过程,须接受公众的严格监督。

"公共利益"(public interest)是现代西方新闻传播活动中的一项重要原则。对新闻媒体而言,它既可以成为进行揭露性报道的旗帜性口号,也可以成为被卷入肖像权和名誉权等新闻官司时的抗辩事由;对政府而言,它则是对新闻传播业进行管理规制的正当性之源。曾获 2004 年度普利策奖公共服务奖的伯格曼认为,"公共利益是一个社会和国家的整体利益,新闻最大的价值莫过于其所揭露的问题可以换来所有人的安康和幸福,媒体的责任就在于将那些危害公众利益的事件暴露出来"①。在美国联邦通信委员会(FCC)及其前身联邦无线电委员会(FRC)对美国广播频道资源近80 年的规制历史中,公共利益作为规制的理由反复出现。

公共利益原则也在当代中国的新闻传播活动中得到应用。典型案例是,2002 年

---

① 陈煜儒:《向社会普及和提高公共意识——英伦巡礼之五》,《财经》电子版,来源:http://caijinghexun.com/mag/previewaspx? ArtID:6884,2005 年 7 月 5 日。

范志毅在《东方体育日报》损害其名誉案中的一审判决中败诉,担任该案审判长的吴裕华法官事后表示:"当公众人物的名誉权与舆论监督权发生冲突时,都要服从公共利益,公共利益最大。""公共利益"原则到底是什么? 它是可以量化的具体操作规范吗? 或是像公平、正义等观念一样,只是一个人们理想中可望而不可即的神话?

一、公共利益的神话

"公共利益"概念的关联性极广,与其相关的探讨几乎在各个人文社会科学学科中都有出现,并常与对私人利益的限制结合起来被考虑。与新闻业中的公共利益探讨不同,法学家关心的是公共利益实现过程中的正当性与合法性问题,经济学家则关心公共利益原则是否有利于提高资源配置效率,而社会学家所考虑的却是公共利益选择与社会秩序实现的关系问题。虽然讨论广泛而热烈,但对公共利益到底是指什么却始终无法给出一个明确的定义。这一方面是由于公共利益的内容难以确定,受不断变迁的权利主体和社会情境的影响,对利益的认定永远处于变动之中;另一方面,则是由于公共利益的受益对象的范围过于宽泛,高度抽象的"公共利益"一词远远不能对应具体的千变万化的人类利益需求。在丹尼尔·贝尔和埃尔文·克里斯托尔1965 年为《公共利益》杂志撰写的那篇著名的发刊词中,就曾提到过一种观点:"不存在'公共利益'这样的东西;只有私利——个人的、团体的、阶级的私利——他们都试图获得最大范围的公共影响和公共权力,都会用自己的方式去看待'公共利益'。"[①]

既然公共利益是如此抽象而捉摸不定,为什么人们还要将这一观念嵌入我们的生活呢? 西方学术话语中对公共利益探讨的源头,可以追溯到古希腊城邦时代亚里士多德的公共利益观。亚里士多德将公共利益诉求视为国家整体对"至高的善"的诉求的具体体现,并将是否坚持公共利益作为臧否政体的一个标准,"凡照顾到公共利益的各种政体就都是正当或正宗的政体;而那些只照顾统治者们的利益的政体就都是错误的政体或正宗政体的变态(偏离)。"[②]亚里士多德表现出了对整体公共利益无限推崇,然而,个人利益在哪里呢? 却找不到答案。西方近代自由观念的兴起,逐渐消解了亚里士多德以来的整体国家观。人们不再将国家视为追求"至高的善"的整体,国家成了卢梭等近代启蒙思想家眼中的"个人为享受公共利益而让出一部分个人利益而形成的集合体",国家形成的主要目的成了保护个人。我们认为,公共利益观念从出现开始,就是社会人对其生存状况进行理智考察的结果,无论是亚里士多德等人对偏重整体的抽象公共利益的建构,还是卢梭等人对公共利益与个人利益关系的重构,都是人类对社会状态下自我与他我关系协调的思考。社会人之间的关系之所以不同于自然界生物之间的关系,就是人们在优胜劣汰的利益竞争之余,还会进行相

---

① Daniel Bell & Irving Kristol, What is PI, Public Interest, 1965, NO. 1, Http://www.thepublicinterest.com/notable/articlehtml.

② 亚里士多德:《政治学》,商务印书馆,1965 年版,第 48 页。

互协商和对话，找出共同的利益以图共存。

公共利益就是这样一个横亘人类社会数千年历史的神话。它既是抽象的，也是具体的。它可被抽象成激动人心的口号，引领人们朝着彼岸的和谐社会前行；也与此岸上芸芸众生们具体的切身利益相关，成为每一个人随时都有可能面对的利益天平上的另一端。它既是公共的，也是私人的。它一方面为社会里的全体或部分成员所共享，成为人们公认的具有重大价值的利益；另一方面，它也不能脱离社会个体成员的私人利益而孤立存在。

二、新闻传播活动中公共利益原则的运作现实

从以上对公共利益观念源流的简单追溯可以看出，"何谓公共利益"这一问题似乎永无定论，不同社会个体或团体都会对其作出不同解答。也许我们更应该做的是穿透概念本身，进入概念背后鲜活的社会生活里，去触摸或还原人们使用这一概念的现实或历史场景。这样，我们要追问的，就不仅仅是"何谓公共利益"的问题，而是"谁？在什么场景之下使用了这一概念？他的目的是什么？产生了什么后果？"等问题。将它们放在新闻传播活动的特殊背景下进行考察，也就变成了新闻媒体、政府如何使用公共利益原则的问题。

在大众传播学的规范理论的视野里，新闻媒体被视为承担了广泛的社会利益的社会机构，其基本职能就是满足社会公众的各种精神文化需要；同时，其内容呈现也必须符合有形或无形的社会规范，其结构组成和社会活动必须受到一定程度的限制。一般而言，公共利益对新闻媒体活动的要求主要有内外两方面：对媒介内部活动，要求媒介在媒体所有权的多元化、信息来源和观点的多样化、注重所传达的信息和文化的品质；对媒介外部活动，要求媒介拥有限度内的自由，同时支持民主、尊重个人、尊重司法等其他社会体系。[①] 中外许多新闻行业道德规范也将公共利益作为重要的诉求，呈现出新闻人眼中的"公共利益"。如英国全国新闻协会在其 2001 年年会上达成的 129 号协议中对公共利益的解读："公共利益包括：追踪或揭露犯罪或严重失职；保护公众健康和安全；使公众免于受到某些个人或组织言行的误导；揭露滥用公款或公共机构的其他贪污行为；解释当权者潜在的利益冲突；揭露小集团的贪欲；揭露位居高位之人的伪善"；"表达自由本身就包含了公共利益"；"在涉及儿童的个案中，记者必须展示出非一般的公共利益，以优先于通常意义上非常重要的儿童利益"。这些规范都为新闻业者的职业行为提供了指南。

但是，新闻媒体实际上并不天然代表着公共利益，它还有自身利益。同时，代表公共利益并非新闻媒体的法定义务，而只是社会赋予它的道德属性或政治性要求。

---

① 参见 Dennis McQuail, Mcquail's Mass communication Theories 4th edition, SAGE Publications, 2000. p144.

新闻媒介的自身利益既包括媒介作为一个整体在与社会其他系统冲突时展现出的利益(如新闻报道与司法独立之间的矛盾),也包括不同新闻媒体间发生利益冲突时表现出的不同利益(如抢发独家新闻),新闻媒体从业人员也可能违反职业操守为个人牟利(如收受贿赂、或编造假新闻)。新闻媒体的自身利益在很多情况下与公共利益并不一致,有时候甚至背道而驰,曾有学者对享受着《美国宪法第一修正案》保护的美国新闻媒体提出了批评,"今天的媒体主要服务的是私人利益,但还以'公共利益'的名义享受着宪法的保护。"①

现代政府以公共利益为由对社会生活进行协调有其天然的合理性,这是由宪法和法律所赋予的,新闻传播活动自然也在被协调之列。现代新闻史上政府以公共利益为名规制新闻传播活动最著名的案例之一,就是美国联邦通信委员会(FCC)及其前身联邦无线电委员会(FRC)对美国广播频道近80年的规制。1925年,时任美国商务部长的胡佛在美国第四届广播年会上,首次表述了广播规制中的公共利益之所在:"天空是一种公共传媒,它的使用必须是为了公共福祉的需要。只有在公共福祉存在的情况下,电台频道的使用才具有正当理由。"②当时美国政府的广播管制似乎无可厚非,因为广播频道是稀缺资源,开办一个频道可能会对另一频道形成干扰,必须对频道资源进行合理分配。随后,FCC逐渐将节目内容确立为判定广播节目是否符合公共利益的标准。在其20世纪60年代颁布的《1960年节目政策声明》中,列出了广播节目为公共利益所必具备的14项要素,如给予地方居民以表达自我的机会、促进地方财政收入的增长和使用、服务弱势群体等。到了20世纪70年代末期之后,FCC对广播的管理则开始了重归市场调解的"去规制化"进程,认为"只有在市场确实无法保护公共利益时,才有必要进行规制。"③

从FCC以公共利益为名对美国广播频道的规制历程中我们可以看出,无论公共利益原则有多么抽象和不确定,政府在使用其作为规制新闻传播活动的理由时都必须与千差万别的具体情况相结合,这就使得政府在使用这一原则时具有很大的自由裁量权。这既是可取的,也具有潜在的危险性。自由裁量使政府的管理行为富有弹性而不僵化,而且事实上公共利益所适用的各种情形政府也不可能一一列举。但是,缺乏充分监督的自由裁量也是危险的。实施自由裁量的最终还是活生生的政府官员,如果他们与公众对公众利益的认识不一致,就有可能试图"用权力培育真理",甚至以公共利益的名义作出一些明显违背公共利益的决定。

① Daniel Schorr: Journalism and the Public Interest,参见 Neiman Report/Summer2005, p13.
② Erwin G. Krasnow& Jack N. Goodman The"Public Interest" Standard: The Search for the AdyGrail, 50 Fed.CommL.J.605(1998),转引自宋华琳:《美国广播管制中的公共利益标准》,《行政法学研究》,2005年第1期。
③ 宋华琳:《美国广播管制中的公共利益标准》,《行政法学研究》,2005年第1期。

三、对新闻传播活动中公共利益原则的思考

我们认为,无论是新闻媒体还是政府,实际上都无权对新闻传播活动中涉及的公共利益进行定义,即使有权定义,也源于社会公众的授权。公共利益的真正形成,还有赖于现代意义上的真正"公众"的形成,"公共利益,可以被认为是当人们耳聪目明、深思熟虑并无私慷慨地行动时所作的选择。"[①]没有真正意义上的"公众",任何对"公共利益"的解读都有沦为"私利的遮羞布"的危险。

何谓真正意义上的公众呢? 早在 1939 年,布鲁默就对大众(mass)和公众(public)进行了区分,认为公众是"围绕公共生活中的某个议题或目标而形成的,其主要目的,是倡导某种利益或观念或促成政治变革。"[②]《大英百科全书》中对群众(crowd)与公众(public)的区分,也能使我们对公众特征的认识更加明晰,"群众与公众的最大区别,就是公众能意识到关于某一问题的观念差异的存在,并准备在承认和容忍差异的基础上进行互动","公众互动结果,即产生了舆论,而非激进的群众才会有的集体行动或癫狂"。具体讲公众特征有:其一,公众的形成有明显的目的性。公众围绕社会中的某一议题而形成,他们能意识到社会生活中的最关键问题之所在,并对其加以讨论;其二,公众是理性的。他们承认关于某一议题彼此间差异,并相互尊重和容忍,求同存异;其三,公众之间存在积极的互动。他们相互交换意见,其结果即产生了公共舆论。

新闻传播活动中的涉及的公共利益的决定只能由公众作出。只有通过有理性的公众积极而有效的讨论新闻报道与国家安全之间、与司法公正之间、与个人隐私之间、与儿童权益之间等诸多利益冲突之间,何种利益最符合公共利益,才能得出最具正当性的结论。公众对公共利益的讨论必须得到合法而有效的公共论坛的支持,同时,公众在讨论涉及公共利益的议题时的知情权、参与权、听证权等基本权利也须得到保障。在这个意义上说,新闻传播活动既是公共利益讨论的内容,也是公共利益讨论的形式保障。

新闻传播活动中涉及公共利益的决定的执行过程必须接受公众的监督。政府和新闻媒体虽不是公共利益的所有者和定义者,但却在经过公众授权之后,可以成为公众利益的执行者。当新闻媒体以公众利益为由损害公众的隐私权、或政府以公共利益为由限制公众的知情权时,便需要形成严格的监督机制。若新闻媒体或政府所谓的公共利益理由不成立,则应追究其责任,这不仅包括道德意义上的责任,还可诉诸法律责任。如松花江水污染事件发生之后,相关的干部因此被问责。

① Walter Lippman, *The Public Philosophy*, Boston: Little Brown 1955,p42.

② Blumer H.(1939), The mass, the public and public opinion, in A. M Lee (ed.), New Outlines of the Principles of Sociology, New York: Barnes and Noble. 转引自 Dennis McQuail McQuail's Mass communication Theories 4th, edition SAGE Publications, 2004. p41. The New Encyclopedia Britannica, 2004 Vol16,p561.

社会契约论视域中的传媒社会责任——兼论绿色传播

李绍元

导言——

本文刊载于《伦理学研究》2011年第4期。

作者李绍元(1977～　)，湖南新化人，毕业于暨南大学新闻与传播学院，获文学（新闻学）博士学位。现为深圳特区报社记者。研究方向：新闻伦理。

本文认为，大众传媒的社会责任源于社会契约所赋予的传播权利和自由。大众媒介对利益相关者的合理需求做出反应，承担相应的社会责任，这是由媒介的社会契约所确定的。以构建"环境保护性、资源节约型和精神健康型"传播理念为宗旨的绿色传播，已经成为大众传媒履行社会责任的现实选择。媒介应当把践行绿色传播理念，促进社会向着生态文明、生活低碳、关爱环境、以人为本的价值方向发展作为自己长期恪守的社会责任。

在西方文化中，契约概念曾经出现过几种解释。何怀宏认为，契约至少有如下四种含义，一是作为经济法律概念的契约，主要见之于《罗马法》；二是作为宗教神学概念的契约，主要出现于《圣经》；三是作为社会政治概念的契约，主要见之于伊壁鸠鲁、霍布斯、洛克和卢梭等人的著作；四是作为道德哲学概念的契约，主要见之于康德、罗尔斯的思想。①契约理论作为一种研究方法，总是被用于各种情形，正如基姆·谢珀尔(Kimm Scheppele)所言："我们并不认为只存在一种契约论方法。有许多种方法。考虑到契约论是一种总括的理论方法，势必也考虑到这些不同方法之间的差异以及在设计它们的时候必须做出的选择。"②在历史上，托马斯·霍布斯(Thomas Hobbes)、约翰·洛克(John Rock)和让-雅克·卢梭(Jean - Jacques Rousseau)用契约论来阐述国家的起源，约翰·罗尔斯(John Rawls)用它来论证社会正义原则，基姆·谢珀尔用它来证明应当对内线交易加以限制，罗伯特·弗兰克(Robert Frank)用它来分析新兴市场经济的调节政策，托马斯·唐纳森(Thomas Danaldson)和托马斯·邓菲(Thomas W. Dunfee)则用它来揭示企业的社会责任。不过总体说来，社会契约一般采取两种形式：一是假设的或宏观的契约，反映一个共同体内理性的成员之

---

①　何怀宏：《契约伦理与社会正义———罗尔斯正义论中的历史和理性》，中国人民大学出版社，1993年版，第12页。

②　Scheppele, K. l., & Waldron, J., 1991. Contractarian methods in political and legal evaluation. Yale Journal of Law and the Humanities, 3, p195.

间假设的协议;二是现存的或微观的契约,反映一个共同体内实际的契约。①

一、社会契约论的历史演变

宏观的社会契约是一种非历史的假设性契约,旨在给社会相互作用建立客观的背景标准,并最初用来论证国家的起源。古希腊哲学家伊壁鸠鲁(Epicurus)认为,"契约"的缔结缘于人性之"自然","社会契约"出自一种"自然法",因而"正义"也是"自然"的。伊壁鸠鲁关于订立契约形成国家的思想开创了社会契约论的先河。

英国政治学家、哲学家霍布斯认为,人自私自利的自然本性导致了"人对人是狼"的战争状态,为了结束这种威胁人的生命的战争状态,人们达成契约,放弃全部权利。在这里,同意转让自己生命权以外的其他一切权利的契约者是被统治者;接受契约的代理权利者是统治者即君主制国家。英国著名哲学家、政治思想家洛克对霍布斯的社会契约论进行了批判。在洛克看来,人类的自然状态是一种完全自由的和平状态,人们在其中平等地享有生命、自由、追求幸福和拥有财产等权利。这样,当两个人都声称对某一事物拥有财产权而发生冲突时,每一个人都同时是原告和法官,冲突无法得到有效解决,因而导致混乱和无序。于是,人们订立社会契约,把对财产权进行判决和执行的权利转让给代理者,这样就产生了作为代理者的君主立宪制国家。卢梭是法国著名的政治思想家、文学家和哲学家,他反对霍布斯、洛克等人用自然状态对社会组织所做的一切辩护,尤其反对为私有制辩护。他认为,自然状态是一种和平友好的黄金时代,但是,人类在进入社会之后,自然状态中不利于人类生存的种种障碍,在阻力上已超过了每个个人在那种状态中为了自我所能运用的力量。为了追求自由与平等,自然状态中的每个人都通过缔结社会契约,把一切权利全部转让给整个集体,从而建立民主制国家。卢梭把社会契约当做一种价值和道德,引起了伊曼努尔·康德(Immanuel Kant)的共鸣。

康德把"社会契约"当做一种看待国家合理性的价值标准和道德标准。他认为,契约是先验理性的产物,国家是"绝对命令"的结果。人类最初生活在桃源牧歌式的"自然状态",他们团结友爱,和谐美满,但是人的"合群性"与反社会性即"己性"形成矛盾,这种矛盾推动着人类的进步。"己性"产生混乱与战争,"合群性"引领人们订立社会契约组成国家。康德的契约思想得到了罗尔斯的继承与发展。罗尔斯运用社会契约论论证理性的人何以能够选择正义原则,以建立正义社会。罗尔斯假定,"在原初状态中,不允许当事人知道,他们所代表的那些人们占据什么样的社会位置和信仰什么样的独特统合性学说。他们不应该知道人们所属的民族和种族群体、性别、诸如

---

① 〔美〕托马斯·唐纳森、托马斯·邓菲:《有约束力的关系——对企业伦理学的一种社会契约论的研究》,赵月瑟译,上海社会科学院出版社,2001年版,第26页。

体力和智力这样的各种自然天赋，以及正常范围内的所有其他东西。"①罗尔斯认为，原初状态是假设的、非历史的，作为一种代表设置，它模仿了作为理性的自由和平等的当事人所怀有的坚定信念。在罗尔斯看来，订立契约的方式就是对作为公平的正义原则（即平等的自由原则和差别原则）的选择。

受罗尔斯对正义原则论证的启发，1994年，美国学者唐纳森和邓菲将各自的理论相互结合，提出了综合社会契约论。它融入了洛克的自由状态、霍布斯的"丛林规则"和罗尔斯的"无知之幕"等学说，综合了宏观的社会契约论与微观的社会契约论，是一个将企业社会责任和经济伦理相衔接的重要理论。唐纳森和邓菲认为，"'宏观社会契约'这个词是用强调：经济道德观的重要成分必定产生于对一个群体或共同体中种种个人戒律的一致意见或共同理解"②。缔结宏观契约后，全球缔约者渴望通过减少道德合理性的不确定性，以提高经济活动的质量和效率，这需要将宏观社会契约中的某些条款转化为调节经济活动的具体道德规范。这种将人与人之间实际存在的契约关系纳入分析框架中的社会契约就是微观社会契约。

宏观契约论的国家起源观是一种非科学、非历史的理论，其社会正义原则和企业伦理规范的选择也是一种假设的、非现实的论证。不过，宏观契约论奠定了民主主义理论的基石，揭示了人类对道德和正义的不懈追求。微观契约论则探讨了现实存在的社会契约，开辟了契约责任论证的新思路，具有重要的理论价值和现实意义。

二、社会契约的媒介呈现

作为国家起源学说的宏观社会契约论告诉我们，在人类社会诞生以前，人们生活在非自足的自然状态，为了更好地保障自身的安全，实现自己的权利，理性的人们一致同意通过合意性社会契约结成统一的大联盟即社会，并且通过委托性社会契约转让一部分权利给国家，委托国家实行管理。我们不妨继续推演，在国家诞生后，理性的公众希望了解国家管理的情况，同时发出自己的声音，于是他们一致同意将部分话语表达权让渡给大众媒介，大众媒介因此获得新闻传播权。从社会现实看，大众传媒在传播的过程中，不仅需要设备、人员、资金等有形资源，而且需要一种无形的资源，那就是从事大众传播的权利，这种权利正是由全体公民在委托契约中赋予的。权利伴随着义务，大众传媒作为社会公众的代言人，在拥有传播权利的同时，有义务为公民搜集和传递信息，随时报告社会的最新变化，满足公民的信息需求，发出社会公

① ［美］约翰·罗尔斯：《作为公平的正义》，姚大志译，上海三联书店，2002年版，第26页。
② ［美］托马斯·唐纳森、托马斯·邓菲：《有约束力的关系——对企业伦理学的一种社会契约论的研究》，赵月瑟译，上海社会科学院出版社，2001年版，第50页。

众的声音,当好政府的监理人。①

那么,接受契约的大众媒介如何才能更好地履行自己的职责呢? 我们假定,在大众传媒刚刚接受公众委托契约的"原初状态",参与契约思想实验的全球媒介缔约者是理性的自主选择者。他们知道自己的传播偏好和立场,但并不知道所有缔约者的传播偏好和立场;他们对深层道德价值观即超规范有所了解,但是缺乏有关大众传播道德观的详细知识。这些理性而平等的全球缔约者为了实现自己的目标,聚集起来召开全球大会,试图为大众传播活动构造一个基本的道德框架。经过协商,所有参与契约思想实验的大众媒介一致同意缔结特有的宏观社会契约,以确定相应的大众传播伦理原则:

一是所有媒介都受到道德合理性的约束,但存在道德自由空间;二是媒介遵守道德可以提高大众传播的效果,促进媒介发展和社会进步;三是大众传播活动要与当地的文化、哲学或宗教态度相符,与社会的主流价值观念一致。②

缔结宏观契约后,全球缔约者为了减少道德合理性的不确定性,需要将宏观社会契约所确立的大众传播伦理原则转化为具体的道德规范,以应用于人与人之间实际存在的社会契约即微观社会契约关系。所谓微观社会契约,"是指行业、国民经济体系、媒介、同业公会等等组织内部或相互之间存在的非假设的、现实的(虽然通常是非正式的)协议。"③

大众传媒是通过与所在社会建立的社会契约而得以合法存在的,这些社会契约包括显性契约和隐性契约。媒介和利益相关者之间的利益要求通常通过他们之间的显性契约来实现,但是有一些利益要求是无法显化的,或者是显化的成本极高以至于双方都愿意放弃这种努力。这时,媒介不能以"契约中没有规定"为由推卸责任,因为这违背了没有明示的隐性契约。在微观社会契约中,大众媒介拥有的道德自由空间已经细化为具体的伦理规范;形成规范的微观社会契约必须以同意为基础,以大众媒介担当公众发言人为支撑;为了具有合法的强制力,微观社会契约规范必须与人类社会的基本道德即超规范相符。④

媒介与社会的微观契约,归根结底是媒介与利益相关者之间的契约。所谓媒介利益相关者,是指与大众媒介存在利害关系,会受到媒介的严重影响,或者可能承担危险后果的个人和组织。媒介与其利益相关者之间的微观契约大体上可以分为媒介

① 龙洪波、王勇:《试论传播契约》,《当代传播》,2004年第5期。
② [美]托马斯·唐纳森、托马斯·邓菲:《有约束力的关系——对企业伦理学的一种社会契约论的研究》,赵月瑟译,上海社会科学院出版社,2001年版,第38页。
③ [美]托马斯·唐纳森、托马斯·邓菲:《有约束力的关系——对企业伦理学的一种社会契约论的研究》,赵月瑟译,上海社会科学院出版社,2001年版,第27页。
④ [美]托马斯·唐纳森、托马斯·邓菲:《有约束力的关系——对企业伦理学的一种社会契约论的研究》,赵月瑟译,上海社会科学院出版社,2001年版,第61-62页。

内部契约和媒介外部契约两种类型。媒介内部契约是媒介与内部员工和管理者等达成的各种显性契约或隐性契约,它要求媒介维护员工和管理者的合法权益,尊重员工和管理者的人格尊严。媒介外部契约是媒介与受众、被传者、广告主、同行、政府和环境等达成的各种显性或隐性契约,它要求媒介充分维护这些外部利益相关者的合法权益,满足其正当利益要求。

由此可见,大众媒介先后缔结了三次社会契约。在国家诞生之后,处于原初状态的人们与大众传媒第一次达成宏观的、假设的社会契约,将部分话语权让渡给媒介;获得大众传播权以后,为了达成调整媒介传播活动的伦理规范,全球大众媒介通过第二次缔结宏观契约,达成大众传播的伦理规范;媒介第三次缔结的契约是现实的微观社会契约,包括显性契约和隐性契约,主要存在于大众媒介与其利益相关者之间。

三、媒介契约的责任回应

契约即允诺,允诺即责任。作为利益相关者显性契约和隐性契约的载体,媒介是社会系统中不可分割的一部分,它必须对利益相关者的利益要求做出反应。如果媒介忽视其社会责任,不考虑利益相关者的合理要求,媒介就很难长久生存与发展。由此可见,媒介社会责任实际上蕴含于契约网络,内生于现代契约关系中。所谓社会契约中的媒介社会责任,就是指媒介存在于社会期望中,需要遵守社会建立的指导准则,履行社会制度中固有的,来源于媒介与社会之间契约的权利和义务。[①]

进一步说,大众传媒的社会责任源于社会契约所赋予的传播权利和自由。"新闻界必须享有能够发展它自己关于服务与成就的种种概念的自由。它必须享有为维系和发展自由社会做出贡献的自由。这意味着新闻界还必须是可以问责的。它必须对社会负有如下责任:满足公众需求,维护公民权利以及那些没有任何报刊代言、几乎被遗忘的言说者的权利。"[②]

大众媒介要对其利益相关者承担社会责任,这是因为:从"工具论"的观点来看,媒介照顾利益相关者的利益,将使媒介更加有利可图;而忽视利益相关者的需求,则会危及媒介自身的生存与发展。从"规范论"的观点来看,"媒体不应仅是牟利的工具,作为公共部门,媒体本应是社会良心和公共价值的捍卫者,是民主正义和文明进步理念的传播者,应承担极为重要的社会责任"[③]。大众媒介对利益相关者的合理需求做出反应,这是由媒介的社会契约所确定的,同时也是由媒介的使命

---

① 李双龙:《企业社会责任研究》,中国农业出版社,2010年版,第86页。
② [美]新闻自由委员会:《一个自由而负责的新闻界》,展江、王征、王涛译,中国人民大学出版社,2004年版,第10页。
③ 蒋建国:《消费主义文化传播与西方媒体社会责任的缺失》,《新闻与传播研究》,2009年第12期。

所决定的,是媒介"应该"做到的。其实,"新闻界更像是一种承担教育职能的企业,以私立学校为例,他们既享有试验性开拓进取的优势,也承担相应的风险,同时发挥着必要的公共职能;而对于这种职能,用'社会问责'这把尺子进行测量是适当的。"①

由此可见,大众媒介的社会责任并不是空穴来风,它源于大众传媒对社会契约的回应,源于社会契约所赋予的传播权利和自由,更源于大众媒介自身的利益和道德的力量。"'责任'可以有各种各样的定义,其意义以随什么人来谈论它、什么时间以及新闻界要对谁负责而变化。"②因此,身处不同社会、不同意识形态下的媒介从业人员,对社会责任的理解各异。即便在同一社会形态下,社会责任论中的媒介从业人员该负责的对象也难以厘清。③但是,不论如何,"位于政府之下,拥有特权地位的传媒,在当今社会具有大众传播的重要功能,因此,传媒有义务对社会承担责任"④。那么,什么是传媒社会责任呢? 在《现代汉语词典》里,责任有两层递进的意思,一是分内应做的事,二是不利后果。所谓媒介社会责任,就是由大众媒介的利益相关者对其良性行为的期望所形成的行为规范,是大众媒介根据社会契约为利益相关者所承担的分内之事及其相应后果。

诚然,传媒有承担义务的责任,那么传媒应该对谁承担责任呢? 传媒首先应该对社会负责。传播者在进行传播活动时,必须把自己的社会责任和义务放在首位,这是集体主义道德原则在传播领域的具体要求。其次,是对客户负责,这是诚信原则与互惠互利原则的要求。再次,是对自己的组织或公司负责,对专业同行负责,这是职业伦理的要求。传播活动不能有损组织或公司的形象,不能损坏行业声誉。最后,是对自己负责,做一个正直的负责任的传播者,保持自身道德人格的同一性。⑤不仅如此,我们可以从利益相关者的角度进一步丰富媒介社会责任。从微观社会契约角度来看,媒介实际上是其利益相关者的媒介。媒介社会责任就是大众媒介对员工、管理者、受众、被传者、广告主、同行、政府和环境等利益相关者所承担的各种法律责任和道德责任的总和。当然,我们所说的媒介社会责任,并不包括媒介的经济责任,因为大众传媒虽然不是真正意义上的企业,但追求经济效益是它的一种权利。而媒介社会责任是相对于其追求经济效益的权利而言的,自然不包括经济责任。具体说来,大

① [美]新闻自由委员会:《一个自由而负责的新闻界》,展江、王征、王涛译,中国人民大学出版社,2004 年版,第 74 页。
② [美]新闻自由委员会:《一个自由而负责的新闻界》,展江、王征、王涛译,中国人民大学出版社,2004 年版,第 123 页。
③ 参见郑根成:《论传媒社会责任理论的伦理意蕴及其困境》,《伦理学研究》,2009 年第 3 期。
④ [美]弗雷德里克·S.西伯特、西奥多·彼得森、威尔逊·施拉姆:《传媒的四种理论》,戴鑫译,中国人民大学出版社,2008 年版,第 62 页。
⑤ 参见邓名瑛:《当代中国大众传媒的伦理向度》,《道德与文明》,2011 年第 1 期。

众媒介对利益相关者的社会责任表现为：大众媒介要尊重员工和管理者的就业选择权、休息休假权和保险福利权，并为员工和管理者提供安全健康的工作环境，平等的就业、升迁和接受教育的机会，以及参与民主管理的渠道；大众媒介要为受众提供真实、客观、及时、健康的新闻产品，以满足大众知情权；要发出社会大众的声音，当好社会大众的发言人，保障受众传媒接近权；大众媒介要维护采访报道的对象和节目参与人等被传者的正当权益，理性、客观、公正地对待他们；要对广告主诚实守信，自觉履行相关协议；要尊重竞争对手，开展正当竞争；要遵守法律法规，积极参与社会公益活动，支持社会慈善事业；要节约自然资源，保护生态环境，宣传环保理念，倡导低碳生活。

美国新闻自由委员会认为，"我们的社会今天需要的是：第一，一种就当日事件在赋予其意义的情景中的真实、全面和智慧的报道；第二，一个交流评论和批评的论坛；第三，一种供社会各群体互相传递意见与态度的工具；第四，一种呈现与阐明社会目标与价值观的方法；第五，一个将新闻界提供的信息流、思想流和感情流送达每一个社会成员的途径。"[①]这就是大众传媒应当承担的社会责任。一个负责任的大众媒介，不仅要提供客观、真实、准确的"当日消息"，而且要呈现和阐明社会目标与价值观。"我们必须承认，大众传播机构是一种教育机构，而且也许是最强大的；它必须在陈述和阐明本共同体应该为之奋斗的理想中，承担起教育者那样的责任。"[②]作为一种社会教育机构，在自然环境恶化、生态危机频现的今天，大众传媒有责任传播环境保护，开展环保教育；与此同时，为了更好的呈现和阐明社会目标和价值观，大众传媒要成为社会良知的呵护者和人类价值的守护神，而不是传媒消费主义的鼓吹手。也就是说，以构建"环境保护性、资源节约型和精神健康型"传播理念为宗旨的绿色传播，已经成为大众传媒履行社会责任的现实选择。

四、绿色传播与社会责任的践履

国内最先提出绿色传播概念的是王英。她在 1999 年认为，绿色传播就是环保传播，即关于环境保护的宣传报道。2004 年，庞毅、胡东林进一步丰富了绿色传播的内涵。他们认为，"所谓绿色传播，并不是简单地强调传播活动对于自然生态的维护，而是鉴于它对人们精神状态方面的深刻影响，主要指它对于人们精神生态的维护。在新世纪，绿色传播意味着以人的全面发展为目标，以人本观为核心，社会效益和经济效益并重，有益于传媒业的生态平衡和可持续发展的传播活动。"[③]绿色传播不仅得

①　[美]新闻自由委员会：《一个自由而负责的新闻界》，展江、王征、王涛译，中国人民大学出版社，2004年版，第11—12页。

②　[美]新闻自由委员会：《一个自由而负责的新闻界》，展江、王征、王涛译，中国人民大学出版社，2004年版，第15页。

③　参见庞毅、胡东林：《传媒产业发展呼唤绿色传播》，《北方工业大学学报》，2004年第6期。

到了学界的重视，而且得到了业界的认可。2010年6月28日，湖南广播电视台台长欧阳常林在湖南广播电视台暨芒果传媒有限公司挂牌仪式上提出了"绿色传播"理念，他指出，"'绿色传播'不仅要积极倡导低碳生活、推动绿色经济发展，更要大量生产和出口精品大片，向人民群众提供健康丰富的精神食粮，以此来弘扬社会主义核心价值观、振兴民族文化，从而真正把湖南广播电视台的'芒果传媒'打造成为具有主流化、产业化、国际化高度的超强传媒集团。"①

作为一种新型传播理念，绿色传播是对媒介社会责任的回应，意指大众媒介在传播过程中不对社会大众和自然环境造成有害影响，或者将这种影响降低到社会和自然可以接受的程度。也就是说，绿色传播是一种"环境保护性、资源节约型和精神健康型"的传播理念，它要求大众媒介在传播的过程中，不仅追求自然的可持续性，关心生态环境，提倡低碳生活，宣传环境保护；而且追求社会的可接受性，弘扬新闻专业主义，坚持以人为本，推动社会进步。绿色传播的基本底线是传媒产品及其生产过程不要污染人的精神和和自然环境；其根本要求是传媒产品要成为社会良心的呵护者和自然环境的守护神；其实践操作表现为大众传媒要报道绿色新闻，制作绿色节目，刊登绿色广告，传播绿色娱乐，开展绿色经营，追求绿色收视率。

绿色传播理念作为一种"环境保护性、资源节约型和精神健康型"的传播理念，对于倡导环境保护，呼吁资源节约、反对传媒"三俗"，具有重大的现实意义。首先，绿色传播有助于推动生态环境保护。改革开放以来，我国经济发展取得了举世瞩目的成绩，但是在资源环境方面面临着许多不容忽视的挑战。我国在经济生活中存在着大量资源浪费、生态破坏和环境污染的问题。"例如，我国的工业产品单位消耗能源是美国的3.5倍、欧盟的5.9倍、日本的9.7倍；废水排放量居世界第一，超过环保允许量的68％；二氧化硫排放量也居世界第一，超过环保允许量的77％。"②可以说，在中国崛起的进程中，资源环境问题将是中国面临的最大挑战。此外，大众媒介在传播的过程中，有时也存在污染自然环境，破坏生态平衡的现象。在高速信息化的传媒时代，媒介的影响力深入到社会各个层面，有时其至左右政治家和公众的注意力。在环境保护这项社会系统工程中，公民是原动力，媒体则是重要的推动力。绿色传播首先是一种环保传播。宣传环保理念，保护自然环境，切实履行大众传媒对自然环境的利益相关者责任，这是绿色传播的应有之义。

其次，绿色传播有助于改变过度传播造成的资源浪费。以广播电视业为例，这种浪费突出表现在"四级办台"导致的规模盲目扩大和资源的重复性浪费，同质节目的重复制作，频道资源的浪费，网络资源的闲置，以及传媒设施、设备的闲置。传媒内容产品的过度传播，不仅造成传媒资源的极大浪费，而且带来人类的视觉污染、听觉污

---

① http://www.admen.cn/html/personage/2010/0803/2763.html，2010-08-03.
② 中共中央宣传部理论局：《理论热点18题》，学习出版社，2004年版，第30页。

染和精神污染。再好的电视广告，如果在新闻节目、娱乐节目中无休止地插播，也会令人厌烦；越迷人的霓虹灯，如果在住宅区通宵达旦地闪耀，只会让人心烦意乱；至于城市街道上电线杆、站牌上面的招贴广告，更是都市风景的马路杀手。现代传媒业的发展，需要以绿色传播理念为指导，既不能以资源浪费为代价，也不能牺牲人类的视觉享受、听觉享受和精神健康。①

最后，绿色传播有助于抵制传媒"三俗"之风。世界报业大亨鲁伯特·默多克（Rupert Murdoch）认为，"两性、体育和比赛"是报纸热销的三大要素，更是传媒赢利的利器。我国大众媒介的市场化经营为我国新闻传媒发展带来了勃勃生机，但也导致了"低俗、庸俗、媚俗"的传媒"三俗"之风，出现了"明星取代了模范，美女挤走了学者，绯闻顶替了事实，娱乐覆盖了文化，低俗代替了端庄"的现象。有学者把当前中国传媒业的"三俗"之风归纳如下：有些社会新闻和娱乐报道详细描写淫秽情节；有些事故报道过于直接，场面过分血腥；有些媒体热衷于明星的隐私生活和其他花边新闻；还有些媒体出现新闻炒作、虚假报道现象。②本质上说，传媒的庸俗、低俗、媚俗的"三俗"之风，严重违背了媒介的社会责任，污染了社会的风气，逾越了受众的心理底线，带来了严重的社会后果。正如尼尔·波兹曼（Neil Postman）所言，"如果一个民族分心于繁杂琐事，如果文化生活被重新定义为娱乐的周而复始，如果严肃的公众对话变成了幼稚的婴儿语言，总而言之，如果人民蜕化为被动的受众，而一切公共事务形同杂耍，那么这个民族就会发现自己危在旦夕，文化灭亡的命运在劫难逃。"③面对黄色新闻泛滥，人们开始反思大众媒介的传播理念。即使是"黄色新闻"的鼻祖约瑟夫·乔·普利策（Joseph Joe Pulitzer）也转而倡导大众传媒的社会责任和道德水准，他认为，"唯有最崇尚的思想，最急切的行善欲望，对要解决的问题的最精确的认识，以及真诚的社会责任感，方能拯救新闻事业"④。绿色传播正是一种"精神健康型"传播理念，是治疗"黄色新闻"、抵制传媒"三俗"之风的良方妙药。

总之，绿色传播不仅是新闻报道的客观要求，而且是大众传播的价值取向。尤其是在自然生态环境恶化，传媒产品过度传播，传媒消费主义盛行的今天，媒介应当把促进社会向着文明消费、健康生活、关爱环境、以人为本的价值方向发展作为自己长期恪守的社会责任。

---

① 参见庞毅、胡东林：《传媒产业发展呼唤绿色传播》，《北方工业大学学报》，2004 年第 6 期。

② 参见周列：《黄色新闻思潮论》，湖南大学硕士学位论文，2007 年 5 月，第 37 页。

③ ［美］尼尔·波兹曼：《娱乐至死》，章艳译，广西师范大学出版社，2009 年版，第 133 页。

④ Cited William L., Rivers Wilbur Schramm and Clifford G. Christians, *Responsibility in Mass Communication*, Harper&Row, Publishers, Inc., 1980, p43.

当代中国新闻舆论监督的角色定位与历史语境刍议

郑涵　沈荟

导言——

本文刊载于《新闻记者》2006 年第 5 期。

作者郑涵(1959～　),江苏无锡人,毕业于复旦大学,获文艺学博士学位。现为上海大学影视艺术技术学院教授,博士生导师,上海大学中外传媒政策研究中心常务副主任。出版《当代西方传媒制度》(与金冠军全著)等。研究方向:文化与传播理论、文化管理、媒介制度。沈荟(1971～　),安徽合肥人,毕业于复旦大学新闻学院,获文学(新闻学)博士学位。现任上海大学影视艺术技术学院教授。研究方向:传播理论、新闻史。

本文首先对新闻舆论监督的核心内容做了梳理和辨析,提出遵循全体公民权利本位理念,是建立一个自由而又平衡的新闻界及其新闻舆论监督的前提条件。在中国当代的现实语境中,传媒威权主义体制是一种相对有效的选择,其基本特征是党政主导新闻传媒,在此基础上有必要逐步进行传媒公共化变革,对公共传媒进行有力监管并促使其进一步走向改革开放。

新闻舆论监督是一个极为重要的议题,不仅我们党愈来愈重视并加强新闻舆论监督,国内学界也特别关注对新闻舆论监督问题的讨论,研究深度不断提高。但新闻舆论监督也是一个错综复杂的问题,本文仅就当代中国新闻舆论监督的角色定位与历史语境提出一点疑问,以期抛砖引玉。

一、新闻舆论监督与传媒角色定位

学界具有共识的观点认为,所谓新闻舆论监督其核心大致包括五点:一是运用大众传媒;二是在公共领域揭露国家与社会生活中的腐败阴暗现象;三是客观上形成社会舆论,以此监督与制约国家与社会生活中违反道德与法规的行为,尤其是遏制或减少政府机构与官员滥用权力的情况,维护社会公平与公正,促进社会机制的有效运行;四是主观上为了人民利益或帮助公众;五是在西方新闻业传统中形成"第四权力"的地位。

大体而言,这一有关新闻舆论监督的定义比较准确,但是仍然有可考究之处。

首先,在一定程度上,该定义在新闻传媒角色定位上存在忽视主体内在动机的倾向。从行为主义政治学的观点来看,传媒为什么会有为人民利益或帮助公众的内在动机,这是一个必须回答的问题。假如传媒没有这样的内在动机,新闻舆论监督又如何可能？在不同的传媒历史语境中，如果存在这样的动机，那么其形态差异无疑也会很大。

如果传媒属于民间的，那么只有在新闻市场中才有可能形成为了人民利益或帮助公众进行新闻舆论监督的内在动机。但如果新闻市场结构单一或无序，或因资本与权力垄断，或因混沌动荡，这一动机就难于产生与维系。

如果传媒属于社会公营，那么其为公共利益服务的内在动机同样根源于产权与治理结构的特定制度安排，"大社会小政府"是其基本社会历史语境，这方面欧洲有着相当丰富的经验。

如果传媒属于政府，那么问题就转换为政府自律而不是新闻舆论监督了。

在新闻传媒不构成社会重要主体结构的历史条件下，现代公共领域经典意义上的大众传媒基本上不大可能存在，又如何讨论新闻舆论监督问题？

当然，学界不是没有意识到当代中国新闻传媒角色定位问题，恰恰相反，此类探讨颇多，也具有代表性："在我国现行的意识形态管理体制中，舆论工具在机构设置上不具有独立性……舆论监督功能没有得到重视"，"实践证明，舆论监督如果不具有相应的自主权，就没有权威性，就会软弱无力，甚至被压制而面临寻求权力的支持，有了'尚方宝剑'之后，虽会柳暗花明，一时改变局面，但也是事后监督，解决个别小问题，与舆论监督所负的职责很不相称。因此，要加大舆论监督的力度，发挥舆论监督的权威性，消除行政干预，就有必要对舆论监督体制进行改革"。"未来的媒体要从容行使'话语权'或'表达权'，应当通过立法增强和保障新闻媒体的自主性，使其免于被监督者支配和控制，扩大一般公民的言论自由空间。""单独设置一个舆论监督机构，在体制上必须改变原来的隶属关系，使其具有相对的独立性，使被监督者能够切实受到制约。该机构一般不应归执行机构领导，应由权力机构领导并对权力机构负责。"[①]

问题是，离开传媒产权与治理结构的制度安排，离开公民社会的建构与法制体系的变革，"立法"以及"执行"与"权力"的划分是否可能和具有多大意义，这些都值得怀疑。哈贝马斯教授几年前的访华期间，在三联书店讨论会上的演讲实际上触及了这一问题：法律规定的有效运行有赖于一定的公民社会形态。

与此相关的另一个问题是，应该从权利本位，还是由功利主义本位视角讨论新闻传媒舆论监督的议题。

新闻舆论监督一般指相当数量的意见，当"极少数"，乃至"一个人"的意见不同于新闻舆论，又该如何？150 多年前，约翰·密尔就遭遇功利主义所致的这一困境，

---

① 宋歌、苏玉娥：《新形势下加强新闻舆论监督建设的思考》，《南阳师范学院学报》（社会科学版），2004 年第 10 期；徐兴祥：《舆论监督对权力的制约之法理解析》，《吉林师范大学学报》（人文社会科学版），2003 年第 6 期；莫红兵：《试析我国舆论监督中存在的问题及对策》，《广州大学学报》（社会科学版），2004 年第 2 期。

而上世纪 70 年代纽曼所阐发的沉默螺旋理论也分析了这一现实。① 这涉及新闻舆论监督之功利主义与权利本位原则的深刻冲突。离开权利本位，功利主义又如何可能？就传媒角色定位而言，这一方面关系到以权利本位，抑或以功利主义本位讨论传媒产权与治理结构的问题；另一方面涉及怎样在理论与实践多方面平衡这两大观念的问题。

　　这一极为复杂的问题当然不是此篇小文所可能讨论的，这里只是指出一点：权利本位是讨论当代中国传媒角色定位问题的基本理念。德沃金教授总结说："权利理论只是预先假设了三个东西：（1）一个符合规则的社会具有政治道德的某些观念，也就是说，它承认对于政府行为的道德限制；（2）该社会对于政治道德的特定观点——以及源于这种观点的法律判断——是理性的，即对于相同的情况给予相同的处理，而且不允许矛盾的判断；（3）该社会相信它的所有成员生而平等，他们的权利受到平等的关心和尊重。"② 从马克思关于人的历史唯物主义角度理解权利本位理念："我们开始要谈的前提并不是任意想出的，它们不是教条，而是一些只有在想象中才能加以抛开的现实的前提。这是一些现实的个人，是他们的活动和他们的物质生活条件，包括他们得到的现成的和由他们自己的活动所创造出来的物质生活条件。任何人类历史的第一个前提无疑是有生命的个人的存在。"③

　　归根结底，权利本位理念也就是每个公民有权平等拥有自己及其对象化的存在，平等地决定与制约权利的交换与因被交换的权利而产生的权力，平等享有免于和获得公权的干预，"大社会小政府"则是权利本位理念实现的基本社会条件。

　　很显然，权利本位的理念与我国宪法的根本精神和中国共产党的最高宗旨是一致的，也符合经济全球化、中国社会主义市场经济发展与社会主义自由民主建设境况下我国传媒业的变革态势。离开全体公民权利本位理念，一个自由而又平衡的新闻界及其新闻舆论监督是难于建立起来的。

二、当代中国新闻舆论监督的历史语境

　　基于权利本位，重在传媒产权与治理结构，是不是必定将新闻舆论监督的讨论引入新闻出版的自由主义体制模式呢？目前学界对新闻舆论监督的讨论，是不是徘徊于体制内与传媒自由主义体制语境之间呢？

　　无论是在体制内，还是在传媒自由主义语境中讨论问题，都是一种历史的错位。这是因为，讨论新闻舆论监督，我们不可回避现有的党政办传媒的体制前提。

　　① ［英］约翰·密尔：《论自由》，商务印书馆，1982 年版；E. Noelle‐Neumann, The Return to the Concept of Power of MassMedia, Studies of Broadcasting , 9：66‐112 , 1973.

　　② ［美］罗纳德·德沃金：《认真对待权利》，中国大百科全书出版社，2002 年版，第 16 页。

　　③ 《马克思恩格斯选集》，第 1 卷，人民出版社，1972 年版，第 23‐24 页。

在这种体制语境中,新闻舆论监督实质是特定的党政自律形态。这一新闻舆论监督形式,不仅在当代中国社会历史性转型期有其存在之必要,而且将来在基本成形的中国特色社会主义建设中也十分重要。

现在的问题是,在社会主义改革开放的历史性进程中,在社会主义市场经济日趋成熟与社会主义民主政治进一步深化的新时期,这一传媒体制的组织形态与我党提出的"大社会小政府"社会发展总体性战略很大程度上不相符合,而且已经远远滞后于当代中国社会的历史性转型。

新世纪以来,在传媒体制方面,国内学界主要从传媒商业化与产业化角度提出意见,倡导在经济层面推进我国传媒产业化进程[①];20世纪90年代中期开始,传媒市场结构多元化、传媒机构集团化与企业化、传媒产权、治理、投资结构多元化与混合化进程,在跌宕曲折中向前发展。但从另一方面看,近年我国传媒改革开放面临更为艰难的局面,即计划模式下的垄断与市场垄断的整合,权力市场化与市场权力化的互动使得垄断在某种意义上变得更加严重,其结果是不利于传媒业结构转型及其效益型模式的形成,不仅在某种意义上极大损耗了社会资源,而且削弱而不是加强了党对传媒业的政治领导。

从历史与现实以及学理上讲,多元的传媒市场结构、现代传媒企业制度、一个繁荣兴旺的传媒业、更为开放透明的社会政治与经济、更加健康的公共领域等,将极大地有利于"大社会小政府"战略的实现,并将通过不断改善党的领导方式而提高与加强党对中国社会发展的领导能力。传统苏联模式中"直接统办"与"包办一切"的观念妨碍了我国传媒领域的改革发展思路。比传媒业远为重要的我国经济改革(大力发展私营经济与混合经济)和中国农村自治变革,从更加广阔与深厚的社会背景上证明了这一点。

不断扩大党对社会间接领导的范围,从而加强党对中国社会现实及其发展的驾驭力,不仅是当代中国政治、经济、社会发展演变的真实写照,也是当代中国传媒业,尤其是20世纪90年代中叶以来中国传媒业及其政策变革的基本态势。这再一次印证了马克思与恩格斯的伟大创见:"根据唯物史观,历史过程中的决定性因素归根到底是现实生活的生产与再生产。"[②]"物质生活的生产方式制约着整个社会生活、政治生活和精神生活。""随着经济基础的变更,全部庞大的上层建筑也或快或慢地发生变革。"[③]

接下来的问题是,如果这样一种传媒体制不是自由主义新闻出版体制,那它是什么呢?这样一种传媒体制保障社会稳定的具体机制是什么呢?

---

① 中共上海市委宣传部编:《上海城市文化发展战略研究》,上海人民出版社,1986年版。
② 《马克思恩格斯选集》,第4卷,人民出版社,1972年版,第477页。
③ 《马克思恩格斯选集》,第2卷,人民出版社,1972年版,第82-83页。

我们认为，当今中国传媒体制历史性转型的基本取向，不可能是社会主义完善形态的新闻出版体制，而只能是一种借鉴许多国家已经实施的威权主义新闻出版体制。

当今世界，一些国家实行形态各异的传媒威权主义体制，也许可以对其作出相差甚大的描述与评判。但是，有一点是毋庸置疑的，实行传媒威权主义体制的国家能够在错综复杂的政治、经济、文化环境中，既保持政府在政治上对传媒的有力控制，又在相当大程度上开放民营传媒，促进传媒业在市场经济体系中发展，一定程度上适应全球化语境下当代世界政治、经济、社会、文化发展的客观要求。种族与宗教形势极为严峻的新加坡和马来西亚采取的就是此种传媒体制，其能够保障政府控制以利于维持社会稳定的方法主要有四条：（1）内容审查制度；（2）机构设置的许可证制度，不仅包括许可证的审批，而且定期换发许可证；（3）国内安全法，即政府有权根据国内安全状况在人员与财政诸方面对传媒进行处置；（4）以各种方式直接或间接控制一些事关重大的传媒，诸如国家广播电视机构等。另外，还可以通过对民营投资传媒设置较高的资金门槛，大大减少政府政治上可能遇到的困境。一般而言，商业传媒越大，越具有主动规避政治风险的动机。新加坡和马来西亚等国家的经验表明：开放传媒所有制并不一定造成政治失控，相反由于传媒与政府之间存在更大的互动，公共领域更可能建构与改进，社会言路变得更为开放，整个社会透明度大大加强，公共利益获得更大的保障与实现。与此同时，商业传媒能够有正常的运行与发展环境，有效降低传媒垄断程度，实质性地转变传媒业经济结构，提高传媒业经济效益。

有了这一类型的传媒体制的历史语境，才有可能现实地对当代中国传媒进行角色定位，确立权利本位的理念，平衡权利本位原则与功利主义，重构公共领域，切实安排传媒产权与治理结构，形成传媒发挥公益功能的内在动机，从而确切把握现阶段我国新闻舆论监督的历史特点，为今后的进一步发展创造条件。无论是故步自封，还是理想激进，都有害于当代中国新闻舆论监督的制度安排，至少无济于事。发展的观点与现实主义历史观应当成为当今处理此一议题的基本思路。

当然，为了有效规范传媒威权主义体制，也应当设置合理的制衡机制，在现有国家法制的框架内，就透明度、违宪审查、行政许可、行政复议、司法仲裁、公平竞争、多样平衡、社会公议、行业协会等作出具体的制度安排，以防止审查审批和行政惩处过程中人治、寻租、不负责任、滥用权力等现象，在审查审批和行政惩处者跟被审查审批和行政惩处者之间的互动协调关系中，既保证党与政府政治审查审批和行政惩处功能的正常运行，又维护传媒机构的自主性，尤其是民营传媒企业产权的本位性与治理的独立性。

在传媒威权主义体制内，党政主导新闻传媒是其基本特征，这属于积极自由，其根本目的是公民通过政府干预，以弥补消极自由之失缺，实现社会更大的公平与公正。用伯林的话来说，此种干预就存在合法性与合理性问题①。随着商业性传媒越来越多地民营化，党政所属传媒为了更好实现人民利益和加强党的政治领导，有必要逐步进行传媒公共化变革，建立内在的自律制与社会问责制，党的代表大会和党所领导的人民代表大会、民主党派、各界社会团体在体制化的形式中，对公共传媒从人、财、物、内容、效益诸方面进行有力监管。一个受到有力监管的公共传媒体系，不仅保证了其合法合理性，而且有利于传媒威权主义体制的进一步改革开放。

研究与思考

＝延伸阅读＝

1. 李良荣:《艰难的转身:从宣传本位到新闻本位——共和国 60 年新闻媒体》,载《国际新闻界》2009 年第 9 期。

2. 丁柏铨:《新闻传媒与社会的互动关系》,载《采、写、编》1999 年第 5 期。

3. 丁柏铨:《社会公平正义与新闻传媒的责任》,载《新闻大学》2007 年第 3 期。

4. 李良荣:《公共利益是中国传媒业立足之本》,载《新闻记者》2007 年第 8 期。

5. 黄旦:《负责任的公共传播者:事业化和商业化冲突中的新探索——学习美国新闻传播思想史札记》,载《新闻大学》2000 年秋季号。

6. 郑保卫:《事业性、产业性:转型期中国传媒业双重属性解读》,载《今传媒》2006 年第 8 期。

7. 李·贝克尔、图德·弗拉德:《新闻机构和工作惯例》,见［美］卡琳·沃尔-乔根森、托马斯·哈尼奇编著:《当代新闻学核心》,张小娅译,清华大学出版社,2014 年版,第 63 - 74 页。

8. 何微:《论新闻与舆论监督》,载《武汉大学学报》(社会科学版)1989 年第 2 期。

9. 邓绍根:《报纸批评→舆论监督→新闻舆论监督——从〈人民日报〉看新中国舆论监督的历史变迁》,载《新闻学论集》2010 年第 25 辑。

10. 乔云霞:《新闻舆论监督与民主政治》,载《新闻界》2003 年第 6 期。

＝问题与思考＝

1. 什么是新闻事业? 新闻事业具有哪些基本的特征?

---

① ［英］以赛亚·伯林:《自由论》,译林出版社,2003 年版,第 186 - 246 页。

2. 新闻事业与传媒产业是一种怎样的关系？为什么要进行这样的区分？

3. 古代为什么不可能产生新闻事业？总结一下新闻事业产生的必要条件。

4. 新闻事业发展的基本规律是什么？你从中可以得到哪些启示？

5. 什么是新闻事业的意识形态属性？它主要通过哪些途径得以表现出来？

6. 新闻事业的社会功能主要有哪些？

7. 你如何理解舆论引导？

8. 你如何理解新闻传播的公共利益原则？美国媒体是如何处理公共性与商业性之间的冲突的？

9. 新闻舆论监督是新闻传媒的重要使命，请谈谈你对如何才能做好新闻舆论监督的看法。

10. 新闻的功能与新闻事业的功能有何联系和区别？

＝研究实践＝

1. 请尝试用新闻事业发展的基本规律来分析中国任一时代新闻事业发展的大致状况。

2. 试以中、美两家不同媒体对同一事件的报道为例，分析新闻报道中的意识形态属性。

第九章 作为信息产业的新闻传媒

导 论

新闻传媒不仅具有意识形态属性,同时也具有信息产业的属性。新闻传媒产业属性的对象化便是传媒产业。传媒产业的主体构成是各类传播媒介及相关的组织,新闻媒介只是其中的重要组成部分①。新闻媒介的组织化形式,就是一个个具体的新闻媒体。一个新闻媒体可以看成是一个特殊的社会生产单位,它既能为社会生产或流通提供信息和各类服务,也必然直接参与到社会生产的进程中来,以赚取利润来促进社会生产并保证自身的生存与发展。若干个新闻媒体的总和就构成了一个国家或区域中的新闻传媒产业。当今时代,新闻传媒产业已经成为多数国家国民经济领域中的重要组成部分之一,它不仅维持着自身的生存和发展,而且以其对庞大的物质资源、知识资源和人才资源的需求,拉动社会生产,提供就业机会,从而在整个产业链中发挥着巨大作用。在与外界的物质与信息的能量交换中,新闻传媒乃至整个传媒产业面对的核心问题是经营的问题。

一、新闻传媒的信息产业属性

新闻传媒之所以具有产业性,是由它的市场运作方式所决定的。首先,作为传播信息的载体,新闻产品也是需要通过耗费一定的物质原料才能生产出来的,而这些物质原料除非自己生产,否则就要通过购买从市场上获取。其次,新闻产品主要是新闻和广告,而新闻和广告是由一定的脑力劳动和体力劳动生产出来的,付出这些劳动的人是需要获得相应报酬的。第三,新闻和广告产品一般来说并不是为自己消费才生产的,而是通过为别人提供服务从而获取一定利润才进行生产的。这些都决定了新闻传媒必然与市场运作有密切的关联,从而具有产业的属性。由此看来,新闻传媒天然地具有意识形态和信息产业的双重属性。

认清新闻传媒的双重属性,对于人们掌握新闻活动规律,更自觉地从事新闻工作,更好地提高传媒的竞争力,具有重要的理论指导意义。一方面,新闻事业要按新闻规律办事,以传播新闻为自己的天然使命,真实、快速、客观、全面地报道现实世界发生的最新变动情况,同时也有义务营造良好的舆论氛围,为社会发展提供更多的正

---

① 传媒产业中除新闻媒介外,还有非新闻媒介以及大量非媒介化的企业组织,如广告、动漫、游戏等。由于讨论对象所限,本章所论仅限于新闻媒介。

能量;另一方面,新闻传媒要按经济规律办事,遵循市场经济法则,积极参与竞争,降低运营成本,提高运行效率,努力获取更多的经济收益,不断满足受众的合理需求。

从双重属性的角度来说,新闻传媒在国民经济产业部门分类中处于一个非常特殊的位置。传统意义上的产业一般被分为三大部分:农业生产、工业生产和服务性生产,根据它们各自产生和发展的历史顺序,依次又被称为第一、第二、第三产业。那么,新闻传媒属于第几产业呢?一般认为,新闻传媒属于服务性行业,即第三产业。因为,新闻媒体既不生产粮食,也不制造机器,它的主要任务就是向全社会提供服务性信息。也有人认为,新闻传媒属于一种工业,即第二产业。例如,法国新闻学家贝尔纳·瓦耶纳就说,传媒业"是一种以收集、制作、美化、装潢、散播多种消息以及一切有关材料为目的的综合工业"①。还有人认为,如果新兴的信息产业是第四产业,那么新闻传媒无疑也就可以归入第四产业的行列。当然,作为一种信息产业的新闻传媒,与一般的生产性行业还是有重要区别的,因为它所生产的是对社会有着重大影响的精神产品,因此,它不可能想生产什么就生产什么,想怎么生产就怎么生产。它必然受到意识形态属性的制约,在生产过程中必须求得两种属性之间的合理平衡。

二、新闻传媒产业的经营

"经营"和"管理"在英语中同用 management 这个词,中国也有不少学者将两者混用,合称"经营管理"。我们觉得,在中国还是将两个词分开用为好,因为它们之间毕竟有重要的区别。"经营"纯粹是一个经济学概念,它是商品经济的产物,指企业在生产和流通运行过程中各系统要素的筹划、组织和安排。"管理"既有经济学的含义,又有意识形态的含义,从微观上说,它是指作为企业的新闻媒体在日常经营和运作过程中的组织领导形式;从宏观上说,它是指国家意识形态或经济制度运行机制中的一个有机组成部分。产业层面上的新闻传媒管理是国家宏观的媒介规制的有机组成部分,这部分内容将在第十一章中专门加以讨论,本章则主要讨论作为信息产业的新闻传媒的经营问题。

经济学意义上的经营所追求的目标,是以最小的投入获得最大的产出,以最小的成本赢得最大的利润。新闻传媒的信息产业属性决定了它与经营有着密不可分的关系,它的经营目标与其他产业也没有什么不同。因此,新闻传媒产业也应坚持"规模经济"的基本经营理念,以减少经营成本、实现最佳的投入产出效应为目标。下面,我们将新闻传媒产业的经营分为报刊发行、节目交易与播出、广告经营、多元化经营、资本经营等几个主要的领域来加以介绍。

1. 报刊发行

报刊发行是报刊生产的最后一个环节,又是报刊消费的第一个环节,只有通过发

① 〔法〕贝尔纳·瓦耶纳:《当代新闻学》,新华出版社,1986 年版,第 39 页。

行,才能将生产与消费有效连接起来。报刊发行可以用发行量大小作为检验其效果的主要标志。一般来说,一份报纸或期刊的发行量比较大也就意味着其影响力较大,同时它的经济效益也就会较好。正因为这样,任何一份报纸或刊物都极为重视自己的发行问题。

在报刊业发展过程中,中国与西方国家的报刊发行体制曾经存在较为明显的差异。西方国家报刊的市场化历程起步较早,且主要是个人消费和自费订阅,因而绝大多数报刊都由报社自办发行,以直接订户为主、零售为辅;在发行方式方面,主要通过送报上门、街头零售和发行公司发行等方式进行,也有少量报刊通过邮政系统发送。而我国在新中国成立后的相当长时期内,主要实行的是"邮发合一"制度,即邮电部门将报刊发行作为一项重要的政治任务来完成,在国家制度的统一安排之下,报刊发行业务成为邮政事业所办理业务的有机组成部分。这种报刊发行制度适应了计划经济时代的要求,也是新中国成立之初为了快速建立起报刊发行网络的必然选择,同时还可以满足新中国特定传媒体制对新闻媒体进行有效管理的需要。然而,改革开放以来,随着我国报刊市场化程度的日益提高,曾经有效的"邮发合一"制度却出现了诸多弊端:一是不断提高的邮发资费抬高了报刊的发行成本;二是邮政发行无形中增加了一道中介环节,导致报刊生产与销售之间的脱节;三是读者的订阅费用不能及时回笼,降低了报刊媒体资金的流动性;四是随着邮政事业也开始走向市场化,其业务范围和数量都在大幅增加,报刊发行的服务质量也受到一定的影响。正是在这样的背景下,1985 年河南《洛阳日报》率先打破实行了三十多年的"邮发合一"制度,开始尝试自办发行。从此,自办发行迅速发展,成为我国报刊发行的另一条主渠道。

影响报刊发行量的基本因素主要包括:报刊的发行范围;发行区域内人口的数量及人口的教育水平;发行区域的经济发达程度以及由此决定的居民收入、消费水平即恩格尔系数的高低[①];发行区域内同行竞争激烈的程度;报刊本身的质量以及在新闻市场上竞争力的大小等。对照这些因素,报刊在发行竞争中应讲究正确的应对策略。例如:不断提高报纸质量,树立报纸的品牌形象;加大本地新闻的竞争力度;加快报纸投递时效;扩大报纸零售业务;公开和公证报纸的真实发行量等。

2. 节目交易与播出

电视节目的交易与播出是电视经营的核心内容之一。在电视经营领域,中西方同样存在较为明显的差异,这主要是因为西方电视早已形成较为成熟的制播分离制度,而我国电视长期以来实行的却是制播合一制度。所谓制播合一,就是电视台既是

---

① 所谓恩格尔系数,就是在人均可支配收入中用于食品支出的费用的比例。根据国家统计局发布的《2013 年国民经济和社会发展统计公报》显示,2013 年中国农村居民恩格尔系数为 37.7%,城镇居民恩格尔系数为 35.0%。数据来源:http://money.163.com/14/0224/13/9LRQE93R00253B0H.html。而美国的恩格尔系数是 20% 多一点,说明中国人均收入水平比美国明显偏低。

节目制作主体又是节目播放平台,集生产者与播出者于一体。而制播分离,则是指电视台只制作新闻节目,其他的节目一律放开,由以市场化的节目制作公司为主的社会化力量来生产,电视台回归媒体的本质只做播出平台,其播放的大多数节目都可以通过市场交易从节目制作公司购买,从而使得节目制作与节目播出真正实现分离。只有这样,才能吸引大量的业外资本进入电视节目(主要是电视剧和娱乐节目等)的制作,节目交易市场才能形成并且成为一个真正有竞争性的市场。

在制播合一的体制中,节目交易或者没有必要,或者只是处于隐而不彰的辅助地位。即使有少量的节目交易存在,也只要通过简单原始的交换方式即可完成。而在制播分离的体制中,节目的市场交易就显得非常重要,它不光要有市场化运作的高水平的节目制作队伍,专业化的市场交易平台,还要有公平规范的市场交易制度。

除了媒体的自制节目外,如果说节目交易是节目播出的前提,节目播出则可以看成是节目交易的归宿。节目播出的经营目标是追求更高的收视率。所谓收视率,是指在某个时段收看某个电视节目的目标观众人数占总目标人群的比重,以百分比表示。现在一般由第三方数据调研公司,通过电话、问卷调查,机顶盒或其他方式抽样调查来得到收视率数据。收视率反映的是在特定时段收看某一频道或某一节目的人数在总体推及人口中的百分比。决定收视率高低的主要因素有四个:一是节目的质量;二是节目安排的时段;三是节目编排的技巧(如要考虑地域文化、节目之间的搭配关系等因素);四是声音和画面的质量(清晰度)。其中,节目质量是最主要的决定性因素。

要不断提高节目的质量,就必须不断提升广播电视频道的专业化水平。频道专业化是广播电视业发展的必由之路。目前,我国广播电视频道专业化的发展之路还处于初级阶段,存在着不少问题。比较明显的问题:一是频道定位不清晰。尽管一些电视台主观上是按专业频道设计的,但客观上专业化程度还比较低,一些电视频道名义上是专业频道而实际上是变相的准综合频道。此外,这种趋同性还可以从一些电视台所属各频道之间的栏目形态、内容取向、风格定位等诸多特征上一目了然地看出来。十多年前曾有人指出,显然许多电视台都设有财经频道,但目前中国还没有一个财经频道能与 CNN 的财经频道(CNNFN)相比。相差之处不在于内容的采访制作水平,而在于频道结构的栏目设置和内容的对象性①。这种情况现在虽有所改善,但仍存在。二是节目雷同且各台之间反复播放一样的节目。目前多数频道,尤其是省级卫视在频道内容的设置上呈现明显的同质化现象,新闻、娱乐加电视剧的模式成为通用的准则。有时,一部热播的连续剧在几个甚至十几个频道同时播出。相互模仿比比皆是,国内频道模仿欧美、日韩的频道,地方台模仿中央台,省级台相互模仿,

① 孙玉胜:《电视盈利模式的错位——频道专业化与付费电视》,《现代传播》,2002 年第 2 期。

内容缺乏原创性①。三是盈利模式不明确。各电视台主观上是想办专业化的频道，但客观上使用的却是大众化(广告)的盈利模式。这种错位而单一的盈利模式导致了一个悖论：要频道专业化就可能影响收视率并降低广告收入，而要增加广告收入就必须使节目大众化进而提高收视率。大众化的结果致使各频道都追求综合化或准综合化，频道由此而雷同。单一盈利模式迫使各个电视台和电视频道都追寻大众化路线，最终结果是"千台一面"②。而要提升广播电视频道的专业化水平，制播分离是一个重要的实现路径和保障条件。没有专业化的制作公司，我国的广播电视节目制作水平就很难有大幅度的提升，只有不断培育市场化的有竞争力的节目制作公司，制播分离才能逐步实现。近十多年来，我国涌现出一批以光线传媒等为代表的民营电视节目制作公司，社会化的电视节目制作力量显著增强，但由于电视体制改革的滞后，制播分离还有较大的发展空间。

3. 广告经营

报纸的"两种产品"理论认为：报业生产两种产品，第一种产品是报社生产出来的信息产品(包括新闻作品和广告)，报社将这些信息产品的实体即报纸卖给读者；第二种产品即读者，他们因为阅读报纸而必须花费一定的时间和注意力，这种时间和注意力是广告商感兴趣的对象，读者因此而成为报社可以进行二次售卖的对象，其实质是报社将读者的时间和注意力转卖给了广告商。主要依赖广告生存的报纸媒体，都要经过二次售卖才能真正盈利，以维持自己的生存和发展③。

在报纸的"两种产品"理论基础上，美国大众文化研究学者约翰·费斯克(John Fiske)在《理解大众文化》(*Understanding Popular Culture*)一书中正式提出了"传媒的两种经济理论"。他以电视节目的生产和交换为例，将传媒经济划分为金融经济和文化经济两种形态。在金融经济形态中，制片商(厂)制作出电视节目，通过发行者卖给电视台，电视台通过播放节目吸引观众，观众因为付出时间看电视而成为广告商感兴趣的对象。而在文化经济形态中，观众则不再仅仅是电视节目的被动的接受者以及被电视台出卖给广告商的"商品"，而且也是特定意义的"生产者"④。本章所说的广告经营，主要是在费斯克所说的金融经济形态中完成的。

新中国成立后，新闻媒介长期被当作纯粹的宣传工具，在1978年以前基本上不刊登(播放)广告。改革开放后，最早恢复刊登广告的新闻媒体是上海的《解放日报》和上海电视台，时间是在1979年1月的春节期间。同年4月，《人民日报》也开始刊登商业广告。5月14日，中宣部肯定了恢复广告的做法，由此广告经营逐步成为大

---

① 韩建中：《我国电视频道专业化现状及问题》，《现代视听》，2009年第8期。
② 孙玉胜：《电视盈利模式的错位——频道专业化与付费电视》，《现代传播》，2002年第2期。
③ 喻国明等编著：《传媒经济学教程》，中国人民大学出版社，2009年版，第24-26页。
④ 陆扬、王毅编：《大众文化与传媒》，上海三联书店2000年版，第112-113页；另参丁柏铨主编：《中国新闻理论体系研究》，新华出版社，2002年版，第272-274页。

多数新闻媒体最主要的收入来源，成为推动我国新闻媒体快速发展的最重要的因素之一，因此也可以说恢复广告经营是我国传媒经济制度最重要的创新之一。从1979年至1992年，我国广告收入的增长相对比较缓慢。1993年以后，由于承认了新闻传媒具有产业性质，广告经营迅速发展，成为中国经济中增长最快的产业之一。

定价、承揽、刊播是广告经营中的三个主要环节。

广告定价一般受制于以下几个因素：一是发行量或收视（听）率，发行量越大或收视（听）率越高则定价越高；二是受众质量，定价随着受众人群的素质和影响力提高而提高；三是版面位置或节目播出时段等。其中，第一个因素是决定性的因素。

广告承揽主要有两种途径：广告代理制和自行销售。广告代理制指广告客户必须委托有相应经营资格的广告公司代理广告业务，不得直接通过报社、广播电台、电视台发布广告。自行销售又可以分为两种形式：一是门市销售，即广告部门由专职业务人员接待上门的广告客户，与之洽谈交易。如报社分类广告即采取这种形式。二是业务员推销。媒体采用目标管理模式或承包经营模式对广告经营部门和员工进行考核。

广告刊播的具体位置或时段一般由媒体确定，如果对位置或时段有特殊要求，则往往以附加费率的形式加收广告费。如电视台的正/倒一、正/倒二和正/倒三等指定位置广告往往加收10%－30%的费用。

4. 多元化经营

所谓多元化经营，又称多样化经营或多角化经营，是指企业在两种及两种以上产品或产业中实行跨产品、跨产业扩张的经营行为。多元化经营是新闻传媒产业经营中的一种普遍现象。由于新闻媒体拥有广泛的信息资源、社会联系以及庞大的受众群体等优势条件，开展多元化经营一方面可以增加收入，另一方面也可以扩大传媒业的社会影响，建立与受众更深层次的联系。

报刊业的多元化经营多在与出版、教育、信息加工与咨询、广告、市场调查、印刷、旅游、文化娱乐、物流、电子商务、劳务服务等相关的领域展开，并且多以集团化的形式进行。在发达资本主义国家，报刊的多元化经营与其他媒介的多元化经营并没有明显的界限，其最大的特征是跨媒介的经营，即报刊与广播电视、电影等不同媒介形式之间的相互渗透与融合。另外一个特点是传媒业可涉足金融保险和电信服务业。而在我国，跨媒介经营以及媒介涉足金融保险和电信等行业都受到严格的限制，这种差异是由我国的传媒制度和经济体制所决定的。[①]

广电业的多元化经营，除了与报刊经营有许多共性之外，还有其特殊之处，就是它与电信和互联网有着天然的更为密切的联系。在西方发达国家，广电、电信、互联网三个行业之间的跨界并购屡见不鲜，在广电业的收入中，传统的基本业务收入不断

---

① 李良荣：《新闻学概论》，复旦大学出版社，2001年版，第183页。

下降,而跨界经营带来的收入则不断上升,产业融合的趋势越来越明显。而在中国,随着广电业产业化程度的逐渐加深,它与电信业的交叉、冲突与融合不可避免,因而三网融合、媒介融合便成为广电业多元化经营的主流趋势。2008 年以来,中国三网融合逐渐进入实质性推进阶段。2010 年 1 月 13 日,国务院常务会议决定加快推进电信网、广播电视网和互联网三网融合,并明确了三网融合的时间表。根据这个时间表,从 2010 年至 2012 年重点开展广电和电信业务双向进入试点,探索形成保障三网融合规范有序开展的政策体系和体制机制;从 2013 年至 2015 年,总结推广试点经验,全面实现三网融合发展,普及应用融合业务,基本形成适度竞争的网络产业格局。

新闻媒体采用多元化经营战略,最直接的动因是降低与分散经营风险。具体而言,又有这样几个考量的因素。一是原有行业竞争加剧、单一产品或单一市场的风险加大;二是媒介市场的消费需求呈现出多层次、多样化的特点;三是媒介的资源优势需要转移,其内部资源向外部其他行业或部门渗透和扩张。这些因素都有可能导致一个媒体组织同时生产和提供两种以上涉及不同行业的产品或服务,以期实现规模优势,降低经营风险,打造持续竞争优势。

媒体的多元化经营也存在相关多元化与非相关多元化的差异。相关多元化是指所开展的主业之外的各项业务与其核心产业和品牌产品之间有着明显的关联性,媒体的各业务单位之间可以在一定程度上享用共同的市场和营销渠道,生产的产品以及提供的服务在技术、运作流程、服务对象、销售渠道和管理模式上也都是相通的,总体而言是在一个相同的大行业中运作,从而提高运作的安全和有效性。反之,如果没有这些关联,则是非相关多元化。尽管非相关多元化的各业务单元之间在管理、品牌、商誉等方面也有一种无形的关联,并且具有"将鸡蛋放在不同的篮子中"的效果,但它"难以很好地管理多种不同业务,无法获得战略匹配带来的竞争优势的额外利润,可能给媒介的生存与发展带来阻力和危险"[①]。正是由于这些原因,在企业经营中多采用相关多元化战略,而应慎用非相关多元化战略,媒体的多元化经营当然也不例外。

5. 资本经营

所谓资本运营,是指经济实体将其所拥有的各种社会资源和生产要素视为可以经营的资本,通过兼并、合并、收购、重组、控股、参股、投资等形式,进行资源优化配置,从而实现资本价值最大化的行为。

资本经营有两大功能:一是通过各种合法融资渠道,以尽可能低的成本,获取所需资金,以保证媒介生产经营活动的正常开展;二是通过合理使用各种金融工具,依照最优风险收益比率,盘活资本存量或将闲散资金投向市场,增加收益。

在我国,资本经营对于传媒业发展具有以下几个重要作用。第一,可以帮助媒体

① 童兵、陈绚主编:《新闻传播学大辞典》,中国大百科全书出版社,2014 年版,第 465 页。

盘活可经营性资本,激活媒体的无形资本,扩大媒体的品牌价值,使媒体资本迅速增值,实现媒体的超常规发展。第二,可以帮助媒体克服产业结构单一、经营空间狭小、利润来源过于集中的弊端,提高媒体的抗风险能力和竞争能力。第三,可以帮助媒体改革和完善经营的动力机制、运行机制和约束机制,促进采编与经营两分开,提高生产效率和管理效率。第四,可以帮助实力强、效益好的主流媒体兼并实力弱、效益差的媒体,促进以市场手段为主来治散治滥,以资本为纽带来实现传媒业的跨地区、跨媒介、跨行业发展。

传媒业资本经营的常见方式有:一是媒体的跨行业合并或兼并,从行业外得到自己所需的资源;二是允许媒体以上市公司的身份,从社会上获取资本;三是行业外大资本投入媒体产业的经营;四是媒体自身向外投资,获取投资收益。

一般而言,我国传媒业的资本经营应该也可以运用这些方式。但由于国情所限,以上四种方式在我国的运用情况并不相同。其中使用最多的方式当属第四种,自从上世纪八十年代后期开始,许多通过广告经营而积累了可观资金的新闻媒体,都将部分资金投入到其他行业当中以获取投资收益,最常见的是向广告、酒店、旅游、物流、印刷等行业投资,因为这些行业比其他行业与传媒业有着更高的相关性。其他三种方式均因受到较多限制而步伐缓慢。

在这些方式中最值得一提的当然是媒体上市,这是资本经营最为高效也最为典型的一种方式。媒体上市常见的方式主要有两种:(1)子公司直接上市。由于我国的媒体都属于事业单位,所以要取得上市资格,必须先作为发起人成立股份有限公司,等符合条件时才能申请上市。媒体可以将优质的经营性资产剥离出来,加以整合重组,注册成立隶属于媒体的具有独立法人资格的股份制子公司,由国有资本控股,申请上市公开募集资金。如1994年上市的东方明珠,1997年上市的中视股份(现中视传媒),1999年上市的电广实业(现电广传媒)等,均属此类。(2)买壳上市。是指作为非上市企业的媒体,通过证券市场收购上市公司的股权,从而控制上市公司,然后通过各种方式,向上市公司注入自己的资本和业务,达到间接上市的目的。与此相类似的一种企业并购行为叫借壳上市,这是指上市公司的控股母公司(集团公司)借助已拥有的上市公司,通过资本重组将自己的优质资产注入上市公司,扩大其运营规模和融资能力,以满足集团公司战略发展的需要,并逐步实现集团公司整体上市的目的。这两种方式比直接上市少了很多障碍和限制,对媒体很有吸引力。1999年《成都商报》下属的博瑞公司控股四川电器,2000年《人民日报》下属的华闻公司控股燃气股份,这些都是成功实现买壳上市的例子。

我国媒体的上市脚步开始于上世纪九十年代中期,但一直步履蹒跚,直到近几年才加快了步伐。2007年,广东九州阳光传媒股份有限公司(粤传媒)在深圳证券交易所上市,这是首家正式拿到国家新闻出版总署批文、并在境内主板上市的传媒公司。2011年,由浙报传媒集团有限公司控股的＊ST白猫恢复上市交易,股票简称变更为

"浙报传媒"。浙江日报集团将旗下报刊传媒经营资产和相关的新媒体业务资产等一共 15 家公司全部注入该上市公司。2012 年，人民网股份有限公司在上海证券交易所上市交易，这是第一家在国内 A 股上市的新闻网站，也是第一家在国内 A 股整体上市的媒体企业。

总体而言，在已上市的传媒类公司中，大多仍属于广告、出版发行、广电网络、互联网站、策划营销、游戏动漫、电影等，而真正属于新闻媒体整体上市的公司则少之又少。这一方面明显制约着我国新闻传媒业的整体发展，但也为今后我国新闻传媒业开拓发展空间留下了巨大的想象余地。

选　文

论新闻传媒的产业属性

丁柏铨

导言——

本文刊载于《江苏社会科学》2003 年第 5 期。

作者丁柏铨（1947～　　），江苏无锡人，毕业于南京大学中文系。南京大学新闻传播学院教授、博士生导师，曾任南京大学新闻传播学系系主任等。出版《新闻理论新探》、《中国当代理论新闻学》等。研究方向：新闻理论。

本文认为，新闻传媒是传媒产品的生产机构和传播机构。在当今条件下，传媒走进了市场，必须按市场化的要求运作，除其固有的意识形态属性以外，又必然具备产业属性。其意识形态属性和产业属性之间呈现为相当复杂的关系。在下述情况下，两种属性之间常常会出现矛盾：新闻传媒受到行政力量的过多干预，意识形态属性被片面强调，产业属性被错误地理解。应深入研究新闻传媒的产业属性，并且妥善处理它与意识形态属性的关系。

在我国，市场经济体制已经取代了计划经济体制。这是经济基础的巨大变化。随之而来的，是整个社会生活也发生了与之相适应的深刻变化。在市场经济条件下，新闻传媒一方面继续保留着意识形态属性；另一方面，它又有着新中国成立以来传媒从未有过的产业属性。新闻传媒的两种属性之间，既有矛盾的方面，又有可以互相统一的方面。处理好两种属性的关系，是新闻传媒谋求发展过程中的一个至关重要的问题。

一

党的十一届三中全会以来,在改革开放的伟大进程中,我国的新闻事业开始了自身的与时代要求相吻合的改革。1978年底,《人民日报》等7家首都报纸,经国家财政部批准实行"行政事业单位,企业化经营管理"。这是与改革开放大背景相适应的重要尝试,是新闻管理体制方面的重要变革,有着非同寻常的意义。这一做法带有探索的性质。实践证明,由于新闻传媒引入了市场化的某些经营机制,广告收入大幅度增加,呈现出良好的发展态势。在计划经济体制并未发生根本性变化的情况下,中央有关部门所采取的上述试验性的举措,是具有前瞻性的重大战略决策。

邓小平的南行讲话,对社会主义的本质特征、对经济发展中计划与市场的关系、对改革开放等一系列重要问题,进行了科学的论述和诠释。在邓小平的倡导和推动之下,市场经济体制得以确立。市场成为配置资源的重要依据和手段。历来被认为单纯只是意识形态工作部门的新闻传媒,不以人们意志为转移地走进了市场。受众、市场、竞争,成为任何新闻传媒都不能不考虑的三大问题。

在这样一种大背景下,1992年6月,中共中央、国务院发布了《关于加快发展第三产业的决定》。《决定》指出:"到本世纪末,我国人民的生活将达到小康水平。同温饱水平相比,小康水平不仅表现在居民收入所达到的标准,更重要的是要看社会化服务水平和居民生活质量。随着经济的发展和收入的提高,人民群众不仅在衣、食、住、行、通讯、卫生和生活环境等物质生活的各个方面提出了更多、更高的要求,而且在文化娱乐、广播影视、图书出版、体育康复、旅游等精神生活方面也提出了更多、更高的要求。只有加快发展第三产业,才能适应人民群众日益增长的物质和文化生活的需要,促进社会主义物质文明和精神文明建设。"不难看出:(1)党中央、国务院在作出加快发展第三产业的战略决策时,将新闻传媒所提供的精神产品,摆到了提高人民群众的生活质量这样一个比较高的层次上;(2)党中央、国务院将新闻传媒划出了党政机关的行列,将它们归属于第三产业的范围;(3)党中央、国务院认为,能满足人民群众日益增长的物质文化需要的新闻传媒,在第三产业中有着十分重要的地位。《决定》的发布,是我国新闻传媒正式被界定为产业的一个重要标志。这表明新一轮的新闻改革已经开始。

始于1996年的报业集团化的尝试,在中国当代新闻业的发展过程中有着里程碑意义。基于对新闻传媒产业属性的科学认识,广州日报社开中国大陆报业集团化经营的先河。建立报业集团的意义在于:按现代企业的要求和市场运作的要求,对本媒体内部的资源或多个媒体的资源加以整合,进行集约化经营。在这样的集团中,新闻传媒的产业属性受到前所未有的重视。虽然在为数不少的报业集团和广电集团中,确实也有完全名不符实的典型个案,但这毕竟只是极少数。对新闻传媒进行集团化运作,既坚持了中国特色,又增加了与世界同行接轨的部分,是中国新闻业为加入世贸组织所作的一项切切实实的准备工作。

综上所述,在改革开放以来,随着商品经济的发展,特别是随着经济领域中市场化程度的加深,新闻传媒是产业,具有产业属性,现在已经是不争的事实。

二

"产业经济学中所指的'产业'不仅仅单指'工业'或'商业'或其他单个行业,而是泛指国民经济中的各行各业。"[①]产业,从宏观上说,是指各种生产、经营事业。经济学中通常将其划分为第一产业、第二产业和第三产业。而从微观上说,产业是指各种制造或者供应货物、劳务的生产性企业或组织。不管是从宏观上还是从微观上看,产业通常必须具备如下特点:(1)必须从事生产或者经营活动。从事生产活动和经营活动,这是产业存在的最基本的条件。生产活动将资源转化为成品或半成品,供消费者消费,或供其他生产者使用。而经营活动则通过市场在生产者和消费者之间架起桥梁,使生产者所生产的产品,能为消费者所消费。它是存在于生产者与消费者之间的一种中介性的活动。一个社会组织,如果既不从事生产活动,又不从事经营活动,那么它就不可能属于产业。(2)必须尤其重视经营活动。一个社会组织,可以不从事生产产品的活动,只从事一定的经营活动,这样,它仍然可以是产业组织。如果一个生产单位,那么它在生产产品的同时,必然异常重视产品经营活动,要以相当大的精力从事此项活动。当然,也有一些生产单位在生产出产品以后,常常将产品经营的重任托付给销售机构去完成。即使如此,经营活动仍然是与它生死攸关的事情。严格说来,只注重生产活动而不注重经营活动的产业组织是不存在的。(3)构成宏观产业的基本单位是企业(或相当于企业的组织)。对宏观产业来说,企业是其基本构成单位。离开了企业,就无所谓宏观产业。而企业本身则是微观产业。(4)产业的存在条件在于市场。没有市场,就没有产业。是企业,就必须进入市场,就必须经受市场的考验。企业生产产品的目的在于销售,通过销售,收回生产成本,并进而获得相应的利润,以扩大再生产。企业通过一定的投入,来获得数额更大的产出。生产适销对路的产品,是企业获取利润的基础。而利润的最终获得,必须借助于市场经营才能实现。

新闻传媒是传媒产品的生产机构和传播机构。传媒产品是具有观念形态特征的产品。狭义的传媒产品主要包括:以报道新闻信息、满足受众的知情欲望为主的新闻节目或作品,以满足受众的娱乐消遣需要的娱乐类作品或节目。传媒产品因传播媒介的不同而有不同的形式。在以纸张为介质的传媒上,新闻作品和非新闻作品(例如文学作品)被放置到不同的版面上,形成一个整体,通过市场的渠道或其他渠道进行

---

① [英]J.卡布尔主编:《产业经济学前沿问题:译者的话》,于立、张馥、王小兰译,中国税务出版社,2000年版。

发行、销售。报纸这种传媒产品，销售的基本单位是"份"，而不是一份报纸上的某一条信息、某一篇报道或某一篇文学作品。对于电视媒介来说，其传媒产品的销售，通过两种方式来实现：一是有偿(付费)收视。也就是说，电视台通过控制电视接收信号，迫使观众缴费收看。缴了相应的费用，也就相当于购买了电视传媒产品，就可以收看相当数量的一般电视频道。因此，至少在目前，电视台传媒产品销售是捆绑式的。二是销售某些音像资料，内容包括电视剧、综艺节目、歌舞晚会录像等等。或者是刻成光盘，或者是制成录像带。广播媒介的情况比较特别。一般来说，在目前情况下，广播媒介尚未形成自己的产品销售市场。人们收听广播，无需付费。在当今的中国，广播是受众唯一的不需要付费就可以享用的传统新闻传媒。通过网络传播的传媒产品，完全由网站自制的不多，往往是报纸、广播、电视等传媒所生产的各类产品。总之，不管是哪一类传媒产品，都体现出鲜明的观念形态特征。

新闻传媒具有信息产业的属性。狭义的信息产业，指的是直接或间接与电子计算机有关的工业，包括计算机的研究、制造以及用电子计算机进行信息处理和服务的产业；广义的信息产业，指一切有关信息的收集、存贮、传播、使用等方面的生产部门，如出版、印刷、新闻、广告等部门。新闻传媒属于广义的信息产业。

新闻传媒所从事的工作与信息有着非常密切的关系：一是新闻工作围绕信息而展开(采集、加工、传播新闻信息)。新闻信息的采集，是指新闻工作者根据有关线索，进行调查采访，以掌握比较丰富、比较全面、有一定价值的新闻素材，为下一步的新闻信息加工奠定基础。新闻信息加工，是根据调查采访得到的材料所进行的写作或制作的工作。新闻传媒和新闻工作者所进行的新闻信息传播，和其他机构或个人的信息传播有很大的差别。其传播工作是依靠大众传媒进行的，所传播的是具有新闻价值的信息。新闻工作者在上述工作中，投入了大量的劳动，从而使形成的产品既具有价值又具有使用价值，具备了一般商品所必须具备的条件。但是，新闻传媒和从业人员所生产的新闻信息产品，不同于一般的商品。这是一种包含了一定的观念形态的信息产品，具备了一定的价值观念指向。它并不能满足人们的物质层次的需要，但却可以满足人们的精神层次的需要，可以潜移默化地影响人们的灵魂。二是传媒所发布的广告包含了大量的信息。三是传媒上还涉及其他方面的诸多服务信息。

然而，如果新闻传媒不是被推向了市场，具有某种商品属性的传媒产品只是被免费提供给受众使用，传媒并不进行相应的经营活动，那么它虽然生产了具有商品性质的新闻信息产品，那么仍然不具备产业的属性。我国的新闻传媒在计划经济条件下，实际上也在生产具有特殊商品性质的传媒产品，但是，这些产品和它们的生产者(新闻传媒)并没有进入市场，产品的特殊商品性也不被认可，传媒在生产产品之后并不存在紧随其后的经营活动，这就决定了新闻传媒不可能具备产业的属性。

在新闻传媒上，广告信息占有相当大的比重。新闻传媒的广告经营，带有明显的产业属性。广告主将有关自己生产或销售的产品的信息提供给广告代理，同时支付了相应的广告费用。广告代理就特定产品进行市场调研、广告定位和整体策划。在此过程中，广告代理进行了广告创意，形成了广告文案或其他形式的广告作品。此后是租用新闻传媒的版面或者时段。传媒收取了版面或时段的租用费，刊播相应的广告。在这一过程中，传媒向自己的受众出售了本身的信誉和影响力。正因为如此，新闻传媒所收取的媒介租用费，比租用版面和时段的实际费用要高出许多倍。新闻传媒的信誉和影响力，作为无形资产已在传媒的广告经营中发挥了资本增值的作用。新闻传媒的这样一种运作，已经不是单纯的社会舆论机构所能解释的，而是一种典型的经营活动。

新闻传媒又有着文化产业属性。文化产业包括文化产品的生产和相应的经营两部分内容。传媒产品属于文化产品的范畴，有着一般的文化产品都具有的意识形态属性，但它又不是一般的文化产品。传媒产品中大量的新闻作品，以提供有新闻价值的信息为主；而一般的文化产品，往往并不具有这一特征。新闻传媒所生产和传播的产品包括新闻作品、广告作品、娱乐节目和影视产品等，毫无疑问都具有比较丰富的文化含量。也许可以说，文化含量稀缺的新闻作品，不可能是新闻精品。新闻传媒的另一部分产品，用于满足广大受众消遣娱乐的需要。这部分产品，更多地体现通常意义上的文化产业的属性。这是一种快餐式的文化产品，制作周期短，常常进行大批量地复制式生产，包含着大众文化的许多内容。

新闻传媒的信息产业属性和文化产业属性，两者之间有相互交叉和重叠部分。新闻传媒所生产的某些传媒产品，从一个角度看，可以说是以传递信息为主的信息产品；而从另一个角度看，它又是名副其实的文化产品。就新闻传媒本身而言，从它主要生产、传播和经营新闻信息产品和其他信息产品来说，它毫无疑问应当属于信息产业；而从它所生产、传播和经营的产品常常同时又是文化产品来说，它又有着文化产业的许多属性。

由于国家制度不一样，由于新闻传媒拥有者的情况不一样，我国新闻传媒的产业属性和西方国家新闻传媒的产业属性相比，既有一致之处，又有不一致之处。一致之处在于：无论是中国的还是西方的新闻传媒，都必须在市场中运作，都必然受到传媒市场规律和整个大市场的规律的制约。再则，我国和西方新闻传媒的产业属性，又都受到各自国家的制度的制约。不一致之处在于：正因为我国和西方新闻传媒的产业属性，受到各自国家的制度的制约，因此就会在诸多问题上表现出它们的差异。由于我国新闻传媒和西方新闻传媒的所有制的性质不一样（我国的新闻传媒是国家所有的，而西方的新闻传媒大量的是个人所有的），所以，后者就可以实行彻底的市场化，就可以完全由市场导向来决定新闻传媒的走向；而前者实行的是一定程度上的市场化，是在确保舆论导向正确前提之下的市场化。

三

新闻传媒两种属性之间,呈现为相当复杂的关系。

从职能上看,新闻传媒无疑是社会的舆论机构。一方面,公众的言论常常借助于新闻传媒发表,传媒反映社会公众舆论;另一方面,新闻传媒对新闻事件所作的报道,对社会现象所作的分析评判,本身也是一种舆论。传媒舆论对社会公众舆论,一是要进行有选择的反映,二是要进行有意识的倡导。要将社会公众舆论,引导到有利于社会稳定、进步的方向。在这一方面,新闻传媒可谓任重道远。

马克思主义经典作家对人类的社会结构进行了如下的描述:它由两大部分即经济基础和上层建筑构成。经济基础是整个人类社会的基础,它决定了上层建筑。上层建筑又可分为为经济基础服务的政治设施和法律设施以及以哲学、艺术、宗教等为主要内容的意识形态。上层建筑对经济基础有巨大的反作用。在马克思主义经典作家所描述的人类社会结构中,以往人们习惯将新闻传媒理解为上层建筑中的意识形态工作部门,这和在计划经济时代新闻传媒只担负舆论机构的任务而不具备产业属性的情况是相适应的。但是,在计划经济条件下,情况已经发生了很大变化。新闻传媒在人类社会结构中,意识形态部分有它的位置。在这点上,和原先的情况没有本质上的区别。现在的新情况是:新闻传媒在经济基础的部分也有了位置,它事实上已经成了一种产业,参与了产品的生产和经营。这样,新闻传媒作为事业单位和企业单位,在人类的社会结构中就有了两个位置,有了双重身份。因此,对于新闻传媒属性的界定,就要比以往复杂得多。

新闻传媒的两种属性在多数情况下是可以一致的。新闻传媒的意识形态属性和企业属性,两者之间在多数情况下方向是一致的。这主要是因为,在我国,新闻传媒的意识形态属性的根本点,在于:在国家的政治生活中,在各种社会机构的各个方面的工作中,为人民服务是最高宗旨这样一种思想,贯穿于新闻传媒的办报、办台宗旨之中。它贯彻到新闻传媒的办报、办台和办网站的实践中,就要以服务受众、满足受众的需要为自己的最高追求。而在传媒市场上,受众也就是消费者或者用户。新闻传媒拥有受众也就占有了市场,也就能从广告主那里得到丰厚的广告收入。从本质上来说,这是市场和受众对于新闻传媒的回报。因此从理论上讲,坚持意识形态属性坚持得好的新闻传媒,也完全可以在按传媒的产业属性运作方面做得颇为出色,也完全可以很好地占有市场,取得很好的经济效益。统计数字显示,2000 年,广州日报报业集团上缴国家税收 2.75 亿元,是广州市的第二利税大户,并成为广州国企十强之一。①

但两种属性之间也存在着某些内在的矛盾。新闻传媒所具有的两种属性,表明

① 刘飚:《展望入世后的报业产业——由广东报业集团的近期发展谈起》,《新闻记者》,2001 年第 11 期。

新闻理论研究导引

它既具有事业的性质，又具有企业的性质。两种性质之间出现内在的矛盾在所难免。从我国的现实情况来看，新闻传媒所具有事业的性质，决定了它必须不受任何经济利益的影响，它必须坚持社会主义意识形态，丝毫不屈服于市场的压力，不为市场的某些导向所动；新闻传媒所具有的企业的性质，决定了它必然在法律和道德允许的范围内追求经济利益的最大化，因为任何企业都有这样的天性。对于新闻传媒来说，体现社会主义意识形态的要求，同在法律和道德允许的范围内追求自身经济利益的最大化，两者之间不无矛盾。这是一种深层次的矛盾在两者发生激烈冲突的情况下，管理者和传媒负责人往往只能要求新闻传媒的企业属性向意识形态属性作出让步，以暂时缓解两者之间的难以彻底调和的矛盾。

　　新闻传媒的两种属性，在三种情况下常常会出现一些矛盾——

　　第一种情况：新闻传媒受到行政力量的干预。新闻传媒的主管部门及其工作人员，长期以来习惯于将传媒当作党和政府的工作机构进行管理，管理的方式多为行政指挥和干预。在经济体制转变以后，主管部门对新闻传媒的管理并没有进行与此相适应的大幅度的调整。主管部门在按传媒的意识形态属性对它下达指令的时候，还很少考虑到传媒的产业属性，很少考虑到来自市场的要求。在某些情况下，左右新闻传媒的甚至是长官意志的因素。这时，新闻传媒的两种属性之间的矛盾就会显得非常突出。曾有业界人士撰文指出："我国传媒机构迄今为止仍然基本上按事业的方式进行管理，还没有完全走上企业发展的道路。开放后的竞争已经市场化了，而我们的传媒仍以某些非市场行为进入市场，那显然是不适应的。企业的生产经营活动，难以用行政的方式进行控制和管理。"[①]对于进入市场的新闻传媒，主管部门必须减少以行政方式进行的干预，必须从政策上确保新闻传媒在市场上的主体地位，保证传媒完全的经济独立。

　　第二种情况：新闻传媒的意识形态属性被片面强调。这时，新闻传媒完全成了宣传工具，成为某些理念的简单的传声筒。笔者认为，由于新闻传媒具有意识形态的属性，因而它具有宣传的功能。这是无可否认的。但是新闻传媒所作的宣传，与开会作报告、喊口号、写标语等等宣传是有很大的区别的。它所进行的，是报道新闻事实、传播新闻信息这样一种遵循新闻规律的广义的宣传。如果把新闻传媒所进行的工作，理解成一般的、乏味的宣传，那就必然将传媒的产业属性置于脑后。这样的新闻传媒是很难在市场上立足的。

　　第三种情况：新闻传媒的产业属性被错误理解。新闻传媒的产业属性，是新闻传媒可以在一定范围内经营的一种依据。这里所说的，是在一定范围内可以而且应该经营，但是不能理解为整个新闻传媒在所有时间和所有空间之中都可以经营。对于新闻传媒产业属性的一种错误理解是：把报纸版面和广播电视的节目时段，都作为资

---

① 刘飚：《展望入世后的报业产业——由广东报业集团的近期发展谈起》，《新闻记者》，2001年第11期。

源加以经营,实行完全的市场导向。这就会造成不好的社会影响,就会和新闻传媒的意识形态属性相抵触。对于新闻传媒的产业属性的错误理解,将会导致上述结果。

对于新闻传媒产业属性的另一种错误理解是:新闻传媒的产业属性决定它的一切,因而新闻传媒的意识形态属性必须服从于其产业属性。诚然,新闻传媒与产业属性相联系的经营工作确实是十分重要的,它决定了传媒有没有生存和发展的经济基础;但是,新闻传媒的意识形态属性则是它的"魂"。

四

必须妥善处理新闻传媒两种属性之间的关系。

首先,应当确立对新闻传媒属性的正确认识。在新闻传媒的两种属性中,只看到其中的一种属性,或者只注重其中的一种属性,都带有很大的片面性。如果同时看到了新闻传媒的两种属性,但是只见矛盾不见统一,也仍然不是正确的认识。从辩证法的角度看,新闻传媒的意识形态属性和产业属性,是一个事物的两个不同的侧面。从内容的层面考察,新闻传媒所刊登的报道,所播出的节目,总是以新闻手段对经济基础和社会生活所作的反映,这种反映总是与某种观念形态(政治观、哲学观、人生观、价值观等)有关,因而总是带有社会意识形态的色彩。从传媒产品的生产、经营层面来考察,新闻传媒和新闻工作者为生产传媒产品,投放了相应的劳动。新闻传媒在进入市场以后,就必然体现出产业属性。因此,新闻传媒既具有意识形态属性,又具有产业属性,这就构成了一个完整的统一体。人们特别是管理者,如果对新闻传媒或只见其意识形态属性和产业属性中的一面而不见其另一面,或将其两面完全割裂开来,或将其两面完全对立起来,这些认识都是片面的、错误的。

其次,新闻传媒的两种属性必须互相制约。

必须形成两种属性互相制约的格局。新闻传媒的意识形态属性当然是它的,一种很重要的属性,但是在新闻传媒进入市场的条件下,这种属性不应当不受其产业属性的制约而无条件地膨胀。因为传媒毕竟已经成为一种产业,毕竟要在市场中运作,失去了受众,它就从根本上失去了市场,它就绝不可能从市场上得到相应的回报。

在市场经济条件下,新闻传媒的意识形态属性必须受制于其产业属性。具体地说,必须在以下三个方面作出切实的努力:(1)提供受众所需要的信息。新闻传媒要把报道受众所需要的内容、进行新闻有效传播作为出发点和归宿。贯彻上级领导的意图应紧扣广大读者的关注点、需求点,或者说,应将领导的意图隐含在对广大读者感兴趣的鲜活的事实的报道之中。(2)用广大读者所喜闻乐见的方式报道事实。新闻传媒的报道方式亟待改进和创新。应多一点平易近人的报道,多一点富有人情味的报道,多一点让人感到耳目一新的报道。对于新闻传媒来说,确保舆论导向的正确毫无疑问是极其重要的。现在的问题是,新闻传媒工作者中有一部分人,缺乏在确保到导向正确的前提下不断改进报道方式和文风、提高引导水平的紧迫感和主动性。在报道中,程式化的现象比较严重,套话、空话比较多,老的套路比较多,篇幅长、内容空的文章比较多,板着面孔说话的文章比较多;具有亲和力的文章比较少,从读者角度考虑问题写成的文章比较少,体现人文关怀的文章比较少,耐看、耐读的文章比较少。在我们的一些传媒上,舆论导向无疑是正确的,然而,另一方面的严重问题却常常被掩盖,那就是:导向正确的"党八股"现象普遍存在。它完全不把受众放在眼里,其面目十分可憎。这和当年受到毛泽东痛斥的"党八股"本质上没有什么区别。一些新闻传媒所存在的恶劣文风,这绝不是一个小问题。(3)通过传媒为广大读者提供更多的具体实在的服务。以报纸为例。报纸是新闻纸。报纸为读者提供服务,首先是通过提供新闻信息为读者服务,要让读者明显地感觉到:报纸不仅是新闻纸,而且是有用纸。其次要为读者的精神生活、物质生活的各个方面提供服务,为他们的生存和发展创造条件。最后是要在帮助读者维护自身的合法权益方面提供服务,报纸发自肺腑地为读者说话,全心全意地为读者服务,读者才可能把它当作知心人,给它以丰厚的回报。

与此同时,新闻传媒的产业属性,又必须受制于其意识形态属性。我国是一个由中国共产党领导的社会主义国家,新闻业必须接受中国共产党的领导。在这一点上,是没有商量的余地的。我国的新闻传媒,必须始终表现社会主义意识形态的内容,符合社会主义国家制度的要求。新闻传媒占领市场、传媒的经营和市场化运作、传媒的产业属性,都是建立在传媒坚持社会主义意识形态的基础之上的。从这个意义上说,新闻传媒产业属性又是受制其意识形态属性的。

最后,从机制上保证传媒的两种属性得到尊重正如许多业界人士所反映的,传媒的两种属性并没有从政策上、机制上得到充分的保证。从总的情况来看,管理部门对于新闻传媒的意识形态属性,政策上、机制上所提供的保障条件比较充分。这当然有它的历史原因。可是,时至今日,为新闻传媒两种属性的并存提供政策上和机制上的保障,尚显得不够充分。特别是对于新闻传媒的产业属性,管理部门还未能提供一系列的配套政策。应有的配套政策包括:制定与管理对象(作为事业单位和企业单位的新闻传媒)相适应的一整套办法,不对新闻传媒进行不合理的行政干预,实施有新闻传媒自身特色的现代企业制度,有效地规范传媒市场的秩序,等等。

南方日报社前社长李孟昱指出:"在市场经济条件下,企业作为市场主体,必须有经营自主权,必须有一套适应市场经济的自主经营、自负盈亏、自我约束、自我发展的运行机制。否则,就难以成为真正的市场主体,在市场经济中求生存求发展。以此来反观我国的传媒企业,包括报业集团,这些问题都没能得到良好的解决。经营自主权不能说一点也没有,但很有限,连扩版增张这样的事情也要报批,更不用说吸纳社会资金、进行股份制改造等重大改革了。这就使得报业集团的发展缺乏活力,其发展速度和经济效益都没有达到应有的高度。"[①]这番话确实是发人深省的。

---

① 李孟昱:《体制创新——报业经济发展的突破》,《新闻记者》,2002 年第 3 期。

影响力经济——传媒产业本质的一种诠释

喻国明

导言——

本文刊载于《现代传播》2003 年第 1 期。

作者喻国明(1957～　),上海人,1989 年毕业于中国人民大学新闻学院,获法学(新闻学)博士学位。现为中国人民大学新闻学院教授,博士生导师,教育部长江学者特聘教授,中国人民大学新闻与社会发展研究中心主任。兼任第七届国务院学位委员会学科评议组成员,中国传媒经济与管理学会会长。出版《舆论学:原理、方法与应用》等。研究方向:新闻传播理论、传媒经济与社会发展等。

本文从战略层面到技术层面,对当今中国传媒运行中的若干重要理论与实践命题进行了独具特色的阐释。文中关于传媒产业本质为"影响力经济"、传媒影响力发生与建构所依赖的"三个环节"等观点,都对推动中国传媒业发展有着重要的认识价值和启迪意义。

为什么要研究传媒产业的经济本质?因为这是正确地评估传媒的市场价值,有效地建构传媒竞争力的前提和基础。毛泽东曾经深刻地指出:"我们看事情必须要看它的本质,而把它的现象只看作入门的向导,一进了门就要抓住它的实质,这才是可靠的科学的分析方法。"人们常说,解决战略问题远比解决战术问题更重要,这是因为战略问题决定着战术性操作的目标和方向,失去了目标和方向的战术性操作无论如何精致也是盲目的和缺乏可靠意义的。中国有句谚语叫做"提领而顿,百毛皆顺",把握传媒产业的经济本质之所以重要,就在于它是一切关于传媒产业的操作问题以及对此进行的相关学术研究的战略性的纲目。

一、传媒作为产业的经济本质是"影响力经济"

1. 现代传媒经济运作的关键在于它的第二次"售卖"

从作为报业市场主体的多数报纸的"负定价"发行(即报纸的定价低于它的成本)和广播电视节目的"无偿"收视中,我们可以知道,传媒的经济运作并不是依赖出售自身产品获得全部回报的。这是传媒产业不同于其他产业类型的一个重大区别点。加拿大著名传播学者麦克卢汉曾经在 20 世纪 60 年代就十分聪明地指出:传媒所获得的最大经济回报来自于"第二次售卖"——将凝聚在自己的版面或时段上的受众"出售"给广告商或一切对于这些受众的媒介关注感兴趣的政治宣传者、宗教宣传者等等。

但是,这种所谓"出售"受众的行为到底"出售"的是什么呢?对此,麦克卢汉的回答是:受众的注意力资源。换言之,媒介所凝聚的受众的注意力资源是传媒经济的真正价值所在。譬如,他在分析免费电视的经济回报时指出,电视台实际上是通过一个好的节目来吸引观众的关注,观众的付出不是金钱,而是排他选择后的关注——这是一种隐性的收费,而当社会上的注意力资源越有限,这种能够将这种稀缺资源凝聚起来的"注意力产品"的价值就越高。

如果问题的答案仅止于此,那么,衡量传媒之市场价值大小的标准和尺度无疑就是传媒所凝聚起来的受众注意力的数量和规模(它可以通过收视率指标或发行量指标来加以标示)。但是,问题恰恰在于,在传媒市场的实际评估中,那些最受广告商(其实也包括政治宣传者)青睐,最具广告(或市场)投资价值的传媒常常并非是那些收视率或发行量最大的传媒。这是关于传媒的"注意力经济"理论所不能解释的。

2. 传媒之于市场的价值大小关键在于它通过其受众所产生的对社会实践和社会发展的"影响力"

"注意力经济"说解释了广告商付出广告费所购买的并不是报纸的版面或电视的时段,因为人们注意到,没有什么人看的报纸或电视,其版面或时段是没有价值的。只有通过报纸的内容或电视的节目凝聚起了足够多的受众,这样的版面或时段才是有价值的。

但是,传媒的市场价值又并不仅仅是由于它所凝聚的人群数量简单决定的。人们在关于传媒经济的进一步研究中注意到,人和人在社会生活中的行动能力以及他们的决策力、消费力或"话语权"是有差异的,有时这种差异还是相当巨大的。传媒在市场上的真正价值在于,它在多大程度上成为其所凝聚的那群具有某种社会行动能力的人们了解社会、判断社会乃至作出决策、付诸实践的信息来源和资讯"支点"。换言之,传媒作为一项产业的市场价值在于,它能够在多大程度上影响它的受众,并且这种对受众的影响力能够在多大程度上进一步地影响社会进程,影响社会决策,影响市场消费和影响人们的社会行为。

显然,如果一个传媒能够为社会的主流人群在社会文明发展的进程中提供卓有成效的信息支撑、知识支撑和智慧支持,那么,这个传媒之于社会的价值就十分巨大而显赫了。

3. 传媒影响力的本质特征在于它为受众的社会认知、社会判断、社会决策和社会行为所打上的"渠道烙印"

传媒影响力的本质特征是什么?我认为,就是它作为资讯传播渠道而对其受众的社会认知、社会判断、社会决策和社会行为所打上的属于自己的那种"渠道烙印"。这种"渠道烙印"大致可以分为两个基本的方面:一是传媒的物质技术属性(如广播、电视、报纸、杂志作为不同类型的传播渠道在传播资讯时所打上的各自的物质技术烙印,并由此产生的对于人们认知、社会判断和社会行为的影响);一是传媒的社会能动属性(如传媒通过其对资讯的选择、处理、解读及整合分析等,在传播资讯时所打上的各自的社会能动性的烙印,并由此产生的对于人们认知、社会判断和社会行为的影响)。

一般说,当一个社会的"传媒生态环境"相对稳定的格局下,传媒的物质技术属性对于其影响力的发挥是一个常量;而传媒的社会能动属性对于其影响力的发挥则是一个变量。所谓的传媒竞争,在很大的程度上比拼的是其社会能动属性的发挥状况。传媒在市场竞争中的价值大小主要取决于其社会能动性在多大程度上为推动人们正确地判断形势、优化地做出行为决策打上多少自己作为资讯渠道的烙印。

二、从影响力的发生机制看传媒产业的竞争与发展之道

从传媒的社会能动性的角度看,传媒影响力的发生和建构,主要依赖于传媒在以下三个环节的资源配置和运作模式:

1. 接触环节:以规模和特色凝聚受众的注意力资源

毫无疑问,传媒产品如果不与自己的受众接触是不会产生任何社会影响力的。没有或缺少受众的传媒至多只是"沙漠中的布道者"。因此,如何吸引受众的视听,凝聚起足够的社会注意力资源便成为媒介影响力的前提和基础。而衡量传媒的社会接触状况的指标则是人们已经十分熟悉的传媒的受众数量和规模性指标,如电视节目的收视率、报纸的发行量等指标。

不同传媒在接触环节上吸引注意、凝聚受众社会注意力资源的主要竞争手段,总体上可以分为两类:一是靠规模竞争;二靠特色竞争。

所谓规模竞争主要有赖于特定传媒所具有的经济支撑实力。毫无疑问,在同一个市场上,那些具有规模优势的传媒,在定位相同、内容同质的情况下,总是要比没有规模优势的传媒具有更大的社会影响力。因此,在等质等效的同类竞争中,传媒比拼的是各自的规模(以报纸为例就是其在有效发行地区的发行密度以及其报纸篇幅的厚度)。这种规模竞争的结果构筑了特定传媒市场的市场准入的规模"门槛",任何想要进入这一市场的传媒,如无独特的价值表现,则一定要在资源的支持力度上要足以跨越这一市场的规模门槛,否则便无法参与有效的市场竞争。

在等质等效的同类竞争的传媒市场上,任何参与其中的传媒,其"市盈率"的发展趋势将是越来越走向"微利化"。换言之,单纯的规模化竞争所带来的市场后果是市场利润的一步步"摊薄"。

规模竞争仅仅是传媒竞争的手段之一。"万绿丛中一点红"之所以能够吸引注意的关键在于它的与众不同。而如果这种与众不同的特色恰好能够满足人们的中心性需要,则这种特色就能够产生很大的市场价值和社会价值。因此,以特色取胜则是传媒在吸引社会关注的竞争中经常采取的另外一种手法。

特色竞争主要依赖于资源的独特、定位的精准和内容的不可替代性。而特色的

形成更多地源自于传媒独特的生产方式和传媒资源的优化配置和价值链条的有机支持。所有这一切都与操作团队的智能、文化息息相关，因此，这种特色型的竞争也被称之为"技术竞争"。

在形成特色的操作中，以下三点至为重要：

一是聚焦法。在资源动员能力与竞争对手相近的情况下，能否形成自己的特色的关键在于是否能够以"减法"思维来构筑自己的市场定位，以便形成自己在局部市场上的聚焦效应和规模优势，表现为资讯整合的专业精深或资讯呈现的完整充分。

二是重视团队的结构优化。现代传媒的竞争是人才的竞争。但人才结构的优化组合常常比单一人才的能力高下更为重要。正如写富贵，人们一般总离不开"金、玉"之类，但白居易的"笙歌归院落，灯火下楼台"，虽然其中的任何一个字眼似乎都与富贵不沾边，但组合在一起却渲染出了大富大贵之极致。事实上，传媒竞争之道也是同样的道理。

三是再学习的能力。传媒的特色是在创新中才得以保持的。因此，传媒的核心竞争力其实就是传媒团队的创新能力，而这种创新能力的实质不过是一种学习能力，即不断地运用现代科学技术所提供的工具和手段发现机遇、规避风险、"创造"需求（即以适用的传播产品"唤起"人们潜在需求）的能力。

显然，在传播市场上，竞争的胜负和优势的获得并不是仅仅由实力与规模单一地决定的。处理得当的话，有时是可以"以弱胜强"的。因此，弱势经济规模支撑的传媒产业在与拥有强势经济支撑的传媒产业所展开的竞争中并非只有"死路一条"，而是存在着巨大的生存和发展的可能性。问题的关键在于，我们能否自觉有效地形成自身不可替代的价值特色。

2. 保持环节：构筑受众之于传媒的行为忠诚度和情感忠诚度

影响力的发生并不是一次完成的。只有持续不断的接触（即保持）才能使传媒的影响力真正发生。而维系这一稳定、持续联系的凭借物就是传媒产品内含的"必读性"（资讯的有用与重要）、"可读性"（资讯的情感按摩与价值认同）与"选读性"（与个性化发展相关的资讯）的刻意打造。

衡量传媒影响力保持的指标分为两类：一是受众之于传媒的行为忠诚度（接触的频率和接触的稳定性等）；二是受众之于传媒的情感忠诚度（人们对于传媒的心理依赖程度、满意与满足程度、传媒在人们心目中的价值分量等）。

按照施拉姆的说法，能够维系受众之于特定传媒忠诚度的主要有两个方面：一是与传媒对于其受众的价值报偿程度成正相关——这主要取决于传媒产品的内容特质；一是与人们接受传媒服务的代价程度呈负相关——这主要取决于传媒产品的形式处理、流通渠道及售卖方式等。

从传媒产品内容特质的角度来考察，我们可以把传媒全部可报道的内容划分成三个层面。第一个层面是必读性层面。所谓"必读"的资讯，就是跟人的生产生活、生存发展有明显而直接联系的资讯,传媒提供这些资讯,其受众便可以据此廓清其视野,优化其决策。所谓"资讯创造价值"正是在这个意义上说的。显然,如果你能够通过你的传播产品为你的受众创造价值,你的受众自然会依赖于你、忠诚于你。第二个层面是可读性层面。所谓可读性层面之"可读"并不是我们一般理解的好看、漂亮或精彩,而是一种传播者通过传播产品所发生的与其受众的价值观上的认同,思想情感的共振,一种资讯传达过程中类似老朋友式的互动倾诉和痛快淋漓的感觉,这种被称之为媒介风格的东西其实就是媒介的立足点。在现代传播市场的竞争中,传媒的一个突出的角色转化,就是从过去单纯的消息发布者的角色演进到成为其特定服务受众的"信息管家"的角色。什么叫"信息管家"? 就是要以核心受众的社会立场和价值站位来决定传媒的资讯采集、资讯处理和话语表达,实现定制式的服务。与自己的受众同呼吸共命运,这是把可读的内容做好的关键。第三个层面则是所谓选读性,这部分资讯或内容主要满足特定受众的个性化成长的专门化、窄众化的资讯需要。有选择地提供这类资讯服务是"黏合"目标受众,形成高度传媒"忠诚度"的重要手段。事实上,按照马斯洛的"需要层级论"的观点看,必读性层面关注的是人们安全、生存的资讯需要;可读性层面满足人们社会交往和赢得社会承认和社会尊重的资讯需要;选读性是满足人们个人价值实现的资讯需要。实际上,在这三个层面里,都有各自专长的媒介类型,但是每一种媒介又不能把这三个东西截然分开的,而应该有所渗透。对特定传媒来说,明确自己的主打"战场",在延伸战场上自觉去做些力所能及的事情,就必然会赢得目标受众的青睐和忠诚。

3. 影响力的提升环节:选择最具社会行动能力的人群,占据最重要的市场制高点,按照社会实践的"问题单"的优先顺序定制自己的产品

这一环节的中心问题是改变我国传媒过去那种单纯靠"跑马圈地"式的数量规模扩张来形成自己影响力的价值模式,而将形成影响力的重心转移到在资源有限、规模有限、市场份额有限的情况下如何提升自己的社会影响力和市场影响力上来。

在这一环节上操作的技术关键在于将自己的资源运用"聚焦"于下列三个方面,以形成价值的倍增效应:(1) 选择传媒覆盖地区或领域中那些最具社会行动能力的人群作为自己主打的目标受众,以便通过他们形成以一当十的社会影响力;(2) 选择一个社会或一个领域最为关键的地区或方面集中覆盖,以取得占据领域制高点的市场效应;(3) 要根据时代发展或领域发展的"基本问题单"自觉地定制传播产品,只有这样,才能"击中社会绷得最紧的那根弦"从而产生巨大的社会影响力,为那些"处在应对社会和自然挑战而应战状态当中的社会弄潮儿"提供他们最为需要的信息支持、知识支持和智慧支持。否则,如果"言不及义"、"鸡零狗碎"式的内容服务的话,即使做得很精巧,但其社会价值也将是大打折扣的。在这一环节上,是否有一个明确的"问题单"意识,以及是否有能力去寻找和把握这样一个"问题单"是提升传媒社会影响力的至关重要之点。

媒介融合时代新闻生产经营管理的创新

彭祝斌　梁嫒

导言——

　　本文刊载于《现代传播》2010 年第 1 期。

　　作者彭祝斌(1964～　　)，湖南武冈人，毕业于湖南大学，获经济学博士学位。现为湖南大学新闻传播与影视艺术学院院长，教授，博士生导师。出版《中国电视内容产业建设发展研究》等。研究方向：媒介经营管理、文化产业、文化传播。梁嫒(1970～　　)，湖南常德人，毕业于湖南大学，获经济学博士学位。现为湖南大学新闻传播与影视艺术学院副教授。出版《国有资产境外投资风险生成机理与治理机制研究》。研究方向：媒介经营管理、文化产业。

　　本文认为，媒介融合时代，媒体经营出现从报道新闻到开发信息资源的转变，具体呈现两种模式：新闻信息内涵发掘基础上的信息资源多重开发和用户信息资源深度分析基础上的用户数据库开发与潜力挖掘；管理创新则出现从编辑中心到集成管理的转变，并集中体现在信息、组织和产品集成管理三个方面。

　　"媒介融合"(Media Convergence)这一概念，最早由美国马萨诸塞州理工大学的 I. 浦尔教授提出，本意是各种媒介呈现出的多功能一体化的趋势。就表现形式而言，媒介融合主要有两种，其一是传媒业界跨领域的整合与并购，并借此组建大型的跨媒介传媒集团；其二是媒介技术的融合，将新的媒介技术与旧的媒介技术联合起来，形成新的传播手段甚至全新的媒介形态。

　　随着媒介的发展和技术的更新，媒介融合呈现出诸多全新的特质，如传者与受者角色的融合、个性化传播介质的出现和兴盛等等。这些特质为媒体带来了颠覆性的改变，不仅改变着新闻报道的观念和形态，也改变着新闻生产管理和服务社会的理念与实践。

一、经营创新：从报道新闻到开发信息资源

　　所谓信息资源开发是指对信息进行生产、表示、搜集、整序、组织、存储、检索、重组、转化、传播、应用等。[①]多种数据库的建设和经营是媒体信息资源开发的基础和集中体现形态。

　　目前，传媒的信息资源开发和数据库建设大体有两种类型：一种是新闻信息内涵发掘基础上的信息资源多重开发；一种是用户信息资源深度分析基础上的受众数据

---

　　① 马费成：《信息资源开发与管理》，电子工业出版社，2005 年版，第 230 页。

库开发与潜力挖掘。

1. 新闻信息内涵发掘基础上的信息资源多重开发

传媒本身就是以信息的采集和整理、发布工作为核心的社会体,新闻信息产品是新闻媒体最基本的产品和服务社会的基础与依据。在媒介融合背景下,多种媒介的新闻传播活动往往是整合进行的,采用多媒体、多渠道的方式传播新闻。例如,早在"十五"期间,新华社党组就提出新时期新华社履行职能,不仅要有通稿、内部报道等传统形式报道,还要有互联网、信息、音视频、手机短信等新形式报道,以及报刊形式报道。[①]媒介融合基础上的媒体,新闻的加工方式与发布渠道实现了多元化,因此,新闻传播活动的产物,便由以往单纯的刊发于单一媒体的新闻报道,衍生为具备多元形态的新闻资讯产品。

传媒对于其采集和汇聚的新闻信息资源的开发有三种基本形态。一是品牌衍生下的新闻信息资源开发。如纽约时报公司,通过将《纽约时报》上的新闻信息开发成数据库,提供付费查询服务,实现了品牌的网上延伸,获得了丰厚的经济回报,也为全世界报业提供了一个报纸数字化生存的成功榜样。新华社在媒介融合时代的新闻信息资源化开发,则通过衍生系列产品,成为新闻报道之外新华社实力增强的主要依托。新华社主要的经济信息产品包含七大类,即大客户专线、高管信息专线、环球财经信息专线、新华财经分析专线、对外中日文信息专线、对外英文信息专线、海外信息专线等,其中高管信息、经济分析报告,受到中央和部门领导及大客户的肯定和重视。2007年,新华社在2001年"万户工程"的基础上,全社新闻信息产品有效用户达近72000家,六年增长了6倍。[②]

二是人力资源挖掘下的信息深度开发和特色产品研发。利用网络这一定向的传播终端,媒体完全可能在所在区域市场,通过对掌握信息的深度开发和定向研究,实现数据库的增值利用,获得新的盈利能力。在线数据库是国外很多媒体盈利的增长点。《日本经济新闻》设有庞大的日本经济研究中心,全面监控分析日本经济运行数据,发布日经指数。英国路透社约有40多万个终端和5万多个客户,仅在中国就提供财经资讯系统、交易平台外汇交易管理系统、市场数据库、自动交易系统等5类产品。[③]数据库成为路透集团最主要的盈利模式。上海文广传媒也建立了数据库,发布第一财经指数来获取利润。

三是个性化的信息服务。为用户(受众)提供个性化的信息服务,是媒介融合背景下传媒新闻信息资源开发的又一种基本形态。如为受众提供视频点播、新闻定制、财经等特定资讯定点服务等,打造"我的报纸""我的电视""我的广播"的信

① 田聪明:《坚持以新闻信息报道为中心忠实履行职能》,《中国记者》,2006年第3期。
② 田聪明:《抓住机遇,在履行职能中不断有所作为》,《中国记者》,2008年第3期。
③ 田聪明:《下决心提高新华社经济信息产品的国际竞争力》,《中国记者》,2006年第7期。

新闻理论研究导引

息接受环境,开发传媒新的、更高端的信息服务市场,或者为信息用户提供定制服务等。新华社在 2002 年以后开始为媒体提供特质的信息产品,这一战略实施当年至该年 11 月底,新闻信息用户较上年同期同比增长 29%,当年新增用户数量创历史最高水平;国内地市(含)以上媒体市场占有率达 81%,同比增长 10%;稿件的落地率提高了 10%左右,重大战役性报道的落地率提高幅度则在 20%以上,稿件的采用率在 97%以上。[①] 2007 年,新华社通稿和各专线对内报道采用率为 99.8%,比 2002 年增长近 23 个百分点;对外报道采用率 95.5%,报道发稿量与影响力均明显增长。[②]

2. 用户信息资源深度分析基础上的受众数据库开发与潜力挖掘

这种经营模式又称数据库营销商模式,它把数据库作为一种盈利手段,利用数据库销售产品。媒体通过对自身积聚的受众资源或者其他用户资源(其他的媒体等)进行整合利用,在此基础上进行整合营销。

用户数据库商用的数据库营销商模式主要有四种类型。第一种类型是为广告客户制订精准的广告投放策略。通过对受众信息需求倾向的把握和对其消费偏好的进一步了解,媒体可以借助于受众数据库,为广告客户提供精准的营销渠道,并为其在目标消费群喜爱的资讯区投放广告提供建议,以提升抵达率。像《华尔街日报》,就根据数据库所保留的订户爱好、阅读习惯等资料,区分其喜好的新闻标题、题材、风格等的种类,为订户自动生成个性化的报纸,直接投放到每个订户的电脑终端。[③]为满足用户消费需求的广告信息,也就有机融合于投递给用户的个性化资讯之中了。

第二种类型是提供直接沟通广告客户和潜在消费者的营销服务。拥有强大的受众数据库的媒体可以直接将商品信息和广告客户营销信息等点对点地传递给特定的用户,直接成为广告客户营销活动中精准定位、面向潜在客户的组织者。如浙江日报报业集团旗下的《今日早报》,通过创建读者俱乐部,建立了包含读者姓名、地址、电话、手机和身份证号码,以及大宗消费需求的读者消费数据库,直接向商家出售读者的消费需求。该报以杭州中心城区 20 余万的发行量,创建了这一国内第一个大众化商用读者数据库,包括超过 4 万人的房产俱乐部、将近 6 万人的汽车俱乐部(其中近万人是准车主)、10 万会员的证券理财俱乐部。在读者消费数据库的基础上,该报以版面通知、短信通知或电话通知相结合,把数据库中有某类消费需求的读者直接带到广告主那里。比如房产,根据房产特点,从数据库中选出有对应需求的读者,把他们

① 新华通讯社副总编辑夏林 2004 年 12 月 26 日接受广西大学吴海荣访问时提供。转引自吴海荣:《探析新华社的内容增值战略》,《新闻与写作》,2006 年第 8 期。
② 田聪明:《抓住机遇,在履行职能中不断有所作为》,《中国记者》,2008 年第 3 期。
③ 肖文娟:《数据库营销:媒介融合背景下报纸的新盈利模式》,《东南传播》,2008 年第 8 期。

带到售楼现场。这样,原本依赖于大量广告版面的房产广告,演变成依赖于数据库的现实的中介活动。目前该报仅将广告版面作为配合措施,看房中介活动提前几天刊登一则不大的公告,就取得了较过去的大幅广告远为有效的促销效果。该报2008年的看房活动,起价15万,最高的一次收费达36万元,比较2007年的10万元左右一次的广告收费,受益增长在3倍以上,超过同城发行量领先的《钱江晚报》和《都市快报》的价格。①

　　第三种类型是构筑用户"自传播"的体验营销网络平台。Web 2.0时代,通过博客、TAG、Space、RSS定制、内容分享等新的技术应用,具有相同的爱好和追求的用户更容易组合成一个个网络社群,对于信息的创造、消费和传播也就更具有稳定和积极的特性,而媒体正可以顺应用户对特定网络社群的忠诚,通过渠道提供和话题创建,形成用户"自传播"的体验营销,搭建广告客户和潜在消费者直接交流的网络平台,强化特定产品和特定品牌消费的品牌忠诚度。如猫扑网的汽车门户站点,"以每款车型为核心,聚拢更加细分的用户群体",通过提供该款车的一切相关信息、关心该车的用户发布针对车型、车市的原始观点及"跟帖"的平台,吸引站点用户成为汽车信息的传播主通道,无论传统汽车图文资讯,还是民间衍生观点,均以"多对多"方式在猫扑提供的网络站点传播。在这样一种网站构架框架下,来自用户的真实的点击量、第一手的原创好评或差评,都直接影响着用户的最终购买决定。用户不仅接受信息,也能够向权威发起对话,真诚地探讨汽车市场的发展。在每款"mini门户"中,与此车相关的生产厂商、经销商、4S店、行业专家,甚至争夺同样用户群的竞争车型,都可在此获得极为精准的营销通道。②

　　第四种类型是对高端受众提供智力服务,开展衍生服务。部分新锐媒体以组建高端读者俱乐部为基础,建立俱乐部数据库,不仅有效地沟通了广告客户和有价值的潜在消费者,而且还成为受众所在企业全方位的智力服务者,最终获得衍生价值和利润。如广州日报报业集团的《赢周刊》,目前共有五个俱乐部:"赢家俱乐部""生于六十年代俱乐部""MBA精英俱乐部""隐型冠军俱乐部"和"企业传媒人俱乐部"。俱乐部会员以中小企业主为核心,这些企业主既是该报的目标读者,又因具备不断增长的购买力而为广告商所看重。通过为俱乐部会员提供数据库关系营销的思路,帮助企业开展借助数据库的直邮、论坛产品推广、俱乐部活动推广营销等合作,《赢周刊》对数据库进行了多重开发利用,获取了广告之外的衍生利润。③

　　① 孙晓彤:《从"眼球经济"迈向"人头经济"——大众化报纸商用读者数据库的探索和实践》,《新闻战线》,2008年第8期。
　　② 田晨:《新媒体上的精准营销》,《广告人》,2006年第11期。
　　③ 危贵川:《数字报业的经营模式转型》,《中国报业》,2006年第10期;肖文娟:《数据库营销:媒介融合背景下报纸的新盈利模式》,《东南传播》,2008年第8期。

二、管理创新：从编辑中心制到集成管理

媒介融合是对传统媒介体制与管理的严峻挑战，在这一背景下的采编管理，不再是一报一台各行其是，而是跨媒介的团队合作，是多种媒介新闻生产流程的重组和整合。进行管理创新，保证新闻报道活动成本最小化或收益最大化并尽可能降低风险，是媒介融合时代新闻报道创新的关键所在。

传统的新闻报道时代，新闻传播业务以单一的媒介形态为基础，所运用的技术手段也相对有限，此种情势下，媒体尤其是发达国家媒体通用的新闻采编模式就是编辑中心制：在媒体层面上实行总编辑负责制；在具体的采编工作中，则实行部门或栏目编辑负责制。这种采编机制的特点是分工明晰、层次清楚、任务界限分明。在新闻的采编过程中，尽管记者在数量上占多数，但"位高权重"、占据主导地位的却是编辑，部门或栏目编辑在媒体编辑思想的指导下，组织记者实施各种报道计划。他们积极参与甚至可以说是干预了新闻的采编过程，而不是游离于"事外"。

媒介融合背景下，媒体新闻报道的竞争环境发生了变化，新闻报道的观念、手段和目标均迥异于单一媒体时代。上个世纪 80 年代以来弥漫于传媒产业的公司化管理与运作理念，在媒介融合的背景下，彻底摧毁了编辑部门与经营部门之间的那堵曾经一度坚实无比的围墙。编辑、广告、市场调研、促销等媒体生产和流通各个环节相互糅合与渗透，全面统一在利润最大化的目标之下。新闻采编管理尽管仍以媒体的风格和特色为追求目标，但多元的价值诉求和多向度的采编实践，使采编管理既打破了一报一台的媒体界限，实现了跨媒介的团队合作和多种媒介新闻生产流程的重组与整合，又打破了追求单一媒体报道效果的既有目标模式。在跨媒体的团队作业前提下，新闻采集与新闻载体分离，团队成果不为某一个载体所独有，载体的使用完全以新闻传播整体效果最优化为目标，实现从编辑中心制到集成管理的转变。

新闻报道业务的集成管理，主要体现在信息、组织、产品集成管理三个方面。

1. 信息集成管理

媒介融合背景下，媒体新闻报道活动相关信息的结构十分复杂，既包括媒体系统内部的信息，如媒体的性质、经济实力、传统文化以及各部门的人力、财力、物质、技术、管理等各类信息，又包括媒体系统外部的信息，如媒体报道的对象、媒体采集的资源、媒体服务的对象（也就是受众、广告客户）等信息。传媒运行相关的信息，数量大，更新快，品种丰富，形式多样，而且掌控在不同系统和不同的技术平台上，有的甚至还处在未加收集和整理的原始状态。目前，媒体的信息管理，普遍存在"信息孤岛"现象。

从媒体管理的角度来看，信息集成是媒体资源整合、传媒效益提升的保障，也是媒体集成管理的基础。媒介融合背景下传媒的信息集成，一般从战略规划——技术支撑——内容建设三个层面展开。

首先,对信息资源整合进行战略规划。要打破各职能部门按需采集的既有模式,以媒体的新闻报道与信息、受众、广告客户数据库产品开发为核心目标,综合考虑媒体的战略、优劣势、核心能力等整体因素及其引发的信息需求,对媒体系统内外的信息资源进行多角度、立体化的全面梳理,规划信息资源集成开发的来源和提取、传输、使用的路径,建设集成化信息系统的功能模型、数据模型和系统体系结构模型。其中,对信息资源整合各推进层次的影响因素进行认真分析,使组织成员及信息资源整合的技术人员充分了解到底有哪些战略管理组织、技术因素会对信息资源整合的实施产生影响,这些因素又是怎样影响信息资源整合的,以很好地管理和控制这些影响因素,对于信息资源整合的成功实施至关重要。

其次,根据媒体系统内外的信息资源特点,确立决定信息系统质量、进行信息资源开发利用最基本的标准,为信息资源整合准备最根本的技术支撑。可以借鉴普遍性的集成化信息系统开发经验,从数据元素标准、信息分类编码标准、用户视图标准、概念数据库标准和逻辑数据库标准等五个方面,建立媒体的信息集成标准规范。

再次,在信息资源规划控制、指导和协调下,实施通信计算机网络工程、数据库工程和应用软件工程,建立系统化的媒体信息化解决方案,分步实现信息资源整合。

2. 组织集成管理

组织集成可以协调不同目标的媒体组织之间的信息沟通与运作活动,是构成新闻业务活动和新闻媒体信息资源(包括信息产品和用户数据库产品)协同开发的保障。以往媒体新闻报道的管理是编委会的职责,总编辑担负着具体的组织和协调的任务。在媒介融合背景下,新闻报道组织与管理的目标呈现多元化,不仅要进行普遍性的新闻发布,还要实行网络化形态下报道的"定点""定向""服务性"传播并打造"公民媒体"[①];不仅要进行公开的报道,还要在信息采集和整理基础上进行信息资源开发、服务受众信息需求基础上进行受众信息的深度挖掘和开发。因此,媒体新闻报道组织活动完全打破了部门界限,实行了网状的管理结构,在原编辑负责制的项目管理基础上,融入了更多跨部门、跨行业的矩阵架构形态。如传统的报道策划一般采取编委会或者编委会扩大会议制度,技术、管理、广告、发行部门并不参与其中,即便是有网络版或办有网站的传统媒体,也不过是网络版或网站负责人参与而已。媒体融合时代,广告、发行部门和技术、管理等部门负责人则需要在重大报道策划伊始即介入决策;发行部门需提供报道能否促进发行的意见;广告部门需提供报道如何与广告联动的建议;技术部门需配合采编人员提供相应技术支撑;管理部门则需对媒体资源调动和人员绩效劳酬等进行系统考虑等。

由于新闻报道的目标由单一的新闻发布拓展为多元化的需要,组织集成成为媒体管理必然的选择。其原则有:横向集成活动,实行团队工作方式;纵向压缩组织,使

---

① 梁媛、彭祝斌:《媒介融合背景下新闻报道形式的创新》,《新闻战线》,2009 年第 1 期。

组织扁平化，权力下放，授权员工自行作出决定，推行并行工程等等。①

浙江日报报业集团以其在新闻业务管理上的创新，为媒体提供了有益的借鉴。浙江日报报业集团采取"两负责""两统一""一本账"，使机构分离、人员分离、业务分离的采编和经营系统能够有机协调、相互配合，形成了以产品为经线、职能为纬线，经线为主、纬线为辅的矩阵式管理结构，取到了良好的经济效益。所谓"两负责"，即经营公司对广告、发行等经营业务负责，为宣传业务提供经费支撑，承担媒体经济保障责任；采编部门对采编业务负责，为经营业务提供内容支撑，创造优质经营载体。"两统一"就是领导统一、管理统一，媒体总编辑兼任经营公司董事长，经营公司总经理兼任副总编辑，对宣传业务和经营业务统一领导和管理，确保两种业务相互协调。"一本账"也就是采编和经营两条线的生产、销售和成本控制统一在公司利润即报纸利润这个结合点上，将原本属于报纸产业链的采编、发行、广告和印刷等生产要素提取出来，以效率为原则，重组形成科学的办报流程。其中尤为突出的是集团内部可整合资源分离重组的实践，解决了传媒集团内部"统"与"分"长期存在的利益矛盾。如钱江晚报有限公司，将部分可整合的资源分离出来，依照市场交易原则，通过缔结内部契约，交由集团公司其他经营单位代理。交易对象的内部化，既降低了经营部门和采编部门的市场交易成本，使战略主体共享规模经济的优越性，又降低了集团整体的交易成本和管理成本，实现了集团整体效能的最优化。②

3. 产品集成管理

产品集成能实现媒体多元化信息产品（内容）的共享和价值的多元、多重开发，是媒体创造社会效益和经济效益的根据。产品集成的基础是"内容管理"，也就是对数字化的信息资源，借助现代信息技术，协助组织和个人，实现内容的创建、储存、分享、应用、更新，并在个人、组织、业务、战略等方面产生价值。

新华社的产品集成管理实践对媒体具有很强的示范性。在构建"数字新华社"的基本框架后，2002年，新华社建设开通了多业务宽带保密通信网（简称宽带网），同时基于宽带网的多媒体数据库系统等一系列网络信息技术也正式在全社范围内应用。信息采集方面，该社逐步建立起符合多媒体发稿要求的采访模式；制作方面，以"数字新华社"工程和多媒体数据库系统建设为契机，实现全社新闻信息资源的共享和使用效益最大化；发布方面，调整发稿线路，打破原来按照媒体行政级别设置线路的做法，建立综合线路加若干专线的发稿架构，同时开始提供定向供稿业务、可供稿菜单等特色服务并建立起多媒体新闻发布网络。2007年，该社还建设了"新华2008"，以终端形式为用户提供实时资讯、行情报价、历史数据、研究工具、分析模型等金融信息综合服务，正式运行仅三个多月，就发展用户1100多家；人事制度方面，推

① 麦勇：《企业过程重构：基于理论框架的分析》，《商业研究》，2004年第2期。
② 宋建武：《浙报业集团管理模式探索》，《新闻实践》，2006年第7期。

行新的评价标准和评价手段,以营销平台统计信息作为部门和编辑记者的工作评价依据,以量化的指标为基础得出定性的结论。[1]

作为普通媒体的凤凰卫视,则将其媒介资产管理系统 MAM（Media Asset Management)视为至关重要的一个核心资源。该系统将各种内容素材、文字、图片等纳入统一的管理之下,在系统内生成"点到点"完全交互的扁平状的生产形态,使得存储、利用、再利用更加方便可行。利用这一系统,凤凰卫视不仅在内部生产中降低了自身的制作成本,对同一素材采取多次性开发,还有计划地把媒介资产管理系统所管理的资料库有偿授权给其他电视、互联网及媒体经营商使用,成为内容集成平台上的一个集成商,实现了内容素材的价值最大化。[2]

研究与思考

＝延伸阅读＝

1. 黄升民:《从"媒介经营"到"经营媒介"》,载《中华新闻报》2004 年 6 月 21 日。

2. 支庭荣:《世界是平的,传媒是凹的——对传媒经济特性和规律的一种诠释》,载《现代传播》2007 年第 3 期。

3. 包礼祥:《中国传媒产业在经济发展中的主要功能及其实现》,载《江西财经大学学报》2013 年第 3 期。

4. 郭全中:《互联网时代的传媒产业新趋势》,载《新闻记者》2014 年第 7 期。

5. 肖叶飞、刘祥平:《传媒产业融合的动因、路径与效应》,载《现代传播》2014 年第 1 期。

6. 李良荣、林晖:《垄断·自由竞争·垄断竞争——当代中国新闻媒介集团化趋向透析》,载《新闻大学》1999 年夏季号。

7. 刘友芝:《业外资本进入传媒业的若干影响研究——以报业为例》,载《新闻界》2007 年第 5 期。

8. 谢耘耕:《中国传媒资本运营若干问题研究》,载《新闻界》2006 年第 3 期。

9. 赵荣水:《论我国传媒产业价值链的完善与重构》,载《人民论坛》2013 年 5 月(中)。

① 吴海荣:《探析新华社的内容增值战略》,《新闻与写作》,2006 年第 8 期;田聪明:《抓住机遇,在履行职能中不断有所作为》,《中国记者》,2008 年第 3 期。

② 吕志元:《基于媒介融合集群产业价值链的构建策略》,《中州大学学报》,2008 年第 6 期。

10. 陆小华:《传媒产业链变革——再专业化与再组织化》,载《南方电视学刊》2014 年第 2 期。

＝问题与思考＝

1. 为什么说新闻传媒必然具有产业属性? 弄清楚这个问题有什么意义?
2. 什么是邮发合一制度? 它在我国出现的主要原因是什么?
3. 谈谈我国改革开放后出现报刊自办发行的必然性。
4. 影响报刊发行量的因素主要有哪些? 报刊在发行竞争中有哪些应对策略?
5. 制播分离与制播合一到底有什么不同? 为什么要推行制播分离的体制?
6. 什么是收视率? 影响收视率高低的因素有哪些?
7. 报纸的"两种产品"理论对于媒介经营的价值在何处?
8. 报纸与广电的多元化经营有何差别?
9. 媒介资本经营的方式有哪些? 中国的媒介资本经营有什么特殊性?

＝研究实践＝

1. 结合具体案例,分析报刊在新的媒介环境中应采取怎样的策略应对发行的激烈竞争。
2. 以央视、凤凰卫视或某些省级卫视中收视率较高的节目为对象,讨论是哪些因素在影响电视节目的收视率。
3. 请结合实际试比较媒介经营的相关多元化战略与非相关多元化战略的不同之处及其效果。

第十章 新闻自由

导 论

　　新闻自由是自由这种人类普遍政治权利的有机组成部分,是人的幸福和社会发展得以实现的基本前提之一。在资本主义社会之前的漫长历史时期,奴役和专制几乎存在于一切与政治相关的领域,信息传播几无自由可言,更谈不上所谓的新闻自由。到了资本主义社会,新兴的资产阶级提出了言论自由和出版自由的概念,从而奠定了后来一般意义上的新闻自由的基础。后起的社会主义国家同样重视新闻自由问题,并且按照自己的理念和模式进行着实践探索,走着与资本主义国家不同的道路。不管理念与实践有着何种差异,新闻自由都是人类社会无法回避的一个重大问题,更是新闻传播领域的核心价值所在。新闻自由所要处理的是人与他人的关系,个人与社会的关系,个人与新闻媒介的关系,新闻媒介与社会其他领域以及整个社会之间的关系。

一、新闻自由:内涵与主体

　　要弄清新闻自由的内涵,首先得从"自由"这个概念说起。一般而言,自由有两种含义。一种是哲学意义上的,指人的认识的必然性以及在改造外部世界过程中体现出来的人的主体性。另一种是政治意义上的,指人摆脱各种奴役与控制,按照自己的意志进行活动的权利。新闻自由,是就后一种意义而言的,指公民享有通过新闻媒介传播和接受新闻,了解外部世界变动的各种情况,发表自己的意见,参与社会和国家生活的权利。新闻自由是言论自由、出版自由在新闻传播领域的延伸和具体体现,其实质是一种民主政治权利。

　　从言论自由到出版自由再到新闻自由,表面上是概念的转换,背后隐含的却是人类自由权利的内涵、主体、实现方式及其传播载体的变迁。在印刷书籍产生之前,人的政治自由权利内涵主要是不受压制和干扰地发表观点和意见,主体是个人,实现方式是口头表达;在印刷书籍产生之后,这种自由权利的内涵和主体没有实质性的变化,但实现方式主要是通过写作进行的,传播载体变成了书籍。而在近代报刊产生之后,这几个方面都发生在巨大的变化。内涵方面,这种政治权利不光是指不受压制和干扰地发表观点和意见,还指自由地传播和接受新闻信息;主体方面,不仅有公民个人,还有新生的新闻媒介;实现方式方面,既有公民个人在报刊上发表观点、传播和接受新闻信息,也有新闻媒体自由地接触和传播新闻信息、代表公众同时也代表媒体自身表达立场和观点;传播载体方面,从一般的印刷品变成了强调时效性并且连续出版的报刊。当然,随着广播、电视、互联网等更新的媒介出现,新闻自由的实现方式和载体就变得更为丰富了。正因为如此,今天来考察新闻自由的内涵时,就有了公民个人与新闻媒介这两个虽密切相关但又有所不同的观察问题的角度。

从公民个人的角度来说,新闻自由是受众所享有的一种政治权利,主要是指对新闻信息的知情权、新闻舆论监督权、新闻传播活动的平等参与权[①]。从新闻媒介的角度来说,新闻自由主要是指新闻媒体及其从业者自由进行新闻传播活动的权利。有学者指出,新闻自由主要包括七种权利,即:创办新闻媒介权、发表权或报道权、答辩权和更正权、知晓权和采访权、保护新闻来源、使用传媒权、对新闻侵权的诉讼权[②]。这些权利基本上是从新闻媒介的角度来说的,当然,其中的知晓权、使用传媒权和对新闻侵权的诉讼权这三项权利也与受众有关。本书第三章"导论"中曾指出,新闻传播者具有采访权、编辑权、传播权、监督权、秘匿权等,大体上与此相通,但其权利主体主要是对新闻媒体的从业者而言的[③]。

新闻自由在本质上应该是公民的一种民主权利,是公民不受限制地传播和接受新闻的自由。然而,作为个体的公民在现实生活中很难直接去实现这种权利,而是必须借助于新闻媒介(事业)的出版权、采访权和发布权才能使新闻自由权利得到兑现。也就是说,公民个人不得不把自己的新闻自由权利在相当程度上委托给新闻媒介。那么,作为新闻媒介具体落点的新闻媒体能如人所愿地承担起这样的责任吗? 这个问题也可以转换成,公民个人的新闻自由与新闻媒体的新闻自由这两者之间到底是一种怎样的关系呢?

分析这个问题,既需要加入历史的维度,又需要有辩证的思维。首先,从资产阶级追求新闻自由的逻辑起点来说,新闻媒体的新闻自由权与公民的新闻自由权这两者是基本一致的。在资本主义发展的初始阶段,资产阶级通过创办新闻媒体所追求的目标,在很大程度上与公民追求政治、经济和人身权利的目标是相统一的。而且,公民对民主和人权的追求,最有效的途径之一就是创办报刊。因此,从理论上说,这两者是不矛盾的。其次,新闻媒体作为一种专业的新闻机构,它从一诞生起就有自己特殊的经济目的,赢利是它生存和发展的直接和内在的动因。这就造成了新闻媒体与公民对新闻自由追求的分离。新闻媒体为了自身利益的需要,一方面在拼命地追求新闻自由,因为它只有充分地满足公众的信息需求才能得到生存和发展,这就必须有新闻自由作为保障;另一方面,它为了自身利益的最大化,又必然走向垄断,从而在很大程度上损害公民的新闻自由权。从前一个方面来说,两者的关系是统一的;而从

① 参本书第四章"导论"。

② 刘建明:《新闻自由的七种权利》,《新闻爱好者》,2001 年第 3 期。

③ 参本书第三章"导论"。

后一个方面来说,两者的关系却是对立的。正因为如此,对于绝大多数没有实力和条件创办新闻媒体的普通公民来说,新闻自由只是一种纸面上的权利,这种权利能否得到满足,既要看一个社会的新闻媒体到底有多高的社会责任自觉,能在多大程度上代表社会公众的利益,又要看一个国家的传播规制能否有效地约束新闻媒体履行自己应尽的义务。在当今社会,一般公众对信息的接受越来越依赖新闻媒体,而新闻媒体为了自身利益的需要却常常会掩盖或歪曲事实真相,误导受众,甚至直接侵犯公民的知晓权、名誉权和隐私权等。所以,国家对新闻媒介进行规制是必然的,这乃是实现新闻自由的一体两面。

二、新闻自由的价值

新闻自由在不同的历史阶段和不同的社会形态中有不同的表现,人们对它的内涵认识也存在一定的差异,但在现代社会形态中,新闻自由对公民个人和整个社会发展所具有的重大价值是无可置疑的。历史上,人们对新闻自由价值的探讨并不是特别多且具有一定的争议,但在以下几点上人们还是有共识的。

首先,新闻自由是个人价值实现的保障。作为言论自由的延伸,新闻自由首先是被作为一种自然权利来理解的。西方新闻自由思想的先驱约翰·弥尔顿认为,言论自由、思想自由、出版自由是最重要的自由。他说:"让我有自由来认识、抒发己见、并根据良心作自由的讨论,这才是一切自由中最重要的自由。"[①]他所说的这些自由与后来发展出来的新闻自由是完全相通的。他为什么这么说呢? 因为没有这种自由,人就无法自由地获取信息和知识,人的精神世界就会处于一种封闭状态,自我价值的实现就是一句空话,所以新闻自由是保障个人价值实现的基本条件。

其次,新闻自由是社会民主制度的基石。近代以来,凡是承认并标榜为民主的国家,都把人民享有言论出版自由的条文写入宪法,同时将新闻自由作为宪法保障的基本权利之一,新闻自由已经成为民主社会的象征。新闻自由既是公民的民主权利,也是新闻媒介的权利。在民主社会中,公民虽然得到了参政的权利,但这种权利的履行只能建立在获知充分、准确和全面信息的基础之上,而提供这些信息的一个主要渠道就是新闻媒介。因此,如果公众不能充分地享有知情权,新闻媒介不能真实、客观、公正、全面地报道新闻,不能在监督政府、帮助公众与政府进行有效沟通方面发挥应有的作用,民主就有可能落空。从这一意义上说,无论是从公民个体还是从新闻媒介来说,新闻自由都已成为现代民主制度的重要组成部分,是民主政治的基石之一。

再次,新闻自由是社会法制体系是否健康完善的试金石。无论是作为一种自然权利,还是道德权利,抑或政治权利,新闻自由都不是抽象的东西,公民个人和新闻媒体在新闻活动中到底拥有哪些具体的权利,都应该是通过法律得以确认的对象。德

---

　　① [英]约翰·弥尔顿:《论出版自由》,吴之椿译,商务印书馆,1958年版,第45页。

国哲学家康德说:"没有法律保护的自由是暂时的、不安全的","真正的自由是法律状态下的对于公民的外在自由的限定"①。马克思也曾明确指出:"新闻出版法就是对新闻出版自由在法律上的认可","没有关于新闻出版的立法就是从法律自由领域中取消新闻出版自由,因为法律上所承认的自由在一个国家中是以法律形式存在的"。②这一方面说明,新闻自由只有得到法律的保护才是有效的自由;另一方面也可以说,有关新闻自由的立法,既事关公民个人的自然权利,也关乎人人平等的社会道德理想,更是检验一个国家的基本人权是否得到法律保障的试金石。从这一逻辑出发来理解,一个国家的新闻自由状况,也是这个国家法制体系是否健康与完善的一个重要的衡量标准。

三、西方新闻自由问题的由来

新闻自由问题的提出是从西方开始的,是随着资产阶级产生并在其与封建统治阶级进行斗争的过程而逐步呈现出来的,它的确立经历了一个漫长而曲折的过程。

16 世纪的英国都铎王朝时期,对新生的新闻出版物采取严格的限制措施:一是建立出版许可证制度,对报刊、书籍等出版物实行垄断控制;二是建立星法院,颁布"出版法庭令",实行从业登记制度,禁止批评国王和政府;三是实行事先检查制度,由书报检查官对出版物的内容进行审查。17 世纪,英国陆续制定和发布了一系列限制出版、加强内容审查的法令。18 世纪,英国国会又通过了印花税法,对报纸、广告和纸张等征收"知识税"。"直到 19 世纪 50 年代陆续废除了各项'知识税',新闻自由才在英国得到确立。"③法国的情况与英国也是大同小异,王室从 15 世纪末开始就不断加强对出版业的控制,设立专门的新闻出版检查官对出版物进行事先审查。直到 1881 年《新闻自由法》制定颁布,新闻自由的理念才在法国真正确立起来。

有压制就有反抗,封建王朝实行严格的新闻检查法,必然导致新兴资产阶级的强烈不满。随着资产阶级力量的发展壮大和资产阶级运动的开展,为了争取自己的经济和政治利益,他们提出了言论、出版自由的思想和要求,并且从理论上对其加以论证。其代表人物就是英国著名诗人和政论家约翰·弥尔顿。1644 年,他在英国国会发表演说,要求给人民以言论、出版自由的权利。同年 12 月 24 日,他的演讲稿公开出版,这就是著名的《论出版自由》。弥尔顿在演讲中抨击出版检查制度,指出言论出版自由是"天赋人权"的一部分,是"一切自由中最重要的自由"。"他的论点建立在这个假设上:人类依靠理性就可以分辨正误善恶。要运用这项才能,人在接近和了解他

① 见龚群:《当代西方道义论与功利主义研究》,中国人民大学出版社,2002 年版,第 107 页。
② 《马克思恩格斯全集》,第 1 卷,人民出版社,1995 年第 2 版,第 176 页。
③ 魏永征等:《西方传媒的法制、管理和自律》,中国人民大学出版社,2003 年版,第 16 页。

人思想观点时就不能受到限制。"①弥尔顿第一次公开表述了有关言论、出版自由的思想,这一思想为新闻自由提供了自然权利的理论支撑,奠定了后来资产阶级新闻自由思想和理论的基础。

英国资产阶级提出的言论、出版自由的观点,虽然在本国也有一定的影响,但它对资产阶级革命的真正推动,还是在法国大革命和美国资产阶级革命时期。1789 年 8 月,法国资产阶级革命取得胜利,制宪会议通过的《人权与公民权利宣言》(简称《人权宣言》)第一条规定:"在权利方面,人生来是、而且始终是自由平等的";第十条规定:"任何人都可以发表自己的意见——即使是宗教上的意见——而不受打击,只要他的言论不扰乱法定的公共秩序";第十一条规定:"无拘束地交流思想和意见是人类最宝贵的权利之一,每个公民都有言论、著述和出版自由,只要他对滥用法律规定下的这种自由负责"②。这为以后许多国家及国际人权公约阐述新闻自由问题提供了基础和典范。1791 年 12 月,美国议会通过并实施《权利法案》(Bill of Rights),这一法案的十项条款是作为宪法第一修正案提出的,因而也被认为是宪法的有机组成部分。该法案第一条便明确规定:"国会不得制定有关下列事项的法律:……剥夺言论自由或出版自由。"③这被认为是新闻自由发展史上的一个里程碑。从此,言论和出版自由作为公民的一项基本政治权利就被资产阶级以法律形式确定了下来。

19 世纪,随着大众化报刊在美国及欧洲相继发展起来,言论、出版自由在欧美各资本主义国家普遍确立起来,并且逐步向更广义的新闻自由演变。英国著名哲学家密尔(John Stuart Mill)的《论自由》一书,被认为是世界新闻史上最有力地为自由主义辩护的经典著作,成为美国新闻自由思想的主要理论依据。由于出现越来越多的滥用报刊自由的现象,一些新闻从业人员也开始思考新闻媒介的责任问题。

进入 20 世纪以后,人们对新闻自由的内涵、权利性质、保障条件、该自由与其他权利的冲突及解决办法、新闻自由与社会责任的关系等问题,都进行了广泛而深入的探索和实践,从而形成了当今西方的新闻自由思想。其核心内容包括:第一,不受批准自由出版报刊,即不必向政府申请营业执照或交付保证金,在政治上、经济上不受限制,人人都拥有出版权;第二,不受任何形式的事先审查,可以发布任何新闻和发表任何意见,但须承担滥用此项自由的事后追惩的责任;第三,不受限制地自由接近新闻源④。

由以上简单的回顾可以看出,今天所说的广义的新闻自由(freedom of press)这一概念在不同时期有不同的含义。在文艺复兴时期,它只是指言论自由,即表达意见

① [美]弗雷德里克·S.西伯特、西奥多·彼得森、威尔伯·施拉姆:《传媒的四种理论》,戴鑫译,中国人民大学出版社,2008 年版,第 36 页。
② 转引自黄瑚主编:《新闻法规与职业道德教程》,附录二,复旦大学出版社,2003 年版,第 345 页。
③ 转引自黄瑚主编:《新闻法规与职业道德教程》,附录三,复旦大学出版社,2003 年版,第 346 页。
④ 李良荣:《新闻学概论》(第 3 版),复旦大学出版社,2009 年版,第 179 页。

的自由。"17 世纪初,西欧各国印刷术广泛运用,freedom of press 主要指出版自由;到报刊在西欧各国兴起,freedom of press 又主要指报刊自由。到现在,在原有含义的基础上,强调了信息交流的自由。"①因此,如果一般地谈论新闻自由的时候,它可能包括了言论自由、出版自由、报刊自由以及信息交流自由等广泛的含义,而要确定它的具体内涵则要看使用这一概念时的语境。

四、中西方新闻自由的差异性

1. 西方资本主义新闻自由的本质特征

资本主义制度确立以后,逐步形成了一套适合资产阶级统治的政治民主体制,新闻自由是这一体制的有机组成部分。对于西方资本主义的新闻自由,既要从历史的角度分析其功能作用,也要分析它的本质特征,这样才能在学理层面与中国的新闻自由进行一番比较。西方资本主义新闻自由的本质特征可以从这样几个方面来加以认识。

第一,新闻自由被认为是"天赋人权",因而是社会公众的一项基本的、普遍的和绝对的自然权利。"自由至上主义者认为,人是理性的动物,人本身就是目的。个人的快乐与幸福才是社会的目标。"②新闻自由的前身是言论自由,"言论自由既然是人生而俱来的权利,那么由言论自由而来的新闻自由同样也是属于每个个人的天然权利"③。这就是说,新闻自由作为一种自然权利,不但为一切社会大众所共享,而且具有伦理上的优先性。因为新闻自由是观点和思想自由交流的保障条件,而思想和观点的自由交流又是真理得以战胜谬误的前提,所以新闻自由乃成为"一切自由中最重要的自由"。

第二,新闻自由同时也被认为是一项与新闻媒介相关的制度性权利,由此也规定了新闻媒介特有的社会角色和社会功能。新闻自由虽然被看成是公民的一种自然权利,但随着资本主义社会民主制度的发展,它与新闻媒介的关联度越来越高,有关新闻自由的法律保障越来越被落脚在对新闻媒介自主性的保障上。正如 1974 年美国最高法院大法官 P·斯特瓦特(Potter Stewart)所说:宪法保障新闻自由的目的就是保障新闻媒介的制度自主性(Institutional autonomy of the press),使之能成为立法、司法、行政三权之外的第四机构,以监督国家,防止国家滥用权力④。按照这一观念,新闻媒介成为与立法、司法、行政并列的所谓"第四种权力",而其使命是监督国家权力。

① 李良荣:《新闻学概论》第三版,复旦大学出版社,2009 年版,第 179 页。

② [美]弗雷德里克·S. 西伯特、西奥多·彼得森、威尔伯·施拉姆:《传媒的四种理论》,戴鑫译,中国人民大学出版社,2008 年版,第 31 页。

③ 康永:《新闻自由价值的存在基础分析》,《井冈山学院学报》(哲学社会科学版),2009 年第 1 期。

④ 参魏永征等:《西方传媒的法制、管理和自律》,中国人民大学出版社,2003 年版,第 26 页。

第三，在保障公民的新闻自由与通过新闻媒介来达成这种自由的过程中，存在着明显的矛盾和断裂，由此显示出新闻自由的阶级性。西方资本主义的新闻传媒业是建立在私有制基础上的，新闻媒体大多为私人所有。随着竞争和垄断的加剧，新闻媒体越来越集中在少数垄断资本家和垄断财团的手中，不仅成为其盈利的手段，也成为其左右民意的工具，媒介的公共服务职能最终仍被巧妙地转化成了为统治阶级服务的职能。由此来看，并不存在超阶级的新闻自由，在一定社会中，是掌握着生产资料的统治阶级而不是普通民众最终决定着新闻自由的范围和程度。

2. 有中国特色社会主义的新闻自由

有中国特色社会主义的新闻自由与西方资本主义新闻自由既有相通之处，也有重大的区别。相通之处在于：它同样承认新闻自由是人权的重要组成部分；承认新闻自由既是公民个人的自由权利，也是新闻媒介的制度性权利；同样在宪法和法律层面对其加以保护。但二者之间又有重要的区别，这种区别同样会通过它的一些本质特征表现出来。

第一，与西方资产阶级新闻自由强调这项权利是一项基本人权并强调这种权利的绝对性相比，中国的新闻自由更强调这种自由的相对性。在中国的语境中，自由虽然是一项天然的权利，但它又必须服从于社会整体的自由和利益。"否则，任何自由的实践都会导致一个人的自由侵犯另一个人的自由。因此，必须有一种社会控制、解决个体自由与社会整体利益的统一。社会控制主要手段的国家和法律，它所体现的阶级利益和人们的认识水平，造成了不同社会制度下自由的差别，因此，自由是适度社会控制下按照自己意志行动和行为，实现自由的问题实质上是寻求社会适度控制的问题"①。由此不难看出，中国的新闻自由更强调相对性，强调社会的经济、政治、法律等多重因素的制约。

第二，与西方资产阶级新闻自由强调新闻媒介的独立自主性并强调新闻媒介监督政府的职能不同，中国的新闻自由更强调自由与纪律、权利与义务的统一。在中国，新闻媒介不但不可能像西方那样，成为执政党和政府的一种制衡力量，而且在承担信息传播职能之外，还要承担党和政府宣传工具的职能。在与党政权力的关系中，中国的新闻媒介处于从属地位，比西方媒体受到更多的控制。

第三，与西方资产阶级新闻自由更强调自由权利本身不同，中国的新闻自由更强调与之相对应的责任。在中国，更强调在行使新闻自由的权利时，不能妨害他人的新闻自由，要对国家、社会和人民负责，以大局利益为重，以推动社会进步、维护社会稳定为己任。

中西方新闻自由的差异性是由其不同的社会文化背景造成的。中国建设的是有自己特色的社会主义市场经济，这与西方自由市场经济难以画等号，最重要的区

① 《中国大百科全书》（精粹本），中国大百科全书出版社，2002 年版，第 1932 页。

别就是建立在这一经济基础之上的上层建筑，是以一党执政为基本构架的政治体制，在这种体制之下不可能赋予新闻媒介与"三权"相平等的所谓"第四种权力"。此外，中国经历了比西方更长的封建专制统治，即使到今天已经在建设社会主义市场经济，在思想文化领域仍存在不少封建主义的残余，在这样的文化环境中，要建立起保障社会大众和新闻媒介享有充分新闻自由权利的制度，还需要经过一个较长时间的艰苦努力。

选　文

新闻自由的七种权利

刘建明

导言——

本文刊载于《新闻爱好者》2001 年第 3 期。

作者刘建明（1942～　　），河北武邑人。1988 年毕业于中国人民大学新闻学院，获法学（新闻学）博士学位。清华大学新闻与传播学院教授、博士生导师。曾任国际关系学院新闻系主任等。出版《宏观新闻学》、《基础舆论学》、主编《宣传舆论学大辞典》等。研究方向：新闻理论、舆论学。

本文认为，作为一种人权的新闻自由，是在法律范围内保证新闻媒介和公民报道或获取消息、发表意见的言论自由权利。它具体包括创办新闻媒介、发表或报道新闻、答辩和更正、知晓或采访、保护新闻来源、使用传媒、对新闻侵权的诉讼等七个方面的权利。作者对这七种权利的内涵和外延分别做了梳理和概述。

新闻自由属于民主与人权范畴，从法理上看，主要由新闻媒体、公民和政府三方构成，表现为人类认识自然界、人生和社会的报道权。新闻自由中的三个主体，形成相互包容、相互渗透的错综复杂的关系，没有哪一方绝对地代表社会利益，也没有哪一方绝对地代表人民的权利。三方共同需要新闻自由，也可能由于种种原因危害新闻自由，只有通过法律的制约和协调，才能使新闻自由权得以实现。因此，新闻自由是在法律范围内保证新闻媒介和公民报道或获取消息、发表意见的言论自由权。新闻自由的上述定义，揭示了新闻自由应具有的七种基本权利。

一、创办新闻媒介权

办报自由是新闻自由的基本权利。在私有制社会,创办新闻媒介被视作最重要的新闻自由权。列宁认为,这是资本主义新闻自由的主要内容。列宁强调在社会主义社会中,国家、获得多数选票的"大党"和每个公民团体都应占有纸张和印刷所,享有创办报刊的自由。

1881年,法国政府公布《新闻出版自由法》第一条规定:"印刷和出版是自由的。"第五条规定:"一切日报或定期出版物在履行第七条规定的申报之后,即可出版,无须事先批准,无须交纳保证金。"第七条规定了向检察院申报的程序和表格内容。该法是世界上最早出现的完整的新闻法,保障了办报自由,取消了政府不许某些个人、政党、团体办报的一切借口。资本主义国家关于办报自由的规定多是参照该法制定的。在西方国家,个人或公民团体具有法人资格,经过注册并附有章程,允许创办新闻媒介和销售新闻。一般要在创办前一定时间内(有的15天、有的数月)向政府主管部门呈交申请书或通知书,随后领取营业执照,就可从事新闻"生产"了。

我国新闻出版署颁布的《报纸管理暂行规定》(1990年)中要求,凡属新闻出版行政管理部门审核批准履行登记注册手续,领取报刊登记证,编入"国内统一刊号"的报纸,就可从事报道和发行工作。这是指团体和党政机构及大型企业享有创办报纸权。这种被称作的"正式报纸",有公开、内部发行两种。

二、发表权或报道权

发表、报道的自由权,是指记者和公民有权利用新闻媒介发表消息和言论,是思想自由权的具体实现,称传播权、报道权或发表权。发表、报道权主要是指在法律范围内发表言论,不应受到检查和阻挠。

1644年,弥尔顿首次提出出版自由思想。认为读者有判断是非能力,因而对出版物不应事先检查,给后世以深刻启迪。1789年法国制定的人权宣言规定:"自由传达思想和意见是人类最宝贵的权利之一。因此,每个公民都有言论、著述和出版自由。"1949年,中华人民共和国成立后,在历次修订的《宪法》中都规定了公民有出版自由和言论自由权,同时规定,公民在行使自由和权利的时候,不得损害国家的、社会的、集体的利益和其他公民的合法的自由权利。印度独立后,于1949年公布的宪法也规定公民有言论和表现自由。宪法还规定,为了国家主权、安全、公共秩序等方面利益,可以制定法律对公民权利进行合理限制。但当政府宣布全国或某地处于紧急状态时,宪法的某些条款,包括新闻自由,即停止实行。

公民实现报道权要借助新闻媒介的同意,国家实现报道权可以通过国家控制的新闻媒介进行;报社和广播、电视台等新闻机构有权发表、修改或拒发来自各方面的稿件和言论,但拒发的稿件应是违法的和不符合发表标准的稿件。

三、答辩权和更正权

新闻记者、新闻媒介、国家行政部门和公民受到来自新闻媒介的、违背法律的指责、诽谤和诬陷,有权在报刊、广播电视和书籍中予以驳斥、更正和说明。新闻报道损害他人正当利益或失实时,涉及的自然人、法人或组织有依法享有进行答辩的权利。各国新闻法均设有专章专条规定如何行使这两项权利,但具体细节不尽相同。我国最早的专门新闻法《大清报律》(1908 年)就有关于答辩权和更正权的规定(第八条)。关于更正权,1948 年 4 月联合国新闻自由会议(当时中国为 51 个参加国之一)通过了《国际新闻错误更正权公约草案》(共十条),将国际间新闻错误更正权问题提上了日程。1952 年,联合国大会正式通过了《国际更正权公约》。

根据各国新闻法的有关规定,答辩权和更正权的内容一般包括以下几点:(一)对报刊的答辩或更正,应发表在原新闻所在版面,并使用同样字号;对广播、电视的答辩或更正,应在发表原新闻的同等时间内播出;对通讯社的答辩和更正,应由通讯社在原范围内作为通稿发出,发表原新闻的报刊有义务刊登。(二)答辩或更正的篇幅(时间),一般不能超过原新闻的篇幅(时间),编辑部不可随意修改答辩文章和更正文字,如果超出原新闻涉及的范围或过长,编辑部可以与当事一方协商修改。(三)免费发表答辩或更正。如果答辩或更正的篇幅(时间)超过原新闻,对超过部分编辑部有权按广告向当事一方索取费用。(四)发表答辩或更正的期限,在当事一方提出要求后(提出要求也有一定期限)安排在最近一期的报纸、广播、电视或在 3-15 天内予以发表。(五)如果原新闻涉及的当事人已去世,答辩和更正的权利可以授予所属的法人或其他组织,也可以是死者的亲属(亲属享有这种权利的优先次序,法律上有规定)。(六)如果编辑部拒绝给予答辩的机会或拒绝更正,当事一方有权提出诉讼。这种诉讼一般按民事诉讼程序进行。大多数国家的新闻法还制定了编辑部在何种情况下可以拒绝发表答辩或更正的条款。这些情况大体包括:(一)所发新闻并未损害当事一方正当利益,或者是真实的。(二)答辩或更正带有诽谤或侮辱性质。(三)答辩或更正不涉及所指的新闻内容。(四)已超过规定提出答辩或更正的期限。

1978 年联合国教科文组织大会通过的《关于大众交流媒介的宣言》对答辩权还作出了如下阐述:"如果有些人认为所发表的和宣传的关于他们的新闻已严重地损害了他们为加强和平和国际了解、为促进人权或反对种族主义、种族隔离和反对煽动战争所作的努力,那么他们提出的这些观点应当予以宣传。"

四、知晓权和采访权

又称"获知权"、"知事权"、"了解权"、"知情权",包括民众了解其政府工作情况及其他各种信息的权利和记者正当的采访权利。"知晓权"这一概念的含义在 18 世纪一些国家的法律文献中已经有所规定,如 1776 年瑞典的《新闻法》,1789 年的法国《人权宣言》。这一概念在西方国家出现,主要指新闻记者了解政府工作情况的权利。20 世纪 60 年代以后,这个概念被解释为一种广泛的社会权利。1987 年中国共产党第十三次代表大会报告中指出的"重大情况让人民知道",在一定程度上是中国式的知晓权的正式表述。根据 1980 年联合国国际交流问题研究委员会及一些学者的论证,对知晓权有以下几点表述:(一)它是民主宪政的固有因素。民众是国家的主权者,政府是实现民意的机关,因此,民众有权了解政府工作的一切情况。只有这样,民众才能作出明智的判断,选举自己的政府并对之进行有效的监督或罢免。他们的这些权利大都是通过新闻报道实现的。(二)它是公民的言论自由权的重要前提。获取信息资料是行使这一权利的客观基础,否则人们将无话可说,言论自由变得毫无意义。(三)它是监督政府工作、防止出现"坏政府"的重要手段。(四)在信息时代,它又是一项公众的社会权利和政治权利。普通民众不可能仅靠个人力量收集广泛的信息资料,因而知晓权赋予处在社会信息流通中心的政府及新闻媒介以义务,帮助民众获得需要的信息。

最早提出知晓权的国家是瑞典。1776 年瑞典新闻法中提出"公开原则",指的是政府文件应向公民公开,任何公民都有权看到。二次大战结束后不久,美国记者肯特·库伯首先使用"知晓权"一词,1948 年,联合国公布的全球人权宣言,提出"信息自由流通"的概念。宣言第 19 条规定:"每个人有权自由发表意见和作出表示。这种权利包括:不受干涉地保留意见,通过任何媒介超越国界寻找、接受和传送信息。"

美国国会制定一系列法案来支持获知自由。1967 年,通过了公布情报自由法,还规定了公民不能查阅的保密资料。1977 年,公布《置政府于阳光下法案》,简称《政府公开法》。该法要求联邦政府所属的部、局、委员会、董事会等,将属于讨论性质的会议内容公开。会议通知须于一周前公布,会议记录可公开发表。该法还规定有 10 类会议内容不能公开。

采访自由是记者知晓权的特殊概念,构成获知自由的有机部分,又称作采访权。最先由英国报界人士在 19 世纪初提出。1840 年,英国公布议会文件法案,对进入议会采访的记者给予多种方便和保护,这是世界上第一个保护采访工作的法律。1908 年,英国公布地方行政法案。该法规定,地方长官召开的行政性会议,允许记者旁听和发布新闻。各国新闻法规都保障记者有采访自由,除军事和国家机密及个人隐私外,记者有权凭身份证进行采访,他人不得阻挠。

知晓权是当代社会的一项基本人权。《世界人权宣言》、《囚犯待遇最低限度标准规则》、《公民权利和政治权利国际公约》、《德黑兰宣言》等一系列国际人权文件都从不同角度提出了知情权。通过传媒获知各种信息,是人按其本质理应享有的基本权利和自由。离开了对传媒信息的自由选择和获知,人就丧失了自身与社会联系的重要纽带,失去了自立于现代文明世界的资格。它的基本内涵是:要求国家制定和完善有关信息发布、信息公开的法律,传媒从业人员本着对人民负责的精神,迅速、及时地依法采写、编发公众应知、欲知的各种信息。剥夺公民的知情权,也剥夺了受众的表达能力,而传媒从业者只有拥有采访权与报道权,才能保障公民的知情权。

五、保护新闻来源权

又称隐匿权、"保护新闻来源的权利"、"保守职业秘密的权利"等。含义是:新闻工作者有权不向外界透露提供消息者的姓名和身份,也有权不公开消息的来源渠道。作为一种职业道德和新闻自由权,它在 19 世纪已得到新闻界的公认,并写进了新闻法。这样做的目的是为了保证消息渠道的畅通,保护消息提供者的人身安全。20 世纪,不少国家的新闻法、刑法、诉讼法已涉及隐匿权问题,例如在美国、德国、丹麦、瑞典、菲律宾、罗马尼亚、波兰等国家,法律保证提供消息者的姓名、身份不被透露。还有不少国家的法律不承认隐匿权,但在新闻自律中都规定了隐匿权。如在英国,如果法官要求记者公布新闻来源而遭到拒绝,记者会被指控藐视法庭;而记者所在的新闻机构和行业组织,则会声援当事的记者。按现代法制观念,如果有人向外国记者透露或出卖国家机密,而不是外国记者涉足禁区窃取机密,违法的不是记者,而是机密透露或出卖者,记者仍有隐匿消息提供者的权利,不受追究。

六、使用传媒权

主要包括借助传媒发表言论,表演节目,展示作品,传递讯息,点播曲目等,其中也包括记者使用各种通讯工具传发稿件的权利。使用传媒权分为有偿使用和无偿使用。有偿使用大多具有契约、合同性质,一旦合法签约,就可以获得合法权益。无偿使用则带有公益、公用性质。但新闻传媒机构有权根据不同情况对公民使用媒体进行业务取舍,而受众则无权强制传媒提供一切服务和发表权。在特殊情况下,公民也可以强制性地无偿使用媒体,例如对失实报道要求做出答辩,就应是无偿的。

公民享有传媒使用权应该是平等的。内幕交易新闻打破了这种平等,严重地侵害了公民平等享有传媒的权益。

七、对新闻侵权的诉讼权

新闻侵权一旦发生,公民有权依法抵制来自传媒的侵权行为,维护自身的合法权益。新闻侵权以侵害公民的名誉权、隐私权和发表权较为多见,受侵害的公民随时可向法院控告侵权者,依法要求赔偿损失。法律要保证公民的这种诉讼自由。

从新闻职业化看西方新闻自由思想的历史演变

黄 旦

导言——

本文刊载于《浙江大学学报》(人文社会科学版)2004 年第 1 期。

作者黄旦(1955～　)，浙江乐清人，1998 年毕业于复旦大学新闻学院，获文学(新闻学)博士学位。现为复旦大学新闻学院教授，博士生导师。出版《新闻传播学》、《传者图像：新闻专业主义的建构与消解》等。研究方向：媒介与社会、中外新闻传播思想。

本文认为，西方新闻自由思想的历史发展与新闻媒介职业化历程存在着以下三个方面的互动关系：第一，言论、出版自由最初与报纸无干，后因报刊在政治运动中的作用越来越大，导致统治者的压制，言论、出版自由的问题延伸到新闻自由；第二，大众化报纸产生后，经济独立带来角色变异，成为代表民意、监督政府的独立力量。新闻自由恰为免除政府对报纸的干涉提供了法律依据，法律中所规定的个体言论、出版自由实际成了媒介——制度的自由；第三，媒介——制度新闻自由的现实，与法律规定的个体言论、出版自由不谐，法律界人士遂提出"第四权力"理论，试图重新界定新闻自由，并使之与原有的言论、出版自由相区分。

邓正来先生认为，自严复翻译穆勒名著《群己权界论》以来，除了非学术的因素以外，真正阻碍国人把握西方自由主义理路及其根本问题的，最主要的是一种"印象式"的论辩，其结果是在实践中陷入"非此即彼"的逻辑：要么对自由主义施以滥用，要么对自由主义做简单却彻底的否定[①]。就新闻自由看，这番话只说对了一半。因为中国历史并没有为滥用新闻自由提供多少机会，相反，"做简单却彻底的否定"倒俯拾皆是。近二十年来，这方面的面貌已有极大改观，出现了一批颇有质量的文章[②]。但在所有的研究中，都没有把新闻自由放到新闻职业自身变化的框架中进行审视，由此，使得新闻自由历史变化中的一些线索含混不清。出于这样的缘由，笔者在这方面做了一点研究，以期对进一步认识西方新闻自由有所裨益。

一、言论自由与报刊的新闻自由

言论自由并不等于新闻或报刊自由。即便是出版自由，一开始主要也是指书籍

---

① 邓正来：《哈耶克的社会理论——自由秩序原理代译序·自由秩序原理：上》，北京：三联书店，1997 年版。

② 如张大芝的《论西方报刊自由主义理论》，孙旭培的《论社会主义新闻自由》，李斯颐的《言论和出版的自由与界限》，展江的《马克思主义新闻自由观再探》等。

和小册子,而不是报纸。个中缘由并不复杂,在当时的出版物中,压根就没有报纸。就言论、出版自由思想的发源地英国来看,执政者对于哥腾堡所发明的活字印刷,一开始没有放在心上。当思想附着书本和小册子四处飞扬,才让他们切实品尝到印刷的力量。亨利第八世把出版纳入管理的第一位执政者,他采取四项措施试图让印刷出版掌握在自己的手心:第一,禁止国外出版商,保护国内出版商;第二,任命皇家出版官员负责出版;第三,授予特权保护及管制出版事业;第四,授予独占专利防止任何反对的出版品发生①。弥尔顿在国会大声疾呼的"出版自由",其实与报纸没有太大关系,"这种新闻自由涉及书籍的内容比报纸还多"②。后来的理论家们之所以可以把新闻自由思想的源头追溯到弥尔顿,是因为从血缘上或性质上看,报纸属于出版物家族的成员,当然不能被排除在出版自由范围之外。从一般的历史过程看,是"先有了思想自由,然后产生了言论与出版的自由,延伸而有了今日的新闻自由"③。若果真如此,那问题在于:此种延伸是如何发生的?

有关资料表明,15世纪末叶开始的某些记事性小册子可能是报纸的雏形。到16世纪末,手抄小报流行,不定期的带有新闻性的印刷品也时有出现,大多呈书本形式,被称为新闻书,也有单页的新闻传单(news sheet)。与此同时,16世纪后期,定期的、有固定名称的新闻印刷品开始问世。经过如此漫长的进化,终于在17世纪初于德国产生了近代报纸④。报纸甫一出现,并不被社会看好,至少在一部分人眼里是微不足道的。直到18世纪,"办报还是一种被人轻视的职业,而新闻业在社会和知识界上流人物的眼中,只是一种没有价值、没有魅力的次文学,"⑤在这样的情境下,报刊的自由与否,也就不是一个引人注目的事情⑥。因此,下面的这个一般性结论是可以接受的,即:"需要等到世界的飞速发展时期,特别是革命时期,突发性新闻事件的重要性,以及这些事件在越来越多的公众中引起浓厚的兴趣,才有可能使报纸在社会生活及各种政治势力的角逐中,占据头等重要的位置。"⑦请注意上面这段话的关键词:革命时期、政治势力角逐、占据重要位置。如果在它们中间加上连线的话,大致就能勾画出从言论自由延伸到新闻自由的线路。

英国的新闻业自17世纪就已卷入政治,由于读者对于报纸介绍的新政策和议会

① 李瞻:《外国新闻史》,台北:台湾学生书局,1979年版,第61-89页;沈固朝:《欧洲书报检查制度的兴衰》,南京大学出版社,1999年版,第59-62页。

② [法]彼·阿尔贝、弗·泰鲁:《世界新闻简史》,中国新闻出版社,1985年版,第14页。

③ 吕光:《新闻自由与新闻法·新闻法律问题》,台北:台湾学生书局,1975年版,第2页。

④ 郑超然、程曼丽、王泰玄:《外国新闻传播史》,中国人民大学出版社,2000年版,第12-13页。

⑤ 郑超然、程曼丽、王泰玄:《外国新闻传播史》,中国人民大学出版社,2000年版,第12-13页。

⑥ 据考,直到1632年以前,新闻纸类的单页印刷品在英国仍被官方认为是微不足道的,以至出版商为躲避检查,把有些书以新闻纸的形式出版。参阅沈固朝《欧洲书报检查制度的兴衰》,南京大学出版社,1999年版,第82页。

⑦ 郑超然、程曼丽、王泰玄:《外国新闻传播史》,中国人民大学出版社,2000年版,第13页。

辩论情况怀有强烈兴趣,因而报纸获得了广泛的支持。大凡成就卓著的报纸,都是那些撰写抨击文章的著名作家显露才华的好去处。1787年,当比尔克把新闻界称为"第四等级"①时,显然是对之在政治方面表现的一种肯定和赞扬②。法国虽然是确立言论出版自由的最早国家之一,可法国报刊发展却是缓慢的。法国于1631年出现了定期出版物,主要是刊登消息和宫廷闲话,后又增加了外国新闻。在17世纪中叶的投石党运动中,抨击性报刊风行一时③。报刊的真正繁荣是在法国大革命时期,报纸正是在此时显示了自己所具有的强大的政治力量。

美国报纸的政治功能并非与报俱来。早期这些基本是由印刷商运作的报纸,只是谋生而需的印刷辅助品,谈不上有什么政治作用。把他们推入政治的是那个激起众怒的印花税法案。税率加重影响到收入,就不能不奋起抗争。"几乎无一例外,所有殖民地的印刷商,每周用他们能够得到的最能激起愤慨的东西充斥版面,而把一切可使他们冷静下来的内容排除在外。"④恰如莫特所说的,反对印花税法案的胜利,不仅使得报纸更加大胆地反抗英国当局,而且也教育了政治组织和舆论的操纵者,使他们懂得了报纸在政治中的作用,甚至让人禁不住欢呼,这是报纸发明以来的最大作用⑤。就是在这样的认识鼓舞下,美国报纸投入到独立战争,他们或爱国或忠于英国,尽情发挥自己的才华。于是政治利器的报刊观念进一步得到强化,报刊的政治意识也大大提高。独立战争后,政治党派公开创办扶植自己的报纸,办报者也主动地参政从政⑥。

报刊与政治,尤其是与政党发生关系,常被西方新闻史家们所不齿,甚至称为是报刊最黑暗的时期。其实他们忽视了一点,恰是由于报刊的政治功能和在政治势力中的角逐,才使报纸变成了意见和思想传播的主要工具,承担起以前主要由书本或小册子肩负的任务。于是就像原来禁止书籍、小册子印刷流传一样,当局或执政者打击的目标也转向了报纸。由此,报纸和传统的言论自由、出版自由自然地联在一起,新

---

① 第四等级(the Fourth Estate)是西方社会对报刊社会角色及地位的一种比喻性说法,源于18世纪的英国。当时英国国会由贵族、僧侣和资产者三个阶级所组成,后经过不断奋斗,1772年英国的报刊获得国会的旁听权,并可以公开报道议员的发言及其辩论,于是被称为议会中的"第四等级"。此观念后被广泛接受,并被解释为报刊是独立于行政、司法和立法的第四部门,要代表民众监督其他三个部门。可参《新闻学词典》(余家宏等编)第210页;《新闻学大词典》(甘惜分主编)第24页;"A Dictionary of Conununication and Media Studies"(Second edition)(Watson, J., & Hill, A.)(eds.), p71.

② [法]彼·阿尔贝、弗·泰鲁:《世界新闻简史》,中国新闻出版社,1985年版,第14-15页。

③ [法]贝尔纳·瓦耶纳:《当代新闻学》,新华出版社,1986年版,第95-97页。

④ Schlesinger, A. M. *Prelude to independence:The newspaper war on Britain*:1764-1776[M]. New York Rendom House. 1957. p76.

⑤ Motto, F. L. *American journalism:A history of newspapers in United States through 260 years*:1690—1950[M]. New York:The Macmillan Company,1950. p107.

⑥ Motto, F. L. *American journalism:A history of newspapers in United States through 260 years*:1690—1950[M]. New York:The Macmillan Company,1950. p113-114.

闻报道的自由与否,就是言论自由、出版自由的原则问题。

有学者把英国新闻自由历史"分为三个时期。第一个时期是从 1528 年到 1694 年的争取出版自由时期;第二个阶段是从 1695 年到 1861 年的争取意见自由时期;第三个阶段则为第一、第二次世界大战间的争取消息自由时期"①。如果不是把新闻自由作为一个很宽泛的概念,笔者倒宁愿把第一个时期视为针对印刷品的时期,第二个时期则主要是于报纸而言,在英国,也正是执政者用津贴或诽谤法软硬兼施扼制报纸的时期。经过这样的演变,"言论和出版自由延伸到了新闻自由",并最终形成欧美国家对新闻自由的一般性理解"。②

二、新闻自由:报刊成为社会独立体制

报刊与政治斗争的紧密联系,直接规定了后人对新闻自由的认识。比如有人曾正确地看到,弥尔顿的文章"没有全面论述言论自由和出版自由的原则,但是在当时提出了反对集权主义控制的强有力的论点"。③ 若就新闻自由思想发展看,这种"反对集权主义控制的强有力的论点",其所针对的对象比之论点本身更应引起我们注意。因为以要求言论、出版自由为一方,以当政者控制为另一方,这种二元对立的话语结构,不仅规范了人们考察言论、出版和新闻自由的视角,而且报刊的传统及其历史也就因此成为控制和反控制的历史:一方面,是"发掘和解释新闻并在观点的市场上提出明智的见解和引人入胜的思想的历史";另一方面,是"要冲破那些为阻止信息和思想的流动而设置的障碍"的历史④。

直到现在都颇为流行的这种二元对立之描述,看起来似无大错。然而,倘因此以为西方报刊所受到的控制就是来自执政者,整个新闻史变成报刊和执政者殊死搏斗的历程,则又未必正确。并不是任何时候所有报刊都是政府的压制对象,相反,报刊和执政者站在同一阵线打压自己的同道也并不少见。这里面既有政府的威逼利诱,也不排除报刊政治观点和当权者的一致,或者本来就是它的喉舌。独立战争以后美国的两大党派,即执政的联邦党人和在野的反联邦党人为培植自己的报刊,从在报纸版面上的对骂直到总编们的大打出手早已闻名于世。虽然美国的新闻史家称之为报刊的最黑暗时期,那也只是学者们事后的认识和定性。从总体上说,至少在 18 世纪

---

① 方兰生:《新闻自由与新闻自律》,台北:允晨文化实业股份有限公司,1984 年版,第 5 页。
② 出版前免于检查,出版后除了对法律负责任外,不受任何干涉;出版前不须请领执照或特许状,也不须交纳保证金。政府不得以重税或其他经济力量迫害新闻事业,亦不得以财力津贴或贿赂新闻事业;自由报道、讨论及批评公共事务的自由;自由接近新闻来源及保障采访的自由;自由传播新闻并免于检查;自由阅读、收听,包括不阅读不收听之自由。见方兰生《新闻自由与新闻自律》,台北允晨文化实业股份有限公司 1984 年版,第 4 页。
③ [美]威尔伯·施拉姆:《报刊的四种理论》,新华出版社,1980 年版,第 51 页。
④ [美]迈克尔·埃默里、埃德温·埃默里:《美国新闻史》,新华出版社,2001 年版,第 1 页。

的中、后期,独立报刊的思想并不普遍,相反,附属于党派则是理所当然的。从这个意义上说,当时报刊对于新闻自由的理解,恐怕主要是可以自由发表意见,至于站在什么立场帮谁说话,似乎并不是一个十分重大的问题。帕克说:"言论报纸,注定了要变成政党报纸,至少也要变成一个派系的喉舌。"①话虽绝对了些,但大致正确。希伯特(Siebert,F. S.)曾经把报刊与政府的关系概括为四种:限制、管理、扶助和参与②,而在二元对立的新闻自由历史观中,就只剩下了"限制"一种,这不能不使其解释力和说服力大打折扣。

关键性的转折是大众化报纸的出现。

大众化报纸产生的时间在西方各国并不相同,但大众化报纸有一个特点是共同的,即:经济来源不依靠政府或者政党。通过广告和销售,报刊不仅能自食其力,而且可以赢利。这绝不是一个微不足道的变化。舒登声(Schudson,M.)认为,这使报纸的经济结构更趋理性③;柯兰(Curran,J.)则以为,这标志着报刊经济结构的一个转型④。由此,大众化报刊直起了腰杆,使之不屈服于政治势力或政府有了本钱与底气。

所以,绝大多数大众化报刊都声称政治独立,这在此前很少见。《纽约先驱报》的贝内特就颇有些张狂地说,唯有便士报能成为自由报业,"很简单,因为它无需屈从于任何一个读者,压根不在乎谁是读者或谁不是"。《巴尔的摩太阳报》申言以"公共利益"为目标,不管什么政党派别,为此没有畏惧和偏见。他们在自己的报名中冠以"批评"(critic)"先驱"(herald) ,"论坛"(tribune)等字眼,也就足以显示其角色追求和向往⑤。

大众化报纸是"平等主义时代"的产物,民主市场社会的兴起是基本根源⑥。柯兰则以自己的考察令人信服地指出,在 1848 年英国议会中所发起的反对知识税、要求建立自由报刊的运动,并不是完全无私的,实际上是由希望从中达到自己某些目的的不同利益集团所推动的,它是 19 世纪 50 年代所展开的由中产阶级主导的、在不同阵线反对贵族政府的一大串论争,比如军队、市民服务以及大学改造等的一个部分⑦。在这种力量的推动下,大众化报刊犹如自由主义这个词最初的含义一样,"代表着一种随着民主的兴起而成长和发展起来的新精神"⑧。

---

① 李瞻主编:《外国新闻史》,台北:台湾学生书局,1979 年版,第 7 页。

② Siebett, F. L. (1948). *Communications and Government* Schramm, W. (ed.)*Mass communications*[C]. Urbana:University of Illinois Press,1975. p219 - 226.

③ Schudson, M. *Discovering the news*. New York:Basic Books, Inc. ,Publishers,1978. p18.

④ Curran, J. & Seaton, J. *Power without responsibility* London:Routledge,1991. p39.

⑤ [美]迈克尔·埃默里、埃德温·埃默里:《美国新闻史》,新华出版社,2001 年版,第 21 - 22 页。

⑥ 李瞻主编:《外国新闻史》,台北:台湾学生书局,1979 年版,第 43 - 60 页。

⑦ Curran, J. & Seaton, J. *Power without responsibility*. London:Routledge,1991. p28 - 29.

⑧ [美]杜威:《人的问题》,上海人民出版社,1965 年版,第 98 - 99 页。

既然如此,大众化报刊势必要在政治社会中占有一席之地。"报道政治新闻"和"报刊可以发表批评政府的言论",孙旭培先生看到的"资本主义新闻自由确立"给新闻业带来的这些巨大变化[①],在此时有了充分表现。国会正式设立记者席,报纸纷纷向首都派设记者[②]。报道不再是原封不动地把口头演讲转变为文字,并经政治领导人严格审查及修改,甚至在政治报道中开了采访的先河。采访的运用绝不是一种技巧,而是报刊职业化的标志。它意味着记者和报纸地位的一种变化,展示了人类关系的一种新模式[③]。于是,不偏不倚、代表民意,就顺理成章地成为他们最好的职业模式。19世纪20年代以来,政治学理论中关于舆论以及通过舆论来制约公共权利的观点,此时正好为媒介要扮演的这种新角色提供了理论依据。

关于"第四等级"的经典性表述在此种背景下应运而生,就丝毫不令人意外了。亨利·瑞弗(Heruy Reeve)于1855年10月在《爱丁伯格评论》上发表的一篇文章,从历史的过程论证了"第四等级"成长的必然性和必要性:第一,报刊是捍卫、辅助自由社会体制的必要部分,这不仅因为报刊能够报道和启发舆论,更在于它本身就是代议制国家中不可缺少的部分。第二,国会和国民的政治感受不一致,二者之间不仅缺少共鸣,而且其裂缝越发明显。正是报刊通过让人民发泄而缓和了不满,从而扮演了安全阀的角色。第三,报刊作为个人表示不满和指责错误的工具,同时就成为矫正那种"肃穆而麻木的专制统治"的工具,而这种专制甚至是最自由的得到最普遍支持的政府也难以避免。在这方面,报刊比之正义的法院所能做的要快,且更有把握[④]。

这虽然意味着新闻自由价值认定上的一大游移,从弥尔顿们的"追求真理"说变成了"健全民主程序"说[⑤]但大众化报刊却因此找到了在社会中的合法位置,并获得了自己的权利资源。一方面,它表达人民的意愿,对政府实行监督;另一方面,它要为人民提供新闻,使之能做出自己的正确选择。为完成这样的重大使命,技巧、职业主义和奉献,就成为对新闻业的必然要求[⑥]。新闻自由,即任何外来力量,尤其是政府不能干预新闻的采集和报道,则理所当然为之树起了一道法律屏障。同时,大众化报刊的职业化追求,又进一步证明新闻自由的必要和神圣不可侵犯。就这样,一个不言

① 孙旭培:《新闻学新论》,当代中国出版社,1994年版,第27-28页。

② [美]迈克尔·埃默里、埃德温·埃默里:《美国新闻史》,新华出版社,2001年版,第130-132页。

③ Schudson, M. *The power of news*. Cambridge, Massachusetts: Harvard University Press,1995. p47-49;p72-93.顺便想到,在我们的一些新闻实务类教材中,采访仅仅被看成是新闻报道过程的一个环节一种技能,并因此常常和调查研究混为一谈。舒登声关于"采访"的看法,无疑为我们重新认识采访提供了思路。

④ Boyce, G. *The fourth estate:the reappraisal of a concept.* Boyce G. ,Curran, J. & Wingate, P. (Eds.). *Newspaper history from the seventeenth century to the present day*. Sage,1978. p19-40.

⑤ 这两个术语及所包含的意思来自林子仪先生所著的《言论自由与新闻自由》,台北:月旦出版公司,1993年版,第17-34页。

⑥ Boyce, G. *The fourth estate:the reappraisal of a concept.* Boyce G. , Curran, J. & Wingate, P. (Eds.). *Newspaper history frcam the seventeenth century to the present day*. Sage,1978. p19-40.

自明的社会模式——个人与政府必然存在冲突，为大众化报刊所扮演的社会角色提供了一个舞台。在这个舞台上，独立的、自由的报刊被认为既是政府的监督者，又是人民的守护神①。

三、第四权利理论：媒体的新闻自由

待到报业形成垄断，报刊成为了一个报业大王的私人领地和帝国，19 世纪中期所提出的独立的"第四等级"，在柯兰看来，就更加接近于现实②。在此时，报刊不再仅仅是一种工具或企业，而是社会政治体制中一个举足轻重的部分，是一股不能忽视的政治势力。当"自由采访、自由传播、出版自由和表达自由"在 1951 年被国际新闻学会采纳为新闻自由的标准化界定时，新闻自由也就成了报刊自由——一种社会政治体制的自由。由此，本来是从个体言论、出版自由生化而来的新闻自由，在实践中成了一项"制度性的基本权利"③。于是，新闻自由变成了"代表制"，"因为有些人肯定要代表另一些人进行沟通，即使只有一次"④。虽然这似乎溢出了新闻自由思想先驱们限定的边界，但却是一个无法否认的基本事实。哈钦斯委员会费了极大的劲提出一个"报刊的社会责任理论"，⑤本是想解决这一难题。由于试图在原有体制和格局内来破解体制所带来的问题，最终不了了之，应该不是令人十分意外的结果。

"知情权"概念在"二战"以后的提出，被不少人认为是新闻自由的应有之义。这在某种程度上，又进一步强化了报刊作为一种独立力量的地位。因为尽管从理论上说，"知情权"针对的是个人有了解政府行政决策状况的法定权利，但实际上个体的微薄力量实难奏效，最终还是得通过报刊来实现自己的权利。传统意义上的监督政府或独立于政府有了新的法律依据，所谓的"第四等级"在这样的背景下，无疑也增添了新的祛码。正是在这样的语境中，有人对美国宪法的第一修正案做了新的解读：第一，事先不受检查，这是一个最古老的词语。第二，报刊有权批评政府，即便这批评是错误的。第三，表达自由，哪怕是出格的思想和观点，均不得追究法律责任，除非和某一违法行为有密切的关联。第四，知的权利。这不仅意味着报刊可以出版并评论新

① Curran，J. & Seaton，J. *Power without responsibility*. London：Routledge，1991. p28.
② Curran，J. & Seaton，J. *Power without responsibility*. London：Routledge，1991. p38.
③ 刘迪：《现代西方新闻法制概述》，中国法制出版社，1998 年版，第 11 页。
④ ［英］约翰·基思：《媒体与民主》，社会科学文献出版社，2003 年版，第 39 页。
⑤ 关于"社会责任论"的背景及具体内容，可参笔者的《负责任的公共传播者：事业化和商业化冲突中的新探索》，载《新闻人学》2000 年秋季号，此处不赘。需要饶舌的倒是另一问题。在不少谈新闻自山或媒介责任的文章中，常常以讹传讹，把"社会责任论"作为似乎已在实践中得以确立的阶段，更有甚者，认为"社会责任论"已取代原有的"自由主义"报刊理论。这完全是误解甚至是主观臆测。只要稍微认真读一下《报刊的四种理论》，就可避免这种低级错误。该书说得很明白，虽然"社会责任论"指出了新闻自由思想的发展方向，某些方面也已见诸现实，但主要的仍只是一个理论（见该书中译本第 87 页）。

闻，而且有权接近政府各个部门的新闻。最后，报刊独立于政府，新闻业自治①。

其实，上述的这种解释多半是一厢情愿的学究式演绎，倒是冷静的法学家们敏锐地感到原来法律中的"新闻出版自由"有些不合时宜。因为它虽然肯定新闻自由是受宪法保护的基本权利，但针对的是个人，"无法保障新闻媒体的特殊地位"。"新闻媒体享有的自由，等同于在新闻媒体工作的个人自由，与普通个人没有什么区别。"②出于这样的缘由，美国联邦最高法院的大法官 P·斯特瓦特（Potter Stewart）在 1974 年的一次演讲中，就新闻媒介组织在宪法确立的统治系统（the system of government）中的作用专门进行了讨论，并从法学角度提出并解释"第四权利理论"（the fourth estate theory）。他认为，保护一个有组织的新闻媒体，是宪法保障新闻自由的目的。当然，这种保护不是要让报刊成为中立的论坛或意见的自由市场，而是要建立一个政府之外的第四制度，使之可以监督行政、立法和司法三个权力，以防止政府滥用权力③。其后，斯特瓦特的同事、大法官布雷南也表达了类似的意见④。假若比较一下，所谓"第四权利"的新闻自由大致有这么一些特点：第一，新闻自由的定性起了变化。宪法中保护的是作为个人基本权利的言论自由，在"第四权利"理论这里，新闻自由是制度性的权利。因此，保护新闻自由，也就是保护民主社会的一项基本制度。第二，权利主体不同。"第四权利"的新闻自由，其权利主体是新闻媒体。过去所谓的言论自由是任何个人都可以享受的，但新闻自由必须是新闻媒体才可以享有。每个人可以以言论自由的权利来监督政府，报刊则是以新闻自由来监督政府。第三，保障新闻自由的目的不是为个人，也不是为报刊自身的利益，而是为制衡政府的权利，以保护人民的民主权利。这就需要为新闻自由提供依靠言论自由无法保障的权利⑤。

由法律角度观之，这无疑是一个新的探索。但依笔者所见，这种探索不过是对新闻自由现实状况的一种肯定和认可，并准备为之提供法律的依据。恰如林子仪先生所指出的，斯特瓦特大法官提出"第四权利"理论最重要的理由，是他认为新闻媒体在现代民主社会中所担负的监督政府的角色及功能是相当重要的，而且已成为不可或缺的一种宪政制度。因此，"第四权利"理论就是为了因应这种现实⑥。虽然目前反对之声不少，究竟能否有结果尚是一个谜。然而，若着眼于整个新闻自由思想的历史

---

① Hachten, W. A. *The troubles of journalism: A critical look at what's right and wrong with the press.* Mahwah, NJ: Lawrence Erlbaum Associates, Inc. Publishers, 2001. p34 - 39.

② 刘迪：《现代西方新闻法制概述》，中国法制出版社，1998 年版，第 12 页。

③ Stewart, P. *Or of the Press.* The Hastings Law Journal, 1975, (26):631 - 637.

④ 刘迪：《现代西方新闻法制概述》，中国法制出版社，1998 年版，第 12 页。

⑤ 刘迪：《现代西方新闻法制概述》，中国法制出版社，1998 年版，第 14 - 15 页。

⑥ 林子仪：《言论自由与新闻自由》，台北：月旦出版公司，1993 年版，第 77 页。

发展,着眼于自由思想史是一部自由思想的社会史①,而不是关于思想本身的历史,那么,这一种新动向包括上述的新闻自由与新闻职业化的互动,都不能不引起我们充分的注意和思考。

论中外不同文化语境下的新闻自由观

郑保卫

导言——

本文刊载于《西南民族大学学报》(人文社科版)2010年第12期。

作者郑保卫(1945～   ),山东淄博人,1981年毕业于中国人民大学新闻系,获文学硕士学位。中国人民大学新闻学院教授、博士生导师,曾任中国人民大学新闻与社会发展研究中心主任,兼任全国新闻学研究会会长等。出版《论新闻学学科地位及发展》、《新闻理论新编》等。研究方向:新闻理论。

本文试图通过对中外不同文化语境中的新闻自由观进行历史的纵向分析与现实的横向比较,以挖掘中西方新闻自由理念中的共通元素,为建立中西方在此话题上平等对话的话语体系奠定基础。

新闻自由是新闻学中的一个核心概念,它指的是媒体和公民在新闻传播活动领域所享有的自由权利。新闻自由是资产阶级在同封建统治者斗争的过程中提出来的一个政治口号,它是实现其他民主权利的基础和保证。在新闻传播实践中,新闻自由则是新闻传播活动得以顺利进行的基本条件。②

本文试图通过对中外不同文化语境下的新闻自由观进行历史的纵向分析与现实的横向比较,以挖掘中西方新闻自由理念中的共通元素,为建立中西方在此话题上平等对话的话语体系奠定基础。

一、西方国家文化语境下的新闻自由观

“新闻自由”这一概念源自于“言论自由”和“出版自由”,最早是由西方国家提出的。西方言论和出版自由的传统可以追溯至古希腊和古罗马时期。公元前8世纪前后,古代雅典首创城邦制民主政体,允许合法公民自由发表意见,参与城邦管理,为言论自由的诞生提供了前提。在罗马法中,确立了一系列体现个人平等和自由的法律

---

① 方纳、汪晖、王希:《关于〈美国自由的故事〉的对话》,《读书》,2003年第6期。
② 郑保卫:《新闻理论新编》,中国人民大学出版社,2007年版,第221、226页。

原则,这套原则所体现出的个人基本权利就已经包括了信教自由、言论自由、出版自由、结社自由和请愿自由。①

（一）西方新闻自由观经历了从自由主义理论到社会责任理论的发展过程

1644年,弥尔顿在《论出版自由》中第一次较为系统地阐释了出版自由思想,为自由主义新闻理论的形成奠定了基础。其后经过洛克、孟德斯鸠、卢梭、托克威尔、密尔等人的逐步充实,言论出版和新闻自由逐渐成为西方新闻界的一种基本新闻理念与行为原则,自由主义理论也得以不断完善和发展。例如,密尔在其《论自由》中,就提倡一种无条件的思想言论自由,即一种既不受政府的限制,也不受社会的限制,而是按照我们自己的道路去追求我们自己好处的自由。② 杰斐逊则从媒体批评的角度来阐释新闻自由的意义。他认为,"人是可以受理性和真理支配的。因此我们的第一个目标是给人打开所有通向真理的道路。迄今为止,找到的最好的办法是新闻自由。"③

随着西方国家大众化报刊的出现,商业因素对新闻传播的侵蚀日益严重,资本主义传媒业的缺陷也逐渐凸显出来,最普遍的表现就是,一些新闻媒体为了赚钱而不顾职业道德规范损害广大受众的利益,虚假报道、"有偿新闻"等现象层出不穷。正是在这种背景下,在西方国家诞生了社会责任理论。1947年,美国新闻自由委员会提交了一份题为《一个自由而负责任的新闻界》的研究报告,认为美国的新闻自由正面临着危机,大众传媒已不能满足社会与公众的需要,正在变为少数人手中的传播工具,而使新闻自由陷入危机的主要原因就是新闻业不能"判断责任"和不能承担自己"肩负的责任"所造成的。④ 该报告阐述了传媒机构自由与责任的相互关系,首次将"责任"的概念引入新闻自由理论之中,强调以社会责任论来调整新闻自由观。这一事件成为世界新闻自由史上的一个里程碑,它标志着西方国家的新闻理论开始由单纯的自由主义理论转向了社会责任理论。

（二）西方对于新闻自由价值的认定体现了个体权利与制度性权利的融合

1789年,法国国会通过的《人权宣言》,第一次用法律形式将出版自由作为公民的一项基本权利固定了下来。1791年,美国国会通过的联邦宪法第一修正案规定,国会不得制定关于下列事项的法律:确立国教或禁止信教自由;剥夺言论自由或出版自由;或剥夺人民和平集会和向政府请愿申冤的权利。这两部法律所保障的都是作为公民权利的个体自由。

个人的言论自由通常与社会的政治民主是相联系的。伏尔泰的名言"我不同意

---

① 夏勇:《人权概念起源——权利的历史哲学》,中国社会科学出版社,2007年版。
② ［英］约翰·密尔:《论自由》,许宝骙译,商务印书馆,1959年版,第14页。
③ ［美］托马斯·杰斐逊:《杰斐逊选集》,朱曾汶译,商务印书馆,1999年版,第319页。
④ 郑保卫:《新闻理论新编》,中国人民大学出版社,2007年版,第237页。

你说的每一句话,但是我将誓死捍卫你说话的权利",就揭示了个人言论自由与政治民主权利之间的内在关系,即让每个人都能够自由表达自己的观点。

在《社会契约论》中,卢梭则将言论自由放到制度交流的背景下考量。在他看来,言论自由不再仅仅是话语传播的权利,而是一种制度交流的权力。这意味着西方国家对新闻自由价值的认定出现了变化,作为个体权利的言论自由和出版自由开始延伸到了政治制度的层面。

1974 年,美国联邦法院大法官 P·斯图亚特阐述了"第四权力理论",并从法理角度对这种权力进行了解释和界定:"根据我的看法,宪法保障的目的是媒介的机构自主权"。① 这一理论构筑的新闻自由观所强调的是:第一,新闻自由是一项制度性权利,是保护民主社会的一项基本制度;第二,新闻自由的权利主体是新闻媒体,言论自由是指任何人都可以享有言论自由来监督政府,但新闻自由必须是新闻媒体才可以享有的自由;第三,保障新闻自由的目的不是为了媒体自身的权益,而是为了制衡政府的权力,保障人民的民主权利。这就需要提供言论自由所未能提供的一些保障。②"第四权力理论"使得新闻自由从人的理性的自然权利转变为制度性的权利,成为社会政治体制的一个部分。

二、中国文化语境下的新闻自由观

中国早期的新闻自由思想是伴随着西方国家的资产阶级革命思想传入中国的,并首先被维新派用以作为实现改革宪政的武器。

(一)中国对新闻自由的认识经历了从体现宪政功能属性到体现人的基本权利属性的发展过程

早在 1902 年 2 月,梁启超在《新民丛报章程》中,就表达了他对新闻自由宪政功能、保障自由功能的认识,"若立法、司法两权之独立,政党之对峙,皆其监督之最有效者也。犹虑其力薄也,于是必以舆论为之后援。西人恒有言曰:言论自由、出版自由为一切自由之保障。"③

马克思主义新闻观念的传入,为中国早期马克思主义者所推崇,并进而为中国共产党人所理解和掌握,开始逐步形成符合中国国情的新闻自由观。早在 1922 年,中国共产党就将言论、集会、结社、出版和宗教信仰等自由作为人们的"生活必需品"。④

① 原文:"These theories, in my view, again give insufficient weight to the institutional autonomy of the press that it was the purpose of the Constitution to guarantee",Potter Stewart, Or of the Press, Hastings Law Journal,1975,vol, p26.
② 刘迪:《现代西方新闻法制概述》,中国法律出版社,1998 年版,第 14 - 15 页。
③ 梁启超:《新民丛报章程》,《新民丛报》,1902 - 02 - 08。
④ 《中国共产党新闻工作文件汇编》,新华出版社,1980 年版,第 4 页。

1945 年 4 月,毛泽东在党的七大所作的《论联合政府》的报告中强调:"人民的言论、出版、集会、思想、信仰和身体这几项自由,是最重要的自由。"这说明,新闻自由的理念在共产党人的认识中从一开始就进入了个人的权利空间。

新中国成立之后,人民的言论出版自由权利在宪法中得到体现。1954 年我国制定的第一部《宪法》就规定"中华人民共和国公民有言论、出版、集会、结社、游行示威的自由。"同时还规定"国家供给必需的物质上的便利,以保证公民享受这些自由"。①

自 20 世纪 90 年代以来,中国开始对自身的人权事业发展状况进行审视和总结,公民的言论出版自由越来越受到关注。2009 年 4 月 13 日,国务院新闻办公室发表了《国家人权行动计划(2009—2010 年)》,知情权、参与权、表达权、监督权被纳入"公民权利与政治权利保障"一章之中。这说明公民的言论出版自由权利已被全面纳入人权保护的范畴,并且作为一种制度性权利从国家民主制度的建设上加以保障。

(二)中国新闻自由理念突出强调新闻媒介在行使新闻自由权利的同时须承担相应的社会责任

中国新闻界一向推崇新闻媒介的社会责任,早期的一些报人和学者在论及媒介的社会功能时对此都有明确的阐释。无论是梁启超提出的"监督政府、向导国民",还是徐宝璜提出的"供给新闻、代表舆论、创造舆论、灌输知识、提倡道德",无疑都讲到了新闻媒介要在社会沟通、社会教育、社会监督和社会导向等方面担负一定的责任。

1922 年 9 月创刊的中共中央第一份机关刊物《向导》,就把依据民意去寻求"统一、和平、自由、独立"的社会目标作为自己的办报宗旨及社会责任。② 近些年来,媒体的社会责任问题在中国更是被反复强调。2009 年 10 月 9 日,胡锦涛在世界媒体峰会开幕式上的讲话中就指出:"媒体要切实承担社会责任,促进新闻信息真实、准确、全面、客观传播。"③

在中国,新闻媒体和新闻工作者的社会责任的内涵通常包括:真实而公正地报道和评述新闻,满足公众的知闻需要;维护社会公共利益,做社会与公众的耳目喉舌;维护国家安全,促进社会稳定;尊重公民人格尊严,维护公民合法权益;发挥社会监督作用,做社会的捍卫者;履行社会公共文化的使命,不传播低俗不雅的东西。④

承担社会责任是新闻工作的一项重要原则,它要求新闻媒介及新闻工作者自觉

---

① 郑保卫主编:《新闻法制学概论》,清华大学出版社,2009 年版,第 58 页。
② 《中国共产党新闻工作文件汇编》,新华出版社,1980 年版,第 5 页。
③ 参见《人民日报》2009 年 10 月 10 日相关报道。
④ 郑保卫:《新闻理论新编》,中国人民大学出版社,2007 年版,第 239 - 243 页。

地履行各种社会责任和义务,以圆满实现自己的社会功能,有效发挥自己作为社会与公众耳目喉舌的作用。当然,新闻媒介要承担社会责任必须要有充分的新闻自由权利作保障,需要在顺利行使新闻自由权利的前提下,来担负起相应的社会责任,所以,社会责任与新闻自由是相依相存的。

三、中西方关于新闻自由理念的共同诉求

新闻自由这一观念源自于西方,后来逐步发展成为一个在世界范围内广泛传播并被人们普遍认可的新闻观念。

但新闻自由又不是一种孤立的新闻观念,而是一种复杂的社会现象,它在不同的社会文化背景下,会随着社会情境的变化而变化,呈现出不同的表现形态。

然而尽管如此,作为一种带有共通性的新闻观念,中国与西方国家在理解和认识上还是有许多共同之处,能够找到平等对话的话语平台。

（一）新闻自由是公民的基本权利

自从新闻自由观念产生以来,它就被纳入到公民个人基本权利的范畴之中,并得到各国宪法的保护,如 1789 年法国《人权宣言》第十一条、1791 年美国联邦宪法修正案第一条、1848 年意大利宪法第二十五条等,都明确宣布公民享有言论、出版等自由权利。1948 年,联合国大会通过的《世界人权宣言》第十九条规定人人有权享有主张和发表意见的自由。同时,在组成国际人权宪章体系的另两个文件《经济、社会、文化权利国家公约》和《公民权利和政治权利国际公约》中也有相关条文对公民的言论、出版自由权利予以保障。

1951 年,国际新闻学会采纳了将"自由采访、自由传播、出版自由、表达自由"这四项权利,作为对新闻自由的标准化界定。而这四种权利所含有的权项同时也是为各国宪法所保护的公民基本权利的组成部分。

近些年来,在我国社会主义现代化建设的过程中,新闻自由作为公民基本权利的理念在政策和法律上逐步明确并不断强化。除了《宪法》对公民言论、出版自由权利的原则性规定之外,2007 年中共十七大政治报告就明确提出要"保障人民的知情权、参与权、表达权、监督权"。这四项权利是公民言论、出版自由的题中应有之意,在此,中国共产党以权威形式加以明确认定。随后的《政府信息公开条例》、《突发事件应对法》等一系列法律法规的出台更使得这四项权利得以落实和强化。

（二）新闻自由观念建立在社会责任之上

自社会责任理论产生之后,国际上对于新闻自由的认识便有了一个新的视角,"对于整个社会的价值观和目标,新闻界有一种相似的责任。……我们必须承认,大众传播机构是一种教育工具,而且也许是最强大的;它们必须在陈述和阐明本共同体

应该为之奋斗的理想中，承担起教育者那样的责任。"①

从 1923 年美国编辑人协会的《报业信条》、1945 年《联合国国际新闻道德规约》、1954 年国际新闻记者联合会的《记者行为原则宣言》到中国 1991 年中华全国新闻工作者协会的《中国新闻工作者职业道德准则》(1994，1997 和 2009 年先后三次修订)，1999 年中国报业协会的《中国报业自律公约》，可以说，在中西方新闻事业从业规程中，媒体的社会责任都是其中极为重要的内容，各国新闻行业组织无不将其纳入职业道德行为规范之中。

从全球化的视野来看，媒体的社会责任应该是"客观报道世界多极化、经济全球化、文明多样性"，是"充分反映世界各国发展的主流和趋势，热情鼓励发展中国家发展进步"。而从中国的视角来看，应该是充分反映中国社会在建设发展中的主流和趋势，是对国家变革中的多样文化、多元价值的客观反映。② 只有坚持新闻自由与社会责任的协调统一，才能使媒体的社会功能能够得到圆满实现。如同新华社社长李从军在世界媒体峰会上的讲话中所言，无论形势如何发展，不管面对多少困难，媒体的社会责任和公益使命，只能坚持，不能舍弃。③

（三）新闻自由要受社会公共利益和公民个人权利的制约

新闻自由虽然是公民个人的一种基本权利，但这种个人权利不能与社会公共利益和公民的其他个人权利相抵触。西方哲学家西德尼·胡克认为，新闻自由不是绝对的，它必须服从国家安全的需要，或者在个人权利和新闻自由的概念有冲突的时候，新闻自由的概念需要服从于个人权利——如宪法《第六修正案》所保障的公平审理的权利或者个人隐私权。④

国家的新闻法律制度在保护公民、媒体及从业者的新闻自由的同时，通常都会限制其滥用新闻自由的行为。如法国《人权宣言》第 11 条的规定："自由传达思想和意见是人类最宝贵的权利之一；因此，每个公民都有言论、著述和出版自由。但是在法律所规定的情况下，应对滥用此项自由承担责任"。

在我国，新闻自由也会受到社会公共利益和公民个人权利的制约，《宪法》第五十一条规定："中华人民共和国公民在行使自由和权利的时候，不得损害国家的、社会的、集体的利益和其他公民的合法的自由和权利"。《民法通则》第 101 条指出："公

---

① ［美］新闻自由委员会：《一个自由而负责任的新闻界》，展江、王征、王涛译，中国人民大学出版社，2004 年版，第 15 页。

② 郝洪：《从胡锦涛总书记讲话看媒体的"社会责任"》，2009－10－14，00：15，人民网-观点频道 http://opinion.people.com.cn/GB/115352/10187778.html.

③ 李从军强调媒体应更好地履行社会责任完成公益使命［DB/OL］．2009－10－09.11：05：39，新华网，http://news.xinhuanet.com/world/2009－10/09/content 12198726.html.

④ ［美］埃弗利特·E.丹尼斯，约翰·C.梅里尔：《媒介论争——19 个问题的正反方辩论》，王纬等译，北京广播学院出版社，2004 年版，第 5 页。

民、法人享有名誉权,公民的人格尊严受法律保护,禁止用侮辱、诽谤等方式损害公民、法人的名誉。"同时,在最高人民法院的大量司法解释中,都对新闻报道侵犯公民权利的行为作出明确规定。

新闻事业是整个社会事业的一个组成部分,公民、媒体及新闻从业者在享受法律所确认和保障的新闻自由权利的同时,也要承担对国家、社会、集体和公民个人负责的义务,在一个和谐有序的环境下来推动整个社会的发展与进步。

四、新闻自由的实现需要一个规范的法治环境

人的社会性决定了自由首先是一个秩序概念,离开了一定的社会秩序,自由便既不能存在,也无从实现。在新闻自由观念的发展历程中,一条推动新闻事业有序发展的有效路径就是新闻法治。新闻法治的实质在于调整政府与新闻界、民众之间的关系,使之更趋合理,以便最终实现新闻自由。

西方国家法律对新闻自由的规范方式有两大类型,一是海洋法系式的,即一般在宪法中不规定限制新闻自由的条文,但通过对宪法原则的司法解释和制定单行法规来限制;二是大陆法系式的,即宪法明文规定,新闻自由权的行使超过了某种限度,宪法便不予保障,可以制定特别法予以限制。[①]

在我国,现行的 1982 年宪法对公民的言论、出版自由有比较完整的法律规范。宪法二十二、三十五、四十七和四十一条明确规定了中华人民共和国公民的言论出版自由以及对于任何国家机关和国家工作人员提出批评和建议的权利和从事文化活动的权利等。从这些权利可以合理地引申出新闻传播领域的采访权、报道权、舆论监督权等。

目前,我国的新闻法治体系以宪法为依托,以《刑法》、《民法通则》、《行政诉讼法》和《行政处罚法》、《著作权法》等与新闻传播活动有紧密关系的一系列基本法律为基础,以《政府信息公开条例》和《突发事件应对法》等行政法规为重要补充,呈现出初步的体系化与规范化。

新闻法治的基础是构建一套开明、规范、有效的新闻法律体系,其目的则是实现一个规范的法治环境。在这个环境中,"公民拥有充分的获知权、信息选择权、意见表达权和舆论监督权;媒体和记者拥有自由的采访权、报道权、传播权和批评监督权;媒体具有公信力,记者具有良好的职业道德修养,滥用新闻自由的现象得到有效的抑制……"[②]而这个环境的形成,需要我们在理念上的不断坚持,在制度上的不断创新,和在实践中的持续努力。

① 夏勇:《宪政建设——政权与人民》,社会科学文献出版社,2004 年版,第 238 页。
② 郑保卫:《新闻理论新编》,中国人民大学出版社,2007 年版,第 276 页。

研究与思考

＝延伸阅读＝

1. 靖鸣：《言论、出版的新闻自由边界的消解与融合》，载《采写编》2013 年第 1 期。

2. 童兵：《"新闻自由"的表述与践行——传统马克思主义与非传统马克思主义两种视角的比较》，载《南京社会科学》2011 年第 7 期。

3. 金伟：《马克思主义新闻自由观及其当代价值》，载《湖北社会科学》2013 年第 8 期。

4. 姚晓鸥：《马克思主义新闻自由观的现象学分析——社会主义、宪政与新闻自由的三元结构》，载《国际新闻界》2011 年第 7 期。

5. 康永：《新闻自由价值的存在基础分析》，载《井冈山学院学报》（哲学社会科学）2009 年第 1 期。

6. 孙旭培：《新闻自由在中国的命运》，载《炎黄春秋》2013 年第 4 期。

7. 赵月枝：《被劫持的"新闻自由"与文化领导权》，载《经济导刊》2014 年第 7 期。

＝问题与思考＝

1. 从言论自由到出版自由再到新闻自由，这几个概念的历史变迁说明了什么？
2. 新闻自由包含哪几种具体的权利？其具体内涵分别是什么？
3. 新闻自由的两种不同主体分别是什么？它们之间是一种怎样的关系？
4. 你如何评价新闻自由的价值？
5. 简述西方新闻自由问题的来龙去脉。
6. 中西方新闻自由存在怎样的差异？为什么会有这些差异？

＝研究实践＝

1. 试以中国和美国为例，从经济基础、政治制度、历史文化等角度，讨论两国之间新闻自由的差异性。

2. 搜集马克思主义经典作家关于新闻自由问题的文献，写一篇马克思主义经典作家论新闻自由的小论文。

第十一章　传媒规制

导　论

　　新闻传媒享有法律保护的新闻自由，但这种自由并非没有边界的无限自由。新闻传媒的自由本质上是社会公众新闻自由的一种代表，因此新闻传媒理应承担公共服务职能，履行应尽的社会义务。但由于大多数媒体都是作为一个市场化的组织机构而存在，在社会服务之外它们还有自己的经济利益诉求，在社会责任与经济利益之间难免发生矛盾和冲突，国家和社会从宏观层面对传媒进行规制就是必要和必然的。如果说新闻自由是新闻媒介所享有的权利，那么传媒规制就是对这种权利设定活动的合理边界，以及为保护这种权利所制定的种种社会化和市场化的游戏规则。自由与规制是新闻传媒业健康发展的两个相辅相成的方面。

一、什么是传媒规制

　　"规制"（regulation）是规制经济学中的一个核心概念，它翻译成汉语也有控制、管制、管理和规范等含义。在我国，传统意义上的传媒管理，更多地侧重于控制和管制的层面，而现在讲规制则更多地侧重于管理和规范层面的含义。

　　规制经济学家植草益认为："通常意义上的规制，是指依据一定的规则对构成特定社会的个人和构成特定经济的经济主体的活动进行限制的行为。"[①]根据这一定义，传媒规制的对象既可以是传媒行业中的个人，也可以是传媒行业中的经济主体即媒体组织，但总体而言应侧重于后者。传媒规制的主体既可以是社会化的组织，也可以是政府，但总体而言也主要侧重于后者。由此可见，传媒规制主要是政府对传媒行业进行管理和规范的行为。

　　长期以来，政府规制的公共利益理论在各种规制理论中占有主导性地位，这种理论主张，政府规制是对市场失灵的回应，是"政府为了解决不完全竞争、信息偏在、自然垄断、外部不经济和非价值性物品等市场的失灵而依据法律权限制约经济主体活动的行为"[②]。这就说明，政府规制的主要目的应该是保护公共利益，基本途径是解

---

①　［日］植草益：《微观规制经济学》，朱绍文、胡欣欣等译，中国发展出版社，1992年版，第1页。

②　［日］植草益：《微观规制经济学》，朱绍文、胡欣欣等译，中国发展出版社，1992年版，第20-21页。

新闻理论研究导引

决"自然垄断"和"市场失灵"等问题①。

根据规制经济学的理论,规制的内容涉及诸多方面,包括:公益事业政策中的规制,主要以处理自然垄断为目的,以维护帕累托效率②;保护消费者权益、公开信息、保护知识产权等法律中的规定,主要以处理信息偏在为目的③;针对外部不经济问题进行的社会性规制④;针对非价值物品进行的社会性规制,有些物品或经济活动(如色情、毒品等)市场可以有效地调节,但与社会公德相冲突,需借助规制加以禁止或限制;财税、金融政策中的规制,主要以保证分配的公正和经济稳定增长为目的;社会福利和社会保障制度中的规制,主要为了提供公共物品;民商法及反不正当竞争法中的规制,主要是为了保护不完全竞争问题;产业政策和振兴科技政策中的规制,以处理多样化市场失灵相关问题为目的;保护环境、土地及自然资源、劳动保护等政策中的规制⑤。不难看出,以上各项内容大多与传媒规制有关。

二、传媒规制的目标、途径与方法

1. 传媒规制的目标

与物质生产行业的规制是相对比较单一的市场规制不同,传媒规制既涉及内容又涉及市场,是典型的复合性规制。

内容规制的根本目标是保护和充分发挥新闻自由的作用,使新闻媒介的公共服务职能得到更好的落实。一方面,是要保障新闻自由,使媒体可以按自己的意志和编辑方针完成采访、编辑、评论、发表等一系列业务。新闻自由从来不是一种独立自在的状态,而是一定政治制度设定下的结果,如果政治制度不能给予足够自由的空间,新闻媒介就不可能享有真正充分的自由权利,就没有办法顺利进行客观真实的新闻报道,从而也就会失去其应有的社会作用,所以需要政府规制给予新闻自由以应有的保护。另一方面,是要防止滥用新闻自由。新闻自由从来都不是绝对的无限制的自由,而是负责任的自由,新闻媒介在行使自由的权利时,不应损害国家、社会和公众的利益。而事实上,新闻媒介在进行新闻报道过程中,难免会由于这样那样的原因,以新闻自由的名义,无意甚至有意地损害国家、社会和公众的利益,这就需要通过一定的规制给新闻媒介划定自由的边界,使其在合理且合法的范围内行事。

---

① "自然垄断"是指由于市场的自然条件而产生的垄断,经营这些部门如果进行竞争,则可能导致社会资源的浪费或者市场秩序的混乱。一般认为,规模经济和范围经济是自然垄断的产生原因。"市场失灵"是指市场无法有效率地分配商品和劳务的情况。

② 帕累托效率也叫帕累托最优,指资源分配的一种理想状态,即在没有任何人境况变坏的情况下,也不可能再使某些人的境况变好。经济学将它确立为社会福利最大化的必要条件。

③ 信息偏在又称信息不对称,一般是指不同市场主体之间信息条件不对等,或者说,信息条件有相对优劣之分的现象。

④ 外部不经济性反映了一经济行为主体不付费而得到收益或增加另一行为主体的成本。

⑤ 参沈乐平:《当代西方规制理论和我国企业集团发展现状》,《暨南学报》(哲学社科版),2000 年第 6 期。

市场规制的根本目标是鼓励有效竞争，促进传媒产业发展，同时限制因自然垄断、市场失灵等对公共利益可能造成的损害。正如有研究者所指出的那样："传媒产业中的政府规制最根本的逻辑是对规制和市场之间边界的持续调整，以期实现传媒产业成长效率和公共福利之间相对均衡的目标。"①也就是说，传媒产业规制的目的是双重的，一方面是产业的成长，另一方面是平衡这一目标与公共利益之间可能的冲突，最终使二者之间达到相对的均衡。

然而这种均衡并不容易达到。以美国为例，公共利益是政府规制广电媒介的正当性所在，公共利益标准在根本上指向建立一个有序竞争的商业广播体制。在公共信托模式下，这种标准的主要意义体现为对规制者权力的制约以及对被规制者行为的约束，而自 1960 年代以来，"市场至上开始成为 FCC 传媒政策的主要基调，所谓的公共利益被等同于自由的意见市场、丰富的传媒产品以及消费者的多样选择，成为一种通过市场力量就能够获取的东西"②。这说明，美国的传媒规制以保护公共利益为目标，但其实质更倚重于市场的作用，其结果很可能事与愿违。

总之，传媒规制与新闻管制、新闻压制、新闻检查等有着根本的区别，它最终是为了实现使新闻媒介在享有新闻自由的同时又不能滥用新闻自由的权利，在追求自身经济利益的同时又不能忘记自己的社会责任。这一方面要通过保障新闻自由以满足新闻内容的生产和供给，另一方面要通过市场调节以保持有效竞争，并且推动媒介在新闻自由与社会责任之间找到合理的平衡点。

2. 传媒规制的途径与方法

植草益认为，规制可以分为两种基本的方式，也就是我们所说的基本途径。一种是经济性规制，指"在存在着自然垄断和信息偏在问题的部门，以防止无效率的资源配置的发生和确保需要者的公平利用为主要目的，通过被认可和许可的各种手段，对企业的进入、退出、价格、服务的质和量以及投资、财务、会计等方面的活动所进行的规制"。另一种是社会性规制，是指"以保障劳动者和消费者的健康、卫生、环境保护、防止灾害为目的，对物品和服务的质量和伴随着提供它们而产生的各种活动制定一定标准，并禁止、限制特定行为的规则"③。这对传媒业的规制同样适用。在传媒业的规制中，前者主要针对媒体在市场中的运行问题，后者主要针对内容的生产、传播与消费问题。

传媒的经济性规制主要有以下三种具体的方法：

第一种是进入规制。由传媒主管部门通过发放许可证、实行审批制或是调节进入标准等措施，对一定的市场主体进入或退出某一媒介产业部门进行限定。例如，我

---

① 张亮宇、朱春阳：《当前传媒产业规制体系变革与中国面向的问题反思》，《新闻大学》，2013 年第 3 期。
② 陈映：《美国传媒政策中的公共利益标准概念的表征及演进》，《国际新闻界》，2013 年第 10 期。
③ ［日］植草益：《微观规制经济学》，朱绍文、胡欣欣译，中国发展出版社，1992 年版，第 22－23 页。

国对报刊的出版发行即实行许可证制度,新闻出版单位的设立需要首先在相关行政主管部门登记,申请领取出版许可证,取得事业单位法人证书和营业执照后方可营业。各国对外国投资者进入本国传媒市场更是有严格限制。例如,"美国联邦通讯委员会(FCC)规定,外国人参股美国电视台、广播电台,其股份不能超过25%;印度政府明确规定,外国投资者进入印度购买新闻出版业的股份最高不超过26%;新加坡也明确规定,新加坡的媒体机构不得向非新加坡公民出售媒体股份"[①]。

第二种是价格规制。这是指政府从资源有效配置出发,对于价格(或收费)水平和价格体系所进行的规制,其目的是在一定程度上恢复价格的本性,使它能够确实反映资源的稀缺程度,并且真正成为一种激励因素,促进经济活动参与者信息的有效沟通并切实反映市场关系。媒介的价格规制包括价格水平规制和价格结构规制。前者由媒介主管部门通过在费率方面的具体调控,实现对媒体产品价格水平的调整;后者主要调整的是媒体产品的价格结构,以维持传媒产业的价格分布和价格区间的合理性。

第三种是产业扶持政策。主要是指国家或相关部门为促进传媒产业的发展,在税收或投资等方面给予的支持。例如,2008年我国国务院发布的《关于鼓励数字电视产业发展的若干政策》中,提出了一系列优化该产业投融资环境的政策,如"积极支持数字电视相关企业通过上市、发行债券、上市公司配股和增发新股等方式筹集资金,增加对数字电视产业的投入";此外,还宣布对国内外投资加强税收优惠支持,规定"2010年年底前,广播电视运营服务企业收取的有线数字电视基本收视维护费,经省级人民政府同意并报财政部、税务总局批准,免征营业税,期限最长不超过三年"等[②]。

社会性规制也有三种方法:一是外部性规制,以消除或限制外部不经济、降低社会总成本为目的;二是内部性规制,以消除或抑制内部性问题为目的[③];三是信息不对称规制,以消除交易双方信息分布不均为目的,主要体现为规制者强制信息优势方公布真实信息[④]。将其运用于传媒领域,外部性规制关注的是媒介与社会公众(受众)的关系,内部性规制关注的是信息生产过程中媒介与媒介之间的关系,信息不对称规制关注的是媒介与媒介以及媒介与公众之间的信息不对称问题。比较而言,外部性规制主要针对媒介内容可能对受众产生的不良影响,因而是传媒社会性规制中最为常用的核心方法。

---

① 殷俊等:《新媒体产业导论——基于数字时代的媒体产业》,四川大学出版社,2009年版,第215页。

② 《关于鼓励数字电视产业发展的若干政策》,来源:http://www.sarft.gov.cn/articles/2008/01/18/20080119004411200481.html。

③ 所谓"内部性",是指由交易者所经受的但没有在交易条款中反映的利益和成本,它也可以分为正内部性和负内部性。

④ 参何跃鹰:《互联网规制研究》,北京邮电大学博士论文(2012年),第49-50页。

针对媒介内容的社会性规制,目标主要是保障内容的丰富性和平衡性,使其维持一定的品质和道德水准,而具体方法又不外乎禁止和保护两类,在此问题上中外概莫能外。

先说禁止方面。在我国,《出版管理条例》第二十五条规定:"任何出版物不得含有下列内容:(一)反对宪法确定的基本原则的;(二)危害国家统一、主权和领土完整的;(三)泄露国家秘密、危害国家安全或者损害国家荣誉和利益的;(四)煽动民族仇恨、民族歧视,破坏民族团结,或者侵害民族风俗、习惯的;(五)宣扬邪教、迷信的;(六)扰乱社会秩序,破坏社会稳定的;(七)宣扬淫秽、赌博、暴力或者教唆犯罪的;(八)侮辱或者诽谤他人,侵害他人合法权益的;(九)危害社会公德或者民族优秀文化传统的;(十)有法律、行政法规和国家规定禁止的其他内容的。"第二十六条规定:"以未成年人为对象的出版物不得含有诱发未成年人模仿违反社会公德的行为和违法犯罪的行为的内容,不得含有恐怖、残酷等妨害未成年人身心健康的内容。"①《广播电视管理条例》和《互联网管理条例》中也都有类似的禁止性规定。

美国、欧盟等发达国家和地区现行法规对内容进行规制时,对媒介不适当的内容也都会采取必要的管制。"如美国联邦通信委员会拥有权力确保广播电视业者必须服务于'公共利益、便利性和必要性',这一权力被其作为一种可以对广播电视业者强制实施各种节目规定的依据。"②在美国,包含以下内容的节目播出是违法的:按照当时的社会标准,一个正常的人必须认定该作品在整体上会引起人们的淫欲;该作品以显而易见的、令人反感的方式描写被当地法律所认定的性行为;该作品明显缺乏必要的文学、艺术、政治或者科学价值。另外,联邦通讯委员会已成功地制定一些规则来管理那些虽然够不上淫秽,但又令人反感的内容,这些内容被定义为下流的节目③。日本《广播法》也规定:在编排广播电视节目中要做到:"不妨害社会治安及良好风俗";在电视节目方面,应设置"教养节目";为保证广播节目符合社会伦理道德等,应设置节目审议机构,并对播出不真实节目后的订正等行为做出具体规定④。

再说保护方面。这方面以保护本国媒介内容不受国外文化挤压为重点。例如,我国《广播电视管理条例》第四十条规定:"广播电台、电视台播放境外广播电视节目的时间与广播电视节目总播放时间的比例,由国务院广播电视行政部门规定。"⑤国

---

① 《出版管理条例》,来源:http://www.gov.cn/gongbao/content/2014/content_2692774.html。
② 周庆山、李彦篁:《欧美各国信息传播中的内容规制政策研究》,《出版发行研究》,2014年第1期。
③ [美]詹姆斯·沃克、道格拉斯·弗格森:《美国广播电视产业》,陆地、赵丽颖译,清华大学出版社,2005年版,第72页。
④ 张辉锋:《传媒经济学》,南方日报出版社,2006年版,第246页。
⑤ 《广播电视管理条例》,来源:http://www.gov.cn/gongbao/content/2014/content_2692753.html。

外的电视节目规制,也十分注意对本国电视节目的保护,规定本国电视节目有优先播出权,借以限制国外电视节目的播放,从而达到维护本国文化安全和电视业的目的。例如,在韩国,无线电视一个月中要播80%的韩国节目,有线电视或卫星电视一个月要播出50%的韩国节目①。在欧洲,欧盟委员会于1984年发布了关于建立广播电视共同市场的绿皮书,"规定欧盟的广播电视政策将主要围绕以下三个领域展开:(1)建立欧盟广播电视媒体扶持机制。(2)在全球范围内维护欧盟文化利益。(3)建立欧盟广播电视媒体统一市场监管体制。前两项政策措施对欧盟广播电视内容的直接影响比较有限,主要是为了抵御外国内容的引进(尤其是美国);后者的主要目标是保护未成年人免受'有害内容'影响,保证'回复权'以及对广告的监管"②。在加拿大,自上世纪80年代以来,CRTC一直强制要求电视台必须达到一些特定的指标,以保护和促进加拿大本土节目,"鼓励广电机构播出'加拿大内容'已成为加拿大一项重要的国家文化政策"③。

三、中西方传媒规制的差异

中西方传媒规制的根本原因都是相同的,即公共品、自然垄断与外部性造成的市场失灵以及传媒的意识形态属性。但是中西方进行规制的背景不同,西方传媒产业的规制发展是伴随着自由市场经济的发展而产生的,经历了一个长期发展并走向成熟的过程;而中国则是在传媒改革和传媒产业化的短暂过程中,由计划经济年代的意识形态统制逐步过渡到现有的传媒业规制的。从现实情况来看,西方发达国家的传媒业规制都有一整套较为严谨的法律和政策体系,规制的稳定性和系统性较强,政府介入传媒业的市场活动的程度较低;而中国的规制则更多地依靠行政手段,临时性和随意性都较大,政府常常直接干预市场主体的决策和经营活动,规制的进一步发展直至成熟还有较长的路要走。因而,从政府行为及制度因素来看,中国应该顺应时代大趋势,突破制度变迁中"路径依赖"的局限,强化政府行为和制度创新对整个传媒产业发展的推动作用。

在规制目标方面,西方政府规制主要以政治性政府的身份从市场维度提出规制内容,重心是在保证传媒履行社会责任的前提下使传媒产业得到最大程度的发展。而中国的规制行为由于政府身份的双重性而常常导致政治目标与经济目标的错位甚

① 唐月民:《国际视野的我国电视产品内容规制》,《重庆社会科学》,2011年第12期。

② 国家广播电影电视总局发展研究中心课题组编著:《发达国家广播影视管理体制和管理手段研究》,中国传媒大学出版社,2007年版,第77-78页。

③ CRTC(Canadian Radio - television and Tele - communications Commission),该机构是加拿大议会根据加拿大无线电广播电视和电信委员会法案建立的公共独立管制机构,通过加拿大遗产部向议会报告工作。国家广播电影电视总局发展研究中心课题组编著:《发达国家广播影视管理体制和管理手段研究》,中国传媒大学出版社,2007年版,第91页。

至对立。实质上,中西方传媒业规制的根本目标都是为了兼顾公平与效率,既要保证传播行为肩负起应尽的社会责任,同时又要更好地促进传媒产业的发展。当今社会,在全球化与新媒体技术的共同作用下,放松管制、促进竞争成为信息传播产业发展的大趋势,且规制的重心由规制市场结构逐步转移到规制垄断行为。中国政府应该从西方"放松管制"的思路中得到启示,就是在媒体遵守社会义务能够得到保障的前提下,更多地将目标转向经济性规制,致力于通过规制加强传媒企业的市场主体地位,促进全国统一开放、公平竞争的传播市场的形成,推动中国的传媒企业积极参与国际竞争,在全球化传播中不断壮大中国传媒业的国际竞争力。

在规制手段方面,西方发达国家经过长期的发展,已形成较为成熟的规制体系,它们在规制过程中主要使用法律的手段来进行;而中国由于历史的原因则更多地使用政策和行政的手段。今后,中国需要着力构建较为完善的传媒业法律法规体系,使传媒业规制由以政策和行政手段为主向以法律法规为主、行政手段为辅的模式转变。

在规制机构方面,由于中国传媒业的规制主体往往具有二元性,且同一职能的机构往往分属于多个部门,从而造成党政不分、直接干预传媒企业决策与经营活动过多等现象。从西方的实践来看,相对独立、职能集中的规制部门,在规制行为上更有效率。中国需要从促进国内与国际传播竞争的大趋势出发,深化传媒管理体制改革,进一步理顺规制关系,重组规制机构的组织框架,使其向职能统一、行为高效的方向发展。

关于中西方传媒业规制的具体差异,请参阅本章选文《中西传媒业政府规制行为比较研究》。

选 文

媒介融合时代传媒规制的国际趋势及其启示

肖赞军

导言——

本文刊载于《新闻与传播研究》2009 年第 5 期。

作者肖赞军(1972~),湖南安化人。毕业于西安交通大学,获经济学博士学位。现为湖南师范大学新闻与传播学院教授,博士生导师。出版《西方传媒业的融合、竞争及规制》等。研究方向:媒介经济学。

本文认为，在媒介融合进程中，传统传媒的纵向分业规制遭遇根本性挑战，世界各国纷纷探索新的规制模式，未来的全球产业竞争首先体现在近年的规制改革竞争。总体来看，各国近年的改革呈现出以下几个趋势：规制框架从纵向分业规制向横向分层规制转换，规制机构从分立机构向融合机构转变；规制改革的取向是放宽市场准入、倡导竞争、吸纳投资；规制重心从结构规制向行为规制转移。为应对媒介融合，中国的传媒规制改革时不我待，势在必行。

一、引言

在计算机技术、网络技术的推动下，电信、广播电视和出版业等三大产业的边界日益模糊、收缩，趋于消失，三大产业的内容生产、传输平台和接收终端不断走向融合。

在这场产业革命中，传媒产业的市场环境、产业边界和产业结构发生了颠覆性的变革，世界各国在这场革命之前建立的传媒规制遭受根本性挑战。传统传媒规制建立在原有的技术环境、市场环境和产业结构的基础之上，它是一种纵向分割的、部门间相对封闭的规制体系。[①]世界各国不仅为电信、传媒产业建立了独立的规制框架，而且对各子传媒产业实施分离规制。尽管传统规制框架曾实现了许多政策目标，但在新的技术背景下，传统规制框架已成为媒介融合的约束。面临汹涌而至的产业革命，世界各国积极探索推进媒介融合的新规制模式。

其实，在20世纪70年代、80年代，新自由主义席卷西方各国，西方发达国家就已纷纷放松对电信、广播电视的规制。20世纪90年代中期以来，为顺应媒介融合的趋势，世界各国纷纷修订、制定法律法规，掀起传媒规制改革的浪潮。一方面，西方发达国家在20世纪70年代、80年代已有改革的基础上纵深挺进，对传媒规制政策进行了巨大调整，其中美国1996年颁布的《电信法案》是促进媒介融合的宣言；另一方面，传媒规制改革从美英等国席卷全球，其他国家也纷纷迈出步伐，竞相进行传媒规制改革，其中一些国家（如马来西亚，后文将详细论及）甚至比先行起步的西方发达国家走得更远。在此番改革浪潮中，世界各国传媒规制政策的规制框架、规制机构、规制取向和规制方式等方面正在发生前所未有的变化。

本文先阐释媒介融合对传统传媒规制的挑战，然后试图通过典型案例对20世纪90年代中期以来的传媒规制改革的国际发展趋势进行简单梳理，最后关照中国传媒规制改革，提出简单的政策思路。由于融合是在电信与传媒业之间展开，电信业是"大媒体产业"的组成部分，本文所分析的传媒规制改革的国际发展趋势也涵盖了电信改革中的部分典型现象。

---

① 汪向东：《三网融合中的规制政策：国际发展趋势与评论》，《中国信息界》，2006年第14期。

二、媒介融合对传统传媒规制的挑战

在数字技术革命之前，尽管传统的电信、广播电视和出版业三大部门均是从事信息服务的部门，但是，三大部门均以各自特定的技术为基础，拥有专用的信息传输平台和与此对应的专门的接收终端，信息的生产、传输和接收自成封闭回路，三大部门是不同的产业部门，相互之间有清晰的产业边界。电信与其他传媒产业分列，并不属于传媒产业。不仅如此，即使是在广播电视业，地面广播电视、有线电视和卫星电视等子传媒产业都有各自的传输网络，相互之间也存在明显的产业边界。

在这种产业格局下，传统传媒规制存在的市场基础是：市场是自然垄断的或者市场正趋于垄断。如电信、有线电视是自然垄断的；广播电视虽然不是自然垄断，但由于其频谱稀缺，竞争性频谱之间相互干扰，广播电视市场的竞争与自然垄断的破坏性竞争极为类似。报纸出版经过一段时期的自由竞争后形成"一城一报"格局。尽管世界各国有各种理由在传媒业实施规制，但从规制形成的历程来看，传统规制首先是为了控制自然垄断、防止人为垄断，以及治理频谱稀缺所导致的市场问题。

与产业分立格局相对应，对电信与传媒产业的传统规制是一种分业规制。其特征主要体现在以下几个方面：第一，对各产业实施规制的目标大有区别。比如对电信与有线的规制主要是为了治理自然垄断，对出版业的规制主要是为了反垄断，对无线广播电视的规制则一方面是为了治理由频谱稀缺而导致的竞争性频谱之间的破坏性竞争，另一方面也是为了反垄断。第二，绝大多数国家都实施严格的交叉禁入。不仅电信和广播电视之间不能相互进入，而且地面广播电视、有线电视和报纸之间往往也有交叉准入限制。第三，为了反垄断，各产业都有独立的所有权规则，所有权规制的主要工具是各产业市场上的市场集中度统计。第四，对各产业的规制重点大为不同。对电信一般仅规制传输环节，并不规制内容，而对广播电视不仅规制传输环节，而且严格规制节目内容。第五，从规制主体来看，不同产业在许多国家一般有对应的规制机构。尽管在一些国家某一产业被多个机构规制，但特定产业总有对应的主要规制机构。第六，从规制客体来看，被规制对象电信、广播电视和出版等产业不仅严格分立，而且其产业边界在一定时期内相对稳定。即使新技术促使新媒介不断诞生，但新诞生的媒介并不对已有媒介的市场边界产生冲击。

媒介融合导致传媒市场环境剧变，传统传媒规制遭遇根本性挑战。

首先，媒介融合强化了传媒市场竞争，传统传媒规制的市场基础正在消失。一方面，在技术上，原来分立的电信与传媒产业之间、各子传媒产业之间不存在明显竞争关系，但在产业融合进程中，各产业拥有共同的技术基础、通用的传输平台，为消费者提供类似的数字产品，相互之间出现广泛的竞争。另一方面，在产业融合进程中，原纵向一体化的结构裂变为横向一体化的结构，产业链裂变重塑了市场竞争格局，传统传媒垄断程度很高的纵向市场结构被瓦解，日益发展为竞争性较强的横向市场，并且其竞争强度随着市场需求的增加而不断强化。市场结构的变化不仅使电信和有线电视等产业的自然垄断属性日益弱化,而且使原分立产业的市场集中的危害趋于下降。与此同时,数字技术从根本上缓解了频谱的稀缺,对广播电视进行规制的技术基础发生动摇。

第二,为了在传媒市场保持多种"声音",促使观点和意见多样化,保护文化的多样性,世界各国均在一定程度上严禁交叉进入。在传统的技术框架下,交叉准入限制对分立产业的竞争格局并不构成威胁。但当原来分立的电信与传媒产业之间、各子传媒产业之间的竞争在技术上成为可能时,交叉禁入就是反竞争的。

第三,传统传媒的所有权法则面临两个方面的挑战。一方面,在传统规制的所有权法则中,集中度的测度是针对特定产业或者是特定市场的,这些市场具有清晰的边界,但融合使传统媒介的边界日益模糊,市场本身变得飘忽不定,传统传媒规制判定市场集中度的纵向市场不复存在,市场集中度无从统计。即使再继续统计子传媒产业的市场集中度,在融合的背景下统计数据的指示意义也大为下降。另一方面,倘若一种子传媒产业面临产业外的竞争,传统传媒规制判定市场是否存在垄断的集中度标准就不再合理。因为在某种意义上融合拓展了子传媒市场的边界,各子传媒的市场不断扩大,集中度的原有上限不再是一种必要。

第四,在融合后的传媒产业实施传统规制,将导致规制重叠与规制真空。在传统传媒业,各子传媒的产业边界清晰,内容高度依附于载体,业务相对单一,市场并不存在对同一业务的规制冲突,也很难存在未被规制的业务。但在产业融合进程中,一系列新业务无法界定它们将由什么机构进行规制。这些业务可以分成两类。一类业务从表面上看同时与两种传统业务有些渊源,比如手机电视、手机报纸、网络电视;另一类业务是全新的业务,并不存在类似的传统业务,比如博客。对前一类业务,两个规制机构同时规制将导致规制重叠,都不作为将形成规制真空。对后一类业务,在传统传媒规制框架下是一个规制真空。

三、传媒规制政策的国际发展趋势

在媒介融合的进程中,传统传媒规制所面临的挑战使世界各国开始对已有规制进行全面检查。20 世纪 90 年代以来,不仅已经启动改革的发达国家加大改革的步伐,而且许多其他国家纷纷加入到传媒规制改革的行列。尽管各国的传媒规制改革大有区别,但在总体上呈现出以下几个趋势:规制框架从纵向分业规制向横向分层规制转换,规制机构从分立机构向融合机构转变;规制改革的取向是放宽市场准入、倡导竞争、吸纳投资,规制重心从结构规制向行为规制转移。

(一)规制框架:从纵向规制向横向规制转换

世界各国在产业分立时代建立的传媒、电信规制框架是纵向分业的(图 1)。不同的信息、不同的产业有不同的法律法规,或者有不同的章节和条款,规制内容大不相同,并且,绝大多数国家曾在一定产业之间实施严格的交叉禁入。这种规制模式被称为"竖井"模式（Silo Model）。[①]即使美国一直将通信、广播电视纳入统一的法律框架内，在《1934年广播法案》及1996年修正案中，也对有线电话、无线电话、无线广播电视和有线电视等产业均制定了对应的法律章节和条款，实施纵向分业规制。20世纪80年代初，在西方国家的第一轮放松规制浪潮中，一些发达国家开始在分业规制的框架下对电信、广播电视进行局部的横向分层管理。在电信业，技术进步使电信业务种类日益增加，美国等发达国家将电信业务区分为基础业务和增值业务，对电信网络和数据业务实施分离监管。在广播电视业，随着技术的不断发展，内容的流通渠道不断拓展，有线电视、卫星电视渐成规模，传输网络和传输内容的监管也开始出现分离。比如日本1989年对《电波法》和《广播电视法》中，引入"委托广播电视"和"受托广播电视"的概念，对卫星广播电视行业的硬件系统（信号传输环节）和软件系统（节目传输环节）实行分别许可、分开监管。[②]

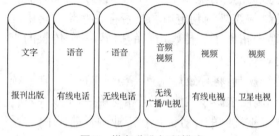

图1　纵向分业规制模式　　　　**图2　横向分层规制模式**

资料来源：Richard S. Whitt, A Horizontal Leap Forward: Formulating a New Communications Public Policy Framework Based on the Network Layers Model。图1根据Richard S. Whitt提出的"当前规制的'竖井'模式"图修改而成。

20世纪90年代以来，数字技术日新月异，媒介融合蓬勃发展，传媒产业的纵向市场结构日益裂变为横向市场结构。在这样的背景下，电信业、广播电视业局部的横向分层管理日益普遍。一方面，将电信网络与增值业务分离监管的规制模式被广为复制，成为世界电信改革的普遍趋势。不仅如此，一些国家如日本则完全按照电信设施经营者和电信业务提供者这两个分类进行规制。[③]另一方面，许多国家纷纷探索硬件系统和软件系统分离监管的框架，尝试构筑网络规制、平台规制和内容规制。就内容规制而言，一些国家针对地面数字电视、有线数字电视、卫星数字电视、网络电视和

---

①　Richard S. Whitt: A Horizontal Leap Forward: Formulating a New Communications Public Policy Framework Based on the Network Layers Model, *Federal Communications Law Journal*, 2004, V. 56, p596.

②　国家广电总局发展研究中心课题组：《发达国家广播影视管理体制和管理手段研究》，中国传媒大学出版社，2007年版，第51页。

③　胡珊：《日本管制政策旨在平衡市场结构》，《世界电信》，2008年第2期。

移动电视的播出内容,逐步建立相互平衡协调的规制框架。①

局部的横向分层管理没有逾越纵向分业的规制框架。在媒介融合的背景下,一些国家和地区的规制框架开始走向融合。其中最为典型的是 2002 年欧盟所搭建的"电子通信"规制框架。这一框架体系主要由五大指令文件构成,即《框架指令》、《业务授权指令》、《接入和互联指令》、《普遍服务与用户权利指令》、《数据保护指令》,主要对网络和业务进行规制(不包括内容),为不同的网络和不同业务建立了一个融合的统一的规制框架。此外,尤为引人注目的是许多国家在规制中奉行技术中性原则,规制的实施主要基于给用户所提供的服务特性,而不是基于向用户传递这些服务的网络技术特性,也就是说,对电信网络,不管是固定还是移动网络,对广播电视传输网络,不管是有线、卫星还是地面传输,都使用相同的监管方法。②

欧盟框架对内容和网络实施了分离规制(内容由各国负责),并为不同的网络搭建了一个融合的规制框架。相形之下,马来西亚的传媒规制改革走得更远。马来西亚不仅建立了融合的规制框架,而且在融合的基础上建立了真正意义上的横向分层的规制框架。1999 年,马来西亚颁布《通信与多媒体法案》(Communications and Multimedia Act ,CMA),将电信和广播电视中原有 31 项专项许可管理业务减少到 4 大类业务。这 4 大类业务是:

　　① 网络设施业务,网络设施主要包括卫星地面站,光缆,通讯线路和交换器,无线电通信和传输设备,移动通信基站、广播塔和设备;② 网络服务,指支持各种应用的基本连接和带宽业务,包括移动蜂窝、广播分布和移动卫星服务等;③ 应用服务,包括语音、数据和电子商业服务,也包括互联网接入、IP 电话、无线寻呼和声讯服务;④ 内容应用服务,包括传统的广播电视服务、在线出版和信息服务等。③

马来西亚的规制机构多媒体与通信委员会(Commission for Multimedia and Communications)从 1999 年开始向这 4 类业务的提供商重新颁发许可证,2002 年全部完成。马来西亚的改革实现了传媒规制框架从纵向分业向横向分层的完全转变,并且其规制框架的横向分层几乎与传媒产业的横向结构一一对应。

日本也在进行类似的探索。在 U－Japan 战略的政策报告书中,日本将 ICT 产业分为解决层(Solution Layer)、平台层(Platform Layer)、终端层(Terminal Layer)和网络层(Network Lay-er)等四个层面,并按这种横向分层结构制定对应的产业政策。

① 国家广电总局发展研究中心课题组:《发达国家广播影视管理体制和管理手段研究》,第 14 页。

② 石军:《监管融合势在必行》,《通信产业报》,http://txcy. qikan. com,2009－6－21。

③ ITU:Trends in Telecommunication Reform 2004/05:Licensing in an era of convergence (Summary),P17,http://www. itu. Int/dms_ pub/itu－d/opb/reg/D－REG－TTR. 7－2004－SUM－PDF－E. pdf.

然而,马来西亚的改革尚不普遍,多数国家仍是在纵向分业的规制框架下探索局部的横向分层的规制方式,或者是尝试欧盟模式,对内容与网络实施分离规制,并对网络进行融合规制。在传媒产业"横向融合、纵向分离"的趋势下,未来的规制框架如何发展,许多研究者展开了积极的讨论。美国MCI公司的Richard S. Whitt提出了一种极具代表性的横向分层的规制框架(见图2)。①这一框架与马来西亚的实践极为类似,它基本刻画了媒介融合时代传媒规制框架的未来趋势。

(二)规制机构:从分立机构向融合机构转变

促进融合的规制改革不仅体现在规制框架的演变和规制政策的变化,而且也体现在规制机构的改革。从20世纪90年代后期以来,世界各国的规制机构呈现出两个变化态势。第一,越来越多的国家建立独立规制机构。按照ITU的数据,1990年全世界仅有14个国家建立独立规制机构,20世纪的最后10年建立独立规制机构的国家迅速增加,至2000年有106个国家建立了独立规制机构。进入新世纪以来,建立独立规制机构的国家的增加态势不减,到2008年10月已有152个国家建立了独立规制机构(见图3)。②其中,非洲建立独立规制机构的国家的比重超过美洲地区,居全世界各地区之首(见图4)。③

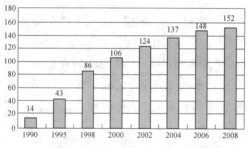

图3　世界各国独立规制机构累计增长情况　　图4　2008年世界各地区建立独立
规制机构的国家的比重

资料来源:ITU,Trends in Telecommunication Reform 2008:Six Degrees of Sharing。

第二,规制机构趋于融合,许多国家合并了原有分立的规制机构。在产业分立时代,世界各国的传媒规制机构可以分为三种类型:第一种类型是由国家设立独立规制机构,统一监管电信和广播电视,这种类型以美国的联邦通信委员会(FCC)和加拿大

①　Richard S. Whitt:A Horizontal Leap Forward:Formulating a New Communications Public Policy Framework Based on the Network Layers Model,p624.

②　ITU:Trends in Telecommunication Reform 2008:Six Degrees of Sharing(Summary),p7,http://www. ifap. Ru/library/book385. pdf.

③　ITU:Trends in Telecommunication Reform 2008:Six Degrees of Sharing(Summary),p7,http://www. ifap. Ru/library/book385. pdf.

的广播电视电信委员会(CRTC)为代表;第二种类型是由不同的独立规制机构对电信和广播电视实施分离规制,许多发达国家均属于这种类型;第三种类型是由不同的政府机构(非独立规制机构)实施分离规制。在产业融合进程中,越来越多的国家成立统一的独立规制机构或统一的政府部门对电信和广播电视实施统一监管。比如,日本于2001年将邮政省、自治省和总务厅合并为总务省,下设信息通信政策局和综合通信基础局;英国根据《2003年通信法案》,将原电信办公室(Oftel)、广播电视标准委员会(BSC)、独立电视委员会(ITC)、广播管理局(RA)和无线通信管理局(RCA)等5个规制机构合并为统一的规制机构通信办公室(Ofcom);澳大利亚于2005年将通信管理局(ACA)和广播电视管理局(ABA)合并成立通信媒体管理局(ACMA);韩国在2008年成立新的融合规制机构韩国广播通信委员会,取代原有的信息通信部和广播委员会。其实,规制机构改革并非一个独立的举措。规制机构实现融合的国家在规制框架的重构与规制政策的改革上一般也取得一定进展。在这些国家,新机构是为了适应新的规制框架和新的规制政策而诞生的。

（三）规制取向:放松准入、促进竞争与吸纳投资

在技术革命风起云涌之际,世界各国纷纷认识到数字技术、信息通信技术(ICT)是经济发展的引擎,是未来社会发展最强有力的动力之一。尽管各国在立法中从未动摇公共利益、消费者权益的地位,但鼓励技术进步和促进ICT产业的发展已成为各国举足轻重的规制目标。特别是在竞争全球化的背景下,各国在规制改革中将国际竞争摆在了极为突出的地位。应该建立怎样的产业发展模式? 越来越多的国家相信市场的力量。传统规制旨在控制自然垄断和反对由市场竞争导致的垄断,但在技术革命和产业革命的背景下,治理垄断的原有规制已成为市场的樊篱、竞争的束缚,限制了投资的增长。于是,世界各国纷纷放宽市场准入,促进市场竞争,消除投资障碍,刺激投资增长。许多国家认为,政府的规制行为都应该以能够吸纳更多的投资为目标。①

放宽市场准入的核心领域是解除交叉禁入制度。在世界各国的改革中,美国《1996年电信法案》最为引人注目。该法案拆除了电信业和有线电视业之间的市场壁垒,并废除了广播电视网对有线电视系统所有权的限制。美国新法案旨在顺应汹涌而至的技术革命和迅猛的市场变化,扫除市场准入障碍,倡导竞争,创造一个开放自由的市场环境,鼓励私人投资,最终奠定美国在全球ICT产业竞争中的领先地位。美国新法案是通过放松准入、倡导竞争来吸纳投资的典范。美国《1996年电信法案》吹响了交叉准入、促进竞争的号角,世界其他国家纷纷跟进,竞相效仿。欧盟回应最为迅速,1997年出台了关于融合的绿皮书,2002年建立了"电子通信"的规制框架,放松市场准入,建立促进融合的竞争模式。其他国家也相继出台了各自的市场准入政

---

① ［德］Bernd Eylert:《移动多媒体商务——3G时代的致胜之道》,吕廷杰、孙道军译,中国广播电视出版社,2007年版,第239页。

策。在这一轮放宽准入的改革中,十分有意思的是,世界各国在进行规制改革竞争。这是因为环球经济由 ICT 产业主宰,规制改革不仅关乎传媒产业的国际竞争地位,而且更关系到一个国家经济的国际竞争力。各国的规制改革都是为了抢占数字技术革命、产业革命的制高点。

在市场准入改革中,除了解禁交叉进入之外,许可证制度改革是促进竞争的另一重大举措。改革的总体趋势主要体现在以下三个方面:第一,奉行技术中立和业务中立原则,破除传统规制基于特定技术和业务发放许可证的方式,建立融合性的许可证制度。表1给出了一些国家和地区许可证的融合形式①。第二,降低许可的门槛,减少许可证的种类,甚至取消许可证制度。一般而言,网络的许可相对宽松,但频谱的许可仍较为苛严。尽管如此,到 2004 年年底,也有 55 个国家在频谱分配中取消了许可证制度②。第三,建立竞争性的许可证发放形式,允许许可证再次交易,以提高频谱的使用效率。比如英国和澳大利亚,通过投标的方式向符合最低准入门槛的申请者拍卖商业媒体的执照,在许可证发放环节引入竞争。近年,许可证的发放形式更倾向于所有权的转让,对频谱资源的分配原则也是如此③。

表 1 部分国家和地区的融合许可制度

国家与地区	许可证制度
澳大利亚	承运人许可和运输服务提供商许可(Carrier licence and carriage service providers)
欧 盟	一般性授权制度(General authorization regime)
日 本	简单的登记与通知制度(Simple registration notification)
印 度	联合许可证(Unified licensing)
肯尼亚,马来西亚,毛里求斯,坦桑尼亚	融合的许可制度(Converged licensing regime)
马里,乌干达	为全国运营商发放融合的许可证(Converged licensing for national operators)
新加坡	基于基础设施的许可证与基于服务的许可证(Facility-based and serviced-based licensing)

资料来源:ITU,Trends in Telecommunication Reform 2004/05:Licensing in an era of convergence.

---

① ITU:Trends in Telecommunication Reform 2004/05:Licensing in an era of convergence(Summary),p15.

② ITU:Trends in Telecommunication Reform 2004/05:Licensing in an era of convergence(Summary),p16.

③ [德]Bernd Eylert:《移动多媒体商务——3G 时代的致胜之道》,吕廷杰、孙道军译,中国广播电视出版社,2007 年版,第 223 页。

此外,由发达国家在 20 世纪 80 年代掀起民营化浪潮经久不息,许多国家致力于在通信市场、传媒市场建立竞争模式。对这些国家而言,民营化改革是放宽市场准入的一种形式。以固定电话运营商的所有制形式为例,1990 年只有不到 40 个国家是私营的,国有公营的国家达 150 个左右;世纪之交私营的国家数量首次超过国有的国家数量;截止 2008 年上半年,有 125 个国家的固定电话运营商是私营或部分私营的(见图 5)①。目前许多非洲和阿拉伯国家的固定电话运营商是国有的,但在这些国家中,许多国家正在加快民营化的步伐。阿尔及利亚,几内亚和马里在 2008 年宣布在来年对现有运营商实施私有化。

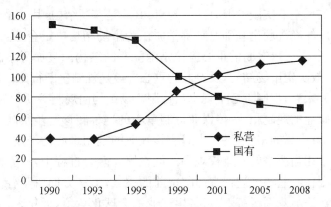

图 5　1991—2008 年世界各国固定电话运营商所有制的变化

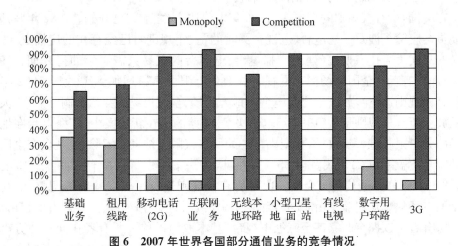

图 6　2007 年世界各国部分通信业务的竞争情况

　　资源来源:ITU,Trends in Telecommunication Reform 2008;Six Degrees of Sharing。

---

① ITU:Trends in Telecommunication Reform 2008;Six Degrees of Sharing(Summary),p8.

目前,世界各国在通信和传媒市场的竞争已十分普遍,相当广泛。从 ITU 对 2007 年情况的统计来看,在各种通信、传媒业务中,多数国家建立了竞争机制,继续垄断经营的国家的占比已降至了较低的水平(见图 6)。比如有线电视,建立竞争的国家的占比近 90％,而仍由国家垄断经营的国家的占比仅在 10％左右;小型卫星地面站的情形与有线电视类似;在可以传输手机电视的 3G 平台,已有超过 90％的国家建立了竞争性市场,而不存在竞争的国家仅在 7％左右。①由此看来,世界各国奉行的规制取向十分显然,即为吸纳投资在市场放松准入、倡导竞争。

(四)规制重心:从结构规制向行为规制转移

世界各国的反垄断实践一般有两个靶点:其一是垄断结构,其二是垄断行为。这种区分有着深厚的经济理论基础。哈佛学派认为市场结构决定企业行为,结构和行为共同决定市场绩效,反垄断的重心应该是消除垄断结构。芝加哥学派则认为是企业行为、市场绩效决定市场结构,反垄断的重心应该是规制垄断行为。从西方发达国家的反垄断历程来看,规制重心呈现出从规制市场结构向规制垄断行为转变的态势。

与对非传媒业的规制相比,传媒业规制重心的这种转移起步很晚。为了维护文化的多样性,保障市场的多种声音,当对非传媒业的规制重心已经发生转移时,世界各国一直保留了相当严格的所有权规则。但在媒介融合进程中,一方面由于传统传媒的所有权法则在产业融合进程中面临空前的挑战,另一方面由于各国为了实现数字技术的规模经济与范围经济,应对传媒产业的全球化竞争,近年来,对传媒业的规制重心也逐步从规制结构向规制行为转变。

在美国,所有权规则的变更在《1996 年电信法案》之前就已开始。1982 年联邦通信委员会废除了涉及广播电台、电视台买卖的"三年规则",已经存在的广播电台/电视台的买卖无需持有期,新建的广播电台/电视台的交易只需 1 年的持有期。1985 年,单一所有者在全国市场拥有电视台的数量上限由 7 家增加到 12 家。1992 年新的所有权规则进一步放松了广播电台在地方市场、全国市场的数量限制。然而,大幅度的放松所有权规则是从《1996 年电信法案》开始的。在新法案中,广播电台在地方市场的数量限制进一步放松,在全国市场的所有权限制被彻底解除;电视台在全国市场的观众覆盖率由 25％放宽至 35％。并且,该法案建立了对所有权两年一审的制度。2003 年,联邦通信委员会又一次对所有权规则进行了较大幅度的调整:电视台在全国市场的观众覆盖率由 1996 年的 35％继续放宽至 45％;在大型地方电视市场,单一所有者可以拥有两家甚至三家电视台;基本取消了单一所有者在同一地方市场(拥有 9 家或 9 家以上电视台的地方市场)对电视台与报纸交叉持股的限制。2006

---

① ITU:Trends in Telecommunication Reform 2008:Six Degrees of Sharing(Summary),p8.

年联邦通信委员会再次将跨媒介所有权限制的市场下限降低到 6 家电视台。[①]

在英国[②]，《1996 年广播电视法》放宽了媒体所有权规则，它是英国媒体所有权规则的全面性转变。1996 年法案不再考虑广播电视公司的传播方式和执照持有数量，而仅设定单一媒体所有权的总上限。电视所有权的上限设定为英国观众 15％的市场份额（包括 BBC 观众）。英国政府曾经拥有一个设想，废除复杂的媒体所有权制度，对一家媒体公司仅测度它在全国各媒体市场的总占有率，不再设置单一媒体的所有权上限，而仅设置一个综合性的所有权上限，后因在磋商中遭受反对而未果。而在《1990 年广播电视法》中，地面广播电视经营者只能拥有两个地方独立电视台 ITV 执照（但不能同时拥有两个伦敦执照），或者一个全国独立电视台执照，或者一个第五频道 C5 执照。在跨媒体所有权问题上，1996 年法案第一次允许在国内和地区范围内的报业集团、广播电台以及地面电视公司之间持有高水平的跨媒体所有权，单一供应商可以拥有以下任何一项的组合：拥有 15％的广播听众（除 BBC 听众），但不超过一个全国无线广播执照；拥有 15％的电视观众（包括 BBC 观众），但不超过一个全国 ITV 或 C5 的执照；拥有全国报纸日发行量的 20％。而 1990 年的法案仅允许全国性报纸与广播电台、地面电视之间少量的跨媒体投资，并禁止全国报纸经营所有者同时拥有一个全国 ITV 或 C5 的执照。2003 年，英国通过新的《通信法》，进一步放宽了所有权方面的规制。

许多国家在同一时期，或者步英美之后尘，在不同程度上都放松了单一媒体所有权和跨媒体所有权。所有权规制的放松成为了世界各国在融合时代传媒规制政策的普遍趋势。

放松所有权规制的国家无一例外地陷入了一种两难困境：一方面，放松所有权规制可以实现数字技术的规模经济和范围经济，可以培育跻身世界传媒市场的巨型跨国传媒集团；但另一方面，放松所有权规制有损媒体的多样化、多元化，公共利益遭受威胁。从各国的实践来看，在放松规制的历程中，公共利益的传统从未发生动摇，尽管其内涵不断发生变化，人们对其实现方式也不断进行重新审视。为了使公共利益不受影响，世界各国在放松所有权规制的同时，均充实和调整了相应的行为规制。主要体现在：

第一，各国越来越强调商业媒体的普遍服务义务，主要包括：各类信息传输网络对广播电视服务开放的义务；各类传输网络和服务平台为全体公民提供普遍接入服务的义务；商业有线电视网、卫星电视网为公共广播电视和地方广播电视媒体提供传输服务的义务；商业广播电视媒体在播出内容方面承担比过去更多的社会责任和公

---

① 朱春阳：《传媒产业规制：背景演变、国际经验与中国现实》，《西南民族大学学报》（人文社科版），2008年第 3 期。

② ［英］吉利恩·多伊尔：《传媒所有权》，陆剑南等译，中国传媒大学出版社，2005 年版，第 63-75 页。

共服务义务。①

第二,各国均保留或加强了内容规制。主要通过内容分级、不良内容警示、青少年保护、广播播放限制、文化多样性和表达多元化保护等手段进行约束。②比如在美国,美国刑法禁止通过无线电通讯技术传播任何涉及色情、淫秽和猥亵的语言;③《1996年电信法》确立了防暴力芯片制度(V-Chip制度);含色情、暴力的内容被限定在特定时段每晚12点至早6点播出;从1996开始电视台每周播出至少3小时的"核心"儿童节目("核心"儿童节目指为满足儿童教育和信息需求而设计的节目),节目必须在每周的7:00—22:00固定播出,长度至少为30分钟;④2004年又对数字多频道服务播出儿童节目提出了新的要求;⑤儿童节目广告存在以下限制:广告时间限制、节目与广告内容分离、品牌名称的过度宣称和虚假广告;等等。⑥其中儿童节目义务和儿童节目的广告限制曾被取消,后又被公民团体恢复,这似乎可以彰示在放松结构规制的历程中行为规制不断被加强。

第三,一些国家在放松所有权规制后,在判定媒体的并购活动是否合法时,不仅要判断并购活动是否符合新规则,而且要检查并购活动是否符合公众利益。这便是英国《1996年广播电视法》引入的"公共利益测试"标准。如果并购活动不符合公众利益,那么规制机构有权阻止并购发生。这是各国放松结构规制历程中加强行为规制的典型范例。

第四,在对传输网络的规制上,各国通信法和广播电视法均规定了网络接入和互联的义务,并对互联价格、条件进行了详细规定。规制的主要方式是实施非对称监管,限制主导运营商的市场势力,其中本地用户环路的非绑定义务(local loop unbundling)是最为有力的政策工具。此外,许多国家特别是欧洲国家均对网络基础设施共享和设备共享作了一定要求。

第五,在一些国家和地区,被认定拥有市场势力的运营商,将被强制承担额外的义务。比如,欧盟2002年的"电子通信"规制框架规定,具有重大市场势力(SMP)的运营商将被规制机构按比例性原则施加额外义务,除了必须履行欧盟在国际条约中承担的义务外,这些义务主要包括:接入指令规定的透明义务,非歧视性义务,财务分开义务,接入和使用特殊网络设施的义务,价格管制和成本核算的义务,普遍服务指

① 国家广电总局发展研究中心课题组:《发达国家广播影视管理体制和管理手段研究》,第15页。
② 国家广电总局发展研究中心课题组:《发达国家广播影视管理体制和管理手段研究》,第9页。
③ 〔美〕彼德·K.普林格尔等:《电子媒介经营与管理》,潘紫径等译,北京广播学院出版社,2004年版,第286页。
④ 〔美〕彼德·K.普林格尔等:《电子媒介经营与管理》,潘紫径等译,北京广播学院出版社,2004年版,第285页。
⑤ 国家广电总局发展研究中心课题组:《发达国家广播影视管理体制和管理手段研究》,第21页。
⑥ 〔美〕彼德·K.普林格尔等:《电子媒介经营与管理》,潘紫径等译,北京广播学院出版社,2004年版,第293页。

令中规定的零售服务管制义务,提供出租线路的最低数量义务,运营商预先选择义务等。①

四、简单启示

20 世纪 70、80 年代的传媒规制改革仅发生在西方发达国家,但自 20 世纪 90 年代中期以来,无论是发达国家还是欠发达国家,均在积极推进传媒规制改革,一些欠发达国家甚至比发达国家迈出了更大的步伐,未来的全球产业竞争首先体现在近年的规制改革竞争。总体来看,各国的传媒规制改革有一个共同趋势,即通过倡导竞争(或放松规制)促进融合。

中国对融合的回应较为缓慢。在一些国家积极放松交叉准入之际,中国于 1999 年出台了《关于加强广播电视线网络建设管理的意见》(国办发 82 号),禁止电信从事广电业务,广电从事通信业务,在广电和电信之间构筑了市场樊篱。此后,尽管"三网融合"连续被列入国家"九五"、"十五"和"十一五"计划,但应对融合的规制改革步履缓慢。直至 2008 年出台《关于鼓励数字电视产业发展的若干政策》(国办发 1 号),鼓励广电开展增值电信业务,支持国有电信企业的国有资本参与有线电视的数字化改造,交叉禁入才有破冰迹象,但双方可以进入的领地仍极为有限。2009 年,"三网融合"写入惜字如金的政府工作报告。可以相信,应对融合的规制改革终将浮出水面。

中国电信与传媒的经营体制改革一直分行业推进,不仅如此,各子传媒的经营体制改革也是分行业推进。三个方面的原因限制了中国为应对融合而进行规制改革。第一,分业改革有利于在保障意识形态安全与促进产业发展之间获得均衡。传统电信不传输内容,改革目标相对单一,无需受到意识形态安全目标的约束,资本准入不必苛严,可以通过倡导竞争吸纳投资。而传媒经营体制改革的目标是多元的,其首要目标是维护意识形态的安全,为了实现这一目标,市场准入必然严苛,改革相对谨慎。第二,传统传媒的内容高度依附于载体,按渠道进行准入限制是维护意识形态安全最为有效的方式,传统分业规制的格局不容易被打破。第三,中国电信与传媒的经营体制改革以计划经济体制为起点,国家对电信、传媒的各子行业实施纵向管理,即使是传媒集团化改革也是严格按行业推进,行业之间壁垒森严;同时,由于改革进程中各家传媒单位隶属于对应的行政梯层(或党委),中国传媒市场被行政的条条块块肢解,结果,传媒市场呈现出"井字形"格局,各地域市场与各行业之间壁垒森严。

但是,技术革命、产业革命无法遏制,传统规制所面临的挑战无法回避,传媒规制改革时不我待,势在必行。由于应对融合的规制改革纷繁复杂,本文的主要任务是梳理传媒规制改革的国际发展趋势,在这里我们仅根据传媒规制改革的国际范例提出

① 龚建中:《探究欧盟 SMP 管制体系》,《人民邮电报》,2004 - 09 - 03(4),http://rmyd. cnii. com. cn/,2009 - 6 - 22。

简单的政策思路。

第一，内容与传输分离规制。从意识形态安全的角度来看，严格的准入限制本应仅针对传媒内容。在产业分立时代，由于传媒内容高度依附于介质，内容和载体不相分离，准入限制的环节转变为传媒业的整个载体，即整个传输平台；而在媒介融合时代，内容和载体是分离的，我们是否需要继续保持对传输平台的准入限制？在媒介融合进程中，传统传媒纵向的产业结构日益向横向的产业结构演变，与此相适应，世界各国传统传媒的纵向分业规制框架正向横向分层的规制框架转化。现阶段，虽然像马来西亚一样规制框架与产业结构一一对应的国家还不多见，但许多国家已经将内容与网络分离，或者是网络与服务分离，这以欧盟在 2002 年搭建的"电子通信"框架最为典型。欧盟 2002 年的框架将内容与网络分离规制，一方面在网络环节建立了融合的规制框架，另一方面各国的内容规制又保障了文化的多样性。欧盟模式对中国具有重要的借鉴意义。中国也可以探索将内容与网络分离规制的模式，在网络环节建立融合的规制框架，对内容的规制则重在维护意识形态的安全。其实，内容与网络的分离规制并不一定对意识形态安全造成威胁。利用电信网络传输广电节目时，在内容传输之前一般有一个内容平台，只要将这一内容平台进行严格监管，意识形态安全仍可保障。西方国家就是通过对这一平台实施监管而实现内容规制的。

在媒介融合的背景下，虽然片面追求传媒产业的发展而不顾意识形态安全十分危险，但为意识形态安全而牺牲传媒产业的发展也不足取，特别是未来的"大传媒产业"由多个产业融合而成，是全球经济的主宰。中国以往的改革一般是在二者之间求得均衡，目前我们应该在产业发展和意识形态安全之间探讨靠近前者的新的均衡。求解新的均衡在于探索内容与网络分离规制的模式，一种既能维护意识形态的安全又能促进融合实现产业发展的规制模式。

第二，坚持技术中立与业务中立原则。技术中立和业务中立原则是指许可企业可以自由地选择某种技术来提供某种业务。许可企业的自由选择可以在两个层面，其一是所提供的业务，其二是提供服务的技术。该原则既可以充分发挥市场机制配置资源的作用，又可以对不同的服务和技术按统一的方法实施规制。在对网络与内容实施分离规制的基础上，坚持技术中立与业务中立原则是在网络环节实施融合规制的重要途径。从各国已有改革的态势来看，遵循技术中立和业务中立原则是一种普遍趋势。许多国家都建立了融合的许可证制度。如印度的"联合许可证"制度，肯尼亚、马来西亚等国家的融合许可证制度（表 1）。在中国，为了维护意识形态安全，现有规制方法仍基于原有分立产业，彻底地实施这一原则仍有一定困难。但是，技术发展、业务融合日新月异，基于特定服务和特定技术的许可方式将阻碍技术的变革和融合业务的发展。中国应该借鉴国际经验，坚持技术中立、业务中立的原则，逐步建立融合的规制方法。

第三，组建融合性的规制机构。中国现有规制是典型的多头规制。出版业由新闻出版总署实施规制,电信业由信息产业部实施规制,广电行业由国家广播电影电视总局实施规制,此外,中宣部、发改委、文化部等部委也从不同角度参与规制。多头规制是与纵向分立的产业结构相对应的。

世界许多国家成立了融合的规制机构,有些国家或地区正在酝酿成立融合的规制机构。中国的研究者对规制机构是否融合问题展开了广泛的讨论。大量研究者摇旗呐喊,呼吁成立统一的规制机构。前一段时间甚至有传闻国家广电总局与信息产业部将合并。但当前仍有一些反对者,认为广电与电信规制政策的区别仍将继续存在,依靠组织机构的合并,不可能造就电信和广电的产业融合。

其实,多头规制的问题昭然若揭。一方面,规制政策难以协调,一项政策出台往往需要多部委共同颁发,比如2008年鼓励数字电视产业发展的1号文件就是由六部委共同颁发,行政成本高昂,行政效率低下。另一方面,由于中国传媒产业国有资本占据绝对主导地位,实施规制的部委不可能独立于行业利益之外,部委之间经常发生利益冲突,政策互相掣肘。这在2005年的泉州事件中可窥一斑。业界断言,三网融合之难,难在广电和电信之间的"互禁"。有人在博客上形象地写道,国家广播电影电视总局与信息产业部之间的3000米成了近10年来三网融合无法逾越的雷区。[①]

由此看来,即便不考虑行政成本与行政效率,中国促进融合的规制改革也应该首先建立一个超然于行业利益格局之外的规制机构,组建融合的规制机构势在必行。当前,媒介融合已渐成燎原之势,成立融合性的规制机构已迫在眉睫。

第四,放松资本准入。从各国的传媒规制改革来看,促进融合是为了顺应技术革命和产业革命,而倡导竞争则是为了吸纳投资。由于融合后的"大传媒产业"是资金密集型产业,所以许多国家的规制以吸纳更多的投资为目标。如果内容与网络能够实施分立规制,在网络产业放松资本准入则是题中应有之义。只不过由于传媒规制与一个国家的政治背景、文化传统和经济体制息息相关,各国资本准入改革的步伐有大有小。

中国传媒各行业的资本准入政策错综复杂。各种"发展意见"、"实施方案"及"若干决定"中对资本准入都有所规定,同时,不同子传媒的资本准入政策又不一致,如报纸的编辑业务与广电的节目制作等内容层面的资本准入有很大差别。总体来看,各传媒一般被区分为经营性资产和非经营性资产,前者资本准入相对宽松,后者相对苛严。

中国的传媒资本一般被区分为三个层次:传媒业国有资本,非传媒的国有资本和非公有资本。资本准入政策限定了各个层次的资本的进入领域和进入程度。目前,对非公有资本的准入政策主要有:非公有资本可以建设和经营有线电视接入网,参与

---

① 《中国——"三网融合还要等多久?"》,http://hi. Baidu. com/splow/blog/item/52abb099d2efa5006 f068ce3. html,2009-6-21。

有线电视接收端数字化改造,但国有资本必须控股 51％以上;非公有资本不得投资设立和经营通讯社、报刊社、出版社、广播电台(站)、电视台(站)、广播电视发射台(站)、转播台(站)、广播电视卫星、卫星上行站和收转站、微波站、监测台(站)、有线电视传输骨干网等;不得利用信息网络开展视听节目服务以及新闻网站等业务;不得经营报刊版面、广播电视频率频道和时段栏目。①

在本质上,上述准入政策仍是基于内容传输渠道而言的。若能实现内容与网络的分离规制,在上述政策中,我们严格设定资本准入的重点领域是否可以仅集中于内容及内容平台? 非公有资本进入的领域和可以进入领域的进入程度(国有资本的控股比例)是否可以进一步放宽? 比如,在国有资本控股的前提下非公有资本是否可以进入有线电视传输骨干网? 其他传输网络是否也可以稍稍放宽资本准入? 非公有资本是否可以进入部分内容平台如数字付费频道? 这些问题可以进一步探索与讨论。

长远地看,如果继续通过市场准入保障意识形态安全,必须从以往基于纵向结构的严格市场准入转变为基于横向结构的市场准入。按照横向产业框架,内容传输、服务开发与管理和内容终端可以放宽资本准入。市场准入应主要针对内容生产、内容集成市场及内容平台的某些领域。

中西传媒业政府规制行为比较研究(节选)

丁和根

导言——

本文刊载于《新闻与传播研究》2012 年第 6 期。

作者丁和根(1964～　　),江苏东台人,1999 年毕业于南京大学中文系,获文学博士学位。现任南京大学新闻传播学院教授,博士生导师。出版《传媒竞争力——中国媒体发展核心方略》、《中国传媒制度绩效研究》等。研究方向:新闻传播理论、媒介经济与管理、传播符号学。

本文通过对中国与美、日、西欧等国家和地区传媒业规制在目标取向、手段运用和机构设置等方面异同点的比较分析,揭示了传媒业政府规制的一般发展规律以及中国在这方面与西方的差异性,提出了中国可借鉴西方发达国家传媒业规制的部分经验,在兼顾公平与效率原则的前提下,使经济性规制目标得到应有重视,构建较为

---

① 《国务院关于非公有资本进入文化产业的若干决定》,来源:http//www.00－852.com/execart/news/20058/News327/22194412.shtml,2009－6－21。

完善的传媒业法律法规体系和以法律为主行政手段为辅的规制模式,理顺规制关系并重塑规制机构的组织框架。

　　传媒规制行为是政府干预传媒业发展的一种方式,是作为行为主体的政府以及相应的规制部门对传媒行业进行政策干预的行为。传媒业政府规制因信息传播的产业属性而产生,它决定着一国信息传播制度的性质、方向和发展,在信息传播过程中发挥着重要作用。从各国的实践来看,传媒业始终属于规制性产业,这是由信息传播的产业属性及其与国家信息安全相关的特点所决定的。政府规制所形成的相关制度,调控信息传播的整个过程,并因此形成一国与他国相区别的传播业态。一国传媒业的制度竞争力,很大程度上取决于该国的政府规制行为。在以市场化为导向的西方国家,政府规制分为经济性规制和社会性规制,这在中国也不例外;但与西方相比,中国在传播规制的目标取向、手段运用和机构设置等方面都存在较为显著的区别。本文通过对中国与美、日、西欧等国家或地区的比较分析,观察中西方传媒业政府规制的共性与差异性,希望为中国借鉴发达国家的政府规制经验以提升传媒业的制度竞争力提供有益参照。

一、中西传媒业政府规制目标比较

　　规制或称"管制",是指那些"依据一定的规则,对社会的个人或群体的活动进行管理和限制的行为。进行规制的主体有私人和社会公共机构";由此,规制也相应地分为"私人规制"和"公的规制"[①]。传媒业的政府规制是典型的公的规制,它是政府部门根据相关的法律法规或政策,对传媒业的市场行为进行规范或矫正的行为。从本质上说,传媒业的政府规制是政府对传媒业的一种干预行为,之所以要进行干预,一方面是为了纠正传媒产业领域的市场失灵,另一方面是为了避免传媒业的负外部性从而使其更好地履行社会责任。如果将市场竞争看成谈论政府规制的前提条件,那么,可以说西方发达国家的传媒业规制已经有了较长的历史过程,而当代中国则因实行市场经济时间短暂,对传媒业的规制行为还处于初始阶段。

　　谈论规制目标可以有不同的角度。从想要达到的规制结果来说,目标主要表现在两个方面,一方面是经济利益的实现,另一方面是社会利益的实现,这在规制的公共利益理论中有明确的表述。这种理论以市场失灵和福利经济学为基础,认为规制是政府对公共需要的反应,其目的是弥补市场失灵,提高资源配置效率,实现社会福利最大化[②]。从规制的利益诉求来说,规制目标因规制利益主体的差异而有所区别。政府、公众和媒体是媒介规制的三个利益主体,它们的基本目标诉求分别是政治福

----

①　刘树成主编:《现代经济辞典》,凤凰出版社、江苏人民出版社,2005年版,第349页。

②　陶爱萍、刘志迎:《国外政府规制理论研究综述》,《经济纵横》,2003年第6期。

利、社会与文化福利（即公共利益）和经济福利。这三种目标诉求之间存在着种种潜在与显在的冲突，而政府作为规制行为的执行主体，往往在冲突过程中充当着平衡者的角色。无论是经济利益和社会利益的两分法，还是政治福利、社会与文化福利、经济福利的三分法，都说明了传媒业规制中经济性规制和社会性规制的同时在场。政府所要解决的正是这两种规制目标之间的不平衡性，而各国政府面对这种不平衡性时的态度及其解决的方法，构成了相互之间传媒业规制的差异性。

库伦伯格与麦奎尔在《媒体政策范式的转型：论一个新的传播政策范式》一文中，通过对政府的国家利益诉求和媒介企业运作之间互动关系的分析，为人们呈现了欧美发达国家传播政策制定的三个阶段及其转型的内在逻辑。第一阶段为二战前，这是传媒产业政策的萌芽时期，管制的目的并不是为公众利益服务，而是促进竞争，反对垄断；政策重心在于服务于国家和金融企业的利益。第二阶段自 1945 年至 20 世纪八九十年代，这是传媒公共服务政策时期，媒介政策更多地关注社会、政治因素而不是经济因素，以欧洲的公共服务广播为其顶峰。第三阶段则是从上世纪八十年代向后，"技术、经济与社会的转变从根本上改变了传媒政策的语境，很多国家与政府倾向于打破传媒垄断的政策，并尽可能将其私有化。旧的媒介政策范式受到挑战，政策制定者们正在探寻新的传播政策范式。在新的范式中，在传媒服务的公共利益界定上，似乎有平衡政治、社会与经济不同价值取向的倾向"①。这种纵向梳理，为我们直观地呈现了欧美传媒业规制过程中政府的目标设定及其相应的政策措施。

以美国为代表的西方发达资本主义国家，在传媒业规制方面经过了规制、加强规制和放松规制的螺旋式发展的过程；这一过程也可以表述为，从一开始的单纯采取经济性规制，到后来的更侧重社会性规制，再到现在的放松规制；其实质是对自由市场竞争的更高层次的回归。"20 世纪 80 年代以来，欧美国家纷纷强化市场机制在传媒发展中的作用，进行了一系列以市场化为核心的改革，尤其是在广播电视领域。这场改革以自由化、商业化、非规则化为主要内容：欧洲国家通过政府干预，打破公营广播电视的垄断局面，增加私有商营频道数量；美国则扩充新的商业性频道；各国都减少对公营广播电视事业的财政投入，并放宽对节目内容和产业结构的限制。"②在有着深厚自由市场传统的西方国家，媒体把自由贸易当成实现经济利益最大化的必要条件，而在媒介技术的新发展和经济全球化浪潮的推动下，上世纪末西方各国政府规制显然顺从了媒体市场扩张的诉求，各国多从经济角度酝酿传媒政策，采取了放松规制的行为。

① Jan Van Cuilenburg and Denis McQuail, "Media Policy Paradigm Shifts: Towards a New Communications Policy Paradigm". *European Journal of Communication*. Vol. 18(2):181. 2003.

② 唐娟：《对近现代欧美国家传媒与政府关系之演进的历史考察》，《当代世界与社会主义》，2000 年第 4 期。

西方国家的这种"市场化改革"尽管以经济利益为优先取向，但其初衷并非以政治福利和社会、文化福利的损失为代价，它仍不过是西方各国政府为了顺应时代潮流而调节经济性规制目标和社会性规制目标之间的平衡性所做出的努力。库伦伯格与麦奎尔二位教授认为，传播自由、接入权、控制/责任是当代新传媒政策范式的几个核心原则。传播自由意味着自由平等地进入，接入权意味着公众高度而普遍地分享传播资源的可能性与权利。这与谁真正控制传播过程相关，"对传播的控制就是决定谁有权得到什么样的传播资源，在何时、何地、以何种方式，在哪些条件下得到这种权利"；"责任指从控制与利用接入的人那里获取保证的可能性，保证其行为与意图满足或尊重他人（社会、团体与个人）传播的需要，为公开发表承担责任"①。这与当代西方政治自由主义传统仍是一脉相承的。

与西方不同，当代中国在很长时期实行的是计划经济体制，与之相配套的传媒政策只是意识形态管制的一个组成部分，而并非经济学意义上的规制行为。改革开放以来，随着计划经济向市场经济体制过渡，真正意义上的传媒业规制行为也逐步展开。尽管规制的发展历程短暂，但中国同样必须面对和解决规制目标的双重性和不平衡性问题。这种双重性表现在："首先，既要维护国有媒体的主导地位，又要充分运用市场机制来推进整个媒介产业集约化、规模化发展。其次，媒介既要为党和政府服务又要维护公共利益。最后，既要确保党在意识形态的领导地位，又要国有媒介在经济上不断地自立"②，并且通过市场竞争实现其经济利益。与西方相比，中国政府在解决平衡性这个问题上所采取的始终是政治利益和社会、文化利益优先的态度，即"将社会效益放在首位"。这种差异一方面反映了中西方政治、历史和文化背景的不同，另一方面也反映了中国传媒发展所面临的现实问题与西方有着较大的区别。西方近两百年来都是在不断促进传媒产业发展的市场经济语境中来试图解决媒介的社会责任问题，而中国当下则是要在经济转型语境中解决媒介作为政治工具与作为市场主体之间的不协调性。"政府规制的主要目标是发展有效率、市场公平、扶助弱势群体，最终目标是增进社会福利。所以，规制改革应从公平和效率两个方面同时入手，在保证发展有效率的同时，实现经营者、消费者利益的均衡"③。对中国传媒业目前的实际情况来说，改革的目标是在保证和改善社会性规制的前提下，将规制目标应更多地转向促进传媒产业发展，也就是要更多地在经济性规制上下功夫，使其向更具体、更系统和更有效的方向努力。

① Jan Van Cuilenburg and Denis McQuail, "Media Policy Paradigm Shifts: Towards a New Communications Policy Paradigm". *European Journal of Communication*. Vol. 18(2):203 - 204. 2003.

② 胡正荣、李继东：《我国媒介规制变迁的制度困境及其意识形态根源》，《新闻大学》，2005年春季号。

③ 张蕴萍：《我国政府规制改革研究》，《理论学刊》，2011年第7期。

二、中西传媒业政府规制手段比较

政府运用的规制手段总体上可分为法律和政策两大类；按照它们介入经济主体决策活动的方式，又可分为直接规制手段和间接规制手段，前者是指那些"以防止不期望出现的市场结果为目的，以政府认可和许可的法律手段、行政手段直接介入经济主体决策的规制"，后者则是指"不直接介入经济主体的决策，而以有效地发挥市场机制职能并建立完善的制度为目的的规制"①。

政府干预传播主体的活动可以采取多种手段，举其要者大致有如下若干种：一是实行市场准入制度，通过实行审批制，发放许可证，控制传播产业内的竞争者数量，以期提高竞争水平；二是针对不完全竞争，主要通过反垄断法以及商法、民法等对信息传播中的垄断现象进行限制；三是通过财政税收、金融政策等，刺激和调节传播产业的发展；四是对传媒企业产品或服务的费率水平和费率结构进行规制；五是对信息传播产业的内容进行规制，制定内容标准，确定限制范围等；六是促进媒体提供公共服务（包括公共节目、公益广告、公益活动等）；七是对信息传播的外部不经济进行规制，防止和缓解诸如虚假广告、恶意炒作等带来的负面社会影响；八是对信息不对称进行规制，包括保护消费者权益、知识产权的赋予等；九是针对传媒业劳动条件和劳动环境等进行的规制。这些手段世界各国大多都在同时使用，但在法律与政策的分野、直接与间接的程度等方面都存在或多或少的差异。

美国对传媒业的规制主要依靠总纲性法律来实现，已经建立起一整套比较完备的传媒产业法律体系，如《信息自由法》、《无线电法》、《联邦通讯法》等，由这些法律为主所构成的规制体系把握着美国传媒产业发展的基本方向。《1934 年通讯法》和修订后的《1996 年电信法》是指导美国传媒产业发展的基本法律规范，此外还有一系列保护媒介传播内容的版权法。在广电业的市场规制方面，美国主要通过许可证制度控制传播经营者的市场准入、保证传播市场的有序竞争、促进经营者开展公益性活动。根据《1996 年电信法》的规定，美国的个人、公司、社团允许在全国性市场上的 50 个最大的市场同时拥有广播电视，但有上限，如电视累计收视率不得超过全美电视用户的 35％。在产业结构规制方面，以反托拉斯法为支撑，报业市场竞争形成了一城一报的格局，而广播电视业则形成了几大广播电视网垄断经营的格局。美国传媒企业在跨行业、跨地区整合经营方面几乎不存在障碍，同一区域内的报纸、电台、电视台可以进行交叉持股，出资者可以在各个领域各个地区同时拥有传媒企业，并且被鼓励向海外发展。

日本也是依靠总纲性法律对信息传播进行规制，其立法规制体系由宪法、民法、刑法、经济法的相关条款和电波法、广播电视法、《出版法》、《著作权法》等行业法律构

---

① 刘树成主编：《现代经济辞典》，凤凰出版社、江苏人民出版社，2005 年版，第 349 页。

成。1950 年《电波法》规定日本放送协会(NHK)是一个特殊组织,授权它为日本的全国公共广播机构;该法也同时确定了日本商业媒体的合法地位。从 1951 年开始,日本的商业媒体投入运营,它们大部分为私人或财团经营,政府对其管制主要是通过许可制度来控制市场准入与市场竞争。对于商业媒体(NHK 不包括在内),日本立法规定了单个集团对传媒公司持股的规模,报纸的股份都是由内部持股,而广播电视台的设立则被严格限制。很少有非传媒公司掌控传媒,他们也很少投资传媒行业。日本的报纸和广播电视没有形成报业集团或者广电集团,而都是分离的单个媒体①。日本传媒一个独特的现象是广泛从事社会公益活动,这种现象与政府的补贴政策有关,也与政府鼓励和保护媒体从事公益活动规制作用下的传媒市场环境有关。日本的报纸发行普遍实行专卖制度,形成了统一的发行网,各地都有专门的发行投递机构,因此报纸的发行量大且非常稳定。

西欧国家同样普遍采用总纲性法律对传媒业进行规制。规制手段一般有发放许可证、监督媒体是否履行其法定义务、对没有履行义务的媒体进行制裁等。这些手段既有可能由政府行政机构执行,也有可能由法庭执行。在西欧各国,社会公共服务的观念已经深入人心,不少国家的传媒都由公营媒介和私营媒介两部分组成,实行双轨制模式。规制机构对公营媒介有较多的控制,使其存在一定的市场分割行为。如在英国,没有一家媒介企业获准有 15% 以上的读者或观众,拥有报纸发行量超过 20% 的经营者不允许经营广播电视业;西班牙不批准两家非盈利有线机构的合并②。但私营媒介体系的竞争则比较充分,通过收购、兼并形成了一些超大型的媒介公司。如法国的维旺迪环球公司(Vivendi Universal),就是集电影电视、娱乐、互联网、音乐、出版等为一体的大型传媒集团。政府、独立机构、区域组织的共同规制以及社会公共服务理念的存在,使得多数公营媒体不参与市场竞争而提供社会公共服务,也使得许多私营媒体不至于盲目地唯利是图,传媒自觉追求良好的社会效益在西欧已成为一种风尚。

中国信息传播的政府规制,同样是由一系列法律法规和政策来执行的。如通过审批制度,控制市场内从事传播的企业和其他社会组织的数量及主体资格;通过临时发布的政策条文,对信息传播内容加以限制等。从纵向发展过程来看,改革开放后的近三十多年中,中国政府的传播规制也正逐步呈现出一种变化的趋势,即由偏重社会性规制向社会性规制与经济性规制并重转变,经济性规制也由原来的零星尝试逐步向规范化、系统化方向发展。但由于历史的局限,与西方发达国家相比,中国政府的传播规制手段存在如下两个显著的缺点:一是直接性规制偏多,政府介入经济主体市

① Pharr, Susan and J. Ellis S. Krauss. *Media and Politics in Japan*. Honolulu: University of Hawaii Press, 1996. p50 - 53.

② 董静、李本乾:《欧美传媒产业规制及模式》,《当代传播》,2006 年第 5 期。

场活动的力度远大于西方,这往往使得传播主体无法充分依据市场信息进行经济决策,市场机制的力量受到较大的限制;二是规制的法制化程度偏低,导致许多规制只是一种应急之举和临时管制行为,稳定性、前瞻性和规范性都相对不足。总体而言,中国政府的市场规制行为是落后于传媒业发展现状的,政府规制的不稳定性和滞后性所造成的是当下有效规制的不足。因此,中国有必要借鉴西方发达国家的经验,使传媒规制的手段进一步规范化和法制化。特别值得一提的是,在促进传媒产业发展的经济性规制行为中,政府规制手段应逐步由“限制性规制,到激励性规制,再到放松规制,即由政策倾斜向创造市场公平竞争条件过渡,由行政干预向经济政策和法律手段引导过渡”①。

三、中西传媒业政府规制机构比较

为了对传播的内容和产业发展进行有效监管并保持规制的稳定性,需要有相对独立和专门的规制机构。“这种机构或监管主体类似于美国的联邦通信委员会(FCC)、法国视听最高委会(CSA)、日本的邮政省、英国的通信管理局(OFCOM)。”②

世界传播强国美国的政府规制机构由国会、联邦法院和政府三方构成,体现了立法、司法、行政三权分立的精神。美国的广播电视由公营的公共广电系统和私营的商业广电系统构成,前者一般由独立的非政府、非营利性组织公共广播电视协会(CPB)依法进行自主管制,后者则由美国联邦通讯委员会(FCC)依法进行管制。美国最具代表性的规制机构还是FCC,这是一个在联邦层次上的独立规制机构,管理全美国通信、广播、电视、卫星等信息系统的运行。该委员会由5名委员组成,他们由总统任命,需被国会认可,任期5年。以电视业为例,FCC的规制职能主要包括:对频道分配、发射功率大小做出规定;受理电视机构的开办申请,颁发、吊销和延期经营执照;负责设施修建、技术检查等;维护公民利益,防止播出的节目危害公民和社会③。但对某一领域的管理则并非由FCC一家执行,法院以及州一级的公共事务管理委员会(PUO)也在其中起着重要作用。此外,美国还有一些行业性组织对传媒业的特定领域具有规制作用,如报刊发行量稽核局(ABC),美国报纸主编协会(ASNE)等。

日本的政府规制职能“是通过实行行政首长负责制的政府部门与实行合议制的政府委员会来共同行使的,属于一种混合型的政府规制体制”④,主要通过专门机构对商业媒体进行规制。而NHK作为公共广播机构,则基本实行自我规制,其理事会由首相亲自任命,年度预算和所有收入增长都要上报邮电部部长和日本国会。但是

① 朱春阳:《传媒产业规制:背景演变、国际经验与中国现实》,《西南民族大学学报》(人文社科版),2008年第3期。
② 郭小平:《欧洲视听媒体规制变革对我国“三网融合”的启示》,《现代传播》,2010年第5期。
③ 董静、李本乾:《欧美传媒产业规制及模式》,《当代传播》,2006年第5期。
④ 张志:《论西方广电传媒业的公共规制》,《国际新闻界》,2003年第5期。

NHK 的经费来源并非财政拨款,而是来自于受众缴纳的电视许可证费用,国家不干预它的日常运营①。日本传媒业的行业组织对也传播具有一定的规制作用且较有影响。比较著名的全国性行业组织有日本新闻协会、记者俱乐部、公正取引委员会等。以日本新闻协会(NSK)为例,它是完全独立于政府的志愿组织,由日本的大众媒体支持运营,以维持行业道德和保护传媒共同利益为目标,也支持一些研究项目的开展。

西欧传播的政府规制机构也是由立法、司法和行政部门共同构成的,但西欧国家又普遍具有相对独立的规制机构,如英国的独立广播电视委员会、法国的最高视听委员会等。在英国和德国,公营媒体一般是自我规制的,而私营媒体则由法律规定或政府授权的规制机构来进行规制。这些相对独立的规制机构经常能通过一定的机制弥补法律或行政规制的缺陷。虽然在特殊情况下,政府亦可直接干预媒体的运作,如"BBC 执照协定规定,英国内政大臣有权在任何时候禁止 BBC 节目播出,1990 年广播电视法授权内政大臣可以命令独立广播电视委员会制止商业广播电视的节目播出",但事实上政府在实践中极少使用这项权力②。特别值得一提的是,欧洲是世界范围内区域经济一体化最为活跃的地区,该地区最大的区域性组织欧盟对于传媒业规制发挥着除主权国家之外最重要的作用,它所出台的一系列政策影响到该区域内主权国家的信息传播政策,对促进区域内传媒业的融合和传媒业的市场分割,起到了一定的规制作用。

中国的传播规制机构,也即具有传播规制职能的中央党政部门,包括:中共中央办公厅、国务院办公厅和新闻办公室、中共中央宣传部、国家新闻出版总署、国家广播电影电视总局、工业与信息产业部、文化部、国家工商行政管理总局等。其中,国家新闻出版总署、国家广播电影电视总局、工业与信息产业部、国家工商行政管理总局是直接的产业规制机构,其他机构也间接地予以产业方面的规制。这些规制机构对信息传播的管理属于归口管理。例如,报纸、广播电视、网络的规制管理机构分别是国家新闻出版总署、国家广播电影电视总局、工业与信息产业部。此外,省和地市一级政府的部分规制机构也参与到规制过程之中,在不同级别的政府规制机构之间普遍存在着上下对应关系。

与西方国家相比,中国在信息传播规制主体的角色定位方面有所不同。中国政府"出于双重角色对传媒事业及其产业行使规制权限,一种角色是以公共服务为使命的政治性政府,另一种角色是以国有资产所有权管理者身份出现的经济性政府。而西方国家的政府主要是从政治性政府的立场出发,对包括传媒业内的市场失灵领域

---

① Krauss, Ellis. *Broadcasting Politics in Japan*: *NHK and Television News*. Ithaca: Cornell University, 2000. p3.

② 郑涵、金冠军:《当代西方传媒制度》,上海交通大学出版社,2008 年版,第 239 页。

进行规制的"①。西方学者认为："政府对企业来说存在三种可能模式：权威主义型政府、关系依存型政府与规则依存型政府。其中，权威主义型政府对企业有极大管理权力，有很强的宏观掌控与资源分配能力；关系依存型政府在企业中有非常重要的利益，相互依存度较高；规则依存型政府与企业之间相互独立性较强，企业有较多的能力与政府博弈"②。依此而论，西方国家较普遍地采用的是第三种模式，而中国则是前两种模式的复合体。正因为如此，中国政府规制机构介入传播主体的生产运作和经营过程的现象比较普遍。

美、英、德等部分西方国家对公共、商业和宣传服务类广电媒体是分类进行管理的。以美国为例，它"通过联邦通讯委员会(FCC)对商业广播电视和电信活动实施统一管理，通过公共广播公司(CPB)对公共广播电视活动实施管理，通过联邦政府广播管理委员会(BBG)对政府的国际广播电视活动实施管理"③。这种分类管理使得规制具有很强的针对性，政府可以因此缩小规制的幅度，提高规制的效率。由于历史原因，中国媒体至今没有公共与商业之分，而是将政治宣传工具与商业主体两种角色集于一身，并且统一接受多系统、多层级的规制机构管理。这种规制模式虽然渊源有自，但在新的媒介发展环境中，会逐步出现规制机构功能蜕化和规制针对性弱化等弊端。

西方的传播规制机构还具有相对独立和集中的特点。例如，法国最高视听委员会(CSA)是根据 1986 年传播自由法而设立的独立监管机构；"FCC 对美国电话电报、无线电通信、互联网、广播电视等业务实行一体化管制，旨在使美国全体人民获得迅速、高效、价格合理的通信服务。FCC 以国会立法形式设立，直接对国会负责，独立于电信运营商，也独立于政府行政机构。FCC 集立法权、行政权和准司法权于一身，具有独立性、集权性和专业化的特点"④。"英国在 2004 年成立了跨部门的管制机构——英国通信管理局(OFCOM)，以取代由广播标准委员会、独立电视委员会、电信管制机构、无线电管理局、无线电通信管理局这 5 个独立管制部门"⑤，其目的是为了迎合电信、有线电视和互联网在技术与市场方面不断融合的新趋势。目前，中国的通信与传媒的规制部门显得多头与分散，同样的规制职能可能属于不同层级的多个规制部门，而同一个部门又可能既涉及社会性规制又涉及经济性规制，存在党政不分、职能不分的现象。这种状况不利于媒介技术与市场融合的大趋势，是今后中国传媒管理体制改革亟须解决的一个问题。

---

① 张志：《论中国广电业的政府规制》，《现代传播》，2004 年第 2 期。

② Anastasia Bednarski, From Diversity to Duplication：Mega-Mergers and the Failure of the Marketplace Model Under the Telecommunications Act of 1996. *Federal Communications Law Journal*，Vol. 55，No. 2，2003. 转引自朱春阳：《当代广播电视节目生产机制的选择与演变》，《视听界》，2007 年第 5 期。

③ 梁平：《中外广播电视监管机构简析》，《现代电视技术》，2007 年第 7 期。

④ 李丹、吴祖宏：《美、英电信管制机构模式比较与借鉴》，《通信企业管理》，2005 年第 6 期。

⑤ 王俊豪、沈吉：《发达国家的电信管制机构及其启示》，《经济管理》，2008 年第 8 期。

研究与思考

＝延伸阅读＝

1. 简海燕:《新闻自由与媒体规制》,载《中国社会科学院研究生院学报》2008 年第 3 期。

2. 陈刚、夏琼:《新时期我国新闻传媒规制的政策与创新》,载《中国媒体发展研究报告》2005 年卷。

3. 胡正荣、李继东:《我国媒介规制变迁的制度困境及其意识形态根源》,载《新闻大学》2005 年第 1 期。

4. 喻国明、苏林森:《中国媒介规制的发展、问题与未来方向》,载《中国媒体发展研究报告》2010 年·媒体卷。

5. 董静、李本乾:《欧美传媒产业规制及模式》,载《当代传播》2006 年第 5 期。

6. 肖赞军:《西方国家传媒规制政策的变迁及启示》,载《当代传播》2009 年第 6 期。

7. 曹书乐:《表达自由、新闻自由与媒体规制——英国的法规与实践》,载《新闻与传播评论》2010 年卷。

8. 夏倩芳:《公共利益界定与广播电视规制——以美国为例》,载《新闻与传播研究》2005 年第 1 期。

9. 陈映:《美国传媒政策中的公共利益标准概念的表征及演进》,载《国际新闻界》2013 年第 10 期。

10. 朱春阳:《传媒产业规制:背景演变、国际经验与中国现实》,载《西南民族大学学报》(人文社科版) 2008 年第 3 期。

11. 苏伟、薛丽:《中、法新闻的社会控制比较》,载《武汉大学学报》(人文科学版) 2006 年第 6 期。

12. 蔡雯、黄金:《规制变革:媒介融合发展的必要前提——对世界多国媒介管理现状的比较与思考》,载《国际新闻界》2007 年第 3 期。

13. 喻国明、戴元初:《如何评估媒体规制的构建效果》(上、下),载《新闻与写作》2008 年第 11、12 期。

1. 什么是传媒规制？新闻自由与传媒规制是一种怎样的关系？
2. 试析传媒规制的具体内容。
3. 传媒规制的目标是什么？
4. 传媒规制的途径与方法有哪些？请分别加以概述。
5. 中国与美国的传媒规制有何主要区别？为何会有这些区别？
6. 媒介融合对传统传媒规制带来了怎样的挑战？应该如何应对这样的挑战？
7. 传媒规制政策的国际发展趋势是什么？中国应从中得到怎样的启示？

＝研究实践＝

1. 以中国对广电媒介进行的规制为例，写一篇小论文，探讨中国传媒规制的目标、方法及其特点。

2. 搜集一些美国和法国（或德国）的传媒规制的文献，比较欧美之间在传媒规制方面的共同点和差异性。

第四编 新闻研究论

第十二章 新闻学的学科图景

导 论

新闻学是一门非常年轻的学科。因为年轻,所以她充满生机活力,有着广阔的创新空间;因为年轻,她便不像传统学科那样体系严密,必然有许多不完善之处,还需要不断地向前发展。只要是将要从事新闻职业的人,或从事与新闻相关工作的人,都有必要学一点新闻学。掌握新闻学的基础知识和基本原理,这既是理论与实践相结合的需要,也是新闻学和新闻业发展生生不息的动力。那么,新闻学到底是一门怎样的学科? 它从产生到今天,经过了一个什么样的发展过程和体现出什么样的发展规律呢? 这也是新闻理论所要回答的一个重要问题。

一、新闻学的学科构成及研究对象

从前面各章的讨论已经可以看到,新闻学既是一门应用性很强的学科,具有鲜明的实践性,同时又具有显著的理论性。如果简而言之,可以认为新闻学就是研究一切与新闻相关问题的学问;但如果要具体地回答什么是新闻学这个问题,就有必要分析一下这门学科的构成系统和研究对象,并且有必要回溯这门学科产生和演变的过程,探讨其发展的一般规律。这样,才能使我们对新闻学的总体性有一个宏观的把握,也才能为读者进一步学习和研究它的各个分支学科提供必要的基础。

1. 新闻学的学科构成

由于研究对象的不同,新闻学通常被划分为以下三个子系统,也可以说是三个分支学科。

一是理论新闻学。它主要研究新闻、新闻实践活动和新闻业发展的基本原理和基本规律,包括新闻本体论、新闻实践论、新闻关系论和新闻研究论等。

二是应用新闻学。它主要研究新闻业务实践的原则、方法与技巧等,包括新闻采访学、新闻写作学、新闻编辑学、新闻评论学、新闻摄影学、广播电视新闻学、新闻媒介的经营管理研究等。

三是历史新闻学。它主要研究新闻、新闻活动、新闻媒介、职业的新闻从业人员、新闻制度等产生、发展的历程和规律,包括对新闻体裁史、新闻记者史、新闻媒介史、新闻活动史、新闻制度史等的研究。

2. 新闻学的研究对象

理论新闻学又称新闻理论,或称新闻学原理。所谓"原理",也就是最基本的道理,因此,新闻理论主要是对新闻传播现象的一般状态及其背后的规律、机制进行描述论证,对所涉及的概念、范畴、原理进行必要的抽象、归纳和总结。具体地说,新闻本体论要研究新闻的内涵、本质、特征和功能;新闻实践论要研究新闻业务开展过程中所涉及的各类主体、渠道、平台、载体和标准,这些要素在运作过程中所应遵循的原则、方法、要求和规律,包括其中主体要素所应具有的素养,客体要素本来所具有的特性和功能等;新闻关系论要研究新闻业作为一个社会子系统与社会其他系统之间的互动关系,弄清新闻事业和传媒产业在整个社会结构中的地位和作用,新闻媒体与其他各社会部门之间的能量交换关系,新闻从业者和新闻媒体进行活动的自由与责任的边界,以及社会为划定这种边界所进行的规制;新闻研究论要研究新闻学的学科系统是如何构成的,各分支学科的研究对象,这门学科产生和发展的历程及规律等。不难看出,这也正是本书的基本构架以及要研究的核心内容。

应用新闻学又称新闻业务研究,主要探讨新闻采访、新闻写作、新闻编辑、新闻评论、新闻播音主持、新闻摄影和录制、新闻媒介经营管理等方面的实用知识,着重研究的是在这些业务实践开展过程中的方法、技能和特殊规律。其中,采、写(制)、编又是各项业务的基础业务,是新闻业务的重中之重。新闻采访是新闻写(制)作、新闻编辑以及其他一切业务的起点,是新闻事实通向新闻报道的唯一桥梁。新闻写(制)作是新闻采访的继续和延伸,是用各种符号赋予采集到的新闻事实以一定表现形式(新闻体裁)的过程。新闻编辑不光对新闻采访和新闻写作进行决策和组织,而且在记者的新闻稿件基础上还要进行再选择、再加工和再设计。以上三个方面就构成了新闻业务实践的核心,也是应用新闻学研究的重点。

历史新闻学即新闻事业史,主要研究中外新闻事业产生和发展的历程和规律。它要研究的主要对象包括:人类的新闻传播活动是怎么产生的?为什么会产生?新闻传播活动及其依托的媒介是如何从低级形态向高级形态演变的?这种演变与社会生产力和生产关系之间存在着怎样的联系?此外,它还要研究报刊、广播、电视、通讯社、新闻图片、新闻电影等新闻传播媒介各自的特性和功能;著名媒体、记者和新闻活动家的成长历程和主要贡献;新闻教育的产生和发展史;新闻体裁的发生和演变史;新闻媒介经营和管理的历史等。

以上三个系统构成了新闻学学科体系的全貌。这三个系统既各有分工,又相互联系、不可分割,构成一个有机的整体。在新闻学研究中,新闻理论是灵魂和核心,科学而严谨的新闻理论是新闻业务研究和新闻史研究的可靠指南。新闻事业史研究是新闻学的基础,丰富的新闻史料是总结和概括新闻理论不可缺少的条件,也是当代新闻业务实践必不可少的借鉴。新闻业务是新闻学研究的落脚点，一切新闻理论和新闻史的研究，其目的和归宿都是为了服务于新闻实践业务，为做好今天的新闻工作提供思想指导、方法工具和经验借鉴。

3. 新闻学的交叉边缘学科

所谓交叉边缘学科，就是指一个学科与其他相关学科通过相互影响、渗透和联系而产生的一系列新的学科。新闻学虽是一门独立的学科，但它又与其他人文与社会科学学科存在相互交叉的研究领域。这些学科包括：传播学、政治学、经济学、管理学、社会学、统计学、心理学、伦理学、法学、语言学、美学等。与这些学科交叉而产生的边缘学科同样可以纳入新闻学研究的领域。以下所列举的便是一些主要的新的研究领域。

新闻传播学。用传播学的理论和方法来改造传统的新闻学，侧重从传播的要素与流程、传播效果、受众研究等方面加强对新闻传播的研究。也有不少人认为，随着上世纪八、九十年代以来新闻学与传播学日益紧密地融合在一起，现在的新闻学就应该叫新闻传播学。

新闻心理学。以新闻实践中新闻传播主体和接受主体的心理现象、心理活动过程、特点及规律为研究对象，又可以细分为采访心理学、写作心理学、编辑心理学和受众（读者、听众、观众）心理学等。

新闻伦理学。主要研究新闻行为的职业规范与道德准则，内容包括：新闻道德的本质及其发展规律，新闻道德产生、发展的历史及其社会功能，新闻道德的具体内容和规范，新闻道德与新闻法制、公共道德的关系，新闻道德的修养等。

新闻法学。主要研究新闻传播行为在法律范围内的规则和要求，包括对新闻法理的研究，新闻法律、法规的制定问题，新闻法与民法、刑法等其他部门法之间的关系，新闻侵权的规避和惩罚，新闻法治建设等。

比较新闻学。使用比较研究方法探讨不同国家、不同意识形态和不同语境中的新闻现象与新闻活动所表现出的规律性和差异性，总结值得借鉴的经验和应该吸取的教训。中国学者一般关注的重点在中外新闻和新闻业的比较上。

新闻社会学。主要是用社会学的视野、方法和理论来阐释新闻与社会的关系，既要研究新闻活动如何影响社会，又要探讨社会如何促进或制约新闻业的发展。其中的核心议题是新闻与政治的关系。

新闻美学。从审美的角度出发，研究新闻传播领域美的形态、本质以及新闻表现过程中的审美规律，新闻生产主体和接受主体的审美观及其对新闻生产的影响，研究的重点在于新闻内容与新闻形式相结合的美学价值及其审美准则。

传媒经济学。研究传媒领域各种生产和经济活动的产生、演变及其规律，分析经济和金融力量如何影响传媒体系和媒体组织的边缘学科。它将诸多经济学理论和分析方法应用于分析传媒产业和媒体组织，力图为分析传媒活动、改善传媒管理和运作、帮助传媒决策者取得更好绩效提供科学依据。

传媒管理学。研究媒体如何对其生产经营活动进行决策、计划、组织、控制、协调，并对其成员进行激励，以实现其任务和目标的边缘学科。它主要依据管理学同时也会借鉴经济学等学科的理论和方法，着重于探讨媒体的经营管理实务，希望帮助媒体更好地达到市场竞争目标以及发挥其他多种社会功能。

以上所列仅为大概，远非巨细无遗。要专门强调的是，每个学科其实都有自身的特性和发展规律，有自己需要解决的独特问题，有自己相对独立的逻辑体系。因此，虽然存在两个或两个以上学科的交叉结合，但并不能简单地以一个学科的知识来代替另一个学科的知识，也不能用一个学科的方法生搬硬套到另一个学科的研究中。新闻学是与新闻实践紧密结合的应用型学科，更应该紧跟现实的发展变化，取人之长，补己之短，在与其他学科的交流融合中不断发展壮大自己，通过这些交叉边缘学科的研究促进自己早日发展成为一个有严密的逻辑体系、科学的概念范畴和富有活力的理论观念的学科。

二、新闻学产生和发展的历程

新闻学是随着专业的新闻实践产生而产生的，在近代新闻事业出现之前，无所谓新闻学。近代报刊出现最早的欧洲地区，也是新闻学的萌芽之地；新闻业最发达的美国，也是新闻学发展最为充分的国家。这说明，新闻学的产生和发展与一个地区或国家的新闻实践水平有着直接的关联。近代中国，报刊由西方传入，新闻学不久也随之萌芽，它的产生和发展虽然也像新闻实践一样受到西方影响，但它所要解决的更多是中国本身的议题。

1. 西方新闻学的产生和发展

这里所说的"西方"是对欧美较早发展起来的资本主义国家的统称。中外新闻事业史的研究表明，近代意义上的报刊最早出现在欧洲，而最早的新闻学研究也恰恰是在这里诞生的。

17 世纪末期，德国的一些大学生开始以报纸为研究对象写作学位论文①。19 世纪初，欧美一些国家的新闻研究者开始对报业进行专门的研究，内容涉及采编业务、报道形式、版面以及报业的经营管理等。1845 年，在近代报业发祥地之一的德国，罗伯特·E. 普鲁茨（Robert Eduard Prutz）写出了世界上第一本以报业史为内容的新闻学专著《德国新闻事业史》，它使新闻学研究跳出了仅仅限于业务技能探讨的范围，"标志着世界新闻学开始形成"②。半个世纪后的 1895 年，普鲁茨的同胞 A. 科赫（Adolf Koch）在海德堡建立了世界上最早的新闻研究所。19 世纪下半叶，德国、美

---

① 童兵、林涵：《20 世纪中国新闻学与传播学》（理论新闻学卷），复旦大学出版社，2001 年版，第 28 页。
② 郑保卫：《新闻理论新编》，中国人民大学出版社，2007 年版，第 3 页。

国等国的大学中开始设立新闻专业;20 世纪初,美国的一些大学开始创办新闻学院,尤以 1908 年密苏里大学新闻学院和 1912 年哥伦比亚大学新闻学院的创办最具代表性。新闻研究机构的设立和新闻专业教育的展开,有力地推动了新闻学研究向专业化、系统化和理论化的方向发展。1922 年美国著名报刊专栏作家沃尔特·李普曼(Walter Lippmann)出版《舆论学》,1924 年美国著名报人卡斯珀·约斯特(Casper Yost)出版《新闻学原理》,这些著作不仅标志着一些杰出的新闻实务工作者开始介入新闻理论研究,同时也说明新闻学在理论上逐步走向成熟。

新闻学研究一开始是从报纸业务和报纸发展史的探讨开始的,而关于新闻的理论问题的研究则是后一步的事。然而,由于新闻的理论问题事关新闻的本质和本源,事关新闻生产制作的规律和规范,事关人们对新闻业的功能和发展方向的认知,因此新闻理论研究一开始就显示出强大的生命力和影响力,它的演化过程也始终与新闻业务实践和新闻业整体的发展息息相关。从历史的角度来考察,20 世纪 80 年代以前的西方新闻学的理论探索,基本可以分为资产阶级与无产阶级两大阵营,双方各有一套自己的理论体系。

西方资产阶级新闻理论是围绕言论和出版自由逐步发展起来的,其精髓集中体现在报刊的自由主义理论和社会责任理论两种理论体系之中。1956 年出版的《报刊的四种理论》(Four Theories of the Press)一书是西方 20 世纪中叶新闻理论研究的代表作之一。该书将世界上主要的新闻理论体系划分为集权主义理论、自由主义理论、社会责任理论、苏联共产主义新闻理论四种,其中自由主义理论和社会责任理论便是对西方资产阶级新闻理论的集中概括。

报刊的自由主义理论是以弥尔顿的出版自由观念为起点发展起来的,其核心内涵在二次大战前的两三百年中对西方新闻出版业发挥着重要的影响。它的主要观点是:"报刊不受政府的干涉;报刊拥有对政府的监督权;'意见的自由市场'和'自我修正理论'(让人民群众、让各党各派都利用报刊充分地自由地表达各自的意见。而充分地表达意见的前提是给予人民有关各项事务的充分信息。);对事实的信念。"①自由主义新闻理论是与自由市场的经济基础相适应的,它认为自由是一种天赋人权,强调"观念和意见的自由市场",主张新闻媒介具有独立的地位,在特定历史条件下对于促进资产阶级新闻事业发展确实起到了巨大的作用。但随着资本主义社会进入垄断发展时期,特别是二次大战以后,新闻业的商业化和垄断化不断加剧,媒体滥用新闻自由、侵犯公民权利的现象不断出现,越来越多的人开始反思和质疑传统的新闻自由理论。质疑主要集中在:这种理论无法提供可靠的区分自由和滥用自由的界限,有可能导致放任的新闻自由,使黄色新闻和虚假新闻充斥媒介;观念的自由市场有赖于自由竞争,而自由竞争必然导致垄断和所有权的集中,丧失了媒介的所有权也就等于失

---

① 李良荣:《西方新闻事业概论》,复旦大学出版社,1997 年版,第 20 - 22 页。

去了发表意见的自由。正是在这样的背景下，报刊的社会责任理论应运而生。

报刊的社会责任理论并非对自由主义理论的反动，而是在自由主义理论基础上综合了更多其他理论观点所形成的一种新的理论。1947年，美国"新闻自由委员会"在其研究报告《一个自由而负责的新闻界》中正式提出这一理论；1956年，美国新闻传播学家西奥多·彼得森（Theodore Peterson）在《报刊的四种理论》中对之作了较为完整和系统的阐述。社会责任理论的主要观点是：自由是伴随着义务的，享有特权的报刊，对社会承担公众通讯工具的主要职能，报刊的这种责任，是其业务政策的基础。它的责任表现为：在传递消息时，应真实全面地叙述所发生的事实；在交流意见时，应表现并阐明社会目标和价值。"每一个关心新闻自由和民主的未来的人，都应该不遗余力地督促新闻界担负起责任，因为如果它没有通过自己的行动做到这一点，那么作为最后一种手段，政府权力将迫使它做到"；"在我们的政治传统中，没有任何东西阻止政府参与大众传播：陈述它自己的主张、补充私人提供的信息来源，以及提出私人竞争的标准。政府的这种参与并没有威胁新闻自由。"①社会责任理论强调新闻业要为国家的政治制度服务，适应了国家垄断资本主义的要求。然而，由于西方媒介是在长期的自由主义环境中成长起来的，新闻自由的理念根深蒂固，很难让新闻界真正将思考问题的重心从新闻自由转向社会责任。而垄断竞争、利润至上的资本主义私有制的本质，也使得新闻业很难摆脱追逐利润和担负社会责任互为矛盾的困境。因而，社会责任理论虽言之凿凿，却难以在新闻实践中落地生根。

除以上两种主要的新闻理论体系外，20世纪的西方资产阶级新闻学还出现了一些其他的兼具理论思想与业务观念性质的新闻学派别，如新新闻学、调查新闻学、精确新闻学、发展新闻学、公共新闻学等。

无产阶级新闻理论可以追溯到马克思和恩格斯对新闻的论述。马、恩既是无产阶级革命的导师，也是富有实践经验的报刊活动家，在半个多世纪中，他们主编和参加编辑的报刊有十多家，指导过的报刊更是多达几十家。结合自己的报刊活动，他们提出并确立了无产阶级新闻学的基本原理。他们"对于新闻活动的规律的揭示，关于自由的出版物与现实的反映与被反映关系的观点，从唯物史观出发对新闻本质所作的考察，关于工人报刊的'喉舌'和'耳目'功能以及关于党报性质的论述，等等，都具有原创的性质"②。马、恩之后，列宁结合自身的革命实践和报刊活动经验，对无产阶级新闻学进行了进一步的阐述和发扬，形成了有自己特色的新闻思想。他的思想主要体现在："集中阐述了党报的宣传、鼓动和组织作用，突出强调了党报的组织功能和作用；明确提出并系统阐述了党报的党性原则，强调了党对党报的领导和监督责任；

---

① ［美］新闻自由委员会：《一个自由而负责的新闻界》，中国人民大学出版社，2004年版，第51页。

② 丁柏铨：《新闻理论研究有着广阔的天地》，见《中国新闻理论体系研究》，新华出版社，2002年版，"自序"第1页。

深刻揭露了资产阶级新闻自由的实质,从阶级分析入手,阐明了马克思主义的新闻自由观;在俄国十月革命胜利取得政权后,领导党和苏维埃报刊实现了工作重点由报道政治新闻向报道经济建设的战略转移,初步提出了社会主义经济宣传的原则和方法,等等。"①

2. 中国新闻学的产生和发展

（1）新闻学在中国的发端

中国近代报刊的出现是在 19 世纪初期,缘于西方传教士的文化输入。但直到19 世纪中后期,随着少数国人直接介入报刊事务,对这种历史上从未有过的新生事物有了较多的感性认知之后,有关报刊的讨论才零星出现。比较有代表性的人物是洪仁玕、王韬和郑观应等。

洪仁玕是太平天国后期的主要领导人之一,他在所著《资政新篇》中提出了设馆办报纸的主张。他认为,报纸对社会的统治和运行具有重要作用,可以"昭法律,别善恶,励廉耻,表忠孝",还可以"报时事常变、物价低昂"。因此,应该通过办报以"收民心公议"②。洪仁玕应该是中国最早对报刊功能做出明确评价的人。

1876 年,王韬在香港出版的《循环日报》上发表了《论各省会城宜设新报馆》、《论日报渐行于中土》等文章,主张放宽言禁,设立报馆,开展对外宣传③。《论日报渐行于中土》被认为是中国人所写的第一篇新闻学论文。

郑观应则在其名著《盛世危言》中辟有专章,讨论报刊的社会功能和作用,认为报刊可以通民隐,达民情,劝善惩恶,兴利除弊,还有助于救荒、除暴和学业④。

正是在这些零星的讨论中,中国新闻学开始萌芽。

（2）新闻学在中国的发展

19 世纪后期,随着近代报刊的迅速发展和中国人自办报刊热潮的出现,政治家和报人对新闻和媒介的讨论也越来越多。尤其是资产阶级改良运动和资产阶级革命活动的开展,给新闻媒介的发展注入了强大的动力,也为新闻学的发展带来了重要的契机。从当时到今天,我们可以将中国新闻学的发展大致划分为四个阶段。

第一个阶段是 19 世纪末 20 世纪初,是资产阶级新闻学的起步期。其代表人物是梁启超、孙中山、章太炎等。

梁启超既是戊戌维新变法的领袖,又亲自创办或编辑过《中外纪闻》、《强学报》、《时务报》和《新民丛报》等一批著名的报刊,具有非常丰富的办报实践经验。他结合西方资产阶级新闻学理论与资产阶级的维新主张,从报刊功能、办报原则、宣传方法、

① 郑保卫:《新闻理论新编》,中国人民大学出版社,2007 年版,第 11 页。
② 洪仁玕:《资政新篇》,载《太平天国印书(下册)》,江苏人民出版社,1979 年版,第 677－694 页。
③ 王韬:《论日报渐行于中土》、《论各省会城宜设新报馆》,载《中国新闻事业史文选:公元 724－1995 年》,张之华主编,中国人民大学出版社,1999 年版,第 6－7 页,第 14－15 页。
④ 见郑观应:《日报上》,载《盛世危言》,华夏出版社,2002 年版,第 141－142 页。

报章文体、报人报史等方面,发表了《论报馆有益于国事》、《清议报第一百册祝辞并论报馆之责任及本馆之经历》、《舆论之母与舆论之仆》等一系列专论,对办报提出了比较系统的理论主张,为后来中国的资产阶级新闻学理论体系的创立奠定了基础。同时稍后,资产阶级革命派的领袖人物孙中山、章太炎等人,也对办报和新闻传播发表过一些重要的观点。孙中山作为伟大的资产阶级革命先行者,通过亲自指导创办《中国日报》、《民报》等革命报刊,与康、梁为代表的资产阶级改良派展开论战。他在给《民报》所写的发刊词中,"希望《民报》能成为同盟会的'喉舌',担负起'先知先觉之天职'",将"非常革新之学说,其理想之灌输于人心而化为常识"①。后来,在给《申报》纪念刊《最近之五十年》所写的《中国之革命》一文中,孙中山又评价说:"民报成立,一方面为同盟会之喉舌,以宣传主义;一方面则力辟当时保皇党劝告开明专制要求立宪之谬说,使革命主义,如日中天。"②章太炎同孙中山一样,也重视报刊政治宣传的舆论力量,此外他还积极倡导言论出版自由,反对专制政权的言论禁锢;主张报刊应对政府进行必要的舆论监督;要求报刊从业人员信守职业道德,并与报界同人相约实行自律③。但他们的主张还不成系统,因而不能算是真正有学术自觉的新闻学研究。新闻学在中国作为一个学科的名称被提出来,还是在中国人翻译的外国人的著作中。1903年,商务印书馆翻译出版了日本人松本君平的《新闻学》,新闻学作为一个学科的概念第一次进入中国人的视野。所有这些,虽然研究还不够系统,探讨也不够深入,但无疑都可以看成是中国新闻学研究的起步,它们共同为后来我国资产阶级新闻学的发展做了准备工作。

第二个阶段是1918年到1949年,是资产阶级新闻学的快速发展期和无产阶级党报理论的孕育期。

1918年10月,在蔡元培的倡导下,北京大学新闻学研究会成立,这是我国第一个新闻学教育和研究团体。该研究会招收的首批学员共55人,毛泽东、谭平山等后来的著名人物便名列其中,留美归国的徐宝璜和《京报》社长邵飘萍成为研究会最早的导师。以此为开端,至新中国成立为止,一批资产阶级新闻学者和研究成果纷纷涌现,资产阶级新闻学得到快速的发展。这时期出现的代表性著作包括:徐宝璜的《新闻学》(1919年),这是我国最早的一部新闻学专著;任白涛的《应用新闻学》(1922年),这是我国最早的实用新闻学著作;邵飘萍的《实际应用新闻学》(1923年),这是我国第一部新闻采访教材;戈公振的《中国报学史》(1927年),这是我国最早系统研究本国报刊史的著作。其中,徐宝璜的《新闻学》对中国新闻理论体系的建立尤具开

① 孙中山:《〈民报〉发刊词》,载《孙中山文集(上册)》,团结出版社,1997年版,第20页。原刊于1905年11月26日《民报》第1期。

② 孙文:《中国之革命》,载申报馆编:《最近之五十年》,1923年2月第1版。

③ 参方汉奇:《章太炎与近代中国报业》,《社会科学战线》,2010年第9期。

创之功,他本人也被誉为我国"新闻教育的开山祖";戈公振的《中国报学史》则因其原创性研究的贡献,而被称为"中国新闻史研究的奠基之作"。三、四十年代,任白涛的《综合新闻学》、储玉坤的《现代新闻学概论》、黄天鹏的《中国新闻事业》、胡仲持的《关于报纸的基本知识》等著作也纷纷出版,这些新闻学的代表作,共同构建起中国资产阶级新闻学的史、论、实务的基本框架。

与此同时,中共党报理论也在孕育形成和发展过程中。陈独秀和李大钊是中国共产党的创始人,也是最早用马克思主义观点考察新闻问题的学者。陈独秀认为,要改变国人的思想,就必须创办杂志,他于1915年在上海创办《青年杂志》(后改名为《新青年》),高举民主与科学两面大旗,发动了一场以反对旧道德、提倡新道德,反对旧文学、提倡新文学为主要内容的新文化运动。从1920年下半年到1926年终刊,《新青年》作为共产党的机关刊物,专门进行马克思主义理论宣传,为中国共产党的成立和发展发挥了重要作用。李大钊1922年2月12日发表《在北大新闻记者同志会成立会上的演说》,他说"新闻是现在新的,活的,社会状况的写真。历史是过去,旧的,社会状况的写真。现在的新闻纸,就是将来的历史",因此他认为新闻事业"是一种活的社会事业";而新闻记者的责任"于纪述事实以外,还应该利用活的问题,输入些知识"[①]。1931年10月23日,中国新闻学研究会在上海成立,这是我国第一个无产阶级新闻学研究的学术团体。1936年,张友渔出版了《新闻之理论与现象》论文集,这是当时用马克思主义观点研究新闻学的一本代表作。20世纪40年代,是中共党报理论快速发展和逐步走向成熟的重要时期。1941年,延安中央研究院设立新闻研究室,开始进行有组织的新闻学研究;1942年,延安开展整风运动,根据地的新闻整风也随之展开,新闻界进行了一次广泛深入的无产阶级新闻观教育;1942年的延安《解放日报》改版,1947年的《晋绥日报》"反客里空运动",既从正反两方面总结了党的新闻工作的经验教训,也促进了对党领导的新闻事业的研究。这一时期用马克思主义观点研究新闻理论的著作,主要有萨空了的《科学的新闻学概论》(1945年),恽逸群的《新闻学讲话》(1947年)等。老一辈无产阶级革命家毛泽东、张闻天、博古、刘少奇、陆定一、胡乔木等,也对中共党报理论建设起了重要作用,代表性的成果有:陆定一的《我们对于新闻学的基本观点》(1943年)、毛泽东的《对晋绥日报编辑人员的谈话》(1948年)、刘少奇的《对华北记者团的谈话》(1948年)等。从李大钊最早用马克思主义观点考察新闻问题,经过延安新闻界的整风,到毛泽东和刘少奇两篇经典谈话的发表,有中国特色的党报理论经过几十年的实践和发展终于形成。

第三个阶段是从新中国成立到"文革"结束,是中共党报理论的实践探索和遭遇挫折期。

---

① 李大钊:《在北大新闻记者同志会成立会上的演说》,载《李大钊文集(下册)》,人民出版社,1984年版,第537页。

这一阶段又可分为前后两个时期。一是从 1949 年至 1956 年的实践探索期;二是从 1957 年至 1978 年的遭遇挫折期。"1956 年 7 月以《人民日报》改版为代表的新闻改革,成为新中国成立初期中国新闻改革成果的标志。这次包括报纸、通讯社和广播等新闻机构在内的全面改革,在新闻观念、报道内容、传播方式和文风建设等方面都有许多新的突破,使得改革后的新闻传播更加适合人民群众的需要,更加适合各项工作的需要。这次改革形成的新闻理论成果,为我国社会主义新闻学的建立奠定了一定的基础。"① 1957 年开始的反右运动,破坏了刚刚开始的新闻改革的步伐,从此之后直到"文革"结束,在"左倾"思潮的控制下,新闻媒介成为阶级斗争的工具,违背新闻规律成为一种常态,新闻学研究也与新闻事业一样受到严重挫折,基本处于停顿状态。

第四个阶段是改革开放以来至今,是由单一的党报理论向综合的新闻传播学的转型期。

改革开放以来,中国社会发生了巨大的变化,在这种新的时代环境中,新闻理论研究也与新闻实践密切互动,呈现出与时俱进的特色。上世纪八十年代,新闻理论的话语表达逐步从此前的教条式、语录式话语中摆脱出来,研究兴趣也从侧重于阐发新闻和新闻事业的政治性转向关注新闻改革的热点问题,新闻改革成为当时新闻学研究的重中之重。九十年代,伴随着市场经济体制的建立,新闻的商品属性和传媒业的产业属性逐渐被人们认知,市场竞争对新闻伦理道德造成的冲击也备受人们关注。进入新世纪以来,网络等新媒介对传统媒介的影响日渐显现,媒介融合的趋势不断增强,中国加入 WTO 带来的业界和理论界的国际交流日益加深等,都成为新闻理论关注的焦点和热点问题。与以上三个时段大体对应,新闻界发生过三次较为广泛的学术讨论,分别对新闻与宣传的关系、新闻的商品性、新闻专业主义等问题进行了较为深入的探析。"第一次讨论促进了我国新闻事业由'宣传本位'转为'新闻本位',传媒功能由单一走向多样化;第二次讨论确立了我国新闻事业'上层建筑、信息产业'双重属性,外化为'事业性质,企业管理'的管理方针,推动了传媒业与市场的融合与大众化发展道路;第三次讨论是传媒业对中国新闻事业现状的反思与对新闻业'公共利益至上'理念的理性思考,是减轻市场化负面影响的有益探索。"②

应该看到,尽管新中国成立后,中国新闻学的学科建设已取得较为显著的成绩,但在许多方面距离一个成熟的学科仍有较大的差距。今后,在概念与范畴的提炼、学术话语的创新、理论体系的建设、研究方法的改进等方面,都还有许多工作要做。

三、新闻学的演化规律及其影响因素

自从有对新闻和新闻业的研究以来,经过两百多年尤其是近百年来的发展演化,新闻

① 郑保卫:《新闻理论新编》,中国人民大学出版社,2007 年版,第 8—9 页。
② 李良荣、戴苏苏:《新闻改革 30 年:三次学术讨论引发三次思想解放》,《新闻大学》,2008 年第 4 期。

学这门学科逐步拓展自己的研究边界，不断丰富和深化研究内涵，已经发展成为一个独立自主的学科。在此过程中，它明显地受到以下几个主要因素的影响，呈现出一定的规律。

一是新闻媒介的发展，使得新闻学逐步由单一的报学向着综合新闻学演化。19世纪及其以前的新闻传播媒介主要是报纸，当时对新闻及新闻媒介的研究不光数量很少，而且内容单一，所谓"新闻学"实际上只是报学。进入20世纪后，随着广播、电视、互联网等新型媒介的陆续诞生，"大众传媒"这个概念广为人知，成为报刊、广播、电视等现代传播媒介的总称。欧美一些国家（尤其是美国）的学者和报人将研究的触角适时延伸至这些新兴的媒介领域，开始对新闻学进行较为系统的理论研究，研究范围日益拓宽，研究内容日渐深入，研究视角和研究方法也都随之不断发生新的变化，新闻学逐步发展成为一个有相对完整体系的学科。

二是新闻实践的发展，使得新闻学由单纯探讨新闻业务技能向探讨新闻本体、新闻业发展规律和新闻实践技能并重的方向演化。新闻学是对新闻实践的知识抽象和理论概括，当新闻实践发生变化的时候，新闻学也必然会随之发生变化，以总结经验教训和指导未来实践。早期的新闻学是从研究报纸的新闻业务起步的，带有明显的实践技能总结的色彩，但随着媒介类型的增多，新闻业务复杂性的增大，新闻业规模的不断增长，简单的业务技能探讨越来越不能满足实践的需要。于是，探讨新闻业发展轨迹的新闻史研究，探讨新闻本质和功能、新闻实践基本要求和新闻业发展规律的新闻理论研究也逐步加强，新闻学越来越注意研究新闻传播中的各种矛盾关系，并力求揭示和总结其中的基本规律。于是，以新闻本体、新闻实践、新闻业以及新闻学本身在内的一切新闻现象为研究对象的新闻学便向越来越复杂的综合的方向演化。

三是学科间的交叉渗透，使得新闻学不断吸收其他学科的营养从而发展成为一个既有鲜明个性特征又有比较开阔视野的新兴学科。20世纪以来，新闻学与传播学、社会学、心理学、政治学、哲学等学科相互交叉，出现了不少与新闻学接壤的边缘学科，这不仅扩大了新闻学的研究范围，丰富了新闻的研究视角，更重要的是促进了新闻学学科体系的构建。在这当中，又以传播学对新闻学的影响最为显著。传播学产生于上世纪二三十年代，其本身就是跨学科研究的产物，它不仅与政治学、经济学、人类学、社会学、心理学、哲学、语言学等人文社会科学密切相关，而且融合了信息论、控制论、系统论等自然科学的成果，不仅具有广阔的研究视野，而且综合了多学科的理论与方法，产生了许多对人类传播现象进行深入研究的高质量的成果。不少学者开始借鉴这门新学科的思路和方法，并把其中的一些成果引入新闻学，提出了新闻学应该转向新闻传播学的口号，新闻学研究由此进入了一个新的阶段。当然，新闻学也对其他学科的发展发生着一定的影响。

四是学科自身的发展逻辑，使得新闻学越来越摆脱外在束缚而回归对学科自身的本体研究。从新闻学发展中所受到的外在影响来说，政治可以说是最为重要的一个因素。尤其是在中国，在上世纪八十年代以前，因为新闻媒介定位于政治工具的角色，使得新闻学主要为诠释各种政治意图和政治任务服务。其结果便是相当多的学者只是"习惯于从政治宣传的角度看待新闻学,过于强调其意识形态属性,强调其为政治服务的功能,而无视甚至否定其专业性"①。这种状况再加之侧重于业务技能探讨的特点,使得"新闻无学"论广为流行。但任何一个学科的发展都是在发现自身问题的基础上逐步充实、修正和不断完善的,新闻学当然也不例外。当它的研究范围不断拓宽、概念使用渐趋严谨、学术规范逐步建立、理论体系日渐形成、对新闻实践的指导作用日益显现的时候,新闻学研究的自身逻辑便显现出来,它也便有了自己独立的学科特性。

新闻学回归自身的研究,主要是通过以下几个方面来体现的。一是更加重视新闻本体问题的研究;二是更重视新闻工作和新闻事业发展规律的研究;三是承认新闻业的产业属性并对新闻媒介的经营与管理问题加以研究。而体现新闻学学科独立性的主要衡量标准是它的专业性、学术性和规范性。

选 文

为什么应该研究新闻学,如何研究?(节选)

[美]卡琳·沃尔-乔根森、托马斯·哈尼奇

导言——

本文节选自[美]卡琳·沃尔-乔根森、托马斯·哈尼奇编著:《当代新闻学核心》,张小娅译,清华大学出版社,2014年版,第3-15页。

作者卡琳·沃尔-乔根森(Karin Wahl - Jorgensen),卡迪夫大学新闻、媒介和文化研究学院讲师。托马斯·哈尼奇(Thomas Hanitzsch),苏黎世大学大众传播和媒介研究所助理教授。

本文对新闻学研究史进行了简要梳理,认为新闻学发展史上存在四个明显的、有交集且共存的阶段,并对此进行了详细说明。文章还就新闻学的今天和未来进行了论述,指出了新闻学研究当前存在的诸多问题以及未来可能的发展趋势。

本书旨在描绘我们对新闻的理解和认知,它是最重要的社会、文化和政治制度

---

① 郑保卫:《从"保卫新闻学"到"发展新闻学"——当前我国新闻学学科建设之我见》,《现代传播》,2007年第1期。

之一。

早在"当人们意识到和他人分享关于自身信息的需求"时,新闻就出现了(泽利泽,2004),而对新闻的研究则是晚近的事情。在学者们看来,了解和研究新闻是一项真正有意义的工作,原因如下:

首先,新闻塑造了我们看待世界、自身和彼此的方式。记者报道的故事构筑并维系了我们共同的现实生活(比较凯里,1989),新闻因此而成为一种独特且十分重要的社会黏合剂。我们对大大小小的当下事件的新闻消费把我们这些共同的读者结合为"想象的共同体"(安德森,1983),通过仪式性的新闻消费以及新闻文本的谈论,我们逐渐理解自身,并将自身构想成在本地、国家和全球化背景中的人。特别的是,人们认为新闻在本质上与民主密不可分,在塑造我们的公民身份中发挥了重要作用。它使公民之间、公民和民选代表之间的对话、协商成为可能,这对成功的公民自治至关重要。简言之,新闻是"使政治行为……成为可能的东西"(帕克,1940)。

并非所有的学者都如此乐观地看待新闻在其专业和制度模式下的坚守和前景。随着交互通信技术的到来——我们熟知的那种新闻被宣布"死亡",被称为"僵尸机构"(迪耶兹,2006)。

研究者们也一直在猜度"新闻的终结"(比如,布罗姆利,1997;韦斯博德,2001)。传统政治新闻可能的衰落,尤其引发很多理论家的规范性担忧,因为"(它的)丢失将会剥夺我们协商政治的核心"(哈贝马斯,2006)。然而,借用马克·吐温的警句,新闻消亡的流言可能大大言过其实,我们将目睹的也许是新闻的重生而非终结(韦伯,2007)。

如同哈特利(1996)所说,新闻作为一种文本形式首先是"现代性意义创造的实践活动"。它推动了重要的现代性叙事的发展,为我们储存了集体回忆。新闻的文本构成了"历史的初稿"。正是通过新闻文本,一个时代的历史学家和其他观察者才能经由对事件和人物的记述和反映理解那个时代。新闻既是凸显也是减少社会共识(霍尔,克里奇尔,杰斐逊,克拉克和罗伯茨,1978)与矛盾(科特尔,2006)的主要手段。新闻故事捕捉到了主流意识形态及其挑战者之间斗争的戏剧场面。

如果新闻在社会中扮演如此关键的角色,对于任何想要理解当代文化的人,研究新闻就更为重要,并已越来越受到欢迎。如今,新闻学是传播学科内发展最快的领域。过去几十年中,以这一领域的几份新创期刊《新闻学:理论、实践和批评》、《新闻学研究》和《新闻实践》为基础,认为自己是新闻研究者的学者人数急剧增长。过去几年还见证了国际传播学会、国际媒介和传播研究学会以及欧洲传播学研究和教育学会创建了新闻学分会。涵盖新闻学研究的区域性期刊数目也在持续增长,如《巴西新闻研究》、《非洲新闻研究》、《太平洋新闻评论》以及数目庞大的半商业期刊,如《英国新闻评论》、《全球新闻评论》和《美国新闻评论》。

新闻学成长为一个独立的领域，自己的理论和文献体系也随之产生。以新闻研究者为目标读者的著述在市场上持续涌现。最近的著作比如《新闻学》（袭伯，2008）、《新闻学的重要概念》（富兰克林、哈默、汉纳、金西和理查森，2005）、《新闻学：重要的议题》（艾伦，2005）、《新闻：读本》（裴伯，1999）和《新闻的社会意义》（伯科威茨，1997）等，都有助于新闻学学科地位的巩固。还有一本新闻和新闻学手册（艾伦，即将出版）和新闻研究的导论类教科书（哈尼奇和匡特，即将出版）正在写作中。但是，这个日趋充实的领域的核心和随后的发展将是多样而复杂的。在此，我们指出在新闻学发展史中四个明显的、有交集且共存的阶段：这个领域诞生于德国学者对新闻的社会角色的规范性研究，却随经验主义的转向而获得重要地位——特别是在美国，又因随后的社会学转向而充实丰富——特别是在英美学者中，如今随着全球化—比较研究转向，范围越来越大以反映出全球化的更多现实。

新闻学研究简史

史前：规范化理论

在某种意义上，学术研究舞台上的新闻学既是个新来者，又是位行家。伴随着新闻作为一个专业和一股社会力量出现，大多数观察者认为这个领域里的学术研究始于 20 世纪初期。然而，一些学者发现了甚至更早的先例。正如詹姆斯·凯里（2002）和汉诺·哈尔特（2002）观察到的，推动传播和新闻研究的始发动力大多来自 19 世纪中期的德国。就这一点而言，新闻学的"史前"可以在德国批判社会理论家的作品中找到（哈尔特，2002）。这些著作强调了新闻学创始动力中的规范化动力。汉诺·哈尔特在他已成经典的著作《报刊的社会理论》（2002）中追溯了早期德国和美国思想家的新闻理论的密切关系、延续以及背离。他准确描述出，在 19 世纪和 20 世纪初的德国理论家中，卡尔·马克思、艾伯特·谢夫莱、卡尔·克尼斯、卡尔·布赫和马克斯·韦伯的著作对新闻社会地位的构想有重要的影响力（哈尔特，2002）。

类似地，洛菲霍尔兹（2008）在追溯新闻学的德国传统时，在德国作家和文艺历史学家罗伯特·爱德华.普鲁茨（1816 - 1872）的著作中发现了当代新闻理论的先驱。1845 年，早在报纸研究（报纸学"Zeitungskunde"）作为一个研究领域创立之前，普鲁茨就出版了《德国新闻史》。大多数早期德国理论家从历史学和规范性的角度研究新闻，其基本观点是新闻属于多少有些才华天分的人所掌握的技艺（洛菲尔霍兹，2008）。新闻学者更加关心在社会传播和政治协商的语境中新闻是什么，较少关心新闻生产制作的过程和机构。从宏观社会学的角度看，新闻研究以多种方式一直存在于德国传播学术研究中，这往往不利于实证研究。虽然马克斯·韦伯早在 1910 年第一届德国社会学家年会的讲话中就提出对记者进行全面调查，但这样的研究直到

20 世纪 90 年代初期才得以进行（舍恩巴赫、斯图兹巴切和施奈德，1998；维申伯格、洛菲尔霍兹和肖勒，1998）。

实证研究的转向

对新闻生产过程、组织和相关人员的研究兴趣最早也最显著地出现在美国，产生于新闻培养的背景。在此意义上，实证的而不是规范的/理论的新闻研究工作的开端，可能始于职业教育家对共享他们行业知识的兴趣。可以肯定的是，在美国，对新闻的研究起源于职业教育（辛格，2008），通常是行政管理性的。《新闻学季刊》（后来成为《新闻学与大众传播季刊》）在 1924 年的创立，宣告了新闻学术研究新时代的到来。第一期特别包括了一篇威斯康星大学的"老爸"威拉德·布莱耶的文章，概括地描述了报纸研究的重要方法（辛格，2008）。正如罗杰斯和查菲（1994）指出的，布莱耶帮助开创了新闻学术研究的新时期：认真地对待新闻，将其既看作实践性的努力也看作研究的对象。到了 20 世纪 30 年代，布莱耶着手在已有的政治科学和社会学的博士项目中成立了一个博士辅修项目（辛格，2008）。

在其他国家，例如英国和丹麦，新闻教育诞生于学术界之外，即新闻机构。在那里，记者们通过学徒制和以传授技艺为基础的短期课程来得到培训（沃尔-乔根森和富兰克林，2008）。在这样的情境下，记者的教育培训遵循实用性的思路，学生们选择类似速记和新闻法这样的课程。因为新闻培训和学术界的分离，这个模式缺乏一个更具自省性和学术性的研究方式。这意味着在用这种模式进行新闻培养的国家里，大多数对新闻的学术研究都源自社会科学以及人文学科，这可能是新闻学在历史上有跨学科性质的一个主要原因。

在美国，当早期传播研究在 20 世纪 50 年代出现时，新闻的实证研究被赋予了更新的推动力。这一研究来自社会学、政治科学和心理学等学科，以保罗·拉扎斯菲尔德（Paul Lazarsfeld）、卡尔·霍夫兰（Carl Hovland）、库尔特·勒温（Kurt Lewin）和哈罗德·拉斯维尔（Harold D. Lasswell）等巨擘为先驱。来自社会科学的起源对新闻的知识生产具有深远影响。这个影响尤其巩固了实证研究的转向，采用诸如实验和调查的研究方法来理解新闻媒介的工作。

虽然这个时期的大多数研究关注受众和媒介效果，但新兴的新闻学领域慢慢把注意力转向了"新闻人"和他们的专业价值观，以及编辑机构和工作惯例。实证研究产生了理论和概念，并作为其基础，比如把关人模式（怀特，1950）、专业化范式（麦克劳德和霍利，1964）、新闻价值理论（高尔通和鲁格，1965）和议程设置（麦库姆斯和肖，1972）。这些学者们的开创性研究，在新闻学历史中属于少数的可以被毫无疑义命名的"经典派"。他们创造了真正的新闻理论，并始终保持着影响力和重要性。虽然他们的许多观点或许过时并被随后的研究取代，但他们创造的重要研究传统依然对该领域意义重大。这些经典研究"或许不是最先进的研究理论或方法，但他们捕捉到了学术研究的想象力"（里斯和巴林杰,2001）。

社会学转向

20 世纪的 70 年代和 80 年代见证了社会学和人类学对新闻研究更强有力的影响,引发了这个领域里命名的社会学转向。关注点转为批判性地研究新闻传统和惯例、专业和行业意识形态及文化、阐释共同体,新闻文本的相关概念,比如框架、讲故事和叙事,以及新闻中越来越重要的大众性。对文化议题越来越多的关注和定性研究方法紧密相关,最值得注意的是民族志和话语分析方法。在这个传统中对新闻研究影响深远的人物有社会学家盖伊·塔奇曼（Gaye Tuchman）、赫伯特·甘斯（Herbert J. Gans）,菲利普·施莱辛格（Philip Schlesinger）和彼得·戈尔丁（Peter Golding）,还有文化研究的倡导者,比如詹姆斯·凯里（James Carey）、斯图亚特·霍尔（Stuart Hall）、约翰·哈特利（John Hartley）和芭比·泽利泽（Barbie Zelizer）。学术研究的这个传统通常关注国家和精英新闻机构的工作和作品,通过描述性的工作使人更好理解新闻生产的过程,同时也为将新闻看作建构和维持主流意识形态的观点作出铺垫（沃尔-乔根森和富兰克林,2008）。

全球化—比较研究的转向

最后,20 世纪 90 年代见证了新闻学的全球化—比较的转向。虽然跨文化研究早在 60 年代就为杰克·麦克劳德所开拓（麦克劳德和拉什,1969）,但直到过去的 20 年中,比较新闻学研究才建立起自己的传统。[①]国际和比较研究在全球范围内的崛起,因政治变革和新的通信技术而提速。新闻研究者发现,"冷战"的终结和日益的全球化使他们越来越可能和远方同行会面。新通信技术已经激发了制度化的全球科学家网络的兴起,而获得国际研究资助也变得容易得多。随着新闻本身日益成为全球性的现象,其研究也正在成为国际化的和合作性的工作。

新闻学的今天

尽管全球化的步伐不可阻挡,新闻学研究仍然是一项极其多样化的学术工作。这种多样性受到不同国家传统的深刻影响,原因在于这个领域从社会科学和人文学科的资源借用并不平均（泽利泽,2004）。美国的学术研究脱颖而出,源自它的强势实证主义和定量的关注点,以及对中层理论的应用,而英国和澳大利亚的研究则在英国文化研究影响下的批判传统中开展。相反的,法国的新闻研究大量汲取了符号学和结构主义,在国际学界中几乎不见踪迹;而德国的研究则受到系统理论和其他社会分层理论的影响,其传统是在宏观层面将新闻理论化。许多亚洲的新

---

① 《新闻的世界》研究由安娜贝拉·斯里伯尼·莫哈马迪（Annabelle Srebeny‐Mohammadi）、卡尔·诺顿斯特恩（Kaarle Nordenstreng）和罗伯特·史蒂文森（Robert L. Stevenson）带领,在 20 世纪 80 年代进行,是一个特例。

闻研究者在美国接受教育,因而内化了很强的美国导向。拉丁美洲的学者却正在重新为自己定位,告别对美式教育的依赖,转向了地中海国家,尤其是西班牙、葡萄牙和法国。

伴随着这个领域日趋全球化,论文的国际化程度在稳步提升,但重要的英文期刊却依然被英美学者主导。《新闻学与大众传播季刊》直到最近还是新闻学出版最重要的大本营。它大量使用美国作者的文章,以至于来自或关于其他国家的研究成为非常醒目的例外。期刊的编辑群体和编辑委员会的成员构成显示出美国强大的支配地位,80 位编辑和委员会成员中只有 2 位来自美国之外(见表 1.1)。诚然,《新闻学与大众传播季刊》是由新闻和大众传播教育协会出版,但在全球范围内,这本学刊在众多新闻和传播学院被广泛地用作文献出处和参考书。

表 1.1　新闻研究领域顶级学术期刊的编辑和编委会成员的国籍分布(2008 年 3 月)

	来自英美的编辑和编委会成员	来自说英语国家之外的编辑和编委会成员	编辑和编委会成员总数
《新闻学与大众传播季刊》	78（全部美国）	2	80
《新闻学:理论、实践和批评》	42	12	58
《新闻学研究》	35	18	50
《新闻实践》	16	13	31

然而,一些学术协会,包括国际媒介和传播研究学会,还有国际传播学会,都在积极支持编辑群体更加公平地代表来自全世界的学者,并努力增加国际会员的数量和能见度。新近的学刊,包括《新闻学:理论、实践和批评》、《新闻学研究》和《新闻实践》,都有意为自身做更加国际化的定位,把国籍多元化引入编辑委员会。但是,大多数编辑和编辑委员会成员还是以美国和英国为基础,来自非英语国家的学者依然是少数群体。在这种背景下,《新闻学:理论,实践和批评》近期一篇论文的研究发现并不令人感到意外。库申总结说(2008):

总体而言,数据表明了在学术投稿中北美/欧洲明显的优势。这种主导地位在《新闻学研究》中更加明显,发表的 10 篇论文中有 9 篇的作者非欧即美。北美的大学在《新闻学:理论,实践和批评》的论文中占据大多数,而欧洲学校则是《新闻学研究》最经常的供稿人。《新闻学研究》来自欧美之外的作者不到十分之一。《新闻学:理论,实践和批评》稍稍好一些,来自亚洲和澳大利亚的论文约占 3/20。来自非洲和南美机构的作者对这 2 本刊物的投稿极少。

库申(2008)进一步观察到,接近半数的《新闻学》作者和多于 1/3 的《新闻学研究》文章作者来自美国大学。作者的地理来源反过来能很好地预测他们研究的地区，结果是对美国新闻机构工作的描绘非常详尽，而我们对于非洲、亚洲和拉丁美洲的编辑部的情况和媒介内容的了解少之又少。

这些和其他学刊所发表的大多数论文都聚焦在记者、他们的实践和他们制作出的文本上。比如，对过去 10 年在三大最知名学刊所发表论文的研究揭示了新闻学者的主要兴趣。在美国的环境中，框架研究的范式推动了目前大多对新闻文本的研究，而其他地方的学者更可能使用话语和文本分析。《新闻学与大众传播季刊》传统上广泛使用内容分析，因此，发表在 1975 年到 1995 年间 1/4 的论文运用了这种研究方法（利夫和弗赖塔格，1997）。尽管如此，和其他学刊相比，《新闻学与大众传播季刊》的显著特色是更多的新闻受众研究，因为它经常刊登受到效果研究传统影响的实验研究的论文。研究第三人效果，以及应用显著性和归因性等概念的论文数量十分可观，但是，多数论文还是聚焦在新闻的心理学和社会学上。

尽管实证传统的影响始于传播研究的早期，而全球视野也日益重要，但这个领域还是很大程度上被一套特别的规范性假设所支配。我们可以认真反思这些假设：如同在本章开篇时暗示的，我们假设新闻是社会公正的良善力量，对公民权至关重要，它制衡了过分的国家权力，组成了"第四等级"或是扮演了"监督者"的角色。我们还假设记者们把自己理解为自由言论的捍卫者，是朝向公共正义的独立力量。在这点，当今的各色新闻研究学者和那些推动德国先驱思想家的研究有同样的关注点。

但是，对这些假设的依赖让我们忽略了这样一个事实：在自由主义的和通常属于自由意志论的英美传统之外，许多地方的新闻实际上被严重工具化了。世界上的极权主义政权已经显示出他们对新闻权力有极为深刻的理解，纳粹德国利用新闻推行国家社会主义意识形态（维申伯格和马利克，2008），即是如此。我们更不应该忽视新闻用作助长种族屠杀、加剧仇恨和不宽容、激发民族冲突的事实。这些都有充分的记载，比如卢旺达、利比里亚和塞拉利昂的例子（米巴约，2005）。与此相关的，自从丹麦报纸《日德兰邮报》有争议地刊登了先知穆罕默德的漫画，已能很明显地看到言论自由的普遍性主张与文化、宗教的敏感性在这个全球化的地球上发生的摩擦（伯科威茨和埃科，2007）。

新闻研究者察觉到了这些复杂问题，对追踪新闻机构、生产实践、内容和受众的深刻转型更加感兴趣——这样的转型来自全球化和政治、经济、社会和技术的变革。

新闻学的未来

除了告诉我们在当下学术界对新闻的研究，本书还希望推动关于新闻学研究应该向何处发展的辩论。每一篇文章都仔细思考了未来研究的方向，突出强调了一个事实：我们正生活在一个新闻和社会都在经历深刻转型的时代。在这种情况下，我们相信新闻学目前面对的最大挑战是反思塑造其利益的全球化权力关系。

人类学家对该领域"向下研究"的倾向(纳德,1969),或是关注相对无权和文化边缘群体的生活感到不满。①相反的,可以认为新闻研究者聚焦在"向上研究"或是"精英研究"(康蒂和奥尼尔,2007),即太过关注精英个体、新闻组织和文本。"向上研究"的做法强烈影响着什么种类的新闻作品和新闻文本被翔实记载,什么种类被忽视。比如,对新闻组织的研究倾向于关注精英国家中规模大的、通常是国家级电视和报社编辑部里生产的新闻。类似的,新闻文本分析关注的或是重大事件和灾难,或是精英新闻组织中新闻生产的惯例和产品。然而,我们希望提出,新闻学若要成为一个更有生命力的领域,它的关注应该超越这个狭窄的范围。这意味着学者们应该拓宽他们的研究范围,超越主流新闻、精英国家、主要新闻组织和知名记者。

举例来说,新闻学研究容易忽视在不太光鲜的工作环境中的新闻工作。但是这类机构所雇佣的新闻工作者人数、内容输出的数量,以及新闻受众的数量,都占据优势。因此,学术研究忽略了行业中的大多数人就特别有问题。记者的工作条件根据经济、政治、技术和社会背景有极大差异,但应得到研究者的同等重视。因为如果没有竞争性的叙述,记录翔实的新闻文化就变成对"新闻是什么"的普遍(化)的、权威性的描述。事实上,绝大多数记者在当地或地区性媒介工作(例如,富兰克林,2006),但地方记者的专业实践却尤其受到忽视。

在某种意义上,出版界和学术界的政治经济学可以解释对精英的、国家级的或是都市媒介机构的关注:和研究更加边缘化的媒介研究工作相比,学者们对知名的、国家的、精英的新闻组织的研究更可能得到体制的认可、赞助经费、出版、声望和晋升的机会。此外,精英或国家新闻组织尽管相对数量较小,却可能充当提出"共同文化"的概括和论断更合适的基础(哈里森,2000)。但是,对于大量的、多样的、地方的、另类或专门的媒介实践来说,较难做出这样的结论(对比卡尼斯,1991)。

在这个方面,研究对编辑部内部边缘化的新闻实践的忽略格外让人担忧。研究易于忽视新闻工作者中的特定类别。尽管新闻的劳动力事实上越来越依赖于短期雇佣和自由撰稿人,但是它主要记录有特权的、全职新闻记者的专业文化,而不是非正式在编的、多技能的自由撰稿记者,这里只提到几种被忽视的种类(布,2006)。

在编辑部边缘运作的其他新闻生产形式可能是新闻机构中内容产出的一个主要部分,但同样被新闻学研究者们所忽视。特别是专项新闻被从新闻采访令人兴奋的过程去除,常常占据编辑部等级制度的低端。结果是,艺术类记者、音乐记者、特写记者的工作几乎得不到任何重视(哈里斯和沃尔-乔根森,2007)。类似的,学者们也没有关注大量从事财经新闻的记者,尽管这是发展越来越广泛的专门新闻领域(新闻培训论坛,2002),他们的成就和大的社会趋势密切联系,包括资本全球化。虽然新闻的大众形式具有更广泛的吸引力和新颖的叙事形式,但仍然只是得到极少的关注。

---

① 请注意这个部分所包含的一些想法来自沃尔-乔根森(相关论著即将出版)。

因为新闻融合越来越重要,新闻学也研究脱口秀、赠阅报纸、评论式广告、"公民新闻"/用户生成的内容、博客、播客、在线新闻聚合、探索新闻的边界以及这些发展对我们理解新闻的影响。这些有限的新闻实践常常被忽略,因为它们代表的是边缘的新闻生产者。尽管如此,随着学者们意识到它们所代表的剧烈转变,它们在新闻研究中变得越来越显著。在一个日趋全球化和互相联系的世界中,新的通信技术深刻挑战了信息生产和信息消费间的传统边界,研究者们需要重新衡量新闻的地位并提出新闻在媒介化社会中的身份问题。

类似的,新闻学可以从焦点的转换中受益,即远离媒介生产者和媒介文本,转向更细微地理解和研究新闻受众。在这里被复制的把生产、内容和受众分离开的这个趋势可能会使研究者看不到富有成果和重要的研究渠道。为了正确地研究新闻的重要性,学者们应该建立模型,把新闻当做一个涉及生产者、内容和受众的复杂过程。研究者们需要把个体、组织和社会对新闻生产的影响与实际的新闻内容相连接,并把这些和新闻报道效果相连接,可以将新闻的本质理解为建立在公共协商基础上的文化实践。在这个意义上,需要重新思考把新闻比作传播信息的过程这样的传统比喻是否合适。如果新闻研究致力于对新闻实践背后的权力关系进行更多反思,它还应该形成更加精练的知识,思考高度合理化的新闻生产过程背后的意识形态结构,并且评估它们复制社会和文化不平等的方法,以及新闻通过另类新闻的方法对这些霸权结构提出挑战的可能,至少也是对它的质询。

关注那些在缺乏研究的媒介、职业和地区中工作的记者的经历有助于挑战世上主导性的、被学术界再造的权力关系。正如潘(Pan)、陈(Chan)和罗(Lo)论证(2008)的,像"任何话语体系一样,新闻研究凸显了研究所在的社会环境,从其中汲取灵感、资源、洞见和反思,和这种环境对话,通过特别的方法塑造这种环境"。应该用真正全球的、并未优待任何个别地区的意见的观点来挑战西方的模型和理论,而不是将其视为理所应当(沃瑟曼和德比尔)。

可以通过吸收了文化知识、更加国际的和比较的研究来实现该领域如此彻底的国际化进程。这样的冲力在代表了全球化—比较的转向的文章中必然十分明显,而如果新闻学要最大限度地发挥它的可能性,这股动力也应继续。新闻学必须真正国际化,关注世界上那些尚未被新闻研究者涉足的地区包括撒哈拉以南非洲、中东部分、亚洲和南美。对于在较不发达地区的研究者,比较研究还能为学术互动提供机会,特别是通过提供渠道促进更加均衡的知识分布。许多学者和教授,现在的和未来的记者,他们所在的地方有极为不同的新闻工作,但在既有的文献中几乎难以辨认出这种不同。因此,新闻学领域的国际化作为教育学的干预则更加重要。新闻学始终是跨学科的,囊括了社会科学和人文学,包括社会学、历史学、语言学、政治学和文化研究(泽利泽,2004)。新闻学者有机会为超越新闻、媒介和传播学学科的讨论做出贡献。

最后，我们还应了解并反思新闻学和与之相关的专业、学术领域之间的权力关系。新闻学和它密切的环境，即新闻实践和新闻教育之间的关系并不总是一帆风顺。新闻学经常发现自身处在一个艰难的位置，位于三个不同的、有频繁利益冲突的群体的交叉点上：记者、新闻教育家和新闻学学者。结果是，它们之间的关系通常充满了紧张和无知。

"记者们说新闻学者和教育者没有资格大放厥词，新闻学者说记者和教育者不够理论化，新闻教育者说记者们无视现实而研究者不切实际。"（泽利泽，本书）

因此，新闻学需要更加关注知识的传输过程：它从科学调查中产生，向新闻教育和新闻实践等领域流动。最后，为充分实现它的美好前景，新闻学应该超越描述而参与到更富解释性的研究中，并进行更系统化、真正长期的研究，仔细关注新闻跨越时间的变化。这样的方法能够帮助我们在历史和文化的语境中观察和分析新闻。

总之，我们预测新闻学的未来发展将会这样认识这个学科和它的研究对象：它们深深嵌入在特定的历史、政治、经济和文化环境中，同时也是这个混乱的、全球化世界的一部分。新闻研究所处的这些错综复杂、斑驳陆离的环境，受制于复杂的权力关系，如果我们忽视这种关系，将会危及自身。

新闻传播学：学科的分化、整合与研究方法创新

陈力丹

导言——

本文刊载于《现代传播》2011 年第 4 期。

作者陈力丹（1951～　），江苏南通人，1981 年毕业于中国社会科学院研究生院新闻系，获文学硕士学位。现任中国人民大学新闻学院责任教授、博士生导师、《国际新闻界》主编，曾任第六届国务院学位委员会新闻传播学科评议组成员等。出版《精神交往论》、《舆论学》等。研究方向：新闻理论、中外新闻史、舆论学。

本文认为，传播学在中国主要由新闻学人士加以研究有一定的偶然性。要求传播学"本土化"，本质上建立在与西方传播学"划清界限"的思想认识基础上，但其实传播学中的不少理论（例如"议程设置论"、"公共领域"等）一到中国就被赋予中国制度和文化背景的理解。一些关于新闻学的研究话题，现在已经被"整合"为传播学的话题，最为典型的是传播真实问题。在方法论上，除了实证研究的量化分析与质化分析的结合外，更为长远的整合，应该是人文—历史—哲学的思维方式与"科学方法论"思维方式的结合。

一、新闻传播学的分化

1690 年 3 月 5 日，德国莱比锡大学经答辩通过了博士学位申请人托拜厄斯·波伊瑟(Tobias Peucer)写的论文《关于新闻报道》(De relationibus novellis)。这是世界上第一篇新闻学论文。他的导师为瑞申堡(L. Adam Rechenberg)教授，后来是莱比锡大学校长。这篇拉丁文论文从 29 个方面对新闻报道的形式、动机和方法进行了历史概览和分析，展现了 17 世纪处于研究萌芽期的具有争议性的社会现象之一，即报纸以及新闻作为公共话语的兴起。①

然而新闻学作为一门学科，则是 200 年后的事情。17—18 世纪世界新闻传播业的发展颇为缓慢，因而新闻学难以作为一门学科存在，只有少数人就新闻传播业写过文章。工业革命的兴起、通讯社的出现、电报的使用、国民教育的普及、知识税的废除等等新情况的出现，使得欧美的新闻传播业得以在 19 世纪中叶以后急遽膨胀，报纸成为工人的必要生活资料(马克思语)。② 此种情形下，对于新闻传播业的研究自然被提上日程。因而，19 世纪末首先在德国、瑞士的大学里开设了新闻学(又译"报学")课程。20 世纪初，美国的大学设置新闻学院，新闻学作为一个学科得以形成。

中国的新闻学教育和研究开始于 1918 年 10 月，其标志性事件是 1918 年 10 月 14 日北京大学新闻学研究会的成立。蔡元培任会长，从美国学习了新闻学和经济学归来、在北京大学任教的徐宝璜教授(时年 24 岁)为副会长兼导师，另一位研究会的导师是邵飘萍。1919 年，徐宝璜的著作《新闻学》出版，这是中国第一本新闻学著作。此前梁启超于 1896 年开启政治新闻学(从政治角度观察新闻传媒作用)的传统，这种论述传统被后来的中国各政党运用来服务于政治斗争。中国共产党 1942 年延安《解放日报》改版时期形成的"党报理论"，亦属于政治新闻学的传统。

传播学作为一门学科，大体形成于 20 世纪 40 年代。20 世纪 20 年代美国芝加哥学派(包括经济学、社会学、心理学、政治学、人类学五大学科)从不同方面为传播学的形成奠定了理论基础；40 年代的信息论、控制论、系统论进一步为传播学提供了新鲜的理论支持。一战和二战的宣传战和电波战，直接促成了传播学首先在美国形成。接着在 20 世纪 60 年代，以欧洲人文—历史—哲学为背景的传播学批判学派形成。

二十世纪五六十年代，中国大陆只有几个学者知悉外国有个传播学。传播学在中国公开被知晓，开始于 1978 年。1982 年由新闻学界召开了第一次传播学研讨会。1987 年，"新闻传播学"在中国被承认是一个学科。

---

① Atwood R. A.；de Beer A. S. The Roots of Academic News Research: Tobias Peucer's "De relationibus novellis" (1690), Journalism Studies, Volume 2, Number 4, 1 November 2001, p485-496(12).

② 《马克思恩格斯全集》，第 48 卷，人民出版社，1985 年版，第 12 页。

新闻学最初在理论、业务上是不分的，例如 1919 年徐宝璜的《新闻学》、1923 年邵飘萍的《实际应用新闻学》等著作，结构上是"理论＋业务＋经营"等报业各个工作系统的综合论证。1927 年出版的戈公振著《中国报学史》，其绪章和结束语，其实不是新闻史，而是新闻理论研究。

传播学不是一个严格的学科体系，传播学者们各做各的，研究角度很不相同。目前我国学界已经从过去将传播学分为两派（经验学派和批判学派），改为分为三个学派，即经验—功能主义学派、技术主义控制论学派、结构主义—权力学派。[①]

经验—功能主义学派出于服务功利目的的需要，无形中形成大体五个研究板块，即控制研究（传播者研究）、内容分析、媒介渠道（形态）研究、受众研究（调查）、传播效果研究。

欧洲批判学派即结构主义—权力学派，包括德国法兰克福学派、英国文化学派和政治经济学派、法国的符号学和批判理论等等。他们认为，人的思维和信息的传播，受制于传播的基本符号系统，人生活在具体的符号体系之中，因而任何传播都早已被"结构"了。在这样思路的研究中，又以揭示传播中符号背后的权力（政治的、意识形态的、经济的和文化的权力）背景的居多。

在传播科技发达的现代，对信息的载体——媒介形态的研究已经形成一个独立的学派，即技术主义控制论学派。马歇尔·麦克卢汉的"媒介即讯息"一说表达了这个学派的基本的认识要点，即新的媒介形态本身（不是内容）对改变社会结构起到了关键作用。这个观点在传播科技日新月异的变革中，被凸显出来，并被完善为"媒介即环境"的思想，成为热门的研究领域。

我国的新闻学研究一度被政治化，以致完全被政治替代（文革时期）。1978 年恢复研究之时，是从讨论"什么是新闻"开始的。与此同时，传播学通过开启的中外学术交流，被我国新闻学界所知，并主要在新闻学界展开引介和研究。如果说最初的学界分化，那么新闻传播学科的最大分化是新闻学、传播学作为两个研究系统的分化，而且当时分工比较明确。

所谓"新闻学"，主要是指传统新闻学的理论、历史和实务研究；所谓"传播学"，主要是指传播学理论以及各种非新闻传播的社会传播现象的研究，诸如广告、公共关系、出版的研究。

我国恢复新闻学研究之初，由于相当多的研究者对学术规范的无知，"新闻××学"或"××新闻学"一度泛滥，一些文章把新闻工作中的问题，通过经验性质的描述，就轻易构建出个"学"来，文章的作者们误以为把某个问题的研究称为"学"，就能够上升到学术层面。于是，新闻学被分化为更多的"学"。关于这一点，可以在甘惜分主编

① 胡翼青：《传播学：学科范式与范式革命》，北京广播学院出版社，2001 年版；陈卫星：《传播的观念》，人民出版社，2004 年版；陈力丹：《试论传播学方法论的三个学派》，《新闻与传播研究》，2005 年第 2 期。

的《新闻学大词典》①中窥见一二，其中关于"新闻××学"或"××新闻学"的词条就有约40种。有些词条的设置，现在看起来显得颇为幼稚，但我国的新闻学研究就是这样走过来的。

高校教学领域，"新闻学"被更细地划分为新闻理论（除了一般理论外，还有"马克思主义新闻观"）、新闻史（进一步分为中国新闻史、外国新闻史）、新闻实务（进一步分为新闻采访、新闻写作、新闻编辑、新闻评论、新闻摄影等等独立的课程）、广播电视、传媒经营等。在中国人民大学新闻学院，传媒经营后来以"媒介经济"冠名，脱离"新闻学"，成为一个硕士生或博士生的独立专业方向。

就"传播学理论"这个传播学研究的话题而言，亦被划分为更为细致的不同学派的研究，尤为彰显的是美国经验主义学派的研究。

新闻传播学转向学术性的深化研究，是在进入21世纪之后。学科"学"的分化不再无限扩展，过去提出的许多"学"没人再提起，保留下来的有发展潜力的研究话题，得到了深化研究。

新闻史研究，21世纪初已经完成了宏观中国新闻史的系统化陈述（代表作为方汉奇主编的《中国新闻事业通史》三卷本），接着又完成了宏观中国传播思想史的系统化陈述（代表作为金冠军、戴元光主编的《中国传播思想通史》三卷4册本），以及外国新闻传播史的宏观陈述（代表作为陈力丹著《世界新闻传播史》第二版）。目前中国新闻史研究的主流，向阶段史和个案史方向深化；外国新闻史的研究主流，向分国史方向深化（"十二五"期间将完成G20分国史教材，完成英、法、德、西、葡五国新闻史的研究专著），每年都有一些新发现、新材料或新的研究领域出现。另外，采用较新的历史学方法论重新审视中国宏观新闻史，亦是未来"十二五"规划中一些学者准备做的事情。

新闻理论研究进入21世纪以后，出现了系列深化研究的专题著作。目前新闻理论的主要问题在于整体结构仍然较为陈旧，需要创新思维。

鉴于中国新闻传播业被推向市场经济，20世纪末至今，传媒的职业道德和职业规范、传媒与社会冲突的法治解决（新闻法治），成为新闻传播学中两个紧密相连的不衰研究话题，积累了大量个案研究成果，出版了一批译著和一些国人的论著。目前国家广播电视总局已经出台了由新闻传播学界参与完成的《广播电视节目标准》（即广播电视行业的业务规范，约100条，徐迅主持），中国人民大学新闻与社会发展研究中心亦完成教育部基地重大项目的成果《中国新闻职业规范蓝本》。

新世纪初，传播学研究中一个较新的研究领域从原有的传播学体系中脱颖而出，即媒介形态研究，而且这方面的研究以传播学第三个学派（技术主义控制论学派）的身份得到学界的认同，一批译著和国人的论著接连出版。熊澄宇主持的"清华传播译

① 甘惜分主编：《新闻学大词典》，河南人民出版社，1993年版。

丛"，从这个视角选择了一批相关著作(出版于 2002—2004 年)出版，促使国内学界关注媒介形态对社会结构的影响。同类译著中较有理论价值的还有北京大学出版社的"媒介环境学译丛"(2008 年开始，何道宽主译)。许多关于新媒体的研究论著，亦从媒体形态而非传播内容入手考察，引发了传播学研究思维方式的变化。这方面，我国七八年前已有了专题的博士论文。现在，跟进传播科技发展态势的研究，力度颇大。例如微软开发"人立方关系搜索"技术之际，我国的研究者便立即跟进反应，不仅及时介绍这种传播新技术，而且在理论上给予观照。

20 世纪 90 年代媒介经济这个话题从新闻学研究中分化出来，至少在几个主要高校的新闻传播专业中成为独立的研究方向。中国人民大学新闻学院三个博士生培养方向中，媒介经济与新闻学、传播学的培养方向并列。媒介经济的研究，鉴于社会需求旺盛，造成了较大影响。这方面的行情分析类论著较多。

从传播学角度观察舆论现象，我国学者早在 20 世纪 80 年代末就开始了，这也是从传播学中分化出来的一个重要话题。经过 20 多年的舆论调查的学术积累，现在已经发展到即时的网络舆情分析。从 2009 年起，中国人民大学新闻与社会发展研究中心舆论研究所每月出版一份舆情分析报告(喻国明主持)。

二、新闻传播学的整合

我国最早专门研究传播学的人员，多数来自新闻学科，因而新闻学研究和教学人员与传播学结缘。传播学研究的是信息的交流与共享，新闻是信息的一类，自然属于传播学研究的范畴。一般信息传播的原理用于研究新闻信息的传播，可以为传媒的主持者和政治当权者带来利益，特别是关于受众接受信息的规律性论证，以及经常更新的关于传播效果的数据，具有直接的功用。这种实证研究，推动了传播学研究与新闻学的结盟。

新闻学与传播学结盟，最早开始于美国，并进而影响到中国。新中国成立后于 1978 年 10 月访问中国的来自西方世界的第一位新闻学者、日本新闻学会会长内川芳美教授，谈的是传播学，因而直接影响到接待他的中国新闻学界开始关注传播学。1982 年 4-5 月访问中国的第一位专职传播学者、夏威夷东西方传播研究中心主任韦尔伯·施拉姆，本身就是新闻教育家，同时又是美国最早的传播学博士教育的创始人，这种情形再次给予接待他的中国新闻学界一种强大的暗示：由新闻学界来研究传播学，义不容辞。于是，就在施拉姆来访的当年 11 月，由中国新闻学界召开了第一次全国传播学研讨会，从而造就了中国新闻学与传播学整合的起点。

以浓重的人文—历史—哲学为学术背景的欧洲学者，针对经验—功能主义传播学的研究服务于大众传播业主的利益，以批判的立场介入研究。结果，被批判对象的研究者和批判者殊途同归，新闻学与传播学被拖入到同一个广大的研究视角下。

不过，由于传播学涉猎全社会各个领域的传播现象，视野十分开阔，因而同时与其他人文—社科学科也存在密切关联。只是比较而言，与新闻学的结盟更为紧密。

在较长的时间内，新闻学归到中国人文—社会科学大学科划分中的"文学"之下。这种划分继承了新中国成立前学科划分的传统，有不够科学的地方，但一直如此。1981年，改革开放以后毕业的第一批学习新闻学的研究生，被授予的便是"文学硕士"学位。1983年以后，新闻学的学位从"文学"转归到"法学"之下。

1987年以后，新闻学力争"独立"地位，扩大自己的地盘，于是把传播学正式拉进自己的领域。怎么称呼呢？叠加为"新闻学与传播学"，有的时候又被简化为"新闻传播学"（这种说法应该是偏正结构还是并列结构，无人能说清楚）。如果说这是一种学科的整合，那仅有词汇上的意义。此外，为了正名，讨论新闻学和传播学的关系，成为新闻传播学界十几年不衰的无解话题。

进入21世纪后，新闻传播学又被转回到"文学"的大学科之下。至今，在相当多的高校新闻传播学专业，仍然与文学专业捆绑在同一个学院里。新闻传播学专业能否得到较快的发展，往往取决于学院的主要领导人是否出身于新闻传播学专业。其实，文学与新闻传播学的差别在信息时代已经越来越明显了。这是两种性质不同的信息传播，文学文本的创造和接受，是审美；而说明性文本（新闻和其他说明性文本）的创造和接受，是不确定性的减少或消除。这方面，新闻传播学界有少量论文讨论过这种性质不同的差别。[①]

然而，就在这些形式主义的"整合"引发无谓争论的数年内，我国进入了网络传播普及的时代，新闻学与传播学的整合已经不是理论，而是实践的问题了。学科本身叫什么不过是个符号称谓，变得不重要了，重要的是新闻学和传播学的界限变得模糊，真的整合了。其实，从20世纪80年代中期起，新闻理论研究就开始融入大量传播学经验学派的理论，诸如信息、信源、信宿、反馈、渠道、受众、舆论领袖、二级传播、传播效果、议程设置等。甚至一度还有过取消单纯的"新闻理论"、直接将新闻理论与传播理论作为一门课程的建议。从当时新闻理论教材的结构看，二者的结合虽然有些生硬，但显现出新闻传播学作为一个被整合学科的自身努力。

我国设置新闻传播学专业教育的目的之一，在于为国内巨大的传媒业市场服务。因而，新闻理论作为新闻传播的专业性应用理论，应该有独立的地位；而传播学理论，是较为宏观意义的信息传播的规律探索，它涵盖新闻传播现象的研究，但不能替代较为微观的新闻理论。事实上，经过二三十年传播学的引入和运用，在关于新闻传播现象的研究中，大量运用传播学理论来说明各种问题，已经变得很平常了。在这个意义上，新闻学与传播学的融合是一种现实，而不再是想象。

在新闻传播学界，常挂在嘴边的传播学"本土化"，本质上建立在与西方传播学

[①] 陈力丹：《试论说明性信息的接受特征与引导舆论》，《现代传播》，1998年第6期；方毅华：《新闻叙事与文学叙事的多重审视》，《现代传播》，2010年第5期。

"划清界限"的思想认识基础上,然而信息时代的生活改变了这种先验的设想。没有纯粹的西方和东方,全球化造成了思想的流动和融合。西方新闻理念中呈现出某种程度的中国式的思维,例如能够在那里发现类似中国典型报道和民生新闻的报道内容;而传播学中的不少理论(例如麦库姆斯和肖的"议程设置论"、哈贝马斯的"公共领域"等),在中国的论述中其实早已变味,被赋予中国制度和文化背景的理解。

不仅传播学的经验—功能主义学派对新闻学研究产生了较大的影响,近年传播学的结构主义—权力学派的观点,也开始渗透到研究新闻现象中了,主要表现在对各种传媒行为商业化的批判上。在新闻学的话语中,传播学批判学派的成分无形中越来越多了,原本只有少数学者知道的欧洲批判学派的代表人物,现在变得颇为大众化,例如本雅明、马尔库塞、布尔迪厄、鲍德里亚、哈贝马斯、罗兰·巴特、斯图亚特·霍尔等等。

20世纪90年代末以来的中国大陆,新传播科技迅猛发展。网络传播的普及,以及以互联网为平台的web2.0的发展要求新闻传播学的学术研究适应新的传播技术环境。不知不觉中,研究话题和方法的整合,已经成为一种趋势。与此同时,学科内容分化过程中稳定下来的一些话题,其研究得到进一步的深化。

新传播科技给新闻传播实务的教学和研究也带来了整合的要求。不仅过去的"新闻实务"要转变为"新闻与传播实务"(包含各种非新闻类信息的传播实务),而且以往以报纸实务为背景的采、写、编、评等,必须适应新媒体的环境,整合为能够适用于各种媒介形态的新闻与非新闻类信息传播的实务。这方面,中国人民大学新闻学院正在做教学方面的改革尝试。

新闻传播学研究整合的视角,来自传播科技的发展。学者们正在试图从科学技术的宏观角度,重新打量陪伴人类的传播媒介。传播媒介不是中性的、透明的和无价值标准的渠道,它的功能不仅是把信息从一个地方传到另一个地方。传播科技是有偏向的,某一种媒介形态往往与特定的文化联系在一起。理解媒介形态所代表的科学技术,不能局限于科技本身。在新媒体发展、媒介形态融合背景下,新闻传播学得以获得了超越单一媒介形态的研究视野。

在传播科技五光十色的变化面前,我国新闻传播学界把握住了"向前看"的视野。互联网和web2.0兴盛之际,已经把眼光投向未来的"物联网"(The Internet of things)和web3.0,甚至N.0了。物联网即通过射频识别(RFID)、红外感应器、全球定位系统、激光扫描器等信息传感设备,按约定的协议,把任何物品与互联网连接起来,进行信息交换和通讯。Web3.0的技术特征是:万物感知—智慧控制;物质世界与人类社会的全方位信息交互;人与物质世界的联接。一位研究者就此提问:

"当信息获取功能和信息分析功能更为强大的个人信息终端更加普及的时候,人们对于大众媒体的依赖会发生什么变化? 公众还会像今天这样局限于对孤立事件有限形态的了解和在信息传播过程中所处的被动位置吗?"

"曾经让新闻学拥有了更坚实的理论基础的传播学理论体系在今天也面临着信息通讯技术应用带来的震荡。经典传播学理论研究的是人与人之间的信息传播活动，各个学派已经从各个方面对它的理论体系进行着日益精美的建造。但是，面对信息通讯技术的突飞猛进，经典传播学研究本身已经直接面对突破自身局限的挑战。"①

还有学者从文化传播的层面对物联网的潜质做出评估，认为一方面"物联网解决了信息传播和社会交往的虚拟间性难题，在传播行为里增设了'物'的维度和'真'的依托，这为数字传媒时代的思想文化传播创造了'此在'的可实证性和观念体认的可证伪性，从而开辟了文化传播的新视野"；然而在另一方面，物联网多样的传播途径和复杂的内容给网络监管带来难题，物联网的物本主义导向也可能使思想文化传播的人文精神受到挑战。②

正是在这种外部环境的压迫下，新闻传播学的很多问题已经不能在原来划分的范围内得到回答，打破学科内不同领域的界限，甚至打破新闻传播学与其他学科之间的界限，成为一种较为普遍的新的思考方式。

传播学研究本身，不论在西方还是在中国，已经较难清晰地分清某项研究属于哪个学派，因为不同的方法论正在融合。中国学界近些年比较集中的研究为传播学起源奠定理论基础的 20 世纪 20 年代的芝加哥学派，这本身就是一种不同学术立场的融合表现。现在我国传播学研究的论著，相当一部分很难说清楚属于哪种学派的研究。

我国一些关于新闻学的研究话题，现在已经被"整合"为传播学的话题，最为典型的是传播真实问题。在新媒体及数字化的条件下，原来的真实与虚拟的理解与界说，已经缺乏解释力了。这种情形要求新闻传播学者思考虚拟世界与真实世界的关系：现在的人总是生活在现实与虚拟两种世界之中。在虚拟世界驻足的时间越长，在现实世界驻足的时间就越少；在网络等虚拟世界中越是想让大脑和眼睛获取"无限"信息，人的身体就越是被禁锢在极为有限的现实空间中，甚至就在一把椅子上。真实中的不真实与不真实中的真实，已经成为生活的常态。在一般的观念中，真实意味着可触、可测、可检验，反之便是不真实。然而网络等新媒体颠覆了这种认识，虚拟≠0，网上的聊天和信息传通，虽然不是物理符号的在场，但就信息与情感的交流而言，并不比现实生活中缺少实在与真实。虚拟与现实越来越交织在一起，已经构成了互为因果的真实关系。它改变着传统的真实理念，而且改变着对真实的理解。③

① 高钢：《物联网和 Web3.0：技术革命与社会变革的交叠演进》，《国际新闻界》，2010 年第 2 期。
② 欧阳友权、欧阳文风：《物联网的形上之思——物联网给我国思想文化传播带来的机遇、挑战和对策》，《求索》，2010 年第 9 期；王治东：《物联网技术的哲学释义》，《自然辩证法研究》，2010 年第 12 期。
③ 闵惠泉：《真实与虚拟：新媒介环境下的追问》，《现代传播》，2010 年 2 期。

于是，"虚拟真实"的概念得以挑战传统的现实真实。在虚拟真实中人们可以与储存数据和消息的环境互动，所有的信息都被"真实"地呈现。在虚拟技术的帮助下，可以创造全新的信息环境，并在其中获得新的体验与能力。① 这种情形下，网络传播时代的信息、信息环境真实问题，需要得到理论上的重新阐发。

也正是新媒体的环境，带来了新的问题，促使我国新闻传播学界得以跳出传统的研究范式，综合传播学经验—功能主义学派、结构主义—权力学派的观点，以人文的思路来质疑这个新环境。2010 年 11 月 6 日，在中国人民大学新闻学院院庆 55 周年的研讨会上，有学者借用尼尔·波兹曼的思路提出了如下的四个问题：

"1. 一种媒介在多大程度上有助于理性思维的应用和发展？2. 媒介在多大程度上有助于民主进程的发展？3. 新媒体在多大程度上能够使人获得更多有意义的信息？4. 新媒体在多大程度上提高或减弱了人类的道义感，提高或减弱了我们向善的能力？其中波兹曼对于第三个问题的回答是，在过去的一百多年里，人类执著地追求快速提供信息的机器，结果，我们被淹没在信息的汪洋大海里，新媒体让我们的国家成为信息垃圾堆放场。"②

一些新闻传播学界人士已经认识到，在讨论新媒体的众声喧哗中，需要批判的视野。对于媒体融合等媒介科技的变革，学术研究关注点不宜仅仅集中于媒介内部以及技术本身，而要将这种变化放在一个宽阔的社会文化历史背景中去考察、阐发。"技术垄断文化，文化向技术投降"，这种可能的结果需要学界向社会发出警告。正是在新闻传播学从分化到整合过程中，我国学者获得了这种较为清醒的认识。

当前中国媒介技术的迅猛变革，以及由此激发出的民众、社会的巨大能量，是世界其他国家罕见的。关于媒介技术、媒体融合，我国从来不缺乏中国经验，在新媒体实践和研究方面，我国的学界与世界同行基本处于同一起跑线上。丰富的中国经验可能催生出中国新闻传播学者的创新能力。

"未来的传播学领域将聚合起更多的学科背景，面对人类与大千世界的广泛而复杂的联系，借助多元学科知识、使用多元科学工具与方法，深入探讨信息传播和系统控制的特点与规律，建造起更具说服力和适应度的理论体系。"③

三、新闻传播学学科研究方法的创新

传统的新闻学研究方法，基本是人文—历史—哲学的思维模式，同时带有较强的经验描述性质。20 世纪 20 年代中国最早的一批新闻学著作，便是这种思维方式的代表。新中国成立后，这种研究方法在 1954 年前后中国新闻界全面学习苏联的背景

---

① 马忠君：《虚拟化生存的基础》，《现代传播》，2010 年第 3 期。
② 孙玮：《媒体融合与新闻传播学术创新》，《国际新闻界》，2010 年第 12 期。
③ 高钢：《物联网和 Web3.0：技术革命与社会变革的交叠演进》，《国际新闻界》，2010 年第 2 期。

下，被以联共（布）中央高级党校新闻班讲义为代表的政治思维和报纸社论的写作模式所替代。因而，20世纪50年代—80年代中国不多的新闻文章（直到1982年才出现新中国成立后第一本教材式的新闻学的著作），基本是这类模式，尚谈不上学科的研究方法。甚至量化分析的方法被批判为"唯心主义糟粕"。1980年，一位研究者写道："不少美国的新闻学理论的文章和著作，利用了统计、逻辑和数学的方法……随之还相应地出现一些数理公式和逻辑符号，使人看后实在费解……其实，不过是些唯心主义糟粕。"①这段话在发表的时候，很平常；然而，今天读来不免令人扼腕。这不完全是个人的过错，而是当时历史环境造成的一种认识。

对量化分析的漠视和否定，主要在于那时我国的新闻学界尚不知道什么是科学方法论，政治替代学术的倾向尚未来得及纠正。研究者们必须把新闻学看做是"有立场"、"有感情"的学问，"我们理直气壮地承认自己是无产阶级专政的工具，不是更好得多吗？"在那样的背景下，任何涉及"客观"、"纯粹"说法，都会被视为"客观上给资产阶级新闻学多少起了涂脂抹粉的作用"②。"客观"了，"纯粹"了，资产阶级和无产阶级之间的界限就无法划清。而量化分析，至少形式上是不讲这些的。

传播学中最早出现的经验—功能主义学派，一开始就使用了主要来自社会学的量化分析方法。这种研究方法，随着20世纪80年代初传播学论著被引介到中国而逐渐被中国新闻学界接受。

1982年底由中国社会科学院新闻所组织的北京地区新闻受众的调查，首次使用SPSS社会科学软件包进行统计（主持人陈崇山），其系列调查报告采用的基本是传播学量化分析的方法。③ 1983年，新闻学刊物上开始设置"传播学研究方法"的讲座栏目。④

1987年，祝建华发表的论文《传播学定量研究方法的科学来源》，可能是最早的以"科学方法论"为论证对象的文章。这篇文章明确提出，传统的研究方法——哲学思辨、历史求证、法规判别——已不能适应科学研究深入发展的客观需要，需要借鉴"科学方法论"。文章指出了科学方法论的要义：科学研究的关键不在于结论是什么，而在于得出结论的过程是否合乎科学原理。科学的结论通常用两种方法来保证其有效性：要么由经验证实（尤其是数据）予以支撑，要么由逻辑推理予以保证。⑤

20世纪80年代中期以后，常规化的新闻受众调查的主要操作，转移到中国人民大学舆论研究所（首任所长甘惜分，现任所长喻国明）。那时，一篇比较简单的量化分

---

① 《战后美国新闻理论的特点》，中国人民大学新闻系：《新闻学论集》，1980年第1辑。
② 《什么是新闻——关于新闻的定义》，《新闻学论集》，1980年第1辑。
③ 首都新闻学会：《新闻学会通讯》，1983年5—6期，北京地区读者、听众、观众调查专辑。
④ 《新闻学会通讯》，1983年18—19期，刊登多篇讲授调查方法的文章，其中包括译文《美国民意调查方法介绍》。
⑤ 祝建华：《传播学定量研究方法的科学来源》，《新闻学论集》，1987年第11辑。

析报告,便被视为较重要的论文。现在的舆论研究所(属于中国人民大学新闻与社会发展研究中心),已经成熟到采用先进的技术手段进行即时的舆情分析和信息接受的心理实验分析了。

在方法论方面,需要提到1988年出版的中国人民大学新闻学院的《新闻学论集》第13辑,此辑为"系统科学与新闻学专辑"。在这一辑中,系统科学——主要是信息论、控制论、系统论的原理和方法,被应用于新闻传播学研究。诸如信源、信道、信宿、信息流、信息量、反馈等名词,被学者们一再重申。

20世纪90年代后期,学术研究规范的问题被提上日程,新闻学论文开始从政治思维和党报社论话语状态逐渐回归人文—历史—哲学的思维传统,与此同时,传播学经验主义学派的实证研究(当时主要是量化分析)方法也逐渐在高校研究生论文中得到倡导。进入21世纪后,传播学研究方法成为主要高校新闻传播院系的基本课程。说明采用何种研究方法,成为硕士、博士论文绪论部分写作的格式化要求之一。

现在,至少在几所主要的高校新闻传播学院,SPSS社会科学软件包要求的量化调查和统计方式,本科生都会使用。高校"挑战杯"、"创新杯"等的大学生论文和调查报告的竞赛中,SPSS社会科学软件包的使用很平常,获奖的不少。

传播学实证研究中的质化分析方法,在2002年陆晔、潘忠党的论文《成名的想象:社会转型过程中新闻从业者的专业主义话语建构》[1]影响下,也得到一定的推广。

最近几年,复旦大学新闻学院和中国人民大学新闻学院连续举办暑期新闻传播学研究方法班,大部分主要高校的博士生和青年教师先后参加,已经使得证实研究的量化和质化的分析方法得到普及。

现在新闻传播学质量较高的文章,通常是量化分析与质化分析相结合,新闻学研究的话题与传播学研究的方法相结合。例如2010年中国人民大学《国际新闻界》的特稿文章《媒介接触时间考察的新范式:研究框架的建构逻辑》[2],便是典型。该文深化了"媒介接触时间"这个新闻学的话题,作者们同时着眼于量和质两个层面,立足于以人为本的分析路线,并在全媒体生态的大背景下,以时钟时间和社会时间相结合的方式来描摹受众的媒介接触图景,通过日记法来同步展现人在时间序列上的行为空间、物理空间和心理空间,并通过问卷调查法在社会阶层、生活方式、媒介素养、媒介印象四个维度上对受众特征进行深度把握。

传媒学研究在中国已经发展到了进行微观的认知神经传播的研究(使用眼动仪来观察测量人在接受信息瞬间的变化)。2010年,由中国人民大学传播与认知科学

---

① 陆晔、潘忠党:《成名的想象:社会转型过程中新闻从业者的专业主义话语建构》,《新闻学研究》(台湾),2002年第4期。

② 中国受众媒介"接触—使用"状态定量研究课题组:《媒介接触时间考察的新范式:研究框架的构建逻辑》,《国际新闻界》,2010年第9期。

实验室完成的论文《媒介即信息：一项基于 MMN 的实证研究》①，采用的便是这种方法。该文通过眼动仪（MMN 实验），证实纸质报纸和电纸书报纸在脑认知机制上的差异及不同特点。这是我国新闻传播学界采用其他学科研究方法的一次尝试。这项实验表明，纸质报纸需要调动更多的人脑机制参与，而电纸书报纸调动人脑的程度相对小些。实验同时证实，人们利用纸质报纸和利用电纸书报纸阅读内容时存在认知方式上的明显差异，电纸书报纸的认知发生更加全面均衡。

这在方法论上是一种创新，也是一种对人文—历史—哲学思维的技术挑战。换一种角度看，人的精神活动能这样被机械地研究吗？唯一会思想的高级动物，在自己创造的技术设备下变成了可以被精确测量的物，但人不是无机的物。

目前我国新闻传播学界对于科学方法论兴趣盎然，这是一种学术发展的好现象。这个时刻需要提醒的是：防止单纯使用源于自然科学的研究方法而忽略了人文—历史—哲学的理性思维。我国的新闻学研究由于历史的原因，缺乏人文—哲学—历史思维的传统，在经历了长期政治化浸润之后，很快转入传播学"科学方法论"的窠臼，相对原来的政治化思维来说，是一种进步。但是，目前工科思维对人文—社科（包括新闻传播学）形成了压倒性的强大影响，已经显露出学术研究的机械和无深度。因而要具备这样的基本认识：无论"科学方法论"名下的各种方法如何新颖并在实证方面显得有效，人文—历史—哲学的逻辑分析比单纯的量化分析更显示人的思维特性。

在这方面，新闻传播学科内已有一些论文指出了这类问题。一位作者写道："不管有没有必要，几乎所有的课题论证都要写上那么一点实证研究方法的设计；也正是因为如此，研究者们拿出来的大量课题成果大都可以看做是社会调查加对策报告，这些在方法论上有严重缺陷的报告不但对于理论没有贡献，而且对于实践也没有指导作用。""随着科学理性压倒性的胜利，在与传播学术有关的各种社会力量之间，数据成了社会稀缺资源，似乎谁都需要数据，似乎只有数据才能代表科学……这些社会因素的共同作用使实证研究的交换功能日渐显著，在中国迅速完成了货币化的历史进程。"②

有鉴于此，新闻传播学在研究方法上的整合方向，除了证实研究的量化分析与质化分析的结合外，更为长远的整合，应该是人文—历史—哲学的思维方式与"科学方法论"的思维方式的结合。我国新闻传播学的研究，在方法论上需要适当重温人文—历史—哲学的思维方式。

① 中国人民大学传播与认知科学实验室：《媒介即信息：一项基于 MMN 的实证研究——关于纸质报纸和电纸书报纸的脑认知机制比较研究》，《国际新闻界》，2010 年第 11 期。
② 胡翼青：《传播实证研究：从中层理论到货币哲学》，《新闻与传播研究》，2010 年第 3 期。

研究与思考

＝延伸阅读＝

1. 甘惜分:《论新闻学》,载《青海社会科学》1981 年第 3 期。
2. 陈力丹:《论中国新闻学的启蒙和创立》,载《现代传播》1996 年第 3 期。
3. 赵智敏:《改革开放 30 年中国新闻学之演进(1978—2008)——学术精神的追寻与理论重建》,复旦大学博士论文,2009。
4. 郑保卫:《新中国 60 年:新闻学研究发展历程回望》,载《新闻与写作》2009 年第 10 期。
5. 李良荣、李晓林:《新闻学需要转向大众传播学》,载《新闻大学》1998 年秋季号。
6. 李良荣:《新闻传播学研究的转向及前沿问题》,载《新闻记者》2013 年第 10 期。
7. 郑保卫:《试论我国新闻学的学科地位及学科发展》,载《中国人民大学学报》2005 年第(02)期。
8. 方延明:《对我国新闻学学科建设的几点思考》,载《南京大学学报》(哲学·人文科学·社会科学版)2007 年第 6 期。
9. 邰书锴:《走入黄昏的中国新闻学——30 年中国新闻学的回望与反思》,载《现代传播》2009 年第 3 期。
10. 郑保卫:《迈向辉煌的中国新闻学——与邰书锴同志商榷》,载《现代传播》2009 年第 6 期。
11. 谢鼎新:《中国新闻学研究的现代化进程》,载《山东社会科学》2009 年第 10 期。
12. 李希光:《转型中的新闻学》,南方日报出版社,2005 年版。
13. 肖燕雄、谭笑:《论新闻学的研究话语和研究方法》,载《新闻学论集》2010 年第 24 辑。

＝问题与思考＝

1. 简述新闻学的学科构成及各分支学科的相互关系。
2. 请对新闻理论的研究对象进行一番具体的分析。
3. 西方资产阶级新闻学大致经历了一个怎样的发展历程?

4. 什么是报刊的自由主义理论？它的历史作用是什么？又为何会受到质疑？

5. 什么是报刊的社会责任理论？为什么它难以在新闻实践中落到实处？

6. 试比较自由主义新闻理论与社会责任理论的异同。

7. 中国的新闻学是在什么样的背景下产生的？经过了哪几个大的发展阶段？各个阶段都有一些什么样的特点？

8. 综述无产阶级新闻学的发展历程。

9. 新闻学这门学科的发展演化有一些什么样的规律？你如何理解这些规律？

＝研究实践＝

1. 查阅相关资料，弄清楚什么是新新闻学、调查新闻学、精确新闻学、发展新闻学、公共新闻学，尝试解释这些理论产生的背景以及它们发展演化的过程。

2. 有人认为新闻学应该转向新闻传播学，也有人认为新闻学与传播学有明确的分野，两者不能混为一谈，你是怎么看待这一问题的？请搜集一些资料，对此提出自己的观点并加以必要的论证。

第十三章　新闻理论研究：承续与创新

导　论

　　新闻理论研究是新闻学的三大组成部分之一，它从产生之后就与新闻学研究的其他分支领域相互促进并共同成长，但又逐步形成了自己相对独立的知识体系，具有了比较明确的研究对象和研究方法。新闻理论要研究的是新闻、新闻实践、新闻业以及新闻学发展的基本内涵与基本规律，需要为整个新闻学学科体系的构建以及对各种现实及历史现象的研究提供理论基础、观念引导和方法支撑。在过去的研究历程中，新闻理论既有成功的探索和显著的成就，也有面临的困惑和仍待解决的问题。正因为如此，就需要研究者在未来的学术探索中，既充分地继承已有的经验和成果，不断加强对既有问题的研究，又需要根据新闻实践和时代环境的变化，更新思想观念，勇于开拓创新，为新闻理论的内涵深化和体系完善做出更大的努力。

　　新闻理论研究需要创新，这是毫无疑问的，但这种创新一定是在承续和发扬既有研究成果的基础上进行的。在一百多年的新闻理论探索历程中，中国的新闻理论已经积累了许多有益的经验，需要加以梳理和继承。这主要集中在以下几个领域。

　　一是对新闻本体问题的探讨。近代以来，关于新闻本体问题的探讨虽时有断续，但总体而言，仍不失为新闻理论关注的重点之一。这一领域涉及的议题包括：新闻的定义、新闻的本质特征与功能、新闻的构成要素、新闻传播与接受行为、新闻选择、新闻敏感、新闻价值、新闻存在的形态和规律等。对这些基本概念和基本问题，不同时期有不同的认识，有些甚至在特定时期内产生过较大的争议。随着探索的不断深入，研究者在许多问题上逐步形成了共识；也有一些问题虽未达成共识，却形成了学术对话与多维阐释。前者如新闻的功能、新闻要素、新闻敏感、新闻价值、新闻类型等，后者如新闻的定义、新闻的本质、新闻真实性等。这些研究的成果，无论是共识还是争议，都是新闻理论创新的基础和出发点。新闻理论研究不能为创新而创新，它一方面要贴近新闻业发展的现实，另一方面也要追索新闻的本体问题，只有打下了坚实的理论基础，对现实问题的解释才能更为深刻有力，这一学科本身的发展也才能具备更为牢固的根基。

　　二是对新闻实践的途径、方法、条件和规律的探讨。在传统的新闻学学科体系中，新闻实践的内容主要从属于新闻业务研究，新闻理论对此虽有涉及，但主要集中在新闻实践所应坚持的政治原则、职业道德以及某些操作技能等方面。在借鉴传播学理论的基础上，新闻理论对原有的新闻业务研究进行了新的整合，形成了新闻传播者、新闻受众、新闻媒介、新闻文本（内容）的研究框架，并对每个要素的特定内涵做了较为充分的探讨。整合过的新闻实践研究不再单纯强调抽象的原则，也不具体涉及操作技能方面的内容，而是将新闻生产、传播与接受作为一个完整的过程，对其中各主要环节及其要素做分门别类的探讨，并力图揭示新闻从生产到接受过程中的运作规律。在新闻生产中，主要研究生产者的权利和责任、生产者应该具备的素养等；新闻的文本呈现形式。在新闻传播中，主要研究传播的载体和渠道即新闻媒介的特性、演化过程及演化趋势等；在新闻接受中，主要研究新闻受众的权利、需求及心理和行为特征等。无疑，这些研究更多地借鉴了传播学的研究思路和研究方法，有助于提高对新闻实践整体性和系统性的认识，值得进一步加以深化和总结。

三是对新闻事业和传媒产业发展问题的探讨。中国新闻学从一开始产生，就将主要注意力集中于探索新闻事业因何产生、有何作用以及如何发展等问题。经过一个多世纪的演变，对新闻事业的内涵、性质、功能，新闻事业发展的内外部条件，新闻事业与社会发展的相互关系，中外新闻事业的差异性等问题，都做了充分的研究，积累了大量的成果。改革开放以来，在新闻理论与新闻传播实践的互相作用下，研究者们意识到产业性同样是新闻媒介的本质属性，因而传媒产业成为新闻理论新的重要的研究对象，在新闻业的双重属性、媒介市场竞争、媒介集团化、传媒制度变迁、传媒业生态环境变化以及媒介经营管理的战略和策略等方面，都涌现出许多新的成果。在这一研究领域中，新闻舆论的作用、新闻自由、传媒（国际）竞争力、国家对新闻业的规制等问题，成为新闻理论研究的焦点或热点。

四是对新闻理论以及新闻学整个学科发展问题的探讨。这方面的研究包括：新闻理论的指导思想与体系构建问题；新闻学的核心概念界定问题；新闻学的研究方法问题；新闻学研究的历史经验和教训问题；新闻学与传播学的关系问题等。总体而言，在十九世纪后半期和二十世纪前半期资产阶级新闻学研究占据主导位置的时代，新闻理论的指导思想和理论框架主要是以西方新闻理论为蓝本而构建的。新中国成立后至改革开放之初，在中国大陆这一线索基本断裂，新闻理论主要延续了新中国成立前中共办报实践的思想和观念再加之前苏联的影响，以阐释马列主义经典作家和中共领袖对新闻工作的论述为中心任务，构建了以阶级性和喉舌论为核心内涵的党报理论体系。八十年代中期以后，信息论、系统论和控制论等新的学科开始影响新闻理论研究，传播学的引进和迅速传播更是让研究者认识到新闻理论体系的欠缺，由此开启了新闻学与传播学不断融合发展的新时代，传播学的许多理论以及经验主义的量化研究方法被新闻学所吸收或借鉴。进入新世纪以来，新闻学与社会学、心理学、经济学、管理学等其他人文社会科学的交流和互动更加频繁，不仅大大开阔了新闻学研究的学术视野，还产生了许多新的研究领域以及众多的交叉边缘学科。

总之，经过一百多年的发展，中国新闻理论研究已经积淀了相当丰厚的根基，厘清了新闻、新闻本源、新闻来源、新闻要素、新闻选择、新闻敏感、新闻价值、新闻真实性、新闻规律、新闻事业、传媒产业等一大批基本范畴或核心概念的内涵和外延,初步建构起了有中国特色新闻理论的概念体系和学科框架。这方面取得的诸多成果,都是今后新闻理论研究需要认真汲取的宝贵资源。

尽管我国的新闻理论研究已经取得了大量成果和显著成就,但与快速变化的现实环境相比,这方面的研究仍给人无法满足实际需要的感觉。现实环境的变化主要体现在以下三个方面:一是社会体制的转型,由新中国建立后长期实行的计划经济逐步转向了市场经济,新闻媒介作为一种上层建筑所依赖的经济基础发生了巨大的改变;二是全球化趋势的不断加深,新闻传播作为一个日益开放并具有明显软实力特征的社会系统,不仅在国内而且也在国际上发挥着越来越重要的作用;三是媒介融合趋势的日益显著,基于数字技术、多媒体技术和网络技术的新媒介对传统媒介形成越来越大的冲击,新旧媒体之间的融合成为一种不可逆转的趋势。这都使得新闻的内涵,新闻实践的观念、方式、手段,新闻媒介的组织形态和管理模式,处于不断的演化和创新之中。

面对这样的新形势、新环境,新闻理论研究就不应该也不可能故步自封和因循守旧,而只能在认真继承既往研究精华的同时,不断开拓创新,以使新闻理论能够更好地解释现实甚至可以指导未来的新闻实践。新闻理论研究的创新将主要通过以下三个大的方面得到体现。

首先,是研究观念的创新。观念是行为的先导,观念的创新会带来行为的转变。在科学研究中,只有不断突破陈旧观念的限制,才能使理论研究贴近现实的步伐,甚至对现实起到引导作用。在这方面,新闻理论研究同样也不例外。以改革开放后为例,如果不是彻底否定以阶级斗争为纲的指导思想,新闻实践就不可能向遵循新闻自身的规律回归;如果不是在对新闻媒介双重属性认识上的突破,就不可能有对传媒产业的重新认知和传媒产业的迅速发展;如果没有对西方新闻文化的相对客观的评价,新闻专业主义就不可能被介绍到中国并在中国的新闻实践中得到尝试。因此,新闻理论研究的观念创新一方面承载着学科自身发展的使命,另一方面也承担着呼应并促进新闻实践发展的重任,是整个中国新闻业不断向前开拓前进的动力源之一。新闻理论研究必须遵循新闻业发展的内在逻辑,不断调整研究的路径,扬弃不适应现实发展的旧理念,树立能够响应、呼应以及指导新闻实践的系统的、全新的观念,努力承担起其应有的义务和责任。

在此过程中,特别需要处理好以下两个方面的问题:一是马克思主义新闻观的继承与创新问题;二是如何认识和处理在传统媒介与新媒介叠加与融合的媒介生态环境中新闻本体、新闻形态、新闻业运行规律所发生的变化问题。在前一个问题上,要有回到马克思主义本身的勇气,结合马克思、恩格斯等马克思主义经典作家的原始论述,深入挖掘其中的哲理意义和方法论内涵,进一步消除过去将马克思主义庸俗化的负面影响;同时,要结合现实条件的要求,找到马克思主义与新时代的接合点。在后一个问题上,要充分研究新的媒介技术和传播方式对新闻、新闻生产和新闻接受所产生的内在影响,从而更好地认识、把握和运用在新媒介环境中的新闻运作规律。

其次,是研究方法的创新。研究方法可分方法论和具体操作方法两个层面。方法论层面的方法主要是指导研究的思想方法以及与之相对应的一定的理论体系,而操作层面的方法则包括研究程序、操作方式以及具体的技术手段等,它会因学科所属性质的不同而有所不同。新闻学在我国诞生后的相当长一段时间内研究方法意识并不明显,"直到20世纪30年代,新闻学研究方法问题才被正式提出,李公凡在《基础新闻学》一书中专节论述了新闻学研究方法,……他提出的方法包括历史法、观察法、比较法和实际的研究法(即理论与实际相结合)四种"①。这里所提到的四种方法都属于操作方法的范畴。实际上,在此之前以阶级分析等为具体方法的马克思主义的辩证唯物主义方法论也已经开始在中国新闻理论研究中有所运用,并在此后的半个世纪中成为一种主导性的方法。在马克思主义辩证唯物主义方法论指导下的各种具体研究方法都可以归结到人文主义思辨法的类型体系中,但在诸如"文革"这样特定的时代环境中,这类方法大多被庸俗化了。改革开放以来,新闻理论研究一方面恢复马克思主义实事求是的传统,另一方面从社会科学的实证主义传统中寻找方法论及具体方法的资源和灵感,逐步摆脱了机械唯物主义和庸俗社会学的影响,研究方法体系得到了很大的丰富、充实和改善,形成了研究方法创新的良好局面。但这方面的创新仍处于初级阶段,还需要继续不断地开拓新的空间。

研究方法创新的空间主要在于:一是要加大新闻学与其他相关学科交叉融合的力度,多维度借鉴其他学科的研究思维和研究方法,将人文主义研究范式的思辨分析法与实证主义研究范式的定性和定量分析法有机结合起来,以期达到规范性研究与解释性研究有机结合的更好的效果。二是提高已有方法的使用层次和研究水平,将文献研究、系统分析、文本分析、内容分析、定量分析、实地调查、个案研究、访谈法、观察法等各种方法与新闻理论研究的具体问题紧密结合起来,优化研究方法的使用,提高各种方法之间的匹配度,使各种研究方法的效用能够得到更大限度的发挥。

再次,是话语形态和话语体系的创新。如要提升新闻理论的理论性,就需要对其整个话语系统进行必要的改造,增加理论的学术含金量。为此,一要确立新闻理论的基本范畴和核心概念。在一个学科的话语体系中,基本范畴和核心概念占据特别重要的位置,应通过基础理论的研究,对已有的范畴和概念进行厘清和确定,创新新闻理论的概念体系,从而形成新闻理论的较为完整的学科框架。经过几十年的努力,我国新闻理论研究取得了显著成绩,但正像有些学者指出的那样,仍存在"新闻理论无理论,新闻理论理论弱"的现象,至少"学术性的新闻理论研究仍然比较薄弱"②。要

① 张振亭:《试论我国新闻传播研究方法的演变》,《江西社会科学》,2009年第11期。
② 陈力丹:《新闻传播学科发展的文献保障与实践基础》,《新闻大学》,2013年第4期。

解决这样的问题,除了要不断追踪现实中出现的新问题和新现象,对已有的基本理论范畴和核心概念进行审视,丰富或修正其内涵和外延使之更适合分析发展了的新现实外,还要在学科交叉中借鉴其他学科的理论知识,提出一些新的范畴和概念,以充实现有的理论体系。二要建立新闻理论的基本框架。郑保卫教授曾指出:"新闻理论框架问题是新闻学研究中的一个基础性问题,能否建构起科学、规范的新闻理论框架和知识体系,将会直接影响新闻学的学科地位,制约新闻学的深化发展。……新闻学需在理论框架的建构上取得进展。"①而要确立新闻理论的基本框架,核心问题是解决新闻理论内在的逻辑体系结构,这种逻辑体系应该能够吸纳学科的诸多研究成果,既是开放的又有高度的统一性。"理论体系的逻辑性能使人具有严格的思维方式,从已有的知识系统推出相关的知识;理论体系的深刻性,能使人具有提纲挈领、抓住本质的能力;理论体系的整体性,能使人具有把握个别与一般的能力,有高瞻远瞩的眼光;理论体系最后凝聚成的科学世界观和人生观,能够胸怀全局,有着眼于人类解放的大度。"②新闻理论的逻辑体系同样应该具有这样的逻辑性、深刻性和整体性。三要形成新闻理论合理的话语形态。无论在何种社会背景中,新闻理论都是意识形态的有机组成部分,它必然反映一定社会和政治条件中的主流价值观。但政治对新闻理论的影响也应该保持在合理的限度之内,如果以政治话语笼罩甚至替代新闻理论话语,其结果必然是新闻理论自身品格的丧失。中国自近代以来,新闻事业包括新闻学研究整体上服从于国家和民族的政治变革与救亡图存的时代主题,因而新闻理论话语的政治色彩非常浓厚,话语的表述方式和表达逻辑都是依存于政治体系的。这就形成了新闻学研究中政治话语、业务话语、哲学话语多套话语系统并存的状态,这些不同话语体系的理论旨趣、利益目标和观察视角并不完全一致,从而造成难以协调甚至互为矛盾的现象③。这也给新闻理论的创新带来较大的障碍,是需要努力加以解决的问题。

总之,正如有学者所提出的那样,"要根植于中国实际——中国的传统、中国的现实与中国的未来趋势,建立中国特色、中国风格、中国气派的新闻理论体系。这一理论体系应该立足于马克思主义的基本立场、观点和方法,注重普遍性与特殊性的高度统一;紧跟时代前进步伐,关注传媒生态最新变化,能够引领新闻传播业的良性发展;拥有国际视野,具有开放胸怀,能够与各种新闻观念、新闻思潮展开平等的交流与对话;是一个开放的系统,提倡各具特色的学术流派自由探索、各显风采"④。如此,中国新闻理论研究必然会迎来更加美好的未来。

---

① 郑保卫:《关于新闻理论框架建构的回顾与思考》,《国际新闻界》,2008 年第 12 期。
② 沙莲香:《社会心理学》,中国人民大学出版社,1987 年版,第 244 页。
③ 参肖燕雄、谭笑:《论新闻学的研究话语和研究方法》,《新闻学论集》,2010 年第 24 辑。
④ 杨保军:《我国新闻理论研究的宏观走向》,《当代传播》,2011 年第 1 期。

选 文

从"客观新闻学"到"对话新闻学"
——试论西方新闻理论演进的哲学与实践基础

史安斌　钱晶晶

导言——

本文刊载于《国际新闻界》2011 年第 12 期。

作者史安斌(1971～　),江苏南京人,2001 年毕业于宾夕法尼亚大学,获比较文化和传播学博士学位。现任清华大学新闻与传播学院副院长,教授,博士生导师;兼任中国新闻史学会秘书长等。出版《危机传播与新闻发布:理论·机制·实务》等。研究方向:媒介文化、危机传播等。钱晶晶(1984～　),江苏东台人,毕业于清华大学新闻与传播学院,获文学(传播学)博士学位。现为对外经济贸易大学英语学院教师。

本文旨在探寻有中国特色的新闻理论,批判和消解学术界中存在的西方中心主义倾向,通过分析西方新闻理论演进的哲学基础和实践基础,提出要正确处理当今新闻界"客观性"和"对话性"之间的辩证关系,吸收两者的精髓,探究我国新闻理论和实践的变革路径。

严格地说,欧美学术界并没有"新闻理论"(journalism theory)的说法。"新闻学"(journalism)真正进入大学教育体系始于美国,以 1908 年密苏里大学新闻学院的创立为标志,迄今不过一百年的时间。由于新闻教育本身偏重于新闻历史、实践经验和职业伦理方面的传授,新闻学研究多集中于对一些原理、规律和法则的总结和提炼,鲜有理论层面的提升。20 世纪 30 年代以来,"新闻学"逐渐融入了大众传播学的理论构建和实证研究的范畴当中,因此,我国学者引介的所谓"西方新闻理论"实际上是西方学者所说的"大众传播理论"或"媒介理论"。本文沿用"西方新闻理论"的说法。由于美国在新闻和大众传媒历史进程中的核心地位,因此,本文所使用"西方新闻理论"一词所涉及的是以美国为核心的西方价值观和话语体系。

从历史上看,所谓"西方新闻理论"(或"大众传播理论"、"媒介理论")是在欧美国家追寻现代性的过程中逐渐成型的。19 世纪初,随着廉价报纸的勃兴,西方国家在逐步实现现代化的过程中先后进入"大众传媒时代"。从报纸、广播、电视到当今的互联网,西方新闻理论随着媒介形态和社会文化的变迁而不断修正、丰富、完善和发展,最终成为世界各个国家新闻业发展的标杆和准绳。尽管各个国家的国情和社会文化语境不同,但西方新闻理论所倡导的"客观性"、"专业主义"和"公共性"[以及由此衍生出来的"公共新闻"、"公共广播电视"、"(网络)公民新闻"等现象]等核心理念跨越了意识形态和文化价值观的藩篱,成为全世界新闻业的"普世价值",值得我们认真梳理和分析。

任何理论的形成都需要坚实的哲学基础和实践基础,西方新闻理论也不例外。从对新闻本质属性的认知来看,西方新闻理论大体形成了两大主要体系:"客观新闻学"和"对话新闻学"。在这两种理论体系的引领下,也产生了两种截然不同的新闻生产和从业实践的体系。

"客观新闻学"的核心观点是:(1)新闻报道应当遵守客观、公正、平衡的原则,准确呈现新闻人物和事件的真实状况;(2)新闻媒体和记者应当"外化"于其报道对象,既不受外部(包括政党、财团和民间意见领袖)压力的左右,也不能在报道中不能掺杂个人的立场和观点;(3)新闻文本具有唯一的、正确的意义,来源于权威性的信源;(4)新闻报道的首要功能是传递信息和告知公众。①

"对话新闻学"的核心观点是:(1)新闻报道是记者与其报道对象之间相互对话和沟通的产物,也是不同话语和立场相互冲突、调和与协商的结果;(2)新闻媒体和记者应当是某个特定政治和社会群体的一分子,而不是所谓"局外人";(3)新闻文本是一个具有多重意义的、开放性的、蕴含多种阐释可能性的"话语建构"(discursive formation);(4)新闻报道的首要功能是在政治和社会领域内引发建设性的"公共对话"。②

西方新闻理论之所以能够成为各国新闻业的"普世价值",是由于其所具有的坚实深厚的哲学基础和具有普适性的实践基础。从哲学基础方面看,"客观新闻学"秉承的是以启蒙为核心的现代主义传统;而"对话新闻学"则是后现代主义思潮在新闻学、大众传播学或媒介研究领域的衍生品。从实践基础方面看,"客观新闻学"体现的是以文字为核心的印刷媒介的"单向度"新闻生产;而"对话新闻学"则对应于以电子

---

① Schudaon, M. (1978). *Discovering News: A Social History of American Newspapers*. New York: Basic Books. Schudson, M. (1990). *Origins of the Idea of Objectivity in the Professiona - Studies in the History of American Journalism and American law, 1830 - 1940*. New York: Garland. Durham, G. M. (1998). *On the Relevance of Standpoint Epistemology to the Practice of Journalism: The Case of Strong Objectivity*. Communication Theory, 8(2): 117 - 140.

② Hartley, J. (2008). *Journalism as a Human Right: The Cultural Approach to Journalism*. In M. Loffelholz & D. Weaver (Eds.), *Global Journalism Research: Theories, Methods, Findings*, Future. Malden MA: Blackwell. Soffer, Oren (2009). *The Competing Ideals of Objectivity and Dialogue in American Journalism*. Journalism. 10(4): 473 - 491.

媒体和数字媒体为主体的新型媒介和传播生态，它需要解决的是在"人人都是记者"的时代，新闻生产成为双向沟通乃至于"多音齐鸣"的传播过程中面临的种种问题和挑战。

西方新闻理论演进的哲学基础

人类的哲学思想发展至今，各路学说和流派所阐述的都绕不开以下两个基本问题："我是谁?""我与外部世界之间是什么样的关系?"换言之，哲学家需要阐释清楚个体的身份/认同以及个体与社会之间的关系。二十世纪最有影响的思想家之一、法国宗教哲学家马丁·布博(Martin Buber)认为，对上述两个基本问题的不同回答是区分现代主义和后现代主义哲学的主要依据。现代主义哲学强调的是一种"吾牠关系"(I-it relationship)，人们是在对他人和外部世界所做的独立的、冷静的观察当中认识自身的；而后现代主义哲学宣扬的则是一种"吾汝关系"(I-thou relationship)，人们是在与他人和外部视角所进行的平等的交流和沟通当中认识自身的。[①]

把布博的学说运用于"客观新闻学"的阐释当中，我们不难看到新闻"客观性"理念所具有的现代主义哲学脉络。按照"客观性"的要求，记者应当秉持公正、平衡、不偏不倚的立场。为此，记者所承担的是"局外人"或"观察者"的角色，应当把报道对象"物化"或"客观化"，视为没有生命的"牠"(it)，这样才能达到新闻客观性的要求。在西方新闻界有一些形象的说法：新闻记者的最高境界是做一只"墙上的苍蝇"(fly on the wall)，悄然注视着世间万事万物，但又不让人感觉到他的存在。新闻记者应当是"体制化的局外人"(institutionalized other)，与社会保持一定的距离，从而确保其所具有的"客观性"。[②]实质上，这些说法所蕴含的都是现代主义哲学所鼓吹的"吾牠关系"。

这种"吾牠关系"是现代主义哲学的本质特征之一。它是工业革命与科学主义的历史产物，体现的是现代主义语言哲学的精髓——语言是用来"精确"地传递客观存在的真实，文本和知识具有唯一的、正确的权威解读。从传播理论的角度来看，这种"吾牠关系"也界定了在印刷媒介为主导的时代，新闻传播是一个单向度的线性传递的过程，即所谓的 SMCR 模式：信息(M)从传者(S 即记者)通过特定的渠道(C)传递给受众(R 即读者)。

① Buber, M. (1999). *I and Thou* (R. G. Smith, Trans.). Edinburgh: T&T Clark. (original work published 1937) Buber, M. (1955). *Between Man and Man*. Boston: Beacon Press.

② Schudaon, M. (1978). *Discovering News: A Social History of American Newspapers*. New York: Basic Books. Schudson, M. (1990). *Origins of the Idea of Objectivity in the Professiona - Studies in the History of American Journalism and American law*, 1830—1940. New York: Garland. Durham, G. M. (1998). *On the Relevance of Standpoint Epistemology to the Practice of Journalism: The Case of Strong Objectivity*. Communication Theory, 8(2): 117 - 140.

作为对现代主义哲学的反思和批判,后现代主义哲学家重新检视了这种"吾牠关系"。他们认为,这种关系最大的问题在于否认了自我与他人之间的平等地位,从而阻断了对话的可能性,导致了"独白"或"自说自话"的结果。这也在一定程度上解释了现代性的悖论:以启蒙和工具理性为核心的现代主义最终导致了一个"标准化"、"同质化"的世界和大量缺乏个性和自主性的"机器人"或"单向度人"的产生。

在新闻生产的实践中,这种以"吾牠关系"为特征的现代性悖论也同样存在。由于记者把其报道对象——无论是一个个鲜活的个体还是纷繁芜杂的社会事务——"物化"或"客观化",因此,他不可能与报道对象之间进行平等的沟通和交流,无法形成自己的认知,只能被动依赖官方立场或专家观点,并且把后者作为所谓的"客观报道"的唯一来源。

秉持"客观"立场的记者所写出的"客观"的新闻报道实际上宣扬的是单一的立场——即主流价值观和官方立场。这具体表现在记者对来自官方的"权威信源"的过度依赖和大量同质化报道的产生——尤其是在一些重大事件和某些对象国的报道上。由于缺乏各种不同立场的交锋和对话,对这些事件只能存在唯一正确的权威解读——它们往往来自官方或持官方立场的"专家"。这样的"一面之词"所带来的只能是充满偏见和误读的报道。

例如,以"客观性"为最高准则的美国媒体对冷战时代的苏联和后冷战时代的中国的新闻报道存在着不同程度的"妖魔化"倾向,这主要是由于美国记者往往把与美国主流意识形态对立的"共产党"苏联或中国"他者化",预先设定报道议题和框架,不去主动深入了解对象国的真实情况所致。又如,2001 年的"911"事件和 2003 年的伊拉克战争期间,标榜"客观、公正、中立"的美国新闻界达到了高度的"舆论同化",沦为布什政府的"传声筒",就是这种现代性悖论的集中体现。这也从一个侧面证明了:所谓新闻"客观性"不过是西方现代主义创造出的一种"神话"而已,无法回避后现代主义理论家的反思和批判。

作为"吾牠关系"的替代性方案,布博所宣扬的"吾汝关系"是对现代性的种种弊端进行颠覆和修正的一种尝试。他认为,无论是人与自然、自我与他人、个体与社会之间都应当是一种平等的对话关系,即"我"与"你"之间的对等关系,而不是作为人的"我"和被"物化"的"它"之间的主客体关系。

另一方面,现代主义哲学宣扬的文本的封闭性和意义的唯一性、权威性也受到了质疑。在"吾牠关系"的框架下,客体没有"发言权",只能由主体对客体进行唯一的权威性阐释,因此,文本内部只蕴含了一种"声音"——即作者的声音,因而只存在唯一的"正确的"意义——即权威学者所阐释的意义。而在"吾汝关系"的框架下,文本生产是作者和读者对话和沟通的过程。因此,文本内部包含了各种不同的"声音",是一个各种意义相互角力的"话语场"。换言之,文本也是成为开放的、多义的、存在无限阐释可能性的开放空间。

从现代主义到后现代主义的哲学转向促使新闻学研究者对"客观新闻学"进行反思和修正,于是,"对话新闻学"便应运而生。顾名思义,新闻传播不能被简化为SMCR 模式;相反,它是一个双向甚至于多向的发散性过程。同样道理,记者与其所报道的对象之间是完全平等的对话关系。任何一个新闻人物或新闻事件都具有多义性、开放性,不存在对其的唯一正确的"权威阐释",记者的职责是在新闻报道中呈现各种不同信源和话语之间的"意义角力"(struggle of meaning)。

回到前面的例子,正是在这种"对话新闻"理念的指引下,我们发现近年来美国新闻媒体对中国的报道发生了一些可喜的变化,这是由于中国不再被视为一个被任意解读的"他者",而是一个可以进行平等对话的"战略伙伴"或"利益攸关方"。这一点在 2008 年北京奥运会成功举办和全球金融危机的爆发后体现得更为明显。在中国政府实施强化对外传播、推进信息公开的举措后,越来越多的西方记者摆脱了对以往单一化的"官方信源"或"专家观点"的依赖,深入新闻现场,与中国各阶层人士进行广泛对话,从而把一个真实的、立体的中国呈现给美国的公众,改善了以往涉华报道存在的"妖魔化"倾向。这一点在 2008 年的汶川地震和北京奥运的报道中表现得尤为突出。

西方新闻理论演进的实践基础

作为一门应用性很强的学科,新闻学领域各种理论的产生都深深植根于新闻生产和流通的实践当中。"客观新闻学"也是如此。西方新闻和媒介史家把"客观性"理念的产生和普及归结为党派新闻向市场化新闻过渡的必然结果。以美国为例,"客观性"原则直到 19 世纪 30 年代大众报业(即"便士报")兴盛起来之后才逐渐进入新闻实践当中。廉价的"便士报"主要靠发行量和广告收入,不同于接受政党或企业资助的"党派报纸"或"商业报纸"。因此,只有秉持客观公正、不偏不倚的立场和视角,才能为新闻赢得尽可能多的读者。从这个意义上说,"客观新闻学"是对报业生态变迁的回应,新闻客观性也相应地成为大众传媒生存的基本原则。[①]

从技术中心论的视角来看,"客观性"理念的产生与媒介技术和传播生态的变革息息相关。首先,19 世纪末电报技术的普及深刻影响了新闻生产,以"极简主义"(即

---

① Schudaon, M. (1978). *Discovering News: A Social History of American Newspapers*. New York: Basic Books. Schudson, M. (1990). *Origins of the Idea of Objectivity in the Professiona - Studies in the History of American Journalism and American law*, 1830 - 1940. New York: Garland. Durham, G. M. (1998). *On the Relevance of Standpoint Epistemology to the Practice of Journalism: The Case of "Strong Objectivity"*. Communication Theory, 8(2): 117 - 140.

多描述事实、少陈述观点；多用动词、少用形容词等新闻写作原则）为特征的新闻文本范式逐渐成为行业共识，这就从文体和形式上逐步建立起了"客观性"原则的合法性。其次，19世纪中后期商业通讯社的崛起要求新闻生产摆脱政治立场和个人观点的束缚，能够最大限度地满足不同读者和用户的需求。以"简约"和"写实"为基本要求、以"5W"和"倒金字塔"为基本形式的"美联体"（AP style）便是新闻客观性原则的集中体现，并且逐渐成为新闻业的典范和标杆。

同样道理，"对话新闻学"的产生也是媒介技术和传播生态变革的必然结果。如果说"客观新闻学"对应的是"文字为王"的印刷媒体时代，那么，"对话新闻学"体现的则是以声音和图像为核心的电子媒体和数字媒体的时代需求。在以广播和电视为代表的电子媒体兴起之后，声音和图像替代文字成为新闻传播的主要载体，从而也从根本上颠覆了传统的SMCR的新闻传播模式。一个鲜明的例证是20世纪50年代"叩应"（call-in）广播节目的兴起。这种听众打电话参与电台节目的形式使得原来沉默的"被动受众"变成了能够发声的"主动参与者"，从而使新闻生产由原来的单向传输模式演变为双向乃至于多向的互动模式，并且被电视新闻报道所沿用。3G手机、平板电脑等随身媒体和微博等新兴传播平台更使得"人人都是记者"、"人人都是电视台"、"人人都是发言人"、"人人都有扩音器"成为可能，普通民众真正成为了新闻生产的主体。"公民新闻"（20世纪80年代在美国兴起的由普通民众参与新闻生产的运动）、"twitter革命"（指由2009年5月twitter网站推动伊朗总统大选和随后的抗议活动）、"网络罢官"（指2008年5月3G手机进入中国后引发的网民对官员的不良言行和腐败行为的监督热潮）、"微博议政"（指2011年夏天新浪微博掀起的一波又一波对与政府部门、社会组织有关的公共危机事件和环保、慈善、公德等公共话题的传播和热议）都是"对话新闻学"付诸新闻生产实践的集中体现。

微博在新闻实践中的广泛运用使得"对话"得以在更为丰富的层面上进行，催生了"互动新闻"（interactive journalism）。2011年10月20日的"卡扎菲之死"便是"互动新闻"的典型案例。在新闻实践中，专业新闻媒体的记者通过微博分享信源、相互求证和挖掘细节。另一方面，受众则通过微博看到一条新闻线索从爆料、反复求证到最终证实的全过程。在追捕卡扎菲的"利比亚决战"中，美国公共广播电台（NPR）的记者安迪·卡尔文（Andy Carvin）连续工作20小时，在三天内发送微博1201条，其中10月20日之内就发送了879条，其中包括与同行与粉丝相互对话、求证的微博576条。他的微博中出现频率最高的两句话："Based on what sources?"（信源来自何方？）"No confirmation"（无法证实）。直到微博上开始出现卡扎菲被击毙的图片和视频，并得到权威信源的相互确认（cross-checking）后，卡尔文向NPR总部传送了这一消息。①显而易见，"互动新闻"贯彻了对话新闻学的基本理念，在遵循传统新闻伦理的前提下，把新闻由单向度的、静态的"客观存在"（being）转变为更符合新媒体生态的、动态的"演化过程"（becoming）。

西方新闻理论的演进对中国的启示

胡锦涛总书记在 2009 年 10 月"世界媒体峰会"的讲话中，明确提出，各国媒体"应当遵守新闻从业的基本准则；客观报道世界多极化、经济全球化、文明多样性的现实"。②这篇讲话与以往片面强调"新闻的党性原则"的保守主义立场区别开来，同时也不赞同用西方新闻理论"一统天下"。在笔者看来，胡总书记在这篇讲话中实际上向世界宣示了以下两点：（1）尽管各国的政治体制和国情不同，但确实存在着为各国新闻从业者所遵守的、具有普遍性的新闻准则；（2）新闻报道需要正确处理"客观性"和"多元性"之间的辩证关系。

有鉴于此，无论是坚持马克思主义新闻观，还是构建有中国特色的新闻理论，我们都必须遵循"新闻从业的基本原则"——用胡总书记的话来说，就是"承担社会责任，促进新闻信息真实、准确、全面、客观传播"。这就为中国与西方进行新闻理论的对话提供了合法性，彻底颠覆了在中国和西方新闻传播学术圈普遍存在的"中国例外论"的陈腔滥调。

毫无疑问，"新闻客观性"就是这样的"基本准则"。但是，谁来定义"新闻客观性"？从以上的分析中，我们可以看出，作为西方新闻理论核心的"客观新闻学"是存在着一定的问题的。作为"后起之秀"的"对话新闻学"就是要修正、补充和完善"客观新闻学"存在的种种缺陷和不适应新的媒介和社会生态变化的那些部分。另一方面，"对话新闻学"也是为了解决西方（欧美）中心主义与当今世界多极化、经济全球化、文明多样化之间存在的深刻矛盾，为包括中国在内的第三世界国家赢得话语权，消解西方（美国）的话语霸权，改变当今世界新闻传播的不平等秩序，实现真正的新闻传播民主化提供替代性的解决方案。因此，建设有中国特色的新闻理论应当吸收"客观新闻学"和"对话新闻学"的精髓，结合中国的具体语境和实践，为寻找"新闻从业的基本原则"，破除新闻理论界中存在的西方中心主义倾向做出有益的尝试和探索。

① Siverman, C. *The Story of Gaddafi Story*. Columbia Review, (November/December 2011)：47 - 50.
② 胡锦涛：《在世界媒体峰会开幕式上的致辞》，《人民日报》，2009 年 10 月 10 日头版。

新闻理论体系：问题、反思与建构

齐爱军

导言——

本文刊载于《新闻大学》2006 年第 4 期。

作者齐爱军(1967～   )，山东德州人，毕业于复旦大学新闻学院，获文学(传播学)博士学位。现任烟台大学人文学院教授，副院长。出版《社会转型期中国主流媒体发展路径分析》等。研究方向：新闻理论、媒介文化。

本文认为，"新闻理论体系"问题成为 20 世纪 90 年代以来的一个学术热点，这个问题背后的动力机制是对传统新闻理论建构方式(自然思维方式下的板块式模式)的不满和对更具普世性、学理性和逻辑性的新闻理论体系的追求。目前这种探索主要体现为直接使用传播学的结构性、过程性思维来建构。这种探索的路径固然有其启发意义和价值，但却容易模糊新闻学本身的学科特质。依据新闻学主体性、理想性、实践指向性的学科特质，新闻理论的核心部分应包含新闻本质论、新闻关系论、新闻理想论三大部分。

一、现状："新闻理论体系"问题的提出与探讨

"新闻理论体系"问题是 20 世纪 90 年代以来我国新闻理论研究方面一个日渐凸显的学术话题。最早从一些学者对我国新闻理论体系学理性的反思开始(刘建明，1991；童兵，2000)，再到一些博士生的研究课题(沈莉，1998；陈作平，2005；唐远清，2006)，甚至到国家社会科学项目的立项(丁柏铨，2002)，直到目前一些新闻理论专著的最新尝试(杨保军，2006)，"新闻理论体系"问题的研究无疑正在形成一个阶段性的研究高潮。

"新闻理论体系"问题研究主要关注的是 1978 年以来我国新闻理论体系的建构与发展问题，它可以分为两种研究取向，一种是试图描述我国新闻理论体系的范式转型轨迹，一种是直接探究建构新的高质量的新闻理论体系。这两个方面又是相辅相成，互为依托的。对新体系的建构必然要对旧的体系进行反思和批判。现择其要者，可以概括这类研究的核心观点如下：

1. 高质量的新闻理论体系建构标志着一个学科的成熟

钟情于"新闻理论体系"问题的研究者普遍持有这样的观念，认为任何一个学科，

当它发展到一定程度、一定阶段、一定水平的时候，都会开始进入到一种自觉地追求理论体系建构的阶段，特别是学科基础理论体系的确立，往往标志着一门学科的发展进入到一个新的阶段。而这个新阶段，对我国的新闻理论体系建设而言，还意味着对全球化进程的参与。杨保军指出："今天的世界已经进入一个全球化时代，在人文社会科学领域内，尽管文化差异是事实性存在，意识形态的争端也是不可否认的现实，各国的现实状况也有或大或小的不同，但人类面临的诸多共同问题，也促使普世的东西越来越多"。①

2. 对板块式结构自然思维方式的批判

我国新闻理论体系建构最早始于甘惜分先生的《新闻理论基础》，其重点主要是探讨有关新闻的一般原理和新闻事业与现实生活、与群众和与党的关系等问题，初步奠定了板块式结构框架。后来我们的新闻理论虽然受传播学的影响，不断丰富发展，但基本上都不脱板块式结构的模式，并形成了新闻、新闻事业、新闻工作三大块的模式。刘建明先生认为这种结构模式有简单堆砌之嫌，陈作平指出这种建构方法属自然思维方法，认为"这种思维方式没有将把握新闻实践共相和对各种具体形态的全面统摄作为理论研究的最终目标，而是从实用主义角度出发，将解决实践问题的针对性和有效性放在第一位，主要是对局部经验的归纳总结和一定的逻辑分析来把握新闻活动的内涵"。②这种经验式和随机式的研究方法客观上造成了理论内部不断分解和切割使概念不断膨胀，同时又变得支离破碎，解释力度下降。

3. 按照现代社会科学理论建构的要求，积极探求稳定成熟的高质量的理论体系

所谓按照现代社会科学理论建构的要求，就是要使理论体系具有科学的推理脉络、清晰的逻辑起点、严谨稳定的概念层级和无可辩驳的结论。追逐着上述目标，出现了一些代表性的成果。如童兵先生的《理论新闻传播学导论》一书，试图按照拉斯韦尔的5W模式建构自己的体系，"我的使命是沿着这一公式指点的路径，逐一说明传播系统中各个子系统的相应位置、功能及其相互间的有机联系。"③再比如最近出版的杨保军的《新闻活动论》一书，以新闻活动为线索建构自己的理论体系，包括新闻活动自身、新闻活动主体、新闻活动对象、新闻活动媒介、新闻活动原则、新闻传播规律、新闻活动界限、新闻活动环境等。陈作平先生则提出了新闻理念、媒介功能、媒介形态的结构路径。这些探索，无疑都具有极大的启发意义和价值。

---

① 杨保军：《新闻活动论》，中国人民大学出版社，2006年版，第23页。
② 陈作平：《新闻理论体系研究》，中国人民大学博士论文，2005年。
③ 童兵：《理论新闻传播学导论》，中国人民大学出版社，2000年版，第1-2页。

二、反思：如何讨论新闻理论体系的建构问题

通过第一部分的分析可以看出，新闻理论体系建构问题的提出，主要是不满足于传统的自然思维方式统领下板块式新闻理论的建构模式，希望寻找到一个在全球化时代更具普世性和更为科学的理论框架。而这种科学的理论框架，在目前的探索来看，很显然就是直接以传播学框架为框架，不论是以 5W 框架结构还是以新闻活动为贯通，这里面体现的都是一种传播学的结构思维和过程思维。

这里就出现了两个问题：一是传统的板块式新闻理论体系真的就一无是处吗？板块式新闻理论体系的历史合理性在哪里？二是传播学与新闻学的区别到底是什么？可以以传播学的框架取代新闻学吗？

首先回答第一个问题。板块式新闻理论体系的建构方式固然有其经验把握的随意性，但作为人类实践经验的提炼升华，自然也有其现实逻辑的依据。甘惜分先生后来在其主编的《新闻学大辞典》中把自己的理论体系概括为一个逻辑起点和两个三角。一个逻辑起点就是"新闻"，两个三角则是"新闻——传播者——受众"这个小三角和"新闻控制者——广大受众——不断变动着的现实世界"这个大三角。这种三角理论模型正反映出一种在关系中把握新闻的思路，是我们在未来的理论建构中需要继承的精神遗产。板块式新闻理论体系的另一个优势是非常适宜新思想的嵌入。在新闻理论范式转型的过程中，新的思想创新可以以一个个新板块的形式添加进去，从而形成一种"转型新闻学"的特殊样态。李良荣的《新闻学概论》就是这方面的典型代表。它不以所谓的理论体系构建为要旨，却以新闻学基本概念的传达为追求，以对最新的新闻理念的把握为要务。而这，正是板块式新闻理论体系的历史合理性之所在。一批学人不主张对新闻理论体系进行过早的建构，其原因也正在于此。

其次关于传播学与新闻学的区别问题。有人认为在西方不存在新闻学与传播学的区别问题，认为这是一个纯中国式的伪问题。但这正是中国独特的理论语境下所产生的一个具有战略意义的大问题：当西方希望通过报刊市场化和大众化解决了新闻的职业化和专业化问题，并在新闻理论体系中牢牢奠定了新闻专业主义的核心地位的时候，传播学才形成，并以其强大的理论张力形成对新闻学内容的丰富。我国的新闻理论体系正相反，它需要借传播学的科学性来消解理论中的僵化的意识形态内容，而后再来确立新闻专业理念，而此时的传播学并不能提供这方面的内容。所以从理论上弄清楚新闻学与传播学的区别问题，就成为我们考察新闻理论体系建构的起点。

我们认为，传播学的学科特质是结构性、交叉性和开放性，也就是说，传播学讨论

的是人类传播行为的社会结构性存在。具体说来,它是在社会学结构论的支持背景下,把传播作为一种社会的结构性功能来研究的。同时,传播学理论也是以5W这样一种结构性过程模型为基础来建构的。也正是由于传播学的这种结构性特征,才衍生出了传播学的多学科交叉性和开放性,它几乎向所有的社会科学领域开放,形成了十字交叉路口的现象。

新闻学的学科特质则是主体性、理想性和实践指向性。在传播学出现之前,传统的新闻学是在新闻业走向专业化、职业化的过程中形成的,它从新闻实践的经验中概括提炼出自己要研究的问题,主要是关于记者编辑操作规范和媒介组织与政府和市场的关系两方面。传播学出现并成熟后,对新闻学最大的贡献就是提供了一个科学的信息传播的理论基础,使新闻学摆脱了前科学的经验性研究状况,并把新闻学的逻辑起点确立为新闻信息,新闻信息的需求、生产、消费、分配和控制构成了新闻理论的逻辑演绎脉络。在我国,传播学更是具有直接地解放意义,传播、信息、受众等概念丰富了新闻的定义,并使新闻与宣传的区别成为可能。但这并不意味着传播学可以取代新闻学。新闻学属于专业应用学科,其核心是对新闻从业人员进行的专业化、职业化理念训练,尤其是新闻专业主义的理念专业训练。所以,它是围绕着双重传播主体(记者编辑/媒介组织)而展开的关系研究,如果说传播学是5W模式的过程框架,新闻学却是以两个主体为顶点的关系框架,同时,新闻学中还含有传播学中所不强调的核心价值内容——新闻专业主义以及对新闻实践直接有指导意义的操作原则等内容。①

所以,讨论新闻理论体系的建构问题,其根本原则是要尊重新闻学的学科特质,在这个前提下,既要保证理论体系建构的科学性,又要保证理论体系建构的简约性。

三、建构:"新闻学核心"模型图

通过第二部分的分析,我们确立了新闻学与传播学的区别所在,并指出应该在尊重新闻学学科特质的前提下建构新闻理论体系。这就排除了那种把新闻学扩张为传播学或把新闻学扩张为媒介经营学和操作学的建构取向。这多少有点类似于宁树藩先生建议把新闻学区分为本义新闻学和广义新闻学的思想。但本文更愿意把这种建构取向称为"新闻学核心"建构,并用下面的模型图予以演示:(见下图)

---

① 关于这一部分的详细论证,请参见本人发表在《国际新闻界》上的文章。另外,黄旦教授的《传者图像:新闻专业主义的建构与消解》(复旦大学出版社,2005年)一书更具有启发意义。

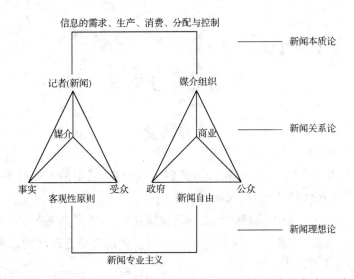

在这个模型图中，新闻学核心由新闻本质论、新闻关系论和新闻理想论三部分构成。在新闻本质论中，主要解决新闻的本质是信息，新闻的起源是人类信息交往的需要，信息的需求、生产、消费、分配与控制是形成新闻、新闻事业主要关系的逻辑脉络这类的问题。其知识背景是传播学的基础理论思想，如传播观、信息观、新闻生产观等。在新闻关系论中，主要包含六大关系和六大命题。六大关系是记者（新闻）—事实、记者（新闻）—受众、记者（新闻）—媒介、媒介组织—政府、媒介组织—公众、媒介组织—商业，六大命题就是新闻事实论、新闻价值论、新闻形态论、媒介属性功能论、媒介体制论和媒介生态论。新闻就是在这些主要关系构成的社会场景中的实践呈现和功能施展。新闻理想论则是指新闻专业主义的理念（包含客观性原则和新闻自由理念）。它是新闻事业合法性的根本来源。

四、结语

一直以来，对新闻理论体系的研究有一种复杂化的倾向和对传播学的盲目崇拜，认为只有这样才能确立起新闻学的学术地位。这未免走入了误区。传播学理论对新闻学理论的最大贡献就在于使得传统新闻学中呈零散经验状态的研究在结构性思维的统摄下聚合成了一个逻辑性非常强的体系，具备了一个更广阔的信息传播的结构性知识框架，从而大大提升了新闻学的逻辑性、科学性和学理性。但这并不意味着传播学的框架可以直接成为新闻学的框架，传播学的结构性思维特征只能潜隐地渗透在新闻理论体系的建构中，作为一种底色而存在。而且，正是由于传播学的存在，新闻学的学科特质才被更集中地凸显出来，而且这种学科特质最终体现在"新闻学核心"的理论建构中。

研究与思考

＝延伸阅读＝

1.［美］弗雷德里克·S.西伯特、西奥多·彼得森、威尔伯·施拉姆:《传媒的四种理论》,中国人民大学出版社,2008 年版。

2. 黄旦:《二十世纪中国新闻理论的研究模式》,载《现代传播》1994 年第 8 期。

3. 黄旦:《突破"记者式"研究的框式——对新闻理论研究现状的思考》,载《杭州大学学报》1994 年第 2 期。

4. 郑保卫:《关于新闻理论框架建构的回顾与思考》,载《国际新闻界》2008 年第 12 期。

5. 林溪声:《学术自觉:建构中国新闻理论话语的历时考察》,载《南京社会科学》2013 年第 10 期。

6. 丁柏铨:《论第四媒体的崛起对新闻传播实践与理论的影响》,载《江海学刊》2002 年第 6 期。

7. 丁柏铨:《与时俱进的中国新闻理论研究》,载《新闻知识》2008 年第 10 期。

8. 张振亭:《试论我国新闻传播研究方法的演变》,载《江西社会科学》2009 年第 11 期。

9. 刘海龙:《中国新闻理论研究的范式危机》,载《南京社会科学》2013 年第 10 期。

10. 纪忠慧:《新闻理论体系建构的三个十年》,载《国际新闻界》2008 年第 12 期。

11. 杨保军:《关于提升新闻理论理论性的几点思考》,载《现代传播》2014 年第 1 期。

＝问题与思考＝

1. 试总结我国在一百多年的新闻理论探索过程中所取得的主要成就以及存在的不足。

2. 试析新媒介环境中新闻本体、新闻形态、新闻业运行规律所发生的变化。

3. 新闻学研究有哪些方法？试举几种加以简要的介绍。

4. 新闻理论的话语创新如何才能得到体现？

5. 谈谈你对网络等新媒体产生后新闻理论研究所发生变化的认识。

＝研究实践＝

1. 黄旦教授在《二十世纪中国新闻理论的研究模式》一文中，将上世纪中国新闻理论的研究模式概括为"以政治为研究动机"、"以新闻机构为研究对象"、"以媒介功能为重点"、"以政治需要为选题取向"四个方面。你认为这种概括准确吗？如果有不同意见，可以举出你的证据。

2. 搜集几个具体的案例，以此分析改革开放以来中国新闻理论在研究方法上的创新。

主要参考文献

一、教材

1. ［美］布赖恩·布鲁克斯等:《新闻写作教程》,褚高德译,新华出版社,1986年版。

2. ［美］卡琳·沃尔-乔根森、托马斯·哈尼奇编著:《当代新闻学核心》,张小娅译,清华大学出版社,2014年版。

3. ［美］麦尔文·曼切尔:《新闻报道与写作》,艾丰等编译,广播出版社,1981年版。

4. 王益民:《理论新闻学》(第2版),华中理工大学出版社,1996年版。

5. 成美、童兵:《新闻理论教程》,中国人民大学出版社,1993年版。

6. 李良荣:《西方新闻事业概论》,复旦大学出版社,1997年版。

7. 李良荣:《新闻学概论》,复旦大学出版社,2001年版。

8. 孟建、黄灿:《当代广播电视概论》,中国传媒大学出版社,2011年版。

9. 杨保军:《新闻理论教程》,中国人民大学出版社,2005年版。

10. 张昆:《中外新闻传播思想史导论》,复旦大学出版社,2006年版。

11. 郑保卫:《新闻理论新编》,中国人民大学出版社,2007年版。

12. 徐志祥:《广播电视概论》,武汉大学出版社,2000年版。

13. 袁军:《新闻媒介通论》,北京广播学院出版社,2000年版。

14. 黄旦:《新闻传播学》,杭州大学出版社,1995年版。

15. 黄瑚主编:《新闻法规与职业道德教程》,复旦大学出版社,2003年版。

16. 童兵:《理论新闻传播学导论》,中国人民大学出版社,2000年版。

17. 童兵、林涵:《20世纪中国新闻学与传播学》(理论新闻学卷),复旦大学出版社,2001年版。

18. 喻国明等编著:《传媒经济学教程》,中国人民大学出版社,2009年版。

19. 雷跃捷:《新闻理论》,北京广播学院出版社,1997年版。

20. 殷俊等:《新媒体产业导论——基于数字时代的媒体产业》,四川大学出版社,2009年版。

二、专著

1. ［荷］梵·迪克(Teun A. van Dijk):《作为话语的新闻》,曾庆香译,华夏出版社,2003 年版。

2.〔美〕菲德勒:《媒介形态变化——认识新媒介》,明安香译,华夏出版社,2000年版。

3.〔美〕弗雷德里克·S.西伯特、西奥多·彼得森、威尔伯·施拉姆等:《传媒的四种理论》,中国人民大学出版社,2008 年版。

4.〔美〕迈克尔·埃默里、埃德温·埃默里:《美国新闻史》,展江、殷文主译,新华出版社,2001 年版。

5.〔美〕梅尔文·L.德弗勒、埃弗雷特·E.丹尼斯:《大众传播通论》,严建军等译,华夏出版社,1989 年版。

6.〔美〕新闻自由委员会:《一个自由而负责的新闻界》,中国人民大学出版社,2004 年版。

7.〔英〕约翰·弥尔顿:《论出版自由》,吴之椿译,商务印书馆,1958 年版。

8.〔法〕让-诺埃尔·让纳内:《西方媒介史》,广西师范大学出版社,2005 年版。

9.戈公振:《中国报学史》,生活·读书·新知三联书店,2011 年版。

10.邵飘萍:《邵飘萍新闻学论集》,北京大学出版社,2008 年版。

11.徐宝璜:《徐宝璜新闻学论集》,北京大学出版社,2008 年版。

12.徐耀魁:《西方新闻理论评析》,新华出版社,1998 年版。

13.魏永征等:《西方传媒的法制、管理和自律》,中国人民大学出版社,2003年版。

14.丁柏铨主编:《中国新闻理论体系研究》,新华出版社,2002 年版。

三、工具书

1.《中国大百科全书》(新闻出版),中国大百科全书出版社,1990 年版。

2.童兵、陈绚主编:《新闻传播学大辞典》,中国大百科全书出版社,2014 年版。

大学研究型课程专业系列教材·新闻学类
书　目

《新闻理论研究导引》　丁和根　编著

　　本教材以"问题"为导向结构全篇,以研究性和参与性为旨趣铺陈展开,希望能引导学习者全面深入地了解本学科必须面对的核心问题,把握其研究的基本现状和研究方法。全书分本体论、实践论、关系论和研究论四大板块共十三章。每章皆有导论,归纳论述本专题的核心内容;代表性选文,呈现本专题值得借鉴的研究成果;研究与思考,提出后续研究与学习的要求。本教材可供新闻学专业本科生和研究生进行理论学习之用。

《新闻采访研究导引》　陈相雨　编著

　　新闻采访虽是一件实践要求很强的工作,但对它的学理思考同样不可忽视。为了使读者能在有限的时间内掌握最具价值的研究成果,本书从新闻采访的本体、主体、客体、起点、采访方法、采访筹划、采访规制等方面,遴选出最有代表性的研究成果,这些成果不仅有名家经典,还有一线新闻采访实践者的精品力作;同时,为了避免遴选出现挂一漏万的现象,编写者还对每个领域的研究情况作了总体述评。虽然遴选过程难免受制于编写者的学术旨趣,但力图为读者提供"性价比"最高的阅读,是编写者最为执著的追求。

《新闻写作研究导引》　丁柏铨　编著

　　这是一本关于新闻写作的具有研究性质的教材,包括"新闻文体"、"提炼主题"、"精选角度"、"优化结构"、"新闻叙事"、"新闻语言"、"创新探索"等七个板块及"余论"。与一般的新闻写作教材有所不同的是,它既包含了作者对于新闻写作的较为系统的学术思考和理论概括,又选引了学界和业界两个方面人士的富于睿智的著述。除此以外,本书还精选了各类新闻精品的个案,并加以简要点评,希望能给读者以诸多启发。"延伸阅读",则旨在为读者拓展研究视野提供帮助。本书适合于新闻学及相近专业的本科生、硕士生作为教学参考用书,也可供从事新闻业务工作及对新闻写作感兴趣的人士阅读。亲,相信它一定能够让您开卷有益。

《新闻编辑研究导引》 邓利平 编著

新闻编辑强调业务操作,更离不开自己学科体系的理论指导。本书荟萃了新闻编辑的指导思想、队伍建设、受众市场以及与其他学科关系等基本理论,重点选编了新闻编辑的报道策划、稿件处理、标题制作、版面(节目)编排等具体业务的论述,作者包括中外著名学者、资深教授,他们的论述堪称精辟甚至可引为经典,并不因岁月流逝而降低其学术价值。本书各部分有导论、选文评述、延伸阅读、思考实践,以帮助读者更好地领会其精髓。

《新闻评论研究导引》 王 蕾 编著

本书选取优秀新闻评论研究论著为范例,从研究者视域切入,引领读者深入了解新闻评论的规律、特征和发展态势,引导读者延展阅读本领域佳作,引发进一步思考,进而拓宽视野。本书选文首选名家权威之作,某些作者虽无名气但确实写得深刻到位的作品,与主题匹配的亦有选用。在导论、选文之后每章都配有"研究与思考"部分,提供延伸阅读书目或文章,辅以问题与思考,并有研究实践供参考。

《中国新闻史研究导引》 陈玉申 编著

本书聚焦于中国新闻史研究中的重要问题,选录有代表性的学术论文,提摄观点要旨,阐释价值意义,使学生对各时期的传媒生态及演变趋向有更加深入的认知。通过对选文的解读和讨论,激发学生进一步探究的兴趣,引导学生在学术层面上思考问题,学习科学的思维方式与研究方法,培育创新意识,提升研究能力。本书不仅可作本科教材,也适宜新闻学专业研究生阅读参考。

图书在版编目(CIP)数据

新闻理论研究导引/ 丁和根编著. -- 南京：南京
大学出版社，2015.9

大学研究型课程专业系列教材. 新闻学类

ISBN 978 - 7 - 305 - 15048 - 7

Ⅰ. ①新… Ⅱ. ①丁… Ⅲ. ①新闻学－高等学校－教
材 Ⅳ. ①G210

中国版本图书馆 CIP 数据核字(2015)第 080137 号

出版发行 南京大学出版社
社　　址 南京市汉口路 22 号　　邮　　编 210093
出 版 人 金鑫荣

丛 书 名 大学研究型课程专业系列教材·新闻学类
书　　名 新闻理论研究导引
编　　著 丁和根
责任编辑 朱 丽 王抗战　　　编辑热线 025 - 83592123

照　　排 南京理工大学资产经营有限公司
印　　刷 南通印刷总厂有限公司
开　　本 787×960 1/16 印张 25.5 字数 514 千
版　　次 2015 年 9 月第 1 版 2015 年 9 月第 1 次印刷
ISBN 978 - 7 - 305 - 15048 - 7
定　　价 48.00 元

网　　址:http://www.njupco.com
官方微博:http://weibo.com/njupco
官方微信号:njupress
销售咨询热线:(025)83594756